통합적 인터넷 마케팅

이 두 희

제3판

박영사

사랑하는 인생과 학문의 가족들에게

제3판 머리말

이제 인터넷은 글로벌 문화를 주도하고 있다. 끊임없는 진화는 인간 삶의 방식과 더불어 인류의 가치관에도 큰 변화를 만들고 있다.

현재 전통적 마케팅 방식은 퇴화하고, 새로운 마케팅 방식은 급격한 진화를 거듭하고 있다. 이에 새로운 마케팅의 중요성이 대두되었다. 2003년에 집필하여 2006년에 개정하였던 이 책 또한 진화가 필요하여 이번에 전반에 걸쳐 새롭게 정리하였다.

이 책에는 SNS의 역동성, 소비자의 능동적 참여, 공감, 리얼타임 마케팅의 중요성, 빅데이터의 전략화, 마케팅의 역할 재정립, 전략의 창의성 중시 등 많은 새로운 개념들을 중요하게 반영하였다. 그리고 그동안 정립된 새 이론들을 바탕으로 실무의 사례들을 다양하게 활용하여 쉽게 설명하고자 하였다.

인터넷 마케팅에 관심 있는 많은 학생들과 실무 전문가들이 이 책을 통하여 세계를 이끌어 가는 인터넷 마케팅을 실천할 수 있기를 기대한다.

개정작업은 연구실의 통합적 노력이 없었으면 불가능하였을 것이다. 특히 여민선 박사과정은 전 과정에서 중추적 역할을 담당하였다. 자료들을 찾아 정리하는 과정에서 주경희 박사, 구진경 박사 및 최지은 박사과정이 중요한 역할을 하였다. 유영선, 홍지혜, 이주영, 임정민, 한지혜 등의 석사과정들도 훌륭한 역할을 수행하였다.

더불어 기능을 살리는 멋진 디자인으로 내용을 한층 더 승화시켜준 동생 이혜원 교수에게 고마움을 표한다. 한없는 사랑의 후원자이신 부모님, 격려의 동반자인 아내 박미석 교수, 착하고 멋진 딸 이주영 교수와 든든하고 장한 아들 재훈에게도 항상 고마움과 애정을 표한다.

이 책은 이들 모두의 힘으로 이루어졌다.

2013년 4월 9일

이 두 희

머리말

이 책은, 인터넷이 혁명적인 변화를 주도하고 있는 새로운 경쟁시대에, 새로운 마케팅을 어떻게 할 것인가에 관한 혁신적인 사고의 통합적 해결방안이다.

저자는 많은 실무자들로부터 전통적인 마케팅 방식의 한계에 관한 질문과 해결책을 요구받았다. 전통적 4P 마케팅 믹스는, 새로운 경쟁시대에는 비효율성을 노출하고 있어, 실무자들은 실제 마케팅 전략 수립시에 많은 어려움을 느끼고 있다는 것이었다. 또한 학계에서도 많은 연구자들이 학회 발표와 논문을 통하여 4P 마케팅 믹스의 한계를 발표하고 새로운 마케팅 믹스의 필요성을 역설하였다.

저자는 1996년부터 인터넷 마케팅의 중요성을 주창하여 왔으므로, 이러한 새로운 도전을 훌륭한 학술적 화두로 인식하게 되었다. 그러한 노력의 산물로 지난 7년 동안 수많은 시간의 대학원 정규 세미나와 연구실의 비정규 세미나에서 있었던 학술적 담론의 결과를 집약한 새로운 사고의 결정체가 바로 이 책이다.

인터넷은 새로운 경제현상을 창출하고 있고 기업의 경쟁전략 방식을 변화시키고 있다. 마케팅 또한 그 변화의 한가운데에서 새로운 역할을 해야 한다. 마케팅의 기능과 역할은 이제 더 이상 전통적인 한계 내의 것은 아니다. 많은 세계적인 학자들도 마케팅의 새로운 역할 확대에 대한 의견을 논문을 통하여 강조하고 있다. 마케팅의 새로운 패러다임 전환이 이루어지고 있는 것이다. 이러한 현상은 마치 1960~1970년대에 미국 마케팅학계를 풍미하였던 마케팅의 정의와 역할 및 연구영역에 관한 논쟁을 연상시킨다. 이 당시는 헌트(Shelby Hunt)가 제시한 새로운 틀에 의해 컨센서스가 이루어짐으로써 이러한 논쟁은 해결되었다. 저자는, 현재의 새로운 마케팅 패러다임에 관한 논의에 대해, 5C의 마케팅 믹스를 중심으로 한 새로운 대안을 이 책을 통하여 제시하고자 한다.

이 책은, 따라서, 매우 실무적임과 동시에 이론 정립의 철학적 사고를 바탕으로 하고

있다. 지금까지 저자가 집필하였던 인터넷 마케팅 관련 서적들과 그 외의 많은 저서들은
실무적인 내용들을 중심으로 설명할 수밖에 없었던 시기적인 한계를 안고 있었던 것이 사
실이었다. 그러나 이제는 통합적인 틀 안에서 이론적인 논리와 실무적인 경험지식을 연계
한 체계적인 설명이 필요한 시기가 되었다. 이 책이 미력이나마 이러한 역할을 하는 새로
운 출발점이 될 수 있기를 소망한다. 따라서 이 책은, 인터넷 마케팅을 공부하고자 하는 학
생들과 경쟁우위가 있는 마케팅 전략을 수립하고자 하는 실무자들에게 신선한 지침서가
될 수 있을 것이다.

독자는 이와 같은 이론적 이해와 실무적 응용력을 동시에 성취할 수가 있을 것이다.
이를 돕기 위하여, 이 책에서는 인터넷 마케팅 전략 수립의 틀을 제시하고, 이 틀의 각 단
계를 각각의 장으로 구성하였다. 각 장에서는 이론을 바탕으로 최대한 많은 사례를 들어
설명하여 현실감을 높이고자 하였다.

이 책은 총 5부 15장으로 구성하였다. 제 1부에서는 인터넷으로 인해 요구되고 있는
새로운 패러다임에 관한 논리를 제공하며, 새로운 5C 마케팅 믹스를 제안하고, 인터넷 마
케팅 전략 수립의 틀을 제시하였다. 제 2부에서는 이 틀의 첫 단계인 인터넷 시장환경 분
석에 관한 설명을 하였고, 제 3부에서는 인터넷 마케팅 목표 설정과 STP에 관한 이해를
돕고자 하였다. 이어서 제 4부에서는 새로운 마케팅 믹스를 각각의 장으로 분리하여 구체
적인 설명을 하였으며, 제 5부에서는 인터넷 마케팅과 관련한 특수 주제들을 설명하였다.

이 책으로 강의하시는 교수님을 위해서는 파워포인트 CDRom을 제공하여 강의 준비
의 편의성을 제고하고자 하였으나, 미흡한 부분에 대해서는 언제든지 저자에게 연락해 주
기 바란다.

아무쪼록 이 책이 새로운 사고의 전환점이 되어, 연구자들과 실무자들이 새로운 영감
을 얻고 논의하며, 실무적으로 적용할 수 있는 씨앗이 되기를 소망한다.

세계 최고의 인터넷 마케팅 국가를 기원하며

이 두 희

감사의 글

새로운 개념에 의한 한 권의 책이 탄생되기까지는 많은 사람들의 노력이 필요하였다. 우선 연구실에서 새로운 이론 개발이 주는 즐거움을 같이 추구하는 학문의 가족들에게 감사한다. 지난 7년간에 걸친 다양한 세미나를 통한 자료수집과 원고 정리를 위해 많은 제자들이 도움을 주었다. 이들의 노력이 없었다면 이 책은 탄생되기 어려웠을 것이다.

그중에서도 특히 박사과정의 임승희 선생과 전기흥 교수의 장기간에 걸친 역할이 컸다. 그들의 헌신적인 노력과 책임감을 이 자리를 빌려 진심으로 치하한다. 그리고 윤희숙 교수와 한영주 박사, 오만덕 교수, 오형민 박사과정, 신승진 박사과정도 중요한 역할을 하였다. 권오영, 이석준, 장준영, 이동훈, 이영희, 김봉수, 김현철, 신은정, 이주선, 주경희, 박명진, 김승규, 박상태, 이준승, 이현정, 고유라, 구진경, 박익순, 문성원, 전제민 등 석박사과정생들의 아낌없는 노력에도 진정한 감사를 표한다.

그리고 이 책의 표지부터 본문의 글자 한 자에 이르기까지 빈틈없이 최고의 디자인을 해준 동생 이혜원 교수에게 진심으로 감사한다. 박영사의 안종만 회장님과 가장 믿는 편집자 마찬옥 부장에게도 고마움을 전한다. 아울러 학문적 열정을 북돋아 주는 고대 경영대학의 교수님들께도 감사한다. 끝으로 끝없는 사랑의 부모님, 응원과 격려의 동반자인 아내 박미석 교수, 생각과 행동이 모두 아름다운 딸 주영, 친구들에게 인기 짱인 아들 재훈에게도 고마움과 애정을 표한다. 이들 모두의 노력과 사랑의 결과가 바로 이 책인 것이다.

인터넷과 새로운 패러다임

1장 인터넷과 새로운 물결 3
한류와 SNS 4
Ⅰ. 새로운 물결 9
Ⅱ. 새로운 경제현상과 기업전략 11
이슈 및 트렌드: 유튜브 21

2장 인터넷 마케팅 패러다임 25
Ⅰ. 소비자가 창출하여 확산시키는 정보 26
Ⅱ. 뉴 마케팅 패러다임 40
Ⅲ. 뉴 마케팅 패러다임에서의 핵심역량 44
핵심역량 1: 리얼타임 마케팅 44
핵심역량 2: 새로운 마케팅 조직 개념 47
Ⅳ. 뉴 마케팅 패러다임의 마케팅 믹스 50
1. 4P 마케팅 믹스의 한계 50
2. 5C 마케팅 믹스 52
3. 제3의 정치세력 사이버 팬클럽 57
4. 소비자의 역할 확대: 아이세이브존 58
5. 기업과 고객 간 콜래보레이션: 교보문고 59
이슈 및 트렌드: SNS와 선거 64

인터넷 시장 상황 분석

3장 환경 분석 73
Social Network Life Cycle 74
Ⅰ. 외부환경 분석 77
1. 거시환경 분석 77
2. 시장구조 분석 84

3. 경쟁자 분석 89
4. 고객/인터넷 사용자 분석 93
Ⅱ. 내부환경 분석 95
1. 내부환경 분석의 중요성 95
2. 내부환경 분석의 내용 96
이슈 및 트렌드: 카카오톡 99

4장 인터넷 소비자 행동 분석 105
프로슈머 파워 106
Ⅰ. 인터넷 소비자 분석의 의의 108
1. 인터넷 소비자 행동 분석 108
2. 인터넷과 오프라인 소비자 환경의 차이 109
Ⅱ. 인터넷 소비자 정보처리 과정 113
1. 노출 114
2. 주의 114
3. 지각 115
4. 반응 115
Ⅲ. 인터넷 소비자 사용 환경 및 특성 116
1. 소셜미디어 116
2. 소셜미디어 이용동기 127
Ⅳ. 인터넷 소비자 의사결정 129
1. 인터넷 소비자 의사결정 과정 129
2. 의사결정시 에이전트의 역할 143
Ⅴ. 인터넷 소비자 행동 영향 요인 149
1. 사회 문화적 요인 149
2. 개인적 요인 151
이슈 및 트렌드: 블로그 161

5장 인터넷 마케팅 조사 167
인터넷 마케팅 조사 168
Ⅰ. 인터넷 조사의 정의 170
Ⅱ. 인터넷 조사의 특징 170
1. 인터넷 조사의 장점 170
2. 인터넷 조사의 쟁점 172
Ⅲ. 인터넷 조사 과정 173
1. 조사 목적의 정의 174
2. 조사 설계 175
3. 조사 실시 184
4. 자료 분석 및 결과 해석 185
5. 조사 결과의 활용 185
Ⅳ. Social Analytics 186
1. 소셜 분석의 의미 186
2. 소셜 분석의 활용 191
Ⅴ. 로그파일 분석 202
1. 로그파일 분석의 의미 202

2. 로그파일 분석의 과정　203
3. 로그파일 분석의 활용　207
이슈 및 트렌드: SNS와 빅데이터　213

3

인터넷 마케팅 전략
수립

6장　인터넷 마케팅 목표 설정　219
소셜 커머스 마케팅　220
Ⅰ. 인터넷 환경의 특성을 고려한 인터넷 마케팅
　목표 설정　223
Ⅱ. 인터넷 마케팅 목표 설정　224
1. 재무적 목표　225
2. 시장지향적 목표　226
Ⅲ. 인터넷 마케팅의 세부 목표　228
1. 상호작용　228
2. 인식도　231
3. 등록고객　231
4. 고객 참여도　232
5. 고객 애호도　232
6. 히트수　233
7. 방문자수　233
8. 지속시간　234
9. 페이지뷰　234
10. 클릭률　235
11. 리트윗　235
12. 라이크　236
13. 댓글　237
Ⅳ. 인터넷 마케팅 목표 설정시 고려사항　238
1. 비즈니스 목표와의 일관성　238
2. 고객중심의 마케팅 목표 수립　238
3. IT와의 긴밀한 협조　239
4. 기업역량과의 조화　239
5. 기술변화 추세의 고려　240
6. 목표에 따른 실행 결과에 대한 통제　240
이슈 및 트렌드: 위치기반서비스　246

7장　STP　253
SNS의 다양한 형태　254
Ⅰ. 일대일 마케팅 전략　257
1. 일대일 마케팅의 의의　257
2. 일대일 마케팅의 효과　259
3. 일대일 마케팅 전략　260
Ⅱ. 시장세분화　262
1. 시장세분화의 개념　262
2. 시장세분화의 방법　263
3. 효과적인 시장세분화를 위한 조건　275
Ⅲ. 표적시장의 선정　276
1. 표적시장의 개념　276
2. 표적시장 선정시 고려사항　277
3. 표적시장 선정의 전략적 대안　278
4. 집중적 마케팅　280
Ⅳ. 위상정립　281
1. 위상정립의 개념　281
2. 위상정립 전략 유형　282
이슈 및 트렌드: 소셜커머스　291

4

인터넷 마케팅 믹스
관리

8장　콜래보레이션 관리　299
나이키 플러스　300
Ⅰ. 콜래보레이션 개념　303
1. 콜래보레이션 정의　303
2. 콜래보레이션 중요성　304
Ⅱ. 기업과 고객 간 콜래보레이션　305
1. 기업과 고객 간 콜래보레이션 중요성　305
2. 기업과 고객 간 콜래보레이션 관리　307
3. 기업과 고객 간 콜래보레이션 효과　318
Ⅲ. 기업과 기업 간 콜래보레이션　319
1. 기업과 기업 간 콜래보레이션 중요성　319
2. 기업과 기업 간 콜래보레이션 관리　322
3. 기업과 기업 간 콜래보레이션 효과　328
Ⅳ. 고객과 고객 간 콜래보레이션　329
1. 고객과 고객 간 콜래보레이션 중요성　329

2. 고객과 고객 간 콜래보레이션 관리　330
3. 고객과 고객 간 콜래보레이션 효과　334
이슈 및 트렌드: 포털　337

9장　컨텐트웨어 관리　343
브랜드 앱을 통한 지포라이터의 가상 체험　344
Ⅰ. 컨텐트웨어 관리　346
1. 컨텐트웨어의 개념　347
2. 제품　347
3. 체험　370
4. 신 컨텐트웨어 개발　378
5. 인터넷 상표　384
이슈 및 트렌드: 트위터　402

10장　커미트먼트 관리　407
쇼핑과 지식의 결합, 정보중간상 네이버
지식쇼핑　408
Ⅰ. 커미트먼트의 의의　411
Ⅱ. 인터넷 가격관리　414
1. 인터넷 가격관리의 중요성　414
2. 인터넷 가격결정시 고려요인　414
3. 일반적인 가격결정 방법　417
4. 인터넷상에서의 가격결정 방법　418
5. 인터넷 비가격 경쟁 전략　432
Ⅲ. 퍼미션 관리　436
1. 퍼미션의 개념과 중요성　436
2. 퍼미션의 결정요인　437
3. 퍼미션 관리시 고려요인　443
Ⅳ. 인터넷상에서의 결제 및 보안　446
1. 인터넷상에서의 전자결제 방법　446
2. 전자보안　452
이슈 및 트렌드: 카페　459

11장　커뮤니케이션 관리　463
에어프라이어의 온라인 커뮤니케이션 전략　464
Ⅰ. 커뮤니케이션 전략　468
1. 촉진에서 커뮤니케이션으로　468
2. 인터넷에서의 커뮤니케이션　469
3. 통합적 인터넷 커뮤니케이션　474
4. 소셜미디어　479
5. 모바일　499
Ⅱ. 인터넷 광고　508
1. 인터넷 광고의 개념과 현황　508
2. 인터넷 광고의 목표설정과 정보처리 과정　521
3. 매체 전략과 크리에이티브 전략　526

Ⅲ. 인터넷 PR　533
1. 인터넷 PR의 개념　533
2. 인터넷 PR 수립과정　534
3. 인터넷 PR 수단　536
Ⅳ. 인터넷 판매촉진　544
1. 판매촉진의 의의　544
2. 인터넷 판매촉진의 유형　545
Ⅴ. 구 전　552
1. 구전의 의의　552
2. 구전의 관리　554

12장　채널 관리　563
인터넷 채널의 힘　564
Ⅰ. 인터넷과 유통구조의 변화　566
1. 인터넷과 새로운 유통구성원의 출현　566
2. 인터넷과 유통경로　571
Ⅱ. 인터넷 유통경로의 설계　577
1. 인터넷 유통경로 서비스에 대한 고객욕구의
분석　578
2. 인터넷 유통경로의 목표 설정　578
3. 인터넷 유통경로의 구조 및 커버리지 결정　579
4. 인터넷 유통경로 구성원의 선정　580
Ⅲ. 유통 갈등의 관리　583
1. 유통채널 갈등　583
2. 유통채널 갈등의 관리　584
Ⅳ. 인터넷 상거래에서의 물류　592
1. 인터넷과 물류의 변화　592
2. 인터넷 공동 물류시스템의 활용 방안　593
3. 인터넷 공급체인관리　600
Ⅴ. B2B 가상시장의 관리　602
1. 가상시장의 개념　603
2. B2B 중간상의 종류 및 활용방안　603
3. B2B 인터넷 상거래에서 중간상의 주요 성공
요인　607
4. B2B 가상시장 참여기업의 이용의도에 영향을
미치는 요인　608
5. B2B 가상시장의 현황과 전망　609

찾아보기　618

1

인터넷과 새로운 패러다임

제1장 인터넷과 새로운 물결

제2장 인터넷 마케팅 패러다임

1장 인터넷과 새로운 물결

통합적 인터넷 마케팅   규모의 경제
프로슈머   범위의 경제
세일슈머   RV 매트릭스(Real Virtual Matrix)
네트워크 효과

4

한류와 SNS: 가수 싸이의 강남스타일

동양의 한 국가 국민 중에서도 일부만이 좋아했던 가수 싸이(PSY)가 전 세계인의 최대 인기 가수가 되기에는 두 달이면 충분했다. 2012년 7월 15일 유튜브(www.youtube.com)에 첫 업로드한 강남스타일 뮤직비디오는 11월 24일 조회수 8억 505만 건을 넘기며 유튜브 역사상 최다 조회수를 기록하며 기네스북에 등재됐다. 2012년 9월에는 약 214만 명의 유튜브 이용자로부터 '좋아요(like)' 추천을 받아 최다 추천 기록을 세우며 기네스북에 오르기도 했다.

당시 싸이와 유튜브 조회수 1위 자리를 두고 경합을 벌였던 미국의 '소통령(소녀들의 대통령)' 저스틴 비버(Justin Bieber)의 '베이비(Baby)'는 조회수 8억 365만 건을 기록했으나 싸이에게 1위 자리를 내주었다.

이러한 초스피드 추세는 지속되어 2012년 12월 22일에는 조회수 10억 건을 돌파했다. 2013년 2월 10일 현재 조회수 13억을 기록하며 유튜브 신기록을 매일 갱신하고 있다.

강남스타일의 인기는 아시아는 물론 미국과 유럽 및 남미까지 급속도로 전파되어 다양한 플래시몹과 패러디도 양산하였다. 강남스타일을 패러디한 영상들의 조회수를 모두 합하면, 원본 영상

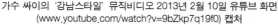

가수 싸이의 '강남스타일' 뮤직비디오 2013년 2월 10일 유튜브 화면
(www.youtube.com/watch?v=9bZkp7q19f0) 캡처

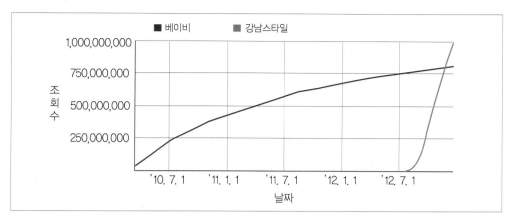

저스틴 비버 vs 싸이 유튜브 동영상 조회수 추이
자료원: 이데일리, 2012년 12월 22일자.

의 조회수와 비슷할 정도다. 유튜브 검색창에 'gangnam style parody(강남스타일 패러디)'를 입력하고 엔터키를 치면, 약 59,200개의 검색결과가 이러한 상황을 한 눈에 보여 준다.

대표적인 예가 영국 국가보건의료서비스(NHS)가 만든 'Handwashing Disco—style'이다. 유엔이 정한 '세계 손 씻기'의 날을 맞아 싸이의 강남스타일을 패러디해 '손 씻기' 공익 캠페인 동영상을 만든 것이다. 이 영상은 손씻기 6단계를 강남스타일의 말춤에 맞춰 소개하고 있다.

2012년 11월 5일 프랑스 라디오 음악채널 NRJ의 주최로 프랑스 파리의 에펠탑에서 열린 강남스타일 플래시몹은 2만여 명을 에펠탑 앞으로 불러들였다. 이들은 싸이와 함께 노래를 따라 부르며 춤을 췄다. 같은 해 11월 10일에는 이탈리아 로마의 델 포폴로 광장에서 플래시몹이 이루어졌으며 이때는 3만여 명의 사람이 모였다. 2013년 2월 8일에 싸이는 브라질에서 공식 개막한 카니발 축제에 참석해서 강남스타일을 불렀다. 싸이는 브라질 인기 여가수인 클라우지아 레이치와 함께 무대에

Handwashing Disco-style: 유튜브 화면
(www.youtube.com/watch?feature=player_embedded&v=TGddyTW5eMc) 캡처

프랑스 파리 에펠탑에서 열린 '강남스타일' 플래시몹
자료원: 싸이 트위터 (twitter.com/psy_oppa).

올랐다. 축제 참가자들은 강남스타일에 맞춰 일제히 말춤을 따라 추며 열광했다.

이러한 유명세는 세계 유명 스타들과의 공연도 속속 이루어지게 만들었다. 싸이는 2012년 11월 13일 미국 뉴욕 메디슨 스퀘어 가든에서 열린 미국의 유명 팝스타 마돈나의 콘서트에 게스트로 초청되어 함께 강남스타일 말춤을 추며 공연을 했다. 2012년 12월 31일에는 미국 뉴욕 타임스퀘어의 공연에서는 MC 해머와 공연을 했다.

이러한 활동은 각종 상을 받게 만들었다. 2012년 11월 11일 '2012 MTV 유럽 뮤직 어워즈(2012 MTV Europe Music Awards)에서 베스트 비디오 상을 수상했다. 2012년 11월 18일 제40회 아메리칸 뮤직 어워즈(American Music Awards)에서는 뉴미디어 상을 수상했다. 2013년 1월 26일 프랑스 칸에서 열린 현지 최대 대중음악시상식 중 하나인 NRJ 뮤직 어워즈에서는 올해의 인터내셔널 샹송(대중가요)상, 올해의 클립(비디오), NRJ 뮤직 어워즈 d'honneur(명예) 상을 수상했다.

한국에서 속칭 B급으로 분류되던 파티형 가수가 일약 세계 음악계의 흐름을 주도하게 된 경이로운 일이 일어나게 된 것이다. 싸이 성공의 가장 큰 이유는 싸이만의 특유한 매력과 SNS의 놀라운 파급효과로 분석할 수 있다.

그의 재밌고 누구나 할 수 있을 것 같은 음악과 춤은 파격과 파티의 즐거움을 추구하는 인류의 보편성과 일치하였다. 기존 음악계의 세계적 스타들은 고급성과 신비성을 추구했던 데 비해, 싸이는 극히 쉽고 따라 해서 더욱 재미있는 친구의 이미지로 다가갔다. 친근한 B급의 대반전이 이루어진 것이다. 기존 K-Pop을 주도하는 아이돌과 달리 싸이는 잘 짜여진 그룹형 가수도 아니고 외모가 출중하지도 않았지만 싸이 특유의 매력으로 전 세계인을 사로잡게 된 것이다

싸이의 이러한 성공은 시공간을 초월한 막강한 파급력의 SNS가 없었으면 불가능했을 것이다. 유튜브, 트위트 및 페이스북의 다양한 자체 파급력은 세계 어떤 기존의 대중매체도 가질 수 없는

싸이 브라질 카니발 축제 공연
자료원: 싸이 트위터 (twitter.com/psy_oppa).

자체의 신뢰성과 파급속도를 가지고 있다. SNS의 가장 큰 장점은 실시간 커뮤니케이션을 가능하게 만들고 각자의 노력으로 공간의 제약 없이 기하급수적인 전파를 한다는 점에 있다.

특히 미국에서 강남스타일의 인기는 트위터의 파급력이 촉진하였다. 미국의 유명 팝스타 저스틴 비버를 발굴한 스쿠터 브라운이 뮤직비디오를 트윗하면서 싸이의 강남스타일은 미국에서 주목받기 시작했다. 이후 할리우드 스타 탐 크루즈와 팝스타 브리트니 스피어스 또한 트위터에 말춤을 배우고 싶다는 멘션을 남긴 것을 계기로 엄청난 속도로 미국인들에게 인기를 끌기 시작했다. 특히 유튜브와 트위터를 통한 확산은 자연스레 음원 차트에도 영향을 미치며 스트리밍과 다운로드를 증가시켰다. 이러한 방식으로 가수 싸이는 전통적인 엔터테인먼트 산업의 방식과는 달리 극히 적은 비용으로 극히 짧은 기간내에 세계적인 스타의 자리에 등극하게 되었다. 특히 한국어로 작사된 음악도 SNS만을 통하여 해외 진출이 가능함을 보여 주었다.

싸이가 등장하기 전 아이돌 K-Pop 스타의 경우도 마찬가지로 SNS를 통해 전세계 해외 팬들과 소통하였다. SM, YG, JYP와 같은 국내 대형 연예 기획사는 유튜브에 공식 채널을 개설해 자사 연예인들의 마케팅 창구로 활용하였다. 2012년 상반기 6개월간 3대 대형기획사 소속 가수들 영상

소녀시대 공식 페이스북 채널(www.facebook.com/girlsgeneration)

조회수는 17억 건을 넘어섰다. 2011년 22억 8000만 건과 2010년 8억 건에 비해 급격히 성장한 수치이다. 또한 각 소속사에 속한 연예인들은 페이스북과 트위터를 활용해 자신의 일상을 웹페이지에 업로드함으로써 전 세계 팬들과 실시간으로 커뮤니케이션할 수 있게 되었다. 이렇게 공간과 언어적 한계가 극복되고 있는 매우 흥미로운 현상을 우리는 목격하고 있다.

이제 SNS는 동양의 한 국가에서 일어나는 지역적 문화를 급속도로 세계적 문화로 승화시키고 있다. SNS는 선진국이든 개발도상국이든 언어가 어떻게 다르든지에 상관없이 동시적이며 동공간적인 사회와 문화를 전 세계적으로 만들고 있다. 특히 문화적 약자의 경우도 동일한 영향력을 미칠 수 있는 놀라운 현상이 일어나고 있는 것이다. SNS는 과거에는 꿈도 꾸지 못했던 새로운 문화의 생성과 확산을 가능하게 하여 인류 역사상 가장 큰 세계 문화의 변화를 주도하고 있다.

새로운 물결

인터넷(Internet)은 변혁이다. 인터넷은 인류 역사상 최대의 혁명적 변화를 가장 짧은 기간에 창조하고 있다. 중세시대의 르네상스가 인류에게 미친 영향보다 훨씬 더 큰 영향을 인터넷은 전 세계에 동시적으로 미치고 있다.

인터넷은 인간의 커뮤니케이션 방법을 변화시켰고, 공간개념을 바꾸었으며, 가치관을 변화시켰고, 새로운 구매방법을 창출하는 등 인류생활의 방식을 크게 바꾸고 있다. 소비자도 이제는 양질의 정보를 손쉽게 얻을 수 있게 되어, 소비자와 기업 간의 정보 비대칭성을 극복할 수 있게 되었다. 소비자는, 그 결과, 더욱 강력한 힘을 갖게 되어 기업과 대등하거나 기업을 선도하는 입장에 서게 되었다. 이런 현상들은 거대한 새로운 물결을 형성하고 기업 활동은 물론 인류 문화에 큰 영향을 미치고 있다.

한국의 대중가수 싸이를 비롯한 K-Pop의 경우만 봐도 그렇다. 한국의 대중음악은 언어적 제약이나 음악적 특성 및 산업의 한계가 있다고 믿어 왔다. 그렇지만 이제 전 세계의 문화로 자리잡고 있는 것이다. 프랑스 파리, 미국 뉴욕, 태국 방콕뿐만 아니라 볼리비아의 시골 7일 장터에서도 '강남스타일' 춤을 즐기게 되었다. 저자도 러시아 쌍뻬쩨르부르크의 대광장에서 벌어진 K-Pop 플래시몹(Flash Mob)을 만감을 느끼면서 직접 구경한 적이 있을 정도이다. 동양의 한 대중음악이 전 세계 문화를 바꾸고 있는 것이다. SNS(Social Network Service)를 비롯한 다양한 인터넷 매체가 없었다면 결코 불가능하였을 일이다.

이러한 변화들은 새로운 경제 활동의 기회를 창출함과 동시에 새로운 이론의 탄생도 요구하고 있다. AMA(American Marketing Association)는 2004년 여름 보스턴 컨퍼런스에서 현재의 시장이 급격한 변화 속에 있음을 인정하고, 이에 새로운 마케팅의 정의가 필요하다는 데 동의하였다. 새로운 AMA의 정의에 따르면, 마케팅은 "고객에게 가치를 창출하고, 의사소통하고, 전달하며, 조직과 이해관계자들에게 효용을 주는 방향으로 고객관계를 관리하는 조직의 기능 및 일련의 과정들"(Marketing is an organizational function and a set of processes for creating, communicating and delivering value to customers and for managing customer relationships in ways that benefit the orgnization and its stakeholders.)이다. 이는 마케팅을 "개인 및 조직의 목적을 충족시키는 교환 창출을 위해 아이디어, 제품, 서비스에 대한 생산, 가격, 촉진, 유통을 계획하고 실행하는 과정"이라고 하였던 기존의 정의와 비교했을 때, 증대된 소비자의 영향력을 인정하고 이들과의 관계를 적극적으로 관리하는 것이 중요하다는 점을 역설하고 있다고 볼 수 있다.

이렇듯 새로운 경쟁환경은 새로운 경쟁방법의 탄생을 기대하고 있다. 기업은 이 새로운 물결의 소용돌이 속에서 기회와 위협을 동시에 맞고 있다. 그러나 이런 미지의 환경 하에서 최적의 경쟁방식은 모두에게 화두일 뿐이었다. 소위 닷컴기업이라고 불리는 많은 인터넷 기업과 전통적인 기업들이 다양한 실험을 한 결과 발생된 수많은 실패사례와 귀한 성공사례로부터 귀납적인 일반론을 유추하고 있을 따름이다.

기업들은 혼동에 빠져 있다. 왜냐하면 전통적인 성공방식이 더 이상 새로운 환경 하에서 성공을 보장해 주지 못하기 때문이다. 설상가상으로 학계의 기존 이론도 새 환경 하에서의 전략을 제시하기에는 한계에 부딪히고 있으며, 급변하는 실무 현상의 변화 속도를 소화시키지 못하고 있다. 이러한 점에서 실무와 이론의 상호 존경과 공동노력이 어느 때보다도 더욱 절실해지게 되었다.

기업활동 중에서도, 마케팅 실무는 특히 그 특성상 새 물결의 영향을 가장 강하게 받고 있기에, 새로운 마케팅 방식에 대한 기대욕구는 절실하기만 하다. 그러나 마케팅 이론은 아직 기존 사고방식의 틀을 벗어나고 있지 못하다. 기존의 마케팅 이론과 방식은 이 새로운 경쟁환경 하에서도 유효한가? 아니면 새로운 시각에서의 수정보완이 불가피한가?

저자는 기존의 마케팅 이론과 실무 현장과의 괴리가 커짐에 따라 마케팅 이론에 대한 수정 보완이 절대적으로 필요하다고 생각한다. 많은 기업들은 인터넷을 단지 하나의 새로운 매체나 신 유통방식 정도로 편협하게 취급하는 오류를 범하고 있다. 인터넷은 팩스나 전화와 같은 단순한 커뮤니케이션 수단이나 유통단계를 줄이는 대체 유통방식 이상의 것이다. 인터넷을 활용하고자 하는 많은 기업들은 브로셔와 같은 웹 사이트를 만들거나, 인터넷을 팩스 대용품 정도로 사용하거나, 상품을 팔 수 있는 유통망의 확대

정도로 접근하고 있다. 그들은 부적절한 인터넷의 활용결과로 빚어진 기대 이하의 성과를 바탕으로, 결국 인터넷 거품론이나 무용론을 주장하면서 인터넷에 대한 기대를 실망으로 바꾸고 있다.

그러나 인터넷은 단순한 대체 수단이 아닌 무한한 잠재력의 결집체이다. 인터넷은 마케팅의 방식을 전면적으로 변화시키거나 보완할 수 있는 영향력을 가지고 있다. 그러기 위해서는 기업들의 경쟁방식과 마케팅전략을 새로운 각도에서 통합적으로 분석하고 수립하여야 한다.

이제 기업의 선택은 인터넷을 활용할 것인가 아닌가에 있는 것이 아니라 인터넷을 어떻게 전략적으로 활용하여 전인미답의 경쟁환경에서 경쟁우위를 창출하고 유지하는가에 있다. 이와 같은 문제를 풀어나가기 위하여, 본 책에서는 전통적 마케팅의 한계를 보완할 수 있는 통합적 인터넷 마케팅(Integrated Internet Marketing)의 새로운 패러다임을 제시하고자 한다. 새로운 인터넷 마케팅 체계를 제시하고 신이론들을 종합 설명하여, 학술적 이해는 물론 실무적 인터넷 마케팅 전략 수립에 도움을 주고자 하는 것이다.

새로운 경제현상과 기업전략

인터넷이란 디지털 컨텐츠를 다수 대 다수로 상호 전달할 수 있는 유선 또는 무선의 통신망을 말한다. 이러한 인터넷은 그 영향력이 실로 막대하여 새로운 경제현상을 낳고 있다. 이런 새로운 경제현상들은 전통적인 산업경제 현상들과 차이점을 보이게 되었고 그 결과 신경제(New Economy)라고도 불리게 되었다. 신경제가 전통적인 경제를 대체할 것으로 보는 견해가 있는 반면에(Toffler 2001), 단지 새로운 기술이 전통경제에 접목된 정도로 보는 견지(Porter 2001)도 있다. 이 두 견해 중 어떤 것이 옳은 것인지에 대한 판단은 어려우나, 분명한 것은 과거의 경제현상에서는 상상하기 어려웠던 현상들이 지금은 주류를 이루고 있다는 사실이다. 따라서 우리는 이러한 현상들을 이해하고 이를 바탕으로 기업전략과 마케팅전략을 수정보완하지 않으면 안 되는 현실에 처해 있다.

그렇다면 전통적 산업경제와 인터넷이 창출하고 있는 경제는 어떤 점에서 차이가 있을까? 이에 대한 답은 간단치 않으나 표 1–1과 같이 정리해 볼 수 있겠다.

인터넷에 의해 변화되고 있는 경제는 전통 산업경제와는 달리 가상적인 제품(virtual product)이나 가상시장(virtual market)이 중요한 역할을 하고 더욱 역동적이라는 점에서 차이가 있다. 제품도 멀티미디어적인 디지털 정보재가 경제활동의 중요한 대상이 되었다. 그런데 정보재는 그 특성상 물리적 제품과는 달리 정보의 양과 정보

표 1-1 전통적 산업경제와 인터넷 경제의 차이

	전통적 경제의 특성	인터넷 경제의 특성
환 경	물리적, 정태적	가상적, 역동적
제품의 특성	물리적 제품	정보제품
수익의 원천	주어진 산업 내에서의 경쟁, 규모의 경제	네트워크의 창출, 네트워크의 경제, 범위의 경제
산업상황	성숙단계	초기 및 성장단계
경제법칙	체감의 법칙	체증의 법칙
산업의 성장과 귀착점	선형적, 균형점	S-curve, 불균형
경쟁결정요소	5개 경쟁요인	비구조화
경쟁상황	다수/과점 제로섬(zero-sum) 게임	독점 포지티브섬(positive-sum) 게임
정보의 경제학	정보의 양과 전달범위간의 상쇄관계	정보의 양과 전달범위간의 상쇄관계 소멸

자료원: 권구혁 (2000), 일부 수정.

전달 범위 간에 상호 부의 관계가 있다는 상쇄효과가 극히 약하다(Evans and Wurster 2000). 따라서 인터넷 경제시대에는 한 사람이 지리적으로 먼 거리에 있는 다수에게 다량의 멀티미디어 정보를 전달 가능하게 해 주었고, 클릭 몇 번으로 다수가 보유하고 있는 정보를 쉽게 탐색하게 되었다.

인터넷 경제는 네트워크를 중심으로 경영환경이 재구성되는 특징을 보여 주고 있다. 네트워크 환경에서는 네트워크 효과(network effect, network externality, Metcalfe's law)가 작용한다. 네트워크 효과란 네트워크의 가치는 사용자 수의 제곱에 비례하는 것을 의미한다. 다시 말하면 한 사람이 가지고 있는 어떤 제품의 가치는 얼마나 많은 다른 사람이 그 제품을 가지고 있느냐에 따라 결정된다는 것이다. 따라서 먼저 앞서면 더욱 큰 경쟁우위를 창출하게 되고 한번 뒤쳐지게 되면 더욱 경쟁우위를 잃게 된다는 체증의 법칙(increasing return)이 작용하게 된다(Auther 1996). 즉 한 기업이 일정수준의 유효규모(critical mass)를 달성하게 되면 급속한 성장을 이룰 수 있는 반면에, 실패도 가속화되는 경향이 있다. 그 원인은 소비자들이 표준이 될 것으로 예측하는 기술이나 네트워크를 선택하려는 욕구가 있기 때문이다(Shapiro and Varian 1999). 그 결과 정보경제의 성격을 갖는 인터넷 경제에서는 일시적 독점상태가 많아진다(권구혁 2000). 이와 반대로 전통적 산업경제하에서는, 체감의 법칙이 적용되어 강한 기업은 점차 약해지고 약한 기업은 점차 강해지는 경향이 있기 때문에 시장은 과점이나 완전경쟁 상황이 되는 경우가 많다.

인터넷 경제는 초기에는 느린 성장곡선을 그리다가 유효규모에 도달하여 네트워크 효과가 나타나게 되면 급격한 속도로 성장하고 후반기에는 상승세가 둔화된 형태의 S자형 생물학적 성장곡선을 보인다(Kelly 1998). 인터넷 경제하에서는 생산에서의 규모의 경제를 실현함은 물론 수요에서의 네트워크 효과를 극대화시키는 것이 필요하다. 그런데 생산에서의 규모의 경제는 일정수준에 도달하면 비슷한 수준으로 평준화되는 경향이 있기 때문에, 결국 수요 부문에서의 네트워크 효과가 경쟁우위의 원천이 될 가능성이 높다. 그러므로 인터넷 경제하에서는 네트워크 효과를 극대화할 수 있도록 유효규모의 네트워크를 조기에 구축하고 형성된 네트워크를 활용하여 범위의 경제(economies of scope)를 실현하는 것이 필요하다.

네트워크를 구축하기 위해서는 자신의 기술을 표준화하고, 고객과의 관계를 강화하고, 파트너 발굴을 통한 전략적 제휴를 적극적으로 실시하는 것이 바람직하다. 따라서 고객과의 협력(collaboration)뿐만 아니라 고객과 고객 간의 관계강화를 촉진하는 것이 요구되며, 관련 기업과의 공동노력이 과거 어느 때보다도 절실하게 되었다. 이제 고객은 단순한 판매대상이 아니고 관련 기업들도 단순한 협력업체 이상으로 네트워크상의 공동운명체적 동업자(collaborator)가 되고 있는 것이다. 이렇게 볼 때 소비자(consumer)는 소비주체로서의 기능만 하는 것이 아니라 생산과 소비를 동시에 실현하는 진정한 프로슈머(prosumer)로서의 역할을 하게 되었다. 뿐만 아니라 소비자가 영업의 기능도 하는 세일슈머(salesumer)의 역할도 하게 되었다. 따라서, 주문생산이 일반화되고 고객의 욕구가 끊임없이 변하여 제품의 수명주기가 점점 단축되는 경제 하에서는, 물리적 재산을 소유하고 교환하는 것보다는 고객과의 지속적인 접촉이 더욱 중요하게 되었다(Rifkin 2001). 따라서 고객과의 관계관리(relationship management)가 신경제하에서는 더욱 중요하게 부각될 수밖에 없는 것이다.

이렇게 급변하는 새로운 경쟁환경하에서의 기업전략은, 사업의 경계가 모호해지고 경쟁자 규명이 어렵게 되어, 소비자와 생산자도 혼동되기 쉽다. 그래서 창의적인 전략 아이디어를 실험적으로 시행해 가는 과정에서 추가 정보를 획득하고 의사결정하는 점진적인 의사결정 과정(incremental decision making)이 더욱 유효한 것으로 제안하는 학자도 있다(권구혁 2000).

이렇듯 사업의 경계가 모호해지고 새로운 경쟁환경에 처하게 된 기업들은 신규사업을 추진하거나 기존 사업을 변형시키는 전략을 추진하게 되었다. 이 사업들은 지금까지 누구도 경험하지 못한 전혀 새로운 영역에서 새로운 아이디어와 방법으로 시행하는 것들이었기 때문에, 신사업이라고 불리기보다는 새 비즈니스 모델(business model)이라고 불리게 되었다. 비즈니스 모델은 분류자의 기준에 따라 다양하게 분류되었는데, 그 중에서 저자가 분류한 RV 매트릭스(Real-Virtual Matrix)는 제품과 시장을 네 개의 범주로 나누어 비즈니스 모델을 분류하는 방법이다.

RV 매트릭스는 보다 구체적으로 다음의 표 1-2와 같이 설명된다.

첫째, RR 비즈니스는 실재 제품·서비스의 실재 시장 기반 비즈니스 모델로, 인터넷에 의해 가치가 창출되거나 부가되지 않는 기존 제품·서비스로 인터넷을 이용하지 않고 실재 시장에서 거래할 수 있는 제품·서비스를 의미한다. 주로 기존 제조업자들의

표 1-2 RV 매트릭스

		제품 · 서비스	
		실재 제품 · 서비스	가상 제품 · 서비스
시 장	실재 시장기반 비즈니스	RR 비즈니스	VR 비즈니스
	가상 시장기반 비즈니스	RV 비즈니스	VV 비즈니스

웹사이트가 여기에 해당된다. 그러나 최근 이들이 기존의 물리적 유통망을 탈피, 인터넷을 통해 소비자에게 직접 제품을 판매하고 있어, 장기적으로 실재 제품 · 서비스의 가상 기반 비즈니스의 비중이 높아질 것으로 판단된다.

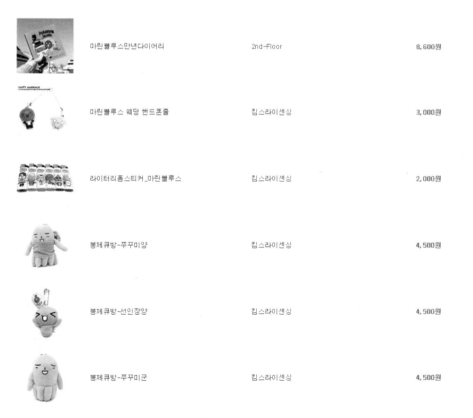

마린블루스만년다이어리	2nd-Floor	8,600원
마린블루스 웨딩 핸드폰줄	킴스라이센싱	3,000원
라이터리폼스티커_마린블루스	킴스라이센싱	2,000원
봉제큐방-쭈꾸미양	킴스라이센싱	4,500원
봉제큐방-선인장양	킴스라이센싱	4,500원
봉제큐방-쭈꾸미군	킴스라이센싱	4,500원

그림 1-1 VR비즈니스 모델인 마린블루스의 캐릭터 쇼핑몰 (www.jakox.com/front/php/search/search.php)

둘째, 가상 제품·서비스의 실재 시장에 기반한 VR 비즈니스모델은 인터넷으로부터 생겨나거나 실재 시장에서 판매하던 기존 제품에 인터넷에 의해 가치가 부가된 제품을 실재 시장에서 주로 판매하는 경우가 해당된다.

셋째, 실재 제품·서비스의 가상 시장 기반 비즈니스인 RV 비즈니스 모델은 인터넷을 이용하지 않고도 거래 가능한 제품들을 인터넷을 통해 판매하는 경우이다. 가장 대표적인 예는 인터넷 쇼핑몰 분야이다. 인터넷 쇼핑몰 이외에도 독특한 제품을 온라인 판매하고 있는 기업들이 여기에 해당된다.

마지막으로 가상 제품·서비스의 가상 시장 기반 비즈니스인 VV 비즈니스 모델은 인터넷의 등장으로 생긴 비즈니스 영역으로 제품과 시장 모두 인터넷을 통해 창출된 분야를 의미한다. 대체적으로 인터넷 관련 업종과 인터넷의 다양한 기법을 활용한 아이디어 사업 등이 이에 해당한다.

VV 비즈니스 모델인 싸이월드의 선물가게 (www.cyworld.com)

인터넷 포털사이트 싸이월드에서 운영하고 있는 선물가게는 RV 매트릭스에서 가상제품-서비스의 가상시장 기반 비즈니스인 VV 비즈니스에 해당될 수 있다. 싸이월드는 미니홈피와 관련된 스킨, 음악, 미니미, 미니룸 아이템 등 다양한 가상 제품을 개발하여 많은 수익을 올리고 있다. 한동안 기존 카페나 커뮤니티들이 서로 차별화된 서비스를 제공하지 못하고, 식상한 컨텐트의 재생산에 매달림에 따라 회원들의 관심이 떠났고, 그로 인해 심각한 위기 상황에 봉착했던 때가 있었다. 이때 아바타가 커뮤니티 서비스의 새로운 수익원으로 각광을 받게 된다. 하지만 대부분 커뮤니티 서비스들이 또다시 비슷비슷한 아바타 사업에 집중하게 되고, 차별성이 떨어질 조짐을 보일 무렵, 싸이월드는 미니홈피라는 개인형 커뮤니티 서비스에 '미니룸'이라는 새로운 형태의 가상제품을 제공하는 승부수를 띄움으로써 새로운 수익구조 기반 마련과 함께 싸이월드만의 이미지를 정착시키는 계기를 성공적으로 마련했다. 싸이월드는 이런 가상 제품들을 모바일 통신 서비스와 연계하여, 휴대폰에 가상제품을 다운로드 받아 사용할 수 있게 함으로써 한층 더 진일보한 VV비즈니스 모델의 좋은 예가 되고 있다.

싸이월드(www.cyworld.com)의 선물가게 페이지(cyworld.nate.com/mall/malls-index.asp)

　　지금까지 저자가 분류한 RV 매트릭스를 살펴보았다. 그러나 RV 매트릭스의 각 비즈니스는 반드시 그 영역에만 존재하는 것은 아니며, 실재 제품이 인터넷을 통해 가치가 부가되면서 인터넷 제품으로 발전할 수도 있으며, 실재 시장을 기반으로 비즈니스를 하다가 인터넷 시장을 기반으로 비즈니스를 할 수도 있을 것이다. 따라서 동일하게 여겼던 업종의 회사가 다른 범주 안에 포함될 가능성도 있다. 따라서 RV 매트릭스는 정태적 관점이 아닌 동태적인 관점에서 이해되는 것이 바람직하다.

요 약

인터넷은 인간의 커뮤니케이션 방법, 공간개념, 가치관까지도 변화시키며, 새로운 구매 방법을 창출하는 등 인류생활의 방식을 크게 바꾸고 있다. 따라서 변화한 인터넷 환경에서 기업이 생존하기 위해서는 인터넷과 정보혁명이 창출하고 있는 신경제와 이에 따른 기업 경쟁전략의 변화에 대한 이해를 바탕으로, 전통적 마케팅의 한계를 보완할 수 있는 통합적 인터넷 마케팅의 새로운 패러다임이 제시되어야 한다.

한편, 인터넷 경제는 네트워크를 중심으로 경영환경이 재구성되는 특징을 보여 주고 있다. 이러한 네트환경에서는 네트워크 효과가 작용한다. 다시 말하면 얼마나 많은 사람들이 하나의 네트워크를 구성하느냐가 그 경제적 가치를 결정한다는 것이다. 따라서 먼저 한 기업이 일정수준의 유효규모를 달성하게 되면 급속한 성장을 이룰 수 있는 반면에, 실패도 가속화되는 경향이 있다. 그 원인은 소비자들이 표준이 될 것으로 예측하는 기술이나 네트워크를 선택하려는 욕구가 있기 때문이다. 인터넷 경제하에서는 생산에서의 규모의 경제를 실현함은 물론 수요에서의 네트워크 효과를 극대화시키는 것이 필요하다. 또한, 이러한 네트워크 효과를 극대화할 수 있도록 유효규모의 네트워크를 조기에 구축하고 형성된 네트워크를 활용하여 범위의 경제를 실현하는 것이 필요하다. 그러므로 네트워크를 구축하기 위해서는 자신의 기술을 표준화하고, 고객과의 관계를 강화하고, 파트너 발굴을 통한 전략적 제휴를 적극적으로 실시하는 것이 바람직하다.

연구문제

1. 인터넷의 등장과 확산이 기업의 활동에 미친 영향에 대해 설명하시오.
2. 전통적 산업경제와 인터넷이 창출하고 있는 경제의 차이점은 무엇인가?
3. 급변하는 새로운 경쟁 환경하에서 생존, 발전하기 위해 기업이 취해야 할 전략은 무엇인지 토론해 보자.

참고문헌

1. 논문 및 단행본

권구혁 (2000), "인터넷 환경의 특성과 경영전략 이론의 한계," 경영저널, 제1권 제1호, 29 - 59.

Auther, W. B. (1996), "Increasing Returns and the New World of Business," *Harvard Business Review*, July - August, 100 - 109.

Evans, P. and T. S. Wurster (2000), *Blown to Bits: How the New Economics of Information*

Transforms Strategy, Harvard Business School Press.

Kelly, K. (1998), *New Rules for the New Economy*, Viking.

Porter, Michael E. (2001), "Strategy and the Internet," *Harvard Business Review*, March, 63 - 78.

Rifkin, Jeremy (2001), 소유의 종말, 이희재 역, 민음사.

Shapiro, C. and H. R. Varian (1999), *Information Rules*, Harvard Business Press.

Toffler, Alvin (2001), "지식기반 경제구현을 위한 국가전략," 위기를 넘어서 −21세기 한국의 비전 세미나 초청강연.

2. 신문기사

기선민 (2012), "싸이 '강남스타일' 유튜브 조회 수 신기록," 중앙SUNDAY, 제298호.

김성진 (2012), "英 보건당국, '강남스타일' 따라 손 씻기 캠페인," 연합뉴스, 2012년 10월 16일자.

김예나 (2012), "싸이, 저스틴 비버 잡고 '강남스타일' 조회수 세계1위 '우뚝'," TV리포트, 2012년 11월 24일자.

백무늬 (2012), "싸이, 'MTV EMA' 베스트 비디오 수상⋯한국가수 최초 축하공연까지," 한국일보, 2012년 11월 12일자.

서혜진 (2013), "싸이, 브라질에서도 '인기몰이'," 파이낸셜뉴스, 2013년 2월 10일자.

유혜은 (2012), "싸이, 마돈나 뉴욕 콘서트에서 함께 말춤⋯'소름 돋아'," 이투데이, 2012년 11월 14일자.

윤동빈 (2012), "'강남스타일' 뮤직비디오, 유튜브 '10억뷰' 돌파," 조선일보, 2012년 12월 22일자.

이승우 (2013), "자메츠코프스키 유튜브 아태총괄 '싸이 성공비결은 유튜브의 잠재력 활용'," 한국경제, 2013년 1월 16일자.

임광복 (2012), "강남스타일 유튜브 1위⋯K-팝 세계시장 확대 계기," 파이낸셜뉴스, 2012년 11월 25일자.

정병욱 (2012), "'강남스타일', 역대 최초 유튜브 조회수 10억건 돌파," 이데일리, 2012년 12월 22일자.

진현철 (2012), "싸이, AMA 뉴미디어상 수상⋯MC해머와 합동 공연," 매일경제 스타투데이, 2012년 11월 19일자.

최창윤 (2013), "올해도 여전히 '강남스타일' 열풍," 뉴스메이커, 2013년 2월 6일자.

3. 기타 (인터넷 검색 자료)

twitter.com/psy_oppa

www.cyworld.nate.com/mall/malls_index.asp

www.facebook.com/girlsgeneration

www.jakox.com/front/php/search/search.php

www.youtube.com/watch?feature=player_embedded&v=TGddyTW5eMc

www.youtube.com/watch?v=9bZkp7q19f0

이슈 및 트렌드: 유튜브 (Youtube)

☐ 유튜브란?

유튜브(www.youtube.com)는 세계 최대의 무료 동영상 공유 사이트로서 사용자가 동영상을 업로드하고, 다른 사용자가 올린 동영상을 보거나 공유할 수 있다. 2005년 2월 채드 헐리(Chad Meredith Hurley), 스티브 첸 (Steve Shih Chen), 자웨드 카림(Jawed Karim)이 공동으로 창립했고, 2006년 10월 구글이 인수했다. 2006년 〈타임〉지에 의해 2006년 최고 발명품으로 꼽혔고 Alexa가 평가한 웹사이트 순위에서는 구글, 페이스북에 이어 3위를 차지하는 등 웹2.0시대의 선두주자로 급부상하고 있다.

유튜브가 생기기 전에는 온라인에 동영상을 올려 다른 사람과 공유할 방법이 많지 않았다. 유튜브의 등장으로 이제는 누구나 손쉽게 동영상을 올릴 수 있게 되어, 다양한 사람들이 유튜브를 통해 광범위한 주제의 동영상을 공유하고 있다. 누구나 다양한 주제의 동영상을 올리고 공유할 수 있게 되면서, 일반인들도 유튜브 동영상을 통해 전 세계인의 인기를 얻고 유튜브 스타로 등극할 수 있게 되는 등 유튜브는 많은 사람들에게 기회를 제공하고 있다. 사실상 무명이었던 미국가수 저스틴 비버(Justin Bieber)가 유튜브 동영상을 통해 전 세계적인 아이돌 가수로 성장할 수 있었던 것은 유튜브의 강력한 영향력을 입증하고 있다. 또한, 유튜브를 통해 몇 분 안에 전 세계 수백만 명이 동영상을 시청하는 것이 가능하게 되어 유튜브 동영상들이 강력한 파급력을 가지고 사회적인 영향을 행사하게 되는 등 유튜브는 인터넷 문화의 중요한 한 부분으로 자리 잡았다.

☐ 대표사례: 맥주브랜드 "The Desperados"

유튜브가 성장하면서 많은 기업이 유튜브를 활용한 마케팅 캠페인을 펼치고 있다. 신제품의 홍보 동영상을 제작하여 유튜브를 통해 홍보하거나 오프라인과 연계해 유튜브를 통해 프로모션을 진행하는 등 마케팅 캠페인에 유튜브를 중요한 매체로 이용하고 있다. 이 중에서도 유튜브를 적극 활용한 인터랙티브형 영상을 제작하여 캠페인을 전개한 대표적인 사례로 영국의 맥주 브랜드 "The Desperados"가 있다. 이 브랜드는 TV 광고용 영상을 유튜브 기반의 새로운 인터랙티브형 영상으로 구성해 많은 인기를 끌었다. The Desperados의 캠페인은 단순히 이용자가 영상을 보는 차원에서 벗어나 적극적으로 스토리 진행에 참여하게 하고, 이용자의 페이스북과 연결하게 해 소셜의

영국의 맥주 브랜드 "The Desperados"의 유튜브 인터랙티브형 영상(www.youtube.com/watch?v=AfeWVW9JlqE)캡처

기능을 추가했다는 점에서 기존의 캠페인들과 차이점이 있다. 캠페인 페이지를 클릭하여 이용자의 생년월일과 거주지역, 성별 등을 입력하면 문이 열리는 영상이 나타나며 파티를 즐기는 모습이 보이고 이용자는 자신의 페이스북과 연결해서 스토리를 전개할 것인지를 선택하게 된다. 이때 자신의 페이스북과 연결하기를 선택하면 영상이 계속 진행되면서 영상 속의 액자 안에 자신의 페이스북 친구들의 사진이 뜨게 된다. 그 뒤, 화면이 흔들리고 벽이 갈라지는 영상이 나오면, 이용자가 마우스로 유튜브 영상을 드래그하여 벽을 깨고 다른 화면으로 넘어가게 하는 등 이용자가 적극적으로 스토리텔링에 참여하게 하여 이용자의 관여도와 몰입도를 높였다. 또한, 영상이 끝나면 페이스북 친구들과 영상을 공유할 수 있도록 하여, 소셜 미디어를 통해 이용자들이 적극적으로 이 캠페인을 공유하고 확산시키도록 했다는 점에서 혁신적인 인터랙티브 소셜 캠페인으로 꼽히고 있다.

☐ 유튜브 마케팅의 성공요인과 향후 과제

2012년 7월 기준 유튜브는 월 8억 명의 방문자와 40억 건의 일일 페이지뷰를 기록하며 최고의 동영상 플랫폼으로 자리 잡았다. 유튜브가 이 같은 성과를 낼 수 있었던 이유는 유튜브가 단순 UCC(User Created Content)에서 벗어나 양질의 컨텐츠를 확보하는 데 성공했기 때문으로 보고있다. 유튜브는 서비스 차별화를 위해 에비앙, 나이키, 현대자동차 등 많은 글로벌 기업들을 파트너사로 영입하여 더욱 다양하고 흥미로운 컨텐츠를 제공하고, 파트너사들이 전 세계 유튜브 사용자를 잠재고객으로 확보할 수 있도록 하는 윈-윈 비즈니스 모델을 구축하였다. 이러한 윈윈전략은 광고수익 분배 모델을 통해 파트너사들에게 수익 창출의 기회까지 제공하고 있다. 그리고 싸이의 강남스타일이 10억 건의 조회 수를 기록하며 유튜브를 통해 성공적인 외국 진출을 하면서 해외시장에 관심이 있는 대형 연예 기획사나 지상파 방송사 같은 컨텐츠업체들이 세계로 나아가는 마케팅 채널로서 유튜브를 주목하고 있다.

또한, 유튜브는 화려한 동영상 광고는 물론 장르 기반의 타게팅 광고까지 할 수 있다는 장점으로 많은 기업들에게 매력적인 마케팅 채널로 주목받고 있다. 유튜브는 사용자 패턴을 분석해 유형화하고 각 유형에 맞춰 광고를 노출시키는 방법을 개발하고, 광고주들에게 유튜브 사용자들의 접속 지역, 시간, 연령대, 성별 등을 분석한 통계자료를 무료로 제공하고 있다. 이를 바탕으로 기업들은 원하는 지역, 연령대, 성별의 고객들에게 집중하여 효율적으로 광고를 할 수 있게 되었다.

유튜브는 세계 최대 동영상 컨텐츠 보유 저장소로 자리매김했지만 앞으로 더욱 성장하기 위해서는 수익을 창출하는 컨텐츠를 강화하고, 광고 이외의 수익모델을 발굴하여 수익성 확보를 해야할 것이다. 현재 유튜브는 거의 모든 수익원을 광고에 의존하고 있는 현실이다. 앞으로 더욱 탄탄한 수익 구조를 확보하기 위해 유튜브가 가진 수많은 사용자들을 활용하여 수익을 낼 수 있는 방안을 개발해야 할 것이다.

또한, 구글 플랫폼과의 연계를 통해 검색 및 SNS 기능을 강화하는 등 급격하게 변화하는 인터넷 환경에 적응해나가야 할 것이다. 특히 스마트폰 보급화와 함께 모바일 기기를 이용해 유튜브에 접속하는 사용자수가 급증하고 있는데, 이에 따라 사용자들이 모바일 상에서 동영상 시청을 쉽고 편하게 할 수 있도록 하는 방안을 마련해야 할 것이다.

*참고문헌

1. 신문기사

이원진 (2010), "5년간 돈 안되던 유튜브, 수익모델로 변한 까닭은?" 매일경제, 2010년 4월 9일자.
최용식 (2012), "구글 유튜브, 토종 동영상 서비스 올킬," 뉴스토마토, 2012년 7월 5일자.
최용식 (2012), "구글코리아 '모바일·동영상·네트워크 광고가 뜬다'," 뉴스토마토, 2012년 7월 17일자.

2. 기타(인터넷검색 자료)

blog.naver.com/stussy9505/60127733406
ko.wikipedia.org/wiki/유튜브
www.youtube.com/watch?v=AfeWVW9JI9E

2장 인터넷 마케팅 패러다임

아웃소싱(outsourcing)
교환(exchange)
퍼미션(permission)
인터넷 마케팅(internet marketing)
비차별적 마케팅(undifferentiated marketing)
표적마케팅(target marketing)
집중마케팅(focus marketing)
차별적 마케팅(differentiated marketing)
관계마케팅(relationship marketing)
일대일 마케팅(one-to-one marketing)
뉴 마케팅 패러다임
고객점유율
콜래보레이터(collaborator)
콜래보레이션(collaboration)
컨텐트웨어(contentware)
리얼타임마케팅(real time marketing)
선제적 마케팅(proactive marketing)
커미트먼트(commitment)
커뮤니케이션(communication)
채널(channel)

 소비자가 창출하여 확산시키는 정보

인터넷 세상이 열리고 특히 SNS가 생활의 일부가 되면서 마케팅은 새로운 패러다임을 요구받고 있다. 전통적으로는 기업이 시장조사를 통해 상품을 개발하고 마케팅 활동을 벌였다. 이제는 인터넷 기술의 발달과 SNS의 활용이 늘어남에 따라 소비자의 의견이 큰 영향력을 미치게 되었다. 또한 이전에는 기업이 소비자보다 더 많은 정보를 갖고 있는 경우가 일반적이었기 때문에, 기업이 가격을 정하고 소비자들이 이에 순응할 수밖에 없는 상황이 대부분이었다. 그러나, 인터넷 환경하에서의 소비자들은 인터넷을 통한 다양한 정보획득으로 그들의 영향력을 키우게 되었기에, 기업에게는 고객을 주체로 인정하는 새로운 마케팅 패러다임이 절실해졌다.

예를 들면, 다나와(www.danawa.co.kr) 등의 가격비교 사이트의 등장으로 소비자들은 순식간에 특정 제품의 가격을 개별 쇼핑몰마다 검색해 낼 수 있다. 그러나 소비자가 제품을 구매하는 의사결정은 단순히 가격에 의해 이루어지지 않는 경우도 많다. 즉, 특정 제품의 가격에 대한 모든 검색을 마친 후에 소비자들은 반드시 가장 저렴한 가격을 제공하는 쇼핑몰에서 구매를 하는 것만은 아니다. 예를 들어 가격이 너무 저렴한 쇼핑몰이나, 생소한 쇼핑몰에서의 구매에는 무언가 문제가 있을 수 있다는 것에 대한 불안감이 존재한다. 이러한 이유로 단순히 가격정보만을 제공하는 데는 소비자의 욕구충족을 완전히 이루어 낼 수 없다.

아마존, 야후 쇼핑 등 많은 인터넷 사이트는 이러한 점에 착안하여 소비자들이 중심적으로 의견을 교환하고 제품의 피드백을 제공하도록 돕는 서비스를 제공하고 있다. 가입한 회원이 관심을 보인 제품군(예: 가전, 여행, 자동차 등 다양한 제품군들 중)의 리스트를 보여주고, 그 제품을 산 소비자들의 의견을 볼 수 있게 해 준다. 이러한 소비자들의 다양한 피드백을 통해 그 제품의 성능 및 가격을 파악할 수 있고, 쇼핑몰 사이트의 신뢰 측정 및 그것에 대한 검증을 할 수 있게 도와준다.

　　인터넷 환경하에서 소비자는 더 이상 단순히 수동적으로 정보를 수신하는 역할이 아니고 적극적으로 정보를 창출하여 발신할 수 있는 위치를 차지하였다. 과거에는 정보가 기업에서 소비자에게로 흘러들어가거나 강제적으로 주입되는 방식이었다. 그러나 이제는 여러 커뮤니티나, SNS를 통해서 이루어진 소비자 간의 정보전달이 대세를 이루고 있는 상황이 되었다. 더구나 소비자 간에 전달된 정보는 기업이 소비자에게 전달한 정보보다 신뢰성이 월등히 높다는 점은 결정적으로 중요한 점이 되고 있다. 소비자들은 이제 소극적 수신자의 입장에서 벗어나 적극적 참여자로서의 역할을 당연한 일상으로 여기고 있다.

　　기업은 이러한 변화에 적극적인 적응이 필요하다. 과거에는 기업이 소비자보다 우월한 정보를 갖고 있는 위치에서 소비자에게 접근하였다면, 이제는 대등한 위치에 선 소비자에게의 접근방법에 대해 생각해 보아야 한다. 이러한 변화의 적응에 기업의 미래가 걸려 있다고 해도 과언이 아니다. 소비자 사이에 좋지 못한 평판의 파장은 향후 기업의 어떠한 노력으로도 다시 회복할 수 없을 정도로 영향을 미칠 수도 있다. 이와 반대로 소비자들에게 적극적으로 기업의 생산과 홍보활동에 참여할 수 있는 기회를 제공할 수 있다면, 기업은 그 어떤 광고효과보다 큰 혜택을 매우 저렴한 가격에 누릴 수 있게 된다.

　　본 책의 1장의 내용에서 설명한 바와 같이 새로운 경제환경하에서 기업은 새로운 전략으로 시장에 접근하지 않으면 안 되게 되었다. 기업이 새로운 형태의 시장에 적절히 접근하기 위해서는 무엇보다도 마케팅의 새로운 역할이 필요하다. 그렇다면 마케팅은 어떤 역할을 하여야 하나?

　　이에 대한 답을 얻기 위해서는 우선 시장의 변화에 대한 이해가 필요하다. 인터넷 상황하에서의 시장은 거대한 하나의 시장이나 몇 개의 동질 그룹으로 구성된 시장이라기보다는, 극도로 세분화되어 개인 한 사람 한 사람이 독립된 세분시장으로서의 기능을 하는 마이크로 시장(micro market)의 성격을 띠게 된다(Toffler 2001). K-Pop을 전 세계 사람 모두가 좋아하거나 특정 국가 사람들만 좋아하는 것은 아니다. 동서양의 곳곳에 흩어져 있는 소수의 개인들이 팬들이다. 과거에는 이런 소수는 마케팅의 대상이 될 수 없었다. 비용 효율성이 없기 때문이었다. 그러나 이제는 인터넷을 매개로 개별적인 커뮤니케이션이 가능하게 됨으로써 흩어져 있는 소수가 마이크로 시장이 되었다. 그리고 이 마이크로 시장의 총합이 거대한 전 세계 시장이 된 것이다.

이제 기업은 극도로 세분화된 마이크로 시장을 관리하고 선도할 수 있어야 한다. 마이크로 시장에서의 소비자는 여러 가지 커뮤니케이션 채널을 통하여 다양한 욕구를 분출시킨다. 그리고 제품의 수명주기는 단축되며 개인의 개성을 표현할 수 있는 독특한 제품이 경쟁력을 갖게 된다. 이러한 개인 욕구 충족을 위한 독특한 제품 수요는 개인화(personalization)나 주문생산(customization)을 일반화시킬 것이다. 그리하여 결국 시장은 기업과 연결된 거대한 네트워크의 성격을 가지게 될 것이다. 이런 점에서 볼 때, 마이클 델(Michael Dell)이 대학 1학년이었던 1984년에 맞춤형 컴퓨터를 제작해 판매하는 방식을 시작하여 단기간에 세계 굴지의 기업으로 성장시킨 것은 우연이 아니다. 델은 고객을 세분화하고 제품의 설계부터 제조, 판매에 이르기까지 고객의 소리를 듣고 반영하여 공급함으로 대량주문생산(mass customization)의 시대를 열었다. '계획에 따른 구입'에서 '주문에 따른 구입'을 하여 8일 치 이하의 부품 재고를 유지하였다. 이러한 선견지명은 인터넷이 활성화되면서 시장에서의 주도적인 위치를 굳게 하였다(Michael Dell 2000).

그리고 인터넷 환경하에서는 다이나믹한 시장이 존재한다. 인터넷이 마이크로 시장의 수요에 신속히 반응할 수 있게 하여 과거에는 판매가 불가능하였던 시장을 개척하게 해 주기 때문이다. 기업이 가격을 탄력적으로 책정함으로써 원래 가격에서 가감한 가격의 시장을 개척할 수 있게 해 주는 것이다. 예를 들어 프라이스 라인(www.priceline.com)은 역경매 방식을 통하여 항공권이나 호텔, 렌트카, 여행 등과 같은 소멸성이 높은 제품이나 서비스 시장에서 원래 가격과 제로 사이에서 다이나믹하게 수요공급을 맞추고 있다. 이러한 탄력적 가격정책은 오프라인에서는 비효율적이거나 불가능한 방법이다.

인터넷에 의해 형성된 시장은 사이버 공간(cyber space)을 이용하기 때문에 물리적 공간제약이 없다는 특징도 있다(이두희 1999). 따라서 인터넷 시장은 자동적으로 글로벌 환경의 성격을 가진다. 오프라인상에서 글로벌 시장을 개척하려면 엄청난 노력과 비용이 들기 때문에 자본이 적은 기업은 엄두도 낼 수 없는 경우가 많았다. 그러나 인터넷 시장은 그 특성상 저절로 글로벌 환경에 노출되게 된다. 따라서 기업의 시장 개척을 위한 마케팅 효율성이 증대될 수 있다. 사이버 공간상의 시장인 인터넷 쇼핑몰의 경우는 진열공간을 무한대로 늘릴 수 있다는 장점도 있다.

인터넷 환경하의 시장은 24시간 가동한다는 특성도 있다. 컴퓨터 서버가 켜져 있는 한 시장은 쉬지 않고 기능을 하게 되는 것이다. 오프라인의 매장을 24시간 가동시키려면 인건비를 포함해서 많은 비용이 들게 된다. 그러나 인터넷 쇼핑몰의 경우는 주문을 받아 두었다가 다음날 아침에 일괄 처리하는 배치작업도 가능하여 인건비를 절감할 수 있다.

인터넷 환경하의 신 시장에서는 모든 것이 급속도로 바뀌기 때문에 끊임없는 혁신이 요구된다. 이렇듯 급격히 변하는 시장에서는 경제를 주도하는 기업의 성격도 달라진다. 산업시대에는 물적 자본을 많이 가진 기업이 상품거래에서 주도권을 행사하였다. 그러나 네트워크 성격의 마이크로 시장에서는 정보나 지식을 많이 가진 기업이 주도를 한다. 따라서 기업은 소유보다는 접속(access)을 통하여 효율성을 추구하고 있다 (Rifkin 2001). 미국 기업이 사용하고 있는 기계, 설비, 운송 수단의 1/3은 빌린 것이라고 한다. 생산은 아웃소싱(outsourcing)하고 공장 없이 디자인과 상표만을 마케팅하는 상표소유 기업도 늘고 있다. 나이키야말로 상표소유 기업의 대표적 예이며, 통신기기업체인 시스코(CISCO)도 전체 생산과정의 70퍼센트를 아웃소싱하고 이를 통해 절약한 자본을 연구개발에 집중시키고 있다고 한다. 우리나라의 벤처기업 중 츄(CHUU; www.chuu.co.kr)는 동대문 시장 등의 의류 잡화 상품을 안목 있게 선정하고 본인들이 직접 모델로 등장하는 청년창업기업이다. 이 기업의 핵심역량은 표적 시장에 적합한 패션 상품을 선정하여 시장이 공감할 수 있는 적절한 의미를 부여하는 것이다. 생산라인이 없다는 점이 오히려 장점이다.

마케팅의 새로운 역할을 설명하기 위해서는, 앞에서 설명한 시장의 변화뿐만 아니라, 소비자의 역할 변화도 이해하는 것이 필요하다. 전통적으로 소비자는 문자 그대로 소비를 하는 사람이었다. 그런데 인터넷 환경 하에서는 소비자의 역할이 매우 다양하게 변화하고 있다. 우선 과거에는 기업과 소비자 간에 정보의 비대칭성이 존재하였다. 기업은 소비자에 대하여 많은 정보를 가지지만 소비자는 그렇지 못함으로 인해, 두 주체간의 경쟁에서 항상 기업이 유리하여 기업이 힘을 갖게 되었던 것이다. 그런데 인터넷은 소비자에게도 많은 정보를 쉽게 전달해 준다. 제품에 관한 정보는 물론 기업의 전략에 관한 정보도 웹을 통하여 얻을 수 있게 되었다. 특히 소비자가 민감하게 반응하는 가격정보는, 자신이 경쟁 쇼핑몰을 방문하여 짧은 시간에 수집하거나, 쇼핑에이전트를 이용한 사이트에 들려 간단히 경쟁가격 정보를 얻을 수 있게 되었다. 기업은 경쟁기업의 가격정보를 실시간으로 추적하기가 현실적으로 어렵지만, 소비자는 자기가 구매를 원하는 시점에서의 실시간 가격정보를 쉽게 비교할 수 있게 되었다. 이제 기업이 소비자에 대해 갖는 힘의 원천인 정보의 비대칭성은 무너지고 있는 것이다. 어떤 경우는 오히려 소비자가 더 많은 정보를 가지게 됨으로써 소비자가 힘의 우위에 설 수도 있게 되었다.

뿐만 아니라 소비자는 커뮤니티(community)를 형성하여 사이버상에서 서로 정보를 나누고 힘을 합칠 수 있게 되었다. 오프라인상에서는 상상도 할 수 없는 소비자간 힘의 결집이 가능하게 된 것이다. 따라서 과거에는 기업이 소비자를 일방적으로 선도할 수 있었지만, 이제는 대등한 위치에 선 소비자와 협력하는 방안을 모색해야 할 것이다. 인터넷을 이용한 소비자의 결집은 인터넷이 등장한 후 일찍이 일어난 현상이다. 예를 들어, 일본의 가전회사인 도시바(Toshiba)는 소비자의 애프터서비스 요구에 오히려 폭언을 하는 등으로 불성실하게 대응한 적이 과거에 있었다. 이에 분개한 소비자는 도시바 직원의 폭언 내용을 담은 웹 사이트를 제작하였고, 그 결과 웹 사이트를 오픈한 지 한 달 동안 무려 2백만 회가 넘는 접속횟수를 기록하였다. 특히 도시바의 서비스에 불만이 있던 다른 소비자들도 이에 동조하게 되었고 도시바에 항의 메일이 매일 2,000통 이상씩 쏟아져 들었다. 또한, 2002년 동계올림픽에서 심판의 부정판정에 항의하기 위하여 우리나라의 많은 사람들이 동계올림픽 사이트, 오노선수의 개인사이트, NBC사이트를 집중 방문하여 항의를 하거나, 설문에 공격적으로 응답을 하고, 심지어는 단체 사이버 시위를 통하여 사이트를 마비시키는 행동을 하기도 하였다. 과거에는 지리적으로 떨어져 있는 사람들끼리 의사소통하여 의견을 결집하고 집단행동을 하여 외국의 단체에 영향을 미친다는 사실은 상상도 할 수 없던 일이었다.

소비자는 인터넷을 통하여 기업의 생산활동에 참여하기도 한다. 기업에게 신제품 아이디어를 인터넷을 통하여 제공하거나, 컨텐츠(contents)제작에 소비자 스스로가 자발적으로 참여하여 게시판에 의견이나 자료를 올리고 있다. 이렇게 본다면 소비자는 이제 소비만 담당하는 주체가 아니라, 소비와 일부 생산에도 직접 참여하는 프로슈머(prosumer)의 역할을 하고 있는 것이다. 뿐만 아니라 소비자는 이제 판매 행위를 스스로 담당하는 세일슈머(salesumer)로서의 역할도 하고 있다. 인터넷 시장에서는 구매자가 자신의 컴퓨터에서 직접 타이핑하여 주문을 하게 되는데, 그 자료는 자동으로 쇼핑몰의 자료로 입력되어 데이터베이스를 구성한다. 오프라인 시장의 경우는 구매정보 입력은 판매자의 일이었기 때문에 입력 담당직원을 따로 고용해야 했었지만, 인터넷의 경우는 구매자가 스스로 자신의 노력과 비용을 들여 입력하는 행위를 하는 것이다. 결국 구매자와 판매자의 역할 분담에 변화가 발생하고, 구매자 스스로가 판매행위의 일부를 수행하는 협력자로서의 역할을 하게 되었다. 그리고 소비자가 사용해 본 경험을 게시판에 게재함으로써 구매를 권장하는 세일즈맨으로서의 기능도 하고 있다. 예를 들어, 인터넷상의 쇼핑몰들은 단순히 제품을 구매하게 할 뿐만 아니라, 구매 후 구매후기를 적게 함으로써 소비자 스스로가 소비자이며 동시에 제품 판매촉진을 위한 정보제공자가 되도록 하는 것이다. 뿐만 아니라 인터넷 환경에서 소비자는 SNS를 이용하여 광고나 제품정보를 다단계 방법으로 구전(word-of-mouth)시키는 등의 방법을 통해 세일즈 기능을 수행하고 있기도 하다.

이와 같이 시장도 변하고 소비자도 변한 신 경제환경에서는 기업의 전략이 변하고 마케팅의 기능과 역할이 달라지는 것은 당연한 귀결이라고 생각된다. 이에 아래의 내용에서는 신 경제환경에서 변화한 마케팅의 역할변화에 대해 보다 자세히 살펴보도록 한다.

지금까지 살펴보았듯이, 신경제하에서는 기업의 마케팅 활동에 영향을 미치는 시장과 소비자가 변화하고 있고, 또한 경쟁 환경 역시 급격히 변화함에 따라 기업의 경쟁방식을 결정하는 마케팅도 변할 수밖에 없다. 그렇다면 마케팅은 어떻게 변하고 있는가? 이를 설명하기 전에 마케팅이란 무엇인지를 먼저 원천적으로 생각해 볼 필요가 있다. 한국마케팅학회의 정의에 의하면 마케팅은 "조직이나 개인이 자신의 목적을 달성시키는 교환을 창출하고 유지할 수 있도록 시장을 정의하고 관리하는 과정"이다. 이와 같은 한국마케팅학회의 마케팅 정의에 따르면 마케팅의 궁극적 목적을 '교환을 창출하고 유지하는 것'으로 설명하고 있다. 이러한 의미는 마케팅 활동의 근간이 고객에게 가치를 창출하는 것에 있음을 지적한 본 저서의 1장에서 언급하고 있는 AMA의 2004년 정의와 그 의미를 같이하는 것이라 하겠다. 저자는 마케팅을 쉽게 말해 '만족의 교환을 창출하고 유지하는 모든 활동'으로 설명하고자 한다. 한 주체와 상대 주체 간에 서로 만족을 주고받을 수 있도록 하는 모든 활동이 마케팅인 것이다.

그렇다면 교환은 무엇일까? 교환(exchange)이란 글자 그대로 주고받는 것으로, 그림 2-1에서 보듯이, 교환의 한 주체가 어떤 것을 제공하고 그 반대급부로 어떤 것을 받는 것을 말한다. 기업의 경우에는 거래(transaction)가 가장 일반적인 교환인데, 기업

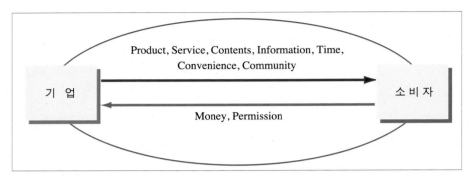

그림 2-1 기업과 소비자 간의 교환

은 주로 제품이나 서비스를 제공하고 반대로 금전적 보상을 받게 된다. 기업에서의 마케팅은, 결국 이러한 거래가 잘 이루어지지 않으면 거래를 창출하고, 한번 창출된 거래는 지속적으로 유지(retaining)하게 하는 것이다. 기업은 이러한 마케팅 활동을 통해 경쟁우위를 창출하고 매출을 발생시킨다.

그런데 인터넷 환경 하에서는 그 교환의 대상물이 오프라인 마케팅에 비해 더욱 다양해졌다는 차이점이 있다. 컨텐츠(contents), 커뮤니티(community)와 같은 새로운 것들 외에도 정보나 시간과 같이 과거에는 중요한 제공물이 아니었던 것들도 일상적으로 교환하게 한다. 반대급부로 제공받는 것들 중에는 고객의 정보나 노력, 시간 등을 포함한 퍼미션(permission)도 포함된다. 물론 전통적인 마케팅에서도 이와 같은 것들을 상호 교환하였다고 확대 해석하여 주장할 수도 있겠지만, 분명한 것은 인터넷 환경 하에서는 앞에서 언급한 제공물들의 중요성이 확실히 부각되었다는 점이다. 따라서 인터넷 환경하의 기업은 과거에 제품이나 서비스를 제공하고 금전적 보상을 받았던 것에 비해, 커뮤니티를 제공하고 퍼미션을 받는 교환행위를 하는 등, 교환의 내용이 더욱 다양하게 되었다는 점은 부인할 수 없는 사실이다.

인터넷 마케팅(Internet Marketing)은 이러한 '인터넷 환경 하에서, 조직이나 개인이 만족(satisfaction)의 교환(exchange)을 창출하고 지속적인 관계(relationship)를 유지하기 위해, 시장을 정의하고 관리하는 과정'이라고 정의할 수 있다. 그런데 앞에서 언급한 바와 같이, 인터넷 마케팅에서는 교환되는 교환물이 더욱 다양하고 앞으로도 새로운 것들이 부가될 수 있다는 점을 고려하여 전략을 세워야 할 것이다.

그렇다면 마케팅은 그동안 어떻게 발전되고 진화해 왔는가? 이에 대한 답을 간략하게 정리하기는 쉽지 않지만 표 2 - 1과 같이 정리하여 설명할 수 있다.

마케팅이 일반화되기 전에는 판매방식(sales)에 의존하였다. 판매방식을 쉽게 표현한다면 '가장 잘 만들 수 있는 제품을 만들고 다양한 촉진방법을 동원하여 거래를 성사시키는 방법'이다. 마케팅 방식은 이러한 판매방식에 비해 시장을 분석하여 '가장 잘 팔릴 수 있는 제품을 만들어 거래함'으로써 판매방식보다 경쟁우위를 점하게 되었다. 이에 따라 시장에 대한 정보를 수집하고 분석하여 소비자의 욕구(wants)나 필요(needs)에 가장 잘 적응하는 것이 핵심 경쟁요인이 되었다. 이러한 시장정보를 바탕으로 적절히 마케팅 믹스(marketing mix)를 구성하여 시장에 가장 효율적으로 접근하는 것이 중요하게 된 것이다. 이때의 마케팅 대상은 남녀노소를 포함하는 대중 전체였으며, 이들을 차별화하지 않고 한 가지의 마케팅 믹스로 전 대중을 공략하는 비차별적 마케팅(Undifferentiated Marketing)이었다.

그런데 대부분의 기업들이 이와 같은 대중마케팅을 도입하고 적용하게 됨에 따라 상대적 경쟁우위는 약해져 갔다. 그리고 각 기업들이 가용할 수 있는 자원은 제한되어

표 2-1 마케팅 패러다임의 변화

	대중 마케팅 Mass Marketing	표적 마케팅 Target Marketing	관계 마케팅 Relationship Marketing
대 상	대중	표적 집단	개인
시장 접근방법	비차별적 마케팅 (Undifferentiated Marketing)	차별적 마케팅 (Differentiated Marketing) 집중 마케팅 (Focus Marketing)	일 대 일 마케팅 (One-To-One Marketing)
마케팅 목표	시장 점유율(Market Share), 매출액, 고객만족도		고객점유율(Customer Share)
경제원리	규모의 경제(Economies Of Scale)		범위의 경제 (Economies Of Scope)
관 리	제품관리(Product Management)		고객관리 (Customer Management)
커뮤니케이션	일방향(One-Way)		쌍방향(Two-Way)

있기 때문에 전 대중을 대상으로 하는 마케팅은 경쟁력을 갖기 어렵다는 결론에 도달하게 되었다. 이에 따라 시장을 세분화(segmentation)하고, 세분된 시장 중에서 가장 경쟁력이 있을 것으로 판단되는 세분시장을 표적으로 선정하여 자원을 집중시키는 표적마케팅(Target Marketing)을 하게 되었다. 기업은 가용 자원을 작은 세분시장에 집중시킴으로써 표적시장(target market) 내에서는 경쟁력을 가질 수 있게 되었다. 그 결과 대중마케팅을 펴는 기업에 비해서 표적시장 내에서는 경쟁우위를 가질 수 있게 되었다. 이때 하나의 표적시장에 기업의 전 자원을 투입하는 방식을 집중마케팅(Focus Marketing)이라고 하고, 몇 개의 세분시장을 표적으로 잡고 각각 다른 마케팅 믹스를 차별화해서 집행하는 방식을 차별적 마케팅(Differentiated Marketing)이라고 한다. 자연적으로 기업들은 대중마케팅 방식에서 표적마케팅으로 마케팅의 방식을 바꾸게 되어 오늘날 마케팅의 꽃을 피우게 되었다.

대중마케팅이나 표적마케팅의 경우 마케팅 목표는 매출액이나 시장점유율 및 고객만족도 등을 중요한 변수로 적용하였다. 두 방식 모두, 표준화된 제품을 대량생산하여 생산단가 절감을 핵심개념으로 하는 규모의 경제(economies of scale)를 경제원리로 하였다. 그리고 사고의 중심을 제품에 둠으로써 제품관리자(PM: Product Manager)가 제품을 일관성 있게 관리하는 제품관리(product management)가 기본 관리방법이었다. 이때 고객과의 커뮤니케이션은 기업이 매스미디어를 이용하여 행하는 일방적인 커뮤니케이션이었다. 소비자가 자신의 의견을 기업에 전달하기 위해서는 아주 특별한 노력을 기울여야만 가능한 형태의 커뮤니케이션이었던 것이다.

그런데 마케팅의 대상을 대중에서 표적집단으로 점점 소규모화하여 집중하면서 기업의 마케팅력이 제고되었기 때문에, 기업은 더 작은 표적시장관리에 대한 가능성을 타진하게 되었다. 표적집단보다 더 작은 집단은 바로 개인이었으며 개인 한 사람 한 사람을 표적집단으로 관리할 수 있다면 고객만족도를 비롯한 마케팅 성과는 획기적으로 개선될 것임이 틀림없다고 판단되었다.

기업들은 이제, 개인을 대상으로 하는 마케팅을 연구하게 되었다. 그런 가운데 매출을 발생시키는 원인변수는 고객이라는 점이 부각되었고, 자사에 애호도(loyalty)가 높은 고객을 유지시킬 수만 있다면 미래의 매출은 따라서 발생할 것으로 생각되었다. 매출이라는 결과변수보다는 매출을 일으키는 원인변수인 고객을 관리할 수 있다면 매출은 결과적으로 발생될 것이라는 논리이다.

이에 따라 고객은 이제 더 이상 기업이 '제품을 팔아야 하는 대상으로서의 통제 불가능한 집단'만은 아니게 되었다. 고객의 욕구충족이나 만족을 위해서, 기업이 고객 자신보다 고객을 더 잘 알고 관리해 주기 시작한 것이다. 즉, 고객은 이제 '판매의 대상'이 아니라 '관리의 대상'이 되었다. 예를 들어, 인터넷 쇼핑몰에서는 회원의 결혼기념일 수 일 전에 자동 이메일을 발송하여 기념일을 상기시켜 주고, 평상시 구매패턴을 분석하여 적절한 선물을 추천하는 상기서비스(reminder service)를 채택하게 되었다. 이 서비스 때문에, 깜박했던 기념일을 알게 된 고객은 그 감사함을 잊을 수 없을 것이다. 이제 기업은 고객에게 단순히 물건을 팔기 위해 귀찮게 하는 존재가 아니라, 고객 자신의 성공을 도와주는 협력자(collaborator)로서 장기적으로 관계를 유지하면 도움이 되는 존재가 되었다.

고객과의 관계를 중심축으로 진행하는 이러한 마케팅은 관계마케팅(Relationship Marketing)이라 불린다. 좀 더 구체적으로 말하자면, 관계마케팅은 "개별소비자와의 유대관계를 공고히 하여 장기적으로 기업이나 개별소비자 모두의 상호이익을 추구하기 위한 마케팅"(Shani and Chalasani 1992)이라고 할 수 있다. 관계의 창출과 유지가 메커니즘인 관계마케팅의 시대가 열리게 된 것이다. 관계마케팅을 성공적으로 수행하려면 기업은 고객을 고객 자신보다 더 잘 알아서 사전적(proactive)으로 관리하는 것이 바람직하다. 이에 따라 기업은 기존의 제품관리(Product Management)에서 고객관리(Customer Management)로 관리방식을 바꾸기 시작하고 있다. 고객관리를 효율적으로 수행하는 방법으로 고객의 평생가치(LTV: Lifetime Value)를 계산하고 그에 따른 차별화된 전략이 실천되기 시작했다.

그런데 이러한 고객관리는, 과거에는 엄청난 비용으로 인해 현실성이 없었으나, 데이터베이스의 발달로 비용이 감소되어 이제는 일상화되고 있다. 특히 고객과의 관계 발전을 위한 필요조건으로는 상호 의사를 소통하여야 하는데, 기존의 매스미디어는 일방향적 커뮤니케이션만을 가능하게 했고, 전화나 팩스와 같은 통신도구는 시간과 비용이 너무 많이 들기 때문에 어려움이 많았다. 그런데 인터넷이 상용화되고 나서는 이러한 문제점은 말끔히 해소되게 되었다. 인터넷은 SNS, 이메일, 게시판, 채팅, 메신저 서비스 등과 같은 다양한 멀티미디어 쌍방향 커뮤니케이션을 가능하게 하였다. 수십만 명의 고객에게도 클릭 한 번으로 메시지를 보낼 수 있고, 실시간으로 채팅도 할 수 있게 되었다. 고객도 커뮤니케이션의 주체로서 어떤 내용이라도 원하는 시간에 물리적, 금전적, 심리적 부담을 최소화하여 기업에게 커뮤니케이션할 수 있는 방법이 열리게 되었다. 뿐만 아니라 상호 일면식도 없는 고객끼리도 자유자재로 쌍방향 커뮤니케이션을 할 수 있게 되었다. 이러한 쌍방향 커뮤니케이션의 일상화는 데이터베이스의 발달과 더불어 관계마케팅을 진일보시키는 데 결정적 역할을 하게 되었다.

이제 관계마케팅의 시대가 열렸으며, 표적마케팅의 도입시에 그러했듯이 누가 먼저 관계마케팅을 도입하고 효과적으로 운영하느냐가 새로운 경쟁우위 요인으로 떠오르고 있다. 관계마케팅을 성공적으로 운영하기 위해서는 일대일 마케팅(One-to-one Marketing)(Peppers and Rogers 1999)의 기법으로 시장에 접근하는 것이 필요하다. 일대일 마케팅이란 고객 한 사람 한 사람을 대상으로 경쟁하여 고객과의 관계를 정립하고 고객을 차별화하여 관리하는 마케팅이라고 할 수 있다.

일대일 마케팅으로 접근하는 관계마케팅의 마케팅 목표는 매출액이나 고객만족도와 같은 전통적인 마케팅 목표뿐 아니라 고객점유율(customer share)을 중요시한다. 고객점유율이란 자사가 경쟁하고 있는 시장 내의 총 고객 수 대비 자사와 거래하는 고객 수의 비율을 말한다. 고객점유율이 높을수록 자사를 신뢰하고 의지하는 고객의 비율이 시장에서 높다는 뜻이며 이는 결국 높은 매출을 창출하는 가장 중요한 요인이 될 것이다. 고객점유율을 높이기 위해서는 고객 한 사람 한 사람을 위하고 도와주고 협력해(collaboration) 주는 노력이 절대적으로 필요하다. 즉, 고객에 초점을 맞추고 고객의 욕구변화를 이해하여 새로운 욕구를 충족시킬 수 있는 제품이나 서비스를 개발 제공하는 고객관리가 필요한 것이다.

전통적인 마케팅의 경우는 광고를 통하여 대중 또는 표적시장에게 호소하고 설득함으로써 대량생산된 제품을 최대한 '많은 고객'에게 거래(transaction)시키는 것이었다. 이에 비하면 일대일 마케팅에서는 고객을 개별적으로 파악하고 변화를 추적하여 특정 고객에게 필요한 '다양한 제품'을 제공하는 단골화(patronage)가 중요하다. 이제는 한 가지의 제품을 몇 명의 고객에게 판매하는가도 중요하지만, 한 명의 고객에게 몇 가지의 제품을 제공할 수 있는가가 더욱 중요하게 된 것이다. 경제성의 논리가 규모의 경제(economies of scale)에서 범위의 경제(economies of scope)로 전환되고 있는 것이다. 기업은 이제 고객에게 물건을 한 번 파는 것만을 목적으로 하는 일회성 거래에서 한 번의 거래를 여러 번으로 지속시키는 고객관리를 하여야 한다. 예를 들어, 에어컨을 판매하였을 경우 때가 되면 알아서 관리해 주고 신제품이 나왔을 때는 업그레이드를 권한다. 기존의 고객 정보는 무시하고 매번 신규 고객을 찾는 노력을 하는 것은 마케팅의 비용만 늘릴 뿐이다. 더 많은 제품을 매번 신규고객에게, 기존 고객마저도 신규고객으로 취급하여, 팔려고 안간힘을 쓰는 것보다, 또 다른 제품을 추가 판매하는 것이 훨씬 효율적일 것이다.

기업과 고객 간의 성공적인 관계 정립을 위해서는, 기업이 고객에게 협력자 (collaborator)의 역할을 해야 하는 것은 당연할 뿐 아니라, 고객도 기업에게 다양한 정보를 제공하는 등의 적극적인 협력(collaboration)을 해야 한다. 성공적인 관계마케팅을 위한 일 대 일 마케팅에서는 기업과 고객은 팔고 사는 분리된 역할자로서 행동하는 것이 아니라, 각자의 성공을 위해 상호 협력하는 공동 협력자의 역할을 담당해야 한다는 것이다.

지금까지 우리는 기업이 제공하는 제품이나 서비스의 교환대상자를 소비자, 구매자, 고객 등으로 불렀다. 제품을 소비하는 주체로서의 소비자(consumer), 제품을 구매하는 주체로서의 구매자(buyer, purchaser) 및 판매자의 상대로서의 고객(customer)으로 불린 것이다. 그러나 이제는 기업과 고객은 단순히 팔고 사는 주체로서 구별되어져야 하는 것이 아니고, 각 주체의 성공을 위해 상호 협력하는 파트너 또는 동업자로서의 콜래보레이터(collaborator)가 되어야 한다. 이런 관점에서 볼 때, 이제 기업은 고객을 콜래보레이터라는 개념으로 접근해야 한다. 이제는 고객은 더 이상 소비자나 구매자나 고객이 아니고 콜래보레이터이다. 예를 들어 MRO, 건축자재 등을 판매하는 아이마켓코리아(www.iMarketKorea.com)의 경우, 때로는 제품의 가격이 판매가 이루어지고 난 후에 결정되기도 한다. 왜냐하면 서로가 각자에게 장기적으로 도움이 되는 파트너라는 신뢰가 있기 때문이며, 서로 초단기적 이익을 추구하다가 장기적인 손실을 감수하고 싶지 않다는 것을 알기 때문이다.

예를 바꾸어, 일본의 많은 우동집들의 경우 재료를 납품하는 업체를 조금 가격이 싸다고 해서 바꾸지 않는다고 한다. 왜냐하면 할아버지 세대부터 양 업체 간에 구축된 신뢰가 더 중요하며, 약간 비싼 가격을 지불하는 것처럼 보이지만 장기적으로 품질에 관

1부 인터넷과 새로운 패러다임

한 위험이 적어 이익이 되기 때문이다. 이러한 관계에 있어서는 서로가 각자 파트너로서 도움이 되는 공동운명체적 콜래보레이터로서 역할을 하고 있는 것이다. 이들은 일회성 거래에 초점을 둔 판매자와 구매자/고객으로 접근하고 있지 않다. 이 책에서는 이와 같은 개념으로 고객을 접근하고자 한다. 그런데 지금까지 익숙해져 있는 고객이란 용어를 콜래보레이터로 바꾸어 사용하게 되면 필요 이상의 혼동이 야기될 우려가 있기 때문에, 일단 '고객'과 '콜래보레이터'를 구별 없이 사용하기로 한다.

이와 같은 맥락에서 대이와 몽고메리(Day and Montgomery 1999)도 마케팅의 핵심이 거래(transaction)에서 관계(relationship)로 이전되고 네트워크화됨에 따라, 공급자나 유통업자도, 상호 의존적이 됨으로써 상호 콜래보레이션(collaboration)이 중요하게 되었다고 주장하였다. 따라서 마케팅의 역할에는 네트워크 구성원들 간의 콜래보레이션과 고객과 기업간의 콜래보레이션도 포함하여야 할 것이다. 특히 기업에서 마케팅이 이런 역할을 담당해야 하는 이유는, 신경제하에서 특징되어지는 극히 분화되고 복잡한 마이크로 시장에서의 고객정보를 분석하고 지식화하는 기능을 수행함으로써, 기업의 고객관계관리 전략과 네트워크 전략의 방향을 계획할 수 있기 때문이라고 본다. 네트워크 경제하에서 마케팅은 더욱 중요해져, 고객과의 관계관리는 물론 네트워크 구성체들과의 관계관리를 위해 통합 관리하는 다양한 역할을 담당해야 할 것이다.

이러한 기능을 수행하기 위해서는 기업이 매스미디어를 통해 일방적으로 하는 독백(monologue)이 아니라 기업과 고객 간의 대화(dialogue)가 필요하다. 일방향적인 촉진 메시지보다는 쌍방향 커뮤니케이션(two way communication)의 중요성이 부각되는 것이다. 이때 특히 인터넷이 쌍방향 커뮤니케이션 도구로서 극히 중요한 기능을 하게 된다. 앞에서 언급한 바와 같이 인터넷은 여러 가지 방법에 의해 실시간(real time)으로 저렴하게 쌍방향 커뮤니케이션을 가능하게 해 줄 수 있다.

기업은 고객과의 이러한 쌍방향 커뮤니케이션을 통해 고객을 더욱 깊이 이해하고 향후의 마케팅에 반영하며, 고객은 기업에게 자신이 원하는 것이 무엇인지를 적극적으로 알림으로써 더욱 만족스러운 제품이나 서비스를 제공받을 수 있게 된다. 이제는 고객도 기업과의 관계에 있어서 행위 주체로서의 적극적인 역할을 할 수 있게 되었다. 그리고 자신의 욕구 변화나 자신이 누구인가에 대한 다양한 정보를 기업에게 주고자 하는 퍼미션(permission)은 고객의 권리이자 자신이 더욱 대접받기 위한 대가가 되고 있다.

지금까지 대중마케팅, 표적마케팅에서 지금의 관계마케팅으로의 마케팅 패러다임이 변화함에 따른 마케팅의 역할 변화에 대해 살펴보았다. 이러한 사실을 통해 과거의 마케팅은 소비자의 4P 마케팅 믹스를 잘 하여 판매대상이며 통제 불가능한 고객을 대상으로 거래를 창출하는 것이 궁극적 목적이었으나, 인터넷과 네트워킹으로 대변되는 신경제하에서는 마케팅의 새로운 역할이 기대되고 있음을 알 수 있다. 애크롤과 코틀러(Achrol and Kotler 1999)에 의하면, 마케팅은 실시간으로 시장과 네트워크의 정보를 결집하여, 기업 내부의 다양한 부서들의 기능을 고려한 지식을 창출하고 부서간의 갈등을 해소하며 통합하는 역할을 해야 한다. 또한 기업 외부의 다양한 네트워크 구성체들 간의 통합 및 조정역할도 해야 한다. 한편 기술과 전자상거래를 예측하여 시장을 재구성하고, 소비자들의 커뮤니티도 구성해야 한다. 무엇보다도 이들이 제안하는 신경제하에서의 마케팅 역할 중 가장 획기적으로 다른 점은, 마케팅이 더 이상 판매자를 위한 대행인으로서의 역할을 하는 것이 아니라 고객을 위한 컨설턴트로서의 역할을 해야 한다는 점이다. 이런 점에서 보면 마케팅의 역할은, 기업의 거래를 창출하기 위한 전통적인 기능을 수행한다기보다는, 시장으로부터 정보를 수집하고 분석하여 지식을 창출하고, 이를 바탕으로 기업내부의 부서들과 네트워크 구성조직들을 교육하고 조정하고 통합하는 기능을 하는 것이라고 할 수 있다. 특히 고객의 욕구가 극히 다양해지고 힘이 증대됨에 따라 고객을 위한 매니저나 컨설턴트의 역할을 담당해야 하는 것이 신경제하에서의 마케팅 역할의 큰 변화라고 할 수 있다.

 **뉴 마케팅 패러다임**

이상에서 살펴본 바와 같이, 인터넷의 다양한 영향력과 급변하는 기업환경의 상승 작용으로 마케팅의 전통적인 역할과 기능이 큰 물결과 같이 변화하고 있다. 저자는 이러한 거대한 변화를 패러다임의 변화로 표현하고자 한다. 다음에는 마케팅의 전통적 패러다임과 새로운 패러다임을 비교해 보자.

표2-2 전통적 마케팅 패러다임과 뉴 마케팅 패러다임

	전통적 마케팅 패러다임	뉴 마케팅 패러다임
소비자의 역할	구매자 소비자 정보의 수신자	구매자 소비자 생산소비자 (prosumer) 판매소비자 (salesumer) 협력자 (collaborator) 정보의 생산자, 전달자 및 수신자
기업의 역할	생산자 판매자 선도자	조력자 협력자 공동운명체
정보의 양과 영향력	기업 > 소비자	기업 ≤ 소비자
시장의 주체	기업	기업과 소비자
시장의 변화	점진적 예측 가능성 높음	급변적 예측 가능성 낮음
마케팅 메커니즘	설득 (persuasion)	공감 (empathy)
시장 분석 방법 및 데이터	심층면접 (수십명)	전통적 방법 SNS 심층면접 　　　(수십명-수만명) SNS 초점집단면접 　　　(수십명-수만명)

	초점집단 면접 (약 10명) 실험 (100-200명) 서베이 (수백명 - 천명)	필드실험 (수백명-수만명) 서베이 (수백명 - 수만명) fMRI (수십명) 소셜 분석 (Social 　Analytics) (수백만 　-수천만 건) 로그파일 분석 (수백만 건)
데이터의 특징	스몰 데이터 (Small Data)	스몰 데이터 (Small Data) 빅 데이터 (Big Data) 소비자 창출데이터 　(consumer created data) 자연어 데이터 (natural 　language data)
시장 조사 시점	정기	실시간
시장에 대한 기업의 반응	정기적, 계획적	실시간, 비계획적

　전통적 마케팅 패러다임은 소비자의 역할을 구매하고 소비하는 사람으로 정형화해서 이해하고 있다. 기업이 광고나 홍보 등으로 제공하는 정보를 수동적으로 수신하는 사람이 소비자이다. 기업이 체계적으로 소비자와 시장의 변화를 분석하고 소비자는 기업이나 시장에 대한 체계적이고 광범위한 분석이 불가능하다. 따라서 정보의 양은 당연히 비대칭적이다. 기업이 소비자에 대한 정보를 훨씬 더 많이 가지고 있기 때문에 기업과 소비자 간의 협상과 경쟁에서 항상 기업이 유리하다. 결과적으로 시장에서의 능동적 활동 주체는 당연히 기업이며 기업의 전략에 따라 소비자를 포함한 시장은 관리가 될 수 있다. 시장 분석에 능한 기업은 시장의 추세를 더욱 잘 분석하고 예측하여 마케팅 믹스를 함으로써 성공할 수 있다. 바람의 방향과 세기를 잘 가늠하여 쏘는 올림픽의 금메달급 양궁사와 같다고 할 수 있다. 그야말로 소비자는 표적 또는 표적 시장이다. 시장이 변하기 때문에 예측이 어렵긴 하지만 그래도 인터넷과 SNS 시대에 비교하면 점진적으로 변하는 시장의 특성이 있기 때문에 시장 예측이 상대적으로 더 쉽다. 이러한 시장에서 기업은 예측된 시장정보를 바탕으로 차기의 시장에 적합한 마케팅 믹스를 준비한다. 그리고 때가 되면 소비자의 니즈가 바로 이것이고 자사의 마케팅 믹스가 가장 잘 충족

시킨다며 일방향적 마케팅 커뮤니케이션 믹스를 활용하여 교육하고 설득한다. 더 능숙한 기업은 잠재되어 있는 소비자의 니즈를 자극하여 표출시킴으로써 새로운 시장을 창출하고 시장을 이끌어간다. 기업이 유행의 형태와 기간을 창출하는 것이다.

이에 비해 뉴 마케팅 패러다임에서는 소비자를, 구매하고 소비하는 역할 이상의 능동적 기능을 하는 존재로 본다. 소비자들은 제품기획과 생산 및 유통과정에서 각자의 의견을 제안하고 반영시키고자 노력한다. 제품 사용 후기를 SNS를 비롯한 다양한 인터넷 매체를 통해 직·간접으로 기업에게 제공한다. 만족한 소비자는 자발적으로 대가 없이 그 상품이 얼마나 좋은지를 열심히 전파하며 스스로 존재가치를 느끼고 만족해한다. 상표 애호도가 높은 소비자들은 브랜드 커뮤니티를 만들어 오프라인과 온라인에서 활동하며 기업에 직접 개진하기도 한다.

소비자들이 기업이나 브랜드에 관한 정보를 수집하는 것은 훨씬 쉬워졌다. 예를 들어 구매 시점에서의 경쟁 브랜드별 시장가격을 수집하기 위해서는 클릭 몇 번이면 된다. 그래서 그 특정 시점에서는 소비자가 기업보다 더 정확하고 많은 정보를 가지고 있다. 그 결과로 시장에서의 가격협상은 이제 소비자가 더 유리하게 되었다. 시장에서의 영향력이 기업으로부터 소비자로 이동하고 있는 것이다. 새로운 패러다임 하에서의 마케터는 더욱 어려운 상황을 맞이하게 되었다.

시장은 이제 기술의 빠른 발달과 소비자 간의 커뮤니케이션이 극히 활발하게 됨에 따라 급격한 변화를 하게 되었다. 심지어는 사실이 아닌 잘못된 정보도 걷잡을 수 없을 정도의 빠른 속도로 무한한 지역으로 확산된다. 순식간에 시장이 사라질 수도 있다. 새로운 유행이 갑자기 생길 수도 있고 급격히 사라질 수도 있다. 싸이라는 한국 가수의 한국어 노래가 불과 4개월 만에 전 세계의 대중문화가 되리라고 누가 상상이나 했겠는가? 싸이의 강남스타일은 유튜브에서 4개월 만에 8억 건 이상의 조회가 되며 세계 기록을 갱신했다. 더구나 이를 패러디한 동영상은 1,500만 개에 이르렀다고 한다. 누가 이런 시장의 변화를 불과 4개월 전이라도 예측할 수 있었을까? 뉴 패러다임 마케팅에서 결코 간과해서는 안 될 시장의 현상이다.

이렇게 소비자들이 자발적으로 컨텐츠를 재생산하고 재확산시키는 이유는 공감(empathy)이 되었기 때문이다. 기업에 의해 설득당해서는 이런 행동을 할 수 없다. 마케터는 이제 설득보다는 공감을 신봉해야 한다. 그리고 시장 선도자의 입장을 버리고 조력자, 협력자 또는 공동운명체의 일환으로서 소비자와 함께 해야 한다.

마케팅의 성공에 필요한 불변의 법칙은 시장을 잘 이해하고 이에 잘 대응하는 것이다. 그래서 마케팅에서는 시장을 조사하고 분석하는 것이 가장 중요한 시발점이다. 전통적인 패러다임 하에서 적용하여 온 시장 조사 기법들은 심층분석, 초점집단면접, 실험, 서베이 등이 주종을 이룬다. 다양한 질적 조사와 양적 조사가 동원되어 시장을 입체적으로 분석해 왔다. 그러나 이렇게 생성된 마케팅 데이터는 그 수가 수 개에서 수천 개에 이르는 수준이었다. 한마디로 스몰데이터(small data)로서의 특성을 갖는다.

그러나 뉴 마케팅 패러다임 하에서는 전통적인 조사방법 이외에도 많은 새로운 방법이 적용되어야 한다. 심층면접이나 초점집단면접과 실험도 SNS를 활용하거나 필드상의 실험(field experiment)이 가능하게 되었다. 인터넷상의 서베이는 수만 명에게도 쉽게 이루어질 수 있다. 또한 SNS의 경우는 소셜 분석(Social Analytics)이 가능하게 되어 자연어로 이루어진 수천만 개의 데이터를 분석할 수도 있다. 기업에 축적되는 로그파일 분석도 중요한 기능을 하게 되었다. 이런 분석 방법들은 전통적인 패러다임 하에서의 분석과 달리 빅데이터(big data)로서의 특징을 가진다. 마케팅에서는 결코 다루어보지 않았던 질서를 찾기 어려운 방대한 양의 데이터인 것이다. 소비자들이 스스로 공감하여 창출하고 확산시키는 무한한 데이터를 어떻게 과학적으로 분석하여 마케팅 변수화할 것인지가 마케터에게는 가장 큰 숙제이며 도전이 되었다. 이에 저자는 리얼타임 소셜 분석 시스템(Real Time SAS: Real Time Social Analytics System)을 구축하여 이를 분석해 오고 있다.

전통적 견지에서의 시장조사는 정기적으로 시행되어 왔다. 연별, 분기별 등의 조사를 통해 시장의 변화를 추적하고 예측하여 그 전략적 반응도 정기적으로 이루어져 왔다. 그런데 SNS상에서의 변화는 리얼타임으로 이루어질 뿐 아니라 그 단기적 영향력도 지대할 수 있기 때문에 시장의 변화를 리얼타임으로 관찰하지 않으면 안 된다. SNS상에서 오늘 막대한 사건이 발생하였는데 수개월 후의 시장분석으로 이를 대처할 수는 없기 때문이다. 시장 변화에 대한 기업의 마케팅 반응도 이제는 실시간적이며 비계획적으로도 이루어져야 한다.

III 뉴 마케팅 패러다임에서의 핵심역량

그렇다면 뉴 마케팅 패러다임하에서 성공하기 위한 마케팅의 핵심역량은 무엇일까? 이에 대한 대답은 간단치 않다. 그렇지만 저자는 리얼타임 마케팅(Real Time Marketing)과 새로운 마케팅 조직 개념의 두 가지를 제안하고자 한다.

핵심역량 1: 리얼타임 마케팅

뉴 패러다임 마케팅에서는 시간이 매우 중요하게 대두된다. 언제 분석하고 언제 마케팅 전략을 집행할 것인가가 중요하게 된 것이다. 마케팅에서 시간 개념을 적용한 리얼타임 마케팅은 크게 세 가지로 나뉘질 수 있다.

첫째, 미시적 리얼타임 마케팅 (Micro Real Time Marketing)이다. 이 개념은 시장 반응 분석과 반영이 실시간으로 이루어져 마케팅 제반 활동들이 지속적으로 이루어지는 것이다. 이제 마케팅은 실시간으로 시장을 관찰 분석하고 어떤 중요한 현상이 발

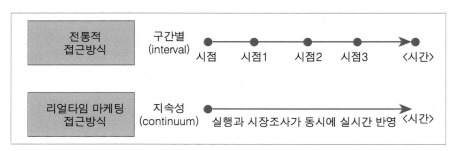

그림 2-2 시장분석과 반영의 변화
자료원: 이두희(2011).

그림 2-3 영화 해운대 포스터
자료원 : 영화 해운대 공식까페(cafe.naver.com/haeundae2009).

견되었을 때는 즉각적으로 대처해야 한다. 전통적인 구간별 또는 정기적 분석 및 반응
방법은 그 효과성이 떨어진다.

영화 해운대의 성공비결 중의 하나가 미시적 리얼타임 마케팅을 실시한 것이다. 제
작 초기 단계부터 SNS상에서의 소비자 반응을 분석하고 이를 시나리오와 촬영 과정 및
마케팅 커뮤니케이션 과정에서 적극 반영하였다. 실시간 모니터링을 통하여 고객과 시
장 반응에 대한 빠르고 정확한 대응을 하여 성공한 사례로 판단된다. 그 결과 제작 초기
의 한국 최초 휴먼재난영화에서 재미와 감동이 있는 최고의 오락영화로 변모함으로써
성공하였다.

미시적 리얼타임 마케팅에서는 빠른 판단과 즉각적인 대응이 필수적이다. 특히
SNS상에서 기업에 부정적이거나 사실과 다른 컨텐츠가 확산되려 할 때는 즉시 분석하
여 대처를 하여 초기에 진압을 하여야 한다. 이러한 판단을 하기 위해서는 우선 실시간
으로 SNS를 분석하는 시스템을 갖추어야 할 것이다.

둘째, 거시적 리얼타임 마케팅(Macro Real Time Marketing)이다. 거시적 리얼

그림 2-4 농심 신라면
자료원 : 농심 홈페이지(www.nongshim.com).

타임 마케팅은 장기적 기간에 걸쳐 시장 변화에 능동적이고 지속적으로 대응하는 마케팅을 말한다. 장수 브랜드가 되기 위해서는 시간을 길게 보고 제품과 브랜드를 관리해야 한다. 장수 브랜드의 특징을 보면 브랜드 컨셉은 장기적으로 변함없이 유지하되, 때에 맞춘 제품의 적응과 마케팅 커뮤니케이션 크리에이티브의 변화 등을 적절히 해야 한다. 대표적 장수 브랜드인 신라면의 경우 제품 컨셉의 장기적 일관성 바탕 하에 시장 변화에 따른 다양한 변화를 시도해 왔다. 예를 들어, 불황기에는 소비자들이 자극적인 맛을 선호하기 때문에 이에 맞추어 스프의 맛에 미세한 변화를 준다는 점을 많은 사람들이 모르고 있을 뿐이다.

마지막으로, 선제적 마케팅(Proactive Marketing)을 제안한다. 선제적 마케팅은 경쟁자들이 마케팅을 도입하지 않거나 적극적이지 않은 마케팅을 실시하고 있을 때, 경쟁자보다 앞서서 마케팅을 도입하고 적극적으로 활용하는 것을 의미한다. 많은 종류의 산업에서 마케팅이 낯설거나 초보적 마케팅을 행하고 있을 때 적극적 마케팅을 함으로써 경쟁력을 높이는 선점효과를 가져올 수 있다. 복지기관이나 지방자치 단체들의 경우가 좋은 예가 될 수 있다. 서울시 복지재단의 경우는 국내 최초로 마케팅 개념을 도입하였다. 초기에는 복지에 마케팅이 왜 필요하냐는 저항도 있었지만 지금은 주어진 복지예산으로 최대의 수혜자 혜택을 줄 수 있다는 점을 알고 널리 확산되고 있다. 신한은행의 골드뱅킹도 마찬가지다. 전통적으로 은행에서는 금을 취급하지는 않았다. 그러나 신한

그림 2-5 신한은행 골드바
자료원: 동아일보, 2010년 9월 13일자 이미지 사용.

은행의 경우 골드뱅킹을 선도적으로 연구 도입함으로써 지난 10여년 동안 거의 독점시장을 형성하고 있다. 이제 마케팅은 경쟁자의 마케팅 기법을 추종하여서는 효과를 볼수 없다. 남이 안하기 때문에 자사는 해야 된다.

핵심역량 2: 새로운 마케팅 조직 개념

소비자의 자발적 마케팅 활동이 활성화된 이 시점에서는 기업 자체조직의 마케팅만으로는 역부족이 될 것이다. 만약 자사의 브랜드가 소비자들의 자발적 마케팅 활동을 유발시키고 촉진시킬 수 있다면 이상적일 것이다. 그런 관점에서 보면 자사의 마케팅 조직에 대한 개념을 바꿀 필요가 있다. 그림 2-6에서 보는 바와 같이 뉴 패러다임 마케팅에서는 마케팅 조직을 내부 조직과 외부 조직으로 구성되어 있다고 간주하고 마케팅 활동을 전개하는 것이 바람직하다. 물론 전통적으로 마케팅 조직은 내부 조직을 의미한다. 이 조직은 고용되어 있는 전문 마케팅 팀을 의미한다. 통제 가능성이 높고, 일사 분란할 수 있고, 효율적으로 운영할 수 있다. 그러나 새로운 마케팅 환경에서는 소비자들 스스로의 활동이 매우 활발하기 때문에 이를 활용하는 것이 매우 중요하게 대두되고 있다. 이 소비자들을 외부 마케팅 조직이라고 간주하여 마케팅 계획을 수립하는 것이 바

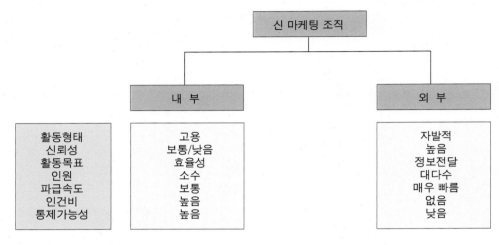

그림 2-6   신마케팅 조직
자료원: 이두희(2012).

람직하다고 생각한다. 이들은 자발적이며, 상호 신뢰성이 있으며, 무한한 수의 사람들이 매우 빠른 정보 교환을 할 수 있다는 장점이 있다. 단 한가지 단점은 통제 가능성이 낮다는 점인데, 뉴 마케팅 패러다임하에서는 이 소비자들과 공감대를 형성하여 자발적이고 능동적인 활동을 할 수 있도록 하는 것이 핵심이 된다.

앞에서 제시한 뉴 패러다임 마케팅은 어떻게 할 수 있을까? 이에 대한 답을 추구하기 위해서 전 세계에서 많은 기업들이 다양한 시도를 하고 있다. 그중에서 저자는 하이네켄 사례를 가장 대표적인 것으로 소개하여 이해를 돕고자 한다.

하이네켄은 많은 비용을 들이지 않고 이탈리아에서 뉴 패러다임적인 마케팅을 실시해서 일대 센세이셔널한 마케팅 효과를 거두었다. 약 200명의 동조자들을 동원해서 가짜 클래식 콘서트를 개최하였다. 일부러 그 음악회 날짜를 스페인의 레알 마드리드 축구팀과 이태리의 AC 밀란팀과의 유럽컵 대항 대회날짜에 맞추었다. 그리고 드라마틱한 마케팅 결과를 도출하였다.

그림 2-7 하이네켄 소셜 마케팅 동영상(www.youtube.com/watch?v=wRWfpDWKTjE) 캡처

저자는 하이네켄이 실시한 이런 유형의 마케팅이야말로 소비자의 감동과 공감을 불러일으키며 소비자들이 자발적으로 마케터의 역할을 하게 하는 뉴 패러다임 마케팅의 전형이라고 판단한다. 이 사례를 충분히 벤치마킹하여 미래 지향적 뉴 마케팅을 실시하기를 바란다.

IV 뉴 마케팅 패러다임의 마케팅 믹스

1. 4P 마케팅 믹스의 한계

앞에서 이해한 바와 같이 신경제하에서의 마케팅은, 그 역할이 더욱 광범위해짐으로써, 전통적인 마케팅에서 고려의 대상이 아니었던 다양한 측면을 동시에 고려해야만 제대로 기능을 발휘하여 성공적인 성과를 거둘 수 있게 되었다. 그런데 전통적인 마케팅의 접근방식은 4P로 구별되는 마케팅 믹스에 의한 마케팅 프로그램으로 이루어져 왔다. 그러나 앞에서 설명한 바와 같은 다양한 마케팅 환경의 변화를 수용하는 마케팅 역할을 성공적으로 수행하기에는, 전통적인 4P 마케팅 믹스는 한계를 노출하고 있다.

우선, 4P 마케팅 믹스는 기업과 고객 간의 거래(transaction)에 초점을 맞추고 있다는 데 한계가 있다. 문제의 핵심을, 일회의 거래를 어떻게 하면 발생시키느냐 하는 데 두고 있는 것이다. 이러한 관점은 본질적으로는 문제가 없지만 관계마케팅의 입장에서 본다면 단기적인 컨셉트라고 할 수 있다. 관계마케팅의 관점에서 거래는 고객과의 장기적인 관계를 유지함으로써 발생되는 결과이다. 따라서 거래를 창출하고 유지하기 위해서는 고객과의 좋은 관계를 형성하도록 마케팅 노력을 우선적으로 기울여야 한다. 그런데 전통적인 4P 마케팅 믹스는 이러한 마케팅 활동을 포함하고 있지 않다. 고객과의 관계 유지는 마케팅 활동의 결과로 얻어지는 목적함수가 아니라 마케팅의 궁극적 목적을 달성하기 위한 방법이다.

둘째, 4P 마케팅 믹스는 기업의 일방적인 관점에서 구축된 것이라는 데서 한계가 있다. 기업이 어떤 제품을 만들어, 그 제품에 가격을 얼마나 매겨서, 어떤 방법으로 고객에게 알리고, 어디서 판매를 할까 하는 것이 전통적 마케팅 믹스의 핵심이다. 이러한 관점에 대비하여 로턴본(Lautenborn 1990)은 고객의 입장에서 파악할 수 있는 4C 마케팅 믹스를 제안하기도 하였다. 그가 주장한 마케팅 믹스는 고객 가치(Customer value), 고객의 비용(Costs to customer), 편리성(Convenience), 고객과의 커뮤니케이션(Communication)이었다. 그러나 저자는 관계마케팅 시대의 마케팅 믹스는 기업이나 고객의 일방적인 관점에서 구성되어서는 안 되며, 기업과 고객의 양자가 고려된 관계 중심적인 관점에서 구성되어져야 한다고 생각한다. 왜냐하면 관계는 어느 한쪽의 노력으로만 형성되는 것이 아니고 기업과 고객 양자간의 노력이 있을 때 형성되는 것이기 때문이다. 한 남자와 한 여자의 연애관계가 남자나 여자 중 어느 한 사람만 열심히 노력한다고 형성되는 것이 아닌 것과 같다. 결국은 다른 한 사람도 마음을 열고 같이 노력하여야 연애관계가 형성되는 것이다. 기업과 고객과의 관계도 마찬가지다. 따라서 관계 마케팅시대의 인터넷 마케팅 믹스는 기업과 고객 양자가 적극적 행동의 주체가 된다는 점을 기본으로 하여 구성되어야 할 것이다.

셋째, 전통적 마케팅 믹스는 고객을 통제 불가능한 판매 대상으로만 본다는 제한점이 있다. 전통적 마케팅 믹스 전략은 변화무쌍한 고객의 필요나 욕구에 최대한 일치시키기 위한 노력이다. 이때 고객은 단순히 구매자나 소비자 즉, 판매대상일 뿐이다. 그러나 인터넷 시대의 관계마케팅은 고객을 판매대상으로만 보지 않는다. 고객 스스로도 관계 형성의 주체일 뿐 아니라, 기업이 고객의 성공을 위하여 도움을 주는 콜래보레이터(collaborator)의 역할을 자임함으로써 고객도 관리의 대상이 되어야 한다. 정밀한 데이터베이스 분석을 통하여 마케팅 지식을 창출하고, 이를 바탕으로 고객 자신보다 고객을 더 잘 이해하여 고객을 도와주는 협력자로서의 관리가 필요하게 되었다. 반면에 고객도 기업의 콜래보레이터가 되어 프로슈머(prosumer)와 세일슈머(salesumer)의 역할을 할 수 있다. 많은 CRM(Customer Relationship Management) 프로젝트들이 실패하는 이유도 고객을 단순히 판매대상으로만 보고 데이터를 기계적으로 분석하는 데 있다.

넷째, 전통적 4P 믹스는 개인단위로 세분화된 마이크로 마켓(micro market)과 네트워크 경제에 적용하는 데 한계가 있다. 전통적인 마케팅 믹스는 대중이나 표적시장 그룹에 접근하는 방법이다. 마이크로 마켓과 기업들간의 네트워크로 구성된 인터넷 시대의 마케팅은 기업과 마이크로 마켓을 구성하는 고객과의 긴밀한 상호작용(interaction)을 절대적으로 필요로 한다. 마찬가지로 네트워크를 구성하는 다른 기업들과의 상호작용도 중요하다. 이제는 고객과 고객 사이의 상호작용도 중요한 마케팅 관리의 대상이 되었다. 인터넷 시대의 마케팅은 이러한 상호작용을 극대화시킬 수 있는 콜래보레이션 방법을 내부화(internalization)하여 관리하여야 한다고 믿는다.

다섯째, 4P 믹스 요소 각각은 인터넷 시대에 엄청나게 변화된 마케팅 환경을 충분히 반영하지 못하고 있다. 예를 들어 제품(Product)의 경우, 인터넷 시대에 매우 중요한 교환의 대상이 되고 있는 컨텐츠를 비롯한 디지털 제품이나 정보와 같은 것들을 포괄하는데 한계가 있다. 가격(Price)의 경우도 유사한 한계가 있다. 기업이 제품을 제공하고 반대급부로 교환 받는 화폐 이외에도 인터넷 시대에는 시간이나 퍼미션(permission) 또는 노력(efforts)을 대가로 받는 것이 더욱 일상화되고 있기 때문이다. 촉진(Promotion)의 경우는 더욱 명확한 한계점이 있다. 왜냐하면 촉진은 판매 증대를 위하여 일방적으로 매스미디어를 이용한 광고를 하거나 가치를 제시하여 단기적으로 구매행위를 증대시키는 방법이기 때문이다. 관계 형성을 중시하는 인터넷 마케팅에서는 고객으로부터의 피드백 정보가 매우 중요하다. 고객과의 이러한 상호작용을 일으키기 위해서는 쌍방향 커뮤니케이션이 필수적이지만 촉진은 그런 개념을 포함하고 있지 못하다. 마지막으로 유통(Place)의 경우도 한계가 있다. 기존의 유통은 물리적 판매장소와 관련된 개념이다. 인터넷 시대에는 멀티미디어 제품을 인터넷으로 배송한다든지 과거에 없던 정보중개상(informediary)의 역할이 증대된다든지 하는 것들이 부각되고 있지만 과거 'Place' 개념만으로는 이러한 새로운 현상들을 포괄하기는 쉽지 않아 보인다.

2. 5C 마케팅 믹스

이상을 종합해 볼 때, 전통적인 4P 마케팅 믹스가 시대의 변화를 수용하기에는 여러 가지 한계가 있다고 볼 수밖에 없다. 이러한 점에서 새로운 마케팅 믹스에 대한 갈증이 실무와 학계에서 일어나고 있다는 것은 당연한 일이라고 판단된다. 인터넷 마케팅은 특히 실무에서 다양한 실험처럼 진행해 왔기 때문에, 실무에서 먼저 전통적 마케팅 믹스의 한계를 피부로 느껴 왔다. 그래서 전통적 마케팅 믹스가 아닌 다양한 믹스들을 제안하기도 하였다. 이중에서는 4C(Contents, Community, Customization and Commerce), 4A(Any way, Any product, Any time and Anywhere), 6P1I (Product, Price, Promotion, Place, Partnership, Participation, and Information technology), 신 마케팅 믹스(Mass customized, Any time, Total value pricing and Precise one-to-one positioning), 5C(Coordination, Commerce, Community, Contents, Communication) 등과 같은 것들이 있다. 이와 같은 아이디어들은 나름대로 일리가 있고 공헌하는 바가 있다. 그러나 대부분 분류 (schemata)가 포괄적이지 못하거나 분류 기준이 불명확하다는 단점이 있어 일반화하기에는 어려움이 있다고 본다.

따라서 저자는 새로운 인터넷 마케팅 믹스에 대한 니즈를 충족시키기 위하여 다음과 같은 5C(Collaboration, Contentware, Commitment, Communication and Channel)를 제안하고자 한다. 이 5C 인터넷 마케팅 믹스는, 앞에서 지적한 전통적인 4P 마케팅 믹스의 한계점을 극복할뿐더러, 인터넷 환경하에서 새로운 마케팅의 역할을 수행할 수 있는 전략적 믹스의 기능을 갖추었다고 사료된다. 기존의 전통적인 마케팅 4P 믹스가 갖는 한계점과 이러한 한계점을 극복할 수 있도록 제안된 5C 마케팅 믹스의 특징은 그림 2-8에 제시되어 있으며, 이러한 5C 믹스 요인들의 특징을 간략히 살펴보면 다음과 같다.

콜래보레이션(Collaboration)은 '네트워크를 구성하는 주체간에 공동운명체적 생각으로 상호의 이익을 위하여 상대를 관리하거나 힘을 합치는 방법'을 의미한다. 이러한 콜래보레이션은 기업과 고객과의 관계뿐 아니라, 기업과 기업, 고객과 고객과의 관계 모두를 대상으로 할 수 있다. 콜래보레이션을 마케팅 믹스 요인 중의 하나로 포함함으로써, 앞에서 계속 설명하였던 고객의 주체성과 힘을 인정하고 고객을 관리하는 것을 내부화(internalization)하게 된다. 그리고 주변의 기업들과도 고객에 대한 지식과 정보를 바탕으로 서로 마케팅적으로 협력하는 방법을 전략적으로 모색할 수 있다. 이제 고객은 단순한 판매대상이 아니라 기업의 협력자로, 경쟁자도 상황에 따라서는 협력자로 만들 수 있어야 한다. 마이크로 마켓과 네트워크 경제하의 관계마케팅에서는 이러한 콜래보레이션 관리가 매우 중요하다. 본 책에서는 콜래보레이션에 관한 자세한 설명

4P 마케팅 믹스	5C 마케팅 믹스
Product, Price, Place, Promotion	Collaboration, Contentware, Commitment, Communication, Channel
• 기업과 고객간의 거래에 초점 • 기업의 일방적 관점 • 고객은 통제 불가능한 판매 대상 • 대중이나 표적시장 그룹에 접근하는 방법 • 인터넷상의 변화된 마케팅 환경을 충분히 반영하지 못함	• 기업과 고객과의 장기적인 관계유지에 초점 • 기업과 고객의 양자가 고려된 관계 중심적 관점 • 고객은 통제 가능한 관리 대상 • 개인단위로 세분화된 시장을 구성하는 고객과의 상호작용을 필요로 하는 방법 • 인터넷상의 변화된 마케팅 환경의 반영

그림 2-8 4P 마케팅 믹스의 한계와 5C 마케팅 믹스의 제안

을 제8장에서 하였다.

컨텐트웨어(Contentware)는 교환을 하고자 하는 한 주체가 다른 주체에게 제공하는 모든 가치를 포괄하는 개념으로, 물리적·서비스적 및 디지털적인 가치를 포함하는 제품의 차원과 웹사이트상에서 겪는 체험의 차원으로 구분된다. 컨텐트웨어는 기존의 제품(Product) 개념을 인터넷 상황에 맞게 확장한 것이다. 기업의 경우 제공할 수 있는 컨텐트웨어에는 기존의 제품(Product) 개념 외에도 컨텐츠(contents)와 같은 디지털 제품, 정보, 시간, 편의성, 커뮤니티 서비스 등과 같은 것들이 포함될 수 있다. 따라서 기업이 제공할 수 있는 모든 것을 동등한 위치에 놓고 어떤 것을 제공할 것인지를 의사결정하여야 할 것이다. 이에 대해서는 제9장에서 설명할 것이다.

커미트먼트(Commitment)는 컨텐트웨어를 제공 받은 데 대한 반대급부로 교환하는 가치를 말한다. 기존의 가격(Price)이 확장된 개념이다. 가격은 화폐적 가치만을 의미함으로써 인터넷 상황에서 교환되고 있는 더 다양한 가치를 포괄할 수 없다는 한계점이 있다. 커미트먼트는 이러한 한계를 극복하여 반대급부로 교환될 수 있는 다양한 방법을 포함한다. 커미트먼트의 종류로는 가격(price)과 퍼미션(permission)이 있다. 이제는 기업이 컨텐트웨어를 제공하고 화폐적 가치인 가격뿐 아니라 다른 어떤 커미트먼트를 요구할지를 전략적으로 결정해야 할 것이다. 이에 대한 자세한 설명은 제10장에서 한다.

커뮤니케이션(Communication)은 일 대 일 또는 다수 대 다수 사이에 다양한 방법을 통해 행하는 쌍방향 대화를 의미한다. 기존의 촉진(Promotion)은 기업이 알리고자 하는 내용을 일방적으로 알리고 고객은 청중의 역할만 하는 것이었다. 인터넷은 쌍방향 커뮤니케이션을 쉽고 저렴하고 실시간으로 가능하게 해 줌으로써 고객과 일 대 일의 대화도 가능하게 해 주고 있다. 이러한 기존의 촉진이 갖는 한계점을 극복하고 인터넷의 획기적인 변화를 수용한 것이 커뮤니케이션이다. 인터넷 상황에서 쌍방향 커뮤니케이션을 할 수 있는 방법은 다양하며 광고, 판매촉진, PR, 구전 등이 포함된다. 마케팅 관리자는 다양한 커뮤니케이션의 조합을 전략적으로 구성해야 할 것이다. 제11장에서 커뮤니케이션에 대한 구체적인 설명이 제시되었다.

채널(Channel)은 '교환을 하고자 하는 주체 간에 제공하는 컨텐트웨어를 전달하는 경로'이다. 유통 장소의 의미가 강했던 유통(Place)의 한계점을 극복하고 오프라인과 온라인상의 모든 경로를 포함한다. 채널관리는 주로 유통 경로를 어떻게 구성하여 효율화시키며 관리할 것인지에 관한 것이다. 채널에 관해서는 제12장에 자세히 설명하였다.

이상과 같은 새로운 5C 마케팅 믹스는, 인터넷 환경하에서 부각된 기존의 마케팅 믹스 요인들의 한계점을 보완하여 새로운 마케팅의 역할을 수행하게 해 줄 것이다. 또한 인터넷 마케팅의 구체적인 목표를 달성하게 해 주는 효과적인 전략적 관리방법론이 될 것이다.

인터넷 마케팅 전략 수립과정은 그림 2-9와 같이 도식화할 수 있다. 인터넷 마케팅 관리자는 기업이 정한 장기목표와 사업의 포트폴리오 및 비즈니스 모델에 근거하여 환경분석을 하게 된다. 환경분석은 외부 환경분석과 내부 환경분석으로 구성되는데 이에 대한 구체적 설명은 제3장과 제4장에서 할 것이다. 또한, 이러한 환경분석을 위한 각종 인터넷 조사에 대한 내용은 제5장에 소개되었다. 상황분석을 바탕으로 마케팅 목표가 설정되고 설정된 목표를 달성하기 위하여 시장세분화, 표적시장 선정 및 위상정립(STP: Segmentation, Targeting and Positioning)을 하는 것이 다음 순서가 된다. 이에 대한 설명은 각각 제6장, 제7장을 보기 바란다. 그 다음 과정은 마케팅 믹스를 계

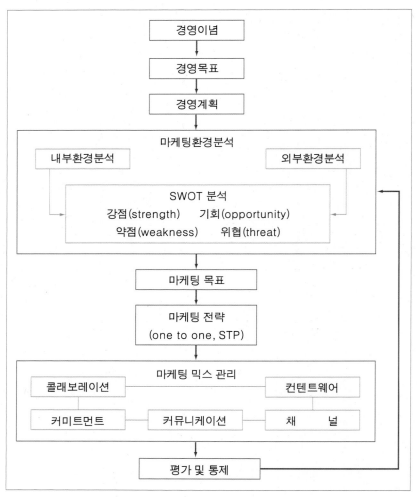

그림 2-9 인터넷 마케팅 전략 수립과정

획하는 단계이다. 마케팅 믹스는 전략이나 전술을 구체화하고 시너지를 낼 수 있도록 최적화하여야 한다. 이에 대한 설명은 제8장부터 제12장에 구체적으로 되어 있다.

3. 제3의 정치세력 사이버 팬클럽

정치인들의 사이버 팬클럽이 단순히 '사랑하는' 모임을 넘어서 정치세력화되고 있다. 2000년 6월 한국 최초의 정치인 팬클럽인 노사모는 300명 남짓의 동호회였지만, '노풍'을 일으키며 대통령을 배출하고, 탄핵정국 때는 회원수 10만 명으로 여론을 좌우하는 영향력을 발휘했다. 노사모가 써내려간 이 기적 같은 팬클럽의 역사는 이제 한꺼번에 당비를 내는 당원으로 가입해 세력을 형성하는 등 현실정치에 적극 개입하는가 하면, 라이벌 정치인이나 정당을 향해 집단적인 여론 몰이를 주도하는 '준(準)사조직'으로 성장하고 있다. 2007년 대선에도 노사모와 같은 조직이 중요하다는 판단 때문에 각 예비 대권 주자들을 중심으로 사이버 팬클럽 조직 열기가 고조되고 있어 덩치가 커지는 양상이다.

우선 한나라당 박근혜 대표의 팬클럽인 '박사모'(박근혜를 사랑하는 사람들의 모임)는 2004년 3월 한 포털사이트 카페에서 시작해 2005년에는 회원수 3만 7,000여 명에 달하는 규모로 성장했다. 또한 박근혜 대표는 자신의 미니홈피를 통해 정치인이 아닌 인간적인 면모를 일반 대중에게 공개함으로써 한동안 많은 주목을 받기도 했다. 이명박 서울시장은 2005년 2월 25일 출범한 'MBLove-이명박 서울시장님과 함께 하는 아름다운 사람들'을 비롯, 2002년 서울시장 선거 직전에 만들어진 'MB 가족' 등과 2005년 2월 26일 다시 확대 개편된 '신화를 창조하는 사람들(Mbshinwha)'이 대표적인 팬클럽이다. 손학규 경기도지사는 2004년 7월 7일 만들어져 현재 630여 명의 회원이 가입한 'Power손'이 있다. 고건 전 국무총리의 경우, 인터넷 팬클럽인 '고사모(고건을 사랑하는 사람들의 모임) 우민회'가 2005년 4월 3일 발대식을 가졌다. 홈페이지를 통한 '서신정치'를 선보이고 있는 보건복지부 김근태 장관의 경우는 공식 팬클럽인 'GT클럽'과 네티즌 자원봉사단인 '김근태 친구들'의 통합 논의가 한창 진행중이며, 통일부 정동영 장관은 '정동영과 함께' 카페에 약 3,000여 명의 팬들을 보유하고 있다. 열린우리당 유시민 의원은 온라인 지명도 면에서 단연 앞서나가는 정치인이다. 1만 2,000여 명이 넘는 열성 지지자들을 확보한 유 의원은 우리당 전당대회 기간중 팬클럽과 관련된 논란을 불러 모은 바 있다. 이와 같이 인터넷에는 포털사이트 팬카페를 비롯,

블로그, 홈페이지 등을 합하면 줄잡아 약 300여 개의 정치인 팬클럽이 활동하고 있다. 관련 전문가들은 "자발적으로 조직되는 정치인 팬클럽은 비판과 대안의 정치 실험장이 된다"면서도, "맹목적 지지나 정치적 목적에 의해 동원된 장식에 불과한 경우도 혼재한다"면서 기대와 우려를 동시에 표명한다.

이처럼 개인의 힘이 온라인을 통해 결집되어 큰 소리를 낼 수 있는 시대적 변화 앞에 소비자의 힘 역시 무척 강해지고 있음을 알 수 있다.

4. 소비자의 역할 확대: 아이세이브존(www.isavezone.com)

25~35세 직장 여성을 주 타깃으로 하는 아이세이브존은 인터넷 쇼핑몰과 마켓플레이스, 블로그의 장점을 결합시킨 하이브리드형 쇼핑몰로 '쇼핑존' '테마존' '블로그샵' 등 3가지 메뉴로 구성돼 있다. 특히 테마존의 경우 상품정보로 연결되는 아이콘들을 플래시 드라마 내에 소품처럼 자연스럽게 배치함으로써 드라마를 감상하면서 바로 쇼핑을 즐길 수 있도록 하고 있다. 아이세이브존은 "스토리가 있는 감성 마켓"을 슬로건으로 내세우고 있으며, 상품, 컨텐츠, 스토리가 어우러진 감성 마케팅으로 전자상거래의 새 장을 열어가는 것을 목표로 기업활동을 전개하고 있다.

아이세이브존의 경우 블로그에 상거래를 연결하여, 쇼핑과 커뮤니티 기능을 한 자리에 구현한 것이 특징이다. 소비자들은 컨텐츠를 올리는 것은 물론 상품을 사고, 팔고, 중개할 수도 있다. 이는 온라인 쇼핑의 한계로 지적된 일방성이나 지루함, 빈약한 정보를 해소할 수 있는 대안으로 부각되고 있다. 특히 블로그샵은 상품이 없는 경우에도 참여할 수 있으며, 블로그샵을 개설한 뒤 아이세이브존 쇼핑몰에서 판매중인 상품을 자신의 블로그샵에 진열, 중개 판매할 수 있으며 그에 따른 판매 수당도 지급받게 된다. 이는 소비자가 단순히 물건을 사는 사람이 아니라, 적극적인 세일슈머(salesumer)로서의 역할까지 수행하며, 소비자들 간의 정보교환을 통해 구매욕구 증대와 사이트에 대한 충성도를 높이는 효과까지 거둘 수 있을 것으로 보인다.

5. 기업과 고객 간 콜래보레이션: 교보문고(www.kyobobook.co.kr)

과거와 같이 고객을 단순히 제품을 판매하는 대상으로 접근하는 것이 아니라, 상호 협조적인 관계로 파악하는 관계 마케팅적 관점에서 본다면, 교보문고는 이러한 고객과의 상호작용의 기회를 잘 활용하고 있는 사례라 할 수 있다. 교보문고의 홈페이지를 살펴보면, 여러 활동들을 통해 소비자에게 다양한 정보 즉, 판매를 위한 직접적인 것뿐만 아니라 그 이상의 것을 제공함으로써 소비자의 충성도를 높이고 관계를 돈독히 하려는 노력이 엿보인다. 이러한 활동 중 대표적인 것이 북로그와 프랜드샵이다. '북로그'란 책(Book)+블로그(Blog)의 합성어로서, 교보문고가 제공하는 소비자의 독서기록장이다. 그리고 북글은 책에 대해 소비자가 직접 쓴 글을 말한다. 소비자들은 책을 읽다보면, 꼭 기억하고 싶은 구절이나 장면들이 있는데, 이런 부분들을 북로그에 기록할 수 있게 만들어 줌으로써 고객만족도를 높일 수 있을 뿐만 아니라, 다른 소비자들의 관심과 구매욕구를 창출해 낼 수 있다. 프랜드샵은 소비자가 직접 만들고 운영하는 소비자의 인터넷 서점으로서, 북로그에 북글 5개 이상이 등록되어 있는 회원에 한해 간단한 개설 절차를 거쳐 프랜드샵을 개설하여 소비자가 서점을 통해 책을 판매할 수 있게 만들었다. 프랜드샵을 통해 소비자의 서점에서 책이 판매되는 만큼, 매월 실적에 따라 사이버머니를 적립해 주는 방식이다.

부록: 새로운 마케팅 믹스 5C의 활용 : 코카콜라의 코크플레이닷컴(www.cokeplay.com)

한국 코카콜라는 게임과 음악 서비스 등이 어우러진 엔터테인먼트 포털 '코크플레이닷컴'을 통해 활발한 온라인 마케팅 활동으로 펼치고 있어 많은 이들의 주목을 받고 있다. 코크플레이닷컴에서 제공하는 각종 서비스들을 5C 관점에서 분석해 보자.

콜래보레이션(Collaboration)

코크플레이닷컴은 펀케익 뮤직, 엔씨소프트(리니지), 넥슨(카트라이더), 아이리버, 소니 등과 다양한 콜래보레이션을 통해 회원들의 높은 만족도를 끌어내고 있다. 코크플레이닷컴은 자사 사이트 내 주요 컨텐츠들을 제휴사들을 통해 공급 받음으로써 컨텐츠 개발의 부담을 덜면서도 회원들에게 다양한 컨텐츠를 제공할 수 있고, 제휴사들은 코크플레이닷컴 회원들을 자연스럽게 자신들의 회원으로 만들 수 있고, 동시에 제품 판매나 서비스 사용 수익이 증대되는 효과를 거둘 수 있어 서로 윈-윈 게임이 되고 있다.

컨텐트웨어(Contentware)

코크플레이닷컴은 음악이나 게임같은 컨텐트웨어 외에도 다양한 서비스를 제공하고 있다. 대표적인 것으로는 쇼핑몰, 핸드폰 벨소리나 배경화면, 블로그, 클럽, 스타 오디션, CF 동영상 등이 있다. 이 중 주목할 만한 것이 블로그나 클럽을 통한 연예인 오디션 시스템인 '플레이짱'이다. '플레이짱'이란 코크플레이닷컴의 회원들이 자신의 블로그나 클럽을 통해 사진이나 동영상을 올리고, 자신의 장기를 자랑할 수 있게 만들어주는 서비스다. 이들 중에서 많은 사람들이 방문하고 호응이 높은 회원들을 선발하여 춤짱, 노래짱, 엽기짱 등으로 명명하고 인기그룹인 '신화'가 직접 오디션 심사위원으로 참여함으로써 10대를 중심으로 한 젊은 층에서 화제가 되고 있다. 이와 같은 엔터테인먼트 컨텐츠들이 코크플레이닷컴이 회원들에게 제공하는 핵심 가치라고 볼 수 있다. '플레이짱'은 또한 사이트와 회원들이 함께 만들어가는 컨텐츠로서 기업-소비자간 콜래보레이션의 좋은 예로도 설명될 수 있다.

커미트먼트(Commitment)

온라인과 오프라인상에서 비용결제를 해야만 이용할 수 있는 음악과 게임을 금전적 대가 대신에 '플레이포인트'를 사용하여 무료로 즐길 수 있다는 컨셉은 소비자들에게 좋은 반응을 얻고 있다. 코크플레이닷컴의 회원들은 오프라인에서 구매한 제품의 코드를 코크플레이닷컴에 입력하는 방식으로 플레이포인트를 획득할 수도 있고, 코크플레이닷컴에 자신의 개인신상정보를 제공하거나, 사이트에서 실시하는 여러 소비자 조사나 이벤트에 참여하는 방식으로도 플레이포인트를 획득할 수 있다.

커뮤니케이션(Communication)

기존의 수많은 온라인 경품 프로모션은 대부분이 경품에 초점을 맞추다보니 소수의 당첨자들만을 위한 프로모션으로 끝나는 경우가 많았다. 소비자들은 이처럼 당첨도 안 되는 프로모션에 응모하는 행위에 식상해하고 있었다. 코크플레이닷컴은 이러한 일회성 프로모션의 맹점을 극복한 좋은 예라 할 수 있다. 코카콜라 제품을 구매하는 고객들은 누구나 제품에 인쇄된 코드를 입력하기만 하면, 코크플레이닷컴에서 포인트로 전환이 되고, 이 포인트를 이용해서 여러 컨텐츠들을 사용할 수 있게 만들어줌으로써 단순히 일회적인 프로모션에 그치지 않고 장기적인 고객 접점으로써 기능하게 되었다는 점에서 중요한 의미를 가진다. 또한 자사 제품을 구매한 고객들을 대상으로 지속적인 커뮤니케이션 활동을 벌일 수 있는 공간을 마련했다는 점에서도 코크플레이닷컴의 전략적 활용 가치를 높게 평가할 수 있다.

채널(Channel)

코카콜라 제품을 구매한 고객들은 자신이 제공한 금전적 비용의 대가로써 단순히 제품만을 받게 되는 것이 아니라, 온라인을 통해 '즐거움'이라는 부가적 보상까지 받게 되는데 이를 전달하는 경로가 바로 코크플레이닷컴이다. 채널을 '교환을 하고자 하는 주체간에 제공하는 컨텐트웨어를 전달하는 경로'라고 정의한다면, 코크플레이닷컴은 고객들에게 컨텐트웨어를 제공하는 공간으로서의 역할을 훌륭히 수행하고 있는 것이다.

요 약

인터넷 세상이 열리면서 마케팅에서 새로운 패러다임이 열리고 있다. 과거에는 기업이 소비자보다 더 많은 정보를 갖고 있는 경우가 대부분이었고, 따라서 기업이 가격을 정하고 소비자들이 이에 순응할 수밖에 없는 상황이었다. 그러나 인터넷 환경하에서 소비자들은 인터넷을 통한 다양한 정보획득으로 그들의 영향력과 힘을 키우게 되었다. 이는 과거에는 기업과 소비자 간에 정보의 비대칭성이 존재하였으나, 이제 기업이 소비자에 대해 갖는 힘의 원천인 정보의 비대칭성은 무너지고 있음을 의미하는 것이다. 이러한 소비자 역할의 변화와 함께 시장도 변화하고, 이로 인해 마케팅 패러다임 역시 발전하고 진화하게 되었다.

이렇게 변화한 마케팅 패러다임 속에서, 전통적인 4P 마케팅 믹스가 시대의 변화를 수용하기에는 여러 가지 한계가 있다고 할 수 있다. 이에 저자는 새로운 인터넷 마케팅 믹스에 대한 니즈를 충족시키기 위하여 5C(Collaboration, Contentware, Commitment, Communication and Channel)를 제안하였다.

연구문제

1. 마케팅 패러다임이 어떻게 발전하고 진화해 왔는지 서술하시오.
2. 인터넷 마케팅 패러다임하에서, 전통적인 4P 마케팅 믹스의 한계를 생각해 보자.
3. 새로운 5C 마케팅 믹스를 간략하게 정의하고, 그 특징을 서술하시오.

참고문헌

1. 논문 및 단행본

Achrol, Ravi S. and Philip, Kotler (1999), "Marketing in the Network Economy," *Journal of Marketing*, 63, 146 - 163.

Auther, W. B. (1996), "Increasing Returns and the New World of Business," *Harvard Business Review*, July - August, 100 - 109.

Day, George S. and David B. Montgomery (1999), "Charting New Directions for Marketing," *Journal of Marketing*, 63, 3 - 13.

Dell, Michael (2000), *Direct from Dell*, Harpercollins.

Evans, P. and T. S. Wurster (2000), *Blown to Bits: How the New economics of Information Transforms Strategy*, Harvard Business School Press.

Kelly, K. (1998), *New Rules for the New Economy*, Viking.

Lauthenborn, Robert (1990), "New Marketing Litany: 4P's Pass; C - Words Take Over,"

Advertising Age, October, 26.

Means, Grady and David Schneider (2000), *Meta - Capitalism*, John Wiley & Sons.

Peppers and Rogers (1999), *The One to One Manager: Real - World Lessons in Customers Relationship Management*, Doubleday.

Rifkin, Jeremy (2001), 소유의 종말, 이희재 역, 민음사.

Shani, David and Sujana Chalasani (1992), "Exploiting Niches Using Relationship Marketing," *Journal of Consumer Marketing*, 9(3).

Shapiro, C. and H. R. Varian (1999), *Information Rules*, Harvard Business Press.

이두희 (2012), 뉴마케팅패러다임 연구보고서.

이두희 (2011), 리얼타임 마케팅, 박영사.

이두희 (1999), 사례로 짚어보는 인터넷 마케팅, 청아 출판사.

2. 강연

Toffler, Alvin (2001), "지식기반 경제 구현을 위한 국가 전략," 위기를 넘어서-21세기 한국의 비전 세미나 초청강연.

3. 신문기사

"[Money&Life] 1kg 100g '신한은행 골드바' 출시," 동아일보, 2010년 9월 13일자.

4. 기타 (인터넷 검색 자료)

cafe.naver.com/haeundae2009

www.cokeplay.com

www.cyworld.com/ghism

www.danawa.com

www.epinions.com

www.imarketkorea.com

www.isavezone.com

www.kyobobook.co.kr

www.mblove.org

www.nongshim.com/

www.nosamo.org

www.youtube.com/watch?v=wRWfpDWKTjE

이슈 및 트렌드 SNS와 선거: 트위터 빅데이터 분석을 통한 19대 국회의원 후보자 분석

19대 국회의원 선거의 화두는 'SNS와의 소통' 이었다. 국회의원 후보자들이 앞 다투어 트위터 계정을 만들고 일반 사용자 계정들과 소통을 하기 위해 가장 노력한 선거였다. 트위터는 140자의 단문 메시지 서비스이다. 이 단문 서비스의 특징은 세계 어떤 서비스보다 전파력이 빠르다는 것이다. 이 전파력은 특히 정치 분야와 미디어 매체 분야에서 두각을 나타냈다. 한국 트위터 계정은 약 천만 개(2012년 7월 기준, 사용자 이름, 자기소개, 가장 최근 트윗에 한국어 사용기준)를 넘어섰고, 하루에 발생되는 한글 트윗의 숫자는 약 70~200만 개로 추정되고 있다.

SNS페이지 19대 국회의원 선거 페이지(mbevote2012.snspage.com)

SNS페이지는 트위터의 오픈된 api를 이용해서 트윗을 수집하는 대표적인 트위터 서드파티사이트이다. SNS페이지는 19대 국회의원 선거기간동안 MBC, Daum과 함께 트위터를 통한 여론분석 서비스를 시행하였다. 정치 관련 트윗과 국회의원들의 트위터 계정을 분석하여 정보를 제공하는 새로운 방식의 여론 분석 시도였다.

19대 국회의원 선거에서 예비 후보자 등록은 약 1,300명이 등록하였고, 그 후에 정식 후보자 선정이 끝난 후에는 927명이 선거를 치뤘다. 그중 트위터 계정 등록자는 610명이었다. SNS페이지는 그 610명을 대상으로 트윗을 전부 분석하여 여론 조사에 반영하였다.

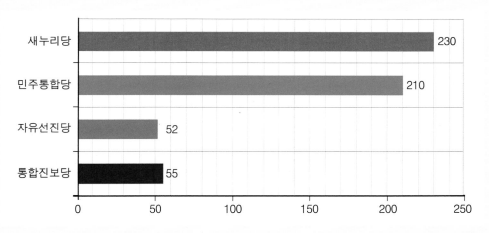

정당별 계정 보유 현황(www.snspage.com)

SNS페이지는 먼저 국회의원 후보자들의 트윗 정보 분석부터 시작하였다. 분석항목은 아래와 같다.

국회의원 후보자들의 트윗 정보 분석 항목

메 뉴	항 목	설 명
기본	소속당	국회의원 후보자의 소속 정당
	지역구	국회의원 후보자의 출마 지역구
	팔로잉 숫자	국회의원 후보자의 팔로잉 숫자
	팔로잉 증가분	국회의원 후보자의 일간 팔로잉 증가분
	팔로워	국회의원 후보자의 팔로워 숫자
	팔로워 증가분	국회의원 후보자의 일간 팔로워 증가분
	리스트됨	국회의원 후보자의 리스트됨 숫자
	리스트됨 증가분	국회의원 후보자의 리스트됨 숫자 증가분
	트윗	국회의원 후보자의 총 트윗 숫자
	트윗 증가분	국회의원 후보자의 총 트윗 증가분
트윗분석	트윗중 일반 트윗수	트윗중 이미지, 동영상 등을 포함하지 않은 일반 트윗
	트윗중 Reply수	Reply 로 작성된 트윗의 숫자
	트윗중 리트윗수	트윗중 Retweet 한 트윗의 숫자
	트윗중 RT수	트윗중 'RT' 문구를 사용하여 인용하여 쓴 트윗의 숫자
	이미지 포함 트윗수	이미지를 포함한 트윗의 숫자
	동영상 포함 트윗수	동영상을 포함한 트윗의 숫자
분석	한달 평균 트윗	한달 평균 트윗수
	리트윗 받은수	다른 사람들로부터 리트윗을 받은 수의 합
	트윗당 리트윗수	트윗 한개당 평균 리트윗 수
	트윗당 Reply수	트윗 한개당 평균 Reply 수
	한달 트윗 없는 날수	한달동안 트윗을 올리지 않은 날의 수
	트윗을 하는 시간대	트윗을 주로 올리는 시간대(그래프)
	즐겨쓰는 프로그램	즐겨쓰는 트위터 프로그램명
	모바일/데스크탑	모바일에서 올린 트윗과 데스크탑에서 올린 트윗의 수
	GPS 포함 트윗	GPS정보를 포함한 트윗의 수
랭킹	같은 당에서 순위	SNS페이지에서 지정한 종합점수 순위(같은당 기준)
	같은 선거구에서 순위	SNS페이지에서 지정한 종합점수 순위(같은 선거구 기준)
	전체 순위	SNS페이지에서 지정한 종합점수 순위(전체 기준)

자료원: snspage.com

기간검색: 1일 7일 7일 30일　후보자 이름: [　　　]　시도: 선택 ▼　[검 색]

전체
새누리당
민주통합당
통합진보당
진보신당
평화민주당
무소속
자유선진당
미래희망연대
미래연합
창조한국당
진복연합
국민생패당

순위	청당	시도	선거구	프로필 사진	이름	기본							
						팔로잉	팔로잉증가	팔로워	팔로워증가	리스트됨	리스트됨증가	트윗	트윗증가
총합						4091348	-905	5779027	4974	168092	24	638622	1516
1	통합진보당	경기도	고양시덕양구갑		심상정(沈相奵) @Sangjung9sim	84122	-4	222613	760	8475	10	5144	2
2	새누리당	경기도	성남시분당구을		전하진(田夏鎭) @hajinJ	10535	50	30896	47	1355	-2	12414	55
3	청년당	서울특별시	중구		오정익(吳政益) @ohjungik	1932	-7	1542	-8	11	0	298	0
4	민주통합당	서울특별시	강남구을		정동영(鄭東泳) @coreacdy	132868	145	133470	251	6912	9	16080	8
5	민주통합당	서울특별시	송파구을		천정배(千正培) @tb_1000	74655	-23	95455	115	5636	1	8569	0
6	민주통합당	서울특별시	노원구갑		김용민(金容敏) @funronga	20397	-4	379004	631	10432	2	9825	44
7	새누리당	서울특별시	은평구을		이재오(李在五) @JaeOh11	23760	-7	43044	23	2297	0	2808	0
8	새누리당	경기도	안양시동안구을		심재철(沈在哲) @cleanshim	5630	-19	5995	-22	163	1	791	1
9	민주통합당	부산광역시	부산진구갑		김영춘(金榮春) @busanyc	7261	-11	6938	9	168	-2	1303	4
10	새누리당	서울특별시	서대문구을		정두언(鄭斗彦) @doorun	12983	-6	26406	-6	1516	0	1211	0
11	민주통합당	서울특별시	강남구갑		김성욱(金城旭) @sung777	11470	-20	11531	-20	137	0	1368	0
12	새누리당	서울특별시	동대문구갑		허용범(許容範) @YB_Heo	7210	-12	7431	-15	55	0	509	0
13	새누리당	경기도	여주군양평군가평군		정병국(鄭柄國) @withbig	17547	39	17600	37	534	0	1702	0
14	민주통합당	전라북도	전주시덕진구		김성주(金成柱) @kimsungju	11098	-15	10738	-14	54	-1	1292	8
15	무소속	서울특별시	마포구을		강용석(康容碩) @Kang_yongseok	364	-2	35959	7	1397	-2	1348	0
16	새누리당	서울특별시	강서구을		김성태(金聖泰) @kimsuntae	16345	-19	16343	-25	202	-1	1263	2
17	민주통합당	경기도	안양시만안구		이종걸(李鍾杰) @leejongkul	38539	-23	40552	31	1920	1	1766	0
18	통합진보당	서울특별시	노원구병		노회찬(魯會燦) @hcroh	230489	-35	251029	851	12541	20	14270	13

실제 SNS페이지 내부 19대 국회의원 선거기간 동안 키워드 분석표(snspage.com)

위 항목을 기반으로 다시 지역별, 당별로 다양한 순위자료를 분석했다.

• Retweet 받은 수 랭킹
• Reply 받은 수 랭킹
• RT(인용) 받은 수 랭킹
• 사진 많이 올린 후보 랭킹
• 동영상 많이 올린 후보 랭킹
• 트윗을 가장 많이 올린 후보 랭킹
• 팔로워가 가장 많은 후보 랭킹
• 가장 최근에 트위터 아이디를 만든 후보 랭킹
• 국회의원 후보자들이 가장 많이 언급한 키워드

이렇게 다양한 분석 자료를 기반으로 선거기간동안 Daum 포털과 MBC방송을 통해서 SNS에 대한 각 정당별, 후보별 선호도를 계속해서 발표했다.

트위터 분석에서 중요한 포인트는 커뮤니케이션 패턴 분석이다. 특정 키워드의 포함 여부와 이 트윗에 대한 긍정/부정 분석하는 것이 중요한 포인트이다. 또 다른 포인트는 Retweet을 많이 받은 트윗을 찾아내어 어떤 사람이 쓴 트윗인지, 어떤 사람들이 Retweet 버튼을 눌렀는지를 분석하여 여론의 흐름을 분석하는 것이다.

실제 19대 국회의원 선거기간 동안 키워드 분석표

주차	3월 1주차		3월 2주차		3월 3주차		3월 4주차	
순위	키워드	숫자	키워드	숫자	키워드	숫자	키워드	숫자
1위	구럼비	46,847	박근혜	47,075	이정희	121,850	불법사찰	69,308
2위	강정마을	32,778	이정희	40,440	민주당	42,071	박근혜	47,362
3위	해군기지	27,092	공천	39,039	통합진보당	42,515	투표	43,730
4위	공천	21,490	한미FTA	26,770	박근혜	36,442	총선	35,905
5위	해적	18,921	민주당	26,061	야권연대	32,166	이명박	29,822
	대상트윗	2,094,975	대상트윗	2,097,368	대상트윗	2,113,704	대상트윗	1,919,992

자료원: snspage.com

SNS분석을 통해서 19대 국회의원 선거를 분석한 결과는 SNS활동을 잘 하는 국회의원이 50% 이상 당선이 되었다는 것을 알 수 있다. SNS활동을 잘 하는 정치인이 현실세계에서도 인식이 좋아 당선될 확률이 높다는 것을 볼 수 있었다. 전체적인 선거 결과를 봤을 때 오프라인 여론과 트위터 상의 여론의 통계적인 편차만 잘 고려된다면 정교한 여론 분석이 가능하다는 것을 알 수 있다.

앞으로 SNS페이지는 트위터 여론 분석의 성공에 힘입어 트위터 전용 분석툴을 개발하여 대중들에게 선보일 예정이다.

*참고문헌

인터넷검색 자료

mbevote2012.snspage.com

www.snspage.com

2

인터넷 시장 상황 분석

제3장 환경 분석
제4장 인터넷 소비자 행동 분석
제5장 인터넷 마케팅 조사

3장 환경 분석

소셜 네트워크의 수명 주기(social network life cycle)
SWOT분석
소셜분석(social analytics)
무어의 법칙(Moore's law)
황의 법칙(Hwang's law)
네트워크 효과
멧칼프의 법칙(Metcalfe's Law)
넷마이너(NetMiner)
포터의 시장구조 분석
소셜 네트워크 분석
표준산업분류
내부환경 분석

Social Network Life Cycle(SLC)

기업이 처해 있는 환경은 시시각각 변화하기 마련이다. 더구나 인터넷 환경하에서의 변화속도는 과거와 비교할 수 없을 정도로 빠르게 진행되고 있다. 따라서 이러한 환경에서 생존하고자 하는 기업은 자사가 속해 있는 내외부의 급변하는 시장과 환경 그리고 경쟁자를 분석하고, 대응해야만 한다. 특히, 인터넷 환경 중 소셜 네트워크의 발달은 생활환경 주기의 빠른 순환을 야기하고 있기 때문에 이에 맞는 분석과 대처가 필요할 것이다.

소셜 네트워크 수명주기는 인터넷상에서 시간에 따른 소셜 네트워크상에서의 컨텐츠 확산정도를 도식화한 것이다. Ⅰ단계 초기 단계로 어떠한 사건이 소셜 네트워크에 힘을 입어 빠르게 확산되어 가는 시기이다. Ⅱ단계는 해당 사건이 소셜 네트워크를 통하여 가장 빠르게 진행되어 정점에 다다르는 시기이며, Ⅲ단계는 사람들에게 수 없이 회자되었던 그 사건에 대한 열기가 떨어지면서 확산의 정도가 감소하는 시기이다. Ⅳ단계가 되면 그 사건은 사람들의 기억 속에서 사라진다. 인터넷 환경의 발달은 이러한 소셜 네트워크 생활주기의 빠른 순환을 야기했다. 따라서 기업은 시시각각 변하는 인터넷 환경을 매순간 분석하여, 이에 대응하는 마케팅을 해야만 한다.

SNS상에서의 컨텐츠 확산은 실시간(real time)으로 이루어진다. 이에 대한 기업의 대응 또한 실시간으로 이루어져야 한다. 확산되고 있는 부정적인 컨텐츠의 확산현상에 즉시 대응하지 않고 수

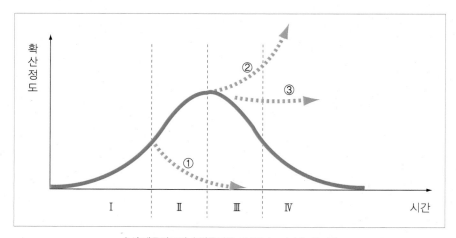

소셜 네트워크의 수명주기(Social Network Life Cycle)

개월 후에 대처할 수는 없는 것이다. 이런 경우 기업은 즉각적인 대처를 하여 그림에서의 ①과 같이 조기 진화를 성공시켜야 할 것이다.

이와 반대로 긍정적인 컨텐츠가 SNS상에서 확대되고 있을 경우, 기업은 이러한 추세를 촉진시킬 필요가 있다. 그림에서의 ②와 같이 확산의 가속도를 증폭시키거나 ③과 같이 그 수명주기를 연장시키는 노력을 하여야 한다. 이렇듯 소셜 네트워크 수명주기에 따른 마케팅 전략 수립은 매우 중요하다. 특히 강조할 점은 이러한 마케팅 활동은 리얼타임 마케팅(real time marketing)이어야 한다는 것이다.

물론, 전통적인 마케팅 환경 분석 틀은 지속적으로 유효하다. 그러나 효과적인 마케팅을 위하여 기업은 소셜 분석(Social Analytics)을 중요한 분석 방법 중의 하나로 사용할 것을 강력히 권장한다. 소셜 분석은 소셜 네트워크상에 존재하는 방대한 양의 비정형 데이터를 분석하여 인터넷 마케팅 환경을 보다 정확하고 효과적으로 분석하는 것이다. 소셜 분석에 대한 내용은 5장에서 보다 자세하게 설명될 것이다.

다음의 표는 전통적인 마케팅 환경 분석을 보완하는 인터넷 마케팅 환경 분석이다. 기업의 목표에 부합하는 환경 분석을 통하여 효과적인 마케팅 전략을 세울 수 있을 것이다.

전통적인 마케팅 환경 분석을 보완하는 인터넷 마케팅 환경 분석

	인터넷 마케팅 환경 분석
내부 환경 분석	기업 내부 환경의 상품개발 능력 및 생산 능력, 마케팅 능력, 그리고 재무 능력을 객관적으로 분석하여 기업의 강점(strength)과 약점(weakness)을 파악함과 동시에 기업은 다음과 같은 인터넷 환경 분석을 해야 한다. Marketing Evaluation • 신제품 출시 전후 소셜 네트워크 분석을 통한 소비자반응 분석 • 브랜드태도와 이미지 분석 • 소셜 마케팅 대상의 정밀 세분화 • 소비자들의 소셜 미디어 선호도 분석 Generating Ideas • 제품에 대한 지속적인 모니터링을 통해 신제품 개발 아이디어 획득
외부 환경 분석	구매자 및 공급자의 교섭력, 잠재적 진입자의 위협, 대체품의 위협, 그리고 기존 기업 간의 경쟁을 파악함으로써 기업의 기회(Opportunity)와 위협(Threat) 분석을 바탕으로 다음과 같은 인터넷 환경 분석을 통해 보다 효과적인 마케팅 전략을 수립해야 한다. Awareness of Market Position • 경쟁기업 또는 브랜드에 대한 소셜 분석으로 시장에서의 자사의 위치 파악 • 기업과 브랜드의 소셜 미디어 노출 추이 분석 • 제품/서비스별 세부 속성에 대한 차별적 분석 Early-Risk Management • 소셜 분석을 통한 소비자 반응 지속적 관찰로 중요한 이슈사항에 대해 즉각적인 대처 • 부정적 여론의 확산 경로 분석

자료원: 이두희, 이현정(2012).

외부환경 분석

1. 거시환경 분석

거시환경은 기업의 외부환경을 이루고 있는 요인 중 하나로, 기업의 경쟁 및 시장을 둘러싸고 있는 한 나라 혹은 한 사회의 모든 기업에게 영향을 미치는 요인이다. 기업의 입장에서 본다면, 거시환경은 직접적으로는 기업의 성장방향, 마케팅 전략, 기업조직의 구조에 영향을 미치며, 간접적으로 기업에 다양한 기회와 위협요인을 제공한다. 그렇기 때문에 거시환경은 기업 입장에서는 통제가 거의 불가능한 요인임에도 불구하고 중요한 의미를 지닌다. 따라서 기업이 환경변화에 적절히 대응하고 기업의 성공 가능성을 높이기 위해서는 거시환경 분석이 반드시 요구된다. 기업의 거시환경을 이루는 구성 요소로는 경제적, 사회적, 법률적, 정치적, 기술적 환경 요인 등이 있다.

1) 경제적 환경 분석

경제성장률, 저축률, 이자율, 물가상승률, 환율, 소득분포, 부동산 가격 등이 경제적 환경분석 시 고려해야 할 대표적인 경제적 요인들이다. 예를 들어, 국민소득의 향상, 대도시를 중심으로 한 인구밀집 현상, 아파트를 중심으로 하는 주거환경 등이 세계 최고의 초고속 인터넷 보급률이라는 결과를 낳았고, 이러한 경제적인 현상을 파악함으로써 초고속 인터넷 사업의 성과를 긍정적으로 예측하고 실제 성과를 거둘 수 있었던 것이다.

2) 사회적 환경 분석

마케팅 전략 수립 시 고려해야 할 사회적 요인들에는 여성의 사회참여 비율, 각종 시민단체의 발언권 확대, 교육환경, 환경 및 건강에 대한 관심 증대, 가치관의 변화 등이 있다. 마케팅 관리자는 가시적인 사회적 환경변화뿐만 아니라 가치관의 변화와 같은 비가시적인 사회적 변화 역시 소비자의 소비 형태에 있어 많은 변화를 가져올 수 있다는 점을 인식해야 한다. 그리고 이러한 환경변화를 감지하고 이에 능동적으로 대처해야 한다.

예를 들어 여성의 사회참여 비율이 높아지면서 시간의 기회비용이 증가하게 되었고, 이로 인해 인터넷 슈퍼마켓 등의 인터넷 쇼핑몰의 매출이 더욱 증가할 수 있게 되었다. 이러한 변화는 사회적 환경이 인터넷 마케팅 성장에 영향을 미친 좋은 예이다.

3) 정치 법률적 환경 분석

국가가 제정한 각종 정책, 제도 및 규제에 관한 정치, 법률적 환경은 기업의 성과에 영향을 미치는 중요한 거시환경 요소 중의 하나이다. 특히 인터넷 마케팅 활동을 하는 기업의 경우, 국가 간 거래에서의 조세문제, 인터넷 쇼핑몰에서 소비자 보호문제, 온라인 결제 시 보안과 이에 대한 책임 소재에 관한 문제, 음란사이트의 규제 문제, 저작권 관련 문제에 이르기까지 다양한 법률적인 요소들을 충분히 검토하여야 한다.

그림 3-1   인터넷상에서의 기업 활동과 관련된 필요한 제도의 개선과 정립을 위해 전세계 176개사의 컨소시엄으로 구성
된 커머스넷(www.commerce.net)의 초기화면

예를 들어, 온라인 결제나 거래와 관련된 보안 솔루션이 들어가는 금융 사이트의 경우 금융결제원에 보안심사를 받고, 그 심사에 통과해야 해당 서비스를 제공할 수 있다. 이 경우 보안심사의 통과 여부와 통과시점은 새로운 서비스를 제공할 수 있느냐 여부의 중요한 문제가 되기도 한다.

이러한 법률적인 환경분석 시에는 공간적 한계가 없다는 인터넷의 성격으로 인해, 인터넷 기업이 속한 자국의 법률적 환경 밖의 환경도 고려하여야 한다. 즉, 자사가 마케팅 활동을 벌이는 시장과 관련된 국가와 국제적 연합으로 구성된 조직의 규제 및 제도에 관한 법률적 환경을 종합적으로 분석해야 한다.

4) 기술적 환경 분석

인터넷상에서 마케팅 활동을 위한 환경 분석이 오프라인 마케팅 활동을 위한 환경분석에서 보다 강조되어야 할 환경요인은 바로 기술적 환경요인이다. 1960년대에 반도체 시대가 시작되면서 인텔의 공동설립자인 고든 무어(Gordon Moore)는 마이크로칩에 저장할 수 있는 데이터 용량이 18개월마다 2배씩 증가한다는 무어의 법칙(Moore's law)을 제시하였다. 실제 인텔의 반도체는 이러한 법칙에 따라 용량이 향상되었다. 그러나 2002년 국제반도체회로학술회의(ISSCC)에서 삼성전자 반도체총괄 겸 메모리사업부장의 황창규 사장은 '메모리 신성장론'을 발표하였다. 반도체 메모리의 용량이 12개월마다 2배씩 증가한다는 황의 법칙(Hwang's law)을 제시하며, 반도체의 집적도가 2배로 증가하는 시간이 1년으로 단축되었고, 무어의 법칙을 뛰어 넘고 있다고 설명했다. 이처럼 인터넷 마케팅 환경의 기술의 변화 및 발전이 역동적으로 급변하고 있는 환경적 특성으로 인해, 이러한 환경변화에 대처하지 못하는 기업은 결국 도태되고 말 것이다.

인터넷상에서 기술적 환경 분석의 중요성이 대두되는 또 하나의 이유는 신기술 자체가 하나의 차별적인 전략적 도구로 활용될 수 있기 때문에, 이를 통해 새로운 비즈니스 모델을 창출하고, 유리한 경쟁우위를 차지할 수 있다는 점이다. 특히 인터넷 신경제 하에서는 신기술로 인한 경쟁우위의 달성이 가능한 이유로 네트워크 효과(network effect)를 주목할 만하다. 네트워크 효과란 한 경제 주체가 수행하는 행위의 가치가 동일한 행위를 하고 있는 다른 경제 주체들의 규모에 의해 영향을 받는 것을 말한다. 즉, 네트워크 효과를 설명하는 멧칼프의 법칙(Metcalfe's Law)에 따르면, 네트워크의 가치는 네트워크에 참여한 사람의 크기에 의해 결정되며, 그 효용성은 사용자 수의 제곱에 비례한다. 결국 네트워크 효과는 네트워크에 연결된 사람이 많을수록 그 가치가 커짐을 의미한다. 예를 들어, 사람들이 컴퓨터 운영체계로서 윈도우라는 기술을 더 많이 채택할수록, 더 많은 소프트웨어 회사들은 윈도우 운영체제에서 구현 가능한 제품들을 많이 개발할 것이고, 결국 이것이 윈도우가 더욱 확산되게 함으로써, 윈도우 사용자들에게 더 큰 가치를 부여할 수 있게 되는 것이다.

따라서 특정 기술 또는 기업이 일정 규모의 네트워크를 구축하게 되면 신규 소비자들은 그 기술 또는 기업이 갖는 네트워크 효과의 이점으로 인해 그 네트워크에 계속 가입하게 된다. 이로 인해 규모가 커진 네트워크는 다양한 보완재를 개발, 공급하게 됨으로써 소비자 가입의 수가 가속화되는 선순환을 실현하게 된다. 결국, 보다 큰 규모의 네트워크를 확보한 기업일수록 새로운 아이디어에 대한 보상 잠재력이 높아지고, 기술개발에 대한 인센티브가 발생하게 된다. 한 번 구축된 네트워크 효과로 인해 기술적으로 우수한 제품을 보유하고 있는 다른 기업과의 경쟁에서도 쉽게 붕괴되지 않는 유리한 경쟁상의 우위를 차지할 수 있다.

뿐만 아니라 스마트폰의 발달로 인해 우리는 언제 어디서든 수월하게 인터넷환경에 놓여 있게 되었다. 수많은 애플리케이션(application)이 등장하고, 보다 빠른 인터넷환경을 구축하기 위해 3세대 이동통신(3G)을 장기적으로 진화시킨 기술인 LTE(Long Term Evolution)와 같은 초고속 서비스가 제공되고 있다. 또한 소셜 네트워크를 기반으로 공급되는 수많은 데이터를 손쉽게 처리하고, 분석가능하게 하는 분석패키지(NetMiner)도 등장하였다. 이처럼 기술적 환경 요인은 환경변화를 인식하는 데 있어 중요한 요소이다.

그러나 유념해야 할 사실은 성공적인 인터넷 마케팅 활동을 위해 기술은 필요조건이지만, 충분조건은 될 수 없다는 사실이다. 즉, 기술이 곧 경쟁력을 의미하는 것은 아니며, 이를 경쟁적 우위로 활용하기 위해서는 통합적인 인터넷 마케팅과 접목시킬 수 있어야 한다.

그렇다면, 기술적 환경 분석을 위해서는 어떠한 기술적 환경 요인을 분석해야 할까? 이를 위해서는 현 시장의 기술적 환경의 동향 분석과 새로운 기술의 채택이 미치는 영향에 대한 분석이 이루어져야 한다.

(1) 기술적 환경 동향 분석

기술적 환경 분석을 위해서는 통합정보시스템, 보완기술, 상거래 지원기술, 전송기술, 컨텐트웨어 표현기술 등과 같은 인터넷 관련 기술이 시장에 확산된 정도와 이와 관련된 신기술의 동향을 살펴보아야 한다. 이를 통해 컨텐트웨어를 개발하거나, 기존의 것을 개선시킬 수 있는 기회 요인을 분석해야 한다. 또한 간과해서는 안 될 중요한 사실은 자사가 제공할 컨텐트웨어를 소비자들이 수용할 수 있도록 하는 기술적 인프라를 갖추고 있는가를 검토하는 것이다. 즉, 소비자들이 컨텐트웨어를 활용할 수 있을 만큼 충분한 기술적 환경(예: 인터넷 접속 환경, 스캐너, 디지털 카메라 등)을 갖추고 있는가와 같은 점들이다. 만일 현재 기술환경수준이 충분하지 않다면, 최소한의 기준수준에 도달할 수 있는 시기는 언제인가에 관한 평가를 해야 한다.

(2) 신기술의 채택

기술적 환경의 동향을 분석하고, 신기술을 채택하기 위해서는 이러한 신기술이 현재 자사의 마케팅 관련 능력 및 기능을 혁신적으로 변화시킬 수 있는지를 파악하여야 한다. 그리고 자사의 타겟층 및 경쟁자가 채택된 신기술을 얼마나 활용할 것인가를 살펴보아야 한다.

또한 기술환경 분석에서 중요한 의사결정 중의 하나는 해당 산업의 솔루션을 분석하는 것이다. 소프트웨어를 분석할 경우에는 제공하는 기능이 어떤 것인지, 그 기능들이 회사에서 제공하고자 하는 서비스를 모두 포함하는지, 포함하지 않는다면 커스터마이제이션 과정에서 추가 개발이 가능한 것인지를 먼저 파악해야 한다. 물론 이때, 그 솔루션을 사용할 때 필요한 시스템과 시스템의 OS도 함께 검토되어야 한다. 구체적인 검토내용들을 요약하면 표 3-1과 같다.

표 3-1   솔루션 선택시 검토 사항

검토 항목	검토 내용
기 능	• 고객의 필요를 충분히 충족시킬 만한 기능을 포함하고 있는가? • 필요한 기능보다 지나치게 많은 기능을 포함하여 고객에게 오히려 혼란을 주지는 않는가? • 사용자 인터페이스나 정보구조가 적절한가? • 관리자 모드는 사용이 용이한가? • 유지 및 관리가 편리한가? • 커스터마이제이션 과정에서 회사의 필요를 충분히 반영하여 차별화시킬 수 있는가? • 개발 언어는 어떤 것인가? • 성능의 속도는 어느 정도인가? • 기능이 법률적으로 문제 되는 부분은 없는가?
시 스 템	• 해당 솔루션을 사용하기 위해 필요한 시스템의 규모는 사업규모에 비해 적절한가? • 시스템 비용을 적게 소모하고 솔루션을 사용할 수 있는 방법은 있는가? • 기존 시스템과의 연동에는 문제가 없는가? • 기존 시스템을 변화시켜야 한다면 그 규모는 어느 정도인가?
OS	• 솔루션 사용에 필요한 OS는 무엇인가? • 보다 저렴한 가격으로 대체할 수 있는 OS가 있는가? • 기존 OS의 변동 없이 사용할 수 있나?
가 격	• 가격은 적절한가? • 솔루션을 부분적으로 구매가 가능한가? • 결제 방법은 어떠한가?
취득방법	• 솔루션을 구매할 것인가? 어플리케이션 서비스를 받을 것인가? 혹은 내부에서 개발할 것인가?

인터넷 환경 분석을 제공하는 넷마이너 www.netminer.com

NetMiner는 소셜 네트워크 분석(Social Network Analysis)을 이용한 연구, 학습 및 전문적인 분석을 위해 개발된 소프트웨어 프로그램이다.

SNA와 관련된 분석 모델, 시각화 기법들을 구현하고 있는 넷마이너는 사용자들이 네트워크 데이터와 분석, 시각화 결과물을 유연하게 활용하여 탐색적 분석을 효과적으로 수행할 수 있도록 하고 있다.

NetMiner의 주요 특징은 다음과 같다.

1. 대용량 네트워크 데이터 분석

넷마이너는 최대 1,000,000개의 노드로 구성된 네트워크 데이터를 원활하게 처리할 수 있다.

2. 다양한 SNA분석 지표 탑재

넷마이너는 현재 사용 가능한 네트워크 데이터 분석용 소프트웨어 가운데 가장 다양하고 포괄적인 지표들을 포함하고 있다.

3. 편리한 데이터 통합관리

넷마이너에서는 개별적인 데이터들을 하나의 데이터셋(dataset)으로 편리하게 통합하여 관리할 수 있다.

4. 탐색적인 네트워크 분석기능 제공

넷마이너의 분석결과는 분석과 시각화가 긴밀하게 연결되어 있어 사용자가 직관적으로 이해하기 쉬우며 추가적인 분석을 위한 데이터로 다시 사용될 수 있다.

5. 사용자 친화적인 이용환경 제공

넷마이너는 분석자의 분석흐름을 고려하여 한 화면에 데이터 관리영역, 산출물의 표시 영역, 그리고 옵션 설정 영역을 동시에 제공함으로써 사용자가 편리하게 분석을 수행할 수 있다.

6. 상호작용이 원활항 시각적 분석

넷마이너에서는 노드와 링크를 각 속성에 따라 자유롭게 스타일링 할 수 있을 뿐만 아니라, 네트워크 맵상에서 자유롭게 이동시킬 수 있다.

7. 다양한 통계모델과 차트 내장

넷마이너에 SNA분석 외에도 다양한 통계분석 기능과 차트가 포함되어 있어 사용자가 외부 통계프로그램을 사용하지 않고서도 다양한 분석을 할 수 있다.

자료원: 사이람 (2001); www.netminer.com

2. 시장구조 분석

1) 시장구조 분석 체계

기업이 비즈니스 모델을 만들고, 마케팅 전략을 수립하기 위해서는 기업을 둘러싼 주변환경에 대한 이해가 필수적이다. 기업을 둘러싼 주변환경에서 가장 중요한 것 중의 하나가 바로 기업이 경쟁하는 해당 시장구조라고 할 수 있다. 시장구조는 기업의 마케팅 전략을 결정하는 데 중요한 영향을 미치며, 경쟁자와의 경쟁구도를 결정짓기 때문에, 시장의 매력도를 결정짓는 큰 요인으로 작용한다. 따라서 기업이 속한 시장 구조를 분석하는 것은 환경 분석 시 중요한 차원이 된다.

일반적으로 시장구조를 분석하는 체계로 가장 널리 사용되는 것은 마이클 포터 (Porter 1985)의 방법이다. 마이클 포터는 시장의 경쟁을 유발하는 요인으로서 잠재적인 진입자의 위협, 구매자의 교섭력, 공급자의 교섭력, 대체품의 위협, 기존 기업 간의 경쟁의 다섯 가지 요인을 제안하였다. 이러한 요인들을 각각 살펴보면 다음과 같다.

(1) 잠재적 진입자의 위협

현재 자사가 속해 있는 시장에 아직 진입하지는 않았지만, 진입 가능성이 높은 경쟁 기업이 많다면, 향후 시장의 수익성이 감소할 가능성이 크기 때문에 매력도가 낮은 시장이다. 그렇다면 이와 같은 경쟁자의 신규진입에 따른 위협의 정도는 어떻게 결정되는 것일까? 그것은 특정 시장에 새롭게 진입하려는 기업이 예상하는 기존 경쟁기업들의 대응 정도에 따라 위협의 정도가 결정된다. 즉, 한 시장에 진입 시의 진입장벽이 높으면, 경쟁기업의 진입이 어려워지므로 잠재적 진입자의 위협은 낮아진다고 하겠다.

(2) 구매자의 교섭력

구매자란 현재 우리가 분석하는 시장에서 상품을 구매하는 사람들을 의미한다. 그러나 이때 구매자는 반드시 최종 소비자만을 의미하는 것은 아니며, 유통업자 및 또 다른 제조업자 등이 모두 구매자가 될 수 있다. 일반적으로 시장에서 구매자의 교섭력이 높을수록, 시장의 매력도는 낮아진다. 이는 교섭력이 높은 구매자는 가격을 낮추라는 압력을 가하거나, 여러 가지 부대 서비스를 요구하기 때문에, 시장의 수익성을 낮추게 하는 요인으로 작용할 수 있기 때문이다.

(3) 공급자의 교섭력

시장에서 공급자의 교섭력이 강하게 작용하는 경우는 그 시장이 소수의 공급업자에 의해 집중적인 원료공급이 이루어지거나, 몇몇 공급업자들이 여러 산업의 다양한 고객들에게 원료나 제품을 공급할 때이다. 이렇게 공급자의 교섭력이 강한 경우, 기업의 경쟁력은 약화될 수밖에 없기 때문에 시장의 매력도는 낮아진다.

(4) 대체품의 위협

특정 시장에서 경쟁을 벌이고 있는 기업들은, 넓은 의미에서 대체품을 생산하고 있는 보이지 않는 기업들과도 경쟁을 벌이고 있다고 할 수 있다. 따라서 자사 제품의 대체품이 시장에 나타날 위협이 높을수록, 시장의 매력도는 낮아진다.

(5) 기존 기업 간의 경쟁

현재 시장 내 다수의 경쟁자들 사이에서의 경쟁이 치열할수록, 소수의 경쟁자들이 있는 시장에 비해 매력도가 낮은 시장이다. 기존 기업 간의 경쟁 강도는 주로 경쟁업체의 수, 각 경쟁기업이 그 시장에 부여하는 중요성 정도, 고정비가 전체비용에서 차지하는 비율, 그리고 철수장벽의 유무 등에 의해 결정된다. 일반적으로 경쟁기업이 많을수록, 그 경쟁기업의 목표와 전략이 다양할수록 경쟁은 더욱 심화된다고 보는 것이 일반적이다.

마이클 포터의 시장구조분석 적용─은행산업

잠재적 진출기업의 위협 근원 및 강도

- 인터넷을 이용함으로써 잠재적 진출기업의 시장진입 장벽이 낮아짐으로써 비 금융 기업이 인터넷 뱅킹 서비스에 도전하고 있음(예: 소니의 무점포 인터넷 뱅킹 사업 진출).
- 은행 서비스 관련한 역량 외에 인터넷 뱅킹과 관련한 최신 기술과 인터넷 관련 서비스에 대한 역량에 대한 기존 은행의 무관심이나 역량 부족이 진입장벽을 더욱 낮추는 역할을 함.

구매자 교섭력의 근원 및 강도

- 인터넷상에서 대상 업체를 쉽게 바꿀 수 있고, 다양한 채널을 통해 각 은행이나 금융기관에서 제공하는 각 서비스 간의 직접 비교가 가능하므로, 은행에 대한 고객의 교섭력은 증가하는 추세임. 그러나 구매자가 해당 금융기관에 대해 애호도를 가지고 그 사이트에서 모든 금융서비스를 이용할 경우 기업은 구매자에게 다양한 서비스를 제공함으로써 의존도를 높일 수 있음.

공급자 교섭력의 근원 및 강도

- 온라인을 통해 금융상품을 직접 구입할 수 있게 되면서 은행, 중개기관, 보험기관, 연금 등 금융 기관들 사이의 경계가 점차 사라짐으로써 교섭력이 약해짐
- 직접 경쟁이 되는 각 은행끼리도 대체업무가 가능하게 함으로써 교섭력 강화
- 복잡한 구매결정에 따른 위험을 최소화하거나, 상품의 차별화가 크지 않을 경우 고객은 손쉬운 결정을 위해 익숙하고 잘 알려진 상표를 원함. 또한 고객은 보안상 결함으로 인한 피해를 우려하여 대중적인 상표를 선호하게 되므로 강력한 상표 이미지가 중요함

대체품 압력의 근원 및 강도

- 금융권의 탈 중개화로 인한 보험이나 증권사의 금융상품 판매 가시화
- 부동산 경기가 호전됨으로 인한 부동산 투자 증대
- 랩 어카운트, 변액보험, 개인뱅킹 같이 금융기관간의 장벽이 애매한 상품의 등장으로 금융기관 간의 장벽이 무너지고 있어 은행, 증권, 보험 등 상이한 금융기관끼리의 경쟁이 예상됨.
- 금융지주회사의 설립으로 증권, 보험, 은행 등의 서비스를 한 계좌에서 거래할 수 있으므로 은행의 경쟁력 약화가 우려됨.

기존 경쟁기업 간 경쟁의 근원 및 강도

- 금융산업을 새롭게 전환시킬 인수 합병의 가속화로 거대은행 혹은 전문은행으로 재

편될 것으로 예상됨.
- 비은행권과 인터넷 포털로부터의 도전에 직면하여 경쟁범위가 확장됨.
- 은행상품뿐만 아니라 타 금융상품이나 경쟁자의 상품까지 고객들이 접속할 수 있도
  록 슈퍼마켓형 상품을 구비하게 되는 공개 금융(Open Finance) 서비스를 제공함으
  로써 경쟁강도는 심해짐.
- 경쟁우위가 있는 영역에서 전문성을 확보하거나, 수직적인 통합을 통한 종합 금융
  을 추구하는 기업이 증가할 것으로 예상됨.

2) 인터넷 마케팅 환경에서 시장구조 분석의 한계점

지금까지 소개된 포터의 분석틀은 시장구조 분석의 대명사가 되어버릴 만큼 폭넓게 받아들여진 분석방법이다. 그러나 경제학적인 관점에 기반한 포터의 분석틀은 기업의 외부환경 중심적인 분석틀이라는 점과 정태적인 상황분석틀로서의 문제로 인해 한계가 지적되어 왔다. 특히 인터넷 환경의 역동적 성격으로 인해 이러한 한계점에 대한 학술적 논쟁도 대두되었다. 이에 대해 포터는 인터넷 신경제하에서도 자신의 분석틀을 이용한 시장구조 분석에 무리가 없음을 주장하고 있다(Porter 2001).

따라서 포터의 분석틀을 이용한 시장구조 분석 시에는 각 기업의 상황과 산업의 특성에 맞게 수정보완하여 적용하는 것이 바람직하다. 이에 아래의 내용에서는 인터넷 마케팅 환경에서 포터의 시장구조 분석틀을 적용할 때 주의해야 할 사항에 대해 살펴보기로 한다.

(1) 시장구조의 미성숙

포터의 틀에 의해 설명되는 기업들은 주로 중화학공업, 석유화학, 철강, 타이어, 정유, 제지, 알루미늄, 설탕, 소형컴퓨터, 자동차 등 제조업에 속해 있는 기업들이다. 이러한 산업은 이미 성숙단계에 접어든 산업이라고 할 수 있다. 이러한 산업들은 산업 내의 경쟁자들의 숫자가 어느 정도 정착단계에 있을 뿐 아니라, 지배적인 기술의 표준이 존재하고, 소비자의 수요도 어느 정도 형성되어 있는 상황이라고 할 수 있다. 따라서 성숙단계에 접어든 이러한 산업에는 포터의 시장구조 분석틀을 이용한 분석이 큰 무리 없이

적용 가능하다.

그러나 인터넷 마케팅 환경하의 기업들은 아직 성숙되지 않은 초기 및 성장 단계에 있는 시장에 속한 경우가 많으므로, 포터의 분석틀을 이용한 분석 시에는 그것의 적용 가능성에 대해 신중을 기해야 한다.

(2) 시장경계의 변화 가능성

포터의 시장구조 분석틀은 시장 전체의 수익률이 경쟁에 의해서 결정된다는 것을 기본적으로 전제하고 있다. 즉, 5개의 요인이 시장구조를 결정한다는 논리는 시장의 경계가 고정되어 있다는 암묵적 가정에서 출발하고 있다. 그러나 현재 시장환경이 급변하고 있는 인터넷 마케팅 환경에서는 시장의 경계가 모호하며, 그 범위 또한 끊임없이 확장되고 있다. 인터넷 마케팅 환경하의 기업은 경쟁을 억제하기 위해 자신만의 기술을 기업의 경계 안에 담아두기보다는 다른 기업들이 활용할 수 있도록 개방하여, 시장규모를 확대하고 산업의 표준으로 자리 잡도록 하는 전략이 필요한 상황이다. 따라서 시장구조 분석 시에는 소극적으로 현재 구조의 좋고 나쁨을 평가하는 데서 그치는 것이 아니라, 현재의 시장구조가 미래에 어떻게 변화될 것인지 예측하고, 나아가 현재 구조를 유리하게 바꿀 수 있는 방법을 모색하는 것이 바람직하다.

(3) 시장구조 요인 구분의 불명확성

포터의 분석틀은 시장구조를 결정하는 경쟁자, 공급자, 구매자 등과 같은 요인이 분명히 구분됨을 가정하고 있다. 그러나 인터넷 마케팅 상황에서는 시장경계가 흐려짐과 함께, 이로 인해 한 시장에서의 경쟁자가 다른 시장에서는 파트너가 되는 경우도 있고, 오히려 경쟁보다는 협동(collaboration)을 통한 경쟁 우위가 필요한 상황이므로, 포터의 가정이 적용될 수 없는 경우가 많다. 예를 들어, IBM과 애플사는 PC시장에서는 경쟁하고 있지만, 인텔사에 대항하기 위한 새로운 마이크로프로세서를 개발하는 데 있어서는 협력하고 있기 때문에, IBM과 애플사의 관계를 포터의 분석틀에 의해 그들의 관계를 명확하게 구분하는 것은 용이하지 않다.

3. 경쟁자 분석

경쟁자 분석은 환경분석의 중요한 요소 중의 하나이다. 아무리 해당 산업의 환경이 좋다 하더라도 경쟁 상황이 안 좋은 경우에는 사업의 성공확률이 그만큼 낮아지기 때문이다. 또한 경쟁사의 대응 체제와 전략을 파악하지 않고서는 시장에서의 성공 요소나 경쟁우위나 핵심역량을 도출해낼 수 없기 때문이다.

경쟁자 분석을 하는 목적은 개개 경쟁자가 취할 법한 전략변화의 특성과 성공여부, 다른 기업들이 취할 경쟁에 대한 대응형태를 파악하는 것이다. 그리고 앞으로 야기될 수 있는 산업의 변화와 넓은 의미의 주변 환경 변화에 대한 개개 경쟁자들의 예상되는 대처방법 등을 개괄적으로 파악하고자 하는 것이다.

1) 경쟁의 개념

구글의 경쟁 상대는 누구일까? 아마 많은 사람들은 네이버와 같은 검색 엔진에 기반을 둔 포털사이트를 구글의 경쟁상대로 생각할 것이다. 그렇다면, 소셜 네트워크 서비스(SNS)를 제공하는 사이트인 페이스북이나, 웹브라우저를 제공하는 마이크로소프트와 같은 회사는 어떠한가? 물론, 정도의 차이가 있기는 하지만, 이러한 사이트들이 구글의 경쟁 사이트가 아니라고 결코 단정지어 말할 수 없을 것이다. 만일 구글을 네트워크상의 관계 구축을 위한 목적으로 구글의 SNS인 구글+를 주로 사용하는 소비자라면, 구글과 페이스북이 더 관련 있다고 생각할 수 있으며, 또한 구글 제공 서비스 중 웹브라우저인 크롬을 주로 사용하는 소비자라면, 마이크로소프트와 더욱 관련 있게 생각할 것이다.

그렇다면, 이 관련성이란 무엇일까? 마케팅에서는 이를 대체가능성(substitutability)이라고 한다. 즉 제공하는 제품 및 서비스의 형태 및 종류가 다르더라도, 소비자 입장에서 대체가능성이 있다고 생각할 수 있는 것들은 모두 경쟁상대가 될 수 있다. 따라서 구글 사이트를 단지 시간을 때우기 위한 오락적 목적으로 사용하는 경우라면, 게임 사이트와 같은 오락적 목적의 사이트 역시 경쟁상대가 될 수 있는 것이다.

그러므로 '누구는 구글의 경쟁상대이고, 누구는 아니다'와 같이 단정지어 말할 수는 없다. 특히, 많은 인터넷 사이트들의 제공 서비스가 포털화되고, 여러 사이트 간 공동 서비스를 제공하는 경우가 많아짐에 따라, 자신의 경쟁상대를 명확히 단정짓는 것은 거의 불가능한 일이 되었다. 따라서 중요한 것은 모든 사이트가 자사의 경쟁상대가 될 수 있으나, 그 대체가능성의 정도에 따라 경쟁상대로서의 강도에 차이가 있다는 사실이다.

2) 경쟁자 확인

앞서 경쟁자란 정도의 차이가 있을 뿐, 모든 사이트가 자사의 경쟁자가 될 수 있다고 하였다. 그렇다면 경쟁자가 될 수 있는 많은 다양한 사이트 중에서 자사와 가장 관련이 큰 사이트인 경쟁상대는 어떻게 확인할 수 있을까? 이러한 방법에는 크게 기업 중심적 방법과 고객 중심적 방법, 소셜 네트워크적 방법이 있다.

(1) 기업 중심적 방법

이는 기업 중심에서 컨텐트웨어의 대체가능성을 파악함으로써 경쟁자를 확인하는 방법이다. 이를 위한 가장 쉬운 방법은 자사의 컨텐트웨어가 속한 표준산업분류(SIC code)를 이용하는 것이다. 그러나 이 방법은 컨텐트웨어를 사용하는 소비자의 욕구인 본원적 효익에는 초점을 맞추지 못하고 있어, 포괄적인 경쟁관계를 파악하는 데는 부적절하다. 또한 인터넷 환경에서는 새로운 비즈니스 모델로 제공하는 컨텐트웨어의 변화가 빠르게 일어나고 있기 때문에, 정형화된 분류표로 경쟁자를 확인하는 것은 한계가 있다.

기업 중심적 관점에서 경쟁자를 확인하는 또 다른 방법은 대체품의 기술적 유사성을 기초로 하는 것이다. 그러나 이 방법 역시 공급 측면만을 강조함으로써 실질적으로 고객이 각 제품들을 어떻게 느끼고 있는가를 설명하지 못하기 때문에 본원적 효익 수준에서의 경쟁자는 파악할 수 없다.

(2) 고객 중심적 방법

고객 중심적 방법은 기업이 아닌 고객 중심에서 컨텐트웨어의 대체가능성을 파악함으로써 경쟁자를 확인하는 방법이다. 이러한 방법에는 크게 고객의 지각과 고객의 행동에 기초한 두 가지의 방법이 있다.

고객 지각에 기초한 방법은 고객이 어떤 컨텐트웨어를 서로 비슷하게 생각하는지에 기반하여, 비슷하게 생각하는 정도가 높은 상대를 경쟁자로 파악하는 것이다. 즉, 고객들에게 여러 가지 컨텐트웨어에 대해 그것들이 얼마나 비슷하다고 느끼는지를 물어봄으로써, 컨텐트웨어들 간의 대체가능성을 파악하는 것이다.

고객 지각에 기초하여 경쟁자를 파악하는 방법과 달리 고객 행동에 기초한 방법은 실제 고객이 대체로 사용하는 패턴을 관찰하여, 이를 기초로 주요 경쟁자들이 누군지를 파악하는 방법이다. 즉, 실제 소비자들은 서로 다른 사이트지만, 제공하는 컨텐트웨어가 비슷하게 느껴지면 이것들을 바꿔가며 사용할 수 있다. 따라서 자사의 사이트의 컨텐트웨어와 전환이 가장 잘 일어나는 것이 있다면, 그것을 자사의 경쟁자로 파악할 수 있다.

(3) 소셜 네트워크적 방법

소셜 네트워크적 방법은 기업 혹은 개인과 같이 개체적인 관점이 아닌 관계적인 관점에서 경쟁자를 확인하는 방법이다. 개인 및 집단들 간의 관계를 노드와 링크로 모델링하여 그 위상구조와 확산, 진화과정을 계량적으로 분석하는 방법론인 소셜 네트워크 분석(Social Network Analytics)을 통해 관계를 시각화하여 자사의 경쟁자를 파악할 수 있다.

3) 경쟁자 분석의 기본틀

이제 자사와 대체가능성이 높은 경쟁자가 확인되었다면, 어떠한 요소를 중심으로 경쟁자를 분석해 나가야 할까?

경쟁자 분석의 분석요소는 그림 3-2와 같이 크게 경쟁자의 목표, 현재 취하고 있는 전략, 경쟁기업의 강점과 약점에 대한 경쟁기업의 능력, 이를 통해 향후 경쟁자의 미래 행동을 예측하는 네 가지의 요인이 있다.

그림 3-2 경쟁자 분석의 틀

92

(1) 경쟁자 목표

경쟁자 분석의 첫 번째 단계는 주요 경쟁자의 현재 목표가 무엇인가를 평가하는 것이다. 경쟁의 목표를 분석하는 중요한 이유는 경쟁자가 특정한 전략적 행동을 하게 되는 것은 이러한 목표에 근거하게 되기 때문이다. 경쟁기업의 목표 분석 시에는 경쟁기업이 현재의 상황과 재무성과에 만족하는지, 기존 전략을 수정할 가능성이 있는지, 외적 상황 및 타기업 움직임에 대응하는 태도는 어떠한지를 파악해야 한다.

즉 경쟁자 목표의 평가는, 경쟁자가 어떤 전략을 추구할 것인가와 시장에서 경쟁자가 어떤 행동을 할 것인가에 대해 구체적인 예측을 하게 하는 데 매우 중요한 지침을 제공해 준다. 따라서 경쟁자의 마케팅 목표를 파악하기 위해서 경쟁자의 행동을 면밀히 관찰하고, 분석해 나감으로써 경쟁자의 목표를 파악하여야 한다.

(2) 경쟁자 현행 전략

경쟁자 분석의 두 번째 단계는 경쟁자들이 어떤 방법을 통해 그들이 설정한 목표를 달성하려고 시도하는가를 파악하는 것이다.

이를 위해서는 주로 경쟁기업의 마케팅 전략과 실행 계획, 예산, 실행 방법, 담당자의 능력 등을 조사한다. 특히, 프로모션이나 광고의 경우 전략뿐만 아니라 어떤 프로그램을 어느 정도의 기간 동안, 어떻게 실행하는지에 대해 구체적으로 자료를 수집할 필요가 있다. 이는 기업이 경쟁기업에 대해 차별화할 수 있는 마케팅 요소를 찾아내고, 표적 고객의 선정과 세분화, 위상정립 모두에 매우 중요한 역할을 하게 되기 때문이다. 또한 경쟁자의 마케팅 믹스에 대한 평가는 경쟁자의 기본적인 전략에 대한 통찰의 제공뿐만 아니라, 특정 전술에 대한 정보를 제공해 준다.

(3) 경쟁자의 능력

경쟁자의 강점과 약점에 대한 경쟁자의 능력에 대한 지식은 경쟁자가 왜 그러한 지식을 추구하고 있는지를 통찰할 수 있게 할 뿐만 아니라, 자사의 전략 대안을 수립하고 선택하는 데 있어 중요한 정보를 제공해 준다.

즉, 경쟁자가 약점을 갖고 있는 분야에서 자사의 강점을 개발함으로써 경쟁자의 약점을 이용할 수도 있으며, 경쟁자의 강점에 대해 파악함으로써 강점이 있는 분야를 우회하거나 강점이 중화되는 분야로 진출할 수 있는 것이다. 경쟁기업의 강약점을 파악하면 그들이 현재 사용하는 전략의 오류를 발견해서 경쟁 우위를 차지할 수도 있을 것이다.

　경쟁자의 강점 및 약점을 분석하기 위해서는 경쟁자의 상품개발능력, 생산능력, 마케팅능력, 재무능력, 관리능력 등에 관한 정보를 수집해야 한다. 이러한 자료를 수집하는 것은 방대하고도 많은 시간을 필요로 하는 일이므로, 지속적으로 관찰하고 수집함으로써 시의 적절하게 사용할 수 있어야 한다. 또한 지속적인 자료수집뿐 아니라, 수집한 정보를 체계적으로 요약·관리하는 것 역시 매우 중요한 일이다.

(4) 경쟁자 미래 전략

　경쟁자를 분석하는 궁극적인 목적은 경쟁자가 앞으로 어떤 마케팅 전략을 사용할 것인가를 예측하기 위한 것이다. 따라서 앞서 제시한 경쟁자의 목표, 현행 전략, 능력 등을 바탕으로 경쟁자의 미래 전략을 예측해야 한다. 경쟁자의 미래 전략을 예측하기 위해서는 위와 같은 자료뿐만 아니라, 연차보고서, 업계 전문지, 경제지, 기자회견 및 SNS상의 컨텐츠 등의 2차 자료를 통해서도 정보 획득이 가능하다.

4. 고객/인터넷 사용자 분석

　고객 혹은 인터넷 사용자에 대한 분석은 고객은 누구인가라는 질문에서부터 시작해야 한다. 고객이 누구인지, 그중에서 우리 회사가 목표로 삼아야 할 세분시장은 어디 있는지, 얼마나, 왜 컨텐트웨어를 구매하는지와 같은 정보가 바탕이 되어야 올바른 마케팅 전략을 수립할 수 있다. 특히, 이러한 정보는 다른 분석 항목에서도 마찬가지겠지만 지속적으로 고객을 관찰하여 고객이 어떻게 변화하고 있는지, 그래서 기업의 제품 혹은 서비스 측면에서 개선되어야 할 점은 없는지, 마케팅 전략이 변화되어야 하는 것인지를 파악할 필요가 있다.

　특히, 인터넷 마케팅의 경우 초기 인터넷이 상업화 도구로 사용되던 시절만 해도 인터넷 사용자는 주로 30대의 기술 관련 엔지니어나 연구자들이었다. 이들은 평균 인구에 비해 소득이 높고 젊으며, 고학력의 소유자였기 때문에 인터넷에서 마케팅을 한다는 것 자체가 이들을 대상으로 할 수밖에 없었다. 그러나 인터넷 보급이 확산되고 사용이 보편화되고, 일반인들의 인터넷 사용이 확대되면서 오프라인에서 전체 인구를 대상으로 목표 고객을 찾는 것과 크게 다르지 않게 되었다. 따라서 전체 인구 중에서 인터넷을 사용하는 기업의 고객을 찾아 그들의 욕구를 파악하고, 구매 행태를 이해해야 한다. 뿐만 아니라, 고객의 인터넷 사용 행태도 함께 이해하는 것이 중요하다. 이때, 자사의 사이트 내에서 어떤 사람이 어떤 컨텐트웨어를 좋아하고, 어떤 서비스를 가장 많이 이용하는지를 이해하는 것은 물론이고, 어떤 사이트를 통해 들어오며, 어떤 사이트에서 다른 사이트로 이동하는지, 또 해당 기업의 사이트에 자주 오는 사람들이 자주 이용하는 사이트와 서비스는 무엇인지를 아는 것도 매우 중요한 일이다. 결국 인터넷에서 마케팅을 제대로 수행하기 위해서는 기존의 오프라인상에서 고객을 분석하는 것 이외에 온라인에서의 행태분석까지 포함되어야 한다.

소셜 네트워크 분석은 이러한 고객 및 인터넷 사용자의 분석을 보다 용이하고 효과적으로 할 수 있게 해 주고 있다. 사용자들이 소셜 네트워크에 기입한 정보들을 기반으로 개인의 속성과 타인과의 관계를 분석하여 가장 영향력이 있는 사람(Influencer)을 목표로 기업이 마케팅 전략을 수립한다면 최소비용으로 고효용을 낼 수 있을 것이다.

인터넷 사용자 분석에 대한 보다 자세한 내용은 다음의 4장의 내용에서 논의할 것이다.

내부환경 분석

1. 내부환경 분석의 중요성

　내부환경 분석은 기업 내부환경에 관한 것으로서, 자사의 내부 강·약점에 대한 규명 및 자사가 직면한 외부 시장 기회와 전략적 기회에 대한 규명 및 평가, 자사의 경쟁적 위치의 강·약점 평가, 현사업 전략과 기능별 전략의 효율성 여부 규명, 자사와 자사 사업의 독특한 전략적 쟁점 및 문제점 등에 관한 것을 분석하는 것이다. 이러한 내부환경 분석의 목적은 외부환경과 연계하여 현재의 환경에서 기업이 경쟁력을 가지고 지속적으로 산업에서 성장하기 위해 필요한 역량 중에서 어떤 부분이 취약하고, 보완해야 하는지 혹은 어떤 부분이 강력하고 이를 통해 경쟁력을 보다 강화할 수 있는지를 파악하기 위한 것이다.

　특히, 내부환경 분석은 현재의 조직과 인원이 현재의 경쟁상황에서 역량을 잘 발휘하여 경쟁에서 승리하기 위해 내부적으로 어떤 시스템과 활동이 필요한지를 점검하고 대책을 세우는 데 그 의의가 있다. 따라서 내부역량 분석의 초점은 어떤 분야에서 누가 일을 잘하고 못하고의 문제가 아니라 기업 총체적으로 어떤 방면에서 마케팅 활동이 어떻게 이루어지고 있는지, 그 결과 기업이 원하는 목표를 달성할 수 있는지에 초점을 두어야 할 것이다.

2. 내부환경 분석의 내용

내부환경 분석의 내용은 크게 자사의 성과분석과 강·약점 분석으로 구분할 수 있다.

1) 성과분석

내부환경 분석은 일반적으로 성과분석을 기초로 한다. 왜냐하면 성과에 대한 정보는 특정 전략 검토 여부와 현 전략의 변경 여부를 결정할 수 있는 토대를 제공하기 때문이다. 또한 성과분석을 통해 자사 사이트에서 제공하고 있는 여러 가지 컨텐트웨어별 운영 성과를 파악함으로써 자사 사이트의 강점이 되고 있는 부분과 반대로 약점이 되는 부분을 파악할 수도 있다. 따라서 성과분석을 통해 자사 사이트의 전략적인 약점 및 문제점을 분석할 수 있도록 해 줌으로써 내부환경 분석의 또 다른 측면이 강·약점 분석에도 도움을 줄 수 있다.

한편, 성과분석시의 주의할 점으로는, 성과에 대한 평가 기준이 장·단기적으로 설정된 목표와 관련되어 논의되어야 한다는 것이다. 즉, 기업의 목표가 단기적인 생존인지, 아니면 지속적인 성장인지에 따라 측정된 성과에 대한 해석인 달라져야 할 것이다.

2) 강점과 약점 분석

기업이 갖고 있는 강점과 약점은 상대적인 의미를 갖는다. 따라서 기업이 갖고 있는 유형 및 무형의 자원에 대한 분석 및 평가가 주요 경쟁자를 비교 대상으로 하여 행해짐으로써 시장전략을 위한 기업의 강점과 약점이 평가되고 분석될 수 있다. 이러한 기업의 강점이나 약점은 현재의 상태는 물론 미래 상태에 대하여도 예측하여야 한다. 따라서 기업의 강·약점 분석은 장기적인 관찰을 요구하며, 경우에 따라서는 현재보다는 미래 상태의 기회와 위험 부담에 보다 중요한 의미를 부여할 수 있다.

기업의 강점과 약점을 분석할 때에는 자사의 마케팅 기능뿐 아니라, R&D, 제조, 재무, 관리, 인사, 회계 등의 전반적인 기능에 걸쳐 경쟁자에 대한 강점과 약점을 파악해야 한다.

요 약

효과적인 인터넷 마케팅 전략을 수립하기 위해서는 기업이 처해 있는 환경을 분석하는 일이 선행되어야 한다. 이러한 환경 분석을 체계적으로 수행하기 위한 효과적인 방법으로는 먼저 자사가 처해 있는 강점과 약점, 기회와 위협 요인을 분석하는 SWOT분석이 있다. 이와 동시에 빠르게 변화하는 인터넷 환경을 분석하고 대처하기 위한 소셜 분석(Social Analytics)이 권장된다. 소셜 분석을 통해 소비자의 반응을 지속적으로 관찰하고, 기업과 관련된 중요한 이슈들에 대해 즉각적으로 대처하면서 효과적인 마케팅 전략을 세워야 한다. 이를 위한 방법으로는 인터넷 마케팅 환경 분석을 위해 고려되어야 하는 환경 요인은 크게 외부환경 요인과 내부환경 요인으로 나누어진다. 외부환경 분석은 경제, 사회, 정치, 법률, 기술적 환경과 같은 거시환경 분석과 시장구조를 파악하는 시장구조 분석, 경쟁자의 전략과 특성을 분석하기 위한 경쟁자 분석, 고객들의 욕구와 구매 행동을 파악하기 위한 고객분석 등이 있다. 시장구조 분석은 잠재적 진입자의 위험, 구매자 교섭력, 공급자 교섭력, 대체품의 위험, 기존 기업 간의 경쟁 분석을 통해 시장이 가진 매력도를 분석한다. 경쟁자 분석은 자사의 경쟁자를 규정하고 경쟁의 목표와 경쟁자의 강 · 약점과 미래 전략을 분석한다. 내부환경 분석은 자사의 성과와 경쟁자에 근거해 평가된 자사의 성과 분석과 자사의 강점과 약점 분석이 주요 내용이다.

연구문제

1. 소셜 네트워크의 수명주기에 따라 인터넷 환경을 분석해 보고, 그에 따른 대처 방법에 대해 생각해 보자.
2. 전통적인 마케팅 환경 분석과 인터넷 마케팅 환경 분석을 비교하고, 실제 예를 찾아서 이를 제시하고 구체적으로 설명하시오.
3. 인터넷 마케팅 상황하에서 포터의 시장구조 분석의 한계점을 생각해 보자.

참고문헌

1. 논문 및 단행본

Poter, Michael E. (1985), *Competitive Advantage*, Free Press.

Poter, Michael E. (2001), Strategy and the Internet, *Harvard Business Review*, March, 63 - 77.

사이람 (2001), NetMiner를 이용한 소셜 네트워크 분석 (SNA), 사이람.

이두희, 이현정 (2012), SNS분석 연구 계획서.

2. 기타 (인터넷 검색 자료)

terms.naver.com/entry.nhn?docId=1347934&mobile&categoryId=200000442

www.commerce.net

www.doopedia.co.kr

www.google.com/chrome

www.netminer.com

www.plus.google.com

이슈 및 트렌드: 카카오톡(KaKao Talk)

□ 카카오톡이란?

2010년 3월 서비스를 시작한 모바일 메신저 어플인 카카오톡을 선두로 하여 이후 LG U+의 와글, KT의 올레톡, 네이트톡, 네이트온 등을 비롯한 다양한 모바일 메신저 들이 등장하였다. 위키피디아(Wikipedia)에 따르면 카카오톡은 주식회사 카카오의 글로벌 모바일 인스턴트 메신저이며, 현재 스마트폰 사용자를 대상으로 프리웨어로 제공된다. 2012년 8월 카카오톡의 이용자는 5,500만 명을 넘어섰으며, 글로벌 서비스를 제공하고 있지만 이용자의 80퍼센트가 국내 이용자다. 반면 NHN의 모바일 메신저인 '라인'의 경우 총 이용자수는 카카오톡과 비슷한 데 비해 전체 가입자의 50퍼센트가 일본 이용자로 일본에서 기반을 굳히고 있다.

카카오톡을 사용하는 사용자들은 시간이나 위치 같은 물리적 요소나 신분과 같은 사회적 위치적인 요소보다 지인과의 사회적 관계가 메신저 사용에 중요한 영향을 미친다고 한다. 나아가 다음 커뮤니케이션의 '마이피플'이나 SK Communications의 'NateON Talk'보다 카카오톡이 압도적으로 많은 사용자와 사용시간을 기록하고 있는 것을 고려하면, 모바일 메신저라는 애플리케이션의 인터페이스와 디자인에 비해 친구 관리가 중요한 요소로 작용하고 있음을 알 수 있다. 뿐만 아니라, 초반 무료 SMS 서비스로 사용자 대다수를 확보한 카카오톡을 상대로 비슷한 기능으로 경쟁하기에는 무리가 있다.

카카오톡, 마이피플, 네이트톡 애플리케이션
자료원: www.google.com

□ 카카오톡의 활용

　　카카오톡은 자체 플랫폼을 기반으로 하여 다양한 형태의 SNS를 도입함으로써 소비자들에게 차별화된 서비스를 제공하고 있다. 2012년 초 출시된 무료 애플리케이션 '카카오스토리'의 경우 한국판 페이스북으로 불리며 출시 3일 만에 가입자 수 500만 명을 넘어서는 쾌거를 이루었다. 현재 가입자 1,000만 명을 보유하고 있는 카카오스토리는 카카오톡의 프로필상 '내스토리 가기' 메뉴를 통하여 바로 이동할 수 있으며, 카카오톡 친구 정보를 그대로 공유한다. 카카오스토리는 친구들과 더 많은 사진을 공유하고 소통할 수 있게 하는 새로운 공간을 제공하며 사용자의 일상을 실시간으로 전할 수 있는 특징을 가진다. 또한 게시물을 '친구 공개'와 '전체 공개'로 지정할 수 있고 댓글 기능과 함께 '좋아요 · 멋져요 · 기뻐요 · 힘내요 · 슬퍼요'와 같은 다섯 가지의 감정을 표현할 수 있는 기능도 갖추고 있다. 나아가 카카오스토리는 카카오톡의 또 다른 서비스인 '플러스친구' 기능과 연계하여 이를 SNS 쇼핑으로까지 확대시키고 있다. 기업 홍보를 목적으로 하는 플러스친구를 통해 서비스 이용자에게 할인 쿠폰이나 쇼핑 정보 등과 같은 혜택을 제공하여 구매로 이어지게 하는 것이다.

SK마케팅앤컴퍼니의 '포인트 친구 애딩(Ading)' 플러스 친구 화면
자료원: 아시아 경제, 2012년 8월 12일자 이미지 인용.

　　SK마케팅앤컴퍼니는 카카오톡을 시작으로 모바일 타겟팅 광고 플랫폼 '포인트 친구 애딩(Ading)' 서비스를 시작하였다. 애딩은 OK캐시백 회원들이 간단한 회원 인증 절차를 거친 후 가입할 수 있고, 광고 메시지를 받은 회원은 OK캐시백 적립과 함께 다양한 혜택을 제공받을 수 있는 서비스다. SK마케팅앤컴퍼니는 카카오톡 플러스 친구를 통해 애딩을 첫 선보인 후 다양한 플랫폼으로 서비스를 확대할 예정이다.

　　카카오톡은 2012년 말부터 SNS와 모바일 게임을 접목한 소셜 네트워크 게임(SNG: Social Network Game)을 출시하고 자체 결제 수단인 '초코'를 도입하여 게임 플랫폼으로의 성장도 도모하고 있다. 아울러 음성 대화 서비스가 가능한 '보이스톡' 또는 카드 형태로 메시지를 담아 보낼 수

카카오스토리 초기화면(www.kakao.com/story)

있는 '카카오카드'와 같은 차별화된 서비스를 통해 소비자에게 편익을 제공하고 다양한 수익모델을 창출하려 노력하고 있다.

□ 카카오톡의 장점 및 단점

카카오톡의 가장 큰 장점 중 하나는 커뮤니케이션 기능을 극대화한 간결한 서비스라는 것이다. 기존 피처폰의 문자메시지와 인터넷 메신저의 장점을 결합하여 사용자들이 쉽게 대화를 할 수 있는 인터페이스 디자인을 적용하였을 뿐만 아니라, 그룹채팅 기능까지 제공한다.

또한 대화상대의 이메일을 일일이 입력하여 추가하였던 인터넷 메신저 형식과 달리 스마트폰 주소록에 입력된 번호를 동기화하여 자동으로 친구 등록을 시키는 방식으로 사용자를 빠르게 늘릴 수 있었다. 뿐만 아니라 카카오톡은 '100가지 사용자 개선 프로젝트'를 시작하여, 이용자들의 요구 사항을 제안 받아 고객 추천이 많은 항목을 중심으로 실제 기능 개선을 실천하는 프로젝트를 진행하고 있다.

하지만 카카오톡 역시 사생활 침해에 대한 논란에서는 자유롭지 못하다. 업데이트시 개인정보 수집 항목에 이메일 계정을 추가하는 것과 같이 개인정보 수집과 관련하여 개인 정보 유출에 대한

사용자가 함께 하는 '100가지 사용자 개선 프로젝트' 모바일 홈페이지(m.kakao.com/userproject)

피해가 발생하고 있다는 불만이 제기되고 있다. 뿐만 아니라, 알지 못하는 사용자로부터의 무분별한 친구 추천, 모바일 메신저 피싱 등과 같은 문제점 또한 발생하고 있다. 카카오톡은 이를 해결하기 위한 대책으로 한쪽만 번호를 가지고 있는 경우에 메시지를 보낸 사람의 가입 국가 국기를 보여 주는 스마트 인지 기술을 도입하여 피해를 예방하도록 하고 있다.

□ 카카오톡의 향후 과제

무엇보다도 카카오톡의 가장 큰 도전과제는 수익과 비용구조를 기반으로 한 확실한 수익 모델이 아직 뚜렷하게 설정되지 않았다는 점이다. 카카오톡의 매출은 선물하기 기능을 통해 발생하는 수수료 이외에 거의 없다고 볼 수 있다.

'카톡 플러스 친구', '카카오 링크(제휴된 외부 앱에서 멀티 미디어, 이미지, 컨텐츠 등의 정보를 카카오톡 친구들과 공유할 수 있는 플랫폼 서비스)' 또는 '유료 이모티콘' 등 새로운 서비스를 연이어 출시하고 있지만 사실상 큰 수익이 발생하였다고 보기는 힘든 실정이다. 따라서 카카오톡이 가지고 있는 모바일 생태계의 장점을 활용하여 보다 확실한 시장을 개척하는 것이 시급하다.

하루 평균 8억 개의 카톡 메시지가 오가는 것을 생각하면 서비스 안정화에 대한 문제도 해결해야 한다. 스마트폰의 보편화와 더불어 카카오톡의 사용자도 급증하면서 과거에 비해 "카톡이 느려졌다"는 소비자 불만 역시 커지고 있다. 이와 같은 시스템적인 문제 역시 카카오톡의 향후 발전을 위해 헤쳐 나가야 할 문제일 것이다.

*참고문헌

1. 보고서

김효선 (2012), "사용자는 왜 특정 모바일 인스턴트 메신저를 사용하는가? -카카오톡 사례를 중심으로," HCI 2012, 1027~ 1030.

나스미디어 영업기획실 (2011), 2011 온라인 미디어 이슈, 2012 전망.

2. 신문기사

김소정 (2012), "카카오, 스마트 인지기술로 '가짜' 친구 쉽게 구분한다," 한국일보, 2012년 7월 9일자.

민경자 (2012), "카카오스토리, 진화한 모바일 메신저 '도대체 뭐길래?'," 한경닷컴 btn 뉴스, 2012년 3월 22일자.

박소영 (2012), "떴다, 카카오 스토리 신개념 SNS 시대 '예고편'," 한국일보, 2012년 3월 29일자.

이 현 (2012), "카카오톡 vs. 라인, 영원한 라이벌… '게임' 놓고 '2라운드'," 게임조선, 2012년 8월 14일자.

황준호 (2012), "SK마케팅앤컴퍼니, 카카오톡 광고 플랫폼 '애딩' 출시," 아시아 경제, 2012년 8월 12일자.

3. 기타

m.kakao.com/userproject

www.google.com

www.kakao.com/story

4장 인터넷 소비자 행동 분석

정보통제권
탐색적 속성
경험적 속성
신뢰적 속성
하이퍼텍스트
하이퍼링크
플로우
의도적 노출
선택적 노출
주의

지각
소셜 미디어
사회자본온라인 구전
소셜 프레즌스
인지적 반응
정서적 반응
내적 탐색
외적 탐색
내재적 단서
외재적 단서

고려상표군
기대-성과 불일치
구전
전환율
문화
사회계층
준거집단
라이프스타일
동기

프로슈머 파워

오늘의 소비자들은 그 어느 때보다도 시장의 중심에 서 있다. 소비자 만족에 대한 개념이 어제 오늘 강조된 것은 아니지만 시간이 흐를수록 그 중요성은 더욱 증대되고 있다. 그러나 말처럼 소비자들을 만족시키기란 쉬운 일이 아니다. 그래서 일부 기업들은 소비자들의 의견에 보다 적극적으로 귀를 기울여 소비자들을 단순히 물건을 구입하는 데 그치지 않고, 다양한 방식으로 생산에 참여하도록 하여 소비자의 요구를 제품과 판매방식에 반영하도록 하고 있다. 기업들은 소비자들이 원하는 것을 표현하도록 함으로써 가치를 창출하고 실패의 위험을 줄이는 데 주목하기 시작한 것이다. 이러한 소비자의 참여는 소비자와 기업 모두에게서 좋은 반응을 얻고 있는데, 기업의 입장에서는 소비자들의 신선한 의견이나 아이디어를 참고할 수 있어서 좋고, 소비자들의 입장에서는 자신들이 요구하는 부분이 제품에 반영이 되어 좋다고 할 수 있다. 이러한 소비자를 프로슈머(prosumer)라고 한다.

프로슈머란 생산자를 뜻하는 프로듀서(producer)와 소비자를 뜻하는 컨슈머(consumer)의 합성어로 생산자적 기능을 수행하는 소비자를 말한다. 생산자적 소비자는 제품에 대해 보다 구체화된 요구를 가지게 된 똑똑한 소비자들이다. 그들의 요구는 쌍방향 커뮤니케이션을 통해 보다 쉽게 생산자들에게 전달되고 생산자들은 보다 낮은 비용으로 개별 고객의 요구를 제품에 반영할 수 있도록 하는 것이 가능해졌다. 따라서 프로슈머는 시장에서 단순한 소비를 넘어 생산과 유통에 직접 관여하는 소비자들을 일컫는다.

이러한 프로슈머를 활용한 마케팅기법의 주요한 효과로는 바로 소비자 만족의 증대를 들 수 있다. 즉, 소비자의 요구를 제품 개발에 반영할 경우, 소비자는 특정 제품에 대한 만족과 친근감이 증대되어 기업의 단골 소비자로 남아 있을 가능성이 커진다. 또한, 프로슈머의 참여는 기업의 신상품 개발 비용의 절감 효과가 있다. 대부분의 프로슈머들이 기업의 생산과정에 참여하는 것은 기본적으로는 제품의 기능 향상에 대한 기대도 있지만 참여 그 자체에서 오는 즐거움 때문이기도 하다. 따라서 프로슈머들을 기업의 일부로 보고 그들의 아이디어를 적극적으로 수용하는 것이 기업의 재무적 비용 절감의 효과를 거둘 수 있는 하나의 방법이라고 할 수 있다.

일반적으로 프로슈머에 관심을 가지고 있는 기업들은 프로슈머 관리의 일환으로서 소비자들이 마케팅 활동에 참여할 수 있도록 제품동호회, 평가단, 모니터요원, 고객제안, 아이디어 공모전 등의 다양한 고객참여프로그램을 운영하고 있다. 특히 소셜 네트워크 서비스(Social Network Service)가 적극 활용되고 있다. 동원 F&B의 복숭아 캔 '허니피치'는 페이스북 페이지를 통한 소비자와의

소비자의 의견을 모아 출시된 신제품 허니피치
자료원: 동아경제, 2012년 3월 4일자 인용.

소통으로 나온 신제품이다. 제품특징, 이름, 포장 모두 소비자들의 댓글과 게시물로 결정했다. 통조림의 포장에는 소비자의 성취감을 고무시키고자 아이디어를 제공한 소비자의 이름을 넣었다. 크라우드소싱(crowd sourcing)은 인터넷을 통해 고객의 아이디어를 얻고 이를 제품 개발 등 경영활동에 반영하는 것인데, 던킨도너츠에서는 페이스북 크라우드소싱을 활용하여 소비자들과의 피드백을 통해 신제품 출시를 했다. 최근에는 생산적 소비자를 넘어 창조적 소비자라는, 창조(creative)와 소비자(consumer)가 합쳐진 크리슈머(cresumer)라는 신조어가 생기기도 했다.

이러한 현상은 사회자본망인 SNS가 중요해진 인터넷 시대에 점점 더 큰 비중을 차지할 것이며, 프로슈머 마케팅을 하는 것이 필수화된 오늘날의 기업환경에서는 더욱 큰 신경을 쏟아야 할 부분이다. 이러한 중요성에 대한 인식이 증가함에 따라 기업에서는 프로슈머 관리의 중요성을 깨닫고 적극적인 관리를 하기 시작하였다. 고객관계관리(CRM)측면을 이용한 전문적인 관리를 하거나 아예 프로슈머 관리를 전문적으로 하는 업체도 생겨나고 있다.

급격히 변화하는 온라인 시대의 산업에서 필수 요소가 되어 가는 프로슈머, 이들을 전문적으로 관리해야만 기업과 소비자 모두 만족을 할 수 있을 것이다.

자료원: 이광호(2012).

인터넷 소비자 분석의 의의

1. 인터넷 소비자 행동 분석

인터넷시대의 도래와 더불어 소비자들은 편리한 소비를 할 수 있다. 집에서 한 번의 클릭만으로 제품을 구입할 수 있으며 직접 발품을 팔지 않고도 가격비교사이트를 통해 어느 제품이 적절한 가격인지 판단할 수 있다. 소비자들은 서로의 온라인 소통으로 정보를 쉽게 얻을 수 있으며, 오프라인과는 차별되는 행동양상을 보인다. 소비자들이 인터넷을 통해 컨텐트웨어를 소비하는 목적은 자신의 필요(needs)와 욕구(wants)를 충족시키기 위해서이다. 따라서 인터넷 환경에서 소비자가 느끼는 필요와 욕구를 파악하고 이를 충족시킬 수 있는 방안을 모색하는 것은 중요한 과제로 대두된다. 인터넷 마케팅 관리자는 급변하는 인터넷 시장 환경 속에서, 다양한 소비자의 욕구를 만족시킬 수 있는 인터넷 마케팅 전략을 수립하기 위해서 소비자 행동을 이해해야만 한다.

인터넷 마케팅 관리자는, 소비자는 누구인가, 그들이 원하는 것은 무엇인가, 인터넷 환경에서 제시되는 마케팅 믹스에 대해 어떤 반응을 보이는가, 또한 어떤 과정을 통해 컨텐트웨어를 소비하는가에 관한 이론적 이해와 실무적 정보를 얻어야 한다. 이와 같은 정보를 바탕으로, 인터넷 소비자 행동을 체계적으로 이해하는 것은 효과적인 인터넷 마케팅 전략 수립을 위한 중요한 바탕이 될 것이다.

2. 인터넷과 오프라인 소비자 환경의 차이

1) 인지적 능력의 요구

일반적으로 오프라인에 비해 인터넷 소비자 환경이 갖는 차별적 특징에는 인지적 능력의 요구, 경험적 속성 정보의 결핍, 하이퍼텍스트를 통한 정보 제공, 인터넷 경험의 중요성이라는 네 가지 측면에서 살펴볼 수 있다.

인터넷 환경은 오프라인에 비해 소비자에게 더 많은 인지적 능력을 요구한다. 다시 말해, '똑똑한' 소비자를 필요로 한다는 것이다. 그렇다면, 인터넷 환경은 왜 소비자에게 인지적 능력을 요구하는 것일까? 이에 대한 대답은 검색 능력의 필요성과 소비자에게 주어지는 정보 통제권의 측면에서 찾아볼 수 있다.

첫째, 정보의 바다라 불리는 인터넷에서 자신이 원하는 정보를 찾기 위해서는 검색 능력이 필요하다. 예를 들어, 인터넷에 관련된 정보를 찾고 싶은 소비자를 생각해 보자. 그는 먼저 자신이 원하는 정보가 있는 웹사이트를 찾아야 한다. 이를 위해 만일 구글(www.googl.com)이라는 검색엔진을 통해 '인터넷'이라는 검색어로 검색한다면, 웹문서와 블로그, 사이트가 3억7천개에 달한다. 당신이라면 검색된 이 많은 정보를 다 이용할 것인가? 그것이 불가능하다면 그중에서 어떤 정보를 이용하겠는가? 즉, 인터넷상에서 소비자가 자신이 원하는 것을 찾을 수 있으려면, 적절한 검색엔진을 활용하고, 정확한 검색어를 사용해서, 검색된 정보 중 자신의 목적과 관련성 있는 것을 찾을 수 있는 인지적 능력이 있어야 하는 것이다. 특히 인터넷이란 환경은 자신이 모든 것을 혼자 명령하고 수행하는 일종의 셀프서비스(self service)이므로, 소비자 능력은 오프라인에 비해 상대적으로 더욱 중요시된다고 볼 수 있다.

둘째, 인터넷 환경이 소비자의 인지적 능력을 요구하는 또 하나의 이유는 소비자에게 주어지는 정보 통제권으로 인한 것이다. 정보 통제권(information control)이란 한마디로 스스로 정보를 자유롭게 선택, 관리할 수 있는 권한을 의미한다. 이를 좀 더 명확하게 이해하기 위해서 텔레비전과 인터넷 환경에서의 정보 통제권을 비교하여 살펴보자. 텔레비전의 경우, 이를 시청하는 소비자들은 제공되는 정보의 내용, 순서, 제시되는 시간 등을 자신 마음대로 통제할 수 없다. 통제할 수 있는 유일한 행동은 채널을 돌리거나 끄는 것뿐이다. 그러나 인터넷은 어떠한가? 인터넷 환경에서 소비자는 자신이 보고 싶은 정보의 내용, 보는 순서 및 시간 등을 얼마든지 통제할 수 있다. 따라서 텔레비전에 비해 인터넷은 정보 통제의 정도가 매우 높은 수준임을 알 수 있다. 이와 같이 정보 통제 수준이 높은 인터넷 환경에서, 소비자는 스스로 어떤 정보를, 어떤 순서로, 언제 보아야 하는가와 같은 많은 의사결정을 해야 한다. 따라서 이러한 인터넷 환경 특성이 소비자에게 그만큼 더 많은 인지적 노력을 요구하는 것이다.

2) 경험적 속성 정보의 결핍

일반적으로 인터넷을 통해 자주 거래되는 제품은 책, CD, 컴퓨터 소프트웨어 등과 같이 표준화된 것들이다. 반면에 의류나 보석과 같이 구매시 직접적인 경험이 중요한 제품은 인터넷을 통해 쉽게 거래될 수 없는 것으로 여겨진다. 그렇다면, 그 이유는 무엇일까? 그 이유는 인터넷 환경에서는 경험적 속성 정보의 전달이 어렵기 때문이다.

일반적으로 제품의 속성은 탐색적, 경험적, 신뢰적 속성으로 나누어진다. 탐색적 속성이란 제품을 경험하기 이전에도 제품의 효용을 평가할 수 있는 속성을 의미한다. 또한 제품을 경험한 후에야 그 제품의 효용을 평가할 수 있는 속성은 경험적 속성, 경험 후에도 평가하기 어려운 속성은 신뢰적 속성으로 구분한다.

인터넷 환경에서 소비자는 제품을 직접 만져보고, 냄새맡고, 먹어보고, 입어보는 것과 같이 직접적인 경험을 통해 품질 평가를 하기 어렵다. 즉, 경험적 속성 정보의 전달이 제한된다는 것이다. 그렇기 때문에, 인터넷 환경에서 소비자는 품질 평가시 경험적 속성보다는 탐색적 속성에 더욱 의존적일 수 있다. 따라서 인터넷 환경에서는 탐색재 성격을 갖는 책, CD, 컴퓨터 소프트웨어 등과 같은 제품이 경험재 성격을 갖는 의류보다 활발하게 거래되는 것이다.

그렇다면, 인터넷 환경에서 경험적 속성 정보 전달의 한계는 어떻게 극복해야 할까? 이를 위한 방법 중의 하나는 소비자의 추론 과정을 변화시킴으로써 경험적 속성을 탐색적 속성으로 변화시키는 것이다. 탐색적 속성이냐 경험적 속성이냐의 여부는 절대적으로 나누어지는 것이 아니라, 소비자가 어떠한 방식으로 이를 구분하느냐에 따라 달라지는 것이기 때문이다. 따라서 경험적 속성이라고 하더라도, 이러한 속성의 가치를 평가할 수 있을 만큼 충분한 정보를 제공한다면, 소비자들은 이러한 속성을 인터넷과 적합한 탐색적 속성으로 간주할 수 있다는 것이다. 예를 들어, 아마존(www.amazone.com)은 사용자들이 회사의 웹사이트를 통하여 직접 구매한 제품에 대하여 사용 후기 내지는 랭킹(ranking)을 작성할 수 있도록 하였다. 이를 통하여 회사 입장에서는 자연스러운 PR과 제품의 구매 욕구를 높이는 효과를 볼 수 있고 소비자들은 구매하고자 계획하고 있던 제품에 대한 더 많은 정보를 얻을 수 있게 되었다. 최고의 후기를 남긴 소비자를 상단에 표시하여 소비자 몇 명이 이 소비자의 후기를 참고 했는지 나타냈다. 또한 일부 제품에서는 제품 설명을 보고 얼마나 많은 소비자들이 구매했는지, 판매의 총량을 사이트에 표시하여 잠재 소비자들의 관찰학습(Observation Learning)을 가능케 했다.

즉, 실제 제품을 사용하지 않고도 사용 후 효용을 예측하도록 경험적 속성을 탐색적 속성화한 것이다. 또한 애플컴퓨터사는 이러한 과정에서 자연스럽게 구축된 데이터베이스를 통해 심도 있는 마케팅을 펼칠 수 있을 뿐 아니라 연구개발의 중요한 자료로 활용하고 있다.

그림 4-1 랭킹표시와 사용자의 댓글을 볼 수 있는 아마존
(www.amazon.com/Kindle-Touch-e-Reader-Touch-Screen-Wi-Fi-Special-Offers/product-reviews/B005890G8Y)

3) 하이퍼텍스트를 통한 정보제공

인터넷 소비자가 오프라인과 상이하게 접하게 되는 또 하나의 환경 요인은 하이퍼 텍스트를 통한 정보 제공 방식이다. 하이퍼텍스트(hypertext)란 소비자의 선택에 따라 관련 있는 쪽으로 옮겨갈 수 있도록 조직화된 정보로, 이러한 관련 정보의 실체를 링크 (link), 또는 하이퍼링크라고 한다. 즉, 하이퍼텍스트를 통해 정보가 제공되는 인터넷 환경에서, 소비자들은 정해진 순서에 따라 정보를 처리해 나갈 필요 없이, 자신의 목적 이나 필요에 따라 하위 정보를 선택 검토하고, 연결된 페이지들을 자유롭게 이동할 수 있다.

인터넷 환경에서 하이퍼텍스트를 통한 정보 제공 방식은 소비자에게 다음과 같은 이점을 제공한다. 첫째, 하이퍼텍스트는 순차적인 정보 제시 방식이 아닌, 관련된 정보 간의 연결을 통한 정보 제시 방식이기 때문에, 다양한 정보원과 자연스러운 상호작용을 가능하게 한다. 둘째, 하이퍼텍스트는 관련된 정보가 서로 연결되어 있는 인간의 인지 적 구조와 유사함으로써 정보 처리를 보다 용이하게 한다.

그러나 하이퍼텍스트를 통한 정보 제시가 이처럼 긍정적 측면만을 지닌 것은 아니 다. 왜냐하면 하이퍼텍스트를 통한 항해는 매우 복잡한 인지적 활동이므로, 소비자는 이 에 따른 인지적 노력을 기울여야 하기 때문이다. 즉 자신의 위치를 기억해야 하고, 다음 에는 어디로 가야 하는지를 결정해야 할 뿐만 아니라 이전에 방문했던 장소와 그 내용을 기억해야 하기 때문에, 이에 따른 인지적 부담이 증가한다는 것이다. 따라서 이러한 인 지적 부담으로 인해 오히려 소비자의 효과적인 정보 처리를 저해할 수도 있게 된다.

4) 온라인 경험의 중요성

일반적으로 오프라인 환경에서도 소비자에게 긍정적인 경험을 제공하는 것은 중요 한 요인으로 여겨졌다. 그러나 오프라인 환경에서 소비자의 경험은 주로 제품의 구매와 관련한 것에 초점이 맞추어진 것이 사실이다. 반면, 인터넷 환경에서의 경험은 제품의 구매와 관련된 경험뿐만 아니라, 웹사이트에서 정보를 탐색하고, 다양한 컨텐트웨어를 이용하면서 느낀 것 모두를 포함하는 것이다. 즉, 인터넷 환경은 오프라인에 비해 상대 적으로 경험의 폭이 넓은 환경이라고 하겠다. 따라서 소비자들에게 최적의 경험을 느끼게 하는 것이 더욱 중요시된다.

인터넷 환경에서 소비자가 느끼는 최적의 경험 상태를 호프만과 노박(Hoffman and Novak 1996)은 플로우(flow)란 개념으로 설명하고 있다. 플로우란 인터넷 사용시 발생하는 주관적인 경험으로, 컴퓨터와의 상호작용에 의해 촉진되는 일련의 반응이며, 내재적으로 즐겁고, 자아의식을 상실하고, 자아강화(self-reinforcement)가 이루어지는 상태라고 정의할 수 있다. 이러한 플로우를 경험하기 위해서 소비자는 웹 경험을 통해 얻게 되는 정보를 통제할 수 있는 능력과 기술이 있어야 한다. 또한 웹을 통해 제공되는 내용은 어느 정도 도전감과 주의를 기울일 만한 것이어야 한다. 그러나 소비자의 정보 통제 능력과 요구되는 기술 수준이 너무 높으면, 경험하는 내용이 너무 무료해질 수 있다. 반면에 소비자의 기술 수준이 너무 낮으면, 웹사이트의 내용을 충분히 활용할 수 없어 당혹감을 느끼게 된다. 따라서 이들간에 적절한 균형을 유지하는 것이 플로우를 창출하는 데 중요한 요인이다. 한편, 이러한 플로우의 경험은 학습, 탐색적 행동, 긍정적 감정 등에 긍정적 영향을 미치는 것으로 나타났다.

인터넷 소비자 정보처리 과정

인터넷 소비자는 의도적이든 우연적이든 수많은 마케팅 자극에 노출된다. 자신이 그 자극 내용에 관심을 가지면 주의를 기울이고 그렇지 않으면 주의를 기울이지 않게 된다. 또한 자신의 주의 정도와 능력에 따라 나름대로 자극 내용을 지각하고, 이에 대해 긍정적 혹은 부정적 반응을 한다. 이와 같은 일련의 과정을 바로 정보처리 과정

(information processing)이라고 한다. 정보처리 결과는 그 자극에 대한 태도로서 의사결정에 바로 영향을 미치거나 혹은 기억 속에 저장된다.

1. 노출

정보처리과정의 첫 단계인 노출(exposure)은 개인이 자극에 물리적으로 접근하여 5개 감각기관 중 하나 혹은 그 이상이 활성화될 준비 상태를 하는 것을 의미한다. 인터넷 환경에서 노출은 의도적 노출과 우연적 노출로 구분될 수 있다. 의도적 노출은 소비자가 의사결정을 위해, 스스로가 관심이 있는 정보를 찾음으로써 그것에 노출되는 것을 말한다. 우연적 노출은 소비자가 우연히 배너광고를 보게 되는 것과 같이 의도하지 않은 상태에서 정보를 접하게 되는 것을 의미한다. 소비자는 자신이 관심 있는 자극은 적극적으로 찾지만, 그렇지 않은 자극에 대해서는 회피하는 경향이 있는데 이를 선택적 노출(selective exposure)이라고 한다.

2. 주의

마케팅 자극에 노출되어 그 자극 내의 정보를 처리하는 정도는 자신이 주의를 기울이는 정도에 따라 상당히 달라진다. 이러한 측면에서 주의(attention)는 특정 자극에 대한 정보처리능력의 집중이라고 할 수 있다. 인터넷 환경에서 의도하지 않게 우연히 어떤 정보에 노출된 소비자라고 하여도, 그 정보가 자신과 높게 관여되어 있는 것이거나, 자신의 잠재된 욕구를 환기시킬 수 있는 것이라면, 상당한 주의를 기울이게 된다. 따라서 인터넷 마케팅 관리자 입장에서는 소비자에게 노출된 자극이 그들의 주의를 끌 수 있도록 노력을 기울여야 한다.

3. 지각

지각(perception)이란 소비자가 외부 자극의 요소들을 조직화하고 나름대로 의미를 부여하여 하나의 전체적 형상을 그리는 것으로, 동일한 자극에 노출되더라도 소비자들마다 지각은 얼마든지 다를 수 있다. 따라서 인터넷 마케팅 관리자는 자사 사이트가 제공하는 컨텐트웨어에 대해 소비자가 어떠한 지각 과정을 거치는지를 정확하게 이해해야 한다. 예를 들어, 자사 사이트의 목표는 물리적 컨텐트웨어를 판매하는 것이지만, 사이트에 방문한 고객들은 단지 정보를 제공하는 사이트로 지각한다면, 인터넷 마케팅 관리자는 그러한 지각을 변화시킬 수 있는 개선 방안을 모색해야 한다.

4. 반응

소비자는 마케팅 자극에 노출되어 어느 정도 주의를 기울여 나름대로 자극의 내용을 지각하게 되면 자극물에 대해 반응(response)하게 된다. 이러한 소비자 반응에는 인지적 반응과 정서적 반응이 있다. 인지적 반응(cognitive response)이란 소비자가 정보처리를 하는 동안 자연스럽게 떠올린 생각들이다. 한편, 정서적 반응(emotional response)은 소비자가 정보처리를 하는 동안 자연스럽게 느끼는 감정들을 의미한다. 예를 들어, 어떤 쇼핑몰 사이트를 방문한 소비자는, 그 사이트에 대해 '이 사이트는 값이 싼 제품을 판매한다', '제품이 다양하다' 등과 같은 인지적 반응을 보일 수 있다. 또한 '이 사이트는 재미있다', '이 사이트는 흥미롭다' 등과 같은 정서적 반응을 보일 수도 있다.

인지적 반응과 정서적 반응 모두는 사이트나 컨텐트웨어에 대한 소비자의 태도에 영향을 미치므로, 인터넷 마케팅 관리자는 긍정적인 반응을 형성할 수 있는 노력을 기울여야 한다.

 인터넷 소비자 사용 환경 및 특성

　　인터넷의 사용은 온라인 커뮤니티의 활성화에 따라 더욱 증가하고 있으며, 다양한 지식을 공유할 수 있기 때문에 사용자들에게 있어 중요한 소통의 공간으로 자리잡고 있다.

　　또한 인터넷 환경의 변화를 통한 새로운 유통 경로의 확보와 커뮤니케이션의 다양성은 마케팅 측면에 있어서 당장의 가시적인 효과가 아니더라도 간접적인 판매 효과를 촉진하였다. 이 중 스마트폰의 보편화를 기반으로 하여 급격한 증가 추세를 보이고 있는 소셜 미디어는 현재 10억 명 가까이 되는 사용자들이 사용함으로 인해 중요한 마케팅 도구로 주목받고 있다. 본 절에서는 소셜 미디어에 대해 구체적으로 다루고, 이어서 이용 동기에 대해 살펴보도록 하겠다.

1. 소셜미디어(Social Media)

　　첨단 정보 통신과 멀티미디어 기술이라는 디지털 미디어 기술의 발전을 배경으로 하여 등장한 것이 바로 소셜 미디어(social media)다. 소셜 미디어는 웹2.0을 기반으로 한 사회적 활동이나 매체를 통틀어 지칭한다. 위키피디아(Wikipedia)는 소셜 미디어를 사람들의 의견, 생각, 경험, 관점 등을 서로 공유하기 위해 사용하는 온라인 도구 또는 플랫폼이라고 정의하고 있다(보다 자세한 내용은 11장 참고).

　　디지털 소비자들은 트위터, 페이스북, 유튜브, 블로그 등 다양한 소셜미디어를 통해 정보와 컨텐츠를 공유하며 서로 간의 상호작용성을 통한 커뮤니케이션 문화를 촉진하고 있다.

　　소셜 미디어의 폭발적인 성장으로 인해 기업들 또한 이를 활용한 소셜 미디어 마케팅을 중요하게 인식하고 소비자 참여 효과를 이끌어내고 있다. 기업은 소셜 미디어를 활용한 직접적인 매출증대 효과보다는 소비자와의 소통의 장으로 활용하고 있는 실정이다. 전통적인 마케팅 도구들에 비해 소셜 미디어는 투자비용 및 운용비용이 저렴하다. 실시간으로 메시지를 쉽고 빠르게 전달할 수 있고, 잠재 소비자와 같은 새로운 고객 확보 또한 가능하다는 장점도 가진다. 뿐만 아니라, 광고 매체로서의 가치도 증가하고 있는데 전 세계 소셜 광고 시장의 규모는 2012년의 경우 현재 전년 대비 약 50퍼센트의 성장률을 보이며 77억 달러를 형성한 것으로 추정된다.

소셜 미디어의 종류는 정의와 관점에 따라 다양하게 분류될 수 있으며 대표적으로 소셜 네트워크 서비스(Social Network Service, SNS), 블로그(blog), 그리고 팟캐스트(podcasts) 등이 있다.

한국정보산업연합회(2006)에서는 다음의 표 4-1과 같이 소셜 미디어의 특성을 참여(participation), 공개(openness), 대화(conversation), 커뮤니티(community), 그리고 연결(connestedness)로 제시하고 있다.

표 4-1 소셜미디어의 특성

구 분	해 설
참여(Participation)	소셜 미디어는 관심있는 모든 사람들의 기여와 피드백을 촉진하며 미디어와 오디언스(audience)의 개념을 불명확하게 한다.
공개(Openness)	대부분의 소셜 미디어는 피드백과 참여가 공개되어 있으며 투표, 피드백, 코멘트, 정보 공유를 촉진함으로써 컨텐츠 접근과 사용에 대한 장벽이 거의 없다.
대화(Conversation)	전통적인 미디어가 'Broadcast'이고 컨텐츠가 일방적으로 오디언스에게 유통되는 반면 소셜 미디어는 양방향성을 띤다.
커뮤니티(Community)	소셜 미디어는 빠르게 커뮤니티를 구성하게 하고 커뮤니티로 하여금 공통의 관심사에 대해 이야기하게 한다
연결(Connestedness)	대부분의 소셜 미디어는 다양한 미디어의 조합이나 링크를 통한 연결상에서 번성한다.

자료원: FKII 조사연구팀 (2006).

1) 소셜 네트워크 서비스(Social Network Service: SNS)

소셜 네트워크 서비스는 사용자의 프로필을 구성하고, 관계를 형성하고 있는 개인들 간의 연결을 공유하며, 이를 바탕으로 이루어지는 개인들 간의 상호작용을 지원하는 웹기반의 서비스이다(Boyd and Ellison 2007).

인터넷과 스마트폰이 급속도로 발전해 나감에 따라 사용자들이 가상공간에 커뮤니티를 형성하고 활동할 수 있는 소셜 네트워크 서비스의 역할이 더욱 커지고 있다. 시장 조사기관 eMarketer에 따르면 전 세계 소셜 네트워크 서비스 이용자는 2012년 14.3억 명에서 2014년 18.5억 명으로 지속적인 성장세를 유지할 것으로 보인다. 대표적인 소셜 네트워크 서비스로는 페이스북(Facebook), 트위터(Twitter), 미투데이(Me2day) 등이 있으며 페이스북의 경우 2011년 11월 기준 전 세계 가입자 수가 7억 7천만 명 이상으로 2010년 10월 대비 2011년 10월의 이용자수 성장률이 135%로 2008년 설립 이후 지속적인 성장 추세를 보이고 있다(eMaketer).

소셜 네트워크 서비스의 이용자가 급증함으로 인해 기업들 역시 이를 활용한 마케팅을 적극적으로 펼치고 있다. 예를 들어, 나이키(Nike)의 경우 자유로운 소통문화를 근간으로 'Let Customer Decide'라는 경영 철학에 맞추어 다양한 컨텐츠와 소셜 네

그림 4-2 나이키의 페이스북 페이지(www.facebook.com/nike)

트워크 서비스를 연계한 마케팅을 통해 고객들로부터 높은 호응을 이끌어 내고 있다. 또한, 열정과 청취, 울타리를 컨셉으로 구성한 'Nike+'라는 커뮤니티형 팬페이지를 개설하여 취미가 비슷한 사용자들과의 경험담을 공유함과 동시에 브랜드에 대한 충성도를 높이고 고객 간 관계도 증진시키고 있다.

2) 사용자 제작 컨텐츠(User Created Contents)

증가하는 인터넷 보급률과 더불어 다양한 디지털 디바이스 등을 활용하여 사용자 개인이 컨텐츠를 쉽게 제작할 수 있는 디지털 소비자 기술(consumer technology)이 확산되었다. 인터넷 사용자들은 이제 온라인상에서 얻을 수 있는 컨텐츠를 수동적으로 받아들이기만 하는 것이 아니라 스스로가 컨텐츠를 제작하거나, 자신이 가지고 있는 컨텐츠를 다른 사용자들과 함께 공유하는 양방향적 커뮤니케이션을 추구하고 있다.

UCC란 User Created Content의 약자로서 상업적인 의도 없이 사용자가 제작한 컨텐츠 또는 사용자가 창조해낸 컨텐츠를 의미한다. 국내에서는 UCC라는 단어가 일반적으로 사용되고 있지만 미국에서는 UGC(User Generated Contents, 사용자 생성 컨텐츠), 일본에서는 CGM(Consumer Generated Media, 고객 발신형 미디어)라는 단어를 사용하고 있다. 기본적으로 UCC는 다른 사용자들과 자유롭게 컨텐츠를 공유하며 능동적으로 소비에 참여하는 것을 주목적으로 하지만 기업의 입장에서는 새로운 광고매체로도 주목을 받고 있다.

이와 같이 사용자들이 직접 제작한 다양한 형태의 컨텐츠를 공유하는 대표적인 커뮤니티로는 유튜브(YouTube), 플릭커(Flicker) 및 아프리카(Afreeca) 등이 있다. 특히, 유튜브는 사용하기 쉬운 플랫폼을 통해 누구나 동영상을 올리고 전세계 어느 곳에서 조회가 가능하도록 하여 중요한 인터넷 문화의 일부로 자리 잡게 되었으며 기업들 또한 유튜브를 적극적으로 활용하는 마케팅을 펼치고 있다. 대표적인 사례로 폭스바겐은 유튜브를 획기적인 방식으로 이용하여 'Don't Make up and Drive(운전 중에는 화장을 하지 마세요)'라는 안전 운전 캠페인을 진행하였다. 교통사고의 원인 중 상당수가 여성 운전자들이 운전 중에 메이크업을 하는 것이라는 통계를 접한 폭스바겐은 뷰티 스페셜리스트이자 파워 유튜브 게시자와의 콜라보레이션을 통해 운전 중 메이크업이

그림 4-3   유튜브 홈페이지(www.youtube.com)

위험한 행위라는 점을 강조하고 차별화된 메시지를 전달하였다. 이러한 폭스바겐의 안전 운전 캠페인은 높은 조회수를 기록하며 유튜브를 비롯하여 다양한 소셜 미디어를 통해 크게 전파되는 효과를 누렸다.

3) 사회자본(Social Capital)

사이버 공간상의 온라인 네트워크를 통해 사용자들은 지리적 한계를 넘어서 새로운 관계를 형성할 뿐만 아니라, 정보, 지식, 소속감, 믿음, 호혜성 등을 공유하게 된다. 이러한 관계 속에서 형성되는 사회자본은 사회적 네트워크를 통하여 사용자에게 다양한 형태로의 효익을 발생시킨다는 것을 의미한다. 사용자들은 온라인상에서의 인맥과 같은 네트워크에 대한 투자를 통하여 자연스럽게 양적·질적인 사회자본을 축적하게 된다.

나아가 사회자본은 크게 두 가지로 나누어 볼 수 있는데, 도구적 사회자본은 호혜적 정보 확장 및 활용을 목적으로 하며, 표출적 사회자본은 상호관계 강화라는 목적을 가진다(김명아 2007).

하지만 온라인 네트워크상에서 형성된 사회자본이 언제나 증가하는 양상을 띠게 되는 것은 아니다. 사용자마다 각자 온라인 네트워크를 통해 추구하는 동기나 목적이 다를 수 있다. 그리고 네트워크의 속성이나 규범에 따라 사회자본의 형성이 달라질 수 있기 때문에 이를 파악하여 자신에게 적합한 네트워크 환경을 통해 필요한 사회자본을 획득하는 것이 중요하다. 뿐만 아니라, 사회자본은 시간의 경과에 따라 감소되는 자본의 형태이기 때문에 개인에게 긍정적인 자원을 극대화하고 유지하기 위해서는 네트워크에 대한 지속적인 노력과 투자가 요구된다.

4) 온라인 구전(eWOM)

온라인 구전은 인터넷을 통해 소비자 간에 발생하는 제품정보나 사용경험, 추천 등의 정보교환을 의미한다(Bickart and Schindler 2001). 시공간의 제약이 없이 인터넷을 사용할 수 있는 유비쿼터스(Ubiquious)시대가 도래함에 따라 소비자들은 다양한 정보통신 기기들을 통한 커뮤니케이션을 통하여 무한한 정보를 공유할 수 있게 되었다. 인터넷 환경은 기존의 일대일 커뮤니케이션을 넘어서 일대다 또는 다대다 커뮤니케이션을 촉진하고 구전의 영향력을 더욱 증가시킨다.

온라인 구전은 비공식적이며 상호작용적 커뮤니케이션이라는 점에서는 기존의 오프라인 구전과 같은 성격을 가지나, 구전이 이루어지는 장소가 실재 공간이 아니라 가상 공간이라는 차이가 있다(방상훈 2006). 기존의 오프라인 구전은 타인과 함께 하는 대면 상황에서 이루어지는 반면에 온라인 구전은 트위터와 같은 소셜 네트워트 서비스, 또는 까페, 블로그 등과 같은 인터넷 게시판을 매개로 하여 이루어진다.

온라인 구전과 오프라인 구전의 또 다른 차이는 정보와 컨텐츠의 전달 속도에 있다. 온라인 구전의 경우, 스마트폰과 같은 정보 통신 기기의 사용을 통하여 불과 몇 초도 채 걸리지 않는 시간에 정보를 확산시킬 수 있다. 오프라인 구전이 주위 사람들에게 자신의 구매 경험이나 지식 등을 이야기하는 것으로 구전을 전파하는 것에 비해 온라인 구전은 훨씬 빠른 속도의 전달력을 가진다.

뿐만 아니라, 온라인 구전은 정보의 전달 범위에서 한계를 지니지 않는다. 많은 소비자들이 소셜 미디어를 활용하여 정보를 습득하기 때문에 세계 어디에 있든 원하는 정보를 쉽게 찾아 볼 수 있다.

마지막으로, 온라인 구전은 정보 범위에서도 오프라인 구전에 월등히 앞선다. 사용자가 온라인에서 습득할 수 있는 정보의 양은 기존의 오프라인 정보에 비해 엄청나게 많다. 또한 수많은 정보원으로부터 다양한 정보를 동시에 획득할 수 있기 때문에 정보의 질적인 면에서도 오프라인 구전을 크게 앞선다.

이렇듯 소비자들은 인터넷 환경으로 인해 즉각적이고 동시다발적인 정보 공유를 통한 상호작용성을 촉진할 뿐만 아니라 이를 통해 획득한 정보에 대해서도 신뢰감을 형성하게 된다.

5) 소셜 프레즌스(Social Presence)

사용자들은 인터넷이라는 가상공간에서 다른 사용자들과의 상호작용을 통해 함께 있다는 느낌을 가지게 된다. 김병희와 한상필(2010)은 소셜 프레즌스를 "미디어에 의해 구현된 가상의 세계를 현실과 유사하게 느끼는 것"이라고 정의하였다. 이와 같이, 소셜 프레즌스란 커뮤니케이션을 통한 상호작용 안에서 사용자들이 함께 참여하고 있다는 느낌을 말한다(Short et al. 1976).

소셜 네트워크 서비스 안에서 소셜 프레즌스를 높여 주는 기술적 도구로는 이모티콘 또는 퍼스나콘 등을 예로 들 수 있는데, 사용자들은 이를 사용함으로써 마치 상대방과 직접 만나서 대화하는 것처럼 느끼게 된다.

오프라인에서 제약을 가졌던 것과 달리 사용자들은 소셜 미디어를 통해 다양한 방식으로 자신의 정체성과 이미지를 형성하고 표현할 수 있다. 온라인 커뮤니티상에서의 아바타(avatar)의 경우, 마치 상대방의 얼굴을 직접 보고 대화한다는 생각을 가지게 되어 상대방이 커뮤니케이션에 보다 적극적으로 참여하고 있다고 느끼게 된다.

6) 공감(Empathy)

소셜 네트워크 서비스는 사용자들 간의 공통된 관심사나 활동을 공유하며 형성되는 관계를 기반으로 하는 경우가 많기 때문에 다른 사용자와의 공감을 바탕으로 한 커뮤니케이션이 중시된다.

사회 촉진 이론(social facilitation theory)에서는 혼자일 때보다 주위에 다른 사람들과 함께 있을 때 개인의 작업능률 및 수행능력이 보다 향상된다고 주장한다. 즉, 다른 사람들과 함께 행동을 하지 않더라도 그 존재만으로 효율성이 향상된다는 것이다 (Zajonc 1965).

온라인상에서도 마찬가지로 다른 사용자들이 같은 커뮤니티에서 활동을 하거나 네트워크를 구성하고, 댓글을 남기는 것과 같은 존재감을 인지하면, 사용자 본인 역시 보다 활발한 참여를 하게 되는 일종의 관중효과가 발생하게 된다.

이처럼 타인의 의견에 대한 공감은 커뮤니케이션에서 매우 중요하다(Pincus and Waters 1977).

7) 댓글

댓글은 인터넷이 대중화되면서 새롭게 나타난 용어이며, 타인이 인터넷에 올린 원문에 대하여 간단하게 답하여 올리는 형식의 글을 의미한다(국립국어원 표준 국어대사전). 댓글은 소비자들 사이에서 매우 활성화되어 있으며, 코멘트(Comment), 답글, 리플 등으로 불리기도 한다. 온라인상에서의 정보 공유가 활발해짐에 따라 인터넷 소비자들은 타인의 글, 영상 또는 사진 등을 참고하여 제품을 구매하거나 자신의 의견을 표현하는 것에 보다 익숙해져 있다.

사용자들이 댓글을 읽는 동기는 토론 참여, 여론 지각, 흥미 등으로 매우 다양하며 주로 이를 통해 게시물이 제공하는 정보를 얻고 여론을 이해하고 동향을 파악한다. 댓글 읽기 효과에 관한 연구에서는 댓글이 사용자의 태도 변화와 메시지의 판단과정에 강력한 영향력을 가질 뿐만 아니라, 메시지 내용에 관한 부가적인 정보 습득 채널로 사용된다고 하였다(이민영 2008).

(1) 상호작용성

온라인 커뮤니티에서의 상호작용성은 사용자 스스로 컨텐츠나 정보를 통제하고 소비할 수 있게 한다. 또한, 사용자의 자발적인 참여를 유도하여 소비자의 역할을 보다 향상시키게 되었다. 특히, 스마트폰을 사용해 실시간으로 타인이 게시한 글에 자신의 의견을 올릴 수 있는 댓글 활동이 가능해진 인터넷 환경으로 인하여 소비자들은 보다 적극적으로 자신의 의견을 표현할 수 있게 되었다.

이와 같이 댓글은 사용자들의 생각을 가장 편리하게 표출할 수 있는 수단일 뿐만 아니라, 기본적으로 인터넷이 가진 상호작용성을 기반으로 하고 있기 때문에 중요한 토론의 수단으로 주목 받고 있다.

하지만 댓글이 가지는 여러 가지 효과와 더불어 긍정적, 부정적 기능 또한 존재한다.

(2) 긍정적 기능

댓글은 인터넷 공간상에서의 의사소통을 보다 원활하게 하고 여론을 형성하는 수단으로 작용한다는 점에서 긍정적 기능을 가진다. 특히, 댓글을 통해 새로운 지식을 얻게 되거나 알고 싶었던 정보를 찾는 것 또는 온라인 게시물에 대한 자신의 의견을 표현하거나 반론을 제시하는 것과 같은 행동들은 사용자의 상호작용성과 만족감에 영향을 미치게 된다.

댓글의 긍정적인 기능을 보여 준 대표적 사례 중 하나는 세계 여성의 날을 기념하여 진행된 유니레버코리아 도브(Dove)의 '싱글맘 후원 캠페인'이다. 도브는 이벤트 페이지에서 진행하는 '싱글맘 후원 캠페인 이벤트'란에 싱글맘에게 전하고 싶은 응원 메시

그림 4-4 유니레버 코리아 도브의 싱글맘 후원 캠페인
(www.eventbook.kr/bbs/board.php?bo_table=B18&wr_id=337&sfl=wr_subject%7C%7Cwr_content&stx=&sst=wr_hit&sod=asc&sop=and&page=3)

지를 남기고 300개가 넘을 경우 싱글맘들에게 제품 300개를 후원하는 캠페인을 진행하였다. 이는 소비자들의 참여와 댓글이 더 많을수록 싱글맘들에 대한 지원이 증대되는 시스템을 기반으로 하였다는 점에서 댓글의 긍정적인 기능을 활용하였다는 의의를 가진다.

(3) 부정적 기능

댓글은 사용자의 손쉬운 참여가 가능하다는 장점이 있다. 그러나 언론을 능가하는 파급력을 지니고 있기 때문에 이에 따른 부작용도 발생하게 된다. 특히 댓글이 가지는 대표적 특성 중 하나인 익명성을 악용한 악성 댓글로 인해 많은 사람들이 피해를 보는 사례가 많이 발생하고 있다. 연예인, 정치인과 같은 공인들뿐만이 아니라 일반인들의 프라이버시까지 침해하는 무분별한 댓글로 인한 사회문제가 심각하다.

댓글로 인한 피해를 방지하기 위해 국내 포털들은 실명제를 도입하거나 사이버 범죄에 대한 규제를 강화하고 있다. 이처럼 가해자를 보다 강력히 처벌하는 방법을 통해 사용자의 권익을 보고하고 사생활 침해에 대한 피해를 줄이고자 노력하고 있다.

현대 Gift-Car: 달리는 당신을 사랑합니다

많은 기업들이 소비자와의 감정적 유대 관계를 통해 긍정적인 기업 이미지를 구축하기 위하여 사회공헌활동에 참여하고 있다. 현대자동차그룹의 'Gift-Car: 달리는 당신을 사랑합니다' PR 캠페인은 SNS와의 연계를 통하여 소비자의 참여와 공감을 이끌어낸 성공적인 마케팅을 보여 준다.

'Gift-Car' 캠페인의 구조는 공감과 흥미, 참여와 소통을 기반으로 하여 '달리는 당신을 사랑합니다'라는 캠페인 슬로건 아래 진행되었다.

'Gift-Car' 캠페인은 현대자동차의 기업 블로그를 통해 차가 필요한 이웃의 사연에 응원의 댓글이 하루에 일정 수 이상 달리면, 희망의 자동차를 전달할 수 있도록 활용하였다. 전략적으로는 자동차 기업의 본질적인 사업이라고 할 수 있는 자동차와 사회적 기업 이미지를 연결시키고 '동반자로서의 자동차'라는 메시지를 전달함으로써 제조업의 딱딱한 이미지를 탈피하는 데 목적을 두었다. 뿐만 아니라, 유튜브의 장점을 활용하여 블로그에 현대자동차의 광고 영상들을 업로드하고 광고 노출 수를 증가시키도록 하였다.

어려운 이웃의 사연을 보고 네티즌들이 직접 참여하는 현대 기프트 카 캠페인 홈페이지
(www.gift-car.kr)

'Gift-Car' 캠페인은 약 3만 명의 소비자가 응원 댓글을 남겼고, 약 56만 명의 소비자가 기업 블로그를 방문하는 성공적인 결과를 이끌어내었다. 나아가 이와 같은 공감과 확산은 캠페인 자체에서 끝나는 것이 아닌 참여자들의 트위터, 블로그 등과 같은 다양한 SNS를 통하여 퍼져나갔고 그들의 팔로워들이 포워드를 통한 2차 확산에도 기여하였다.

현대자동차의 'Gift-Car' 캠페인의 성공 요인은 첫째, "소비자의 참여가 쉬웠다"는 점, 둘째, "채널의 경계를 넘어서 여러 가지 참여의 방법을 제공함으로써 다양성을 이루어냈다"는 점, 마지막으로 "테마가 있는 스토리텔링으로 소비자의 공감을 통하여 소통의 확산이 가능하였다"는 점으로 볼 수 있다. 나아가 기업이 기존의 일방적인 커뮤니케이션을 하는 것이 아니라 인터넷을 통한 소비자의 자발적 참여와 공감을 이끌어내는 양방향적 커뮤니케이션을 실현시키는 것의 중요성을 보여 준 사례라고 할 수 있다.

'Gift-Car' 캠페인은 '2010년 대한민국광고대상'에서 대상을 포함한 3관왕을 수상하는 등 2010년 7-8월의 1차, 9-10월의 2차 캠페인을 성공적으로 마치고 2012년 3차 캠페인도 진행하였다.

자료원: 김상훈, 안대천(2011) 수정 후 인용

2. 소셜미디어 이용동기

　앞서 언급되었듯이, 인터넷을 비롯한 다양한 온라인 커뮤니티의 사용이 사용자의 자발적인 참여에 바탕을 둔다는 점을 고려해 보면, 소셜 미디어 사용자들은 자신이 원하는 정보 또는 네트워크를 적극적으로 선택하여 사용한다는 것을 알 수 있다. 따라서 사용자들이 소셜 미디어를 사용하고자 하는 목적에 대해 명확하게 이해할 수 있는 동기를 알아보는 것이 중요하다.

　최영과 박성현(2011)의 연구에 따르면 소셜 미디어의 이용동기는 정보추구, 자긍심 표출, 추억 공유, 사회상호작용, 기분전환/여가, 정체성 표현, 그리고 유행성과 같이 크게 7가지로 나누어 볼 수 있다. 각 이용 동기에 대한 분석을 위해 구체화한 설문 문항은 다음의 표 4-2와 같다.

표 4·2　소셜 미디어 이용동기 차원 검증

요인명	구성문항
정보추구	다른 사람의 지식을 공유할 수 있어 이용하고자 한다 정보를 얻을 수 있어 이용하고자 한다 자료를 수집할 수 있어 이용하고자 한다 최근에 일어나는 사회적 이슈에 대해 알기 위해 이용하고자 한다 다른 사람들에게 정보를 얻을 수 있어 이용하고자 한다 관심분야에 대해 공감대를 형성할 수 있어 이용하고자 한다 경력 관리에 직ㆍ간접적인 도움이 되기 때문에 이용하고자 한다
자긍심표출	본 서비스 이용을 통해 자부심을 느낄 수 있어 이용하고자 한다 나의 인기를 확인할 수 있어 이용하고자 한다 본 서비스 이용을 통해 성취감을 얻을 수 있어 이용하고자 한다 내가 주인공이라는 생각이 들어 이용하고자 한다 나만의 개성을 표현하기 위해 이용하고자 한다
추억공유	타인들과 추억을 간직하기 위해 이용한다 남들과 추억거리를 공유하기 위해 이용한다 타인들과 연락하기 위해 이용한다 사람들과의 사이를 돈독히 하기 위해 이용한다

사회상호작용	많은 사람들과 만날 수 있으므로 이용하고자 한다
	이용이 편리하기 때문에 이용하고자 한다
	이용하는 데 시간과 공간의 제약이 없어 이용하고자 한다
	많은 사람들과 공감대를 형성할 수 있어 이용하고자 한다
기분전환/여가	기분전환을 위해 이용하고자 한다
	재미가 있어 이용하고자 한다
	일상생활을 탈피하기 위해 이용하고자 한다
	여가시간을 즐기기 위해 이용하고자 한다
정체성표현	컨텐츠 내용을 내 마음대로 만들 수 있기 때문에 이용하고자 한다
	말로 표현하기 힘든 것을 표현할 수 있어 이용하고자 한다
	나만의 공간을 가질 수 있어 이용하고자 한다
유행성	유행에 뒤떨어지지 않기 위해 이용하고자 한다
	많은 사람들이 이용하기 때문에 이용하고자 한다
	비이용자에 비해 상대적 우월감을 느낄 수 있어 이용하고자 한다

자료원: 최영, 박성현(2011).

특히, 소셜 미디어만이 가지는 차별화된 특성을 고려하였을 때, 정보추구, 사회상호
작용 또는 정체성 표현 등과 같은 동기는 더욱 중요한 요인으로 구분된다고 볼 수 있다.

2011년 인터넷이용실태조사 결과 역시, SNS의 이용동기(복수 응답 가능)가 '친교,
교제를 위해서(85.5퍼센트)', '취미, 여가 활동을 위해서(67.6퍼센트)' 또는 '개인적 관
심사 공유를 위해서(55.5퍼센트)' 등으로 나타남으로써 위의 연구 결과와 비슷한 양상
을 보여 준다.

인터넷 소비자 의사결정

1. 인터넷 소비자 의사결정 과정

인터넷상에서 소비자는 어떤 사이트를 선택할까, 어떤 컨텐트웨어를 선택할까, 또한 인터넷을 통해 구매활동을 할 것인가 등과 같은 많은 의사결정 문제에 직면하게 된다.

이에, 아래에서 먼저 인터넷 소비자가 어떤 과정을 통해 의사결정을 하는가에 관한 인터넷 소비자 의사결정 과정을 먼저 살펴보고자 한다. 이어서 인터넷을 상거래 수단으로 선택하게 되는 구매행동에 대해 보다 구체적으로 다루도록 한다. 그리고, 이 장의 마지막에서는 인터넷 환경에서 에이전트가 소비자의 의사결정에 미치는 영향에 대해 살펴보도록 한다.

일반적으로 소비자 의사결정 과정이란 다음의 그림 4-5와 같이 소비자가 문제를 인식(problem recognition)하고, 그것을 해결하기 위한 정보 탐색(information search)을 하여, 이후 탐색된 선택대안들을 평가(alternative evaluation)함으로써 선택(choice)하는 과정과, 선택 후 소비자가 보이는 선택 후 행동(post-choice behavior)에 이르는 일련의 절차를 말한다.

1) 문제인식

소비자가 어떤 사안과 관련하여 어느 시점에서 자신의 실제 상태(actual state)와 이에 상응하는 바람직한 상태(desired state) 간에 차이를 지각하게 되면, 그 차이를 해

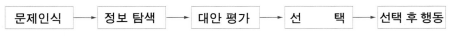

그림 4-5 소비자 의사결정 과정

소시켜 줄 수 있는 수단에 대한 욕구가 환기된다. 바로 이러한 욕구의 환기가 소비자 의사결정 단계의 첫 단계이다.

인터넷에서의 문제 인식은 소비자 머릿속에서 특정한 욕구를 스스로 느낌으로써 이루어지기도 하지만, 인터넷을 검색하는 과정에서 흥미 있는 요인을 발견함으로써 시작되기도 한다. 즉, 인터넷 환경에서 소비자는 많은 외부적 자극에 노출되기 쉽기 때문에, 이러한 외부적 요인에 의해 문제 인식을 할 가능성이 높다 하겠다. 인터넷 상에서 소비자들의 욕구는 웹사이트 내에서의 기업 광고의 위치, 관심 분야와 관련된 배너, 검색 엔진을 통한 검색 결과에서의 순서 등에 의해 영향을 받게 된다. 따라서 인터넷 마케팅 관리자는 소비자의 욕구 환기에 영향을 미치는 이러한 자극 요인들을 효과적으로 관리함으로써, 소비자로 하여금 문제를 인식하도록 유도하여야 한다.

2) 정보탐색

소비자는 충족되지 않은 욕구를 인지하여 의사결정의 문제로 인식하게 되면, 이를 만족시킬 정보를 탐색하게 된다. 정보 탐색은 크게 내적 탐색과 외적 탐색으로 구분된다. 내적 탐색은 자신의 기억 속에서 정보를 인출하는 것을 의미하며, 외적 탐색은 외부의 정보원으로부터 정보를 얻는 것을 의미한다. 소비자가 필요한 정보가 이미 머릿속에 저장되어 있는 경우에는 내적 탐색만으로 충분하나, 그렇지 않은 경우에는 외적 탐색을 하게 된다.

인터넷상에서 소비자의 외적 탐색이 오프라인상에서 이루어지는 외적 탐색에 비해 지니는 특징을 살펴보면 다음과 같다.

(1) 낮아진 정보 탐색 비용

정보 탐색과 관련하여 인터넷이 오프라인 환경과 구별되는 가장 큰 특징은 정보 획득에 따른 탐색 비용이 낮아졌다는 점이다. 예를 들어 컴퓨터를 구매하기 위해 오프라인상에서 정보를 탐색한다면, 시간적, 공간적 제약으로 인해 수많은 상점을 다 돌아다닐 수 없고, 또한 상점의 점원이나 주변 사람들로 얻은 정보를 체계적으로 정리한다는 것은 거의 불가능한 일이다. 그러나 인터넷을 통해 정보를 탐색한다면 한 자리에 앉아

원하는 정보를 몇 번의 클릭만으로 얻을 수 있다. 뿐만 아니라 그러한 정보들을 통합해 제품의 속성별로도 비교해 주며, 나에게 맞는 최적의 대안을 추천받을 수도 있게 된다.

(2) 다양한 정보원의 사용

오프라인에 비해 소비자는 다양한 정보원으로부터 정보를 획득할 수 있게 된다. 오프라인에서 정보 탐색시 소비자는 주로 상점을 직접 방문하거나, 주변 사람들을 통해 관련 정보를 획득하게 된다. 그러나 인터넷상에서는 보다 저렴한 노력과 비용으로 다양한 정보원을 통해 정보를 탐색할 수 있다. 특히 인터넷에서 접할 수 있는 정보는 생산자에 의해 제공되는 것뿐 아니라 게시판, 소비자 커뮤니티, 인터넷 포럼 등 소비자에 의해 제공되는 정보를 수집할 수 있다는 특징이 있다. 인터넷 소비자들은 생산자를 통해 얻는 정보보다, 소비자를 통해 얻는 정보에 더 높은 관심을 갖는 것으로 나타났다 (Bickart and Schindler 2001).

네이버(naver.com)의 '지식인' 메뉴는 인터넷 사용자의 궁금한 점을 게시하면 다른 사용자가 답변을 등록할 수 있다. 또한 소비자들은 인터넷에서 쉽고 신속하게 원하는 정보를 얻을 수 있다.

(3) 단서 의존도

소비자들이 제품의 정보를 얻기 위해 이용할 수 있는 단서는 크게 내재적 단서 (intrinsic cue)와 외재적 단서(extrinsic cue)로 구분된다. 내재적 단서란 제품을 구성하는 속성에 관한 정보로서, 컴퓨터 제품의 경우 CPU, RAM 등이 그 예이다. 반면에 외재적 단서란 제품 자체가 갖고 있는 본질적인 속성 정보 이외의 요소들로 제품명, 사이트명, 가격, 제조국명이 그 예가 될 수 있다.

소비자는 인터넷 환경에서 실제 만지고 냄새를 맡아야 제품의 가치를 알 수 있는 감각적 속성에 대한 정보를 얻기 어렵다. 이러한 감각적 속성 정보 획득의 어려움으로 인해, 소비자들은 사이트명이나 제품명 등과 같은 외재적 단서에 더욱 의존할 수 있다. 그러나 인터넷 환경에서 소비자는 다양한 정보원을 통해 낮은 탐색비용으로 정보를 수집할 수 있다. 따라서 이러한 정보를 충분히 활용하여 속성 정보에 대한 체계적인 정보탐색을 할 수 있다면, 외재적 단서의 중요성은 오히려 감소할 수도 있을 것이다.

결국, 소비자가 인터넷상에서 외재적 단서와 내재적 단서 중 어떤 단서에 더욱 의존적인가의 문제는 소비자 개인적 특성과 상황적 특성의 영향을 받는 것이기 때문에, 한 마디로 결론지어 말하기는 어렵다. 이와 관련하여 와드와 리(Ward and Lee 1999)는 인터넷 사용 경험이라는 개인적 특성에 따라 외재적 단서, 특히 상표의 활용 여부가 어떻게 달라지는가를 연구하였다. 그 결과 인터넷에 대한 경험이 적은 사람은 인터넷상에서 정보 탐색이 능숙하지 못하기 때문에 상표와 같은 외재적 단서에 더 의존적인 것으로 나타났다. 그러나 인터넷에 대한 경험이 증가하면, 이에 따라 탐색의 능숙성이 증가하게 되므로, 외재적 단서에 대한 의존도는 감소하는 것으로 나타났다. 즉, 탐색 능력이 있는 사람은 내재적 단서를 활용한 정보 탐색을 하지만, 탐색 능력이 부족한 사람은 주로 외재적 단서를 활용한 정보 탐색을 하는 것을 알 수 있다.

한편 린치와 아릴리(Lynch and Ariely 2000)는 외재적 단서, 특히 가격, 이용에 영향을 미치는 상황적 요인을 제시하였다. 그들은 실험 대상물로 경험적 속성이 강한 와인을 선택하였다. 인터넷상에서는 와인의 향이나 맛과 같은 중요한 속성을 직접 경험하기 어렵기 때문에, 외재적 단서에 더욱 의존적일 것이라고 생각될 수 있다. 그러나 연구 결과, 와인에 대한 제품 정보를 충분히, 쉽게 검색할 수 있는 상황을 제공하면, 가격과 같은 외재적 단서에 대한 의존도가 낮아지는 것으로 나타났다. 또한 제품의 차별적 요소를 제공하는 것 역시 외재적 단서에 대한 주목도를 낮추는 것으로 나타났다.

3) 대안평가

대안평가 과정은 최종적으로 도출된 고려상표군(consideration set)에 속한 각 선택 대안을 평가하고, 소비자의 욕구에 부합하는 특정 대안을 선택하는 과정이다. 소비자들은 내적·외적 탐색 과정을 통해 수집된 정보에 의해 선택 대안들을 평가하게 된다. 즉 소비자는 선택을 심각하게 생각하는 고려 상표군을 형성하고, 그 대안들을 자신의 평가 기준에 의해 비교, 평가한 후, 자신의 욕구를 충족시킬 만한 대안을 최종적으로 선택하게 되는 것이다. 온라인 구전은 대안의 평가에 영향을 미치는데 온라인 구전의 대표적인 예, 댓글의 성격은 다음과 같다. 소비자들은 긍정적인 내용의 댓글보다는 부정적인 내용의 댓글에 더 민감하게 반응하며(Yubo Chen et al. 2011) 기업의 상생경영, 저소득층지원, 환경보존 등의 사회공헌활동을 접했을 때 더 활발한 댓글 활동을 펼친다(Thorsten Henning-Thurau et al. 2004). 즉, 사회적 공헌활동을 하는 브랜드, 상품 구입 후 부정적인 평가 댓글이 없을수록 브랜드에 긍정적인 태도를 갖게 된다.

따라서 인터넷 마케팅 관리자는 자사의 사이트나 컨텐트웨어가 소비자의 고려상표군에 포함될 수 있도록 노력해야 하며 댓글의 구전효과를 고려한 적절한 전략을 수립해야 한다. 또한 소비자에게 좋은 평가를 받기 위해서는 차별화된 제품 혹은 서비스를 제공하는 것이 가장 중요하겠지만, 소비자들이 대안을 평가하는 기준을 자신에게 유리하게 설정하도록 유도하는 것도 한 방법이 될 수 있다.

4) 선택

(1) 구매수단으로서의 인터넷 채택

인터넷은 단지 커뮤니케이션을 위한 매체적 성격 외에도 상거래가 이루어지는 시장(market)의 성격을 갖고 있다. 그렇다면 인터넷을 사용하는 사람들 중에서도 왜 어떤 사람은 인터넷을 통한 구매행동을 하고, 어떤 사람은 그렇지 않을까? 구매수단으로서 인터넷을 채택하게 하는 요인은 무엇일까?

이에 대해 베커 올슨(Beckor Olson 2000)은 소비자들이 인터넷을 통해 구매할 것인가 아닌가를 결정하는 가장 중요한 요인은 라이프스타일과 인터넷에 대한 지각 여부라고 하였다. 즉 인터넷으로 구매하는 사람은 인터넷을 통한 구매가 더 쉽고, 더 빠르고, 더 싸고, 그들의 라이프스타일에 더 적합한 것으로 인식한다는 것이다. 또한 제품을 실제 경험(보고, 만지고)하고자 하는 욕구는 부정적인 영향을 미치는 반면에 즉각적으로 제품을 갖고자 하는 필요는 긍정적인 영향을 미치고 있음을 제시하고 있다. 또한 저자가 실시한 KNP(Korea Netizen Profile)의 조사 결과(1998, 1999, 2000)에 의하면, 인터넷 사용경력이 길면 길수록 인터넷 주당 사용시간이 길어지고, 인터넷 주당 사용시간이 길수록 인터넷 구매의도가 높은 것으로 밝혀졌다.

한편, 벨만 등(Bellman et al. 1999)은 소비자들의 인터넷 구매 여부와 구매 빈도에 영향을 미치는 요인을 살펴보았다. 그 결과 시간 압박(소비자가 일주일에 일하는 시간)이 가장 예측력 있는 변수로 나타났다. 즉 시간 압박이 많은 사람일수록 쇼핑시간이

표 4 - 3   인터넷 구매자와 비구매자와의 비교

	구매자		비구매자	
	핵심 구매자	2차 구매자		
인터넷 사용 형태	• 거의 모든 서비스를 높은 수준으로 이용하고 있는 인터넷 생활자	• 인터넷 사용이 적음 • 메일과 검색만을 이용	• 메일, 검색, 게임, 다운로드 등을 소극적으로 이용 • 전반적으로 낮은 수준의 인터넷 사용	• 메일, 뉴스, 검색, 다운로드, 쇼핑 등으로 인터넷 이용 • 컴퓨터, 업무, 은행 등의 업무관련 측면
인터넷 쇼핑몰 일반	• 구매가능성이 높음 • 방문경험이 많음 • 구매경험이 높고 구매횟수와 구매액이 많음	• 구매가능성이 높음 • 구매경험이 높고 구매횟수와 구매액이 많음 • 전반적으로 방문경험이 많고 고루 분포함	• 구매가능성이 가장 낮음 • 방문경험이 없거나 경험이 적음 • 구매경험이 가장 낮고 구매횟수가 적음 • 구매액이 10만원 미만으로 집중	• 방문경험이 있으나 횟수는 적음 • 구매경험과 구매횟수가 상대적으로 적음 • 구매액이 10만원 미만이 많은 편임
인터넷 쇼핑몰 구매 행동	• 구매전 정보를 얻거나 구매를 위해 사이트 방문 • 끈질긴 탐색 노력, 탐색 포기경험이 낮음 • 저렴한 가격, 시간절약, 믿을 수 있는 점 때문에 구매	• 구매전 정보를 얻거나 구매, 구매후 정보를 위해 사이트 탐색 • 상표, 사이트명, 배달이나 결제정보에 관심 • 포기경험이 낮음 • 저렴한 가격, 시간절약, 믿을 수 있는 점 때문에 구매 • 가격이 비싸다는 의견이 상대적으로 적음 • 모든 집단이 가격과 제품에 대한 정보를 중요시 • 가격이 저렴하고 시간이 절약됨	• 경품을 타기 위해 사이트 방문 • 가격에 가장 민감하며 상표와 결제정보에 관심 • 탐색을 쉽게 포기하거나 빠른 정보처리를 함 • 구매이유가 거의 없음 • 정보부족, 제품불신 때문에 구매하지 않음	• 구매전 정보를 얻기 위해 사이트 방문 • 가격에 민감하며 상표 정보에 덜 민감 • 구매이유가 적음
인터넷 구매품목	• 전 품목에 걸쳐 구매 경험이 높음	• 도서류, 영화/공연티켓등의 구매경험이 높음	• 전 품목에 걸쳐 구매 경험이 낮음	
인터넷 이용 일반	• 20시간 이상 사용자가 많음 • 이용기간이 길고 3년 이상이 많음	• 이용시간이 대체적으로 고르며 4시간 미만이 많음 • 이용기간이 고름	• 이용시간이 대체적으로 고르며 4시간 미만이 많음 • 이용기간이 짧고 1년 미만이 많음	• 이용시간이 고른 편이나 20시간 이상이 많음 • 이용기간이 고른 편이나 3년 이상이 많음
배너 광고에 대한 태도	• 배너에 관심이 많고 클릭 정도가 높음 • 비교적 다양한 경로를 통해 정보를 얻으며 배너광고에 의한 링크, 검색엔진 사용	• 배너에 관심이 없고 클릭하지 않음 • 경품, 광고정보, 구매를 위해 클릭 • 신문광고에 영향을 받고 검색엔진을 통해 정보를 얻음	• 배너에 관심이 없고 클릭하지 않음 • 무심결에 클릭하는 경우가 많음 • TV광고와 추천을 통해 정보를 얻음	• 배너에 관심이 없고 클릭하지 않음 • 배너정보에 관심이 있음 • 비교적 다양하게 정보를 구하며 링크, 추천 검색엔진을 사용

충분하지 않기 때문에 시간을 절약하기 위해 인터넷을 통해 구매하는 경향이 높다는 것이다. 또한 인터넷으로 구매하는 사람은 다른 사람보다 인터넷 사용량이 많으며, 인터넷 사용 경험 기간이 길며, 인터넷을 규칙적으로 사용하며, 인터넷이 작업의 생산성을 높여 줄 수 있다고 생각하는 것으로 나타났다. 이에 반해, 인구통계학적인 변수는 인터넷 구매를 결정하는 데 유의한 차이를 나타내지 못하는 것으로 나타났다. 그러나 이와는 달리 인구통계학적 특성이 인터넷상에서의 구매행동에 유의한 영향을 준다는 연구결과들도 있어(Li and Russell 1999; Lohse et al. 2000), 인구통계학적 특성이 미치는 영향에 대해서는 불일치한 결과가 존재한다.

인터넷을 이용한 구매자와 인터넷을 사용하기는 하나 구매는 하지 않는 비구매자와의 특성을 실증적으로 비교 분석한 결과는 표 4-3과 같다(김영찬, 이두희 2001).

(2) 사이트선택

소비자는 어떠한 사이트를 선택할까? 소비자가 사이트를 선택하는 과정은 의도적인 목적을 갖고 선택하는 경우도 있으나, 인터넷상에 노출된 자극물들에 의해 우연히 선택하게 된 경우도 많다. 그러나 인터넷 마케팅 관리자가 관심을 기울여야 하는 것은 우연

그림 4-6 신뢰감을 높이기 위해 판매자의 신용도 제공 및 안전거래를 위한 가이드를 제공하는 옥션
(securitycenter.auction.co.kr/apps/main/?code=D0000)

히 사이트를 방문했다 사라지는 소비자가 아닌, 특정한 목적을 이루기 위해 사이트를 지속적으로 방문하는 애호도를 가진 소비자이다. 소비자가 특정한 목표 수행을 위해 지속적으로 사이트를 선택하도록 하기 위해서는, 결국 사이트에 대한 호의적인 태도를 형성하도록 해야 한다. 그 일환으로 포털검색엔진 다음(Daum)은 사용자의 개인 정보를 활용해, 로그인 시 사용자의 연령대, 직업군에 맞는 광고배너를 첫 화면에 제공한다. 가령 40대의 남성이 로그인을 하면 탈모방지 약품이나 제테크 관련 광고가 뜨는 것이다.

사이트에 대한 소비자의 호의적인 태도 형성에 영향을 미치는 요인은 무엇일까? 사이트의 어떤 요인들을 강화시켜야 자사 사이트의 선택을 증가시킬 수 있을까? 그러한 요인들로 여기에서는 오락성, 정보성, 조직성, 상호작용성, 기다림의 5가지 요인들에 대해 살펴보도록 한다.

a. 오락성(entertainment): 사이트에 대한 평가가 호의적이기 위해서는 사이트를 방문했을 때 재미있고 흥미로운 내용을 전달하여야 한다. 그러나 반드시 사이트가 오락적 컨텐츠를 포함하여야 한다는 것은 아니다. 진지한 학술 정보나 업무상의 정보를 전달하거나, 단지 구매를 하는 과정이라고 하더라도 소비자가 그 과정이 지루하게 느끼지 않을 배려가 되어 있어야 한다는 것을 의미한다. 예를 들어, 영화 마케팅의 한 축으로 자리 잡은 개봉영화 홍보를 위한 인터넷 홈페이지에서는 영화와 관련한 게임을 등장시켜 관객들에게 영화에 대한 정보제공과 동시에 흥미를 불러일으키고 있다. 그림 4-7 버드와이저(budweiser)의 경우 맥주 따르기 게임을 제공함으로써 소비자에게 즐거움과 신제품 정보를 동시에 제공하였다.

b. 정보성(informativeness): 소비자들이 인터넷을 사용하는 중요한 목적 중의 하나가 바로 정보를 얻기 위한 것이다. 따라서 사이트를 통해 유익하고도 다양한 정보의 수집이 가능하다면 당연히 그 사이트에 대한 태도는 좋아질 것이다.

c. 조직성(organization): 사이트의 내용을 체계적으로 구성하고, 이러한 컨텐츠에 접근하는 효과적인 네비게이션과 인터페이스의 요소를 갖춘다면 사이트에 대한 평가는 호의적일 것이다. 한편 배경색, 이미지 크기, 소리 파일 디스플레이와 같은 인터페이스 디자인 요소는 체류시간에 영향을 미친다(Dreze and Zufryden 1997). 따라서 인터넷 마케팅 관리자는 효과적인 사이트 구조 및 디자인 요소와 같은 조직성을 고려해야 한다.

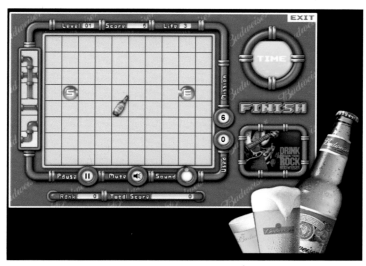

그림 4-7   버드와이저 게임(www.bud.co.kr/kof/game1.htm)

d. 상호작용성(interaction):   인터넷이 다른 매체와 구별되는 가장 큰 특징 중
의 하나가 바로 상호작용성이다. 고세와 두(Ghose and Dou 1998)의 연구 결과에 따르
면, 일반적으로 소비자들은 사이트의 상호작용성이 높을수록 그 사이트를 인기 있는 사
이트로 인식하는 경향이 있다고 한다(상호작용성에 대한 자세한 설명은 6장 인터넷 마
케팅 목표 참고).   따라서 마케팅 관리자는 자사 사이트의 성격을 고려하여, 상호작용성
을 증진시킬 수 있는 방안을 모색해야 하겠다.

e. 기다림 시간(waiting time):   사이트 평가 요인 중 간과해서는 안 될 요인 중
의 하나가 바로 소비자들이 기다리는 시간에 대한 것이다. 소비자들은 인터넷을 사용하
면서 처음 사이트에 들어갈 때, 사이트 내에서 웹 페이지간 이동할 때, 또한 파일 등을
업로드 또는 다운로드시킬 때 기다림을 경험하게 된다. 이러한 기다림은 사이트에 대한
부정적 태도를 형성하며, 나아가 향후 사이트를 선택하지 않게 하는 중요한 요인이 될
수 있다. 물론 가장 이상적인 것은 소비자들을 전혀 기다리지 않게 하는 것이다. 그러나
이것은 현실적으로 불가능하기 때문에, 현실적으로 보다 중요한 것은 불가피하게 발생
하는 기다림을 어떻게 하면 소비자들로 하여금 짧게 느끼게 할 것인가의 문제가 된다.

그렇다면 인터넷상에서의 기다림을 효과적으로 관리할 수 있는 방법은 무엇인가?

첫째, 기다림에 대한 불확실성을 줄여 주는 것이다. 데래르트와 칸(Dellaert and Kahn 1999)은 사이트의 첫 페이지 로딩시 발생하는 기다림에 대해 자신이 기다리게 될지 여부, 또는 얼마나 기다리게 될지에 대한 정보를 제공함으로써, 기다림으로 인해 발생하는 부정적 효과를 감소시킬 수 있음을 실증적으로 제시하고 있다. 즉, 기다림에 대한 정보 제시 방법을 효과적으로 관리함으로써 기다림의 부정적 효과를 줄일 수 있는 것이다.

둘째, 웨인버그(Weinberg 2000)는 '기준설정과 조정'(anchoring and adjustment)이라는 심리학적 이론을 통해 기다림 시간을 효과적으로 관리할 수 있는 방법을 제시하고 있다. 그는 실험을 통해 실제로는 모두 동일한 기다림 시간을 경험하지만, 한 집단에게는 실제 시간보다 길게, 다른 집단에게는 실제 시간보다 짧게 기다릴 것이라고 이야기하였다. 그 결과 실제 시간보다 더 짧게 기다릴 것이라고 이야기한 집단의 사람들이 기다림 시간을 더 짧게 지각하고, 나아가 그 사이트를 더 호의적으로 평가하였다. 즉, 소비자들은 자신이 기다릴 것이라고 알고 있는 정보를 기준으로 설정(anchoring)하여 기다림 시간을 지각(adjustment)한다는 것을 알 수 있다. 그러나 소비자에게 기다림을 짧게 지각하도록 하기 위해서, 사실과 다르더라도 무조건 짧은 기다림 시간 정보를 제시하는 것이 바람직한 것은 결코 아니다. 중요한 사실은 기다림 시간

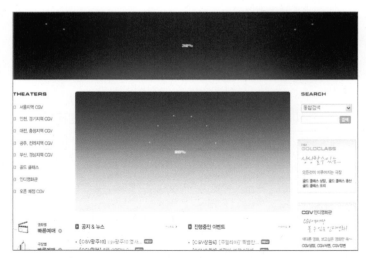

그림 4-8 현재 진행정도를 알려줌으로써 기다림 시간을 효과적으로 관리하고 있는 CGV (www.cgv.co.kr)의 초기화면

에 대해 제공되는 정보가 소비자가 기다림 시간을 지각하는 준거점이 될 수 있다는 점
이다. 따라서 이러한 시간정보 제공시에는 신중을 기해야 한다는 것이다.

(3) 컨텐트웨어 선택

인터넷 소비자의 컨텐트웨어 선택에는 어떠한 요인이 영향을 미칠까? 즉, 소비자들
은 어떤 요인을 기준으로 선택할 컨텐트웨어를 결정하는가에 대한 설명은 다음과 같다.

데제라투 등(Degeratu et al. 1999)은 액체 세제, 마가린, 종이타월과 같은 물리
적 컨텐트웨어의 예를 통해 인터넷상에서 선택시 미치는 영향 요인이 오프라인과 어떤
차이가 있는가를 제시하고 있다. 그 결과 경험적 속성이 중요한 제품(종이타월)을 인터
넷 환경에서 선택할 때에는, 속성에 관한 정보보다는 상표와 같은 정보를 중요한 선택
기준으로 여기는 것으로 나타났다. 그러나 인터넷에서도 속성 정보가 충분히 이용 가능
한 제품인 경우에는 선택시 속성 정보를 더 많이 활용하는 것으로 나타났다. 또한 시각
적인 단서와 같은 감각적 정보(예: 종이타월의 디자인)는 인터넷 환경에서 더 적은 영향
을 미치나, 사실적인 정보(예: 마가린의 지방 성분정보)는 더 큰 영향을 미치는 것으로
나타났다.

한편 맨델과 존슨(Mandel and Johnson 1999)은 웹 페이지 배경 그림, 색깔 등과
같은 디자인 요소가 제품에 대한 소비자들의 속성 중요도(attribute weight)에 영향을
미쳐 궁극적으로 컨텐트웨어 선택에까지 영향을 줄 수 있음을 제시하고 있다. 즉 웹 페
이지의 배경으로 삽입된 요소들이 소비자들의 머릿속에 남아, 컨텐트웨어를 선택할 때
그러한 웹 페이지의 요소들이 활성화되어 더욱 중요하게 인식된다는 것이다. 이러한 연
구는 인터넷 환경에서 배경 화면과 같은 비중심적인 주변단서들(peripheral cues)이
소비자 선택에 의미 있는 영향을 미칠 수 있음을 제시해 주는 것이다.

5) 선택 후 행동

(1) 구매행동으로의 전환율

인터넷 쇼핑몰과 같은 판매 사이트를 방문한 뒤 얼마나 많은 소비자들이 바로 구매
를 하게 될까? 실제 인터넷상에서 사이트를 방문(visit)한 뒤 그 방문이 구매

(purchase)로 전환되는 전환율(conversion rate)은 매우 낮은 편이다. 아마존 (www.amazon.com) 사이트의 경우에도 전환율은 약 2퍼센트에 불과할 뿐이라는 보고가 있다(Moe and Fader 2000).

인터넷 마케팅 관리자의 입장에서 사이트에 방문한 소비자가 구매할 가능성이 있는 소비자인지의 여부를 파악하는 것은 매우 중요하다. 왜냐하면, 자사 사이트에 방문하여 그냥 둘러만 보고 나가는 소비자와, 실제 구매행동을 함으로써 이익을 창출해 주는 소비자를 모두 동일하게 대할 수는 없기 때문이다. 따라서 방문 후 실제 구매가 이루어질 수 있도록 전환율을 높이는 문제뿐 아니라, 현재 방문한 소비자의 구매 확률을 예측하는 것은 매우 중요한 문제이다.

이에 모와 페이더(Moe and Fader 2000)는 소비자의 구매확률은 과거 웹사이트 방문 경험과 구매 경험에 의해 결정되는 것으로 보고, 각 개인이 현재 웹사이트 방문시 구매할 확률을 예측하는 전환 모델(conversion model)을 제시하였다. 즉 그들의 모델에 따르면 소비자의 구매확률은 그 소비자가 언제, 얼마 만에 사이트를 방문했는가에 대한 방문경험과, 구매경험의 유무, 그리고 구매경험이 있다면 언제, 얼마만의 간격으로 구매했는가에 의해 결정되는 것이므로, 전환율을 높이기 위해서는 이러한 요인을 효과적으로 관리해야 함을 알 수 있다.

(2) 만족/불만족

일반적으로 소비자의 만족/불만족 과정은 소비자의 기대 수준과 실제 성과간의 차이, 즉 불일치에 대한 지각 정도에 의존한다. 기대-성과 불일치(expectancy-performance disconfirmation) 개념에 따르면 일반적으로 소비자들은 선택 이전에 제품 성과에 대한 기대를 형성하고, 선택 후 선택 대안을 통해 경험한 실제 성과를 자신의 기대 수준과 비교하게 된다(Oliver 1980). 그 결과 성과가 기대보다 못한 것으로 판단된 경우를 부정적 불일치라고 하며, 반대로 성과가 기대보다 나은 경우를 긍정적 불일치, 기대했던 것과 일치하는 정도이면 단순한 일치라고 한다. 따라서 단순한 일치 및 긍정적 불일치의 경우에는 소비자는 만족을 경험하나, 부정적 불일치의 경우에는 불만족하게 된다는 것이다. 이러한 올리버의 패러다임에 의하면 소비자의 만족의 여부는 태도 형성 및 재방문, 재구매 의도에 영향을 준다는 것이다. 즉, 소비자가 선택 후 경험 내용에 대해 만족할수록 호의적으로 태도가 형성되고, 향후 재방문 및 재구매 의도가 높아진다는 것이다.

그렇다면 인터넷상에서 소비자의 만족에 영향을 미치는 요인은 어떠한 것이 있을까? 그림 4-9에 제시되어 있는 저자의 인터넷 만족도 모형(WARS: Web Attention Revisit Satisfaction)은 웹사이트 만족에 영향을 미치는 요인을 실증적으로 제시하고 있다. 이 모형에 의하면, 제공하는 정보의 양이 풍부하고, 디자인이 우수하고, 전송 속도가 빠르고, 편리하게 검색할 수 있는 용이한 검색 구조를 갖추고 있으며, 컨텐츠의 업데이트가 신속한 사이트일수록 소비자의 만족 수준은 높아짐을 알 수 있다.

(3) 구전

인터넷상에서 소비자는 자신이 경험한 만족 또는 불만족한 내용에 대해 구전을 할 수 있다. 구전(word of mouth)이란 입에서 입으로 전해지는 정보의 흐름으로, 소비자들이 경험한 긍정적이거나 부정적인 직간접적 내용을 교환하는 의사소통 활동을 의미한다. 일반적으로 소비자들은 자신이 선택을 할 때 사회적 지지나 동료집단 및 준거집

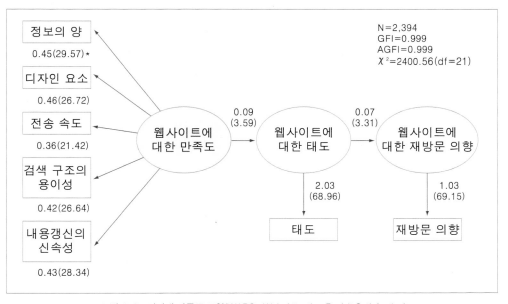

그림 4-9 인터넷 만족도 모형(WARS : Web Attention Revisit Satisfaction)
자료원: 2000년 하반기 KNP 조사 데이터를 통해 추정된 WARS 모형.

맥도날드 트위터 마케팅 실패 사례

맥도날드는 2012년 1월 트위터를 이용해 마케팅 활동을 펼쳤다. 해시태그(#)를 이용해 #MeetTheFarmers와 #McDStories프로모티브 트윗을 만들었는데, 맥도날드는 감자튀김부터 햄버거에 들어가는 소고기 패티까지 100% 신선하고 양질의 재료를 제공한다는 취지에서 시행하게 된 것이었다.

하지만 몇 시간 후 맥도날드는 이 두 개의 프로모티브를 중단할 수밖에 없었다. 문제는 #McDStories에서 발생했다. 이 해시태그는 "당신이 자부심을 가지고 무언가를 만들면 사람들은 그것을 알아 볼 것이다"라는 메시지와 함께 작성 맥도날드에 감자를 제공하는 생산자의 이야기를 전하기 위해 만들어진 트윗이었다. 소비자들은 이 해시태그를 이용해 맥도날드에서의 자신들의 부정적인 경험을 나누는 데 사용했다. 품질 좋은 감자로 만든 프렌치 프라이, 햄버거 패티 대신에 자신들의 불만을 털어 놓기 시작한 것이다. 어떤 소비자가 맥 치킨에서 갈색 머리카락이 나와서 더 이상 맥 치킨을 먹지 않는다고 #McDStories에 공유하자 이를 지켜보던 수많은 소비자들이 자신의 불만을 토로하여 2시간 만에 부정적인 내용의 트윗으로 가득찼다. 결국 맥도날드는 이를 중단할 수밖에 없었다.

이처럼 기업의 의도와는 달리 공개되어 있는 공간이자 확산의 공간인 SNS에서의 관중효과는 그 파급효과가 굉장히 크다. 평소 말하기 어려웠던 불만일지라도 한 사람이 나서서 그 물꼬를 튼다면, 그를 지켜보는 다른 이들도 뒤이어 쉽게 불만을 토로하게 된다.

맥도날드의 트위터(twitter.com/mcdonalds)

자료원: 정보라(2012) 수정 후 인용

단의 승인을 얻고 싶어한다. 또한 구전에 의해 제공되는 정보에는 수용을 촉구하는 사회집단의 압력이 내포되어 있기 때문에 구전의 영향력은 더욱 크다고 할 수 있다. 특히 오프라인에서의 구전활동은 자신과 관계가 있는 몇몇의 사람을 대상으로 하는 것이나, 인터넷상에서는 구전 내용의 파급 범위가 상상 이상으로 광범위하다. 2012년 맥도날드 트위터 실패 사례는 인터넷을 통한 구전 활동의 힘이 얼마나 막강한지를 보여 준다.

2. 의사결정시 에이전트의 역할

1) 에이전트의 개념

인터넷상에서 에이전트(agent)는 소비자의 의사결정에 중요한 영향을 미치게 된다. 따라서 먼저 인터넷상에서 에이전트의 개념 및 특성을 간단하게 살펴본 후 소비자의 의사결정에 에이전트가 미치는 영향을 살펴본다.

에이전트란 이용자의 선호도에 따라 자동적으로 행동할 수 있는 컴퓨터 프로그램을 의미한다. 물론 이러한 에이전트의 개념은 인터넷의 등장으로 새로이 등장한 개념은 아니다. 오프라인상에서도 전통적으로 부동산 중개업자나 재무 상담가 등과 같이 소비자의 선호도를 알고 의사결정을 도와주는 사람 에이전트가 존재하였다. 그러나 앞서 이 장의 서두에서도 언급하였듯이 인터넷은 오프라인보다 인지적 노력을 많이 필요로 하는 환경이기 때문에, 의사결정시 인지적 노력을 덜어줄 수 있는 에이전트의 역할이 더욱 중요해질 수 있다.

에이전트의 개념과 비슷한 개념으로 인플루엔서(influencer)가 있다. 인플루엔서란 영향력을 가진 사람으로 자신과 타인의 행동에 변화를 주는 사람을 의미한다. 온라인에서의 인플루엔서 중 하나인 파워블로거(power blogger)는 많은 방문자수와 많은 인기를 끌로 있는 블로그를 운영하는 사람을 말한다. 이들의 구전효과는 강력해서 마케팅 수단으로써 이용되기도 한다(Park, N. et al. 2008).

2) 에이전트가 소비자 의사결정에 미치는 영향

인터넷상에서 소비자 의사결정시, 에이전트가 하는 역할은 표 4 - 4와 같이 나누어 볼 수 있다(West et al. 1999).

첫째, 에이전트는 인터넷 소비자가 자신이 좋아하는 것이 무엇인지를 알게 도와주는 교육자(tutor)의 역할을 한다. 예를 들어 좋은 의사는 단지 환자의 나타난 증상만을 치료하는 것이 아니라 환자들의 건강을 위한 식습관과 생활습관까지 조언을 해 준다. 이처럼, 에이전트는 단지 소비자의 대안 평가나 선택을 돕는 것뿐만 아니라, 대안을 평가할 때 고려해야 할 가장 중요한 요인을 알려 주고, 이에 대한 자신의 선호를 형성할 수 있도록 소비자를 교육시키며 도움을 주는 것이다. 둘째, 오프라인의 상점에서 의사결정시 종업원의 도움처럼, 인터넷상에서 에이전트 역시 제품 탐색, 검색을 도와주는 종업원(clerk)으로서의 역할을 한다. 셋째, 에이전트는 전문가적인 의견을 제시해 주거나, 소비자가 원하는 조언을 해 줌으로써 지침을 제시하는 조언가(advisor)로서의 역할을 한다. 마지막으로 에이전트는 인터넷상에서 금융인(banker)으로서의 역할을 한다. 이는 소비자를 대신해서 구매시 협상을 해 주는 역할을 하기 때문이다.

그렇다면, 이러한 역할을 하는 에이전트의 사용이 인터넷상에서 소비자의 의사결정에 어떤 영향을 미치는가? 결론부터 이야기하면 의사결정시 에이전트 사용은 의사결정의 질을 높여 준다는 것이다(Hauble and Trifts 2000). 즉, 의사결정시 에이전트의 사

표 4 - 4   소비자 의사결정 과정에서 에이전트의 역할

소비자 의사결정	에이전트의 역할	내 용
선호 형성	교육자	이용 가능한 정보에 대해 소비자들을 교육시키고, 잠재된 선호 파악을 도와줌
정보, 대안 탐색	종업원	정보 탐색과 제품 스크리닝(screening)을 도와줌
제품 평가	조언가	전문가적 의견을 제시해 주거나 소비자가 원하는 조언을 해 줌
구 매	금융인	소비자를 대신해서 협상을 하여 제품이나 서비스의 구매를 용이하게 도와줌

온라인 쇼핑의 마담뚜, 가격비교 사이트

가격비교 사이트의 진화가 급속도로 빨라지고 있다. 초기, 인터넷 쇼핑의 가격비교 수단으로 탄생한 가격비교 사이트는 홈쇼핑, 오프라인 할인매장에 이르기까지 가격비교 대상을 확대하고 있다. 특정 상품군 전문 가격비교 사이트가 나오는가 하면 독자적인 이벤트도 한층 다양해졌다.

특정 상품의 가격을 전문으로 비교하는 전문 가격비교 사이트는 높은 신뢰도가 장점이라 하겠다. 투어캐빈(www.tourcabin.com)은 여러 개의 여행사이트에서 나온 상품들을 가격별로 정렬해서 소비자들이 자신에 맞는 상품을 쉽게 선택하도록 하였다. 오일프라이스와치(www.oilpricewatch.com)는 주유소 기름 값만 전문으로 비교해 놓았으며, 코스인사이드(www.cosinside.com)는 화장품 값만 전문으로 비교해 놓았다. 자동차 가격 비교사이트로는 카다이렉트(www.cardirect.kr)가 있다. 거대 가격비교 사이트들이 다양한 상품들을 비교함으로써 소비자들은 더 쉬운 쇼핑을 할 수 있게 되었다. 에누리닷컴(www.enuri.com), 네이버지식쇼핑(shopping.naver.com), 어바웃(www.about.co.kr)에서는 가전, 의류, 잡화 등 사용자가 원하는 품목을 검색하면 여러 개의 사이트에서의 가격을 비교해 준다. 응모권이나 쿠폰을 제공하기도 하며, 사용자가 그 가격을 제시한 사이트를 쉽게 열 수 있도록 링크시켜 놓았다.

그러나 가격비교 시장이 활성화되면서 유통시장에서도 여러 가지 부작용이 야기되고 있다. 예를 들면 일부 쇼핑몰이 미끼상품을 최저가에 내걸어 소비자를 유인해놓고 도리어 높은 가격에 상품을 판매해 문제가 되고 있으며, 유통시장의 패러다임을 지나치게 가격 위주의 경쟁으로 이끌어 출혈경쟁을 야기하고 있다.

이러한 문제를 해결하기 위해 가격비교 업체는 단순한 가격 정보를 제공하는 데서 벗어나 쇼핑몰의 신뢰도를 사전에 점검해 안전한 쇼핑환경을 제공하려는 노력을 기울이고 있다. 즉, 배송이나 판매 방식에 문제가 있는 업체를 적발하는 삼진아웃제도를 도입해 소비자 피해를 최소화하고 각종 불만사항을 중재하는 역할에도 적극 나서고 있는 것이다.

여러 여행사의 상품을 한번에 비교할 수 있는 투어캐빈 사이트(www.tourcabin.com)

용은 정보 탐색의 효율성을 높여, 자신의 욕구에 부합된 대안들로 구성된 고려상표군의 크기를 보다 효과적으로 구성할 수 있게 하며, 이를 통해 더 나은 최적 대안을 선택할 수 있게 한다. 뿐만 아니라 소비자는 에이전트를 이용한 의사결정과정과 결과에 대해

방송시간? 난 그런 거 몰라 — 팟캐스트(PodCast)

팟캐스트는 아날로그 시대의 전유물로 여겨졌던 라디오와 디지털 시대의 상징이자 필수품이 된 스마트폰이 결합한 새로운 형태이다. '나는 꼼수다'가 대표적인 인기 팟캐스트이다. 공중파 방송사들도 팟캐스트를 활용한 컨텐츠를 제공하고 있다. 팟캐스트는 애플의 아이팟(iPod)과 방송(broadcasting)의 합성어이다. 스마트폰을 통해 오디오나 비디오 컨텐츠를 자유롭게 이용할 수 있다. 팟캐스트의 이용자들은 스마트폰을 통해 방송시간에 구애받지 않고 언제 어디서나 프로그램을 마음대로 청취할 수 있다. 이 외에도 다양한 방송장르를 접할 수 있고, 일반 방송보다 더 솔직한 정보를 접할 수 있다. 타 매체보다 광고에 대한 불만도가 낮으며 광고집행 브랜드에 대한 선호도가 높은 것이 팟캐스트의 또 다른 장점이다. 이용자가 원하는 방송만 받아 볼 수 있는 특성상 프로그램에 삽입되는 광고에 대한 집중도가 높다.

아이팟캐스트의 메인화면(www.apple.com/kr/itunes/what-is/)

자료원: 이한신(2012) 수정 후 인용

더욱 확신을 갖고 만족을 경험한다.

3) 소비자의 에이전트 채택 여부

에이전트는 소비자의 의사결정의 질을 높여 주고 자신감과 만족감을 주는 효과적인 도구이다. 그러나 모든 인터넷 소비자들이 의사결정을 할 때 에이전트를 적극적으로 활용하고 있는 것은 아니다. 그렇다면, 에이전트를 적극적으로 활용하도록 채택하는 데 영향을 미치는 요인은 무엇일까? 또한 에이전트를 적극적으로 사용하는 사람들은 어떤 사람들일까? 얼반 등(Urban et al. 1999)은 에이전트를 사용하는 사람들의 특징은 제품에 대한 지식이 낮고 매우 젊으며, 인터넷을 많이 사용하는 사람들이라고 설명하고 있다.

한편, 에이전트 채택을 저해하는 또 다른 요인으로는 에이전트에 대한 신뢰(trust)가 있다. 따라서 소비자들에게 에이전트를 채택하도록 하기 위해서는 자신이 채택한 에이전트가 자신의 선호 구조를 잘 대표해 줄 수 있을 것이라는 에이전트에 대한 신뢰감과 함께, 에이전트 이용 과정 및 결과에 대한 신뢰감을 구축할 수 있어야 하겠다.

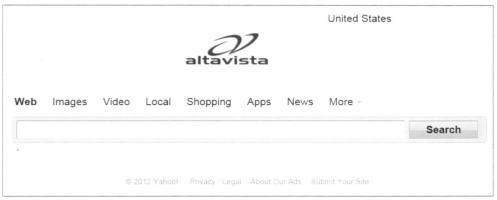

그림 4-10 최초로 다국어 검색 기능을 제공한 알타비스타(www.altavista.com)

소비자에게 더 가까이, 이베이(eBay)

이베이는 3억 명이 넘는 회원과 매일 200만 개가 넘는 품목이 등록되어 거래되는 세계 최대의 전자상거래 시장이다. 무형의 서비스부터 자동차까지 거래되는 이곳은 약 50만 개의 온라인 판매점을 개설하여 제품 등록 수수료, 판매 수수료로 수익을 올린다. 현재 이베이는 소비자의 취향과 위치를 기반으로 한 시스템을 운영하고 있다.

이베이(eBay)는 이용자의 관심사에 기반한 추천서비스를 제공하는 '헌치(hunch)'를 인수했다. 이용자는 프로필 작성 페이지에서 10개의 문항에 답을 해야 가입할 수 있다. 이용자의 관심을 파악하기 위해 헌치가 마련한 문항인 것이다.

이용자들은 집안물품, 음식, 문화생활, 패션 등 아이템에 대한 정보를 공유하며, 이때 이용자들이 아이템 선호도를 매기도록 사용자 환경이 설정되었다. 헌치는 이용자의 답변과 사용 행태를 기반으로 해 선호도를 측정한다. 헌치에 슈퍼마리오 3D게임이 올라왔다면, 슈퍼마리오에 대해 정보가 올라와 있는 웹사이트를 링크시켜 놓는다. 또 슈퍼마리오3D 게임에 관심 있는 사람들이 좋아할, X박스360의 '섀도우 콤플렉스', '레이맨 오리진', '림보'와 같은 다른 게임 아이템들을 보여 준다. 이렇게 취향을 바탕으로 연결하는 시스템을 '테이스트 그래프'라고 부른다. 이러한 기술은 이베이를 사용하는 소비자와 판매자의 검색 능력, 쇼핑, 판매경험을 강화한다. 이베이 최고 기술책임자인 마크 차지스는 "헌치의 기술은 이베이 소비자가 물건을 탐색하고 소비하는 것과 같은 혜택을 주고 이베이 판매자에게는 맞는 상품과 맞는 소비자를 연결하는 새로운 방법을 가져올 것으로 기대한다"며 헌치에 대한 입장을 밝혔다.

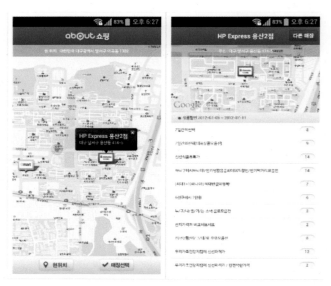

주변할인정보를 볼 수 있는 쇼핑 앱
자료원: 쇼핑채널 비즈, 2012년 7월 10일자 이미지 인용.

이베이 코리아는 자사의 가격비교 서비스인 About을 이용해 오프라인 대형마트 및 유명 슈퍼마켓의 상품 가격정보를 실시간으로 제공해 주는 'About 쇼핑' 앱을 출시했다. 이 서비스는 오프라인 마켓의 상품 가격정보뿐 아니라 이벤트 정보를 실시간으로 제공해 준다. 이마트, 킴스클럽, 홈플러스, 홈플러스익스프레스, 롯데마트, 롯데슈퍼, GS슈퍼, 에브리데이 등 총 8개 브랜드의 매장 정보를 제공한다.

앱의 가장 특징적 부분은 현재 위치를 중심으로 한 '주변할인정보'다. 현재 위치를 기반으로 가까운 오프라인 매장의 위치와 그 매장의 상품가격 및 이벤트 정보를 보여 준다. 이러한 정보들은 페이스북이나 카카오톡 등으로 지인들과 공유할 수 있다.

자료원: 박병근(2012): 허정윤(2011) 수정 후 인용

인터넷 소비자 행동 영향 요인

1. 사회 문화적 요인

1) 문화

문화(culture)란 특정 사회의 구성원이 지니고 있는 가치관, 태도, 관행의 묶음을 말한다. 즉 문화란 본질적으로 학습된 행동의 패턴(learned behavioral pattern)을 의미한다. 결국 소비자는 이러한 배움을 통해 가치관, 태도, 사회적 관행 등을 알게 되고, 이러한 문화적 요인은 마침내 그 사회 구성원이 제품 및 서비스를 선택하는 행동에도 영향을 미치게 되는 것이다.

2) 사회계층

사회계층(social class)이란 유사한 수준의 사회적 신망과 재정적인 능력을 보유하고 있는 사람의 집합으로 이들의 신념, 태도, 가치관 또한 유사할 뿐만 아니라 사고방식과 행동에 있어서도 많은 공통점을 발견할 수 있다. 특정 계층을 구성하고 있는 사람들은 동질성을 나누어 갖고 있어 계층 내에서는 사회적인 교섭이 쉽게 이루어진다. 따라서 이들 사이에 선택에 대한 정보나 영향력이 활발히 교환됨은 당연하다.

3) 준거집단

사회계층이 소비자의 선택에 영향을 미치는 것이 사실이지만 특정 계층을 구성하고 있는 사람의 수가 방대하므로 같은 계층에 속해 있다고 해서 그 구성원 모두가 서로 직접적인 교섭을 하는 것은 아니다. 특정 소비자가 일상생활을 영위함에 있어서 보다 가까이 대면해서 자주 만나고 친교하는 소규모의 집단이 있는데 이를 준거집단(reference group)이라고 한다. 준거집단의 구성원은 보다 교섭이 잦고 친분이 두터우므로 상호간에 주고받는 영향력도 그만큼 크게 된다.

4) 가족

가족은 같이 먹고 동거하는 혈연집단으로 정의되며, 가족이 소비자 행동 연구에 있어 중요한 것은 가족 구성원이 가족 공동의 선택뿐 아니라, 개인의 선택에서 서로 영향을 주고받기 때문이다.

2. 개인적 요인

인터넷 소비자 행동에 영향을 미치는 개인적 요인은 성별, 연령, 지역, 직업, 학력, 소득, 라이프 스타일, 동기 등이 있다. 이러한 개인적 요인에 따른 인터넷 소비자 행동의 차이를 2011년 KNP 조사결과(복수 응답 가능) 및 KNP 조사결과(1998년 상반기), 그리고 사례들을 바탕으로 살펴보도록 한다.

1) 성별

국내 인터넷이 도입된 초기 주 사용자는 남성이 주류를 이루었다. 그러나 급성장하는 인터넷 시장에서 국내 인터넷 사용자의 특징적인 변화 중의 하나는 여성 인터넷 사용자의 급증이다. KNP조사 결과 1998년 상반기 16.6퍼센트에 불과하던 여성 인터넷 사용자는 2011년 46.3퍼센트로 급속한 성장을 보임으로써, 국내 인터넷 사용에 있어 여성의 영향력은 점차 증대되고 있음을 알 수 있다. 한편, 2009년 여성의 스마트폰 이용 비중이 32퍼센트에 그친 반면, 2011년 여성의 비중은 45퍼센트로 50퍼센트에 가까운 점유율을 보인다는 점 역시 주목할 만하다(중앙일보 2011. 3. 15. 재인용).

소셜 커머스의 이용자의 경우, 남성은 의류(49.3퍼센트) 다음으로 노트북/컴퓨터(44.2퍼센트)를 주요 구매품목으로 꼽은 반면 여성은 의류(70.9퍼센트) 다음으로 식품(57.2퍼센트)을 꼽아 구매 대상에도 남녀의 차이가 존재하는 것으로 나타났다.

2) 연령

과거 젊은층 주도의 인터넷 사용층이 점차 폭 넓은 연령층으로 확산되고 있음을 확인할 수 있다. 특히, 30대 및 40대의 비중이 각각 21.5퍼센트와 19.9퍼센트로 상대적으로 높았으며 10대와 20대도 각각 17.5퍼센트와 17.9퍼센트로 나타났다.

CJ오클락과 같이 새롭게 등장한 홈쇼핑사 소셜 커머스 이용 형태를 보았을 때, 타 소셜 커머스 주요 고객이 2-30대 층인 것에 비해 3-50대 층의 고객이 81.0퍼센트를 차지하여 연령층에 따라 소비자 구매 행동에도 차이를 보이는 것을 알 수 있다(2012. 5.

3. 디지털 타임스).

3) 지역

인터넷 사용자는 전국적 확산이 이루어지고 있다. 1998년 서울, 경기 지역에 집중되었던 인터넷 이용률은 전국적으로 소폭의 증가율을 보이며, 2011년 조사 결과 울산(85.0 퍼센트)과 경기(82.9 퍼센트)가 가장 높은 이용률을 가진 것으로 나타났다.

국내 대표 소셜 커머스 업체인 티켓몬스터에 따르면, 소셜 커머스 구매 행태에도 지역별 차이를 보이는데 예를 들어, 서울 강남 지역의 상위권 매출은 미용 관련 품목인 반면 강북 지역 상위권 업종으로는 자동차 용품과 요식업인 것으로 나타났다. 또한 인천/부천 지역에서는 온천 테마파크 등과 같은 문화, 레저, 여가 등을 위한 소비가 눈에 띄었다고 밝혔다(2012. 7. 4. 포커스 기사 인용, 티켓몬스터 자료제공).

4) 직업

직업별 인터넷 사용자의 이용률을 보면 학생층의 경우, 거의 100퍼센트에 달하는 99.9퍼센트의 인터넷 이용률을 보이고 있으며 직장인 층 역시 79.9퍼센트로 높은 이용률을 보였다. 특히 직업별로는 사무직 및 전문/관리직의 인터넷 이용률이 99.8퍼센트와 99.7퍼센트로 가장 높았으며, 다음으로 서비스/판매직(82.6퍼센트), 생산관련직(56.4퍼센트) 순으로 나타났다. 또한 주부의 이용률도 66.3퍼센트에 달하는 것으로 조사되었다.

나아가 인터넷 사용자들은 직업군에 따라 주로 사용하는 소셜 네트워크 서비스에서 차이를 보였다. 예를 들어, 링크드인(LinkedIn)의 경우 업무나 사업 관계를 목적으로 하는 전문적인 비즈니스 중심의 서비스를 기반으로 하기 때문에 주 사용자가, 화이트칼라의 직장인들이라는 특징을 가진다.

5) 학력

인터넷 사용 초기에는 주로 대졸 이상의 고학력 사용자의 비율이 높았으나, 재학생을 포함한 저 학력 사용자의 비율 역시 꾸준히 증가하고 있다. 그러나 저학력자의 인터넷 사용이 확산되고 있지만 인터넷에서의 구매경험은 고학력자에서 높은 것으로 나타났다.

6) 소득

인터넷이 대중화됨에 따라 인터넷 사용자층이 초기의 고소득층에서 점차 다양한 층으로 확산되고 있음을 알 수 있다. 그러나 인터넷 시장이 세분화되어 감에 따라, 소득수준에 따른 탐색행동 및 구매행동에 관한 소비자 행동 양상은 점차 차별화되는 것으로 나타났다.

고객이 느끼는 몰입의 상태 'Flow'

1. Flow 란?

인터넷을 통해 우리는 사회적인 상호작용을 한다. 그러한 상호작용적인 상황하에서 고객이 느끼는 몰입의 상태를 플로우(flow)라고 한다. 몰입의 상태는 게임에 열중해서 시간 가는 줄 모르는 상태, 웹 서핑에 빠져서 배고픈 줄도 모르고 열중하는 상태 등을 말한다. 그렇다면 재미있는 영화를 보느라고 딴 생각이 안 나는 상태는 플로우인가? 아니다. 그것은 상호작용적인 상황이 아니기 때문이다. 어떤 사람이 인터넷 쇼핑몰에서 무엇인가를 찾고 있다. 카테고리에 다양한 상품이 나오고 클릭을 하면 상세한 정보가 나온다. 또 한번의 클릭으로 연결되어 있는 다른 상품으로 이동한다. 게임과 마찬가지의 상호작용적인 상황이다. 상호작용적인 상황 속에서, 인터액티브한 상황 속에서 사람들은 자신이 환경을 통제하는 듯한 느낌을 받으며, 그 느낌에 스스로 고취된다. 플로우는 바로 사람들이 느끼는 이런 감정적 상태를 일컫는다.

2. Flow의 양면성

누구나 즐겁게 살고 싶어한다. 플로우는 분명 즐거운 경험이다. 따라서 플로우를 느낀다는 것은 개인에게 좋은 일이다. 그러나 마약이 순간적으로 기분이 좋지만 장기적으로 해악일 수 있듯이, 플로우도 지나치면 해가 될 수 있다. 컴퓨터 같이 플로우의 대상이 되는 상호작용적인 기기에 대해 중독적으로 탐닉할 수 있다. 이미 많은 사람들이 인터넷 중독으로 인한 피해를 보고 있다.

3. Flow의 활용

e-비즈니스를 전개하는 기업들은 고객이 플로우를 느낄 수 있도록 자사의 상품 혹은 고객과의 접점을 디자인해야 한다. 인터넷 사이트의 예를 보면, 우선 인터넷 사이트의 동선(Navigation)이 적절한 구조를 지녀야 한다. 지나치게 단순하면 고객이 흥미를 잃을 수 있다. 또 지나치게 복잡하면 고객이 힘들어 할 수 있다. 또한 고객의 수

준에 따라 각기 다른 수준의 컨텐츠가 필요하다. 어떤 자동차 회사의 인터넷 사이트는 매니아를 위한 기술 정보를 제공하기도 하는데, 이는 다양한 유형의 고객이 플로우를 느낄 수 있게 배려한 사례로 볼 수 있다.

한편, 고객이 수동적으로 웹사이트를 관람하는 것이 아니라, 스스로 웹사이트를 통제한다는 느낌을 줄 수 있게 하는 장치가 필요하다. 예를 들어, 어린이용 웹사이트에서 어린이들이 음악을 연주할 수 있게 한다. 이때, 어린이들이 단순히 음악을 연주하는가 마는가를 결정하게 하는 것이 아니라, 다양한 악기를 마음대로 선택 및 삭제할 수 있게 한다면, 어린이들은 자신이 상황을 통제하고 있다는 느낌을 받을 수 있고, 그에 따라 강한 플로우 상태에 빠질 수 있다.

지금은 제품을 파는 시대가 아니라, 경험을 파는 시대다. 서비스 상품만이 아니라 유형 제품도 그 제품을 통해 경험할 수 있는 내용을 소구 포인트로 삼아야 한다. 즉 플로우라는 강력한 경험을 제공할 수 있는 상품이 시장에서의 경쟁우위를 확보하게 된다는 것은 자명한 일일 것이다.

요   약

인터넷 마케팅 전략을 수립하기 위해서는 인터넷 소비자 행동의 이해가 선행되어야 한다. 인터넷 소비자의 경우 오프라인 소비자들과는 다른 환경에 처해 있기 때문에, 몇 가지 측면에서 차이를 보인다. 일반적으로 오프라인에 비해 인터넷 소비자 환경이 갖는 차별적 특징은 인지적 능력의 요구, 경험적 속성 정보의 결핍, 하이퍼텍스트를 통한 정보 제공, 인터넷 경험의 중요성이라는 측면에서 설명된다. 인터넷 소비자의 경우 정보처리 과정에서도 의도적이든 우연적이든 수많은 마케팅 자극에 노출된다. 정보처리 과정은 노출과 주의, 지각, 반응이라는 네 단계로 이루어진다.

소비자들은 다양한 소셜 미디어를 통해 온라인상에서 폭넓은 인적 네트워크를 형성한다. 디지털 기기의 보편화로 인해 소비자들은 스스로 컨텐츠를 제작할 뿐만 아니라 다른 사용자들과 손쉽게 정보를 공유할 수 있게 되었다. 또한 소비자들이 소셜미디어를 통해 형성한 네트워크는 사회자본으로서의 가치를 지니게 되었다. 온라인 구전은 기존의 오프라인과는 차별화된 특성을 지니며 다대다 커뮤니케이션을 통해 보다 강력한 영향력을 행사한다. 온라인 커뮤니티상에서의 소비자 행동은 정보추구, 자긍심 표출, 추억 공유, 사회상호작용, 기분전환/여가, 정체성 표현, 그리고 유행성과 같은 소셜 미디어 이용동기를 목적으로 한다.

인터넷상에서 소비자는 사이트와 컨텐트웨어 선택, 인터넷 구매 행동 등을 하는 과정에서 많은 의사결정 문제에 직면하게 된다. 소비자 의사결정 과정은 문제 인식, 정보 탐색, 대안 평가, 선택, 선택 후 행동의 과정을 통해 이루어진다. 특히 정보 탐색 과정에서 소비자들은 인터넷으로 인해 정보 탐색 비용을 줄일 수 있을 뿐만 아니라, 다양한 정보원을 이용할 수 있게 되었다. 인터넷상의 에이전트는 소비자 의사결정에 중요한 영향을 미친다. 즉, 인터넷상에서 에이전트는 소비자에게 교육자, 종업원, 조언자, 금융인으로서의 역할을 하게 된다. 뿐만 아니라 개인적 특성과 상황적 특성에 따라 외재적 단서의 중요성이 감소할 수도 있을 것이다. 그리고 소비자의 선택 과정에 있어서 사이트 선택 행동에는 오락성, 정보성, 조직성, 상호작용성, 기다림 시간 등이 영향을 주는 것으로 나타났다.

그리고 인터넷 소비자 행동에 영향을 주는 요인으로는 문화나 사회계층, 준거집단, 가족 등과 같은 사회 문화적 요인과 성별, 연령, 지역, 직업, 학력, 소득, 라이프스타일, 동기와 같은 개인적 요인이 있을 수 있다.

연구문제

1. 인터넷 소비자 환경이 오프라인 환경에 비해 갖는 차별적 특징은 무엇인가?
2. 온라인 구전이 기존의 구전과 비교하여 어떠한 점에서 차이를 가지는가.
3. 인터넷 소비자가 소셜 미디어를 이용하는 동기는 무엇인가.
4. 인터넷 환경에서 소비자의 의사결정 과정을 설명해 보시오.
5. 인터넷상의 에이전트가 소비자의 의사결정에 미치는 영향이 무엇인지 생각해 보자.
6. 다음의 개념을 설명할 수 있는 실제 예를 찾아서 이를 제시하고 구체적으로 설명하라.
    (1) 온라인 구전의 성공적 사례
    (2) 온라인 구전의 비성공적 사례
    (3) 소셜 프레즌스의 개인적 경험

참고문헌

1. 논문 및 단행본

김명아. (2007), "사이버 공간의 사회자본 형성과정에 관한 연구-대학생들의 온라인네트워크를 중심으로," 정보와사회, 25-59.

김병희, 한상필. (2011), "기업 커뮤니케이션에서 소셜미디어의 활용가능성 : 의제설정과 소셜 프레즌스를 중심으로," 광고학연구, 22, 91-113.

김상훈, 안대천. (2010), "SNS를 활용한 효과적인 감성광고 전략: 현대자동차그룹 'Gift-Car' 기업 Pr 캠페인 사례연구," 광고학연구, 22, 273-290.

김영찬, 이두희. (2002), "인터넷 사용자가 모두 인터넷 구매자인가?," 소비자학연구, 13, 233-256.

김채환. (2009), "인터넷 뉴스 댓글의 이용과 상호작용성의 만족도에 관한 연구," 언론과학연구, 9, 5-44.

박성현. (2011), "소셜미디어 이용 동기가 사회 자본에 미치는 영향," 한국방송학보 통권 제25-, 241-276.

방상훈. (2007), "댓글의 방향성에 따른 긍정 대 부정의 비율이 사용후기의 구전효과에 미치는 영향," 중앙대학교 대학원.

이민영. (2008), "댓글 읽기 효과에 영향을 미치는 요인에 관한 연구," 한국언론정보학보, 249-279.

최영, 박성현 (2011), "소셜미디어이용동기가 사회자본에 미치는 영향," 한국방송학보, 25권 2호, 241-276.

Becker-Olsen, K. L. (2000), "Point, Click and Shop: An Exploratory Investigation of

Consumer Perceptions of Online Shopping," pp. 62-63.

Bellman, S., Lohse, G. L., and Johnson, E. J. (1999), "Predictors of Online Buying Behavior," *Communications of the ACM*, 42, 32-38.

Bickart, B., and Schindler, R. M. (2001), "Internet Forums as Influential Sources of Consumer Information," *Journal of Interactive Marketing*, 15, 31-40.

Boyd, Danah M. and Nicole B. Ellison (2007), "Social Network Sites: Definition, History, and Scholarship," *Journal of Computer-Mediated Communication*, 13, 210-230.

Chatterjee, D., Grewal, R., and Sambamurthy, V. (2002), "Shaping up for E-Commerce: Institutional Enablers of the Organizational Assimilation of Web Technologies," *MIS Quarterly*, 65-89.

Chen, Y., Wang, Q., and Xie, J. (2011), "Online Social Interactions: A Natural Experiment on Word of Mouth Versus Observational Learning," *Journal of Marketing Research*, 48, 238-254.

Degeratu, A. M., Rangaswamy, A., and Wu, J. (2000), "Consumer Choice Behavior in Online and Traditional Supermarkets: The Effects of Brand Name, Price, and Other Search Attributes," *International Journal of Research in Marketing*, 17, 55-78.

Dellaert, B. G. C., and Kahn, B. E. (1999), "How Tolerable Is Delay?: Consumers' Evaluations of Internet Web Sites after Waiting," *Journal of interactive marketing*, 13, 41-54.

Dreze, X., and Zufryden, F. (1997), "Testing Web Site Design and Promotional Content," *Journal of Advertising Research*, 37, 77-91.

Ghose, S., and Dou, W. (1998), "Interactive Functions and Their Impacts on the Appeal of Internet Presence Sites," *Journal of Advertising Research*, 38, 29-44.

Hagel, J., and Armstrong, A. (1997), *Net Gain: Expanding Markets through Virtual Communities*, Harvard Business Press.

Halpern, D. (1999), "Social Capital: The New Golden Goose," *London: Institute for Public Policy Research*.

Hanifan, L. J. (1920), "Social Capital: Its Development and Use," *The Community Center*, 78-90.

Häubl, G., and Trifts, V. (2000), "Consumer Decision Making in Online Shopping Environments: The Effects of Interactive Decision Aids," *Marketing Science*, 4-21.

Hennig-Thurau, T., Gwinner, K. P., Walsh, G., and Gremler, D. D. (2004), "Electronic

Word-of-Mouth Via Consumer-Opinion Platforms: What Motivates Consumers to Articulate Themselves on the Internet?," *Journal of Interactive Marketing*, 18, 38-52.

Hoffman, D. L., and Novak, T. P. (1996), "Marketing in Hypermedia Computer-Mediated Environments: Conceptual Foundations," *The Journal of Marketing*, 50-68.

Hofstede, G. H. (1984), *Culture's Consequences: International Differences in Work-Related Values* (Vol. 5), Sage Publications, Inc.

Korgaonkar, P. K., and Wolin, L. D. (1999), "A Multivariate Analysis of Web Usage," *Journal of Advertising Research*, 39, 53-68.

Li, H., Kuo, C., and Rusell, M. G. (1999), "The Impact of Perceived Channel Utilities, Shopping Orientations, and Demographics on the Consumer's Online Buying Behavior," *Journal of Computer-Mediated Communication*, 5, 0-0.

Lin, N. (1999), "Building a Network Theory of Social Capital," *Connections*, 22, 28-51.

Lin, N. (2002), *Social Capital: A Theory of Social Structure and Action* (Vol. 19), Cambridge Univ. Pr.

Lohse, G. L., Bellman, S., and Johnson, E. J. (2000), "Consumer Buying Behavior on the Internet: Findings from Panel Data," *Journal of interactive marketing*, 14, 15-29.

Lynch Jr, J. G., and Ariely, D. (2000), "Wine Online: Search Costs Affect Competition on Price, Quality, and Distribution," *Marketing science*, 83-103.

Mandel, N., and Johnson, E. (1999), "Constructing Preferences Online: Can Web Pages Change What You Want?," *Unpublished paper. The Wharton School, University of Pennsylvania* (Feb, 1999).

Moe, W., W. And Fader, Ps. (2001), "Which Visits Lead to Purchase? Dynamic Conversion Behavior at E-Commerce Sites," Technical, Wharton Marketing Department Working Paper# 00.

Novak, T. P., Hoffman, D. L., and Yung, Y. F. (2000), "Measuring the Customer Experience in Online Environments: A Structural Modeling Approach," *Marketing Science*, 22-42.

Oliver, R. L. (1980), "A Cognitive Model of the Antecedents and Consequences of Satisfaction Decisions," *Journal of Marketing Research*, 460-469.

Park, N., Jeong, J. Y., and Han, J. H. (2008), "Who Are the Power Bloggers as Potential Target Public in Pr?: Public Issue Involvement-Production of Messages Model."

Pincus, S., and Waters, L. (1977), "Informational Social Influence and Product Quality Judgments," *Journal of Applied Psychology; Journal of Applied Psychology*, 62, 615.

Rheingold, H. (2000), *The Virtual Community: Homesteading on the Electronic Frontier*, The MIT Press.

Schau, H. J., and Gilly, M. C. (2003), "We Are What We Post? Self-Presentation in Personal Web Space," *Journal of Consumer Research*, 30, 385-404.

Short, J., Williams, E., and Christie, B. (1976), "The Social Psychology of Telecommunications."

Tapscott, D., and Williams, A. D. (2008), *Wikinomics: How Mass Collaboration Changes Everything*, Portfolio Trade.

Tapscott, D., and Williams, A. D. (2008), *Wikinomics: How Mass Collaboration Changes Everything*, Portfolio Trade.

Ward, M. (1999), "Will E-Commerce Compete More with Traditional Retailing or Direct Marketing?," *University of Illinois, Urbana-Champaign*.

Ward, M. R., and Lee, M. J. (2000), "Internet Shopping, Consumer Search and Product Branding," *Journal of Product & Brand Management*, 9, 6-20.

Weinberg, B. D. (2000), "Don't Keep Your Internet Customers Waiting Too Long at the (Virtual) Front Door," *Journal of Interactive Marketing*, 14, 30-39.

Wellman, B. (2001), "Computer Networks as Social Networks," *Science*, 293, 2031-2034.

Wellman, B., Haase, A. Q., Witte, J., and Hampton, K. (2001), "Does the Internet Increase, Decrease, or Supplement Social Capital?," *American Behavioral Scientist*, 45, 436-455.

West, P. M., et al. (1999), "Agents to the Rescue?," *Marketing Letters*, 10, 285-300.

Zajonc, R. B. (1965), "Social Facilitation," *Science*, 149, 269-274.

2. 보고서

매트릭스 (2011), "2011년 KNP 조사 결과 보고," 한국온라인광고협회.

정부연 (2012), "소셜광고 시장의 현황 및 전망," 24호, 5권, 정보통신정책연구원.

FKII 조사연구팀 (2006), "소셜미디어(Social Media)란 무엇인가," 한국정보산업연합회.

IMResearch (2000), "2000 Fall KNP 세미나 보고서," KNP.

3. 신문기사

박병근 (2012), "진화는 쇼핑앱 '매장 판매가도 비교해줘요'," 쇼핑채널 버즈, 2012년 7 월
10일자.

소성렬 (2012), "쇼핑트렌드 강남-미용 부산-뷔페 인천-문화," 포커스, 2012년 7월 4일자.

유정현 (2012), "홈쇼핑에도 소셜커머스가 있다," 디지털타임스, 2012년 5월 23일자.

이광호 (2012), "동원 F&B, 복숭아 캔 '허니피치' 출시," 동아경제, 2012년 3월 4일자.

이한신 (2012), "시간장소 구애 없이 라디오 즐기는 '팟캐스트' 인기," 아이티 투데이, 2012
년 7월 6일자.

정보라 (2012), "맥도날드 트위터 마케팅이 산으로 간 까닭," 블로터닷넷, 2012년 1월25
일자.

허정윤 (2011), "이베이, 신개념 쇼핑몰로 변신.'헌치' 인수해 소셜 검색기능 접목,"
etnews, 2011년 11월 22일자.

4. 기타 (인터넷 검색 자료)

securitycenter.auction.co.kr/apps/main/?code=D0000

twitter.com/mcdonalds

www.about.com

www.amazon.com/Kindle-Touch-e-Reader-Touch-Screen-Wi-Fi-Special-
Offers/product-reviews/B005890G8Y

www.apple.com/kr/itunes/what-is/

www.bud.co.kr/kof/game1.htm

www.ebay.co.kr

www.ebay.com

www.eMarkteter.com

www.enuri.com

www.eventbook.kr/bbs/board.php?bo_table=B18&wr_id=337&sfl=wr_subject%7C%7Cwr
_content&stx=&sst=wr_hit&sod=asc&sop=and&page=3

www.facebook.com/nike

www.google.com

www.naver.com

www.tourcabin.com

www.youtube.com

이슈 및 트렌드: 블로그(Blog)

☐ **블로그란?**

블로그는 인터넷을 의미하는 웹(web)과 자료를 뜻하는 로그(log)의 합성어인 '웹로그(web log)'의 줄인 말로, 개인의 경험이나 견해, 지식 등을 자유롭게 게재하고 확산시키는 SNS(Social Network Service)의 일종이다. 한국인터넷진흥원(2012)의 '2011년 인터넷 이용실태 조사'에 따르면 만 6세 이상 국내 인터넷 이용자의 49%(전년대비 3.3% 증가)가 블로그를 이용하고 있으며, 인터넷 이용자의 61.6%가 1년 이내에 타인의 블로그를 이용한 적 있는 '블로그 이용자'로 나타났다. 뿐만 아니라 SNS 이용자 중 84%가 블로그를 이용하고 있는 것으로 나타났다. 블로그는 인터넷 이용자들에게 널리 이용되고 있는 인터넷 매체이다. 특히, 블로그는 이용자가 빠르게 확산되고 있는 SNS 중 가장 많이 이용되고 되는 유형임을 확인할 수 있다.

이렇게 블로그가 널리 이용되고 있는 것은 블로그의 몇 가지 중요한 특성에 기인한다. 블로그는 주요 포털 사이트 등에 간단한 회원가입만 하면 쉽게 생성할 수 있으며, 컨텐츠의 제작과 편집이 용이하여 기존의 홈페이지들과 비교해 이용의 용이성이 높은 매체라고 할 수 있다(권상희, 우지수 2008). 뿐만 아니라 덧글(comment)이나 엮인글(trackback)을 통해 자신이 생산한 컨텐츠에 대한 반응을 살피고, 즉각적으로 대응할 수 있다. 때문에 기존의 홈페이지보다는 이용자 간 소통의 기능을 높인 매체라고 할 수 있다.

블로그는 트위터나 페이스북같은 다른 SNS 매체들과 비교해 풍부한 양질의 컨텐츠를 생산하고 발행할 수도 있다. 트위터가 최대 140자라는 제한된 정보만을 담을 수 있는 데 반해, 블로그는 많은 양의 깊이 있는 정보를 다룰 수 있다는 장점이 있다. 특히, 인터넷 이용자들은 블로그를 통해 타 SNS 매체들에 비해 정보로서의 가치가 높은 전문 지식들을 획득할 수 있다. 반대로 블로그를 통해 컨텐츠를 생산하는 이들에게는 자신만의 컨텐츠를 개발하고, 축적하여 블로그를 통한 지적 자산을 구축할 수 있게 도와주며, 블로그 내 정보 제공자로의 특정 지위(예. 파워 블로거)를 획득할 수도 있다.

☐ **기업 블로그**

기업들에게 소비자와의 소통을 강화하고, 장기적인 관계를 유지하는 것은 매우 중요한 문제이다. 최근 소비자들의 인터넷 이용 증가와 인터넷 매체의 신뢰성과 확산성이 높아지면서, 기업들의 인터넷을 통한 소비자와의 스킨십이 더욱 강화되고 있다. 특히, SNS의 등장으로 기업과 소비자의 인터넷 커뮤니케이션 양상이 기업 홈페이지를 통한 일방향(one—way) 정보 전달에서 양방향(two—way) 커뮤니케이션으로 변화했다. 이런 과정에서 인터넷 커뮤니케이션 창구로서의 블로그의 사용 추세는 점차 약화되고 있다. 미국 매사추세츠 주립대 조사 결과에 따르면 2010년 포춘 100대 기업의 블로그 사용이 50%였던 데 반해 2011년에는 37%로 줄어들었다. 대신에 트위터(64%)나 페이스북(74%)에 대한 의존도가 높아진 것을 알 수 있었다. 이렇게 기업들의 블로그 이용이 줄어들고 트위터나 페이스북 의존도가 높아지는 이유는 기업들이 지속적으로 양질의 컨텐츠를 생산하는 데 어려움을 느끼기 때문이다.

그러나 블로그 유지의 어려움에도 불구하고 기업들에게 블로그는 여전히 가치있는 매체로 여겨지고 있다. 기존의 홈페이지가 노출과 검색이 잘 되지 않는 데 반해, 검색엔진 최적화를 통해 포털 검색에 블로그를 노출시킬 수 있고, 이를 통해 트래픽 유입을 유도할 수 있다. 뿐만 아니라 이렇게 유입된 트래픽을 트위터나 페이스북과 연동시켜 통합적 인터넷 마케팅 캠페인에 활용할 수 있

삼성전자 블로그 스토리텔러 모집화면(www.samsungtomorrow.com)

다. 무엇보다도 기업이 소비자들에게 알리고 싶은 깊이 있는 정보를 전달할 수 있으며, 이러한 정보를 네트워크를 통해 확산시킬 수 있다는 장점이 있다.

　　그렇다면 앞서 지적한 지속적인 컨텐츠 생산의 어려움을 극복하기 위해서 기업들은 어떤 전략을 활용하고 있을까? 삼성전자의 경우, 기업 내부와 외부의 필진을 구성하여 지속적으로 컨텐츠를 생산하고 있다. 임직원으로 구성된 내부 블로그 운영단을 이용하여 비교적 전문성있는 컨텐츠를 생산해내고, 대학생 블로그 스토리텔러를 모집하여 참신하고 다양한 외부 컨텐츠를 유입시키고 있다. '소니(sony)'의 경우도 '소니, 스타일을 말하다'라는 기업 블로그를 마케팅 커뮤니케이션팀, 기업홍보팀, 객원 필진으로 이루어진 '스타일지기'와 소니코리아 공모전 수상 대학생들로 이루어진 '스타일 리포터'가 운영하고 있다. 이렇게 전문성과 다양성을 갖춘 필진들을 이용해 양질의 다양한 컨텐츠를 생산하고 있다.

□ 대표사례: CJ 프레시안 공식블로그

　　기업이 개별 브랜드별로 블로그를 만드는 이유는 브랜드별 블로그를 통해 개별 브랜드가 갖고 있는 고유한 이미지를 구축하고, 브랜드 자산을 강화하기 위한 일관성있는 마케팅 전략을 실행하기 위해서이다. 'CJ 프레시안'은 CJ 제일제당에서 만든 신선식품 패밀리 브랜드로, 기존의 백설이나 제일제당과 분리된 신선하고 건강한 신선식품의 이미지를 구축하기 위해 별도의 CJ 프레시안 브랜

CJ 프레시안 공식 블로그 초기화면(blog.freshian.co.kr)

CJ 프레시안 블로그 레시피(blog.freshian.co.kr)

드 블로그를 구축하였다. CJ 프레시안은 요리에 관심이 많고 인터넷과 SNS 이용에 익숙한 젊은 층을 타겟으로, 젊고 세련된 브랜드 이미지 구축을 위한 다양한 마케팅 활동을 벌이고 있다. CJ 프레시안의 브랜드 블로그는 이런 다양한 마케팅 활동의 허브로 역할을 하고 있다.

CJ 프레시안은 블로그 이용자들을 대상으로 CJ 프레시안의 제품들을 이용한 다양한 요리 레시피를 개발하여 소비자들에게 제공하고 있다. 이를 통해 소비자들을 블로그로 유입시킬 뿐만 아니라 자사 제품에 대한 다양한 활용 방법을 제안함으로써 자연스럽게 제품을 홍보하고 있다. 뿐만 아니라 블로그 이용자들에게도 레시피를 제안하도록 해 참신한 요리법 개발은 물론이거니와 비상업적 메시지를 통한 블로그의 컨텐츠에 대한 신뢰성을 높이고 있다.

브랜드 블로그가 양질의 컨텐츠를 이용해 소비자들을 유입시키는 것만큼이나 중요한 것이 유입된 이용자들의 재방문을 유도해 장기적인 관계를 구축하고, 기업의 의도대로 구성된 정보를 확산시키는 것이다. 이를 위해 CJ 프레시안 블로그는 지속적으로 소비자들의 참여를 유도하는 프로그램을 개발하고, 자발적으로 관련 정보를 확산시키도록 하는 지속적 프로모션을 제공하고 있다. CJ 프레시안 블로그를 통해 정기적으로 진행되고 있는 'CJ 프레시안 쿠킹 클래스'의 경우 CJ 프레시안 블로그를 이웃 추가(네트워킹)하고, 쿠킹 클래스에 대한 정보를 소비자 자신의 블로그에 올린 경우에 오프라인 요리 강습 참여 자격을 준다. 뿐만 아니라 이렇게 뽑혀 쿠킹 클래스를 체험한 소비자들로 하여금 쿠킹 클래스 후기를 제작하게 해 또 한번 자발적으로 컨텐츠 생산자로 역할을 하게 한다.

CJ 프레시안 쿠킹 클래스(blog.freshian.co.kr)

□ 기업 블로그 마케팅의 향후 과제

기업들이 SNS를 활용한 마케팅에 많은 관심을 갖고 자원을 투여하고 있지만, 기업의 블로그를 이용한 마케팅은 양날의 검과 같다. 블로그는 다른 SNS매체들에 비해 많은 양의 정제된 정보를 제공할 수 있다는 장점이 있지만, 기업의 입장에서는 지속적으로 양질의 컨텐츠를 만들어 내야 한다는 숙제를 안고 있다. 이를 위해서는 지속적인 컨텐츠 생산을 위한 우수한 필진을 확보할 필요가 있다. 기본적으로 기업과 제품에 대해 전문지식을 갖추고 있는 임직원을 필진으로 활용하는 다양한 업무 분야의 컨텐츠를 올리도록 하는 한편, 소비자들의 지속적이고 적극적인 참여를 유도해 컨텐츠의 소비자이자 생산자의 역할을 동시에 수행하도록 만드는 것이다. 이를 통해 컨텐츠의 지속적인 생산과 소비자와의 소통을 원활하게 영속시킬 수 있을 것이다.

최근 기업들의 블로그 마케팅은 주춤해지고 있는 추세지만, 블로그는 홈페이지와 페이스북이나 트위터같은 관계지향적 SNS의 장점을 고루 갖추고 있는 매체이다. 블로그라는 매체가 단순히 구색 맞추기식 마케팅 도구로 존재하느냐, 유용한 마케팅 전략으로 활용되느냐는 기업의 계획과 전략적 관리에 달린 것이다.

*참고문헌

1. 논문 및 단행본

권상희, 우지수 (2005), "블로그 미디어 연구: 블로그 이용 및 만족과 인지 형태에 관한 연구," 한국방송학보, 19(2), 419-460.

2. 보고서

한국인터넷진흥원 (2012), 2011년 인터넷 이용실태 조사.

3. 기타 (인터넷 검색 자료)

blog.freshian.co.kr

www.samsungtomorrow.com

5장 인터넷 마케팅 조사

빅 데이터(big data)
모집단
자기선택오류(selfselection bias)
자연어 처리
탐색적 조사(exploratory research)
기술적 조사(descriptive study)
인과적 조사(causal research)
1차 자료
초점집단 면접(FGI: Focus Group Interview)
인터넷 서베이(internet survey)
2차 자료
표본 프레임(sampling frame)
비확률표본추출(nonprobability sampling)
스팟 서베이(spot survey)
자기선택(selfselected)에 의한 조사
확률표본추출(probability sampling)
소셜 분석(social analytics)
소셜 네트워크 분석(social network analytics)
실시간(realtime) 마케팅
관계마케팅(relationship marketing)
연결구조 분석
중심구조 분석
응집구조 분석
역할구조 분석
로그파일 분석

인터넷 마케팅 조사: 빅 데이터(Big Data)

지난 10년간 IT와 인터넷이 발전하면서 엄청난 데이터가 생성됐다. 특히, 스마트폰의 대중화와 트위터나 페이스북과 같은 소셜미디어의 사용증가는 데이터 생성의 새로운 차원을 열고 있다. 과거와 체질 자체가 다른, 전혀 새로운 방식의 데이터 활용 방식이 대세로 자리 잡고 있기 때문에 빅 데이터를 제대로 활용하려면 일단 새로운 패러다임을 이해해야 한다. 2011년 이후 이 단어는 기술뿐만 아닌 사회, 문화, 정치 등 삶 전체의 이슈이자 혁신적 패러다임으로 부각되고 있다.

빅 데이터(big data)란 기존 데이터베이스 관리도구의 데이터 수집 · 저장 · 관리 · 분석의 역량을 넘어서는 대량의 정형 또는 비정형 데이터 세트(James Manyika & Michael Chui 2011) 및 이러한 데이터로부터 가치를 추출하고 결과를 분석하는 기술(John Gantz & David Reinse 2011)을 의미한다. 다양한 종류의 대규모 데이터의 생성 · 수집 · 분석 · 표현을 그 특징으로 하는 빅 데이터 기술의 발전은, 다변화된 현대 사회를 더욱 정확하게 예측하여 효율적으로 작동케 하고, 개인화된 현대 사회 구성원마다 맞춤형 정보를 제공 · 관리 · 분석 가능케 하며, 과거에는 불가능했던 기술을 실현시키기도 한다. 이같이 빅 데이터는 정치 · 사회 · 경제 · 문화 · 과학 기술 등 전 영역에 걸쳐서 사회와 인류에게 가치 있는 정보를 제공하며, 그 중요성 또한 부각되고 있다. 세계 경제 포럼은 2012년 떠오르는 10대 기술 중 그 첫 번째를 빅 데이터 기술에 선정하였으며, 대한민국 지식경제부 R&D 전략기획단은 IT 10대 핵심기술 가운데 하나로 빅 데이터를 선정하는 등, 최근 세계는 빅 데이터를 주목하고 있다.

빅 데이터 분석이 기존 분석과 갖는 차이점은 크게 3가지로 요약된다. 첫째, 빅 데이터 분석은 리포트가 아닌 결과 중심이다. 둘째, 과거가 아닌 현재의 현상 파악이다. 마지막으로 예측 목적이 아닌 액션 중심이다. 이제까지는 데이터를 분석한다고 하면 지난 분기 매출이 얼마며 지난 달 고객의 주요 구매 상품이 무엇이라는 식의 리포트를 결과물로 내놓는 과정을 의미했다. 즉 데이터를 분석을 한다고 하면 이러한 자료들을 바탕으로 그래프를 그리고 퍼센트로 계산해서 그 의미를 해석한 리포트가 전부였다. 하지만 빅 데이터 분석에서 이러한 리포트는 의미가 없다. 데이터 분석의 목적은 분석 그 자체가 아니라 데이터를 통해 의사결정을 내리고 그 결정을 바탕으로 행동에 나서는 것이기 때문이다. 즉 분석-의사결정-실행의 연결고리를 이어주는 것이 바로 분석의 역할이다.

빅 데이터 분석은 즉각적인 효용을 기대할 수 있다. 세계 최대 리테일러인 아마존의 광고 전략이 좋은 예다. 미국 아마존닷컴에서는 개개인의 구매 데이터를 모아 모든 고객의 구매패턴과 판매하는 모든 상품의 상관관계를 실시간으로 분석해 고객이 구매할 확률이 높은 상품을 추천한다. 데이터 분석(구매 데이터), 의사결정(어떤 고객에게 특정 상품을 추천), 액션(e메일 발송) 등 전 과정이 알고리즘화된 애널리스틱스를 통해 이뤄진다. 이러한 광고 메일이 광고에 소개된 상품 매출에 기여하는지 아닌지는 명확히 판별할 수 있다. 이처럼 빅 데이터 분석과 애널리스틱스는 단순히 어떤 리포트를 작성하는 것뿐만 아니라 특정 의사결정과 액션이 함께 묶여 그 효용을 명확히 파악할 수 있는 것까지를 포함한다.

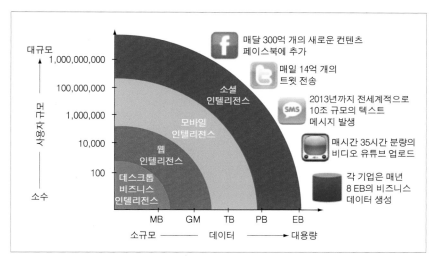

빅 데이터의 규모

자료원: blog.naver.com/idg_Korea?Redirect=Log&logNo=60161575446

자료원 : 장영재(2012) 수정 후 인용.

 **인터넷 조사의 정의**

효과적인 인터넷 마케팅 전략을 세우고 그 결과를 평가하기 위해서는, 무엇보다 인터넷 시장에 대한 정확한 자료와 통계에 바탕을 둔 조사와 이에 대한 분석이 요구된다. 이러한 인터넷 마케팅 전략수립과 평가를 위한 조사는 기존의 오프라인 환경에서 수행되는 전통적인 마케팅 조사 방식과 인터넷상에서 이루어지는 조사 방식 모두에 의해 실시될 수 있다. 그러나 본 장에서는 기존 오프라인 환경에서 이루어지는 조사 방법에 대해서는 논외로 하고, 인터넷상에서 실시되는 인터넷 조사에 대해서만 언급하기로 한다. 즉, 본 장에서의 인터넷 조사란 인터넷 마케팅의 효과적인 전략 수립과 평가를 위해, 인터넷 환경하에서 여러 가지의 마케팅 활동들에 대한 정보를 수집하고 분석하는 과정이라고 정의할 수 있다.

 **인터넷 조사의 특징**

1. 인터넷 조사의 장점

인터넷상에서 이루어지는 조사는 다음과 같은 장점을 지닌다.

첫째, 단기간에 신속한 조사가 가능하다. 조사 소요기간은 기상 상태 또는 시간대의 제약이 없을 뿐만 아니라, 전화조사가 2~3주일, 그리고 우편조사가 4~6주일 소요되는 것에 비교하면, 인터넷 조사는 일반적으로 2~3일 정도가 소요되어 다른 조사방법에 비해 조사 소요기간이 단축될 수 있다.

둘째, 조사비용이 매우 저렴하다. 인터넷 조사는 조사대상 선정을 위해 면접원을 동원하거나, 조사 자료에 대한 코딩과 펀칭을 하는 과정이 생략되므로, 대인면접조사에 비해서 비교적 저렴한 비용으로 조사가 가능하다.

셋째, 특정 표본 선정이 용이하다. 인터넷 조사는 일반조사에서는 접근하기 어려운 전문가 집단이나 지역적으로 먼 거리에 있는 집단, 특히 해외에 거주하는 사람들을 조사 대상에 포함시킬 수 있어 특정한 표본을 선정하는 데 유리하다. 또한, 기존의 조사처럼 단순 나열식 설문에 그치지 않고, 그림이나 소리, 광고시안 등 특정한 형태의 멀티미디어 자료 제시가 가능해 기존에는 소규모 그룹에 대해서만 가능했던 조사를 폭 넓은 대상에게 적용할 수 있다.

넷째, 설문지 작성이 유연하다. 즉, 응답자에 대한 성향과 반응 등을 고려하여 설문 순서나 구조를 쉽게 바꿀 수 있으며 교정이 용이하다. 예를 들면, 기존 오프라인 상에서 실시되는 설문조사의 설문지는 응답자를 선별하기 위해, "몇 번 문항에 예라고 응답한 사람 몇 번으로 이동하시오"와 같은 지시사항을 제시함으로써 응답자 스스로 자기가 응답한 문항을 찾아가도록 한다. 그렇지만, 이러한 지시사항이 많이 요구되는 구조의 설문지는 응답자를 혼란스럽게 할 수 있는 문제점이 있다. 그러나 인터넷 환경에서는 이러한 지시사항 없이, 설문지의 구조에 따라 설문번호 이동을 자동적으로 실행시킬 수 있다.

다섯째, 조사의 시간적 제약이 없다. 즉, 설문지를 인터넷상에 올려 놓으면 응답자가 편리한 시간과 장소에 응답이 가능하기 때문에 설문이 24시간 지속적으로 수행되어질 수 있다.

마지막으로 기존 오프라인상의 조사는 응답이 완전히 이루어지지 않는 설문에 대해서 재응답을 요구하기 어렵다. 그러나 인터넷 조사는 응답하지 않은 문제 번호를 자동으로 지적하여 응답을 하게 할 수 있다. 또한 응답이 완결되지 않으면 응답한 설문지를 보낼 수 없게 함으로써 응답의 완결성을 높일 수 있다는 장점을 지닌다.

2. 인터넷 조사의 쟁점

1) 일반화의 문제

인터넷 조사 표본의 틀은 인터넷 이용자들로 국한되기 때문에 그 결과는 전체 인구를 대표하는 조사를 할 수가 없다는 점이 인터넷 조사의 가장 큰 한계로 지적되곤 한다. 국내에서뿐만 아니라 세계적으로도 인터넷 이용자들은 학력이 높고, 고소득이며 30대 이하 정도의 연령대, 학생이나 전문직 종사자가 주축을 이룬다. 따라서 인터넷 조사를 실시할 경우 주로 이런 사람들만이 대상이 되어 설문에 응답하기 쉽다. 그러나 인터넷 이용자가 점점 전 연령과 전 직업으로 확산되는 추세여서, 조사에 있어 전화 보급률이 현재 문제가 되지 않듯 인터넷 보급률 자체가 문제가 되지 않으리라고 전망된다.

이러한 인터넷 조사의 일반화의 문제는 모집단을 어떻게 규정하는가에 따라 달라진다. 예를 들어, 조사의 모집단을 전체 인구로 하는 것이 아니라, 인터넷 사용자를 대상으로 하는 경우라면 인터넷 조사의 일반화의 문제는 크게 대두되지 않을 것이다.

2) 자기 선택 오류/ 동일인의 복수 응답

인터넷 조사의 많은 경우는 응답자 스스로가 조사에 참여함으로써 이루어진다. 예를 들어 자발적으로 조사에 참여한 사람들은 조사 주제에 대해 관심이 많은 사람들이거나, 인터넷상에서 자신의 의견을 활발하게 개진하는 특성의 사람들일 가능성이 크다. 따라서 조사의 참가 여부를 자발적으로 자신이 선택함으로써, 조사에 참여하는 사람과 그렇지 않은 사람간의 차이에 의해 오류가 발생할 수 있는데, 바로 이러한 오류를 자기 선택 오류(self - selection bias)라고 한다.

또한 대인면접이나 전화면접의 경우에는 면접원이나 전화를 이용하기 때문에 동일 응답자가 발생하는 일은 없다. 그러나 인터넷 조사의 경우에는 설문이 통제가 이루어지기 어렵기 때문에 이미 응답한 사람이 재응답을 하게 되는 경우에 이로 인한 오류가 발생할 수 있다.

3) 정직성/ 부정직성

인터넷 조사를 할 경우, 인터넷의 일반적인 특징 중의 하나인 설문의 비통제성과 익명성이 응답자들로 하여금 정직하지 못한 응답을 할 수 있도록 한다는 문제점이 제기된다. 그러나 면접원이 없고, 익명성이 보장되는 이러한 환경이 오히려 응답자들을 솔직하게 응답하게 하여, 자신의 솔직한 의견이 아닌 사회적으로 바람직한 의견에 준거해 응답함으로써 발생하는 오류(SDB : Social Desirability Bias)를 줄여준다는 견해도 있다.

4) 학술적 이론의 부족

초기의 인터넷 조사는 주로 필요한 자료를 수집하는 데 활용되었지만 요즘은 자료의 수집에서 분석까지 실시간으로 해결하는 통합솔루션으로 발전해 나가고 있는 추세이다. 그러나 인터넷 조사의 활발한 활동에도 불구하고 이에 대한 학술적 연구가 미흡한 실정이다. 위의 모든 문제들을 고려하여 다양한 분석기법의 개발이 필요하며 분석한 데이터를 전략적으로 활용하기 위한 학술적 연구가 필요하다.

인터넷 조사 과정

인터넷 조사를 위해서는 조사 목적의 정의, 조사 계획의 수립, 조사 설계, 조사 실시, 자료 분석 및 결과 해석, 조사 결과의 활용이라는 그림 5-1과 같은 일련의 과정을

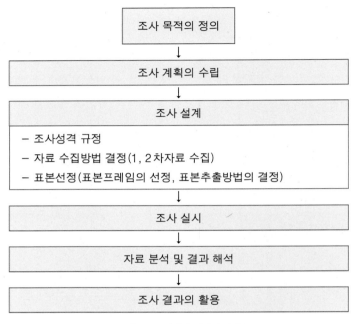

그림 5-1 인터넷 조사의 단계

거쳐야 한다.

1. 조사 목적의 정의

인터넷 조사를 위한 첫 단계는 인터넷 조사를 실시하는 목적을 정의하는 것이다. 인터넷 조사 과정은 마케팅 관리자가 어떤 마케팅 문제에 직면하여, 이 문제 해결 방안을 찾기 위해서 정보가 필요하다는 것을 깨닫게 되면서 시작한다. 예를 들어, 인터넷 마케팅 전략 수립을 위한 환경적 요인을 분석할 필요가 있거나, 인터넷 마케팅 성과가 목표에 미치지 못하거나, 어떤 예상치 못한 위협이 발생하였거나, 좋은 기회가 발견되었거나 하는 것 등과 같은 것이 마케팅 문제가 될 수 있다.

2. 조사 설계

조사목적을 정의한 다음에는 조사 설계를 해야 한다. 조사 설계는 조사가 수행되어지는 방법을 결정하는 것으로, 조사 성격 규정과, 자료 수집방법, 조사의 표본선정 방법에 대한 구체적인 설계를 해야 한다.

1) 조사 성격 규정

마케팅 조사는 그 목적과 필요한 정보의 종류에 따라서 탐색적 조사, 기술적 조사, 인과적 조사로 구분된다.

(1) 탐색적 조사

탐색적 조사(exploratory research)는 조사의 목적을 충분히 이해하지 못했을 때, 문제점을 명확히하기 위해 수행하는 조사이다. 문헌조사, 전문가조사, 사례조사 등이 탐색적 조사에 포함된다. 오프라인에서의 탐색조사와 비교해 본다면, 오프라인에서의 조사는 인쇄된 문헌에 대한 조사와 면접을 통한 전문가조사, 문헌 등의 자료와 면접 등을 통한 사례조사가 이루어지며, 인터넷상에서의 탐색조사는 인터넷 웹사이트상에서 제공되는 자료를 바탕으로 한 문헌조사와 사례조사가 이루어진다. 인터넷상에서의 전문가 조사는 화상회의 등을 사용해 면접형식으로 이루어질 수도 있으며, 게시판, 채팅 등을 통한 자료 중심의 조사가 이루어질 수도 있다.

(2) 기술적 조사

기술적 조사(descriptive research)는 경쟁상황이나 소비자의 변화와 같은 전반적인 시장상황을 분석하기 위해 하는 조사이다. 기술조사는 자료를 수집하는 횟수에 따라 다시 횡단조사(cross sectional research)와 종단조사(longitudinal research)로 나눌 수 있는데, 횡단조사는 1회의 조사로 마케팅정보를 수집하는 것이며, 종단조사는 일정시간의 간격을 두고 반복적인 조사를 통해서 관심 있는 마케팅 변수의 변화추세를 보는 조사(trend analysis)이다. 예를 들면 패널조사(panel research)와 같은 것이 종단
조사에 해당된다. 인터넷상에서의 기술조사도 1회 조사를 통한 횡단조사와 패널을 중심
으로 한 종단조사를 진행할 수 있다. 패널은 정기적으로 마케팅정보를 제공하기로 동의
한 응답자 집단이다. 기존의 오프라인 마케팅조사에서는 주로 지역별, 가구중심으로 패
널이 구성됨에 따라 지속적인 패널관리가 어려웠지만, 인터넷상에서는 이메일 주소를
대상으로 조사하기 때문에, 상대적으로 패널관리가 매우 용이하다. 즉, 패널 대상자의
이주와 이동에 따른 관리에 문제가 없기 때문이다.

인터넷 온라인 조사, 엠브레인 www.embrain.com

급변하는 시장 상황과 소비자의 니즈의 다양화로 인해 리서치 시장에서의 온라인
조사의 비중은 점점 높아지고 있다. 엠브레인은 대규모의 패널 DB를 지니고 있는 리
서치 회사로서 ISAS(Internet Survey Automation System)를 바탕으로 조사 결과를
제공하고 있다. 엠브레인은 약 70만 명이라는 국내 최대의 패널 구축을 통해 리서치의
신뢰성과 대표성을 보유하고 있으며, 자체 개발한 솔루션으로 신속한 온라인 리서치
수행이 가능하다.

엠브레인의 패널 관리 프로세스는 다음과 같다. 첫째, 온라인의 특수성을 감안하
여 온라인 환경에 최적화된 설문으로 변환한다. 둘째, 리서치 자동화 시스템인 ISAS를
통한 다양한 설문을 신속하게 구현한다. 셋째, 신뢰성 있는 표본 추출을 위해 구축된
패널에 대한 다양한 DB정보를 분석하여 최적의 조사대상자를 선별하고, 정기 Thanks
Survey나 패널 기초조사 등을 통해 실명 및 본인 확인검증을 거친다. 넷째, 동영상 및
이미지 평가 등 다양한 조사방법을 활용하며, 설문 진행 현황에 대한 실시간 모니터링

총 패널 현황: 699,697명(2012년 6월말 기준)

구분	추계인구 (통계청)	엠브레인 Panel 구성
남	50.1%	42.1%
여	49.9%	57.9%
13~19세	9.7%	21.0%
20~29세	13.3%	32.9%
30~39세	16.3%	27.5%
40~49세	17.4%	12.7%
50세 이상	30.3%	5.8%

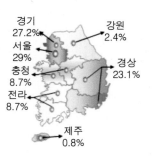

경기 27.2%
강원 2.4%
서울 29%
경상 23.1%
충청 8.7%
전라 8.7%
제주 0.8%

대한민국 총 패널 현황
자료원: 엠브레인(www.embrain.com)

으로 효율적인 일정 관리를 수행한다. 마지막으로 이를 바탕으로 타당성 있는 조사 결과를 제공한다.

자료원: 엠브레인(www.embrain.com)

(3) 인과적 조사

인과적 조사(causal research)는 마케팅현상의 원인과 결과간의 관계를 규명하기 위한 조사로서, 조사자가 관심을 두는 결과변수와 이에 영향을 미치는 원인변수들을 규명하고, 이들 간의 관계(relationship)를 파악하는 것이다. 인과조사를 위해 주로 사용한 조사방법은 실험(experiment)이다. 인터넷상에서의 실험은 원인변수에 대한 반응을 실시간으로 바로 측정하고, 이를 분석할 수 있다는 점에서 점차 영향력이 커지고 있다. 특히 인터넷 실험은 학술적 연구에서 활발하게 사용되고 있다.

2) 자료 수집방법 결정

(1) 1차 자료

1차 자료는 조사자가 조사목적과 직결된 자료를 얻기 위한 기초적이고 직접적으로 수집하는 자료로서 그 특성에 의해 시간과 비용이 많이 들지만 신뢰성이 높고 정확한 장점이 있다. 인터넷에서 1차 자료를 수집할 수 있는 방법으로는 관찰, 초점 집단 면접, 설문지를 이용한 서베이 등의 방법이 있다.

a. **관찰법**: 관찰법은 유즈넷, 게시판, 채팅룸 등을 통해 자사의 제품이나 기업이 속한 산업과 관련이 있거나, 시장에서 선호하는 뉴스그룹의 동향이나 내용 등을 관찰하여, 그 내용들을 분석하고 모집하는 방법이다. 관찰법을 통한 인터넷 조사는 자사의 제품과 직접적인 관련이 없다고 해도 표적시장에 속한 소비자들의 라이프스타일, 추세, 동향 등을 쉽게 얻을 수 있다. 뿐만 아니라 웹 네비게이션(web navigation)은 사용자들이 더욱 편리하게 웹을 이용할 수 있게 유도하며, 웹 분석(web analytics)을 통해 이에 대한 데이터를 명확하게 얻을 수 있다.

b. **초점집단 면접**: 초점집단 면접(FGI: Focus Group Interview)은 어떤 뉴스에 관심이 있는 사람들로 구성된 그룹을 만들어, 서로 의견을 교환하게 함으로써 자연스럽게 조사가 이루어지도록 하는 것이다. 예를 들어, 특정한 관심을 가진 사람들로 구성된 뉴스그룹을 만드는 것과 같은 간접적인 방법으로 초점집단 면접을 실시할 수 있다. 그러나 뉴스 그룹을 만들 때에는 너무 노골적으로 특정 기업과 관련된 조사임을 드러내는 제목으로 이용자들의 반감을 사지 않도록 해야 한다.

인터넷상에서 초점집단 면접을 할 수 있는 또 다른 간접적인 방법은 자사 홈페이지에 대화실을 개설하여 그 기업에 대하여 자유로운 의견을 교환하게 하는 것이다. 이때 참여하는 사람들이 소규모이고 전문적인 지식을 가지고 있지 않기 때문에 토론의 내용을 일반화할 수는 없지만 설문지를 만들거나 개략적인 의견을 파악하는 데 도움이 될 것이다.

일반적으로 초점집단 면접은 주된 현상에 관해 알려진 것이 적은 경우의 연구에 유용하다. 따라서 초점집단 면접은 조사 초기에 주로 사용되어지거나, 심층적인 분석이 필요할 경우에 적용된다. 한편, 인터넷 초점집단 면접은 오프라인상의 초점집단 면접에 비해 구하기 힘든 목표고객에 도달할 수 있고, 보다 저렴하게 국제적인 응답자를 대상으로 수행할 수 있다는 장점이 있다.

그러나 인터넷 초점집단 면접이 오프라인상의 방법에 비해 이처럼 장점만을 지니는 것은 아니다. 오프라인상에서의 초점집단 면접은 통제된 환경 하에서 중재자의 인도로 서로 눈과 눈을 맞대고 토론하는 것과는 달리, 인터넷상에서는 중재자의 역할이 부재하며, 따라서 통제된 환경을 조성하기가 어렵게 된다. 또한 초점집단에서의 응답자의 정체성은 매우 중요한데, 인터넷상에서는 응답자들의 익명성으로 인해 응답의 신뢰성 여부를 확인할 수 없고, 컴퓨터 모니터를 통해 비춰지는 컨셉들이 동일한 개념 하에 비춰질지 불확실하며, 인터뷰시 본인이 실제로 직접 참여할지가 불확실하다는 문제점들을 안고 있다(Greenbaum 1995).

c. **서베이**: 인터넷 서베이(internet survey)란 인터넷상에서 질문과 응답이라는 형태를 통해 응답자로부터 자료를 수집하는 방법이다. 이런 서베이를 위해 응답자를 접촉하는 방법에는 자사 웹사이트의 방문자를 대상으로 하거나, 타사 웹사이트를 통해 배너

등을 걸고 배너를 클릭하고 들어온 사람을 대상으로 하거나, 또는 이메일링 리스트와 같은 응답자의 데이터베이스를 이용하여 하는 방법 등이 있다.

이러한 인터넷 서베이는 이용하는 수단에 의해 크게 이메일 사용법, 홈페이지를 활용하는 방법, 전문조사사이트를 활용하는 방법으로 나누어 볼 수 있다(안광호, 김상용, 김주영 2001).

첫째, 이메일을 사용한 서베이다. 이는 설문지를 워드프로세서 등으로 만들어서 파일형태로 조사대상자에게 이메일로 보내면 응답자는 파일을 열어서 응답을 한 후에 다시 이메일로 회송을 하는 형태이다. 이 방법은 이메일이 가능한 응답자를 뽑거나 혹은 이미 패널구성원으로 선정된 응답자에게 인터넷망을 활용해서 조사를 한다. 예를 들어 회원을 확보하고 있는 인터넷 사이트가 자신들의 회원을 대상으로 간단한 설문지를 만들어서 조사를 한다거나 혹은 특정 회사나 학교가 이메일 계정을 가지고 있는 사람들에게 설문조사를 하는 것이 이메일 사용법에 해당된다. 조사자는 설문지를 단순한 워드프로세서의 파일형태가 아닌 인터넷에서 사용되는 http 문서형태로 보내게 되는데, 이러한 형태의 설문지는 응답자가 응답을 하고 확인을 누르면 별도의 노력 없이 응답이 자동적으로 전송된다. 하지만 인터넷 서베이에서는 누가 응답을 했는지가 항상 기록에 남을 수 있기 때문에 응답자의 익명성이 보장되기 어렵다. 국내 최초로 이메일을 사용한 전국적 서베이는 저자가 1990년대 말에 실시한 KUISE(Korea Internet User Survey for Everyone)로 판단된다.

둘째, 홈페이지를 활용하는 방법이다. 이는 조사내용을 조사자의 홈페이지나 사이트에 올려놓고 응답자들이 홈페이지에 방문하여 응답을 남기도록 하는 방법이다. 이러한 방법은 사이트에서 조사내용에 대한 응답을 바로 처리하기 때문에 다양한 형태의 실시간 분석을 가능하게 하며, 응답자에 따라 질문의 순서나 구조를 보다 쉽게 바꿀 수 있다는 이점이 있다. 또한 응답자가 자신의 신분을 밝히지 않는다면 어느 정도 익명성을 보장하는 데에도 도움이 된다. 이 조사방법의 또 다른 장점은 온라인 설문문서 작성에 전문적이지 못한 사람이라도 손쉽게 설문지를 만들어 주는 조사전문 사이트들이 있어 쉽게 이용할 수 있다는 것이다.

셋째, 전문조사 사이트를 활용하는 방법이 있다. 이는 자신의 홈페이지나 사이트가 아닌 전문조사 사이트에 자신의 설문지를 등록하는 서베이 방법이다. 이러한 조사사이트는 일반적으로 회원제로 운영되며, 조사자가 원하는 조사내용을 조사사이트에 게시해 놓고 사이트에 들어오는 사람들에게 조사하거나 해당사이트에 등록된 사람들에게 이메일을 보내서 조사를 진행하게 된다. 이외에도 전문조사 사이트는 인터넷상에서 조사 의뢰자의 상표나 사이트의 매력도 등을 조사해 주는 트래킹(tracking) 서비스를 제공하기도 한다.

(2) 2차 자료

2차 자료는 1차 자료와는 달리 이미 다른 사람이 수집해 놓은 자료이다. 2차 자료 수집과 관련해서는 조사목적에 부합하는 정확한 자료를 얻는 것이 관건이라고 하겠다. 일반적으로 인터넷을 통해 2차 자료를 수집할 수 있는 방법은 다음과 같다.

첫째, 타사의 웹사이트를 통한 자료 수집 방법이다. 일반적으로 기업의 웹사이트는 인터넷 마케팅의 특성상 인터넷 마케팅 전략이 거의 표출되어 있다. 특히, 단지 국내기업이나 경쟁업체의 사이트뿐만 아니라 외국의 유수 기업들, 특히 미래의 잠재 경쟁자들까지도 꾸준히 관찰하고 분석함으로써 마케팅 전략수립에 참조할 수 있는 2차 자료를 수집할 수 있다.

둘째, 다양한 외부환경에 관한 자료를 수집할 수 있다. 기업 활동과 관련된 외부환경은 매우 다양하고 복잡하다. 이러한 복잡한 외부환경 분석에 필요한 정부정책에서부터 경제동향, 시장변화, 주요원료의 원산지 가격, 소비자 성향 등에 관한 자료를 수집할 수 있다. 예를 들어 인터넷은 국내의 환경뿐만 아니라, 국제환경이 큰 몫을 차지하므로 이들에 대한 정보를 얻을 수 있는 곳이다. 특히 거래국의 수출입관련 법규, 정치경제 상황, 시장규모뿐만 아니라 문화적인 환경까지도 쉽고 간단하게 얻을 수 있다.

마지막으로, 일반적으로 각종 특허 및 연구개발 자료를 검색하는 데이터베이스인 경우에도, 인터넷을 통하면 쉽고 값싸게 접근할 수 있다. 상업적인 데이터베이스는 보통 최근의 연구개발 경향이나 연구개발에 관한 기초지식을 얻는 데 도움이 되며, 각종 특허 정보를 비교적 쉽게 검색할 수 있어 제품개발 단계에서 매우 유용한 정보가 될 수 있다.

3) 표본 선정

조사 설계 과정에서 계획해야 할 중요한 일 중의 하나는 조사 표본을 선정하는 일이다. 일반적으로 마케팅 조사의 대상이 될 수 있는 모집단의 수는 매우 많은 것이 보통이다. 따라서 이들 모두로부터 데이터를 수집할 수는 없기 때문에, 전체를 잘 대표할 수 있는 조사 대상자를 어떻게 선정할 것인가를 결정해야 한다. 특히 인터넷 조사에서는 표본이 특정 연령대에 편중될 수 있어 일반화의 문제가 발생할 수 있어 표본의 선정 단계에 주의를 기울여야 한다.

(1) 표본 프레임의 선정

표본 프레임(sampling frame)이란 모집단에 포함된 조사대상들의 명단이 기재된 리스트를 가리킨다. 일반적으로 표본 프레임은 조사의 목적을 고려하여, 이에 적합한 것을 선정하여 사용하는데, 인터넷 조사의 표본 프레임으로 이용될 수 있는 것은 다음과 같다.

첫째, 자사 사이트의 회원으로 가입한 사람이나, 특정 인터넷 서비스나 커뮤니티에 가입한 사람에 대한 데이터베이스를 표본 프레임으로 이용할 수 있다. 그러나, 자사 사이트의 회원을 표본 프레임으로 활용하기 위해서는 평소 이러한 데이터베이스를 관리해야 한다는 부담이 있다. 또한 특정 사이트나 서비스의 특성에 따라, 데이터베이스가 특정 인터넷 사용층으로 구성되어 있을 가능성이 크기 때문에, 표본의 대표성에 문제가 제기될 수 있다.

둘째, 이메일 리스트를 표본 프레임으로 이용할 수 있다. 그러나 일반적으로 자신의 조사 목적에 맞는 사람만을 모아 놓은 리스트를 찾기 어렵기 때문에, 조사의 목적에 정확하게 부합되는 표본 프레임을 구할 수 없는 경우가 많다.

따라서, 특정한 표본 프레임을 규정하지 않고, 인터넷상에서 특정한 사이트에 방문하거나, 배너 등을 통해 들어온 사람들을 대상으로 하는 방문자 조사(visitor survey)와 같은 방법을 사용할 수 있다. 그러나, 방문자 조사의 경우, 조사의 목적과 부합되지 않는 사람들도 응답할 가능성이 많고, 중복 응답자에 대한 식별이 용이하지 않다. 따라서 특정한 표본 프레임이 없는 방문자 조사의 경우는 조사의 대표성과 신뢰성에 약점이 있을 수 있다.

(2) 표본추출방법의 결정

a. **비확률표본추출**: 비확률표본추출(non-probability sampling)이란 모집단 내의 각 대상이 표본에 뽑힐 확률이 얼마인지를 알 수 없는 표본추출방법을 의미한다. 이 방법은 대개 표본 프레임이 없을 때 이용되는데, 이 방법을 사용하면 신뢰구간을 계산할 수 없고, 추출된 표본이 모집단을 얼마나 잘 대표하는지 알 수 없다는 단점이 있다. 인터넷상에서 비확률표본추출에 의한 조사의 예는 다음과 같다.

첫째, 스팟 서베이(spot survey)의 형태는 인터넷상에서 가장 쉽게 접할 수 있는 비확률표본추출에 의한 조사 방법이다. 이러한 스팟 서베이의 방법은 웹사이트에 질문을 올려놓고 참가를 원하는 사람이 아무런 제한 없이 자유의사에 따라 응답을 하도록 허용하는 방식으로서, 응답자 관리 또는 응답자의 대표성 문제 등과 무관하게 실시되고 있다. 아울러 이 경우 동일 응답자 또는 집단이 수차례에 걸쳐 중복 응답함으로써 얼마든지 결과를 왜곡시킬 수 있다는 문제를 갖고 있다.

둘째, 자기선택(self-selected)에 의한 인터넷 조사를 들 수 있다. 이 방법은 웹 사이트에 조사 안내문을 공지하여 스스로 참여하게 함으로써 조사가 이루어지는 조사방법이다. 이러한 방법은 인터넷 사용자의 모집단 내 일부 구성원이, 안내문이나 연결 사이트를 통해 조사 참여를 권유받는다는 점에서, 조사자가 편리하게 조사의 대상자를 선정하는 편의표본추출(convenience sampling)에 의한 조사 방법이다.

셋째, 인터넷 사용자의 자발적인 참여로 구성된 패널 조사를 들 수 있다. 이 방법은 방문자가 많은 사이트에 조사 참여를 희망하는 지원자를 미리 모집하여, 패널을 구성하여 조사하는 방법이다. 이 방법에서 가장 바람직한 추출방법은 인터넷 사용자의 인구사회적 구성비에 비례하는 할당표본추출(quota sampling)을 구성하는 것이다. 이렇게 패널을 구성함으로써 특정 계층의 선택확률을 통제할 수 있으며, 계층별 비교 분석이 가능하고, 장기적으로 보다 확대된 패널을 구성할 수 있는 장점이 있다.

그림 5-2 스팟 서베이의 예
자료원:newscomm.nate.com/poll/view?poll_sq=20492&ord=1

b. **확률표본추출**: 확률표본추출(probability sampling)이란 모집단 내의 각 대상이 표본에 뽑힐 확률이 얼마인지를 알 수 있는 표본추출방법을 가리킨다. 확률표본추출을 사용하면 신뢰구간을 계산할 수 있고, 추출된 표본이 모집단을 얼마나 잘 대표하는지를 추정할 수 있다는 장점이 있다. 확률표본의 쓰임은 다음과 같다.

첫째, 확률추출 패널을 대상으로 추출할 수 있다. 일반 모집단을 대상으로 확률추출된 표본 중에서 조사 참여 희망자를 패널로 선정하여 조사하는 방법이다. 이 방법은 자발적 참여로 구성된 패널을 대상으로 조사하는 방법과는 근본적으로 다른 방법으로서, 전화조사나 우편조사와 같은 방법으로 패널을 구축하게 된다. 전화조사나 우편조사를 통해 기초 자료를 수집하게 되며, 인터넷 접속 가능여부를 판단하여 인터넷 사용이 가능한 대상자 중 패널 참여에 동의하는 사용자만으로 인터넷 조사 패널을 구성한다. 이 방법의 특징은 인터넷 사용자나 인터넷 접속이 가능한 대상을 확률표본으로 구성한다는 점이다. 패널 구성에 동의한 사용자들에게 웹 조사 참여 안내문을 이메일로 발송하여 조사를 하게 된다.

둘째, 특정 집단에 대한 확률추출 방법이다. 이 조사는 특정 집단에 소속된 회원 중 웹 접속이 가능한 사람의 명부를 이용하여 조사를 시작한다. 조사 참여의 권유는 이메일로 하고, 동일한 응답자가 중복 참여하는 것을 방지하기 위해 접속을 통제한다. 이 방법은 인터넷조사를 제한적인 집단으로 한정하여 실시한다는 단점이 있다.

셋째, 일반 모집단에서의 확률추출로 이 방법은 앞에서 언급된 확률추출 패널에서 인터넷 사용자 조사방법과 유사하다. 그러나 차이점은 앞의 경우에 인터넷 접속이 불가능한 사람들을 표본에서 제외하고 인터넷 접속이 가능한 사람들만을 조사대상자로 간주하는 데 비하여, 이 방법에 있어서는 선정된 표본 중 인터넷 접속이 불가능한 사람들을 표본에서 제외하고 인터넷에 대해서는 적절한 도구를 제공하여 인터넷 조사에 참여할 수 있도록 하는 방법이다. 이 방법의 경우 처음 패널을 구성하는 데 많은 비용이 들기 때문에 구성된 패널을 상당기간 유지하며 활용하는 것이 필요하다.

3. 조사 실시

조사설계가 완료되면 조사자는 실제로 조사를 실시하고 수집된 자료를 정리하는 단계로 넘어가게 된다. 즉 조사원은 조사설계 단계에서 만들어진 설문지를 이용해서 선택된 표본들로부터 정보를 수집하고 수집된 정보의 분석을 위하여 컴퓨터에 입력을 하거나 이를 요약 혹은 축약하는 과정을 거치게 된다. 이러한 과정에는 예상치 못한 오류들, 예를 들어 수집된 자료의 입력을 잘못한다거나 수집된 자료를 분실한다거나 또는 자료 수집과정에서 정확히 기록하지 못하는 등의 오류가 발생할 수 있다. 그러나 인터넷 조사의 경우 수집된 정보는 바로 분석을 위한 데이터 파일의 형태로 입력될 수도 있다.

수집된 자료는 다음 단계에서 어떤 분석방법을 적용하는가에 따라서 컴퓨터 파일로 정리되거나 보고서 형태로 요약되거나 혹은 사례보고서 형태 등으로 정리될 수 있다.

4. 자료 분석 및 결과 해석

조사가 실시되고 나면 조사 담당자는 데이터를 분석하여 조사의 목적을 충족시킬 수 있는 정보를 도출한다. 이를 위하여, 조사 담당자는 여러 가지 방법으로 데이터를 분석해야 한다. 인터넷 조사는 대부분 이러한 분석들이 실시간으로 이루어질 수 있다는 장점이 있다.

분석결과는 보고서 형태로 만들어져서 조사를 의뢰한 회사의 관계자들 앞에서 구두로 발표되는 것이 일반적이다. 조사를 의뢰 받은 경우 조사 담당자는 조사대상 상품에 대한 지식이 아무래도 부족하기 때문에, 분석결과를 해석하는 데 어려움이 있을 수 있다. 그러므로 조사 담당자는 조사를 의뢰한 회사의 마케팅 관리자와 분석결과를 어떻게 해석할 것인가에 대하여 긴밀하게 협의할 필요가 있다.

5. 조사 결과의 활용

마케팅 조사의 마지막 단계는 분석된 자료를 활용하는 과정이다. 이를 통해서 기업은 인터넷 사업을 위한 대략적인 표적시장의 선정과 예상수익이나 경쟁정도를 알아내게 된다. 분석결과는 이용자가 보기 쉽도록 컴퓨터 파일화되며, 또한 이들을 모아서 데이터베이스화하는 작업도 함께 이루어진다. 현재 인터넷 조사는 비용이 적게 들면서, 빠른 자료 수집이 가능하며, 다양한 멀티미디어 자원을 활용할 수 있다는 등의 장점을 가지고 있어 새로운 시장 환경에 적합한 강력한 조사 기법이다. 그러나 기존의 모든 조사를 대체할 수는 없고 현재로서는 인터넷 사용자가 모집단이 되는 경우에 제한적으로 시행하는 것이 바람직하다. 그러나 인터넷이 전화 못지않은 보편적인 필수품이 된 시점에는 대표성도 제고되어 기존의 조사방법을 능가할 수도 있을 것이다.

Social Analytics

1. 소셜 분석(social analytics)의 의미

1) 소셜 분석의 정의

기술의 발달로 인해 무한정 데이터가 실시간으로 쏟아지는 빅 데이터의 시대가 열린 가운데, 빅 데이터 중에서도 '소셜 분석' 시장이 주목받고 있다. 소셜 분석이란 트위터, 페이스북 등 소셜 네트워크 서비스(SNS: social network service)상에서 사람들이 표출하는 의견과 생각들을 분석해 일정 패턴과 의미를 찾아내는 것으로 최근 소셜 네트워크 서비스 이용과 스마트 기기 사용이 증가하면서 기업의 활용도도 점차 높아지고 있는 추세다.

소셜 분석이 국내외 기업들의 주목을 받는 이유는 소셜 네트워크 서비스를 통해 생성되는 데이터, 즉 매일 실시간(realtime)으로 쏟아지는 트윗과 보다 깊이 있는 페이스북의 데이터 등이 기업 마케팅에 있어 매우 유용하게 활용될 수 있기 때문이다. 소셜 분석은 클라우드 컴퓨팅 기술의 발전으로 대용량 데이터의 실시간 분석이 가능해지면서 비정형화된 소셜 데이터를 분석하는 방법이다. 소셜 분석은 다양한 분야의 비즈니스에서 활용 가능하다. 소셜 분석은 기존의 데이터와 달리 처리할 데이터 양이 방대하고 비정형 데이터의 비중이 높은 빅 데이터를 처리해야 한다. 따라서 데이터 처리가 매우 복잡하다.

현재 빅 데이터의 활용은 기업의 성과에 직접적인 영향을 미치고 있으며, 특히 소셜 분석을 통해 추출된 빅 데이터는 제4의 경영자원이라고 할 수 있다. 파편화되고 분산되어 있는 정보를 통합하여 추출한 빅 데이터의 활용 효과는 다음과 같다. 첫째, 소비자의 행동과 시장변동을 예측하여 비지니스 모델을 혁신하고, 신사업을 발굴할 수 있다. 글로벌 SPA 패션 브랜드 ZARA는 다품종 소량생산 체제를 지니고 있기 때문에 트렌드 및 수요 예측이 매우 중요하다. ZARA는 효과적이고 정확한 예측을 위해 2000여 개의 매장에 대한 판매와 재고 데이터를 분석할 때 빅 데이터 분석을 이용한다. 이를 통해 상품 수요를 예측하고, 적정 재고를 산출하여 이를 상품별 가격 결정에 활용하여 최대 매출을 달성하고 있다. 둘째, 제품의 차별화가 가능하다. 구글은 자동번역 시스템 개발에 빅 데이터를 활용하였다. 수 억 건의 전문 번역 문건을 기반으로 시스템을 구축하였고, 수백만 건을 기반으로 한 IBM과의 경쟁에서 승리했다. 셋째, 기업의 전 부문의 생산성을 증대시킬 수 있다. 한국의 제선, 제강 생산 및 판매 기업인 POSCO는 생산 및 구매에 빅 데이터를 활용하였다. 0.001초 단위로 철강 생산의 전 과정을 각종 데이터로 분석하여 빅 데이터로 구축하였고, 런던 금속거래소(LME)의 가격을 실시간으로 분석하여 구매 타이밍을 결정함으로써 생산성을 증대시켰다.

2) 소셜 분석의 특징

소셜 분석은 대규모의 다양한 데이터에서 저렴한 비용으로 가치를 추출하는 빅 데이터 중 소셜 네트워크 서비스에서 정보를 추출하고 분석하는 활동은 기업 외부의 자원을 활용하여 소비자에 대한 통찰력을 얻을 수 있다는 측면에서 큰 의미를 지닌다. 특히, 기업 내부에서 전통적으로 관리하는 시스템 정보 외에 다양한 외부 정보가 소셜 분석에 빅 데이터 원천으로 활용된다. 기업 내부에 축적되는 데이터 이외에 기업의 관리영역 외부에 존재하는 데이터가 분석의 대상으로 활용되고 있으며, 외부 데이터를 활용한 실시간 마케팅(realtime marketing) 전략이 기업 경쟁력 확보에 중요하다. 소비자 간의 관계, 대화, 소비자의 생각이 기록된 소셜 네트워크 서비스, 블로그 등에서의 소비자 정보의 수집과 분석 활용도 점차 중요해지고 있다(그림 5-3 참조).

소셜 네트워크 서비스는 많은 사람들이 사용하는 서비스이며, 실시간으로 방대한 양의 정보가 저장된다. 소비자들이 자신의 생각을 표현하고 저장하는 공간이며, 서비스 구조상 정보의 전파 속도도 매우 빠르다. 이렇게 저장된 정보는 분석이 가능하다는 장점이 있고, 양방향 의사소통이 가능한 공간이기 때문에 사용자 간의 관계, 즉, 소셜 네트워크(social network)가 반영된다. 이는 소비자들의 커뮤니케이션 채널이자 의사결

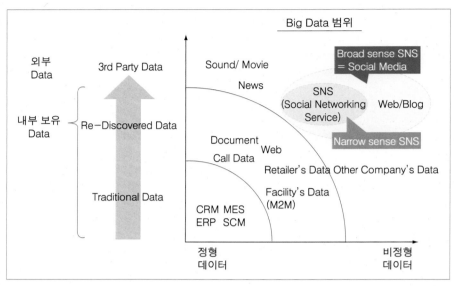

그림 5-3 빅 데이터의 범위
자료원: 로이스컨설팅(2013).

정을 위한 정보수집이 가능한 채널로 활용될 수 있다. 전통적인 커뮤니케이션과 다르게 채널에 따른 타게팅이 가능하고, 즉각적인 소비자의 반응이 확인 가능하다는 장점이 있지만 채널의 수에 비해 사용자가 제한적이고, 소비자 데이터 분석 시 노이즈가 많다는 단점이 있다. 그렇기 때문에 소셜 분석을 실시할 때는 데이터의 범위를 정하고, 정확히 규정하는 것이 꼭 필요하다.

따라서 소셜 분석을 실시하고자 하는 기업은 첫째, 빅 데이터의 활용 목적과 방안을 명확화하고, 필요한 정보를 정확히 규명하는 것이 선행되어야 한다. 이는 수집 데이터의 종류를 확인하고, 통합적인 운영방안을 수립하기 위함이다. 둘째, 소셜 분석을 통해 관계망을 확인하여 관계마케팅(relationship marketing)전략을 수립해야 한다. 소셜 분석은 소셜 네트워크 서비스 환경하에서 관계기반의 컨텐츠 공유에 의해 좌우되므로 관계 마케팅 전개가 필요하다. 셋째, 관계 형성의 효율성 증대를 위해 입소문의 중심이나 허브 역할을 하는 사용자(influencer)를 찾거나, 비슷한 성향으로 군집된 사용자군(cohesive subgroup)을 규명하여 활용하는 마이크로 커뮤니케이션(micro communication) 전략을 수립하여야 한다.

3) 소셜 분석의 분류

조성우는 2011년 'Big Data 시대의 기술'을 통해 소셜 분석 기법을 텍스트 마이닝(text mining), 평판 분석(opinion mining), 소셜 네트워크 분석(social network analytics), 군집 분석(cluster analysis)으로 분류했다.

첫 번째 텍스트 마이닝(text mining)은 자연어 처리 기술에 기반을 둔 이 기술은 비정형 텍스트 데이터에서 가치와 의미를 찾아내는 기술이다. 자연어 처리 기술이란 인간이 발화하는 언어 현상을 기계적으로 분석해서 컴퓨터가 이해할 수 있는 형태로 만드는, 자연 언어 이해 혹은 그러한 형태를 다시 인간이 이해할 수 있는 언어로 표현하는 제반 기술을 의미한다. 사용자는 이 기술을 통해 방대한 정보에서 의미 있는 정보를 추출하고 다른 정보와 연계성을 파악, 텍스트가 가진 카테고리를 찾아내는 등 단순한 정보 검색 그 이상의 결과를 얻어낼 수 있다. 이는 데이터 마이닝과는 다른 분야다. 데이터 마이닝이 정형화된 데이터에서 관심 있는 패턴을 찾아내는 기술이라면 텍스트 마이닝은 자연어로 이뤄진 텍스트, 즉 비정형 데이터에서 의미를 찾아내는 기술이다. 텍스트 마이닝에서 현재 다뤄지고 있는 주요 기술 분야는 문서 분류(document classification), 문서 클러스터링(document clustering), 정보 추출(information extraction), 문서 요약(document summarization) 등이다.

문서분류를 다루어 온 가장 오래된 학문 중 하나가 바로 서지학(bibliography)이다. 도서관에서는 수많은 도서의 관리를 위해 사서가 각 도서의 내용을 일일이 파악해 정해진 분류체계에 따라 수작업으로 분류를 해 왔다. 그러나 디지털 기술의 발전과 인터넷 활성화는 엄청난 정보의 생산과 유통을 가능케 했다. 특히, 조직 내부에 분산되어 있는 수많은 정보가 상호 복잡하게 연계되어 있고, 이질적 목적과 형태를 지닌 지식 컨텐츠이기 때문에 자동 분류 기술 구현은 매우 유용하다.

문서군집은 각 지식 컨텐트의 특성을 파악해 그 내용 혹은 형태가 유사하거나 상호 관련성이 높은 컨텐트들을 군집시켜 주는 기술이다. 사용자는 문서군집 기술을 통해, 관심 있는 문서들을 그 관련도 순으로 한꺼번에 묶어서 효과적으로 검토해 볼 수 있을 뿐만 아니라, 예제 기반 질의를 통해, 방대한 문서 속에 숨겨져 있는 정보에 매우 빠르고 쉽게 접근하는 것이 가능해진다. 통상의 문서군집 기술은 대상 문서의 언어학적 분석을 통해 차별화된 중요 특성들을 추출해 내고, 이를 다른 문서의 특성들과의 비교하여 그 유사도가 높은 문서들을 상호 묶어주는 방식으로 구현된다. 정확한 유사도의 계산과 효과적인 군집을 위해 다양한 통계기반, 규칙기반 알고리즘들이 연구되어 왔다.

정보추출은 텍스트 문서 내에서 중요한 의미를 가지는 정보들을 자동으로 추출하는 기술이다. 사용자는 정보추출 기술을 통해, 비정형 문서에서 중요 키워드, 핵심 개념, 특정 사건, 인명, 지명, 날짜, 상황 및 조건, 결론 등의 다양한 정형 정보를 추출하여 활용할 수 있도록 돕는다. 키워드와 같은 기본적인 정보는 자동 분류, 군집 등에 직접적으로 활용되는 중요 요소가 되고, 그 외의 다양한 상세 정보들은 자동 요약에 있어서 매우 중요한 문장 구성 요소가 된다.

자동문서요약 기술은 문서가 담고 있는 핵심 의미를 유지하면서 그 복잡도와 길이를 효과적으로 줄여주어 각 사용자가 짧고 간단만 요약 문장을 파악하므로 빠르게 정보를 이해하고 활용할 수 있도록 돕기 위한 기술이다. 자동 요약 시스템은 특성추출 및 정보추출 기술에 기반하고 있으며, 텍스트 전체에서 그 문서를 대표할 만한 문장을 추출하여 재구성하는 추출 요약 방식과 추출한 중요 정보들을 활용하여 문장을 생성해 내는, 생성 요약 방식으로 구별해 볼 수 있다.

두 번째는 평판 분석(opinion mining)이다. 평판 분석은 소셜 네트워크 서비스, 블로그, 카페, 게시판, 지식검색 등 인터넷에 산재한 모든 웹문서와 댓글 등에서 소비자의 의견들을 수집, 분석해 제품이나 서비스 등에 대한 평판(reputation)을 추출해 내는 기술이다. 이 기술의 대상은 상품이름, 소셜 네트워크 서비스, 블로그, 카페 등에 선별된 상품평 문장 등이다. 평판 분석의 요소 기술로는 텍스트 마이닝, 자연어처리, 비정형 분석, 형태소 분석이 있다.

세 번째 소셜 분석 방법은 소셜 네트워크 분석(social network analytics)으로 각 개인 또는 그룹의 소셜 네트워크 내 영향력, 관심사, 성향 및 행동 패턴을 분석, 추출하는 기술이다. 소셜 네트워크 분석은 다양한 분석 기술이 있지만, 감성(sentiment) 분석이 대표적이다. 감성 분석은 소셜 네트워크 애플리케이션에서 생성된 비정형 텍스트 데이터에서 감정을 파악하는 것을 말한다. 소셜 네트워크 분석에 대해서는 다음 절에서 자세하게 설명하기로 한다.

마지막으로 군집 분석(cluster analysis)은 다변하는 데이터 간의 유사도를 정의하고 각 데이터 간의 거리를 구하고 서로의 거리가 가까운 것부터 순서대로 합쳐가는 방법이다. 이 분석 기법은 계층적 기법과 비계층적 기법으로 나뉜다.

2. 소셜 분석의 활용

1) 소셜 네트워크 분석(Social Network Analytics: SNA)의 의미

위와 같은 분석 방법 중 소셜 네트워크 분석은 IT분야의 리서치 및 자문회사인 가트너(Gartner, Inc)가 뽑은 2011년 톱 10 전략 기술 가운데 4위로 뽑힐 만큼 현재 효과와 활용도를 인정받고 있으며 기업은 이를 보다 유용하게 사용할 줄 알아야 한다.

소셜 네트워크 분석이란 개인 및 집단들 간의 관계를 노드와 링크로서 모델링하여 그 위상구조와 확산, 진화과정을 계량적으로 분석하는 방법론이다. 여기서 노드(node)

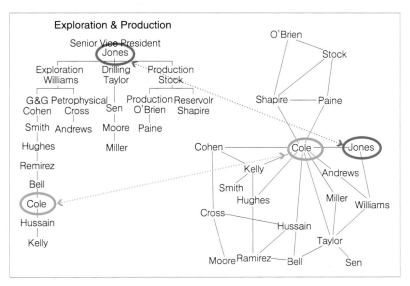

그림 5-4 네트워크 분석에 대한 관점의 전환
자료원: Cross, Parket, Prusak & Borgatti(2001).

란 등장인물 및 사물들을 모두 열거하여 이들의 종류와 수준을 분류하여 각각의 속성을 파악하는 것이며, 링크(link)란 등장인물과 사물들 간에 존재하는 관계의 종류를 모두 열거하여 관계의 방향성과 가중치를 파악하고 관계의 속성을 파악하는 것이다.

기존의 마케팅 분석들이 개체 자체를 분석했다면 소셜 네트워크 분석은 분석의 관점이 개체가 아니라 관계에 있다는 것에 큰 의미를 지닌다. 특히, 기존의 전통적인 네트워크 분석이 계층적 관점에서 수행되었던 것과 달리 소셜 분석은 관계와 관계의 관점에서 실시된다. 그림 5-5는 소셜 분석 방법으로 관점의 전환이 이루어졌다는 것을 보여 준다.

2) 소셜 네트워크 분석 결과

소셜 네트워크 서비스에 저장된 방대한 양의 데이터로 기업은 소셜 네트워크 분석이 가능하며, 이를 통해 총 메시지 양(total volume), 미디어별 메시지 양(total volume by social media), 부정 감정 대비 긍정 감정 점수(positive affect score), 태도 점수(attitude score) 등을 알아낼 수 있다.

총 메시지 양(total volume)은 해당 분석 기간 내에 클라이언트 기업에 대한 SNS

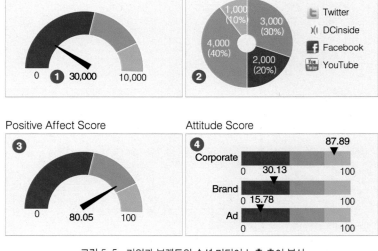

그림 5-5 기업과 브랜드의 소셜 미디어 노출 추이 분석
자료원: 이두희, 이현정 (2012).

메시지의 양이 얼마나 되는지를 보여 주는 항목이다. 그림 5-5의 ①은 경쟁사를 포함한 전체의 메시지의 양이 총 10,000개라는 것을 나타내며, 전체 평균의 이하는 위험단계, 전체평균과 상위 10% 이하는 보통단계, 상위 10% 이상은 양호단계로 해석한다.

미디어별 메시지 양(total volume by social media)은 클라이언트 기업에 대한 SNS 메시지의 양을 미디어별로 구체화하여 원도표로 보여주는 항목이다. 그림 5-5의 ②와 같이 트위터나 페이스북, 유투브 등 소셜 네트워크 서비스 각각의 메시지의 양을 보여준다.

부정 감정 대비 긍정 감정점수(positive affect score)는 해당 기업에 대한 부정적인 감정 대비 긍정적인 감정 지수를 산출하는 것이다. 그림 5-5의 ③과 같이 전체를 100% 비율로 표시하며, 선택한 기간 동안의 긍정, 부정 메시지의 비율과 금주의 긍정, 부정 메시지의 비율의 변화 표시까지 가능하다. 초록색 그래프는 긍정적 감정 점수이며, 붉은색 그래프는 부정적 감정 점수이다.

태도 점수(attitude score)는 기업, 브랜드, 그리고 광고 등의 소비자의 태도 점수를 산출해 낸다. 태도 점수는 속성×가중치×신념으로 계산한다. 속성은 감성 중 주로 언급되는 상위 속성 n개 또는 기업의 마케팅 담당자가 임의로 설정한 속성이며, 가중치는 각 속성별로 언급된 전체 메시지 양이다. 가중치는 경쟁사의 메시지 양을 포함하며, 0에서 1 사이의 점수를 부여한다. 0의 경우 전혀 언급이 되지 않은 것이며, 1은 가장 많이 언급된 결과 값이다. 신념은 해당 기업의 속성에 대해 긍정적으로 평가한 메시지의 양이다. 이 3가지 결과 값의 곱으로 그림 5-5의 ④와 같이 태도점수를 산출한다.

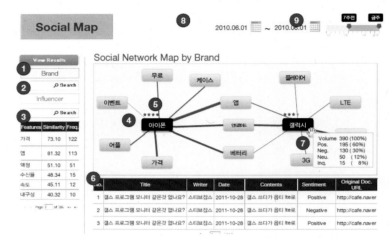

소셜 네트워크 분석을 통한 브랜드의 소셜 네트워크 맵(Social Network Map)

속성에 따른 소셜 네트워크
자료원: 이두희, 이현정 (2012).

소셜 네트워크 분석 툴을 이용하여 위와 같이 브랜드의 소셜 네트워크 맵을 그릴 수 있다.

① 브랜드를 선택하고, ② 브랜드의 명칭을 입력하고 찾기를 선택하면 해당 브랜드의 ego-network map이 제시된다. ③ 처음 지정한 포커스 노드와 속성들 간의 유사성 값, 그리고 빈도수가 나타난다. 유사성은 A속성과 "가"브랜드가 함께 출현을 많이 할 경우에 높은 점수를 가진다. 즉, 앱이라는 속성은 갤럭시와 아이폰과 함께 자주 등장하지만 상대적으로 아이폰과 등장하는 비율이 높을 경우 유사성이 높다고 할 수 있다. ④ 포커스 노드(focus node) 위에는 브랜드의 긍정적 감정 점수가 제시된다. ⑤ 링크 (link)에는 유사성 값을 기준으로 가중치를 두며, 브랜드와 속성 값에 대한 긍정적 값에 따라 코딩한다. 링크된 선의 굵기가 굵을수록 그 유사성이 높다고 할 수 있다. ⑥ 링크를 클릭할 경우 브랜드와 속성이 함께 등장한 컨텐츠를 직접 보여 준다. ⑦ 포커스 노드를 클릭하면 전체 메시지의 양, 긍정, 부정 메시지 등에 대한 정보를 제공한다. ⑧ 네트워크 맵에 표시되는 데이터의 기간을 설정하게 되는데 임의로 지도에서 선택하거나 ⑨를 움직여 주 단위로 기간을 설정할 수 있다.

위의 그림은 해당 브랜드에 대해 언급한 사용자 중 가장 영향력 있는 사용자 (influencer)를 나타내 주는 브랜드 소셜 맵이다. 가장 영향력 있는 사용자(influencer) 는 중심성의 정도가 높고, 커뮤니티 내에서 등급이 높은 수록 점수가 높게 측정되며, 이는 영향력이 크다는 것의 시사한다. ① 출현빈도가 가장 높은 키워드가 동심원 맵의 중심에 위치하도록 설정한다. 노드가 중심에 위치할수록 중심성이 높다는 것을 의미

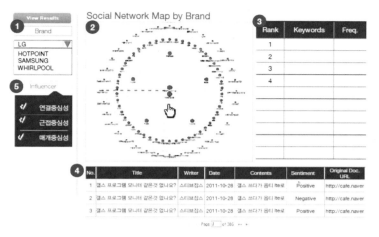

사용자에 따른 소셜 네트워크 맵
자료원: 이현정 (2012).

한다. ② 노드는 키워드, 노드의 색깔은 클라이언트 기업에 대한 소비자들의 감정이다. 긍정적 성향을 지니고 있는 경우에는 붉은색, 부정적 성향은 푸른색으로 표시하고, 이를 판단하기 어려울 때는 회색으로 표시되도록 설정한다. 긍정, 부정의 판단기준은 평균값으로 한다. ③ 동심에서 등장하는 노드를 중심에 위치한 순서대로 키워드와 빈도 값을 제시한다. ④ 맵에 나타난 사용자들이 작성한 구체적인 컨텐츠를 보여 준다. ⑤ 가장 영향력 있는 사용자(influencer) 지표를 선택할 수 있다. 지표는 네트워크 중심성을 측정하는 연결, 근접, 매개중심성 세 가지로 설정할 수 있다.

a. 연결중심성(Degree Centrality)

누구의 이웃이 가장 많은지를 보여 주는 지표이다. 직접적으로 연결된 이웃의 수가 많을수록 연결중심성이 높아진다. 연결중심성을 통해 개인의 직접적인 영향력의 크기를 측정할 수 있다.

b. 근접중심성(Closeness Centrality)

누구에게 정보를 주어야 빠르게 전파될 수 있는지를 보여 주는 지표이다. 다른 사람들과의 평균거리가 짧을수록 근접중심성이 높아진다. 근접중심성을 통해 영향력의 전체적인 파급력을 파악할 수 있다.

c. 매개중심성(Betweenness Centrality)

서로 다른 그룹에 정보를 전달해 주는 자가 누구인지를 보여 주는 지표이다. 다른 사람들을 서로 연결시켜 주는 빈도가 높을수록 매개중심성이 높아진다. 매개중심성을 통해서 영향력이 전달되는 과정에서 통제력이 높은 사용자를 파악할 수 있다.

3) 소셜 네트워크 분석 활용 사례

(1) 검찰청 마약수사

2009년 6월, 수도권 A지방검찰청 마약수사과. 마약투약 용의자 2명과 판매책 2명이 내사 대상에 올랐다. 증거는 충분했다. 체포는 시간문제였다. 하지만 검찰은 마약 조직을 일망타진하고 싶었고, 통신 수사를 시작했다. SK텔레콤, LG텔레콤, KT로부터 이들 명의로 된 유무선 통화내역을 입수했고, 이들이 사용한 대포폰 통화내역도 확보했다. 최근 6개월 치만 무려 1만 건이 넘었다. 검찰은 소셜 네트워크 분석이라는 최신 기법을 사용하기로 했다.

검찰은 소셜 네트워크 분석 프로그램을 실행시켰다. 30분이 지나자 수사선상에 오른 4명을 중심으로 한 전화 연결망이 그려졌다. 아래의 그림 5-6에 모서리 네 지점에 표시된 이들이 피내사자 4명이다. 전화를 주고받았다면 선으로 연결된다.

이들 4명 중 2명 이상과 전화로 연결되어 있는 이가 75명이었다. 압축해 들어가니 3명과 전화를 주고받은 사람은 7명, 4명 모두와 전화를 주고받은 사람은 5명으로 파악됐다. 제3의 인물이 새롭게 드러난 셈이다. 검찰은 4명 모두와 접촉한 5명을 일단 내사 대상에 추가했다. 수사망을 좁힌 것이다. 검찰은 2002년부터 소셜 네트워크 분석 기법을 수사에 활용하고 있다. 대검찰청 관계자는 "주요 지방검찰청에는 관련 프로그램이 구비돼 있고, 없는 곳은 대검에 분석을 의뢰하고 있다"고 설명했다.

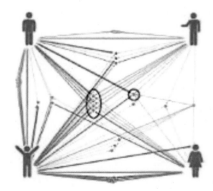

그림 5-6　검찰 피내사자 4명의 통화 내역을 SNA 기법으로 재구성한 연결망
자료원: 국민일보, 2010년 2월 19일자 이미지 사용.

소셜 네트워크 분석 기법을 활용하면 누가 어느 분파 조직 구성원인지도 살펴볼 수 있다. 전체 조직원들의 전화 연결도를 그린 뒤 전화를 주고받은 빈도와 통화 시간 등을 고려해 그룹별로 나누면 몇몇 군집 구조가 나타난다. 특정 조직에 속하는지를 판단하는 객관적 데이터로 참고할 수 있다.

(2) 현대오일뱅크 지식흐름 분석

현대오일뱅크는 지난해 7월 조직 내 지식흐름을 분석했다. '업무에 필요한 지식을 제공해 준 이가 누구인가'라는 질문을 통해 지식흐름 연결망을 완성했다.

2008년 진단 결과는 부서원끼리만 지식을 주고받는 상태였다. 소통이 필요했다. 회사는 업무가 유사한 이들을 한데 묶어 노하우를 공유하는 소조직을 구성했다. 그랬더니 2009년에는 타부서 사람들 간에도 지식흐름이 다수 발견됐다. 지식이 두루두루 공유되고 있다는 의미다.

지식흐름 연결망을 통해 부서별 차이도 드러났다. 부서 내 지식흐름이 가장 활발한 곳은 '생산본부'. 부서 간 지식흐름이 활발한 곳은 '경영지원본부 → S & T 본부'였다. 직급별로는 차장급이 지식흐름에 적극 참여하고 있었다. 직급 간 지식흐름 중에선 '차장급 → 과장급'이 가장 원활했다. 하위 직급의 커뮤니케이션은 저조했다.

현대오일뱅크측은 2003년 지식경영을 선언하면서 사내 인트라넷에 KMS(지식경영시스템 · Knowledge Management System)를 구축했다. 일하면서 알게 된 경험과

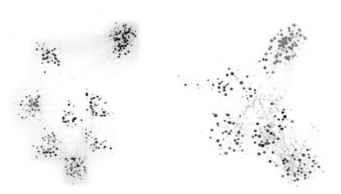

그림 5-7 현대오일뱅크의 2008년(왼쪽)과 2009년 사내 지식 흐름도
자료원: 국민일보, 2010년 2월 19일자 이미지 사용.

지식(암묵지 · 暗默知)을 공유하기 위해서였다. 하지만 지난해 분석 결과, 암묵지 지식 흐름의 중심에 있는 허브들이 KMS상에선 열심히 활동하지 않는 것으로 나타났다. 참여율은 겨우 22.6%였다. 노하우를 많이 아는 '꾼'들이 공식적인 지식 전달 시스템에선 움직이지 않는다는 의미다. 암묵지 보유자를 KMS로 끌어들이는 게 과제로 남았다. 혁신 아이디어 흐름도 분석됐다. "업무를 혁신적으로 개선할 좋은 아이디어를 가지고 있다고 한다면 누구에게 이를 얘기하고 상의하겠는가?"를 물어 만든 그림이다. 예상대로 몇몇 허브들이 대부분의 링크를 받고 있었다. 이들에게 회사의 모든 아이디어와 정보가 모인다는 뜻이다.

현대오일뱅크측은 이 결과를 반영해 혁신 아이디어 허브에 해당하는 이들을 불러 분기별 콘퍼런스를 열고 있다. 이 자리에서는 회사 정책에 대한 각종 제언, 업무 개선 아이디어 등이 공유된다. 회사 관계자는 "허브들을 통해 사원들의 의견을 반영하고 있다"며 "지식흐름 진단 후 일부에 편중됐던 지식이 조직 내 골고루 분포되고 있어 고무적"이라고 밝혔다.

(3) 물리학 지식지도

소셜 네트워크 분석 기법은 검색 서비스에도 활용되고 있다. 현재 검색은 키워드를 입력하면 해당 단어가 포함된 문서들이 나열되는 방식이다. '김연아'를 입력하면 '김연아'가 포함된 웹페이지들이 나타난다. '김연아'와 특정 키워드의 관계를 보여 주는 기능은 없다. 효율성이 떨어지고 트렌드 파악이 불가능하다.

이런 문제점을 극복하기 위해 서울대물리학전문연구정보센터가 최근 네트워크 분석 업체 '사이람'에 의뢰, 물리학 지식지도를 만들었다. 1990~2008년 웹 오브 사이언스(Web of Science)에 등록된 130만여 개 논문이 대상이다. 학자들은 논문마다 여러 개의 키워드를 입력한다. '행정중심복합도시 및 혁신도시 건설에 따른 혼잡비용 감소효과 분석' 논문이라면 키워드는 '행정중심복합도시' '혁신도시' '혼잡비용' 등이 된다.

지식지도를 활용하면 특정 키워드와 한 논문에서 동시에 출현하는 키워드가 무엇인지 시대별로 훑어볼 수 있다. '나노' 연구를 예로 들면, 1996~2000년에는 'Crystal' 'Surface' 등이 같은 논문에 자주 출현한 키워드다. 2001~2005년엔 'Scattering' 'Growth', 2006년 이후에는 'Particle' 'Nickel' 등이 함께 등장한다. 나노를 둘러싼

그림 5-8　'nano'에 대한 시대별 연구 경향 (왼쪽 1996~2000년, 가운데 2001~2005, 오른쪽 2006~2008년)
자료원: 국민일보, 2010년 2월 19일자 이미지 사용.

학문 흐름을 한눈에 알 수 있다. 나노 연구에서 새로운 분야가 무엇일까 고민한다면 이런 방식으로 '동시출현 키워드 네트워크'를 확인하면 된다.

　　연구자들의 관계도 알 수 있다. '동시인용 저자' 검색을 활용하면 하나의 논문에서 특정 전문가와 동시에 인용된 전문가를 볼 수 있다. 한 논문에서 함께 인용됐다면 같은 분야 전문가라는 게 간접적으로 입증되는 셈이다(김원철 2010).

영화 '체포왕'의 소셜 네트워크 분석 결과

영화 '체포왕' 포스터
자료원: 체포왕 공식사이트(cafe.naver.com/bestking2011)

　　2011년 5월 4일 영화 박중훈 주연의 '체포왕'이 개봉되었다. 다음은 트위터에 게재된 체포왕과 관련된 메시지를 소셜 네트워크 분석을 통해 분석한 결과다.

　　아래의 그림은 체포왕과 관련한 메시지를 트위터에 게재하고 리트윗한 이용자들의 사회적 연결망 구조이다. 노드의 크기는 팔로워의 수를 나타내며, 노드의 색깔은 팔로워의 직업을 보여 주고 있다. 링크는 노드 간의 연결 관계를 의미한다. 박중훈의

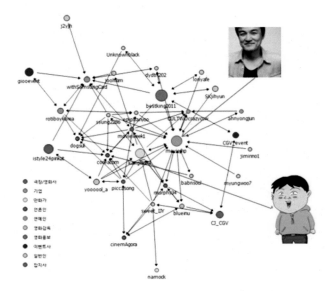

체포왕과 관련된 트위터 메시지 작성 및 리트윗 이용자 연결망 구조
자료원: 이현정(2011).

경우, 노드의 크기가 크며, 팔로워의 수가 매우 많다는 것을 알 수 있다. 이는 박중훈의 체포왕에 대한 메시지가 많은 대중들에게 노출되고 있다는 의미이다. 기업은 마케팅 전략을 수립함에 있어 박중훈이나 강풀과 같은 중심성이 높은 사람(influencer)을 타 깃팅 한다면 적은 비용으로 높은 효율을 낼 수 있을 것이다.

아래의 그래프는 영화 '체포왕'의 개봉일인 5월 4일을 기점으로 트위터에 키워드 인 '체포왕'이 포함되어 게재된 메시지의 수와 리트윗된 횟수를 나타낸다. 분석 결과, 개봉일을 기점으로 메시지의 양이 증가했다는 것을 파악할 수 있다.

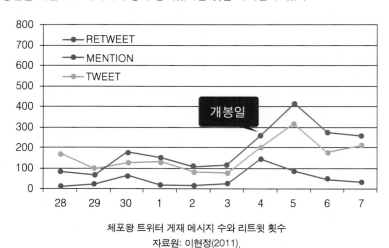

체포왕 트위터 게재 메시지 수와 리트윗 횟수
자료원: 이현정(2011).

아래의 그래프는 체포왕을 포함한 트위터의 게시글의 유형을 분석한 결과이다. 이를 통해 체포왕에 대한 긍정적인 의견은 51%, 부정적인 의견은 3%, 중립적인 의견은 21%, 홍보 및 광고로 분석되는 메시지는 25%라는 것을 알 수 있다.

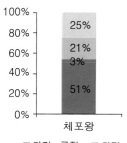

체포왕을 포함한 트위터 게시글 유형 분석 결과
자료원: 이현정(2011).

자료원 : 이현정(2011)

로그파일 분석

1. 로그파일 분석의 의미

　　인터넷상에서 실시되는 가장 독특한 조사는 방문자의 흔적에 대한 데이터를 이용한 것이다. 사용자가 웹사이트를 이용하면 이에 대한 기록이 로그(log)라는 형태로 흔적이 남게 된다. 이러한 로그 데이터는 방문자의 행동을 직접 기록한 데이터의 특성을 지닌다. 따라서 이러한 로그 데이터가 지니는 특성으로 인해 로그파일을 분석하는 것은 인터넷 조사의 새로운 분야로 관심을 받고 있다. 그런데 로그파일 분석은 사용자에 따라 단지 로그정보를 분석하는 것에 한정하기도 하고 로그 정보를 기반으로 한 보다 다양한 정보를 분석하는 확장된 개념으로 확대시키기도 한다. 이를 살펴보면 다음과 같다.

　　일반적 의미의 로그파일 분석은 로그 데이터를 이용하여 트래픽을 파악하고, 이 트래픽이 지닌 의미를 분석해 나가는 것이라고 할 수 있다. 로그 데이터를 이용하여, 웹사이트의 페이지뷰, 사용자별 페이지뷰, 접속장소 및 방식, 시간별 페이지뷰, 방문자수 등에 대한 현황 및 추세를 분석하는 것이다. 웹사이트의 클릭흐름을 분석하는 것 역시 이 범주에 들어간다. 사용자가 웹사이트를 방문하는 경로와 서핑하는 경로에 대한 분석을 통하여 웹사이트가 지닌 문제점을 찾고, 사용자가 웹사이트에서 무엇을 원하는지를 보다 구체적으로 파악하는 것이다.

　　이에 반해, 확장된 의미의 로그파일 분석은 단지 로그 데이터뿐 아니라, 웹사이트에서 보유하고 있는 고객등록정보, 구매정보, 외부환경정보 등을 복합적으로 활용하여 분석하는 것을 말한다. 이러한 분석을 통하여 사용자 특성별로 웹사이트의 이용, 구매에 대한 보다 폭넓은 분석이 가능해진다. 이러한 로그파일 분석을 통해 웹사이트는 보다 개인화된 접근이 가능해지고, 마케팅 활동의 효과를 높일 수 있게 된다.

2. 로그파일 분석의 과정

로그파일의 분석은 일반적으로 다음의 그림 5-9와 같은 일련의 과정을 거친다.

그림 5-9 로그파일 분석과정

자료원 : 아이비즈넷(www.i-biznet.com)의 자료를 재구성.

1) 분석대상 선정

웹 로그 분석에 있어 가장 먼저 해야 할 작업은 분석할 대상을 명확하게 정하는 작업이다. 웹 로그 분석을 하기 전에 웹사이트를 효율적으로 운영하기 위해 어떠한 분석이 필요한지를 내부적으로 미리 정해놓지 않으면 무엇을 캐야 하는지도 모른 상태에서 무작정 땅을 파는 것과 같다. 예를 들어 모든 사이트들이 각 사용자별 분석이 필요한 것은 아니다. 언론에 관련된 사이트나 검색 사이트 등은 굳이 많은 노력과 비용을 들여서 각 사용자별 분석을 할 필요가 없을 수도 있다. 하지만 회원 관리를 해야 하는 사이트, 특히 인터넷 쇼핑몰 같은 경우 사용자별 분석은 필수적인 사항이 된다. 이 단계에 이루어지는 결정이 다음의 과정에 많은 영향을 미치므로 매우 중요한 단계라고 말할 수 있다.

2) 로그항목 선정

앞 단계에서 분석할 항목들을 정했다면 분석에 필요한 항목들만 로그에 남도록 해야 한다. 이러한 과정을 통해 다음 단계에서 데이터 처리를 할 때 많은 손실을 줄일 수 있다. 또한 이와 관련된 보다 중요한 이유는 로그 데이터의 크기다. 아무런 설정 없이 로그 데이터를 받게 되면 로그 데이터의 크기는 매우 커지게 된다. 증권사나 포털 사이트처럼 트래픽이 많은 경우 로그 데이터의 크기는 분석 자체를 엄두도 못 낼 만큼 크다.

데이터가 매 순간 쌓인다는 것을 고려한다면 필요한 것만 저장되게 하는 것은 매우 중요한 작업이 된다.

차후에 분석할 목적으로 단순히 로그 데이터를 저장만 하고 있는 사이트가 많은데, 저장되는 데이터의 크기가 너무 크게 되면, 이후 분석이 불가능하게 되는 경우를 고려해야 한다. 특히 인터넷의 빠른 변화를 고려한다면, 로그 데이터를 쌓아만 둔다는 것은 결코 현명한 판단이라고 말할 수 없다. 로그 데이터는 곧 바로 웹사이트 운영에 반영이 될 수 있도록 분석되어야 하고, 그러기 위해서 분석 과정을 줄일 수 있는 다양한 방법을 구현해야 한다.

3) 선별, 정제 및 변환

필요한 데이터가 로그 파일에 저장되었다면 다음 과정으로 분석 가능한 데이터로 변환하는 작업이 필요하다. 로그에 저장되는 것은 원시적인 형태의 데이터다. 따라서 단순히 로그 파일만을 가지고 분석할 수 있는 범위는 기초적인 수준에 그칠 수밖에 없다. 그래서 이 로그 데이터를 분석 가능한 형태로 바꿔 주는 작업이 필요하다.

데이터 분석에 있어서 가장 중요한 요소 중의 하나는 분석에 사용될 데이터의 질이며, 정제 작업은 바로 데이터의 질을 높여 주는 역할을 한다. 로그 분석에 있어 가장 시간이 많이 걸리고 또 중요한 과정이 바로 이 과정이다.

이 과정이 중요한 또 다른 이유는 앞에서 지적한 로그 데이터의 부정확한 부분을 보완해 주는 알고리즘이 적용되기 때문이다. 그리고 이 알고리즘은 모든 경우에 적용할 수 있는 일반적인 형태가 아니라 각 웹사이트의 특성에 따라 각 웹사이트에 맞는 알고리즘을 적용시켜야 하므로 그 알고리즘이 얼마나 적절한지에 따라 로그 분석의 정확도가 결정된다고 할 수 있다.

데이터 마이닝 (Data Mining)

데이터 마이닝(Data Mining)이란 기업이 보유하고 있는 일일 거래자료, 고객자료, 상품자료, 마케팅 활동의 피드백 자료와 기타 외부자료를 포함하여 사용 가능한 데이터를 기반으로 숨겨진 지식, 기대하지 못했던 패턴, 새로운 법칙과 관계를 발견하고 이를 실제 경영의 의사결정 등을 위한 정보로 활용하고자 하는 것이다.

성공적인 관계 마케팅을 구현하기 위해서는 고수익 보장의 잠재력을 지닌 고객층을 발견하고 이런 고객들과 효과적으로 대화할 수 있는 마케팅 커뮤니케이션의 개발이 필수적이다. 잠재 고객 층을 파악하기 위해서 고객의 신상자료 및 소비자 행동에 관한 자료를 수집하고 방대한 고객 정보 가운데서 의사결정에 필요한 정보를 추출해 내는 과정은 결코 쉬운 일이 아니었다. 데이터 마이닝 기법은 소비자 정보에 기초해 그 가운데서 일정한 형태를 발견하고 미래의 구매 행동을 예측하는 과정을 자동화하게 해 준다. 데이터 마이닝은 데이터베이스에서 의미 있는 패턴을 발견해 낸다. 예를 들면 소비자의 데이터베이스에서 발견된 특정한 형태를 통해, 자녀를 둔 기혼 남자가 자녀가 없는 기혼 남자보다 특정 제품을 구매할 가능성이 두 배나 높다라는 예측을 할 수 있는 것이다. 마케팅 관리자로서는 이런 정보를 활용해 마케팅의 효과를 극대화할 수 있다.

데이터 마이닝은 통계학자들에 의해 개발된 통계적, 기계적 학습 기법을 기초로 해서 고객 구매 행동 예측 모델을 만든다. 오늘날 사용되는 대부분의 데이터 마이닝 기법들은 마이닝 과정을 자동화하고 이를 상업화된 데이터 웨어하우스와 통합해서 마케팅 관리자에게 의미있는 정보의 형태로 제공해 준다.

데이터 유용한 정보 경쟁력 강화를 위한 의사결정

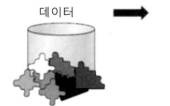

데이터마이닝의 정의
자료원: 전산용어사전편찬위원회 엮음(2011).

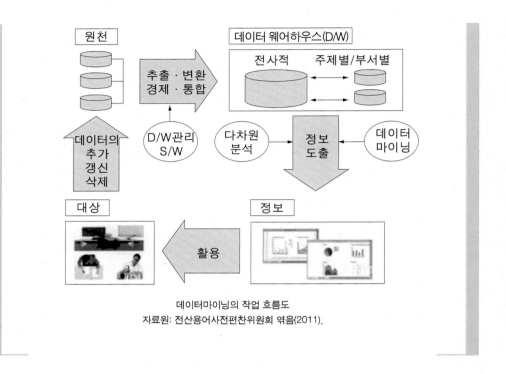

데이터마이닝의 작업 흐름도
자료원: 전산용어사전편찬위원회 엮음(2011).

4) 로그 분석

이 과정은 실제 로그 분석에 필요한 알고리즘이 적용되는 단계이다. 분석하고자 하는 요소들에 따라 다양한 알고리즘을 적용할 수 있다. 연관규칙 탐사, 연속 패턴 탐사, 군집 분석, 의사결정수, 신경망 모형 등 데이터 마이닝에 쓰이는 알고리즘을 적용시킬 경우 아주 유용한 분석을 할 수 있다.

그러나 웹사이트가 지닌 성격을 일반화할 수 없다는 점에서 기존의 데이터 마이닝을 이용한 기법들을 그대로 적용시키는 것은 문제가 있다. 따라서 단순히 데이터 마이닝 기법에만 의존하는 것이 아닌, 웹사이트를 잘 알고 있는 로그 분석 담당자의 다양한 상상력과 논리적인 분석, 그리고 로그 분석의 결과를 적절히 활용할 수 있는 웹사이트 운영자들의 사고가 가장 중요하다고 할 수 있다.

5) 결과 반영

마지막 작업은 분석 결과를 웹사이트 운영에 적용시키는 것이다. 사용자들의 성향을 분석하고 사이트 항목 중 어느 것에 주로 관심을 나타내는지 아닌지를 알아내서 사이트 개편 작업 등에 반영시킬 수 있다. 배너 광고의 경우 광고 효과를 극대화할 수 있는 형태로 관리할 수도 있다. 분석된 결과는 웹사이트 운영에 반영되고 다시 분석 과정에 반영되는 순환 과정을 거치게 된다. 이러한 순환 과정을 통해 웹을 통한 인터넷 마케팅은 발전한다.

3. 로그파일 분석의 활용

우수한 웹사이트와 그렇지 못한 웹사이트의 차이는 웹 로그 분석을 통해 사용자들의 요구와 서핑 행태를 분석하여 반영하는 능력에 달려 있다고 말할 수 있다. 우수한 인터넷 웹사이트일수록 사용자들의 로그 데이터를 효과적으로 분석하여 훌륭한 마케팅 자료로 활용하고 있다. 웹사이트의 문제점과 개선 방향을 로그 데이터를 어떻게 설정하고 어떻게 분석하느냐를 통해 파악할 수 있다.

그러나 이 로그 분석만으로 모든 가능한 자료를 얻을 수 있는 것은 아니다. 예를 들어, 로그파일은 접속되는 컴퓨터의 IP주소를 바탕으로 사용자의 정보를 파악하는 데 사용자가 유동 IP를 사용한다거나, 프록시 서버를 이용할 경우, 하나의 컴퓨터를 여러 사람이 사용할 경우, 캐쉬를 사용할 경우 등에는 정확한 자료를 얻을 수 없다.

결국 로그파일 분석에 모든 것을 의존할 수는 없고, 다양한 다른 자료도 통합적으로 분석하고 추론하여 정확하게 의사결정을 내리는 것이 중요하다.

Google Analytics

Google Analytics(www.google.com/analytics)는 방문자 분석, 광고 및 프로모션 효과분석, 특히 전자상거래 분석 기능 등을 갖춘 무료 웹로그분석 서비스이다.

2005년 3월 28일 Google은 Urchin Software사를 인수하고 약 7개월 후인 2005년 11월 14일 Google은 놀라운 서비스를 제안한다. 월 200달러에 제공하던 Urchin사의 웹로그분석 서비스를 무료로 전환해 월 500만 페이지뷰를 무료로 분석하는 Google Analytics 서비스 제공을 선언한 것이다. 국내에서 Acecounter의 웹로그분석 서비스는 가장 간단한 스탠다드 버전이 10만 페이지뷰에 월 2만원, 100만 페이지뷰 이상은 별도 협의 가격으로 진행된다는 것을 감안한다면 실로 놀라운 일이 아닐 수 없다.

1. Google Analytics의 로그 분석 방식

로그분석 방식에는 크게 웹서버 로그분석방식과 ASP(Application Service Provider)분석 방식이 있다. Web서버가 기록하는 로그 정보를 프로그램을 활용하여 분석/집계하여 표시하는 웹서버 로그분석방식은 Web서버가 기록하는 모든 액서스에 대한 분석이 가능하나, 실시간 로그분석을 위해서는 서버의 접근권한이 필요하여 경우에 따라 실시간 로그분석이 어렵다는 한계가 있다.

Google Analytics의 로그분석방식은 분석을 원하는 페이지에 분석용 코드를 삽입하여 데이터을 수집하고 분석하는 ASP방식이다.

ASP 방식은 설치가 간편하여 페이지 분석용 스크립트를 삽입하는 작업만으로 로그분석이 가능하여 현재 주로 유료/무료 웹로그 분석에 사용되고 있는 방법이다.

Google Analytics에서는 JavaScript 코드를 삽입한 페이지에 방문자가 접속하면, 접속의 기록이나 방문자가 취한 액션 등이 Google의 분석용 서버에 쌓이게 된다. 이후 계정관리자가 Google Analytics에 로그인하면, 이 누적된 로그의 집계/분석결과를 조회할 수 있는 것이다

2. Google Analytics의 특징

1) 무료다

Google Analytics는 월 500만 페이지뷰까지 무료로 분석할 수 있다. 월 500만 페이지뷰는 하루에 약16.6만 페이지뷰가 되므로, 개인이나 소호, 소규모 쇼핑몰 등의 웹사이트에 있어서는 거의 무제한 사용이 가능하다고 볼 수 있다. 여기에 Google의 광고서비스 AdWords를 이용한다면 무제한으로 서비스 이용이 가능하다.

2) 설치가 간편하다

Google Analytics는, 특별한 소프트웨어를 다운로드하여 설치할 필요 없이

Javascript 코드를 삽입만 하면 되기 때문에 간단하게 설치가 가능하다. 단, 추가적으로 전자상거래 분석 기능을 설치하기 위해서는 운영 중인 쇼핑몰 사이트의 데이터 베이스 값을 활용해야 하므로 약간의 프로그램이 필요하다.

3) 전자상거래 관련 데이터 분석을 지원

쇼핑몰 사이트의 경우 추가적인 분석코드를 삽입하면 매출, 거래건수, 제품별 매출 실적 등 다양한 분석 데이터를 조회할 수 있다.

4) 80종류 이상의 비주얼 리포트 제공

Google Analytics에는 80종류 이상의 리포트가 준비되어 있다. 데이터는 수치로 표시되는 것뿐만이 아니라, Flash을 이용한 원형그래프나 막대그래프, 꺾은 선 그래프로 표시되는 등 다양한 비주얼로 조회가 가능하다. 또한, 분석데이터는 온라인 조회뿐만 아니라, 텍스트파일이나 XML파일, Excel파일로 변환 다운로드가 가능하다.

5) 목표설정이 가능

상품의 구입, 회원등록등 캠페인이나 사이트의 목적에 부합하는 사용자 행동이 취해지는 결과 페이지를 설정하므로, 그 페이지에 도달할 때까지의 움직임이나 목표 달성률 등을 파악할 수 있다.

6) 모든 캠페인 추적가능

Google Analytics는 검색 엔진이나 유입처에 관계없이 이메일과 키워드를 비롯한 모든 온라인 캠페인 추적이 가능하다.

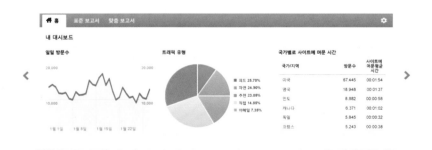

Google Analytics(www.google.com/analytics)

자료원 : www.casestudy.co.kr/14

요 약

효과적인 인터넷 마케팅 전략을 세우고 그 결과를 평가하기 위해서는 무엇보다 인터넷 시장에 대한 정확한 자료와 이에 대한 분석이 요구된다. 이러한 인터넷 마케팅 전략수립과 평가를 위한 조사는 기존의 오프라인 환경에서 수행되는 전통적인 마케팅 조사 방식과 인터넷상에서 이루어지는 조사 방식 모두에 의해 실시될 수 있다. 그러나 본 장에서는 기존 오프라인 환경에서 이루어지는 조사 방법에 대해서는 논외로 하고, 인터넷상에서 실시되는 인터넷 조사와 소셜 네트워크상에서 실시되는 소셜 네트워크 분석을 중심으로 살펴보았다. 이러한 인터넷 조사의 과정은 조사목적의 정의, 조사계획의 수립, 조사설계, 조사실시, 자료 분석 및 결과 해석, 조사결과의 활용이라는 순서로 이루어진다. 소셜 분석의 경우 기존의 데이터 처리와 달리 실시간으로 증가하는 방대한 양의 비정형 데이터인 빅 데이터 처리가 요구된다. 또한, 인터넷상에서 실시되는 가장 독특한 조사는 방문자의 흔적에 대한 데이터를 이용한 것이다. 따라서 이러한 로그 데이터가 지니는 특성으로 인해 로그파일을 분석하는 것은 인터넷 조사의 새로운 분야로 관심을 받고 있다

연구문제

1. 빅 데이터의 개념과 빅 데이터 분석이 기존 분석과 갖는 차이점은 무엇인지 기술하시오.
2. 인터넷 조사의 정의와 장점에 대해 서술하시오.
3. 소셜 분석의 의미를 설명하고, 분석 기법의 종류를 나열해보시오.
4. 소셜 네트워크 구조 분석의 종류를 설명하고 각 분석의 주된 속성에 대하여 기술하시오.
5. 로그파일 분석의 의미는 무엇이고, 어떻게 활용하는지 서술하시오.

참고문헌

1. 논문 및 단행본

김영원, 변종석 (2000), "인터넷 조사에서 표본추출 동향 및 문제점," 숙명여자대학교, 인터넷서베이 워크샵논문집, 19 - 35.

김재일 (2001), 인터넷 마케팅, 박영사.

박문각 (2012), 시사상식사전, 박문각.

박찬수 (2000), 마케팅원리, 법문사.

안광호, 김상용, 김주영 (2001), 인터넷마케팅원론, 법문사.

안광호, 임병훈 (2000), 마케팅조사원론, 법문사.

이계오 (2000), "인터넷 여론 조사의 현황과 전망," 숙명여자대학교, 인터넷서베이 워크샵논문집, 1 - 17.

이두희, 한영주 (1997), 인터넷 마케팅, 영진출판사.

이현정 (2011), "영화 마케팅에서 SNS 활용에 관한 연구: 영화 체포왕과 소스코드 사례를 중심으로, "소비문화학회 춘계학술대회 발표논문집.

이해용 (2000), "인터넷 서베이 방법론," 숙명여자대학교, 인터넷서베이 워크샵논문집, 65 - 84.

장영재 (2012), 엄청난 정보로 새 패러다임을 열다, 구글의 무인자동차처럼, Dong-A Business Review, June 2012 Issue2, No.107, pp. 64-70.

전산용어사전편찬위원회 엮음 (2011), 컴퓨터인터넷IT용어대사전, 일진사.

제병환 (2000), "인터넷 환경과 리서치 방법론," 숙명여자대학교, 인터넷서베이 워크샵논문집, 93 - 99.

조성우 (2011), "Big Data 시대의 기술," KT종합기술원, pp. 5-7.

2. 보고서

Cross, Parket, Prusak, &Borgatti (2001), "Knowing What We Know: Supporting Knowledge Creation and Sharing in Social Networks," *Organizational Dynamics*, 30(2), 100-120.

Global Agenda Council on Emerging Technologies (2012), "The top 10 emerging technologies for 2012," World Economic Forum.

James Manyika & Michael Chui (2011), "Big data: The next frontier for innovation, competition, and productivity," McKinsey Global Institute.

John Gantz & David Reinsel (2011), "Extracting Value from Chaos," IDC IVIEW.

로이스컨설팅 (2012), SNS 분석 연구 계획서.

이두희, 이현정 (2012), SNS 분석 연구 계획서.

지식경제부 보도자료 (2012), 융합 · 스마트시대 IT산업 주도를 위한 잰걸음.

3. 신문기사

김원철 (2010), "IT시대 또 하나의 '눈' SNA 아십니까," 국민일보, 2010년 2월 19일자.

4. 기타 (인터넷 검색 자료)

blog.naver.com/june820?Redirect=Log&logNo=80041158549

cafe.naver.com/bestking2011

newscomm.nate.com/poll/view?poll_sq=20492&ord=1

www.casestudy.co.kr/14

www.embrain.com

www.gartner.com

www.google.com/analytics

www.microstrategy.co.kr/

이슈 및 트렌드: SNS와 빅 데이터

□ 플랫폼 사이를 공략하라! 역발상에서 출발한 새로운 커머스 플랫폼 BOX의 탄생

구글, 페이스북, 아마존, 애플의 대표적인 공통점은 오늘날 인터넷을 통해 서비스를 제공하는 IT기업 중 가장 강력한 시장 지배력을 지닌 플랫폼 기업이라는 점이다. 이와 같은 거대 플랫폼 기업의 힘의 원천은 컨텐츠 공급자와 소비자를 모아서 플랫폼이 주도하는 룰에 따라 시장을 조성한다는 데 있다. 이처럼 수년 간 치열한 플랫폼 경쟁을 통해 어느 정도 시장의 구도 역시 자리를 잡아 가는 모양새다(Matthew Panzarino 2012). 최근 애플의 시가총액이 2012년 10월 마이크로소프트, 구글, 아마존, 페이스북을 합한 것보다 많아졌다는 결과는 전 세계적인 애플의 시장 확장력도 주요한 성장요인이었지만, 확고한 플랫폼 정책에 따라 비즈니스를 관리해 온 점도 한몫 했다고 볼 수 있다.

이와 같이 강력한 플랫폼 기업이 주도하는 시장의 상황은 마케팅 관점에서 볼 때 효율성을 높일 수 있는 중요한 채널이므로, 이를 활용하고자 많은 기업과 브랜드가 플랫폼에 참여하고 있는 가운데 플랫폼 비즈니스에 대한 관심도 더욱 높아지고 있다. 앞으로 점점 더 기존 플랫폼 기업의 시장지배력은 강화될 것으로 전망되는 가운데, 스마트 러닝과 커머스 분야에서 플랫폼 비즈니스를 진행해온 바 있는 케이유디지털미디어랩(주)에서 새롭게 선보인 BOX라는 스마트 커머스 플랫폼은 기존의 플랫폼의 집중형 방식과는 반대로 분산형 방식의 역발상에서 출발했다는 점이 흥미롭다.

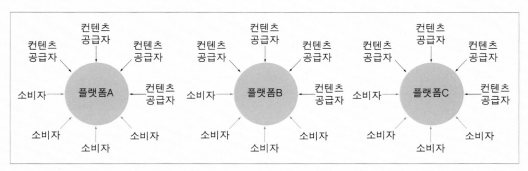

플랫폼의 기본 경쟁력은 집중에 있다
자료원: 케이유디지털미디어랩(주).

□ 다양한 서비스와 플랫폼 사이를 모바일 환경에서 서로 연결해 주는 커머스 플
랫폼 BOX (http://www.kdml.co.kr/)

케이유디지털미디어랩(주)에서 출시한 플랫폼 서비스 BOX는 스마트 융합을 기반으로 하여 다
양한 컨텐츠, 상품, 정보들을 담을 수 있고, 공유, 거래, 확장할 수 있는 연결 도구로 소개하고 있다.
BOX는 플랫폼 기능을 갖지만 기존의 앱스토어, 카카오톡 등과는 다르게 컨텐츠 공급자와 소비자를
플랫폼 안으로 끌어 모으지 않는다. 기존의 플랫폼은 소비자와 컨텐츠 공급자 간 거리가 멀고, 플랫
폼마다 회원가입/로그인 등 다양한 플랫폼 서비스를 활용하는 소비자에게는 다소 번거로운 이용절
차가 서비스를 이용하는 데 장애요인으로 작용하기도 한다는 점에서 한계가 있었다. 오히려 BOX는
구속력이 없으며 다른 플랫폼 서비스를 서로 연결하면서 모바일 환경에 최적화하여 가장 편리하고
유연한 커머스 플랫폼을 구현했다. 또한 기존 E-commerce 서비스에 비해 모바일에 적합하고 사
용자 중심의 편리함을 강화한 점이 특징이다. 따라서 BOX를 통해서라면 브랜드 쇼핑몰에 일일이
회원가입하고 방문하지 않더라도 손쉽게 원하는 상품 정보를 충분히 얻을 수 있고 또 언제든지 구
매 결정이 가능해진다. 그리고 하나의 상품은 오직 하나의 BOX로 유통되므로 시간에 비례하여 다
양한 BIG DATA 수집 또한 가능하다.

BOX는 기존 플랫폼 서비스를 '해체' 하고 컨텐츠 공급자와 소비자를 이어준다
자료원 : 케이유디지털미디어랩(주).

□ 스마트 커머스 플랫폼 BOX의 향후 진로 : 모든 플랫폼을 잇는 플랫폼

BOX는 모든 종류의 제품, 컨텐츠, 서비스를 모바일에서 Rich하게 보고, 듣고, 이용하고, 공유하고, 결제까지 할 수 있는 모바일 컨텐츠 유통 & 결제 플랫폼이다. BOX는 플랫폼에 탑재하는 컨텐츠의 유형에 따라 필요한 기능과 구성을 다양하게 지원함으로써 컨텐츠 공급자와 소비자 모두 만족할 수 있는 마케팅 채널을 만들어 갈 예정이다.

기능 카테고리	기능명	기능 설명
컨텐츠 뷰	사진 슬라이드	여러 장의 사진 조회
	동영상 재생	웹스트리밍 동영상 재생
	도서/잡지 보기	Flip으로 잡지 읽기
	지도 기반 컨텐츠	구글맵, 네이버맵 등의 지도 기반 컨텐츠
	인터랙션	터치, 입력, 반응하는 것에 따라 컨텐츠가 유기적으로 변화
스마트 커머스	모바일 결제	모바일 결제 모듈로 신용카드/휴대폰/실시간 계좌이체 결제
	친구에게 선물하기	결제 후 친구에게 Box 보내기
	구매 조르기	친구에게 사달라고 조르는 메시지와 함께 Box 보내기
	사이버머니	Box 내에서 사용되는 사이버머니로 충전해서 사용
	Box 현금화	Box 자체를 현금으로 충전하여 Box 교환 등의 매개체로 활용
소유 & 공유하기	Box 소유하기	최초 결제자는 Box를 소유하고 공유할 때마다 사이버머니 적립
	소유권 경매이전	경매를 통해서 Box의 소유권을 이전. 콜렉션을 모으는 사용자 타겟
	Box 공유하기	SNS, Email, 카카오톡 등을 통해 친구에게 공유해주거나, 친구의 Box를 공유받기
	Box 구매하기	결제를 통해서 Box를 구매
	Box 내 컨텐츠 구매	Box 내의 특정 컨텐츠를 사용하기 위해 구매
	Box Set	같은 종류의 Box들을 모아서 Set를 만들어 보관. 콜렉션 기능
	Box 간 연계	Box의 Set 간, 연관 Box 간 연계를 통한 링크 제공
인증	계정관리	로그인/개인정보/결제정보 관리
	Box 관리	소유/공유/구매 Box 및 Box 내 컨텐츠 관리
	사이버머니 관리	개인 충전 사이버머니 및 공유를 통한 리워드로 쌓인 사이버머니 관리
커뮤니케이션	Box 추천	Box를 추천하고, 자동으로 SNS에 공유
	Box Comment(SNS)	Box에 관한 평가, 이야기. 상품이 모델인 경우에는 직접 커뮤니케이션으로 발전(SNS 연동)
	Q&A(CSM)	상품에 대한 질의응답
	기프티콘 보내기	Box의 소유자에게 기프티콘을 구매해서 보내기
	바코드	기프티콘의 사용을 위한 바코드
서비스 연계	사이트 연결	외부 사이트로 링크
	앱 연결	모바일 기기 내 앱 링크
	각종 서비스 API 연결	API 연결을 통한 Box에서의 서비스 제공

BOX 기능 리스트 인용
자료원: 케이유디지털미디어랩(주).

BOX 적용 사례 인용
자료원: 케이유디지털미디어랩(주).

*참고문헌

1. 논문 및 단행본

Matthew Panzarino(2012), "Apple now bigger by market cap than Microsoft, Google, Amazon and Facebook combined," TNW, 2012년 8월 29일자.

2. 기타(인터넷 검색 자료)

thenextweb.com/shareables/2012/08/29/apple-now-bigger-market-cap-microsoft-google-amazon-facebook-combined/

www.kdml.co.kr

인터넷 마케팅 전략 수립

제6장 인터넷 마케팅 목표 설정
제7장 STP

6장 인터넷 마케팅 목표 설정

| 상표 자산 | 히트수 | 지속시간 | 클릭률 |
| 상호작용성 | 방문자수 | 페이지뷰 | |

소셜 커머스 마케팅

소셜 커머스는 정해진 기간 동안 일정 규모의 사람이 모이면 할인된 가격으로 구매가 가능한 일종의 공동구매와 같다. 소셜 커머스(Social Commerce)는 전자상거래의 일종으로 이–커머스(e–commerce)라고도 한다.

온라인 공동구매와 달리 페이스북, 트위터와 같은 SNS(Social Network Service)를 이용해 단기간에 사람을 모아 가격을 할인받을 수 있다는 장점이 있다. 이러한 형태의 소셜 커머스는 2008년 미국 시카고에서 설립된 그루폰(Groupon)에서 시작되었으며 스마트폰과 SNS의 활용이 대중화됨에 따라 20대에게 새로운 소비문화로 자리 잡았다.

대한상공회의소에 따르면 20대의 설문 대상자의 59.6%가 소셜 커머스를 이용한 경험이 있다고 답했다. 또한 그 중 67.2%가 '대체로 만족', 17.2%가 '매우 만족'이라고 답해 전반적으로 소셜 커머스에 대한 만족도가 높은 것으로 나타났다.

2011년 소셜 커머스의 방문자 현황을 살펴보면 수많은 소셜 커머스 사이트 중 쿠팡, 티켓몬스터, 위메이크프라이스, 그루폰 네 개의 업체가 선전하고 있으며, 소셜 커머스 업계 전반적으로 꾸준한 성장세를 보이고 있다.

소셜 커머스 구매 경험

구 분		있다	없다	계
전 체		38.3	61.7	100.0
연령별	20대	59.6	40.4	100.0
	30대	48.6	51.4	100.0
	40대	26.5	73.5	100.0
	50대	10.3	89.7	100.0
직업별	학생	57.3	42.7	100.0
	회사원	41.1	58.9	100.0
	전문직	52.5	47.5	100.0
	자영업	15.8	84.2	100.0
	가사	23.3	76.7	100.0
성별	남성	38.6	61.4	100.0
	여성	38.0	62.0	100.0

자료원: 대한상공회의소(2011).

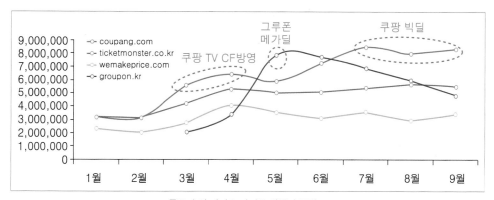

주요 소셜 커머스 사이트 방문자 트렌드
자료원: Koreanclick(2011).

대한상공회의소에 따르면 소셜 커머스의 주요 구매 선호품목은 식사·음료(43.4%), 문화·공연티켓(37.2%), 의류(17.8%), 여행(11.59%) 순으로 나타났다.

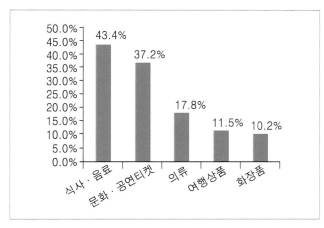

소셜 커머스 카테고리별 구매 비중
자료원: 대한상공회의소(2011).

쿠폰모아(www.couponmoa.com)의 통계 자료에 따르면 '티켓몬스터'는 주로 식사/음료 업종의 매출 비중이 높았고 '그루폰'은 문화/공연티켓 업종에서 두각을 나타내었다. 또한 2011년 중상반기부터 의류업종이 급성장하기 시작했는데, '그루폰'은 성장세를 보이는 반면 '티켓몬스터'의 경우 하락세를 보이고 있다. 여행 상품의 경우 '쿠팡'과 '티켓몬스터'가 우위를 차지하고 있다. 이와 더불어 화장품 업종에서는 '그루폰'이 3월에 급성장하여 티켓몬스터에 이어 2위를 차지하고 있다.

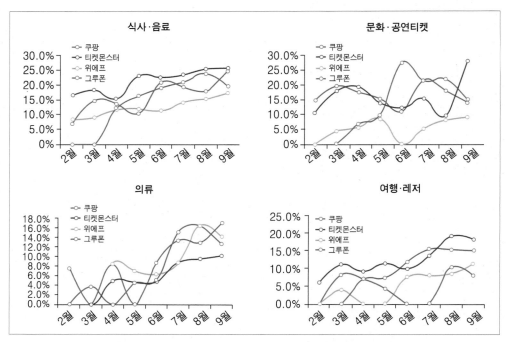

쿠폰모아(www.couponmoa.com)의 소셜 커머스 업종별 매출 비중(2011)

현재 소셜 커머스 시장은 1년 사이 약 10배나 성장했다. 그러나 동시에 다양한 불안 요소들을 안고 있다. 낮은 시장 장벽으로 인한 신생 업체들의 시장참여로 경쟁이 심화되고 있을 뿐만 아니라 각 업체들의 사업영역 확대로 인건비가 상승하고 있다. 이를 극복하기 위해 기존의 소셜 커머스 업체들은 브랜드 강화에 힘써야 한다. 특히 각 소셜 커머스 업체별로 자사가 강점을 보이는 사업 영역에 전문성을 강화하고, 적극적인 사업 제휴를 통해 자사만의 차별화된 경쟁력을 갖추는 것이 중요하다. 이를 통해 현재 소셜 커머스 업체들이 직면한 위협을 극복해야만 지속적인 성장이 가능할 것이다.

 인터넷 환경의 특성을 고려한 인터넷 마케팅 목표 설정

인터넷은 매체상의 특성으로 인해 기존의 마케팅 환경에서는 상상할 수 없었던 장점을 누릴 수 있게 되었다. 즉, 기존의 마케팅이 전통적인 거래 공간인 시장이라는 물리적 장소를 토대로 수행되어졌다면, 인터넷을 통한 마케팅은 사이버 스페이스(Cyber Space)에서 고객과의 관계형성 및 실시간 상호작용이 가능한 쌍방향 커뮤니케이션을 통해 수행되어진다.

이와 같은 인터넷 마케팅 환경은 기존의 오프라인 마케팅 환경과는 구별되는 독특한 성격을 가지고 있다. 과거 비차별적 마케팅이나 차별적 집중 마케팅을 하던 시대에서, 이제는 데이터베이스를 바탕으로 점차 원투원(one-to-one) 마케팅이 가능한 시대가 되었다. 그 이유는 인터넷의 보급으로 인해서 데이터베이스 관리를 개인별로 보다 손쉽게 할 수 있다는 데서 찾을 수 있다. 즉, 마케팅 환경의 변화는 과거의 대중적 접근 방법에서 소비자별 접근을 가능케 했으며, 소비자들도 새로운 구매 환경에 자연스럽게 익숙해지고 있다.

따라서, 인터넷 시장이 정보기술의 발달과 더불어 무한한 잠재력과 성장가능성을 지니고 있는 시장임을 감안할 때, 기존의 오프라인 마케팅과 인터넷 마케팅 환경의 차이점을 파악하고 그에 따른 마케팅목표의 수정과 보완이 이루어져야 함은 너무도 당연한 일일 것이다.

인터넷 마케팅 목표 설정

　　기존의 전통적인 기업환경에서 인터넷이라고 하는 기업환경으로의 환경변화 파악과, 그러한 환경변화가 마케팅활동에 미치는 영향을 평가하는 일은 매우 중요한 과제이다. 특히, 인터넷 마케팅 계획기간 안에 실행해야 할 구체적인 목표를 설정하는 것은 기업이 지향하는 마케팅 방향과 기회를 제공한다는 측면에서 매우 중요하다.

　　그렇다면 인터넷이라는 기업환경에서 마케팅 목표는 어떻게 설정되어야 하는가? 일반적으로 설정될 수 있는 인터넷 마케팅 목표는 표 6-1과 같다.

표6-1　인터넷 마케팅 목표

재무적 목표	수익률
	매출액 / 판매량 등
시장지향적 목표	시장점유율
	U & A
	만족도
	상표자산 등
세부 목표	상호작용성
	인식도 제고
	등록고객
	고객 참여도
	고객 애호도
	히트수
	방문자수
	지속시간
	페이지뷰
	클릭률 등

인터넷 기업들은 마케팅 목표 수립시, 기존 오프라인상에서의 전통적인 마케팅 목표인 매출의 증대, 시장점유율의 제고, 고객만족 향상 외에도 인터넷이 가지는 특성과 장점을 고려한 세부적인 목표 설정이 가능하다.

이에 다음의 내용에서는 표 6 – 1에 제시된 각각의 인터넷 마케팅 목표에 대해 재무적 목표, 시장지향적 목표, 세부적 목표의 세 가지 관점에서 살펴보도록 한다.

1. 재무적 목표

인터넷 마케팅의 목표는 우선 외부 환경 분석을 통해 기회와 위협을 파악한 결과와 내부역량 분석을 통해서 기업내부의 강약점을 분석한 결과를 토대로 이루어져야 한다. 특히, 회계적 데이터를 이용하는 재무적 목표는 예측하기가 쉽지 않기 때문에 과거의 자료와 향후 마케팅 활동의 기대분석을 통하여 이를 예측하도록 노력하여야 한다. 인터넷을 통해서는 더욱 다양한 수입원이 창출될 수 있는데, 여기서는 매출액, 이익 등과 같은 재무적 지표로 표시되는 수익률과 매출액 목표 설정에 대해 살펴보도록 하겠다.

1) 수익률

오프라인 마케팅 환경에서건 인터넷 마케팅 환경에서건 수익률의 중요성은 크다고 할 수 있다. 기업의 활동은, 일정한 수익률이 보장되어야 생존과 성장이 보장될 수 있기 때문이다. 인터넷 쇼핑몰이나 경매 사이트 등은 수익률을 목표로 하는 대표적인 사이트라고 할 수 있다. 이 경우의 궁극적인 인터넷 마케팅 목표는 고객당 수익성의 극대화라고 할 수 있다.

2) 매출액

인터넷 마케팅 환경 하에서 매출액을 증대시키기 위한 방법에는 여러 가지가 있을 수 있는데, 이는 유통비용의 절감, 판매경비의 절감, 시간절약, 공간상의 이점 등을 통해서 달성될 수 있다. 그러나 이러한 방법들의 시행에는 신중을 기해야 한다. 매출액만을 중심으로 한 목표의 설정은 기업에 단기적인 수익의 확대를 가져올 수 있지만, 장기적으로는 이익의 감소와 함께 그 동안 관계를 유지해 오던 고객의 이탈을 초래할 수도 있기 때문이다.

2. 시장지향적 목표

인터넷의 출현은 대량생산, 대량판매, 대중마케팅의 기존 마케팅 활동의 본질적인 변화를 요구하고 있다. 즉 시공간을 초월한 상호작용은 원투원(one-to-one) 마케팅 활동을 가능케 했으며, 기업들로 하여금 고객 지향적인 차별화된 마케팅 활동의 중요성을 인식하게 하였다. 이러한 추세에 비추어 기업은 마케팅 목표의 설정시 단순한 재무적 지표에 근거한 마케팅 목표 설정뿐만 아니라, 추가적으로 시장지향적 목표설정을 중요시 여기게 되었다.

1) 시장점유율

시장점유율은 일정한 규모의 동질 시장에서 특정 상품의 더 많은 판매를 목표로 삼는 판매중심적 마케팅 목표이다. 시장점유율 목표하에서의 마케팅 활동은 가치 있는 고객의 확보와 유지이다. 가치 있는 고객을 찾아서 획득할 뿐만 아니라 여러 가지 마케팅 방법으로 고객이 느끼는 가치를 극대화하여 애호도가 높은 고객으로 만드는 것도 중요하다. 그러나 시장점유율 목표는 동일 시장 내에서의 경쟁을 피할 수 없으므로 과도한 마케팅 비용의 발생에 의해 수익성이 악화될 수도 있다.

2) U&A(usage and attitude)

인터넷상에서 기업들은 단순한 제품과 서비스를 판매하는 것이 아니다. 경험을 함께 판매하는 것이다. 여기에서는 고려해야 하는 중요한 요인 중의 하나는 상호작용성이다. 즉, 인터넷을 통해서 컨텐트웨어를 제공받은 고객이 형성하는 태도에 따라서 재방문 여부가 결정되기 때문에 고객과의 상호작용을 통해서 긍정적인 태도를 형성해야 함을 의미하는 것이다. 긍정적인 태도를 형성하게 된 고객은 웹사이트의 북마크를 통해서 지속적인 관계를 형성하게 된다. 그러므로 기업에서는 고객이 원하는 정보를 지속적으로 알리고 열람하는 시험사용을 증가시킴으로써, 자사가 제공하는 제품과 서비스 및 웹사이트에 대한 긍정적인 태도의 형성을 목표로 해야 한다.

3) 만족도

만족도 목표는 고객으로부터 구매를 기대한다기보다는, 다양한 참여를 통해서 방문의 빈도를 높이고 이를 기반으로 고객 간의 커뮤니티를 형성하여 고객 스스로 컨텐츠를 생산하는 것을 목표로 삼는다. 이러한 사이트의 목표는 고객 참여도의 제고 및 애호도의 제고라고 할 수 있다. 즉 기업은 다양한 서비스를 제공하고 고객의 지속적인 커뮤니티의 활동을 유도함으로써 만족도를 높여 고객이 사이트에 대해 스스로 애착을 가지고 활동할 수 있도록 만드는 것을 목표로 설정할 수 있다.

4) 상표자산

상표자산은 기업에게 꾸준한 이익을 제공해 준다. 어느 상표를 고객들이 알아주고, 품질을 높게 평가하며, 좋은 이미지 연상을 떠올리며, 더 나아가 그 상표를 아끼고 타인에게까지 추천한다면 그 상표는 상표자산(brand equity)이 있다고 할 수 있다. 즉, 상표자산은 상표가 창출하는 부가가치를 의미한다고 하겠다. 이러한 상표자산은 새로운 고객을 유인, 확보하고 상표에 대한 애호도를 증진시키며, 새로운 상표 확장을 통한 성장의 발판이 될 수 있다. 또한 웹사이트의 방문율과 트래픽을 증가시키고 경쟁사이트들에 대해 보호장벽이 되는 경쟁우위를 제공한다. 그러므로 강력한 상표자산의 창출은 기업에 있어 중요한 마케팅 목표가 될 수 있다.

인터넷 마케팅의 세부 목표

　인터넷 마케팅 목표는 기업의 인터넷 비즈니스 활동을 성공적으로 수행하기 위한 것이다. 이러한 인터넷 마케팅 목표가 단순히 성공적 비즈니스 활동으로 단정지어진다면 마케팅이 사이버 스페이스에서 이루어진다는 것 이외에 기존의 오프라인 마케팅 목표와 차별화되는 것은 없다. 그러나 인터넷은 기존의 어떤 매체도 수행하지 못했던 시공간적 제약을 뛰어넘은 다수와의 상호작용을 가능하게 함은 물론이고, 물건을 직접 보지 않고 정보만을 이용하여 마케팅 활동을 전개해야 하는 데다, 고객이 다양하고 풍부한 정보를 가지고 비교 쇼핑이 가능하다는 커다란 차이점을 가지고 있다. 인터넷상에서는 마케팅 환경의 차이로 오프라인의 마케팅 목표와 차별화된 마케팅 목표의 수립이 요구되고 있다. 예를 들어, 상호작용성, 인식도, 등록고객, 고객참여도, 고객 로얄티, 히트수, 방문자수, 지속시간, 페이지뷰, 클릭률 등이 그것이다.

1. 상호작용

　상호작용성이란 두 당사자 간의 쌍방향적인 자극의 전달 정도라고 이해할 수 있다. 즉, 상호작용성은 인터넷 매체가 갖는 중요한 특성임과 동시에, 인터넷 마케팅에서 지향해야 할 하나의 마케팅 목표이기도 하다. 결국 효과적인 인터넷 마케팅 활동은 상호작용을 통해 구축되어야 하는 것이므로, 상호작용의 증진을 마케팅 활동의 목표로 설정할 수 있다는 것이다.

　인터넷상에서의 상호작용은 소비자와 기업, 소비자 간 상호작용으로 크게 구분할 수 있다. 소비자와 기업 간의 상호작용은 다시, 직접적인 상호작용과 간접적인 상호작용으로 나누어진다. 기업이 프로그램화시킨 웹사이트를 방문할 경우는 소비자와 기계를 통한 상호작용으로 이는 소비자와 기업 간의 간접적인 상호작용으로 볼 수 있으며, 웹사이트의 웹마스터에게 질문을 하고 응답을 받는 경우 등은 기업과의 직접적인 상호작용으로 볼 수 있다. 또한 웹사이트를 방문한 소비자가 게시판을 이용한 토론을 하며, 채팅, 이메일 등을 사용하는 것은 소비자 간의 상호작용으로 볼 수 있다.

또한 상호작용성은 크게 두 가지 차원으로 분류된다. 하나는 소비자가 상호작용 대상에 대해 행동을 하고 피드백을 하는 정도이고, 다른 하나는 소비자의 행동에 대한 상호작용 대상이 하는 반응차원이다. 이 두 가지 차원은 다시, 반응의 양과 질, 속도에 따라 다시 세부차원으로 나누어진다. 이상의 내용을 정리하여, 각 상호작용 유형별 특성을 살펴보면 표 6-2와 같다. 따라서 인터넷 마케팅 관리자는 자사의 상황에 맞는 상호

표6-2 상호작용의 구분

상호작용 차원		상호작용의 유형		
		소비자-기계 (간접적 상호작용)	소비자-기업 (직접적 상호작용)	소비자 - 소비자
소비자가 상호작용 대상에 대해 행동을 하고 피드백을 하는 정도	소비자의 상호작용 대상에 대한 반응의 양	다양한 서비스의 사용	기업에 제시하는 자신의 의견, Q&A 등의 양	게시판, 채팅 등을 사용하는 빈도, 시간
	소비자의 상호작용 대상에 대한 반응의 질	자세한 서비스 검토	기업이 원하는 정보의 제공	상대방의 의견에 대한 적절한 응답
	소비자의 상호작용 대상에 대한 반응 속도	신속한 서비스의 검색, 사용	기업이 보낸 메일, 판촉 등에 대한 신속한 반응	상대방이 메일을 보냈을 때 응답하는 속도
상호작용 대상이 소비자 행동에 대한 반응을 하는 정도	상호작용 대상의 소비자 행동에 대한 반응속도	검색시 정보의 양	제공하는 정보의 양	게시판에 의견을 게재했을 때 조회수 또는 응답수
	상호작용 대상의 소비자 행동에 대한 반응의 질	멀티미디어의 활용	고객의견의 적극적 반영과 고객 관심사에 대한 정확한 정보 제공	게재한 의견과 응답의견의 일치도
	상호작용 대상의 소비자 행동에 대한 속도	접속의 신속성	고객의견의 신속한 반응	상대방 반응의 신속성

자료원: 박찬원(2000), " 인터넷 사용행동에 관한 이중경로 모형," 고려대학교 박사학위논문, p.46 수정 후 인용.

작용 유형을 고려하여, 이에 따른 마케팅 목표를 설정할 수 있다.

상호작용의 한 예로 열린 백과사전 위키피디아(www.wikipedia.org)를 들 수 있다.

열린 백과사전 위키피디아(www.wikipedia.org)

사람들 사이에 논쟁이 있을 때 논쟁을 잠재울 수 있는 방법 중 하나가 바로, '브리태니커 백과사전에 의하면'이라고 말을 꺼내는 것이라는 우스개이야기가 있을 정도로 브리태니커 백과사전은 폭넓은 분야에 대한 심도 깊은 서술과 권위 있는 편집자들에 의해 명예와 상업적 성공을 누리고 있었다. 인터넷의 발달로 브리태니커에 대한 절대적인 권위는 희석되는 느낌이 든다고 하지만 아직도 브리태니커는 백과사전의 대명사처럼 쓰이고 있다. 이는 인터넷이 발달한 지금도 브리태니커가 가지고 있는 풍부한 설명과 각 분야의 전문가들이 집필한 내용에 견줄 수 있는 문서가 많지 않기 때문이다. 예를 들어 아인슈타인이 설명한 시공간이나 프로이드가 설명하고 있는 정신분석과 같은 글을 통해 브리태니커가 단순히 사실을 설명하는 것이 아니라, 한 시대의 지성이 참여한 백과사전이라는 인식을 대중에게 심어 주었다.

하지만 새로운 개념의 백과사전들이 사용자수뿐만 아니라 내용의 충실함에서도 브리태니커를 따라잡고 있는데, 그중 '위키피디아'를 주목할 만하다. 이전의 백과사전은 편집인이 혼자 쓰고 정리하는 형태이지만 위키피디아는 누구나 자신이 알고 있는 내용을 자유롭게 편집하도록 허용한다. 위키피디아는 누구나 참여하여 글을 고칠 수 있다는 'ikiwiki'와 백과사전의 'encyclopedia'를 합성한 신조어인데, 사이트가 시작될 무렵은 표제어가 많지 않았고 따라서 기존에 위키위키를 사용하던 사람들이 관련된 정보를 나누고 있었다. 참여를 독려하는 글이 심심치 않게 보일 정도로 작은 사이트였지만, 어느 순간을 넘어서부터는 풍부한 내용에 끌려온 사용자들이 위키피디아의 정신에 찬성하면서 페이지수가 폭발적으로 늘어난다. 특히 시사사건에 대한 빠르면서 깊은 내용은 뉴스의 보도속도를 능가하면서도 전문적이고 심도 있는 설명을 빠뜨리지 않는다. 예를 들어 2005년 2월에 발생한 인도네시아 지진에 대한 아티클의 내용이 불어나는 속도는 실시간보도에 가까운 것이었다.

또한 수학과 과학에 대한 내용이 풍부하고 정확하게 나와 있어서 인기를 끌고 있다. 빠르게 변하는 과학의 발전 속도를 따라잡기에는 인쇄매체가 가진 문제뿐만 아니라, 한 사람이 책임을 지고 편집하는 기존의 백과사전 편찬방식도 문제가 된다. 자신이 아는 만큼 쓰고 틀린 점이 있으면 고쳐가면서 내용을 점점 풍부하게 확장시키는 것은 위키위키가 아니었다면 불가능한 것이다.

사용자들이 자유롭게 글을 쓰고 편집할 수 있는 위키피디아의 장점은 때론 단점으로 작용하기도 한다. 일례로, 2012년 런던 올림픽 펜싱 4강 경기에서 오심 판정으로 인해 한국의 '신아람' 선수를 패배하게 만든 주심 '바바라 차르'의 사건을 들 수 있다. '바바라 차르'의 오심 판정은 '흐르지 않는 1초'라는 말을 만들어 내며 큰 논란을 야기했다. 오심 판정 논란 직후 '위키피디아-한글판'에서 '바바라 차르'를 검색하면 간단한 인물 소개와 함께 "이 여자는 심판의 자격이 없다," "심판 자격을 박탈해야 한다," "바바라 차르는 올림픽 최악의 오심을 저지르고 말았다" 등의 원색적 비난이 담겨 있었다.

인터넷은 변화이다. 변화의 속도는 너무나 빨라서 200년 넘게 쌓아온 백과사전의 내용을 4~5년 안에 따라 잡을 정도이다. 자발적으로 참여한 사용자들의 도움으로 이렇게 짧은 기간에 이룰 수 있었던 것은 인터넷이 아니라면 불가능할 것이다. 200년 동안 쌓아온 기업의 자산이 한순간에 진부화될 수도 있는 것이 인터넷이 가져다 준 변화의 결과이다. 인터넷은 동시에 기회이다. 수많은 인터넷 사용자들의 도움으로 지금 이 순간에도 위키피디아는 확장되고 더욱 명확해진다. 이전에 어떤 사전편찬자도 꿈꾸지 못한 백과사전이 인터넷을 통해 만들어지고 있는 것이다.

2. 인식도

기업이 자신들의 웹사이트를 고객에게 노출시키고, 이를 고객이 인식하는 단계에서부터 인터넷 마케팅 활동은 시작된다. 기업은 고객이 사이트를 인식하도록 또 이러한 인식도를 극대화할 수 있도록 사이트 노출을 최대화하는 마케팅 목표를 세울 수 있다.

3. 등록고객

관심을 가진 고객이 최초의 북마크를 통해서 다시 찾아오는 단계에 이르면 고객은 이 사이트를 지속적으로 방문할 가치가 있는가를 평가하게 된다. 이 사이트가 제공하는 가치가 내가 원하는 가치와 일치하는가, 내가 원하는 정보가 지속적으로 업데이트되는가 등의 판단을 한 후에 고객은 해당 사이트를 지속적으로 방문할 것인지를 결정하게 된다. 이 경우 기업측면에서는 고객이 지속적인 관계를 결심하도록 연관을 유도하는 마케팅 활동을 주로 펴게 된다. 이 단계에서의 주요 마케팅 목표는 등록 고객의 증대가 된다.

4. 고객 참여도

고객이 사이트가 제공하는 가치에 확신을 가지고 정기적으로 방문하게 되면 이제 고객은 단순히 사이트에 있는 정보를 보기만 하는 단계에서 정보를 생성하는 데 참여하는 단계에 이르게 된다. 이 단계에서부터 인터넷 매체의 특성인 상호작용이 본격적으로 일어나기 시작하게 된다. 또한 이 단계에 이르기 위해 기업들은 상호작용을 강화하기 위한 마케팅 활동에 초점을 맞추기 시작한다. 이 경우 마케팅 활동의 목표는 고객 참여도의 증가, 고객 응답수의 제고 등이 된다.

5. 고객 애호도

고객과의 긴밀한 상호작용을 통해 고객이 사이트에 대해 애호도를 느끼고 여간해서는 이탈하지 않도록 하는 것도 인터넷 마케팅의 목표로 설정될 수 있다. 이를 위해 기업은 다양한 상호작용을 통해 고객의 만족을 유지하고 애호도를 쌓는 마케팅 활동을 하게 된다. 이 단계에서의 마케팅 활동의 목표는 고객 애호도의 제고, 이탈고객의 최소화 등이 될 수 있다.

6. 히트수

히트수(hits)는 방문자가 웹사이트에 접속했을 때 연결된 파일의 숫자를 말하는 것으로 한 페이지를 전송할 때 그 안에 포함된 그래픽, HTML, 텍스트 블록 등의 모든 파일이 히트로 계산된다. 히트수는 인터넷이 확산되던 초기에 사이트 운영자들은 히트수를 하나의 마케팅 목표로 삼고, 자사의 방문자 수를 과시하기 위해 히트수를 기록한 카운트를 설치하여 사이트 방문자 수를 기록하거나 인터넷 광고회사에서 광고를 유치하기 위한 단위로 많이 사용되었다. 하지만 최근에는 이러한 히트의 수치가 무의미하기 때문에 웹 로그 트래킹을 위한 수치로는 잘 사용되지 않는다.

예를 들어 인터넷 이용자가 특정 홈페이지에 접속하면, 사용자가 클릭하지 않은 이미지 파일 및 텍스트 파일의 숫자를 모두 포함하여 히트수가 30으로 기록된다. 따라서 홈페이지를 한 번 방문하여도 여러 번의 히트수로 기록될 수 있으며, 이러한 히트수는 그 페이지가 가지고 있는 파일 수에 따라 편차가 크게 나기 때문에 유의적인 정보를 제공하지 못한다.

7. 방문자수

방문자(visitors) 수는 특정 웹사이트에 한 번 이상 접속한 사용자 수를 파악하는 방법으로 방문자의 증가 추이 및 충성 고객 등을 파악하는 중요한 요소이다. 방문자 수는 웹사이트의 고객이 얼마나 많은지를 나타내는 척도로 고객의 수에 초점을 맞춘 것이다. 방문자 수의 특성에 대한 분석은 로그파일, 쿠키 데이터, 등록정보를 바탕으로 이루어진다. 이들 정보를 기반으로 방문자들의 나이, 성별, 소득, 인터넷 접속 경로, 국가, 거주 지역, 직업 등에 따른 분류가 가능해진다. 방문자에 대한 인구 통계 정보를 기반으로 한 분류는 웹사이트를 방문하는 사람들의 특성을 파악할 수 있도록 해 보다 효과적으로 새로운 컨텐츠 및 서비스를 개발할 수 있도록 한다. 고객에 대한 정보를 많이 파악하고 있다고 한다면 이들 새로운 컨텐츠 및 서비스의 성공확률은 그만큼 높아질 수 있을 것이다.

8. 지속시간

지속시간(duration time)은 방문자가 특정 웹사이트에 머문 평균시간을 의미한다. 이는 방문자가 웹사이트에 머문 시간의 측정을 통하여 웹사이트에 대한 관심도를 측정할 수 있게 한다. 지속시간이 길어질수록 고객의 웹사이트에 대해 호감을 가지고 있으며 참여의 증가가 기대된다. 그러므로 기업은 방문고객의 호감과 참여의 증가를 위한 하위 목표로 지속시간의 증대를 설정할 수 있다.

9. 페이지뷰

페이지뷰(page view)는 하나의 HTML 문서를 보는 것을 말한다. 즉 웹사이트가 방문자에게 제공하는 총 페이지 수를 말하는데, 페이지 단위의 트래픽 분석 결과는 웹사이트의 발전에 다양하게 활용할 수 있다. 우선 페이지뷰의 증대는 방문자의 만족도를 향상시켜 지속적인 방문을 유도할 수 있을 것이며, 문제가 있는 페이지를 파악하여 대응할 수 있게 한다. 또한 다양한 테스트를 수행하여 고객의 관심사에 대해 더욱 정확한 판단을 하여 웹사이트 업그레이드를 보다 효율적으로 수행할 수 있도록 한다. 뿐만 아니라 페이지별 디자인 개선에 대한 정보를 얻을 수 있고, 페이지별 트래픽을 시계열로 분석함으로써 방문자들의 관심사의 변화를 추적할 수도 있다. 페이지별 트래픽 분석을 통한 웹사이트 개선 노력들은 결국 웹사이트 타게팅이 보다 정교해지도록 만들 수 있으며, 트래픽 정보는 방문자의 특성에 따라 재분류하여 정리할 경우 보다 세분화된 고객 관리도 가능해질 수 있다. 이러한 세분화된 고객 분류로 보다 효과적인 광고 및 웹사이트의 발전이 가능하다.

10. 클릭률

클릭률(CTR: Click Through Rate)은 배너광고가 포함된 페이지를 본 사용자들 가운데 광고를 실제로 클릭하여 광고주의 웹사이트로 옮겨간 사용자의 수를 의미한다. 따라서 클릭률을 인터넷 마케팅의 세부적인 목표로 설정함으로써 웹사이트의 노출을 증대시킬 수 있다. 또한 클릭률은 외부로부터 웹사이트로 방문하는 경로에 대한 분석과 웹사이트 내의 방문자들이 어떻게 다른 웹사이트로 이동하는지에 대한 분석을 가능하게 하며, 광고 효과 측정을 위한 길잡이로도 활용된다.

인터넷 마케팅 목표시 고려해야 할 사항을 요약해 보면 크게 비즈니스 목표와의 일관성, 고객 중심의 마케팅 목표 수립, IT와의 긴밀한 협조, 기업의 역량을 바탕으로 한 목표 설정 및 기술변화 트렌드의 고려 등을 들 수 있다.

11. 리트윗

리트윗(Retweet)은 다른 사람이 올린 글을 다시 내 계정으로 불러와 자동으로 포스팅하는 행위로써 나의 친구(follower)들에게 리트윗한 정보를 전달하여 확산시키는 역할을 한다. 2009년 마이크로 블로그 시대를 맞은 최고의 히트 상품은 트위터(twitter)

였다. 트위터는 140자 이하의 메시지를 SMS나 이메일 등을 통해 상대방에게 전달하는 SNS이다. 트위터는 한 인물을 친구로 추가해 내가 그 사람의 팔로어(follower)가 될 수 있고, 반대로 다른 사람이 나를 팔로우(follow)할 수도 있다. 그리고 팔로잉(following)을 한 뒤에는 그 사람의 글을 읽고 내 글을 남길 수 있다. 이처럼 트위터는 '공유, 참여, 개방을 활용한 1인 미디어'로써 기능한다. 트위터에서 가장 특이한 기능은 리트윗(RT: Retweet) 개념이다. 이는 메시지를 확산시키는 행동으로 강한 파급력을 가지고 있다. 이 개념은 트위터의 공유, 참여, 개방을 보여 주는 기능이다. 한 예로 할리우드 스타 '애시튼 커처'는 CNN과 트위터 팔로어 100만 명 등록 내기를 해 승리를 했다고 한다. CNN의 뉴스 트위터는 실시간으로 뉴스 속보를 내보내기에 애시튼 커처가 불리할 것으로 예상했지만, 사용자들의 '리트윗' 파급력으로 인해 애시튼 커처가 승리했다고 한다. 이는 애시튼 커처 팔로어들의 적극성을 보여 주는 사례로 볼 수 있다. 이처럼 기업에서도 리트윗과 팔로어들의 적극성을 극대화하는 마케팅 목표를 세워 트위터의 파급력을 적극적으로 활용해야 할 것이다.

12. 라이크

라이크(like)는 페이스북의 'Like(좋아요)' 활성화 버튼으로 다른 사람이 업로드한 게시물이 마음에 들면 이를 눌러 자신의 담벼락에 공유하는 기능을 한다. 트위터의 가장 두드러진 특징이 리트윗 기능이라고 한다면, 페이스북의 가장 특이점은 'Like' 기능이다. 이 기능은 친구가 업데이트한 컨텐츠에 간단히 호응을 할 수 있고, 댓글을 남기지 않아도 쌍방향 소통이 가능하다는 것을 인지시킬 수 있다. 이 기능은 다른 페이지, 블로그, 특정 아이템에도 연동이 가능해 즉시 페이스북으로 공유하는 역할을 한다. 따라서 트위터의 리트윗처럼 컨텐츠 노출과 확산에 매우 큰 공여를 하고 있다.

세계적 보험회사 AXA의 페이스북 마케팅의 경우 페이스북의 Like기능을 적극 활용해 자사의 선불카드의 장점을 알리고 있다. 페이스북에 여행 중 찍은 사진을 업로드해서 like의 수치를 많이 받으면 like 하나당 1$로 계산하여 즉시 AXA의 선불카드로 입금되어 이를 여행 중에 다시 사용할 수 있게끔 하였다.

13. 댓글

댓글(comment)은 웹사이트 방문자들이 게시 글에 대해 자신의 의견을 덧붙이거나 추가적인 정보를 담아 하단에 짧은 문구를 달아놓는 것을 말한다. 이는 다수의 사람들이 각종 정보를 공유할 수 있는 기능을 한다. 기존의 일방적 메시지 전달과 달리 각 개인의 의견을 추가시킴에 따라 쌍방향 의사소통이 가능하게 되었다. 댓글은 방문자들이 서로 공통된 주제로 정보를 나누기 때문에 서로 간의 신뢰도와 관여도가 높아 수용자들에게 강력한 설득효과를 지닌다.

또한 댓글의 수는 보다 많은 사람들이 게시 글에 대한 반응을 보여 주는 것이므로 사회적 영향력에 따라 다른 사람들의 참여를 더 증대시킬 수 있다. 기업들은 이와 같은 댓글의 효과성을 감안해 방문자들의 활발한 댓글 참여를 위한 목표를 설정해야 한다.

IV 인터넷 마케팅 목표 설정시 고려사항

인터넷 마케팅 목표시 고려해야 할 사항을 요약해 보면 크게 비즈니스 목표와의 일관성, 고객 중심의 마케팅 목표 수립, IT와의 긴밀한 협조, 기업의 역량을 바탕으로 한 목표 설정 및 기술 변화 트렌드의 고려 등을 들 수 있다.

1. 비즈니스 목표와의 일관성

기존 기업이 인터넷 마케팅을 시행할 경우 기존 기업의 비즈니스와 일관성을 가져야 함은 물론이고, 인터넷에서 출발한 기업의 경우에도 전체 비즈니스의 목표와 일관된 마케팅 목표를 세워야 한다. 따라서 인터넷 마케팅의 목표를 설정하기 전에는, 설정된 비즈니스 목표가 무엇인가를 먼저 파악해야 한다.

2. 고객중심의 마케팅 목표 수립

인터넷 환경은 기존 오프라인 환경보다 고객에 대한 정보 수집과 활용이 용이한 특성을 갖고 있다. 그러므로 인터넷 마케팅의 목표는 이를 충분히 활용하여 철저히 고객 중심으로 수립되어야 한다. 전통적 마케팅에서는 매출액 얼마를 달성하기 위해 어떤 고객을 목표로 제품을 생산하고 어떤 채널을 통하여 어떻게 유통시키며 어떤 광고를 어떤 매체에 집행시킴으로써 시장점유율을 얼마나 가져가는가 하는 방식으로 마케팅 목표가 수립되었다. 인터넷 마케팅에서는 장단기적인 고객가치 증대를 목표로 설정하고 이를 달성하기 위해 고객의 수를 어느 정도로 확장하며 고객의 애호도를 어느 정도까지 제고하고 이들에게 무엇을 제공하며 어느 정도의 매출 및 수익을 올릴 것인가를 중요시하여 수립되어야 한다.

3. IT와의 긴밀한 협조

인터넷 마케팅의 경우 IT(Information Technology)가 차지하는 비중이 매우 크다. 그러므로 IT와의 긴밀한 협조하에 목표를 시스템적으로 뒷받침할 수 있도록 목표를 수립하는 것이 필요하다. 인터넷은 앞서 얘기한 바와 같이 다양한 정보를 바탕으로 마케팅 활동이 이루어지므로 정보를 수집하고 분석하며 이를 보고하는 IT 도구가 마케팅의 효율성을 좌우할 수도 있다. 그러므로 목표수립 단계에서부터 목표의 구현과 분석 및 보고를 고려한 구체적인 계획수립이 필요하다.

4. 기업역량과의 조화

모든 비즈니스가 하루아침에 인터넷 비즈니스로 전환할 수 없는 것과 마찬가지로 모든 마케팅 활동이 하루아침에 인터넷으로 전환될 수는 없다. 인터넷에서 출발한 기업 뿐만 아니라 기존 기업도 자사의 역량을 냉정하게 파악하고 인터넷을 활용할 수 있다고 판단되는 부분에서부터 실행해 나가는 지혜가 필요하다. 따라서 인터넷 마케팅 목표 설정시에는 현재 자사의 역량 하에 실현 가능한 것인지의 여부를 고려해야 한다.

5. 기술변화 추세의 고려

인터넷 환경은 기술변화가 매우 빠른 특징을 가지고 있으므로 항상 기술의 변화를 주시하고 적합한 기술을 활용하여 마케팅 프로그램을 제공하는 것이 필요하다. 특히 제품시장을 근본적으로 바꾸거나 새로운 시장을 형성시키는 시장창조형 제품이 될 만한 기술들은 기술 자체만으로도 훌륭한 상품성을 갖추고 있으므로 이러한 기술의 출현을 포착하여 신속하게 활용하면 상당한 선도자의 이점을 누릴 수 있다. 또한 현재 진행하고 있는 비즈니스의 경우도 기술의 변화에 따라 새로운 변환의 기회를 모색할 수 있으므로 신기술을 활용한 마케팅도 인터넷 마케팅에서는 큰 축을 이룰 수 있다.

6. 목표에 따른 실행 결과에 대한 통제

인터넷 마케팅 활동을 위한 목표가 설정되었다면, 그 다음은 이러한 목표를 실제 실행하는 단계가 되어야 한다. 그러나, 주지해야 할 사실은 실행 후에는 반드시 실행 결과에 따른 성과를 측정해야 한다는 점이다. 그렇다면, 성과 평가에 대한 기준이 되는 것은 무엇일까? 그것이 바로 본격적인 인터넷 마케팅 활동을 위한 사전 단계로 수립된 인터넷 마케팅 목표인 것이다. 즉, 인터넷 마케팅 관리시에는 성과를 측정하고, 성과와 목표 사이의 차이가 발생한 원인을 분석하고, 그 분석 내용에 따라 시정조치를 취하는 통제의 과정을 거쳐야 한다는 것이다. 따라서 설정한 인터넷 마케팅 목표를 실행한 결과를 주기적으로 측정하고, 이를 목표와 비교함으로써 보다 나은 마케팅 성과를 기대해 볼 수 있을 것이다.

Coca cola 인터넷 마케팅

코카콜라(Coca-cola)는 브랜드 웹사이트를 통해 고객과 소통할 수 있는 효율적인 커뮤니케이션 채널을 확보함으로써 자사의 브랜드 강화에 힘쓰고 있다. 이를 바탕으로 다양한 제품 정보를 제공하는 것뿐만 아니라, 게임, 음악, 영화 등의 컨텐츠를 만들어 웹사이트에 대한 몰입을 높이고 있다. 이처럼 다양한 온라인 프로모션 서비스 제공으로 코카콜라는 소비자에게 웹사이트의 지속적인 방문 동기를 부여하고, 이를 통해 수집된 소비자 데이터베이스를 기반으로 체계적인 CRM 관리를 할 수 있다.

결과적으로 코카콜라는 인터넷 마케팅을 통해 고객과의 효율적인 커뮤니케이션 미디어를 확보할 뿐만 아니라, 다양한 온라인 프로모션 활동을 통해 고객 만족을 실현시킴으로써 소비자와의 우호적 관계를 형성하고 있다.

코카콜라 브랜드 사이트에 '코크 블로그'와 '코크 트위터' 메뉴를 구성해 다양한

코카콜라(www.cocacola.co.kr)의 초기화면

SNS 매체와의 융합을 꾀하였다. 이를 통해 기업과 소비자 간의 쌍방향 의사소통을 원활하게 하였다. 무엇보다 최근 기업의 인터넷 마케팅에서 가장 중요시되는 부분은 페이스북의 활용이다.

2012년 전 세계 페이스북 사용자는 9억 100만 명을 돌파하였다. 이것은 전 세계 인구 10명 중 1명이 사용한다는 것이다. 때문에 최근 기업들이 인터넷 마케팅의 플랫폼으로 페이스북을 가장 중요하게 여기고 있다.

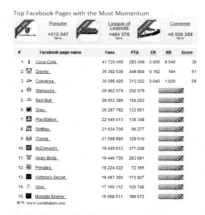

소셜 바이커스 홈페이지(www.socialbikers.com)

Social bakers 자료에 따르면 브랜드별 페이스북 팬 확보 순위는 코카콜라, 디즈니, 컨버스, 스타벅스 순으로 이어진다.

코카콜라의 facebook 초기화면(facebook.com/cocacola)

코카콜라 팬 페이지는 페이스북을 활용한 성공적인 인터넷 마케팅 사례로 꼽을 수 있다. 2008년 코카콜라 홍보팀은 페이스북으로부터 코카콜라 팬 페이지 담당자가 누구냐는 문의를 받았다. 하지만 당시 코카콜라는 페이스북의 코카콜라 팬 페이지의 존재조차 몰랐던 상황이었다. 이 사실을 안 코카콜라 측은 해당 사이트를 인수하거나 소송을 건 다른 기업과 달리 해당 팬 페이지의 운영자를 적극적으로 후원해 주기로 결정했다. 이처럼 코카콜라 팬페이지의 특이점은 다른 기업과 달리 순수하게 코카콜라를 좋아하는 소비자가 직접 사이트를 개설해 운영한다는 점이다. 때문에 팬 페이지 내에는 악성 게시물이 올라오기도 하지만 다른 기업들이 운영하는 일방적인 제품 홍보용 페이스북 팬 페이지와 달리, 코카콜라 팬 페이지는 방문자들의 자발적 참여로 인해 해당 브랜드에 대한 강력한 애착을 형성했다.

다른 기업은 페이스북 팬 페이지를 일방적인 제품 홍보 매체로만 여기고, 마케팅 활동을 진행한 반면 코카콜라는 SNS의 쌍방향 커뮤니케이션이 가능하다는 장점을 적극 활용한 성공적인 인터넷 마케팅 사례이다. 이 덕분에 코카콜라는 페이스북에서 가장 많은 팬 수를 확보한 브랜드가 되었다.

자료원: blog.naver.com/olijmodd?Redirect=Log&logNo=157475704; post.pixdine.com/1716

요 약

인터넷 마케팅 전략 실행에 앞서, 먼저 수행되어야 할 일은 적절한 인터넷 마케팅 목표를 설정하는 것이다. 일반적으로 설정될 수 있는 마케팅 목표인 수익률, 매출액 등과 같은 재무적 목표, 시장점유율, U&A, 만족도, 상표자산 등과 같은 시장지향적 목표 등을 인터넷 마케팅 목표로 설정할 수 있다. 그러나, 기존의 오프라인 중심의 전통적인 기업의 마케팅 환경에서 인터넷으로 마케팅 환경이 변화함에 따라 인터넷이 갖는 매체의 특성을 고려하여 새로운 마케팅 목표들이 설정될 수 있음을 고려해 보아야 할 것이다. 즉, 인터넷의 매체적 특성을 고려하여 상호작용성, 인식도 제고, 등록고객의 확대, 고객 참여도, 고객 애호도, 히트수, 방문자수, 지속시간, 페이지뷰, 클릭률 등이 구체적인 인터넷 마케팅의 세부목표로 설정될 수 있을 것이다. 그러나 이러한 인터넷 마케팅 목표를 설정할 때에는 비즈니스 목표와의 일관성의 여부, 고객 중심적 사고의 반영, IT와의 긴밀한 협조, 기업 역량과의 조화, 기술변화 추세 등을 고려해야 한다. 또한 설정한 목표에 따른 실행 후, 성과를 목표와 비교하는 통제 과정을 거쳐야 한다.

연구문제

1. 전통적인 마케팅 목표와 비교해, 인터넷상에서 새롭게 설정될 수 있는 인터넷 마케팅 목표는 어떠한 것이 있을까?
2. 자신이 자주 이용하는 인터넷 사이트를 상정하여, 그 사이트에서 설정할 수 있는 인터넷 마케팅 목표는 어떠한 것이 있을지 제안해 보시오.

참고문헌

1. 논문 및 단행본

박찬원 (2000), "인터넷 사용행동에 관한 이중경로 모형," 고려대학교 박사학위 논문.

이경렬 (2008), "댓글의 이용동기와 충족도가 온라인 커뮤니티 충성도에 미치는 영향과 과정에 대한 구조적 차원의 연구: 상호작용성과 커뮤니티 몰입의 매개변인을 중심으로," 커뮤니케이션학 연구: 일반, 제16권 2호.

2. 보고서

대한상공회의소 (2011), "소셜커머스 활용 실태와 만족도 조사."

메조미디어 (2011), "소셜커머스 업체 마케팅 Trend."

3. 기타(인터넷 검색 자료)

blog.naver,com/olijmodd?Redirect=Log&logNo=157475704

blog.witwit.co.kr

jr.naver.com

kids.daum.net

kr.kids.yahoo.com

post.pixdine.com/1716

www.cocacola.co.kr

www.couponmoa.com

www.daum.net

www.empas.com

www.metrixcorp.com

www.nate.com

www.naver.com

www.sisapress.com

www.socialbikers.com

www.wikipedia.org

www.yahoo.co.kr

이슈 및 트렌드: 위치기반서비스(Location-based Service)

☐ 위치기반서비스란?

위치기반서비스는 GPS를 이용하여 사용자의 위치정보를 기반으로 제공되는 서비스로 정의할 수 있다. 여기에는 위치정보의 수집과 이용 및 제공과 관련되는 모든 유형의 서비스가 포함된다. 위치기반서비스는 모바일 애플리케이션을 통해 현재 위치에서 가장 가까운 맛집, 은행, 병원 등의 편의 시설을 찾는 등 활용가능하다.

☐ 위치기반 소셜 네트워크 서비스

위치기반서비스 관련 서비스는 현재 한국은 물론 전 세계적으로 가장 폭발적으로 성장하고 있는 분야이다. 특히 위치기반서비스는 개인용 모바일 정보기기이며, 동시에 GPS가 탑재된 스마트폰의 사용이 보편화되면서 서비스가 고도화되고 있다. 소셜 네트워크 서비스(SNS)와 연계하여 서비스의 범위를 확장할 수 있기 때문이다.

위치기반서비스와 소셜 네트워크 서비스가 합쳐진 위치기반 소셜 네트워크 서비스는 내가 현재 어디에 있는지, 방문했던 장소와 이동한 경로가 어떠한지 기록 가능하다. 더불어 타인의 위치까지 파악할 수 있으며 이를 통해 서비스를 제공한다.

위치기반서비스를 제공하는 응용프로그램(앱)에 대한 수요가 늘면서 위치기반서비스 사업자 신고가 증가하고 있다. 방송통신위원회가 허가해야 하는 위치정보사업의 신고는 2005년에서 2009년까지 주를 이뤘지만, 2010년부터는 앱 개발자들의 사업자 신고가 주를 이루고 있다. 위치기반서비스 사업은 위치정보 사업자로부터 제공받은 위치정보를 이용하여 물류, 교통, 긴급구조 등 이용자에게 서비스를 제공하는 사업이다. 따라서 서버를 두고 위치 정보를 저장하고 이용자에게 위치 정보를 이용한 서비스를 제공하는 법인과 개인은 2005년 제정된 위치정보법에 따라 방통위에 위치기반서비스 사업자로 신고해야 한다.

포털, 이동통신사뿐만 아니라 벤처 기업들까지 위치기반서비스에 뛰어들고 있다. 위치기반서비스는 단순히 자신의 위치를 누군가에 알리는 역할을 하는 것이 아니다. 나의 위치와 더불어 주변 상권에 대한 검색이 가능하다. 또한 주변의 음식점 등에 대한 정보를 다른 유저들과 공유할 수 있으며, 각 상점이 진행하는 이벤트 등을 통해 할인 및 혜택이 가능하다는 장점이 있어 사용자 역시

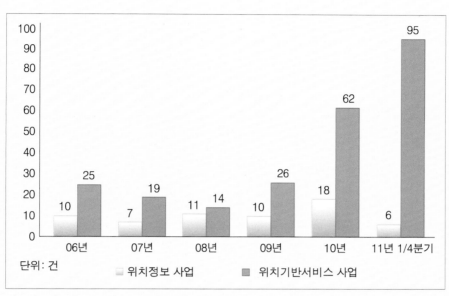

증가하고 있는 신규 위치정보 사업 및 신규 위치기반서비스 사업 허가, 신고 건수
자료원: 지디넷코리아, 2011년 4월 21일자 이미지 인용.

증가하고 있는 것이다.

위치기반서비스는 사용자의 동선을 기록하고, 개인화된 솔루션을 제공하는 라이프로그 트렌드와 밀접한 연관이 있다. 따라서 앞으로 인터넷 비즈니스의 주요한 모델인 개인화된 위치기반 커머스를 제공하는 데 초석이 될 수 있을 것으로 예상된다.

□ 위치기반 소셜 네트워크 서비스의 예

소셜 네트워크 서비스 환경에서 사람들은 서비스 제공자에게 단순한 개인정보를 제공하는 차원이 아니다. 과거의 인터넷 서비스를 이용할 때와는 다르다. 많은 사람들에게 자신의 사생활을 공개하고 이를 통하여 새로운 사회관계를 형성해가고 있다. 위치기반 소셜 네트워크 서비스가 이러한 역할을 하고 있다. 다음은 위치기반 소셜 네트워크 서비스의 예이다.

1) 포스퀘어(foursquare.com): 포스퀘어는 2009년 미국에서 등장했다. 사용자가 자신이 위치한 주변의 음식점이나 호텔, 커피숍 등을 '체크-인(check-in)'이라는 기능을 통해 등록하고 지속적으로 갱신하면서 자신의 의견을 올리거나 타인과 상호 공유할 수 있도록 하는 서비스이다. 사

용자가 체크인을 할 때마다 점수(point)가 주어지는데 체크인의 횟수가 많아지면 '뱃지(badge)'를 수여받게 되며 특정 장소에 체크인을 많이 할 경우 사용자는 그 장소의 가상의 '메이어(mayor)' 자리에 오르게 된다. 방문횟수 통계를 매주 단위로 제공하여 사업자는 방문자의 등급에 따라 무료 음료를 제공하는 등 프로모션이 가능하다. 이러한 서비스는 트위터나 페이스북 계정과의 설정을 통해 연동할 수 있는데 자신이 체크인한 정보가 업데이트되는 것을 실시간으로 알 수 있다.

2) 아임In(www.im-in.com): 아임인은 KTH(대표 서정수)가 선보인 한국형 포스퀘어다. 포스퀘어의 체크인 대신 '발도장', 메이어 대신 '캡틴' 등 스마트폰과의 연동 측면에서도 용어의 변화를 주었다. KTH는 자사 서비스인 '파란지도'를 활용, 1년간 자체 분석을 거쳐 이용자들에게 주목받는 지역 및 권역 관련 데이터베이스를 구축했다. 예를 들어 가로수길, 홍대입구 등을 검색하면 포스퀘어는 이용자가 입력한 정보 위주로 검색 결과를 제공하지만 아임IN은 그뿐 아니라 KTH가 제공하는 기본 상권, 지역 정보를 함께 보여 준다.

현재는 소상공인 및 프랜차이즈 점주를 대상으로 '아임인비즈(아임IN비즈)' 서비스를 제공하고 있다. 이 플랫폼에 등록된 매장 점주는 매장 정보는 물론 이벤트, 할인 정보, 쿠폰 발행 등 다양한 마케팅 툴을 활용하여 매장 가까운 곳에 방문한 아임인 유저에게 제공하고 있다. 또한 사업자가 진행한 이벤트나 프로모션의 효과를 확인할 수 있도록 이벤트 참여자 수와 쿠폰 발행 수, 참여한 사

아임인 홈페이지(www.im-in.com)

람의 리스트 등을 제공한다.

3) 씨온: 씨온(대표 안병익) 역시 한국형 포스퀘어를 표방하며 탄생하였다. 기존의 포스퀘어와 같은 컨셉트에 게임 및 오락 요소를 더한 것이 특징이다. 즐기면서 하는 동네 페이스북과 같은 개념이다. 내 위치를 기록하고 주변 사용자와 대화할 수 있는 위치기반 소셜네트워크서비스에 '캡틴 선정'과 '캡 모으기' 등을 추가하면서 한 걸음 더 나아간 것이다. 특정 장소를 가장 많이 '씨온'(포스퀘어의 체크인)한 사람이 그 장소의 주인인 '캡틴'으로 선정된다. 일정한 미션을 수행하거나 자격 조건을 갖추면 그것을 기념하는 '캡'을 취득할 수 있다.

씨온의 가장 큰 특징 중 하나는 커뮤니티 요소를 가미해 주변에서 올라온 글을 볼 수 있도록 하는 서비스다. 씨온에 등록된 장소의 정보 페이지에서는 그 곳의 캡틴과 그 곳에 다녀간 사람들, 그들이 남긴 사진이나 기록 등을 확인할 수 있고, 자신의 현재 위치정보를 트위터, 페이스북, 미투데이, 카카오톡 등으로도 전송 가능하다. 또한 한 명이 할 수 있는 캡틴 자리를 놓고 서로 뺏고 뺏길 수 있는 게임적인 요소도 가미됐다. 이처럼 게임적인 측면에서 재미 요소가 많아 호응이 좋고, 소셜적인 기능에서도 친구 관계를 통해 친밀도를 표현하거나 친구의 히스토리를 통합해 알려주는 것으로 섬세함을 추구한다. 다양한 마케팅 기법과 정확한 정보를 제공하는 '씨온샵' 역시 타사에는 없는 서비스 중 하나로 꼽을 수 있다.

씨온과 현재 협업하는 매장은 미스터 도넛, 버거킹과 같은 큰 기업에서부터 작은 중소상공인까지 700여 개 정도다. 가장 사례가 좋았던 바비큐 집의 경우, 씨온샵에 등록하고 매출이 20% 이상 증가했다. 씨온샵 비용은 프리미엄은 연간 50만원, 라이트는 연간 30만원, 월 3만원도 가능하다.

□ 대표사례: '오빠믿지' 응용프로그램(앱)

2010년 10월 플라스크모바일(대표 김정태)이 만든 응용프로그램이 스마트폰을 뜨겁게 달구었다. 연인끼리 또는 부부끼리 지금 어디에 있는지, 위치정보를 공유하고 1:1 대화도 가능한 연인용 무료 메신저 앱 '오빠믿지'가 바로 그것이다. '오빠믿지'는 GPS를 통해 상대방의 위치를 200m 범위 내에서 파악할 수 있는 앱으로 출시되자마자 앱스토어 1위에 오르는 등 폭발적인 인기를 누렸다. 출시 이틀 만에 가입자 15만 명 정도를 확보하고, 국내 대형 포털 3곳에서 실시간 인기 검색어 1위를 기록하기도 했다.

'오빠믿지' 앱이 개발 당시 포스퀘어에서 친구를 맺어 서로의 위치를 확인하는 방법은 있었지

오빠믿지 앱 화면
자료원: 뉴스웨이, 2010년 10월 20일자 인용.

만, 국내에서 서로의 위치를 실시간으로 확인할 수 있다는 기능을 공개적으로 내세운 앱의 등장은 처음이었다. 영상통화와는 다르게 전원을 끄거나 어디에 스마트폰을 버리지 않는 이상 거짓말이 불가능하며, 위치 숨기기 기능도 있으나 위치를 숨길 경우 위치를 숨겼다는 메시지가 상대방에게 가기 때문에 무용지물인 기능이나 마찬가지다.

'오빠믿지' 어플은 플라스크 모바일 경영진이 불구속 입건되면서 또 한 번 화제를 낳았다. 서울 구로경찰서가 스마트폰 애플리케이션을 이용해 이용자의 동의 없이 수십만 명에게 위치정보를 제공한 혐의로 '오빠믿지' 개발자를 포함하여 4개 업체 8명을 불구속 입건한 것이다.

방송통신위원회에 위치정보사업자로 신고하기 전부터 서비스를 제공한 것이 문제가 되었다. 위치기반서비스 사업신고만 하면 서비스에 전혀 문제가 없었다. 플라스크 모바일은 방송통신위원회에 위치정보사업자 허가를 신청(2010년 11월)했고, 약관 승인 후 다시 서비스를 재개(2010년 12월)하였다. 이후 열흘 만에 누적다운로드 200만을 기록했다.

□ **위치기반서비스의 프라이버시 관련 향후 과제**

위치기반서비스 앱은 사생활 침해 논란을 불러일으키고 있다. '오빠믿지' 앱이 대표적 사례.

스마트폰의 전원을 끄지 않는 이상 자신의 위치가 상대방에게 고스란히 노출된다. 위치 숨김 기능을 갖고 있으나 이를 사용할 땐 상대방에게 자동으로 알림 메시지를 전송, 함부로 이용할 수도 없어 프라이버시 침해의 우려를 불러일으켰다.

위치기반서비스는 하루에도 수천만 명의 위치 데이터를 서버에 저장하고 있는데 이는 개인정보의 지나친 노출과 남용이라는 문제를 가지고 있다. 개인의 활동범위와 일상생활이 낱낱이 공개될 수 있다는 우려와 더불어, 한편으로는 미디어가 거대한 감시의 권력을 소유하게 되었음도 의미한다.

위치기반서비스 소셜네트워크 서비스들은 사용자가 '언제', '어디서', '무엇을' 했느냐에 대해 기록하고, 다른 사람과 이 기록을 나누면서 게임과 사교의 장으로 기능한다는 데 있다. 이러한 서비스들은 단순히 어떤 개인이 어디에서 무엇을 하는가를 공개하는 데 머무르지 않고 있다. 많은 서비스들이 개인의 사생활과 더욱 밀접한 관계를 이루며 발전해 가고 있다. 프라이버시의 경계가 무너지고 있는 셈이다.

위치기반서비스에서 활용되는 위치정보는 특별한 개인정보로 이름이나 주민등록번호와 같이 이용자가 직접 입력한 일반적인 개인정보와는 다른 특성을 가지고 있다. 따라서 위치기반서비스에서 활용되는 위치정보는 사용자에게 편의성을 제공한다는 취지와는 다르게 서비스 제공자의 의지에 따라 얼마든지 악용될 수 있다는 위험성을 가지고 있다. 위치정보가 악용될 경우에는 개인의 위치추적이 가능하기 때문에 개인의 프라이버시를 침해할 수 있으며, 위치 정보의 오용으로 인해 사용자에게 큰 피해를 가져올 수도 있다.

위치기반서비스 소셜네트워크는 여전히 인기를 끌고 있지만, 내 사생활을 모두와 공유하게 된다. 이러한 이유로 포스퀘어만 하더라도 체크인을 하지 않는 사람들이 상당수다. 바로 사생활 침해에 대한 두려움 때문이다. 그러므로 위치기반서비스가 보다 활성화되기 위해서는 위치정보의 보호를 통한 사용자의 프라이버시 보호가 선결되어야 할 것이다.

*참고문헌

1. 신문기사

이코노믹리뷰, 2012년 8월 20일, IT 핵심 트렌드 '위치기반 서비스'.

정현정 (2011), "LBS 신규사업자 1년 새 2배 증가," 지디넷코리아, 2011년 4월 21일자.

홍성율 (2012), "광고 보면 현금이… '앱 마케팅' 뜬다," 아시아투데이, 2012년 12월 12일자.

홍세기 (2010), "인기몰이 '오빠믿지어플', '과도한 접속으로 서버 과부하'," 뉴스웨이, 2010
년 10월 20일자.

2. 기타(인터넷자료 검색)

foursquare.com

www.bloter.net/

www.im-in.com/

7장 STP

일대일 마케팅
시장세분화
세분시장
표적시장
비차별적 마케팅
차별적 마케팅
집중적 마케팅
위상정립

SNS의 다양한 형태

□ 비주얼과 큐레이션 SNS

'소셜 네트워크 서비스(SNS: Social Network Service)'는 오프라인상에서의 인간관계를 온라인상으로 가져와 개인의 일상사나 생각, 지식 등을 공유함으로써 인맥구축 및 네트워크 형성을 지원해 주는 인터넷 서비스이다.

이러한 서비스를 제공하는 SNS는 여러 가지 형태가 존재한다. 최근 새롭게 떠오르고 있는 것이 '소셜 큐레이션 서비스(social curation service)'이다. 소셜 큐레이션 서비스란 자신의 취향대로 온라인상의 정보를 분류해 정보 과잉의 시대에 정보를 스스로 필터링할 수 있게 도와주는 서비스로, 최근에 SNS와 접목되어 새로운 형태로 발전했다. 특히 20대 젊은 여성들 사이에서 이런 형태의 SNS가 새롭게 주목받고 있다.

대표적인 예로 '텀블러(tumblr)'와 '핀터레스트(Pinterest)'를 꼽을 수 있다. 텀블러는 미국에서 만들어진 웹 기반 서비스로 짧은 의견과 함께 그림, 영상 등을 자신의 작은 '텀블로그'에 게재하는 마이크로 블로그 플랫폼이다. 즉 텀블러는 블로그와 트위터의 기능을 합쳐놓은 것과 같다.

텀블러(www.tumblr.com)의 초기화면

텀블러와 함께 최근에 급부상하고 있는 SNS는 사진 큐레이션 전문 사이트 핀터레스트이다. 최근 미국의 IT 전문 블로그 '테크크런치(techchrunch)'의 자료에 따르면 핀터레스트의 미국 내 월 방문자 수는 1,100만명을 넘어섰으며 이미 페이스북의 초기 성장세를 뛰어넘었다고 한다. 뿐만 아니라 사이트에 머무르는 시간은 페이스북과 텀블러 다음으로 높다. 트래픽 조사 전문 업체 '셰어홀릭(shareholic)'에 따르면 핀터레스트는 특히 20~40대 여성에게 인기가 높다.

핀터레스트는 기존의 소셜/사진 기반 북마크 기능과 유사하다. 핀터레스트의 이용자들은 각자의 온라인 페이지를 통해 자신이 즐겨 찾는 관심분야의 이미지를 업로드(pinning)하고, 이를 다른 사용자와 공유한다.

핀터레스트의 핀(Pin)은 게시된 이미지를 말하며, 핀잇(Pin it)은 다른 사람이 업로드한 게시물에 호감을 표하며 자신의 담벼락에 공유하는 기능을 하는 페이스북의 '좋아요(Like)'와 유사하다. 또한 게시된 '핀'에 대해 댓글을 남기거나 '리핀(Repin)'을 통해 자신의 보드에 게시물을 추가할 수 있다. 텀블러와 핀터레스트는 트위터 같은 텍스트 기반 SNS와 달리 사진을 이용해 흥미를 유발하기 때문에 이용자들의 강력한 몰입을 이끌어 낸다.

☐ 단문형태 SNS

단문형태 SNS는 다른 말로 '마이크로 블로그'라고도 한다. 이는 블로그의 한 종류로 짧은 메시지를 통해 여러 사람과 소통할 수 있는 매체이다. 트위터나 페이스북 같은 SNS가 이에 해당한다. 불과 몇 년 전만 해도 기업은 인터넷 마케팅 매체로 블로그를 선호하였다. 현재 기업들은 대부분 고객의 반응을 신속하게 살피고 기업의 소식을 빠르게 전할 수 있는 간단한 형태의 SNS인 페이스북과 트위터를 중심으로 활발한 마케팅을 펼치고 있다.

하지만 전달되는 정보의 양이 극히 제한적이기 때문에, 주로 사소한 정보 공유에 그치는 단문형태의 SNS는 기업의 마케팅 활동을 최적화하기에는 한계를 갖는다. 최근 순위 전문 조사 업체 '랭키닷컴(www.rankey.com)'의 발표된 결과에 따르면 장문형과 단문형 SNS 사용자의 만족도 조사에서 '티스토리(www.tistory.com)', '네이버 블로그(blog.naver.com)' 등의 장문형 블로그가 51%로 압도적 1위를 차지했다. 비록 단문형 블로그인 '트위터', '페이스북'은 장문형 블로그에 비해 속도 면에서는 뛰어나지만 정보의 신뢰성이 떨어진다.

☐ 장문형태 SNS

장문형태 SNS의 일례로 블로그를 들 수 있다. 블로그란 '웹(web)'과 '로그(log)'의 줄임말로 새로 업데이트하는 글이 맨 위로 올라가는 일지 형식으로 되어 있어 이러한 이름이 붙었다. 블로그는 주로 자신의 관심 분야에 대한 기사나 칼럼을 올리거나 자신의 의견을 담은 일기 등을 업데이트하는 용도로 쓰이고 있다. 때문에 개인방송, 출판, 커뮤니티 등의 다양한 형태로 변모하며 1인 미디어로서의 역할을 하고 있다. 트위터와 페이스북 같은 단문 형태인 SNS는 컨텐츠를 유통시키는 데 그치지만 장문형태인 블로그는 생각의 시발점까지 담아 주는 컨텐츠 허브와 같은 존재이다. 또한 블로그는 페이스북의 '좋아요(Like)'와 같은 단순 공유에서 벗어나 지식의 깊이를 더할 수 있으므로 이용자들에게 한층 높은 가치를 제공할 수 있다.

　　자료원: 김익현(2012); 조정은(2011) 수정 후 인용.

일대일 마케팅 전략

1. 일대일 마케팅의 의의

인터넷 마케팅은 고객과의 지속적인 관계(relationship) 유지를 통해 교환의 가치를 극대화하려는 활동이다. 이때, 고객과의 관계 유지를 위한 시장 접근법이 바로 일대일(one‐to‐one) 마케팅의 개념이다. 일대일 마케팅 전략은 고객을 동질화된 시장개념으로 보는 기존의 마케팅 전략과 달리 고객을 각각 다른 욕구를 가진 독특한 존재로 간주하여, 각각의 욕구를 만족시키는 것을 목표로 삼고 있다. 따라서 고객 각각의 욕구를 충족시켜 줌으로써 고객과의 지속적인 장기적 관계를 구축시킬 수 있는 것이다.

그렇다면, 인터넷상에서 이러한 일대일 마케팅을 이용한 마케팅 전략을 가능하게 하는 요인을 무엇일까? 일대일 마케팅 구현을 위해서는 각 고객간의 차별적 욕구를 파악해야 하므로, 고객과의 직접적인 의사소통을 기반으로 해야 한다. 그러나 기존의 오프라인 환경에서 주로 기업이 고객에게 하는 일방적인 커뮤니케이션 방법을 통해서는 고객의 원하는 것이 무엇인가에 대한 정보를 얻기 어려웠다. 반면에 인터넷은 고객과 기업이 서로 대화할 수 있는 쌍방향적인 커뮤니케이션 수단이다. 그렇기 때문에 인터넷 마케팅 환경에서 기업은 고객의 개인적 정보를 전달받을 수 있을 뿐만 아니라, 인터넷 상에서의 그들의 행동을 로그파일 등을 통해 분석함으로써 고객 스스로도 깨닫지 못했던 욕구와 필요들을 파악할 수 있게 되었다. 또한 오프라인상에서 기업이 제공하는 제품은 일단 생산하고 나면 변경이 어려운 물리적 성격의 제품이 대부분이었다. 그러나, 인터넷상에서의 디지털 컨텐트웨어나 서비스 컨텐트웨어의 경우 고객의 개별화된 요구에 맞춰서 변경된 컨텐트웨어를 제공하는 것이 보다 용이해졌다는 것이다. 결국 인터넷 상의 이러한 환경적 변화 요인이 개별 고객의 욕구를 충족시키는 일대일 마케팅을 구현 가능하게 하였다.

한편, 기존의 대중 마케팅 관점은 시장 점유를 중요시하는 것에 비해, 일대일 마케팅은 고객 점유를 중요시하는 특징을 지닌다. 이를 좀 더 이해하기 위해 먼저 시장 점유와 고객 점유의 개념을 살펴보도록 하자. 시장 점유(share of market)의 관점은 일정한 규모로 세분화된 동질 시장에서 특정 상품의 더 많은 판매를 목표로 삼는 것이다. 즉 시장 점유 중심의 시각은 동질화된 고객 집단인 시장에서 경쟁자들에 비해 얼마나 더 많은 제품을 팔았는가를 중요하게 생각한다. 동질화된 시장 내에서 동일한 제품을 더 많이 판매하기 위해서 마케팅 담당자는 대량 마케팅 방법을 사용할 수밖에 없다. 제품의 품질과 차별성을 알리는 대량광고와 할인정책, 경품제공 등 가능한 모든 방법을 사용해 많은 제품을 팔아서 규모의 경제를 이루는 것이 기업의 목표가 되어 왔다. 그러나 이와 같은 대량 마케팅 방법은 경쟁을 피할 수 없다. 항상 경쟁자보다 더 많은 비용을 들여 광고를 해야 하고 더 많은 할인 혜택을 제공해야 하며 더 큰 경품을 내걸어야만 한다. 과도한 경쟁에 의해서 수익은 떨어질 수밖에 없고 마케팅비용의 무한 경쟁이 계속된다.

그러나, 이와 달리 고객 점유(share of customer)는 각각의 고객들의 독특한 욕구와 필요를 만족시키면서 고객의 지속적인 구매를 유도하는 것을 중요하게 생각하기 때문에, 고객을 동일하지 않은 독특한 존재로 다루고 고객 각각의 구매에 의미를 둔다. 따라서 전체시장을 상대로 최대한의 구매를 얻어내는 것이 아니라 일단 확보한 고객에 대하여 지속적인 구매를 얻어내는 것이 목표가 된다.

즉, 기존의 시장 점유 중심의 사고는 제품에 초점을 맞추고 관리하며 제품의 좋은 점을 고객에게 호소하기 위해 애썼다면, 새로운 고객 점유의 접근방법은 고객을 관리 대상으로 삼아 고객의 애호도를 높이고 반복구매율을 높여서 고객을 평생 동안의 단골 고객으로 만들기 위해 노력한다. 고객을 단순히 독립적인 구매행동의 상대자로 보는 것이 아니라 일생동안의 지속적인 구매를 통해 기업과 관계를 맺는 관리대상으로 삼을 필요가 있다.

따라서 고객 점유의 관점에서 궁극적으로 가치가 있는 것은 특정 상품이나 브랜드가 아니라 고객이다. 자사에 애호도가 높은 가치 있는 고객은 자신의 행동을 통해서 발생하는 가치뿐만 아니라 다른 사람들에게 영향을 미침으로써 발생하는 구전효과의 가치도 가지기 때문에 기업에 있어서 매우 중요한 자산과도 같다. 이처럼 고객 점유는 기존 고객의 지속적인 구매뿐 아니라 신규 고객의 확보에도 큰 도움이 될 수 있다.

2. 일대일 마케팅의 효과

그렇다면 일대일 마케팅의 시장 접근법이 기업에게 주는 긍정적 효과는 무엇일까?

기업이 일대일 마케팅을 통해 얻을 수 있는 첫 번째 이익은 고객의 애호도를 높여 준다는 것이다. 즉, 웹사이트를 방문했을 때 사이트가 방문자의 개별적 욕구를 파악하고, 이를 충족시킬 수 있는 컨텐트웨어를 제공한다면, 향후에 그 사이트를 다시 재방문할 가능성은 높아질 것이다. 이러한 점은 일대일 마케팅의 두 번째 장점인 마케팅 비용의 절감과 연결된다. 지속적으로 웹사이트에 방문, 또는 구매하는 고객의 경우 새로운 고객보다 재방문과 재구매를 유도하기 위해 소요되는 비용이 점점 낮아지게 된다. 지속적인 구매활동을 통해 운영자는 고객에 대한 정확한 정보를 갖게 될 뿐만 아니라, 고객 측면에서도 컨텐트웨어나 사이트에 대해 더 잘 알게 되어 기초 정보를 갖지 못한 신규 고객에게 제품/사이트를 알리는 활동보다 적은 마케팅 비용이 소요되는 것이다.

셋째, 기업에게 보다 가치 있는 고객을 발견할 수 있게 해 준다는 이점이 있다. 이는 앞서 일대일 마케팅의 특징에서도 살펴보았듯이, 일대일 마케팅은 고객 점유를 목표로 함으로써, 지속적인 고객과의 관계 형성을 통해 고객들 중 가치 있는 고객과 가치가 떨어지는 고객을 구분할 수 있다. 대부분의 기업에 있어서 고객들 중 소수가 기업 수익의 대부분을 창출한다는 것은 일반적인 사실이다. 웹 트래킹이나 온라인상의 상호작용과 같은 일대일 마케팅의 방법을 사용하여 고객과 일대일로 대할 경우 고객의 가치에 따라 고객을 구분하는 것이 가능하다.

넷째, 일대일 마케팅을 통해 컨텐트웨어의 지속적인 개선을 함으로써, 보다 가치 있는 컨텐트웨어를 제공하는 것이 가능해진다. 일대일 마케팅의 시장 접근 방법은 고객 개인과의 의사소통이 가능하게 하기 때문에, 개인 수준의 고객들이 무엇을 원하는지 더잘 알 수 있게 된다. 이러한 고객에 대한 정보를 바탕으로 기업은 고객의 욕구에 더욱 부합된 개선된 컨텐트웨어의 개발이 가능하다. 즉 단지 컨텐트웨어의 질을 일반적인 수준에서 개선하는 것이 아니라, 고객 개인의 욕구를 충족시킬 수 있는 고객에게 더 가치있는 컨텐트웨어의 제공이 가능하다는 것이다.

3. 일대일 마케팅 전략

일대일 마케팅 전략은 개별 고객을 각각 다른 욕구를 가진 독특한 존재로 간주하여, 각각의 욕구를 만족시키는 것을 목표로 삼고 있다. 그러나, 산업과 제공하는 컨텐트웨어의 성격에 따라서는 처음부터 각 시장의 고객을 개별적으로 접근하는 것이 아니라, 전체 시장을 세분화하고, 세분된 시장에서 자신의 목표가 되는 표적 시장을 선택한 후, 표적 시장 내의 고객을 개별적으로 공략하는 방식의 마케팅 전략도 일반적으로 사용될 수 있다. 다음의 그림 7-1과 같이 세분화 → 표적 시장 선택 → 일대일 마케팅의 절차를 통한 마케팅 전략을 수행하는 것이다. 이에 아래의 내용에서는 세분화와 표적 시장의 선택, 그리고 이에 따른 위상정립 각각에 대해서 살펴보도록 한다.

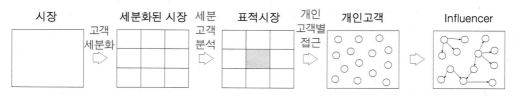

그림 7-1 인터넷 마케팅 STP 전략

인플루언서 마케팅 (influencer marketing)

일대일 마케팅은 기업과 소비자 간의 직접적인 의사소통을 기반으로 고객별 욕구에 맞춘 효과적인 마케팅을 실현시킬 수 있다. 그러나 사실상 기업이 모든 고객을 대상으로 이러한 일대일 관계를 맺고, 고객을 이해한다는 것은 현실적으로 불가능하다. '파레토 법칙(Pareto's law)'에 따르면 기업 수익의 80%는 상위고객 20%에 의해 창출된다. 때문에 기업 입장에서는 모든 고객을 대상으로 하는 마케팅이 아닌 생애가치가 높은 고객을 마케팅 대상으로 범위를 한정해야 보다 효과적인 전략을 세울 수 있다.

그러나 일대일 마케팅은 많은 시간과 비용을 필요로 한다. 최근 이러한 단점을 극복하기 위한 방안으로 '인플루언서 마케팅(influencer marketing)'이 대두되고 있다. 인플루언서 마케팅이란 일종의 일대일 마케팅으로 소비자의 구매 결정에 영향을 주는 사람 또는 매체를 타깃으로 마케팅 활동을 벌이는 것을 말한다. 인플루언서 마케팅의 등장 배경은 사회적, 개인적 변화에 기인한다. 사회적 측면의 변화로, 인터넷이 발전함에 따라 소비자들은 직접 온라인상에서 정보를 찾을 수 있게 되었다. 블로그나 위키피디아처럼 사용자가 데이터를 업로드할 수 있는 웹 2.0환경이 구축되면서 인플루언서의 힘이 증대되었다.

개인적 측면에서는 소비자의 준거집단이 온라인상의 블로그나 포털 커뮤니티로 확대되면서 '구매 전 학습 단계'의 비중이 커짐에 따라 발생되었다. 월스트릿 저널에 따르면 미국 성인의 약 71%가 온라인 구매를 위해 제품 리뷰를 참고하고 그중 약 42%는 그러한 정보를 신뢰한다고 한다. 때문에 신뢰할 수 있는 정보를 생산해내는 인플루언서의 역할이 점점 더 커지고 있다.

따라서 기업에서는 일대일 마케팅의 현실적인 한계점을 극복하기 위해 '소셜 네트워크 분석(Social Network Analysis)'을 활용하여 적절한 인플루언서를 찾아내 효과적인 마케팅을 펼쳐야 한다.

자료원: 혼다테츠야(2008)

시장세분화

1. 시장세분화의 개념

인터넷 마케팅의 궁극적 목적은 상호작용을 통해 고객들의 필요와 욕구를 충족시키는 교환을 극대화하는 것이다. 그러나 고객들의 필요와 욕구는 각기 다양하기 때문에, 단순히 동질적인 컨텐트웨어를 제공하는 것만으로 전체 시장의 모든 고객들의 필요와 욕구를 충족시킬 수는 없다. 인터넷이 도입된 초기에는 인터넷 사용자 집단을 하나의 동질 집단으로 판단하여 인터넷 비사용자 집단과 차별화하는 이분법을 적용하기도 하였다. 그러나 인터넷 사용자 수가 급증하고 인터넷 사용 용도도 다양해지면서 동일한 인터넷 사용자라고 하더라고 상호 간에 매우 다른 차이점을 보이게 되었다. 그렇기 때문에, 이제는 잠재고객들의 필요와 욕구의 유사성에 따라 인터넷 사용자 시장을 각각 동질적인 특징을 지니는 하위시장으로 분리하고, 각 하위시장에 적합한 마케팅믹스를 별도로 제공해야 한다. 이러한 과정에서 전체시장을 동질적인 하위시장으로 분리하는 일을 시장세분화(market segmentation)라고 한다. 즉, 시장세분화란 전체시장을 구성하는 잠재고객들을 동질적인 하위시장으로 나누는 과정을 의미한다. 또한 이러한 과정을 통하여 산출된 하위시장들을 세분시장이라고 한다. 따라서 하나의 세분시장을 구성하는 한 세분시장에서는 유사해야 하지만 다른 세분시장에 속해 있는 잠재고객과는 달라야만 한다.

2. 시장세분화의 방법

시장을 세분화하기 위해서는 대개 다음의 그림 7-2와 같이 시장세분화의 목표설정, 세분화 변수의 결정, 세분시장의 전반적 특성 파악의 세 단계 절차를 거치게 된다.

그림 7-2 시장세분화의 절차

1) 시장세분화의 목표 설정

시장세분화를 수행하기 위한 첫 단계는 시장세분화의 목표를 설정하는 것이다. 이 때에는 어떠한 제품을 대상으로 할 것인지, 전체시장이 어떠한 사람들로 구성되는지, 지역과 시간적인 범위를 어떻게 포괄할 것인지, 시장세분화가 신제품개발의 기회를 찾기 위한 것인지 혹은 새로운 시장을 개척하기 위한 것인지 등에 대한 문제를 고려하여, 구체적이고 명확한 시장세분화 목표를 설정하여야 한다.

2) 세분화 변수의 결정

일단 시장세분화의 목표가 설정되었다면, 이러한 목표와 관련된 변수들을 선정하고, 시장세분화 변수를 결정해야 한다. 시장세분화 변수란 효과적인 인터넷 마케팅 활동을 위해 동질적인 집단으로 구분할 때 기준이 되는 변수이다.

인터넷 시장세분화를 위해서는 인구통계적 변수, 심리분석적 변수, 기술분석적 변수(technographic variables), 행동 변수 등과 같이 매우 다양한 변수들을 적용할 수 있다. 그러나 이러한 변수들 중 하나만을 시장세분화 변수로 선택해야 하는 것은 아니며, 몇 개의 기준을 조합한 형태로도 사용할 수 있다. 한편, 좋은 세분화 변수가 되기 위해서는 첫째, 인터넷 소비자의 행동을 잘 대표해 줄 수 있는 변수이어야 한다. 둘째, 동일 세분 집단은 최대한 동질적으로, 세분 집단 간은 최대한 이질적으로 구분해 줄 수 있는 변수이어야 하며, 셋째, 측정하기 쉽고 그 특성을 이해하기 쉬워야 한다.

(1) 인구통계적 변수

인구통계적 변수(demographic variables)란 나이, 성별, 직업, 소득, 교육수준 등과 같이 소비자 각 개인의 특성을 나타내는 변수이다. 인구통계학적 변수는 측정하기가 비교적 용이하며, 각종 통계자료를 이용하여 세분 시장의 크기를 파악할 수 있기 때문에 일반적으로 많이 사용되는 세분화 변수이다.

예를 들면 시니어닷컴(www.senior.com)은 인구통계적 변수 중 나이를 기준으로 시장을 세분화한 후, 노인층을 타겟층으로 하여 토털 서비스를 제공하는 비즈니스를 전개하고 있다. 또한 아이빌리지(www.ivillage.com)는 여성을 대상으로 이들이 필요로 하는 서비스를 전반적으로 제공하고 있는데, 이 역시 인구통계적 변수에 의해 시장을 세분화한 예이다.

(2) 심리분석적 변수

심리적 변수(psychographic variables)에 의한 세분화는 사회계층, 라이프 스타일, 개성, 태도, 느낌 등과 같은 소비자의 심리적 특성에 기초한 변수들로 시장을 세분화하는 것이다. 심리적 변수는 객관적으로 측정이 용이한 인구통계적 변수에 비해, 추상적이어서 세분시장 규모의 측정이 어려우며, 세분시장의 접근가능성을 찾기가 어렵다. 그러나, 인구통계적 변수보다는 소비자의 행동을 보다 근원적으로 설명해 줄 수 있는 변수이다. 따라서 인구통계적 변수를 함께 고려하여 시장세분화 변수로 사용된다면 소비자 행동을 더 잘 설명할 수 있는 유용한 변수로 활용될 수 있다.

(3) 기술분석적 변수

인터넷 마케팅은 정보 기술에 바탕에 둔 환경적 특성을 지니기 때문에, 소비자의 행동에 중요한 영향을 미치는 것이 바로 기술에 대한 수용 태도 및 활용 정도이다. 따라서 소비자들이 기술에 대해 갖는 태도(attitude), 능력(ability to use, or acquire technology), 그리고 동기(motivation)에 관한 기술분석적 변수(technographic

그림 7-3   연령에 의한 시장을 세분화한 시니어닷컴   그림 7-4   성별에 의해 시장세분화를 한 아이빌리지
(www.senior.com)의 초기화면   (www.ivillage.com)의 초기화면

variables)에 의해 시장을 세분화할 수 있다. 특히 기술통계적 변수에 의한 시장세분화
는 하이테크 및 인터넷 관련 기술과 직접적으로 관련된 컨텐트웨어를 출시하려는 기업
들에게 더욱 유용한 세분화 변수로 사용될 수 있다.

상류층 네티즌을 위한 잡지 노블레스 (www.noblesse.com)

노블레스(Noblesse)는 회원제로 운영되고 있는 상류층 네티즌을 위한 월간 잡지
이다. 이 잡지는 오프라인상에서 발매되고 있는 잡지인데 온라인상에서도 서비스를
제공하고 있다. 이 사이트는 보통 비회원이라도 얼마간의 내용은 들여다 볼 수 있는
여러 웹사이트와는 달리 회원이 아닐 경우에는 무슨 서비스가 제공되는지, 사이트의
구성이 어떠한지 전혀 알 수가 없게 구성되어 있다. 이는 회원들이 상류층이라는 자부
심이나 아무나 들어와 볼 수 있는 곳이 아니라는 느낌을 갖게 해 주기 위한 것으로 보
여진다. 그리고 18세 이상만 회원 가입이 가능하다. 이 사이트에서 표방하고 있는 상
류층 네티즌에 맞추어 내용은 주로 해외 명품 브랜드 등의 고급상품, 럭셔리한 생활
등이 주요 주제이다. 일반 잡지와 마찬가지로 패션, 뷰티, 푸드, 리빙, 레저, 건강 등에
대해서도 다루고 있으나, 사이트의 디자인은 훨씬 더 고급스러운 느낌을 주고 있다.
사이트에서는 클래식 음악이 흘러나오며 해외 명품들을 주로 소개하고 있다. 소득 수
준에 따라 사람들의 구매성향을 파악해서 고가의 해외명품을 사는 사람들의 취향에
맞는 분위기를 제공함으로써 고객 애호도를 높여 보통의 잡지와는 다르다는 점을 보
여 주고 있다. 노블레스는 일반 서점에서는 판매되지 않고 백화점 등에서 해외 명품
의류를 샀을 때 증정하거나 회원제로 구독 신청을 했을 경우에만 구독이 가능하다.
즉 인구통계적 변수(소득수준)를 세분화의 기준으로 삼아 사이트를 운영하는 대표적

사례로 노블레스를 들 수 있다.

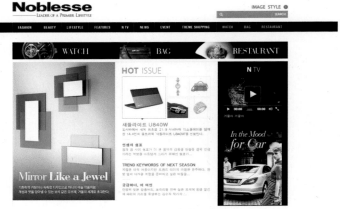

노블레스(www.noblesse.com)의 초기화면

라이프스타일에 의한 시장세분화: iVALS(internet value and lifestyle)

미국 스탠포드 연구소는 인터넷 환경에서의 소비자의 분석 및 소비자와 기업 및 정보 제공업자, 중간업자 간의 유용성과 질의 향상 도모를 목적으로, 인터넷상에서의 가치 및 라이프스타일의 유형인 iVALS를 소개하고 있다.

매니아형(Wizard): 인터넷 이용자 중 가장 활동적이고 숙련된 부류로 컴퓨터가 생활의 중요한 부분을 차지하고 있으며, 인터넷 문화의 많은 부분에서 높은 관여도를 보인다. 거의 모두 남성으로 높은 소득수준을 나타내며, 컴퓨터 관련 고급 기술 제품 등의 타겟이다.

개척자형(Pioneers): 인터넷 이용자의 약 10퍼센트를 차지하는 나홀로 개척형은 많은 시간을 인터넷 사용에 보내며, 가상 점포의 높은 이용빈도를 보인다. 이들은 주로 인터넷 사용의 새로운 기술을 타인에게서 얻지 않고 홀로 연마하고 있으며, 채팅 등의 사교적인 활동이나 성인 사이트 등에 대하여 부정적인 견해를 갖고 있다. 여러 연령층에 골고루 분산되어 있으며 약간 낮은 소득 수준 양상을 보인다.

자아상승 도모형(Upstreamers): 개인적 혹은 직무와 관련된 자료 수집을 근본적인 목적으로 하여 인터넷을 접하는 이들은 인터넷 사용자의 약 14퍼센트를 차지하고 있으며, 인터넷 이용자의 평균보다 낮은 연령대를 보이며 학문적 경향보다는 현실 경제 지향성을 지니고 있다. 현실 안주형(Mainstreamers)과는 인터넷 이용 목적에서 유사성을 가지나, 개인경력 활용면에서 보다 인터넷 사용에 적극적이고 관여 정도가 높다는 점에서 차이점을 지닌다. 주로 이 부류는 개인에 따라 차별화된 서비스의 주 타겟이 된다.

참여지향형(Socialities): 인터넷 이용에 있어 사교적 목적이 큰 부류로 온라인 토론 등의 가장 적극적인 참여자이며, 여러 정교한 온라인 자아를 갖고 있다. 사교 추구형보다 더욱 숙련된 정도를 보이나, 사교 추구형보다 인터넷에 호의적이지는 않으며, 가장 어린 연령층을 보인다.

실용적 활용형(Workers): 인터넷의 유용성에 관심이 크며, 주로 업무와 관련된 특정 과업이나 정보 취득에 인터넷 활용능력을 집중하는 경향이 있으며, 인터넷 사용자 중에서 가장 정보 중심 강도가 높은 직업군(컨설턴트, 대학생, 교사, 교수 등)에 속하여, 인터넷 이용자의 평균 텔레비전 이용률보다 낮은 이용률이 이 집단에서 나타난다.

오락문화 추구형(Surfers): 급속한 속도로 인터넷을 배우고 있는 이들은 레저추구형으로서 정보 이용료를 내면서까지 오락을 추구하는 경향과, 우편 카탈로그나 가상 점포 이용 빈도가 높으며 인터넷을 접하게 된 이후로 텔레비전 시청이 줄며, 연령과 소득 수준에서 가장 높은 부류로 은퇴한 전문직 종사자 등이 여기에 속한다. 인터넷 이용에 가장 많은 시간을 소비하며, 인터넷을 배우고자 하는 의욕이 가장 높다.

현실만족형(Mainstreamers): 자신들의 인터넷 이용 구미에 맞는 인터넷 기술을 이미 습득한 부류로 더 이상 새로운 것을 추구하려는 마음이 없으며, 직무와 관련해서만 컴퓨터를 이용하지는 않는다. 가장 지적 수준이 높은 부류로 인터넷 뱅킹이나 인터넷 쇼핑 등의 효율성을 높이 평가한다.

사교지향형(Sociables): 인터넷 이용에 있어서 사교적 목적이 가장 크게 나타나는 집단으로 참여지향형과 비교해 볼 때, 회합이나 토론 모임보다는 채팅 등 비교적 덜 체계화된 것을 선호하며, 온라인을 통해 만난 친구 등으로부터 오는 전자메일 등에 관심이 높다. 기술적 도움을 위해 친구들이나 게시판 등에 의존하며 주로 젊은 층이다. 개인 상호 간 물품 구매나 연예 관련 소식지, 개인 홈페이지 등의 주 타겟이 된다.

정보추구형(Seekers): 이 그룹은 업무의 생산성 향상이 컴퓨터 이용의 가장 중요한 이유로서 인터넷의 다양한 방면에서의 이용에는 관심이 별로 없다. 주로 정보 제공 서비스의 주 타겟이 되며, 이러한 서비스를 구입하고자 하는 높은 의도를 가지고 있다. 연령 측면에서 높은 연령층을 보이며 새로운 인터넷 기술을 배우고자 하는 정도도 크다.

반신반의형(Immigrants): 최근에서야 인터넷 사용을 시작한 사람들로 인터넷과의 접촉이 직무 등의 타의에 의해서 이루어진 경우로 인터넷과 관련된 다양한 부분을 접하려 하지 않으며, 인터넷보다 다른 좋은 일들이 많다는 생각을 지니며 인터넷의 유용성에 회의적이다. 남녀 성별의 비가 50 : 50으로 소득 수준의 양상은 양 극단에 집중되는 것으로 나타난다.

(4) 행동 변수

행동 변수(behavioral variables)란 고객의 행동과 밀접한 관련이 있는 변수들을 의미한다. 추구효익, 사용상황, 사용량, 상표애호도 같은 것이 그 예이다. 특히 인터넷 환경에서의 행동과 관련하여 인터넷 경험 정도, 인터넷 이용 동기, 인터넷 접속 장소, 인터넷 접속 방법, 인터넷 사용 시간, 인터넷 상표 애호도 등의 변수를 세분화 행동 변수로 이용할 수 있다. 이러한 고객 행동 변수는 구매 행동과 밀접한 관련이 있는 변수이므로, 비슷한 욕구를 갖고 있는 고객들을 가려내는 데 효과적이다. 그러나, 효과적인 방법으로 시장을 세분화하려면 먼저 고객 행동 변수를 이용하여 시장을 세분화한 다음, 고객의 인구통계학적, 심리, 기술적 변수와 같은 고객 특성 변수로 세분 시장 각각의 전반적인 특성을 파악하는 방법을 적용할 수 있다.

3) 세분시장의 전반적 특성 파악

시장세분화의 목표를 설정한 뒤, 시장을 나눌 기준 변수를 결정하고 나면, 그러한 변수에 의해 세분된 시장의 전반적 특성을 파악하여야 한다. 즉, 세분화 변수에 의해 분리된 각 세분시장을 여타의 변수들을 이용하여 가급적 완전하게 묘사하는 일인데, 각 세분시장에 대한 묘사가 풍부할수록 추후에 효과적인 마케팅전략을 수립하기가 용이하다. 더욱이 소비자행동은 다수의 관련된 요인들로부터 영향을 받기 때문에 간혹 세분시장간의 차이를 설명하기 위해서는 다변량기법들이 활용되는 이러한 목적을 위해서는 다중회귀분석과 판별분석 등의 종속적 분석기법들이 널리 사용된다. 또한 AID분석도 전체시장을 구성하는 세분시장들에 관하여 유용한 통찰을 제공할 수 있다.

기술분석적 변수에 의한 시장세분화

포레스터 리서치(Forrester Research)는 37만여 가구에 대해 수집한 소득, 신기술수용 정도, 라이프스타일 성향 등의 기술통계적 변수를 이용하여 시장세분화를 하였다. 이들은 현재 시장에 나와 있는 제품에 대한 소유여부 및 사용에 관한 정보와, 1년 이내에 여러 가지 조건이 바뀌었을 때 다른 제품으로 바꿀 의향에 대한 조사를 이용해서 소비자 집단의 특성 파악과 향후 구매의도를 조사하였다. 또한 새로 나올 것으로 예상되는 제품의 사용 동기와 기술 관련 태도를 조사하여 이를 앞의 기존 제품에 관한 정보와 종합적으로 분석하였다.

이러한 과정을 통하여 기술 통계적 변수에 의해 세분된 시장은 다음의 표와 같다.

기술분석적 변수에 의한 시장세분화

	업무지향성	교육, 가족중심	오락재미추구
고소득 신기술 사용자	고소득전문가	유복가정형	게 임 광
고소득 신기술비사용자	타 협 형	전 통 형	소파 군것질형
저소득 신기술 사용자	적극행동파	알뜰가족형	오락애호가
저소득 신기술비사용자		거 부 형	

위치기반 변수

위치기반 변수(Location based variables)란 이동통신망이나 위성항법장치(GPS) 등을 통해 사용자들의 위치 정보를 획득해 이를 기반으로 시장을 세분화하는 변수이다. 기업은 위치기반 변수를 활용해 소비자에게 적절한 정보를 제공할 수 있다.

덴츠(www.dentsu.co.jp)의 아이버터플라이

위치기반 변수를 적절히 활용한 사례는 일본 광고회사 덴츠(Dentsu)의 '아이버터 플라이(iButterfly)' 어플리케이션이다. 이는 증강 현실과 위치 정보, 모션 센서, 쿠폰을 결합한 것으로 소비자가 있는 곳에서 가까운 가상의 나비가 서식하는 곳을 찾아, 모바일을 흔들어 나비를 채집하면 그 지역에서 활용할 수 있는 쿠폰 및 정보를 제공하는 어플리케이션이다.

잡은 나비들은 그 브랜드와 제품에 맞는 디자인으로 꾸며져 있고 이는 컬렉션에 보관할 수 있다.

덴츠(www.dentsu.co.jp)의 아이버터플라이 애플리케이션

자료원: 최순욱(2010) 수정 후 인용

효익에 의한 시장세분화

이두희와 윤희숙(2001)은 한국 인터넷 사용자 조사(KNP: Korea Netizen Profile)에 참여한 6,953명의 자료를 분석하여 인터넷 사용시 추구하는 효익을 기준으로 세분화를 실시하였다. 그 결과 다음과 같은 8개의 집단으로 세분되었으며 각 집단별 구성비와 특성은 다음과 같다.

각 세분 집단별 인터넷 사용 일반 행동과 전자상거래 행동에 관한 비교

집단	생활지향형	전문정보지향형	재미지향형	경험지향형
인터넷 사용 일반	■ 직장인이 많고 (82.4 %) 주로 LAN(59.7%)을 통해 접속하며, 주로 사용하는 장소도 직장의 비율이 가장 높음 (85.7%). ■ 주당 사용시간은 2-4시간(27.9%)의 비중이 다른 집단보다 높음.	■ 대학원 이상의 고학력자 비율이 가장 높음(20.1%). 직장과 자택의 이용률이 유사하며 (67%, 63.5%), 학교(29.9%)와 PC방(21.2%)에서의 이용률이 다른 집단에 비해 높음. ■ 주당 40시간 이상 사용자 비율이 13.2%로 많으며 3년 이상의 사용경력자가 45.9%로 높은 반면, 3개월 미만의 초보자 비율은 1.7%로 가장 낮음. ■ 인터넷 사용시 정보부실에 대한 불만율이 높으며(50.4%), 다른 집단에 비해 띠광고에 대한 태도가 전반적으로 매우 부정적임.	■ 여자(37.8%), 초중고생(13.3%), 대학생(35.5%)의 비율이 다른 집단에 비해 높음. LAN(43.8%)의 접속률이 가장 낮으며 전화접속 56K(28%)의 접속률은 가장 높음. 주 사용장소로서 PC방(52.8%)의 응답률이 가장 높음. 6개월 미만(27.1%)의 사용자가 다른 집단에 비해 매우 높으며 주당 사용시간 또한 2-4시간의 응답이 많음(27.5%). ■ 밤 11시부터 새벽 4시 사이의 이용률이 다른 집단에 비해 높음(24.1%). ■ 인터넷 사용시 불만요인으로 내용부실(34.3%), 그림(19%)과 프라이버시(18.5%), 보안(18%)은 다른 집단에 비해 상대	■ 대학생의 비율이 가장 높으며(47%), 주 사용장소로서 학교(49.3%)가 높음. ■ 사용경력은 초보자에서 경력자까지 전반적으로 포함함(3년 이상(27.9%), 1-2년(23.4%), 2-3년(22.5%), 6개월 미만(11.5%)). ■ 밤 11시에서 새벽 2시사이의 이용률이 다른 집단에 비해 매우 높음(17.2%). ■ 인터넷 사용시 통신비 부담(50.2%)과 접속불안에 대한 불만율이 가장 높음(47.6%).

			적으로 가장 낮음. ■ 경품(26.7%)을 타기 위한 목적으로 띠광고를 클릭하는 경우가 많으며 무심결에 클릭한 경우도 가장 많음(12.0%).	
전자상거래 구매행동	■ 인터넷 쇼핑몰은 주당 평균 1 - 3회 정도 방문하며(64.1%), 정보취득의 목적이 가장 큼(56.1%). ■ 구매경험은 58.5%정도이며, 시간절약의 이유로 구매하는 경우가 많음(77.2%). 구매만족도는 만족이상의 응답이 47.9%임. 기존의 구매금액은 3-10만원(22%)과 10-50만원(22%)이 주류였으나, 향후 지불예상액은 50 - 100만원(15.4%)과 100만원 이상(14.9 %)의 응답이 높음 ■ 구매과정에서 원하는 것을 못 찾고 5-10분 사이에 포기하는 비율이 다른 집단에 비해 가장 높음(31.9%)	■ 구매경험은 56.1% 정도이며 구매이유로 배달의 응답률이 다른 집단에 비해 가장 높음(40.6%). ■ 구매만족도는 만족이상의 응답이 46.8%이며, 책과 잡지(56.8 %), 영화 공연티켓(39.9%), 항공권 , 기 차 승 차 권(39.2%), 음악영화 및 CD(38.9 %) 제품군에 대한 구매의사가 높음. ■ 향후 지불예상액은 10 - 50만 원(42.2%)과 3 - 10만원(30.7%)의 수준이 높음.	■ 인터넷 쇼핑몰의 방문목적으로 정보취득(41.8%)은 다른 집단에 비해 낮은 반면, 경품(21.6%)과 구경(27.6%)은 가장 높음. ■ 구매경험은 35.5%로 가장 낮으며, 구매이유로서 점원의 강요 없음(24.6%), 충동(7.1%), 익명성(5.3%)에 대한 응답률이 다른 집단에 비해 높음. 구매만족도는 만족이상의 응답이 39.4%이며, 구매단계에서 상표에 대한 정보를 주의 깊게 봄(9.9%). ■ 구매과정에서 원하는 것을 전혀 못 찾은 비율이 가장 높음(14.3 %). 향후 지불예상액은 낮은 편임(3-10만 33.1%, 3만원미만 18.9%).	■ 구매경험은 43%로 낮은 편이며 구매만족도는 만족이상의 응답이 40.3%임. ■ 향후 영화공연티켓(50.8%), 책/잡지(50%), 음악/영화 CD(49%), PC 하드웨어(32.5%), PC용 품(31.3%), PC소프트웨어(29.6%) 등의 제품군에 대한 구매의사가 높음. ■ 향후 지불예상액은 낮은 편임(10-50만원(33.8%), 3-10만원(33.7%), 3 만원미만(14.5%)).

집단	관계지향형	실용성지향형	적극적 활용형	소극적 활용형
인터넷 사용일반	■ 직장인의 비율이 높으며(76.1%), 직장(74.3%)뿐만 아니라 자택(69%)에서의 사용 비율도 높은 편임. ■ 주당 사용시간이 2-4시간(29.1%)과 10-20시간(23.5%)의 사용자로 크게 나누어짐. ■ 6개월 미만의 사용 경력 비율이 18.8%로 높은 편임. ■ 띠광고에 대한 관심도(50.4%)와 클릭빈도(77.1%)가 다른 집단에 비해 가장 높음.	■ 남자의 비율이 가장 많으며(80%), 대학원 이상의 고학력자 비율도 높음 (17.0%). ■ 주당 사용시간이 21-40시간(16%)과 40시간 이상(13.7%)의 사용자 비율이 매우 높으며, 인터넷 사용경력 3년 이상의 응답률이 가장 높음 (53.2%).	■ 대학원 이상의 고학력자가 많으며 (17.2%), 월 소득 400만원 이상의 비율이 가장 높음 (1.09%). ■ LAN(67.2%)의 접속률이 다른 집단보다 가장 높으며, 전화 접속(15.3%)률은 가장 낮음. ■ 주당 사용시간은 2-4시간의 이용이 가장 낮으며(14.3%), 21-40시간(18.7%)과 40시간 이상은 가장 높음(18.4%). ■ 3년 이상의 사용 경력 비율도 매우 높음(49%). ■ 인터넷 사용시 다른 집단에 비해 내용부실(59.5%), 보안(52.2%), 통신비부담(50%), 접속불안(45.1%), 개인프라이버시(44.4%)에 대한 불만율이 높음. ■ 띠광고에 대한 관심도(47.1%)와 클릭빈도(76.9%)가 높음.	■ 인터넷 사용경력이 매우 짧음(6개월 미만(16.6%), 6개월-1년(14.8%)) ■ 주당 사용시간은 0-1시간(5.9%)과 2-4시간(26.8%)의 비율이 다른 집단보다 높음.

| 전자상거래구매행동 | ■ 구매경험은 55.9%이며 구매만족도는 만족 이상의 응답률이 42.4%임.

■ 향후 가전제품(30.2%), 헬스기구(9.7%), 성인용품(10.9%)에 대한 구매의사가 상대적으로 높으며 향후 지불 예상액은 10-50만원(45.1%), 50-100만원(13.6%), 100만원 이상(11.3%)임. | ■ 구매경험은 71.7%로 매우 높으며 구매만족도는 만족 이상의 응답률이 45.4%임.

■ 전자상거래의 구매이유로서 시간절약(79.4%)과 구매편리(64%), 가격 저렴(44.7%), 배달(41%)을 응답했으며 구매하지 않는 이유로 정보 부족(52.1%),다양성부족(48.9%), 개인정보유출(47.9%), 지불보안(39.7%) 등을 보임.

■ 지난 6개월간 구매액은 10-50만원(29.6%), 100만원 이상(4.6%)의 응답을 보여 다른 집단보다 높은 수준을 보임.

■ 향후 책/잡지(57.3%), 항공권/철도승차권(47.4%) 등에 대한 구매의사가 높으며, 10-50만원(46.8%)과 100만원 이상(13.2%)의 지불예상 수준을 보임. | ■ 인터넷 쇼핑몰은 주당 평균 13회 이상 방문율이 다른 집단보다 매우 높으며(11.2%), 구매를 목적으로 방문하는 경우도 높음(20%).

■ 구매경험은 74.3%로 가장 높으며 구매만족도는 만족 이상의 응답이 45.8%임.

■ 지난 6개월간 구매액은 10-50만원(29.1%), 50-100만원(6.6%), 100만원 이상(5.6%) 응답을 보여 다른 집단보다 높은 수준을 보임.

■ 다른 집단보다 구매 시 가격비교 정보에 관심이 높음(43.2%).

■ 향후 책/잡지(63.1%), 음악/영화CD(52.7%), 항공권/철도승차권(51.7%), 영화공연티켓(50.5%), PC용품(35.7%) 등에 구매의사가 높으며 그 외에 거의 모든 제품군에 대한 구매의향률이 높은 편임. 향후 구매 | ■ 구매경험은 46.8%로 낮은 편이며 구매만족도는 만족 이상의 응답이 43.5%임.

■ 향후 책/잡지(45.9%), 영화공연티켓(33.4%), 항공권/철도승차권(30.7%), 음악/영화CD(29.2%)에 대한 구매의사율을 보임.

■ 향후 구매지불예상액은10-50만원(36%), 3-10만원(34.2%), 3만원 미만(11.2%)을 보임. |

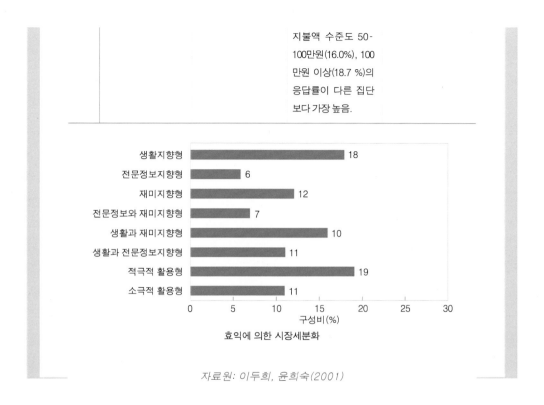

지불액 수준도 50-100만원(16.0%), 100만원 이상(18.7 %)의 응답률이 다른 집단보다 가장 높음.

효익에 의한 시장세분화

자료원: 이두희, 윤희숙(2001)

3. 효과적인 시장세분화를 위한 조건

　지금까지 우리는 시장세분화를 위한 절차를 살펴보았다. 고객의 다양성으로 인해 다양한 시장세분화 변수를 기준으로 다양한 방법으로 시장을 세분화할 수 있다. 효과적인 시장세분화를 위해서는 첫째, 세분시장의 크기, 기타 특성 등이 측정 가능해야 한다. 둘째, 그 세분시장만을 타겟층으로 마케팅 활동을 해도 이익이 날 수 있을 정도의 세분시장의 규모가 갖추어져야 한다. 즉, 세분시장이 너무 작아서는 안 된다. 셋째, 세분시장의 고객들에게 효과적이고 효율적으로 접근할 수 있어야 한다. 넷째, 세분시장 내 고객 욕구는 동질적이고 세분시장 간 욕구는 상이해야 한다. 마지막으로, 가장 이상적인 마케팅 전략은 고객 개개인을 대상으로 하는 것이나, 지나친 세분화로 인하여 기업이 세분화된 고객별로 마케팅 과정을 전개할 수 없을 정도가 되어서는 안 된다.

그러나, 유의할 것은 이러한 모든 조건들을 충족시키지 못한다고 해서, 시장세분화의 가치가 전혀 없는 것이 아닌, 시장세분화로 인해 얻을 수 있는 유용성이 적어진다는 것이다.

III 표적시장의 선정

1. 표적시장의 개념

일반적으로, 시장이란 컨텐트웨어를 교환하기 위해 구매자와 판매자가 모인 장소인데, 마케팅 측면에서는 '어떤 컨텐트웨어의 실제적 및 잠재적 고객'을 의미한다. 그러나, 보다 효과적인 마케팅을 위해서는, 모든 고객을 동일하게 생각하는 것이 아니라 이들을 특성별로 분류하고, 체계화시켜 접근하는 것이 필요하다. 즉, 어떠한 고객을 대상으로 할 것인가라는 범위의 설정을 위하여 고객을 분류함으로써, 보다 효과적인 시장 공략 방식을 찾을 수 있는데 이것이 곧 표적시장 선정이다. 즉, 표적시장(target market)이란, 가능한 세분시장들 중, 기업이 표적으로 하여 마케팅활동을 수행함으로써 고객은 물론 기업에게 가장 유리한 성과를 제공해 주는 매력적인 시장을 말한다.

2. 표적시장 선정시 고려사항

표적시장 선정시 고려해야 할 가장 중요한 사항은, '얼마나 많은 세분시장을 관리할 것인가'와 '어떤 세분시장에 초점을 맞출 것인가?'이다. 이를 위해 세분시장들에 대한 체계적인 매력도 분석이 이루어져야 하는데, 이것이 곧 '세분시장 평가'이다. 세분시장의 평가는, 기업이 현실세계에서 갖고 있던 기반(Company), 세분시장의 규모와 성장 가능성(Customer), 경쟁 현황(Competition) 등 세 가지 측면을 종합적으로 고려했을 때 올바른 매력도 분석이 가능하다.

우선, 기업이 현재 어떠한 사명을 달성하고자 하며 어떠한 목표를 가지고 있느냐에 따라, 시장의 의미는 달라지므로 이러한 관점에서 시장을 살펴보아야 한다. 즉, 어떤 사업의 경우, 현재 구축한 브랜드 이미지와 고객서비스 능력이 인터넷 비즈니스 전개를 용이하게 할 수 있으나, 다른 사업의 경우에는 오히려 현재의 브랜드를 약화시키고 이미지에 손상만 줄 수도 있다. 예를 들어 주로 어린이를 대상으로 꿈과 즐거움을 주는 이미지를 지니고 있는 디즈니 같은 회사에게 노후의 건강관리를 위한 인터넷 시장은 별 의미를 지니지 못한다. 오히려 이러한 분야의 시장에 뛰어드는 것은 오프라인에서 애써 구축한 브랜드 이미지를 희석시킬 가능성이 클 뿐이다. 따라서 세분시장을 평가함에 있어 현재 사업과 조화를 이룰 수 있는 것인지에 대한 냉정한 검토가 이루어져야 한다.

둘째, 세분시장의 규모나 성장가능성을 평가할 필요가 있다. 사실 인터넷에서 목표로 하는 시장의 성장 가능성이나 규모를 측정하기가 쉽지는 않다. 왜냐하면 아직 인터넷이 초기단계에 머물고 있어 향후 어떠한 방향으로 발전할지가 불분명하기 때문이다. 또한 현재 새롭게 탄생되고 있는 인터넷 기업들은 저마다 독특한 영역을 개척하면서 새로운 시장을 만들어 나가고 있기 때문이다. 하지만 전체 인터넷 전자상거래 규모의 증가 속도, 주식거래, 각종 티켓예매 등의 시장 규모의 증대 속도, 광고시장의 증대 속도와 비교하여 시장의 특성을 검토하면 나름대로 어느 정도는 성장가능성을 예측할 수 있을 것이다.

셋째, 경쟁관계를 살펴보아야 한다. 이때, 경쟁관계를 두 가지 측면에서 바라볼 수 있는 안목이 요구된다. 먼저, 경쟁은 서로간의 시장 잠식 가능성을 의미한다. 경쟁이 치열하면 할수록 자신의 입지는 좁아진다. 따라서 치열한 경쟁이 이루어지고 있는 분야는 새로이 인터넷 비즈니스를 하고자 할 때에는 피하는 것이 좋을 수 있다. 하지만, 경쟁자가 많아서 오히려 상승작용을 일으킬 수도 있다. 특히, 경쟁자와 차별화되는 요소를 갖추고 있을 경우에는 경쟁자가 존재하기 때문에 고객들이 더욱 관심을 갖게 되고, 이로 인해 시장이 더욱 빨리 성장할 수도 있기 때문이다.

3. 표적시장 선정의 전략적 대안

세분시장에 대한 평가가 이루어진 후, 선정된 표적시장에 대하여 어떤 방식으로 접근하는 것이 바람직한가?

물론, 특정의 욕구와 유사한 구매행동을 보이는 집단별로 각각 마케팅 활동을 전개하는 경우가 보다 정교하고 효과적일 것이다. 하지만 전체적인 관점에서 보았을 때, 집단간의 차별화 방안이 다른 집단의 행위에 어떤 영향을 미치고, 기업의 전체 이익에 어떤 영향을 미치게 될지에 대해서도 분석해야 한다. 이 과정에서 전략적으로 기업에 대한 이익기여도가 높은 세분고객집단에 대한 충분한 고려가 이루어져야 할 것이다.

위와 같은 모든 요인을 고려해 볼 때, 세분고객을 공략하는 전략은 크게 세 가지로 나누어지는데, 비차별적 마케팅 전략, 차별적 마케팅 전략, 집중적 마케팅 전략이 그것이다. 이를 순서대로 살펴보면 다음과 같다.

1) 비차별적 마케팅

비차별적 마케팅은 고객을 세분화하지 않고, 한 가지의 제품이나 서비스로 전체시장을 대상으로 마케팅활동을 전개하는 것이다. 이 접근방법은 소비자들의 니즈와 욕구에 대해 공통적인 부분에 초점을 맞추는 것이다.

인터넷에서 이러한 대표적인 영역이 검색엔진이나 디렉토리와 같은 분야이다. 왜냐하면 인터넷에서 필요한 정보를 찾기 위해서는 항상 이들 검색서비스를 사용해야 하는데 여기서는 소비자들의 특징이나 상이한 행동패턴을 구별하기가 쉽지 않다. 야후나 알타비스타와 같은 검색서비스 비즈니스들은 주로 비차별적인 마케팅 전략을 추구해 왔다. 하지만 이러한 검색서비스들도 최근에는 특정 관심영역별로 특화되어 가고 있는 추세를 보이기도 한다.

2) 차별적 마케팅

차별적 마케팅은 여러 세분고객을 표적으로 하여, 각 세분고객마다 차별화된 마케팅 활동을 전개하는 방법이다.

컴퓨터 관련 정보 제공으로 유명한 Cnet(www.cnet.com)의 경우가 대표적인 예이다. 이 사이트의 경우, 컴퓨터와 관련된 뉴스정보를 제공하는 뉴스닷컴(www.news.com), 무료로 제공되는 다운로드에 관심이 있는 사람들을 위한 다운로드닷컴(www.download.com), 쉐어닷컴(www.share.com), 웹사이트의 구축과 관련된 테크리퍼블릭닷컴(www.techrepublic.com), 컴퓨터 관련 장비나 소프트웨어를 판매하는 쇼퍼닷컴(www.shopper.com) 등으로 세분화하고, 이들 각각 세분된 시장에 대해 차별화된 마케팅 활동을 전개하고 있다.

그림 7-5 Cnet(www.cnet.com)의 초기화면

그림 7-6 Cnet의 뉴스정보 웹사이트(www.news.com)

그림 7-7 Cnet의 무료제공 다운로드 정보 웹사이트
(www.download.com)

그림 7-8 Cnet의 정보공유 웹사이트(www.share.com)

그림 7-9 Cnet의 웹사이트 구축 정보 웹사이트
(www.techrepublic.com)

그림 7-10 Cnet의 컴퓨터 관련 장비, 소프트웨어 판매
웹사이트(www.shopper.com)

4. 집중적 마케팅

집중적 마케팅 전략은 전략적으로 중요한 세분고객집단에 집중적으로 차별적 마케팅 활동을 펼치는 방법이다. 이 방법은 큰 시장에서 낮은 점유율을 차지하기보다는 차라리 규모는 작으나 높은 점유율을 확보하고자 하는 기업에서 주로 적용된다. 주로, 자원이 부족하지만 어느 정도의 크기와 높은 이익 확보가 가능한 시장에서 활약하기를 원하는 기업에서 많이 채택된다. 이와 같은, 집중적 마케팅은 인터넷에서 처음 비즈니스를 전개하는 많은 기업들에서 볼 수 있다.

그림 7-11 표적시장의 선택

 **위상정립**

1. 위상정립의 개념

기업이 일단 자사의 특성에 맞는 목표 시장 또는 개인을 선택하게 되면, 그 다음 단계는 목표 고객에게 자사의 컨텐트웨어를 어떻게 소비자의 마음속에 심어주는가 하는 것이다. 이처럼 위상정립(positioning)이란 목표 고객의 마음속에 의미 있고 독특한 경쟁적 위상을 차지하기 위해 기업의 컨텐트웨어와 이미지를 디자인하는 것을 말한다. 즉, 기업의 경쟁적 차별화를 소비자들이 그대로 인식하도록 하는 행위이다. 이러한 위상정립은 소비자들이 경쟁 사이트 또는 컨텐츠와 비교하여 갖고 있는 지각, 인식, 느낌 등이 복합적으로 구성되어 있는 것이다.

이러한 위상정립 수립은 다음과 같은 측면에서 중요성을 지닌다. 첫째, 한번 소비자들의 마음속에 어떠한 이미지가 형성되면, 그 이미지를 바꾸는 것은 어려울뿐더러, 이미지를 바꾼다 하더라도 처음보다 많은 비용이 소요된다. 따라서 초기의 위상정립은 기업의 장기적 전략 방향을 결정짓는 중요한 의미를 갖는 것이다. 그러므로 기업은 자신의 컨텐트웨어를 위상정립할 때에는 장기적인 기업의 전략을 고려하여 신중히 결정해야 한다.

둘째, 특히 인터넷상에서는 웹사이트를 옮겨 다니는 데에 따른 전환 비용이 매우 낮기 때문에 소비자들의 마음속에 자신의 컨텐트웨어에 대한 확실한 차별적 자리매김을 해야 할 중요성이 더욱 부각된다. 따라서 소비자들로 하여금 자사의 컨텐트웨어를 독특하게 인식하게 하는 것은 소비자들의 전환 행동을 억제시킴으로써 잠금(lockin) 효과를 가져오게 된다.

2. 위상정립 전략 유형

마케터는 여러 가지의 위상정립 전략을 사용할 수 있다. 그들은 그들의 제품을 특정한 속성에 근거하여 위상정립할 수 있다. 또한 위상정립이라고 하는 것이 결국에는 소비자의 머릿속에서 특정 위치로 자리매김하는 것임을 생각해 볼 때, 물리적 속성이나 특성에 근거한 것이 아닌 심리적 이미지에 근거한 위상정립 전략 또한 가능하다. 이러한 위상정립 전략의 유형들을 살펴보면 다음과 같다.

1) 속성에 의한 위상정립

속성에 의한 위상정립(attribute positioning)이란 기업 자신의 속성이나 특성을 내세우면서 위상정립하는 것이다.

이러한 속성에 근거한 위상정립의 예는 '자연 언어 검색'이라는 차별적 속성을 강조한 엠파스(www.empas.com)가 있다. 엠파스는 야후, 알타비스타 등 선발 기업들이 선점하고 있는 검색 서비스 시장에 후발 진입하였지만, 기존 검색 방식과는 다른 속성 (자연 언어 검색 방식)을 차별적으로 위상정립하여 시장에 진입한 결과 서비스 시작 두 달여 만에 하루 접속건수 80만 건을 넘는 성공을 거두었다.

2) 편익에 의한 위상정립

소비자들이 웹사이트를 방문하고, 컨텐츠를 이용하는 것은 그러한 행동을 통해 얻고자 하는 편익이 있기 때문이다. 편익에 의한 위상정립 전략(benefit positioning)은 바로 이러한 편익을 강조하는 전략이다. 예를 들어 식료품을 판매하는 인터넷 쇼핑몰의 경우를 생각해 보자. 만일 이 쇼핑몰이 직장을 가진 기혼 여성을 주 타겟으로 삼는다면, 이들은 가정과 일을 병행함에 시간적 여유가 부족한 소비자임을 주시해야 할 것이다. 따라서 이들이 쇼핑몰로부터 원하는 편익은 '편리함, 신속성'이 될 것이고, 위상정립 역시 이러한 편익을 강조하는 것이어야 하겠다.

예를 들어 네이트닷컴(www.nate.com)의 전신인 라이코스는 코믹한 광고적 요소와 '즐겁지 않으면 인터넷이 아니다'라는 메시지를 전달하면서 엔터테인먼트라는 편익을 강조하며 위상정립을 하였다. 이러한 위상정립 결과 라이코스는 검색 사이트의 증가로 점차 서비스의 내용이 무차별화해지고 있었던 검색 서비스 시장에서 소비자들의 마음속에 차별적인 자리매김을 할 수 있었다.

3) 사용자에 의한 위상정립

사용자에 의한 위상정립 전략(user positioning)은 자사가 제공하는 컨텐트웨어가 특정 사용자 그룹을 표적으로 하여 만들어진 최적의 것임을 강조하며 위상정립하는 것이다.

이러한 위상정립 전략의 예로는 청소년이란 특정 사용자에게 최적의 사이트임을 내세우는 아이두(www.idoo.net)가 있다. "10대 독립 아이두— 10대들이 만드는 10대만의 포털사이트"란 슬로건을 가진 아이두는 교환일기, 클럽, 진학자료 등 청소년이 필요로 하는 내용들로 구성된 청소년 종합 포털사이트이다.

그림 7-12   사용자에 의한 위상정립을 한 아이두(www.idoo.net)의 초기화면

4) 경쟁자에 의한 위상정립

경쟁자에 의한 위상정립 전략(competitor positioning)이란 경쟁 사이트나, 경쟁 사이트가 제공하는 컨텐츠에 비해 우월한 점을 강조하는 위상정립 전략이다. 이러한 위상정립 전략을 위해서는 고객들이 가치 있게 느낄 수 있는 요소를 발견하고, 이들 요소를 다른 사이트의 경우 어떻게 대응하고 있는지에 대해 조사해야 한다. 즉, 다른 사이트를 분석함으로써 자신의 사이트에서 차별화시켜 제공할 수 있는 사항을 찾아낼 수 있는 것이다. 예를 들어 NHN의 네이버(www.naver.com)는 2004년 봄, 네이버 카페(section.cafe.naver.com)를 열면서 다음 카페(cafe.daum.net)를 겨냥한 비교 광고를 제작했다. 배우 전지현을 모델로 "다음에 잘하겠다는 말 믿지 말랬잖아"라는 카피를 통해 포털사이트 다음의 카페 서비스와 비교함으로써 위상정립 전략을 사용하였다.

그림 7-13 네이버 카페의 메인 화면(section.cafe.naver.com)

5) 범주에 의한 위상정립

특정 컨텐츠하면 떠오르는 브랜드로 위상정립하는 것, 즉 자신이 해당 컨텐츠 영역을 대표하는 리더로 인식하게 하는 것이 바로 범주에 의한 위상정립(category positioning)이다. 인터넷 경매하면 옥션(www.auction.co.kr)을 떠올리게 하는 전략이 바로 범주 위상정립의 예가 될 수 있다.

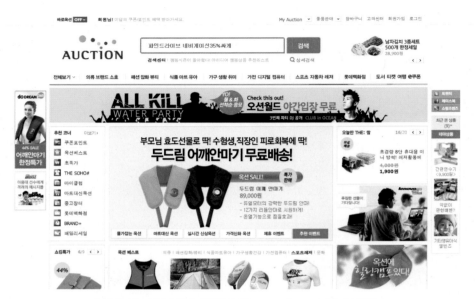

그림 7-14   인터넷 경매 사이트 옥션(www.auction.co.kr)의 메인화면

통통족을 위한 사이트 빅앤빅(www.bignbig.com)

다른 사람보다 몸집이 크기 때문에 겪는 불편함은 여러 가지가 있을 수 있다. 그 중 날씬한 사람을 대상으로 만들어지는 브랜드들이 많아지면서 몸집이 큰 사람들은 옷을 고르는 데 있어서도 많은 불편함을 감수해야 했다.

식생활이 서구화되고 전반적인 체형이 커지면서 이렇게 몸집이 큰 사람들을 타겟으로 문을 연 빅 사이즈 의류 전문점이 성공하고 있는데 이는 여러 세분고객 중 몸집이 커서 XL 이상의 옷을 요구하는 세분고객만을 표적으로 한 차별적인 마케팅이 주효했다고 할 수 있다. 비만인구가 많은 선진국에서는 이미 비만인을 위한 의류점이 안정된 시장으로 자리잡고 있지만 국내는 아직은 초기단계라고 할 수 있다. 특히 온라인에서 빅 사이즈 의류 대표브랜드로 자리잡은 '빅앤빅'(www.bignbig.com)은 화려한 색깔과 유행감각을 반영한 디자인으로 몸집이 큰 사람들에게 의류 선택의 폭을 넓혀주고 유행에 맞는 의류를 입을 수 있다는 자신감을 심어줌으로써 성공한 케이스라고 하겠다.

빅앤빅(www.bignbig.com) 메인화면

요 약

인터넷상에서 기업은 고객을 각기 다른 욕구를 가진 독특한 존재로 간주하여, 각각의 욕구를 만족시키는 일대일 마케팅을 통해 각 고객의 욕구를 충족시켜줌으로써, 고객과의 지속적인 장기적 관계를 구축시킬 수 있다. 그러나, 각 산업이 제공하는 컨텐트웨어의 성격에 따라 처음부터 각 시장의 고객을 개별적으로 접근하는 것이 아니라, 전체 시장을 세분화하고, 세분된 시장에서 자신의 목표가 되는 표적 시장을 선택한 후, 표적시장 내의 고객을 개별적으로 공략하는 방식의 마케팅 전략도 일반적으로 활용될 수 있다. 또한 기업이 일단 자사의 특성에 맞는 목표 시장 또는 개인을 선택하게 되면, 그 다음 단계는 목표 고객의 마음속에 의미 있고 독특한 경쟁적 위상을 차지하기 위해 기업의 컨텐트웨어와 이미지를 디자인하는 위상정립의 과정을 거쳐야 한다. 이러한 위상정립의 유형은 속성에 의한 위상정립, 편익에 의한 위상정립, 사용자에 의한 위상정립, 경쟁자에 의한 위상정립, 범주에 의한 위상정립 등으로 구분할 수 있다.

연 구 문 제

1. 전통산업에서의 시장세분화와 인터넷 산업에서의 시장세분화는 어떤 차이가 있는지 생각해 보자.
2. 시장세분화에 성공한 기업을 찾아 해당기업의 성공전략은 무엇인지 알아보자.
3. 위상정립의 개념과 유형을 설명하고, 각 위상정립 유형별로 그러한 방법이 적용된 사이트의 예를 생각해 보자.
4. 핀포인트 마케팅의 성공사례를 발굴하여 설명하시오.
5. 한 기업을 선정하고 그 기업의 인터넷 마케팅을 핀포인트 마케팅으로 발전시킬 수 있는 방안을 제시하시오.

참 고 문 헌

1. 논문 및 단행본

이두희, 윤희숙 (2001), "인터넷 사용자의 세분화에 따른 인터넷 사용 행동과 전자상거래 행동에 관한 연구," 경영학연구, 제30권 제4호, 1169-1201.

혼다테츠야 (2008), 인플루언서 마케팅: 30만명을 움직이는 1명을 잡아라, 경영정신.

Kozinets, Robert V., Kristine de Vlack, Andrea C. Wojnicki, & Sarah J.S. Wilner (2010), "Networked narratives: Understanding word-of-mouth marketing in online communities," *Journal of Marketing*, Vol.74, 71-89.

2. 보고서

황혜정 (2009), "트위터, 기업과 고객의 소통채널 될까," LG Business Insight, 7, 29.

3. 신문기사

김익현 (2012), "트위터 제친 핀터레스트…비결은?," 아이뉴스 24, 2012년 3월 9일자.

조정은 (2011), "정보 만족도 비교: 단문형 블로그 vs. 장문형 블로그," 랭키닷컴, 2011년 5
월 24일자.

최순욱 (2010), "댓글도 이젠 '돈'…소셜화폐가 뜬다," 매일경제, 2010년 12월 2일자.

4. 기타(인터넷 검색 자료)

www.auction.co.kr

www.bignbig.com

www.builder.com

www.cnet.com

www.dentsu.co.jp

www.download.com

www.empas.com

www.game.com

www.idoo.net

www.ivillage.com

www.koreanclick.com

www.leftland.com

www.metrixcorp.com

www.nate.com

www.naver.com

www.news.com

www.noblesse.com

www.rankey.com

www.senior.com

www.share.com

www.shopper.com

www.socialmediatoday.com

www.techrepublic.com

www.tumblr.com

www.zinicap.com

section.cafe.naver.com

이슈 및 트렌드: 소셜커머스(Social Commerce)

소셜미디어의 성장과 더불어 커뮤니케이션, 네트워크 형성, 정보 공유의 변화에 따라 기존 쇼핑 문화의 흐름이 변하고 있다. 소셜커머스는 소셜미디어와 e-커머스를 합쳐서 유래한 단어로 (Marsden 2009), 위키피디아(Wikipedia)는 소셜커머스를 소셜미디어와 온라인미디어를 활용한 전자 상거래의 일종이라고 정의하고 있다. 2005년 야후(Yahoo)에 의해서 시작되고 2008년 그루폰 (Groupon) 서비스가 런칭한 후 소셜커머스는 전 세계적으로 이슈화되며 빠른 속도로 성장하고 있다. 소셜 네트워크 서비스와 전자 상거래를 결합한 형태로 등장한 소셜커머스는 새로운 유통 구조와 가격 체제를 통하여 '반값할인' 이라는 새로운 소비문화를 만들어 내었다. 뿐만 아니라, 오프라인 영역까지도 통합, 확장할 수 있기 때문에 그 파급효과 또한 매우 크다.

소셜커머스의 운영 방식은 기업과 소비자 양쪽 모두 수익 측면에서 이득을 가질 수 있도록 구성되며 기존의 영역을 넘어서 다양한 영역에서의 활용을 통해 수익을 창출하고 있다. 소셜커머스는 다양한 형태로 존재하며 이에 따른 유형별 구분에 대한 의견도 여러 가지로 제시되고 있다. 따라서 가장 대표적으로 사용되고 있는 소셜링크형, 소셜웹형, 공동구매형, 오프라인 연동형 네 가지 유형의 구분을 중심으로 다음에서 살펴보기로 한다.

☐ 소셜링크형

온라인 쇼핑몰이나 판매 사이트에 트위터나 페이스북과 같은 소셜 네트워크 서비스로 이동할

디앤샵의 메인화면(www.dnshop.com)

수 있는 공유 버튼 형식의 링크를 제공하는 방식으로 자연스럽게 다른 사용자들의 링크를 이끌어 내는 형태이다. 국내의 대표적인 소셜링크형 쇼핑으로는 다음의 d&shop이 있다.

□ **소셜웹형**

판매 사이트 안에서 방문자들의 행동을 SNS에 자동으로 반영하여 보다 많은 사용자들과 공유 할 수 있게 해 주는 형태이다. 소셜웹형 소셜커머스에서는 웹링크뿐만 아니라, 판매 사이트 방문자 들의 구매, 제품평가, 리뷰 등의 소비자 행동까지 반영되어 친구들에게 공유된다. 리바이스와 같이 페이스북 소셜 플러그인 서비스를 적용하여 게시물을 자동으로 트위터로 배포되게 하는 경우가 대 표적 사례이다.

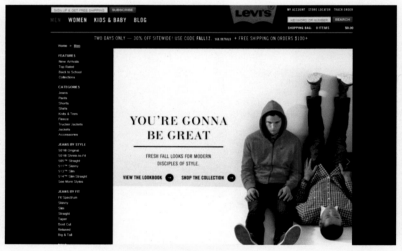

리바이스의 메인 화면(us.levi.com)

□ **공동구매형**

현재 한국에서 가장 대표적인 소셜커머스 형태로, 공동구매 사이트가 소셜 네트워크와 결합한 형식이라고 볼 수 있다. 판매 사이트에서 제공하는 특정 제품에 대해 일정 기간 내에 최소 구매 수 량이 달성되면 높은 할인 혜택을 제공하는 것을 말하며, 소비자들은 목표한 최소 구매 수량에 달성 하기 위해 소셜 네트워크를 통해 지인들에게 직접 입소문을 내고 공동 구매에 참여시키게 된다. 대 표적인 사례로 미국의 그루폰, 국내의 쿠팡, 티켓 몬스터 등이 이에 해당된다.

티켓몬스터의 메인 화면(www.ticketmonster.co.kr)

□ **오프라인 연동형**

오프라인 공간을 소셜 네트워크 서비스에 연결시키는 형태로 LBC(Location Based Service, 위치기반서비스)를 활용하여 특정 위치, 즉 오프라인 점포에 대한 경험치를 이용하는 형태이다. 소비자의 현재 위치를 계속 갱신하며 오프라인 상점에서의 경험을 지인들과 모바일로 공유하고 이를 소셜 네트워크를 통해 확산시키게 된다. 포스퀘어, 런파이프 등의 서비스가 이 유형에 해당한다.

해외에서는 다양한 형태의 소셜미디어가 구현되고 있지만 아직까지 국내에서는 쿠팡, 티켓몬스터,

런파이프의 메인 화면(www.runpipe.com)

위메이크프라이스 등과 같은 소셜 쇼핑 사이트가 주를 이루고 있는 실정이다. 특히, 위메이크프라이스의 경우 서비스 첫날 3만 7,000원짜리 에버랜드 자유 이용권 10만장을 60% 할인된 1만 4,900원에 모두 판매하며 소셜커머스를 일반 대중에게 알리는 데에 크게 기여하였다.

소셜커머스는 진입 장벽이 낮기 때문에 소규모 상인들에게 기회를 제공하고 낮은 브랜드 인지도를 끌어올릴 수 있다는 점에서 긍정적인 영향력을 가진다. 또한, 새로운 광고 플랫폼으로도 주목을 받고 있을 뿐만 아니라, 스스로 보유하고 있는 회원 수를 활용한 광고 매체로서의 잠재력을 지닌다.

소셜커머스의 주 이용 고객은 2-30대 층이며 남성보다는 여성의 소셜커머스 이용률이 남성에 비해 다소 높은 것으로 나타났다(2011년 인터넷이용실태조사). 또한, 소비자들이 가장 자주 이용하는 소셜커머스 품목은 음식점/까페 이용 할인권 등과 같은 '외식(55.3퍼센트)'으로 나타났으며, '패션(44.4퍼센트)' 및 '문화공연(39.2퍼센트)', '미용(20.9퍼센트)' 등 또한 많은 이용률을 보이는 품목으로 나타났다(2011년 인터넷이용실태조사, 복수 응답 가능). 소셜커머스를 이용하는 데 있어 가장 고려하는 사항이 가격이지만 서비스 및 제품의 퀄리티, 신뢰도 등도 중요한 사항으로 나타났다.

소셜커머스 정보가 가장 활발하게 이루어지는 채널은 메신저, 이메일, SNS 등이다. 이는 지인에 의한 정보 획득이 소셜커머스상의 구매로 연결되는 경우가 많다는 것을 의미하며, eWOM과 같은 바이럴 마케팅의 주된 형태가 지인과의 즉각적인 커뮤니케이션을 통해 이루어짐을 알 수 있다. 하지만 빠른 성장규모와 함께 급속한 성장으로 인한 여러 가지 부작용 또한 발견되고 있어 소셜커머스의 서비스에 대한 불안감이 신뢰감을 형성하는 데 큰 저해요소로 작용하고 있다. 특히 소셜커머스 불편이나 피해 경험을 겪었다고 응답(복수 응답 가능)한 사용자들도 60.6퍼센트에 달했다(2011년 인터넷이용실태조사).

추가적으로 한국소비자원(2011)에 따른 피해 유형을 살펴보면 소셜커머스를 통해 구매한 제품과 실제 제품과의 차이(50.0퍼센트, 복수 응답 가능) 및 정상 가격에 구매한 제품과의 차이(47.6퍼센트, 복수 응답 가능)가 가장 큰 비중을 차지하였다. 쿠폰값 할인율을 제품값 할인인 것처럼 위장하거나 근거가 불분명한 제품할인율로 소비자를 현혹시키는 등 허위·과장 광고나 과대 판매들로 인한 피해 사례도 잇따르고 있다. 소셜커머스에서 구매한 쿠폰의 기간 만료로 인해 서비스를 사용하지 못하게 되는 경우나 쿠폰 발신 누락 등과 같은 시스템적 오류도 소셜커머스 업체의 문제점으로 대두되고 있어 이에 대한 적절한 대책 마련이 요구된다. 특히 개인정보를 허술하게 관리하거나 불법적으로 이용하는 등 개인정보보호 법규를 위반한 소셜커머스 업체들이 방송통신위원회로부터 징계를 받는 사태도 발생함에 따라 개인정보보호 관리체계에 대한 철저한 관리도 필요하다.

소셜커머스 시장과 온라인 쇼핑몰의 성장에 힘입어 대형 유통 업체들 또한 소셜커머스의 비즈니스 모델을 도입하고 있다. 대형 유통 업체들의 경우 기존에 보유하고 있는 유통망과 충성도가 높은 고객층

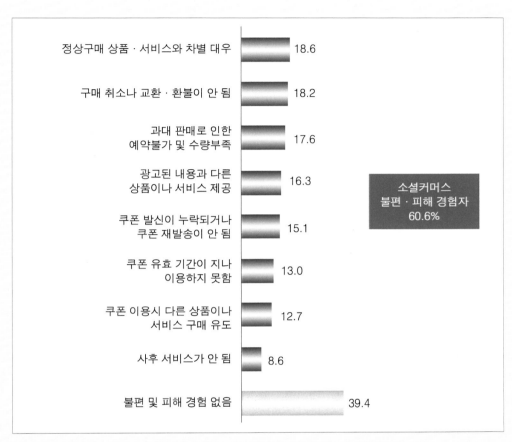

정상구매 상품 · 서비스와 차별 대우   18.6

구매 취소나 교환 · 환불이 안 됨   18.2

과대 판매로 인한 예약불가 및 수량부족   17.6

광고된 내용과 다른 상품이나 서비스 제공   16.3

쿠폰 발신이 누락되거나 쿠폰 재발송이 안 됨   15.1

쿠폰 유효 기간이 지나 이용하지 못함   13.0

쿠폰 이용시 다른 상품이나 서비스 구매 유도   12.7

사후 서비스가 안 됨   8.6

불편 및 피해 경험 없음   39.4

소셜커머스 불편 · 피해 경험자 60.6%

소셜커머스 불편 · 피해 경험(복수응답)−만12세 이상 소셜커머스 이용자 (단위: %)
자료: 인터넷 이용실태조사(2011).

을 대상으로 하여 유통업계에서의 위치를 더욱 공고히 다지기 위함이다. 대표적인 사례로 CJ오쇼핑은 슈즈전문몰 '슈대즐'과 소셜커머스 '오클락' 서비스를 시작했고 SK플래닛 오픈마켓 11번가는 오는 9월경 '타운 11번가' 서비스를 오픈할 예정이다. 인터파크 역시 최근 페이스북을 통해 쇼핑 정보를 공유할 수 있는 '인터파크 소셜 서비스'를 런칭했다.

기존 소셜커머스 업체들이 서비스 측면이나 교환, 환불 등에 대한 대책이 없어 소비자들이 불편을 겪었던 반면 대형 유통 업체들의 소셜커머스 도입은 차별화된 고객의 니즈에 맞추고 투명성을 확보하는 등 보다 업그레이드된 서비스를 제공할 예정이다. 이와 같은 소비자 피해 사례가 계속되고 있는 가운데 소비자의 권익 보호에 앞장서고 소셜커머스의 문제점을 개선하기 위해 '소셜컨슈머리포트'와 같은 사이

CJ오쇼핑의 소셜커머스 '오클락' 메인 화면(www.cjmall.com/oclock/oclock.jsp)

트도 등장하였으며, 업계 이슈 및 피해 사례 등을 알려줄 뿐만 아니라 소셜 신문고 메뉴 등을 제공하여 소비자들의 피해를 예방할 수 있도록 하고 있다. 소셜커머스 시장이 앞으로 안정적으로 성장해 나갈 수 있기 위해서는 소비자들의 권익을 보호하는 제도적 장치를 마련하는 것과 더불어 소셜커머스의 특성을 이해하고 소비자들에게 신뢰를 줄 수 있도록 노력해야 한다.

*참고문헌
1. 논문 및 단행본
서용구, 김혜란, 현정아 (2011), "소셜커머스 소비자특성과 유형분석," 商品學研究 29, no. 4, 149-60.
유윤수, 윤상진 (2011), "소셜커머스, 무엇이고 어떻게 활용할 것인가," 더숲.

2. 보고서
인터넷정보진흥원, 소셜커머스 인지도 및 이용 실태 조사.
한국소비자원 (2011), 소셜커머스 이용실태 및 만족도 조사.

3. 기타(인터넷 검색 자료)
us.levi..com
www.cjmall.com/0clock/0clock.jsp)
www.dnshop.com
www.runpipe.com
www.ticketmonster.co.kr

인터넷 마케팅 믹스 관리

제8장 콜래보레이션 관리
제9장 컨텐트웨어 관리
제10장 커미트먼트 관리
제11장 커뮤니케이션 관리
제12장 채널 관리

8장 콜래보레이션 관리

콜래보레이션
기업과 고객간 콜래보레이션
평생가치
프로슈머
컨텐트웨어의 개인화
학습관계
규칙기반 필터링
협업 필터링
학습 에이전트
실시간추천
캠페인 관리
기업과 기업간 콜래보레이션
제휴프로그램
성과별 지급 프로그램
방문객 안내별/신규고객별 지급 프로그램
클릭횟수별 지급 프로그램
노출당 지급 프로그램
고객 공유 프로그램
배너공유
고객과 고객간 콜래보레이션
커뮤니티

나이키 플러스(Nike+)

나이키 플러스는 나이키와 애플에서 공동 제작한 커뮤니티다. 러너(runner)들이 본인의 러닝 기록을 측정하고 비교, 공유할 수 있는 커뮤니티다.

러너의 동기 부여를 위해 나이키 플러스 웹사이트(nikeplus.com)에서 조깅을 좋아하는 전 세계 사람들은 자신의 조깅 경로와 지도를 올리고, 서로 조언과 격려를 주고받고, 목표 지점까지 과정을 추적하고, 조깅할 때 들으면 좋은 노래를 올리고 실제로 만날 약속을 잡는다. 나이키플러스는 조깅을 좋아하는 사람들이 조깅에 관한 지식을 공유하는 커뮤니티로 러너들 사이에 유대감을 형성시킨다. 운동 능력 향상은 물론 모바일 애플리케이션(앱)과 연동해 운동을 온라인 게임처럼 즐길 수 있다. 운동능력을 기록으로 측정하고, 운동을 통해 만들어낸 에너지를 나이키 퓨얼(Nike Fuel)로 수치화해 나이키 플러스 웹사이트 및 자신의 SNS를 통해 비교하고 공유할 수도 있다.

나이키 플러스는 나이키 운동화를 가지고 있지 않아도 전용 센서만 있으면 참여할 수 있다. 하지만 커뮤니티 회원 중에는 나이키 플러스 센서를 장착한 나이키 제품을 구매하는 수가 늘고 있다. 이들의 대부분은 심지어 이전에 나이키 제품을 구매한 경험이 없는 사람들이다.

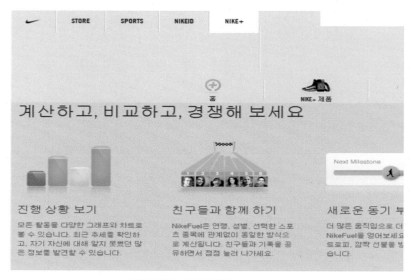

나이키 플러스 웹사이트(nikeplus.com)

□ 나이키 플러스 러닝(Nike+Running) 앱

나이키 플러스 러닝 앱은 기록 요약 정보를 소셜 네트워크로 공유한다. 러너가 달리는 동안 착용했던 러닝화의 센서를 통해 총 달린 거리를 확인할 수 있다. 다양한 지형과 운동 중 느꼈던 기분을 선택하여 데이터로 남길 수 있다. 사용자들이 손쉽게 직관적으로 본인의 러닝을 기록하고 공유 및 비교가 가능하게 해 준다.

나이키는 페이스북과 나이키 플러스 러닝 앱을 통합적으로 활용할 수 있도록 제휴하였다. 앱을 포스팅하면 페이스북에 자동 연동된다. 러너가 달린 구간 등에 대한 정보를 페이스북에서 보여 준다. 친구 태그 기능은 앱 사용자가 함께 뛸 러닝 친구를 찾고 응원 메시지받기 서비스도 이용할 수 있다. 다른 소셜 미디어와 제휴하여 러너들끼리 더 다양한 커뮤니케이션을 주고받을 수 있도록 하고 있다.

□ 게임 온 월드(Game on World) 캠페인

전 세계를 하나의 게임 판으로 설정하고 진행되는 거대한 게임이다. 나이키 게임 온 월드(gameonworld.nike.com)는 이러한 활동을 위한 허브 역할을 수행한다. 이 사이트는 다양한 도구와 디지털 서비스를 통해 자신의 발전과정과 성과를 공유하는 동기부여의 장이다. 이 공간에서 나이키 플러스 사용자들은 자신의 최고 기록을 창출하고, 이를 경신해 나간다.

한국에서는 러닝을 통해 게임 온 월드 경쟁에 참여할 수 있다. 나이키 플러스 러닝 앱을 자신이 사용하는 모바일에 다운받은 후에 러닝을 하면, 자신이 달린 거리가 자동으로 측정되며, 최대 거리를 달린 사람들의 기록과 모습이 '게임 온 월드' 사이트를 통해 공개된다.

나이키는 나이키 플러스를 통해 운동하고, 소통하는 커뮤니티 회원들의 동기부여를 위해 여러 디지털 미션을 제공해 왔다.

'Find Your Greatness' 캠페인은 매일 일상에서 운동을 즐기는 사람들이 스포츠선수처럼 자신만의 목표를 설정하고 이를 달성하며, 자신이 정한 최고의 순간에 노력할 수 있도록 하는 캠페인이다. 나이키는 이러한 내용이 담긴 캠페인 영상을 소셜 미디어와 디지털 채널을 통해 처음 공개했으며, 한국을 포함한 25개 국가에서 TV를 통해 선보였다. 트위터에서는 '#findgreatness' 해쉬태그를 통해 사용자들이 자신의 위대함을 찾는 과정에 대해 서로 이야기를 나눌 수 있다.

'Greatness is Ours'라는 미션은 전 세계적으로 진행되며, 한국에서는 '승리의 트로피를 획득하라'는 로컬 미션을 통해 참여할 수 있다. 이 미션에 참여하는 사람들은 자신의 활동과 성과를 소셜 미디어를 통해 공유하고 공유된 컨텐츠는 온라인 사이트인 나이키+ 퓨얼스트림(Nike+ Fuelstream)을 통해 보인다. 또한 나이키의 소셜 채널인 @nike, @nikerunning 등을 통해서도 촉

게임 온 월드 메인화면(gameonworld.nike.com)

진된다. 참여자들은 @reply(응답) 기능을 통해 동기를 부여받고 자신의 최고의 순간에 이를 수 있도록 유도된다.

자료원 : 이석무(2012) 수정 후 인용.

콜래보레이션 개념

1. 콜래보레이션 정의

콜래보레이션(Collaboration)은 네트워크를 구성하는 주체 간에 상호의 이익을 위하여 상대를 관리하거나 힘을 합치는 방법을 의미한다. 일반적으로 브랜드와 브랜드가 유기적으로 경쟁력을 결합해 시너지를 발휘하는 전략이다. 서로 이익을 얻고 살아남기 위한 공동 마케팅(co-marketing)과 비슷하지만, 전체적으로 봤을 때 공동 마케팅보다는 브랜드 간의 더 끈끈한 관계를 요구한다. 제품 개발, 생산, 마케팅 및 영업까지 모든 단계에서 포괄적이고 종합적으로 협력한다는 점에서 두 회사 사이에 강한 결합이 존재하기 때문이다.

콜래보레이션은 스포츠 용품이나 전자제품이 차별화를 도모하기 위해 패션업체나 디자이너와 손을 잡은 데서 시작됐다. 지금은 기업과 기업뿐 아니라 기업과 고객, 고객과 고객의 관계 모두를 대상으로 진행되고 있다.

콜래보레이션을 마케팅 믹스 요인 중의 하나로 포함함으로써, 앞에서 계속 설명하였던 고객의 주체성과 힘을 인정하고 고객을 관리하는 것을 내부화(internalization)하게 된다. 그리고 주변의 기업과도 고객에 대한 지식과 정보를 바탕으로 서로 마케팅적으로 협력하는 방법을 전략적으로 모색할 수 있다. 이제 고객은 단순한 판매대상이 아니라 기업의 협력자나 동업자로, 경쟁자 역시 상황에 따라서는 협력자로 만들 수 있어야 한다. 마이크로 마켓과 네트워크 경제하의 관계마케팅에서는 이러한 콜래보레이션 관리가 매우 중요하다.

그러나 인터넷의 가장 큰 특징이며, 효율적 인터넷 마케팅 전략 수행을 위해 필수적으로 요구되는 상호작용에 기반한 콜래보레이션은 그 중요성에도 불구하고 이를 체계적으로 관리·활용하지 못하고 있다. 어떤 기업은 기업의 전략적인 차원에서 제휴를 관리하여 실제 마케팅 활동에 적용할 때 문제가 발생하기도 하고, 고객 서비스 차원에서 고객 관리를 함으로써 적극적인 관리를 하기보다는 사후 대처를 하는 데 그치는 경우도 많았다. 어떤 경우에는 무조건 회원을 모집하고 회원들끼리의 상호작용은 이루어지고 있지만, 이를 마케팅 차원에서 제대로 관리하지 못하여 실제 수익을 창출하지 못하는 경우도 많았다. 즉, 지금까지는 공동 마케팅이나 고객 공유 등의 제휴 프로그램이나, 고객 서비스나 고객 관리 등의 분산된 방법으로 성공적인 마케팅 활동을 하지는 못했다. 이제, 기업의 콜래보레이션을 마케팅 믹스의 한 분야로서 체계적으로 관리해야 할 때가 온 것이다.

2. 콜래보레이션 중요성

인터넷 마케팅을 수행함에 있어서 많은 인터넷 기업들이 가장 큰 초점을 둔 부분은 바로 회원의 모집이다. 기업은 모집한 회원을 바탕으로 회원과 관계를 형성함으로써 사이트에 대한 회원의 애호도를 높이고 이를 통해 수익을 창출하고자 수많은 노력을 기울이고 있다.

이렇게 콜래보레이션이 중요한 요소로 부각되는 데는 인터넷의 상호작용이 큰 역할을 하여 왔다. 인터넷 환경하에서 고객은 더 이상 단순한 판매의 대상이 아니다. 고객은 기업의 웹사이트를 통해서 기업이 마케팅 활동에 필요한 다양한 정보를 제공해 주기도 하고, 기업의 제품이나 서비스를 평가하고, 고객들끼리 서로 기업의 정보를 공유하기도 한다. 때문에 고객은 더 이상 판매의 대상이 아니라, 서로 관계를 갖고 유지하는 동등한 파트너이고 협력자이며 동업자가 되는 것이다. 따라서 인터넷에서 고객과의 관계관리가 그만큼 중요하게 된 것이라 할 수 있다.

그런데 이러한 관계는 고객에게만 국한되는 것은 아니다. 기업과 기업 간에서도 서로 네트워크를 형성하여 관계를 구축할 수 있다. 이러한 네트워크 형성은 주로 제휴나 가상기업, 네트워크 조직이라는 이름하에 기업이 서로 관계를 맺으며, 서로의 사업에 이익을 주기 위한 것이었다. 그런데 이러한 제휴는 주로 유통이나 채널관리 차원에서 이루어져 온 것이 사실이고, 이에 따라 심비오틱 마케팅(Symbiotic Marketing), 연결 마케팅, 제휴마케팅 등의 이름으로 사용되어져 왔다. 기업 간에 제휴라는 이름으로 이루어져 온 콜래보레이션이 인터넷 사업 환경하에서는 비단 관련 기업 간의 관계뿐만 아니라 경쟁자와의 콜래보레이션까지 촉진하고 있다.

　따라서 기업이 인터넷 마케팅을 계획하고 실행함에 있어서 콜래보레이션 역시 커미트먼트(commitment)나 커뮤니케이션(communication), 컨텐트웨어(content-ware), 채널(channel)만큼이나 중요한 관리 대상이 되어야 할 것이다. 이러한 관점에서 본장에서는 마케팅 관리의 주요 대상으로서 콜래보레이션을 기업과 기업, 기업과 고객, 고객과 고객 간의 콜래보레이션으로 구분하고 각각에 대해 살펴보고자 한다.

기업과 고객 간 콜래보레이션

1. 기업과 고객 간 콜래보레이션 중요성

　기업이 고객을 이해하고, 맞춤정보를 제공하고, 고객에게 적합한 마케팅 활동을 하는 것처럼 고객 역시 자신의 정보를 제공하고, 그 정보를 이용하여 기업이 보다 정제된 마케팅 활동을 할 수 있도록 기업과 상호작용하는 것을 기업과 고객의 콜래보레이션이라고 할 수 있다.

기업이 고객과 관계를 형성하고, 콜래보레이션해야 하는 중요한 이유는 첫째, 신규 고객의 획득 비용 대비 수익에 대한 효율성을 높이기 위해서이다. 기업은 신규고객을 획득하는 과정에서 많은 비용을 들여 마케팅 활동을 하게 된다. 하지만 이 투자비용을 회수하는 데는 상당한 시간이 요구된다. 게다가 고객이 일찍 이탈할 경우 고객획득 비용조차 회수하지 못하는 경우도 발생한다. 따라서 고객획득 비용을 넘어 고객과의 장기적인 관계를 유지함으로써 높은 수익을 창출할 수 있다. 이러한 장기적인 고객과의 관계를 유지함에 있어 고객으로부터 얻을 수 있는 가치를 평생가치(lifetime value)라 한다. 결국 기업과 고객의 콜래보레이션에 있어서 궁극적인 목적은 바로 해당 기업에 대한 고객의 애호도 향상을 통한 평생가치 증대다.

둘째, 기업과 고객 간의 콜래보레이션은 고객의 참여를 증대시킴으로써, 컨텐트웨어 생산 비용 및 마케팅 비용을 감소시켜 준다. 기업과 고객 간 콜래보레이션은 단순히 기업이 고객에게 하는 일방적인 마케팅 활동을 의미하지 않는다. 콜래보레이션을 통해 기업과 고객은 서로 동등한 파트너로서 서로에게 공헌하게 된다. 즉, 고객 역시 게시판을 통한 의견 개진, 적극적인 커뮤니티 활동, 고객 자신의 정보의 제공 등과 같이 고객에게 요구되는 다양한 활동을 통해 기업과 상호작용을 하게 된다. 이런 의미에서 고객은 단순히 기업의 제품이나 서비스를 소비하는 소비자가 아니라, 기업의 생산 활동에도 참여하는 프로슈머(prosumer)로서의 역할도 함께 하게 되는 것이다.

빅맥 (Big Mac) 송

소비자가 능동적으로 참여하게 유도한 '빅맥 송' 캠페인은 사용자가 직접 제작한 UGC(User Generated Contents)는 TV뿐만 아니라 다양한 매체를 통해 광고에 노출되었다.

"참깨빵 위에 순 쇠고기 패티 두 장, 특별한 소스, 양상추, 치즈, 피클, 양파까지!" 귀에 익은 빅맥송은 1974년 미국 맥도날드 광고에서 불렸던 '빅맥 챈트(Big Mac Chant)'다. 당시 실시되었던 마케팅 전략을 한국식으로 바꾸어 집행한 광고 캠페인은 성공적이었다. 캠페인 웹사이트에 직접 부른 '빅맥송'을 올리면 소비자들이 선택에 따라 실제 TV 광고에 반영되었다. 친구, 동료들과 함께 음악을 즐기는 한국인의 특성을 공략 및 오디션 열풍에 덧붙여 소비자들이 직접 노래를 불러 UCC를 올리도록 하는 것이 소비자 참여를 이끌 수 있었다.

빅맥송 캠페인은 소비자들의 엄청난 참여를 유도하며, 응모 건수가 1만 3,000건, 유튜브 조회 수는 500만 건이 넘었다. 전략적인 미디어 커뮤니케이션으로 소비자들의 태도를 바꾸고 브랜드의 위상을 높일 수 있었다. 이러한 이유로 2012년 6월 '칸 국제 광고제'에서 미디어 부문 우수지역 캠페인(Best Localized Campaign) 동상을 수상했다. 빅맥은 목표 대비 36%, 전체 맥도날드 햄버거는 전년 동기 대비 21% 매출이 증가하여 미디어의 효과가 실제 매출로도 이어졌다.

빅맥송 광고
자료원: 중앙 SUNDAY, 2012년 7월 1일자 이미지 인용.

자료원: 홍주희(2012)

2. 기업과 고객 간 콜래보레이션 관리

일반적으로 기업이 고객과 관계를 형성하는 것은 고객을 이해하고 고객이 필요한 컨텐트웨어를 제공하는 것으로부터 시작된다. 고객에 대한 데이터를 수집하고, 수집된 데이터를 원하는 형태의 데이터로 가공하여 분석된 데이터를 바탕으로 실제 고객의 니즈에 맞는 제품이나 서비스를 제공하거나, 필요한 마케팅 활동을 수행하게 된다.

인터넷 환경에서 기업과 고객 간 콜래보레이션의 관리 방법은 컨텐트웨어의 개인화(personalization), 실시간 상품 추천(real-time recommendation), 캠페인 관리(campaign management), CRM 등 크게 4가지 영역으로 구분할 수 있다.

1) 컨텐트웨어 개인화

(1) 컨텐트웨어 개인화의 정의

인터넷을 사용하는 소비자들은 보통 수십 개의 북마크를 가지고 있으며, 학업, 직업, 취미, 가족, 학교 등 자신과 관련된 사이트들을 하루에도 여러 번 방문하게 된다. 또, 각 사이트들은 사이트마다 별도의 특성을 가지고 있고, 컨텐츠 제공자(CP: content provider)와 제휴를 통하여 많은 양의 컨텐츠들을 제공하고 있다. 일반적으로 포털사이트들은 2만 페이지 이상의 컨텐츠를 제공하고 있고, 사용자들은 하나의 포털만 사용하는 것이 아니라 여러 개의 포털사이트와 다양한 종류의 사이트들을 동시에 사용하고 있다. 따라서 이러한 사이트에 일일이 들어가서 자신이 원하는 페이지를 찾아다니는 것은 여간 힘든 일이 아니다.

소비자들의 이러한 어려움을 해결하기 위해 나온 서비스가 바로 컨텐츠 개인화이다. 이 서비스는 해당 사이트에서 자신이 가장 선호하고, 자주 이용하는 내용들만 모아서 첫 화면에서 제공해 주는 것이 특징이다. 솔루션의 종류에 따라 고객별로 개인화된 컨텐츠를 제공할 수도 있고, 개인별로 별도의 컨텐츠를 제공할 수도 있다. 물론 어떤 종류의 서비스를 제공하느냐 하는 것은 기업의 전략과, 컨텐츠의 종류, 고객의 성향에 따라 달라질 수 있다.

포털서비스나 뉴스 제공 사이트의 경우, 본인이 관심 있는 분야의 컨텐츠를 선정하면 해당되는 컨텐츠를 특정 사이트에서 볼 수 있도록 하는 서비스를 제공하여 왔다. 그러나 이러한 서비스는 카테고리별로 분류되어 있어 정확하게 원하는 서비스를 제공하기는 힘들었다. 예를 들어, 대부분의 뉴스 사이트에서는 정치 · 사회 · 경제 · 스포츠 · 연예 등으로 구분되어 있기 때문에, 경제 중에서도 특히, 증권이나 신탁, 혹은 부동산 투자에만 관심이 많은 사람이라면 경제를 선택했더라도 원하는 정보를 얻기 위해서는 여러 페이지를 들어가야 하는 수고를 해야 한다.

그러나 개인화 컨텐츠 서비스를 제공할 경우에는 본인이 원하는 내용의 뉴스들로만 구성된 내용이 한두 페이지에 모두 나오기 때문에 특별히 사이트를 더 찾아다니는 수고를 하지 않아도 된다. 그러나 이러한 서비스를 제공하려는 사이트는 컨텐츠나 서비스에 대한 고객의 선호도와 관심에 대해 이해하고 있어야 한다. 그래야 적당한 차원에서 서비스나 컨텐츠의 종류를 구분하고, 어떤 서비스를 언제 어떻게 제공할지, 어떤 컨텐츠를 어떤 순서대로, 어떻게 제공할지를 결정할 수 있다.

컨텐츠 카테고리를 분류하는 수준, 제공 주기, 업데이트 주기, 제공하는 우선순위, 업데이트 내용과 공지 방법, 컨텐츠나 서비스를 새로 추가하거나 삭제할 경우의 정책, 이러한 정책을 결정하는 기준 등 다양한 차원에서 전략적인 결정이 필요하다. 물론 이러한 결정은 당연히 고객의 성향과 이용행태에 크게 좌우된다. 사실 이러한 서비스를 제공할 때 가장 어려운 점 중의 하나는 고객에 대한 정보가 부족하다는 것이다.

고객에 대한 정보는 로그파일과 같이 고객이 사이트에 들어와서 서비스나 컨텐츠를 이용하기만 해도 얻을 수 있는 것도 있지만, 이 데이터 역시 고객의 인구 통계학적인 정보와 연계되지 않으면 고객은 정확한 개인화 서비스를 받을 수가 없게 된다. 따라서 고객은 좋은 정보를 편리하게 사이트로부터 얻기 위해 자신의 정보를 제공해야 하므로 기업은 고객이 안심하고 자신의 정보를 제공할 수 있도록 신뢰감을 주는 상호 협력의 관계가 되어야 한다.

(2) 컨텐트웨어 개인화의 필요성

개인화를 통해 가질 수 있는 진정한 경쟁우위는 지속적인 고객과의 상호작용을 통해 고객과 기업이 학습관계(learning relationship)를 형성하게 될 때 나타난다. 학습관계는 고객과 기업 간의 지속적인 상호작용을 통해 서로 정보를 공유해 나가는 관계를 말한다. 즉, 고객과 기업의 지속적인 상호작용으로 고객과의 정보공유가 늘어갈수록 기업은 점점 더 고객에 대해 잘 알게 되며 고객에게 더 많은 편의를 제공할 수 있게 된다. 고객의 애호도를 높이고 지속적인 관계를 형성할 수 있는 관건은, 기업과의 감정적 친밀감이나 의무감이 아니라 고객에게 얼마나 많은 편의를 지속적으로 제공할 수 있느냐의 여부이다. 지속적인 관계유지를 위한 학습관계의 형성은 다음의 표 8-1과 같은 단계를 거쳐서 일어나고 지속된다.

실제로 고객이 거래를 유지하는 이유는 단순히 상품이나 서비스가 뛰어나거나 가격이 저렴하기 때문이 아니다. 고객은 자신을 개별적으로 알고 있기 때문에 발생하는 편리함 때문에 거래관계를 유지한다. 품질과 서비스, 가격 면에서 경쟁사와 크게 차이가 나지 않는 경우 고객의 선택은 기업과의 작은 친밀성으로 인해 유지될 수 있는 것이다.

표 8-1 학습관계 형성을 위한 절차

1 단계	상호작용과 피드백을 통한 고객의 욕구와 기호 파악
2 단계	상품과 서비스의 개인화를 통한 고객만족과 고객정보의 유지
3 단계	고객과의 지속적인 상호작용을 통한 고객 욕구 학습
4 단계	지속적인 고객만족을 통한 경쟁사로부터의 고객 보호

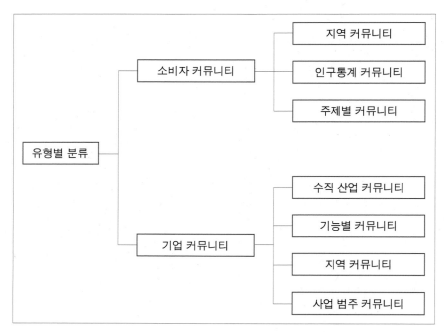

그림 8-1 커뮤니티 유형
자료원: 존 하겔 3세 외(1999).

(3) 컨텐트웨어의 개인화 방법

일반적으로 많이 쓰이는 개인화 방법들은 규칙기반 필터링(rules‑based filtering), 협업 필터링(collaborative filtering), 학습 에이전트(learning agent) 등을 들 수 있다. 각각의 방법들은 실행 방법과 비용에서 차이를 가지고 있으나, 개인화에는 한 가지 방법만 사용하는 것이 아니라 위에서 말한 것들 중 두세 가지 방법을 혼용해서 사용하는 것이 일반적이다. 따라서 각 방법들의 비용과 이로 인해 나타나는 직·간접적인 효과를 정확하게 판단하고 적절한 방법을 선택하는 것이 중요하다.

개인화의 방법 중 가장 기초적이고 일반적인 것은 규칙기반 필터링이다. 이 방법은 사용자에게 개인 신상, 관심 분야, 선호도 등에 대한 몇 가지 질문을 하는 것이 일반적이다. 예를 들어 우편번호, 사용하는 컴퓨터의 종류, 취미, 어떤 특정한 사항에 대한 선호도 등을 묻는다. 우편번호의 경우 그 사람이 어떤 지역에 거주하는지를 알아내는 데 사용되며 몇 가지 질문을 거치는 것을 통해 그 사람에 대한 정보들의 프로파일(profile)이 생기게 된다. 웹 개인화 담당자는 이렇게 수집된 사용자의 인구통계학적, 심리적 정보와 사용자의 선호도 정보에 알맞은 정보 및 상품을 추천 혹은 제공하는 것이다.

협업 필터링(collaborative filtering)은 사용자들의 기초정보와 고객들의 선호도 및 관심 표현을 바탕으로 선호도 및 관심에서 비슷한 패턴을 보이는 고객들을 묶는 것을 통해 고객 서비스 방향을 결정한다. 즉, 비슷한 취향을 가진 고객들에게 서로 아직 구매하지 않은 상품들을 교차 추천하거나 분류된 고객의 취향이나 생활 형태에 따라 관련 상품을 추천하는 형태로 서비스를 제공하게 된다.

협업 필터링이 사용자들의 자발적인 정보 입력이나 구매를 기준으로 사용자들에 대한 정보나 추천을 제공하는 데 반해 학습 에이전트(learning agent) 기술은 덜 의도적인 방법으로 사용자에 대한 정보를 수집하게 된다. 즉, 사용자가 사이트 내에서 어떤 페이지에 오래 머무르는지, 어떤 페이지를 인쇄하는지, 어떤 제품을 구매하는지 등과 같은 사용자들의 행동을 기준으로 사용자의 선호도와 관심을 알아내고, 이를 바탕으로 사용자들에게 적절한 내용을 제공하는 것이다.

지금까지 컨텐트웨어의 개인화방법들을 살펴보았다. 그러나 어떤 방법이든지 한 가지 방법이나 모델이 모든 상황에 가장 좋은 해답이 되는 것은 아니며, 웹 개인화를 통해 어떤 것을 하려고 하느냐에 따라 각각 다른 방법을 사용할 수 있다. 실제로 세 가지 방법은 서로 배타적이지 않다. 사용자의 자발적인 규칙 정의로 이루어진 규칙기반 필터링을 중심으로 사용자들이 원하는 정보를 제공하면서도 사용자의 취향에 따른 순서를 정한다든지, 사용자가 입력한 선호도 정보 외에 사용자의 웹사이트에서의 행태를 기억했다가 사용자가 원하기는 했지만 미처 알아차리지 못한 정보를 제공하는 것도 가능하다.

2) 실시간 추천

실시간 추천(real time recommendation)은 말 그대로 쇼핑몰이나 스토어 프론트 (storefront)에서 고객이 선호하는 상품을 실시간으로 추천해 주는 것을 말한다. 따라서 고객의 욕구와 선호를 정확하게 파악하여, 이를 충족시켜 줄 수 있는 대안을 실시간으로 추천해 줄 수 있다면, 고객은 기업에게 애호도를 갖게 될 것이다. 특히 실시간 추천을 위해 고객이 기업에게 제공한 정보를 고객 입장에서 본다면, 이는 기업과의 거래를 위한 투자비용이 된다. 따라서 이러한 투자비용이 높을수록 다른 기업으로의 전환이 어려워지므로 고객은 기업과 장기적 관계를 형성하려 할 것이다.

실시간 추천을 위한 방법은 주로 에이전트를 통해 사용되는데 가장 많이 사용되는 것이 바로 협업 필터링(collaborative filtering)을 통한 방식이다. 즉, 비슷한 취향을 가진 고객들에게 서로 아직 구매하지 않은 제품들을 교차 추천하거나, 분류된 고객의 취향이나 생활 형태에 따라 관련 제품을 추천하는 형태로 서비스를 제공하는 것이다. 예를 들어, 온라인 서점인 아마존(www.amazon.com)에서는 특정 책을 클릭하면 그 책을 산 다른 사람들이 가장 많이 산 다른 책들을 실시간으로 추천해 주는데, 이것이 바로 협업 필터링에 의한 예이다. 또한 아마존과 같이 해당 제품을 가장 많이 구매한 사람들이 선호하는 다른 제품을 추천하는 것뿐만 아니라, 컨텐츠를 기준으로 하여 해당 컨텐츠를 가장 많이 본 사람들이 선호하는 제품을 추천할 수도 있다.

실시간 추천을 하기 위해서는 규칙기반 필터링(rule-based filtering) 기법도 이용할 수 있다. 규칙기반 필터링 기법은 사용자들이 사전에 자신의 정보(우편번호, 취미,

그림 8-2 아마존닷컴의 협업 필터링 예(www.amazon.com)

특정 사항에 대한 선호도 등)를 프로파일에 입력한 뒤 입력된 정보와 미리 정의된 규칙을 통해 아이템을 선택하는 방식이다(김룡, 김영국 2005). 이런 방법은 한번 설정해 두면 스스로 고객의 선호도를 학습하고 이를 발전시켜 가기 때문에 고객이 오래, 자주 사용할수록 고객의 선호도를 정확하게 예측하고 적절한 상품을 추천해 줄 수 있게 된다. 예를 들어 쇼핑몰의 회원에 대한 인구통계학적 자료, 선호도, 현재까지의 구매내역 등이 입력되면, 이 데이터를 근거로 고객의 선호에 부합하는 상품을 자동으로 추천해 주는 것이다.

실시간 추천은 단순히 어떤 컨텐트웨어를 소개하기 위한 것이 아니라 그것을 선택하게 함으로써 고객과의 장기적인 관계를 유지하기 위한 것이다. 그러나 고객이 선호할 만한 컨텐트웨어를 추천했다고 해서 반드시 고객이 그것을 선택하는 것은 아니다. 물론 추천된 내용의 선택을 높이는 가장 기본적인 장치는 바로 실시간 추천 바로 그 자체이다. 소비자의 선호에 얼마나 적합한 제품을 추천했는지가 선택과 바로 직결되기 때문이다. 그러나 추천과 관련된 다른 많은 요인들은 선택에 영향을 미칠 수 있다. 따라서 고객으로 하여금 선택을 할 수 있도록 유도하기 위해서는 다른 마케팅 믹스 요인과의 통합적인 노력이 필요하다. 예를 들어, 추천 컨텐트웨어 선택에 따른 마일리지 제공이나 특별 프로모션, 캠페인을 진행할 수도 있다. 이외에도 컨텐트웨어에 대한 상세한 정보 제공, 전문가 및 고객의 평가, 보증, 남아 있는 재고의 표시, 공동구매 등과 같은 다양한 옵션을 사용하여 추천된 대안의 선택을 높일 수 있다.

3) 캠페인 관리

캠페인 관리(campaign management)는 특정 마케팅 목적에 적합한 고객을 대상으로 마케팅 캠페인을 기획, 실행, 관리할 수 있는 도구이다. 즉, 캠페인 고객 데이터에서 목표 고객을 추출하고, 이를 대상으로 메일을 보내거나, 전화를 하거나 혹은 사이트에 공지를 함으로써 캠페인 참여를 유도한다. 어떤 사람이 언제 캠페인에 어떤 형식으로 참여하였는지를 중간 점검하며, 참여율을 높이기 위한 중간 계획을 수립한다. 그리고 캠페인이 종료된 후 결과를 분석하고 평가하기까지 필요한 모든 과정을 인터넷 마케팅 관리자가 직접 관리해야 한다. 인터넷 마케팅 관리자가 기획하고 진행하고 있는 캠페인이 효율적인 진행될 수 있도록 지속적으로 모니터링하고, 필요한 조치를 즉각적으로 취할 수 있도록 해야 한다. 캠페인 관리 툴이 인터넷 마케팅 관리자에게 가장 유용하게 사용되는 이유이기 때문이다.

일반적으로 오프라인 캠페인의 경우, 매일 캠페인 내용을 집계한다고 하더라도 시간과 비용이 많이 소요되고, 일반적으로는 캠페인이 종료되거나, 상당히 진행된 경우에 결과를 파악할 수 있고, 그때서야 수정이 가능하다. 또, 목표 고객의 왕래가 빈번한 장소를 선택한다고는 하지만 정확한 목표 고객을 찾기가 어려워 캠페인의 효율성이 크게 떨어지는 것이 사실이다. 그러나 온라인 캠페인에서 캠페인 관리 툴을 사용할 경우, 실시간으로 캠페인의 성과를 분석할 수 있기 때문에 필요한 경우에 언제라도 적절한 조치를 취할 수 있게 된다.

또, 고객의 입장에서 보더라도 본인이 원하는 제품이나 서비스에 대한 캠페인에 대해 참여할 수 있고, 참여 결과를 바로 확인할 수 있기 때문에 기업에 대한 애호도를 높일 수 있는 기회가 된다. 물론 이러한 캠페인에의 참여 여부가 본인의 선호도와, 구매성향 등의 데이터베이스에 반영되어, 바로 다음 캠페인에서는 수정된 서비스와 캠페인이 제공되므로 마치 단골 가게에서 자신이 좋아하는 상품을 미리 준비해 두었다가 주는 것처럼 편안하게 상품구매나 캠페인 참여가 가능해진다.

4) CRM

CRM(customer relationship management)은 고객의 인구통계학적 데이터와 거래 데이터, 단편적인 심리특성 데이터들에 기반을 둔 고객정보 분석을 통해 고객을 보다 세밀하게 관리함으로써 고객의 재구매율을 높이는 데 초점을 맞추는 것이다. 즉, 고객의 구매이력 등을 데이터베이스화해 고객에게 맞춤화된 서비스를 제공하고 마케팅에 활용할 수 있도록 만들어 주는 것이 CRM의 주된 기능이다.

따라서 CRM을 통해 기업은 고객 행동의 원인 분석이 가능해졌고, 고객 행동의 변화에 영향을 미칠 수 있는 마케팅 프로그램 기획이 가능해졌다. 고객의 인구통계학적 데이터와 거래 데이터, 그리고 기타 확보 가능한 수준의 아주 단편적인 심리 특성 데이터들을 통해 재구매율과 구매 금액에 영향을 주는 '로열티 프로그램'을 제공할 수 있게 된 것이다.

하지만 소셜 네트워크를 통한 소셜 공간에서 많은 소비자들이 구매 전 제품에 대한

정보를 얻고, 입소문을 통한 영향력이 구매에 큰 영향을 미치면서, 소셜CRM의 필요성
이 높아지고 있다

유나이티드는 기타를 부순다 (United Breaks Guitars)

캐나다 뮤지션 데이브 캐럴(Dave Carroll)이 항공사를 상대로 이색적인 항의를 했
다.

사건의 발단은 2008년 3월 31일 데이브 캐럴이 미국 네브라스카 공연을 위해 유
나이티드(United) 항공사를 이용하면서 시작되었다. 비행기를 탄 데이브 캐럴은 경유
지인 시카고에서 충격적인 장면을 목격했다. 수화물을 운반하던 항공사 직원이 자신
의 기타를 아무렇게나 짐칸에 던져넣는 것이었다. 비행 내내 초조했던 데이브 캐럴은
내린 직후 기타 가방을 열었다. 3,500달러짜리 기타는 파손된 상태였다.

데이브 캐럴은 곧바로 항공사에 항의를 했다. 하지만 관계자는 이러한 상황이 일
어날 수는 있지만 보상을 해 줄 수 없다고 했다. 항공사의 보상은 이후 9개월까지도
이루어지지 않았다. 그러자 데이브 캐럴은 유나이티드 항공사의 고약한 처사를 노래
로 만들어 온 세상에 공개했다.

2009년 7월 6일 유튜브(youtube.com)에는 '유나이티드는 기타를 부순다
(United Breaks Guitars)'는 제목의 뮤직비디오가 올라왔다. 동영상 게시자는 '선스
오브 맥스웰(Sons of Maxwell)', 데이브 캐럴의 밴드였다. 공개된 4분 36초짜리 뮤직
비디오에는 항공사 이름과 노선 및 경유지, 구체적 지명이 고스란히 담겨있었다. 노랫
말은 그가 겪은 고초를 시간순으로 나열한 것이었다. 뮤직비디오에는 기타를 집어던
지는 항공사 직원 차림의 남자와 목이 부러진 기타를 들고 노래를 하는 캐럴의 모습이
담겨있다.

전 세계적으로 천만 명 이상이 동영상을 보고, 듣고, 공유했다. 이 이후에도 데이

유튜브 홈페이지에 올라와 있는 "United Breaks Guitars" 동영상
자료원: www.youtube.com/watch?v=5YGc4zOqoz 캡처.

브 캐럴은 2편의 동영상을 추가로 유튜브에 업로드했다. 3편의 동영상은 1,200만 건의 조회수를 기록하였다. 2009년 12월 타임지 선정 바이럴 영상 TOP 10에 선정되기도 했다. 당시 유나이티드 항공의 주가는 10%(약 2,000억 원) 정도 하락하기도 했다. 유나이티드 항공사의 실망스러운 고객응대가 많은 사람에게 알려졌고, 결국 데이브 캐럴은 유나이티드 항공사로부터 피해보상을 약속받았다.

SNS시대에는 다양해진 소셜 매체와 모바일 기기를 통해 언제 어디서든지 소비자들이 즉각적으로 불만을 표현할 수 있다. 예전에는 고객의 불만이 심하거나 잘못된 악성 루머가 돌면 홈페이지 서버를 폐쇄시키는 등의 노력으로 시간을 벌 수 있었다. 하지만 소셜 시대에는 이러한 방법이 전혀 통하지 않는다는 것을 여실히 보여 주는 사례다.

자료원: 고달근(2009) 수정 후 인용

소셜CRM(Social CRM)

SNS상에서 소비자들은 제품이나 서비스에 대한 불만을 털어놓고, 그 내용은 온라인을 통해 빠르게 확대 및 재생산된다. 특히 고객들은 단순히 상품에 대한 평가만 내리는 것이 아니라 기업 전체의 이미지, 도덕성, 사회공헌활동 등 여러 가지 면에 대해 평가하며, 이 파급력은 대단하다.

표 8-2와 같이 기업에 대한 부정적인 정보는 순식간에 SNS를 통해서 확산되며, 기업 이미지를 손상시켜 기업은 엄청난 타격을 입게 된다. 따라서 기존의 CRM처럼 상품을 더 많이 팔 수 있도록 고객의 충성도를 분석하고 성향을 파악하는 데만 열중하는 단순한 CRM만으로는 부족하다. SNS의 데이터를 이용하는 CRM, 즉 소셜CRM이 필요한 것이다.

소셜CRM은 소셜 미디어에 나타나는 고객의 관심과 행동을 분석해 제품 계획에 반영하는 것이다. 소셜 네트워크 분석(SNA: Social Network Analysis)을 통해 적극적으로 고객응대를 하며, 차별화된 마케팅 전략을 펼칠 수 있다. 예를 들어, 기업들은 고객이 SNS를 통해 불만을 제기했을 때 홈페이지나 콜센터보다 빠른 대응을 할 수 있다. 이때 고객들과 메시지로 소통한 내역들은 해당 고객을 분석하는 데 도움이 되는 훌륭한 데이터베이스가 된다.

과거와 다르게 모바일과 SNS를 통해 소비자들은 실시간으로 자신의 의견을 개진할 수 있게 되었다. 현장에서 사진을 찍어 SNS에 올리고, 제품에 대해 과도할 정도로 상세

SNS에 의한 기업 논란 사례

시기	기업	발단	결과
2007년	페덱스 (FedEx)	배송차량이 택배를 함부로 다루는 동영상 SNS로 전파	페덱스 배달 상황 중계하는 놀이 SNS에서 확산
2009년 4월	도미노피자 (Domino's Pizza)	직원이 비위생적으로 피자 만드는 동영상 SNS에서 전파	도미노피자 매출 부진
2010년 3월	네슬레 (Nestle)	그린피스는 'Give rainforests a break' 운동 일환으로 유튜브에 네슬레의 초콜릿바 킷켓 (KitKat) 광고 패러디 공개. 네슬레가 강제로 동영상 삭제	소비자 불매운동으로 확산
2010년 10월	BBQ	BBQ원산지 허위표기 언론 보도 SNS에서 논란	트위터 통해 BBQ 광고하는 작가 이외수 씨 사과
2011년 4월	호텔신라	한복착용을 이유로 뷔페식당 입장 거부당한 사실 SNS 통해 알려짐	이부진 사장이 직접 해당자에게 사과
2011년 10월	파리바게뜨	일본 방사능 밀가루를 사용한다는 괴담 SNS에서 확산	SPC측에서 해명, 허위사실 유포자 처벌 의뢰
2011년 12월	탐앤탐스	김정일 사망 애도글 트위터에 올려	홍보팀장 트위터에 사죄 사진

페덱스:

페덱스2:

도미노피자:

네슬레 광고 패러디:

하게 설명하고 평가한다. 따라서 데이터 생성과 유통속도가 빠르게 전개되고, 데이터의 절대적인 양이 많아진다. 기업의 입장에서는 실시간으로 고객의 행동을 분석하며, 수많은 데이터들 중에서 의미 있는 데이터를 골라 전략을 수립해야 하므로 소셜CRM의 중요성이 부각되는 것이다.

기존의 CRM과 소셜CRM의 가장 큰 차이점은 소셜CRM을 통해서 기업이나 브랜드에 대한 고객의 태도와 입장에 영향을 미칠 수 있는 것이다. 앞서 언급한 대로 그동안의 CRM은 고객의 재구매율, 구매금액에만 영향을 줄 수 있었기 때문이다. SNS가 단순히 고객관리채널 중 하나에 머물지 않아야 가능한 이야기다. SNS는 고객응대를 위한 채널이 아니라 기업이 소비자들이 살고 있는 '인생' 속에 들어갈 수 있는 수단이 될 수 있기 때문이다. 이를 통해 기업은 소비자들을 조금 더 적극적이고 정확하게 판단하여 전략을 수립할 수 있다. 더 나아가 기업과 고객간 강한 유대관계 형성이 가능해질 것이다.

3. 기업과 고객 간 콜래보레이션 효과

기업의 관점에서 보면, 많은 고객과 콜래보레이션한다는 것은 기업가치 증대를 불러일으킬 수 있다. 주요 고객의 애호도 강화는 고객당 거래건수, 거래단가, 거래기간 등을 증가시키고, 고객의 양적 증대에서 질적 고도화로의 전환은 매출 증가, 재고 위험 감소, 매출대비 마케팅 비용 감축 등의 효과를 발생시킨다. 핵심 고객과 유사한 속성을 지닌 잠재 고객을 선별하여 신규 고객으로 유인함으로써 수익을 극대화시키고, 또한 고객과의 원활하고 지속적인 관계를 유지시켜 준다.

신규 사업 측면에서는 고객과의 관계와 고객에 대한 지식을 기반으로 우호적인 관계를 구축하면서 완전히 새로운 방향으로 다각화가 가능하며, 기존 사업 측면에서는 급변하는 인터넷 환경으로 인해 가속화된 가격 경쟁의 구도를 벗어나 고객과 우호적인 관계를 구축함으로써, 장기적인 관점에서 수익을 확보할 수 있다.

또한 고객의 입장에서 보면, 무엇보다 기업의 고객관계 강화를 위한 활동에 의해 다양한 보상 및 기여 프로그램을 제공받을 수 있다. 신규고객 창출, 기존고객 유지, 이탈고객 방지 등의 기업 활동에 대한 보상으로 다양하면서도 개인화된 서비스를 받을 수 있다. 특히 모바일과 SNS가 가져온 변화 속에서는 소셜CRM을 잘 활용한다면, 고객들의 입장을 더 정확하게 파악할 수 있을 것이다.

기업과 기업 간 콜래보레이션

1. 기업과 기업 간 콜래보레이션 중요성

최첨단 신기술과 새로운 비즈니스 모델이 나날이 개발되는 인터넷 정보사회에서 기업들의 정보 공유는 쉬워지고, 최고 기업이 아니고서는 더 이상 시장에서 살아남지 못할 정도의 경쟁이 심화되고 있다. 또한 이러한 신기술들을 새로 생긴 벤처 기업이든 기존에 오프라인에서 기업을 하던 기업이라 하더라도 한 기업이 모두 보유하는 것은 현실적으로 불가능한 일이다. 이는 단순히 비용의 문제가 아니라 어떤 기술이 표준으로 자리 잡을 수 있는지는 알 수 없는 상황에서 신기술을 도입하는 시간의 문제가 함께 존재하기 때문이다. 뿐만 아니라 다양한 신기술을 이용하여 개발되는 서비스들은 그보다 더욱 많기 때문에 이러한 서비스를 모두 제공하는 것 또한 불가능한 일이다. 반면 확실히 검증된 서비스만을 제한적으로 제공해서는 마케팅을 수행하기는 어렵다.

따라서 인터넷 마케팅을 하는 기업들은 자사가 가지지 못한 컨텐트웨어, 기술, 정보, 시장, 마케팅력을 보완하고, 더 나은 서비스를 제공하기 위해 해당하는 기업들과 다양한 방법으로 콜래보레이션을 하고 있다. 기존 오프라인 환경에서 기업과 기업 간의 관계는 주로 유통이나 채널 관리 차원에서 기업 간 장기적인 관계 유지에 초점이 맞추어져 왔다. 한편, 제휴의 경우에도 경영전략 차원에서 주로 전략적 제휴라는 이름으로 주로 영업망 공유, 생산시설 이용, 인수합병 등이 주요 관심사였다.

인터넷에서 사업을 하는 기업의 제휴는 기존의 전략적 제휴와는 다르다. 주로 마케팅에 중점되어 있다. 물론 전반적인 경영 효율을 위한 다양한 제휴 전략도 존재하지만 대부분이 마케팅을 위한 것이다. 보다 효율적인 마케팅을 위한 공동 캠페인이나 고객 기반 확충을 위한 고객 공유, 심지어 시장 확대를 위해 경쟁사와 공동 마케팅에 이르기까지 매우 다양한 형태로 발전되어 왔다.

즉, 인터넷 마케팅을 수행함에 있어서 한 기업이 독립적으로 고객에게 가치를 제공하는 것보다는 다른 기업들과 콜래보레이션을 함으로써 보다 효율적으로 마케팅 활동을 수행하고, 높은 성과를 올릴 수 있게 되는 것이다. 이미 대부분의 인터넷 기업들이, 인터넷 마케팅을 하는 오프라인 기업들조차도 적게는 두세 개, 많게는 수십만 개 이상의 기업과 제휴를 맺고 있다. 기업들이 전략적 제휴에 열심인 것은 다음과 같은 배경에 의한다.

첫째, 인터넷 사업의 고유한 특성에서 비롯된다. 인터넷 사업의 성공 여부는 경쟁기업과는 달리 차별적인 정보와 서비스의 제공 여부에 달려 있다. 그러나 한 기업이 고객에게 제공하는 정보와 서비스는 한계가 있기 때문에 풍부한 컨텐트웨어를 제공하는 경쟁력 있는 기업과 우호적인 콜래보레이션을 확보하는 것이 바로 인터넷 사업의 성공 여부를 판가름할 수 있는 중요한 요인이 된다고 볼 수 있다.

둘째, 기술적인 측면이다. 인터넷 기업의 특성상, 신기술과 새로운 비즈니즈 모델은 하루가 다르게 개발되고 있으며 또한 소프트웨어 시장 환경 자체도 이제까지의 단품 위주에서 넓은 사용자층을 대상으로 하는 네트워크 기반 서비스 개념으로 진보하고 있다. 따라서 오늘날 한 기업이 모든 기술을 보유한다는 것이 사실상 불가능해지고 있기 때문에 기술과 아이디어를 다른 기업과의 콜래보레이션을 통해 공유하면서 경쟁력을 강화시킬 수 있다.

카카오톡 플러스친구

카카오톡이 다양한 정보 서비스를 연계한 것이 '플러스친구'다. 플러스친구는 카카오톡 사용자가 친구를 추가하는 것처럼 플러스친구를 추가하면 관심 있는 기업이나 브랜드의 소식 또는 스타, 잡지, 방송 컨텐츠 등을 받아 볼 수 있다. 다양한 혜택과 정보를 빠르고 편리하게 받아볼 수 있는 장점이 있다.

카카오톡 플러스친구는 '모바일 마케팅 플랫폼'으로 불린다. 기업이 소비자를 모으고, 마케팅 활동을 하는 장이라고 볼 수 있기 때문이다. 카카오는 플러스친구를 이용자와 스타, 미디어, 잡지, 기업 사이에 뒀다. 이용자는 새로운 소식이나 이벤트 정보를 카카오톡으로 받아보고, 기업은 신규 이용자를 확보하거나 판매를 늘리고 제품을 홍보한다. 이러한 특징은 기존 광고 채널과 크게 다르지 않지만, 카카오톡의 소셜 네트워크 성격이 광고의 효과를 높일 수 있다.

마케팅 효과를 높이기 위해 카카오는 플러스친구의 메시지를 쿠폰형, 응모형, 정보형으로 만들었다. 기업이나 브랜드의 이벤트나 마케팅 종류에 따라 다양한 방법으로 플러스친구를 활용할 수 있는 것이다. 쿠폰형은 이용자에게 온 · 오프라인 매장에서 쓸 수 있는 쿠폰을 발급하는 것이다. 응모형은 복권과 비슷한 형태이다. 정보형은 모바일 페이지 바로 가기나 전화연결, 이벤트 소개 등을 할 수 있게 만들어졌다.

숨37도를 내놓은 LG생활건강은 문자광고나 이메일 광고 등으로 쿠폰을 발송해 고객이 쿠폰을 사용한 비율보다 카카오톡 플러스친구에게 메시지를 발송했을 때가 10배 높았다. 신세계몰은 구스다운 재킷 판매 이벤트를 메시지로 보내 단일 상품으로 최대 매출을 기록을 냈고, 온라인 키워드 광고 예산을 카카오톡 플러스친구로 돌렸다고 한다. 그룹 '소녀시대'는 연예인 최초로 플러스친구 100만명을 돌파했다. 소녀시대의 공연 소식 및 영상, 사진 음성 등 다채로운 컨텐츠를 만날 수 있기 때문이다. 소녀시대와 한층 가깝게 소통할 수 있어 팬들은 물론 카카오톡 사용자들의 뜨거운 반응을 끌어내고 있다. 카카오의 플러스친구는 다른 모바일의 배너광고와 유사하다. 일반적으로 배너광고는 이용자에게 거부감을 일으키는데, 카카오는 이를 배제할 수 있는 새로운 방법을 시도한 것이다.

국내 포털 서비스 1위인 네이버에 하루 방문자가 1,442만명인 것에 비해 하루 2,100만명이 카카오톡을 실행한다. 네이버보다 하루 방문자 수가 많은 것이다. 또한 플러스친구의 도달률은 42%로 e메일 광고보다 40배 높다. 메시지를 열어 본 이용자가 광고를 클릭하거나 이벤트에 응모하는 비율은 84%에 이른다(2012년 4월 기준 랭키닷컴과 카카오 자체 자료). 이를 보면, 기존 광고 채널과 크게 다르지 않더라도 기업 및 브랜드들이 플러스친구를 활용하는 것은 배너광고보다 장점을 가질 수 있다.

카카오 플러스친구
자료원: 블로터닷넷, 2012년 4월 19일자 인용.

자료원: 정보라(2012) 수정 후 인용

2. 기업과 기업 간 콜래보레이션 관리

기업과 기업 간의 콜래보레이션은 개별 기업 특유의 핵심역량을 바탕으로 부족한 경영자원을 상호 공유하거나 협력관계를 유지함으로써 경쟁력을 높이고자 하는 것이다. 다시 말해, 기업은 기업 간 콜래보레이션을 통하여 기업 본래의 독립성을 유지하면서도 자신의 경쟁 우위 요소를 바탕으로 외부 환경과 맺고 있는 다양한 관계를 제도화, 계약화함으로써 위험 분산과 시너지 효과에 의한 경쟁력 제고를 목표로 하고 있다. 따라서 콜래보레이션 관리 역시 이러한 점에 초점을 맞추어 수립되어야 한다.

기업은 기업 간의 콜래보레이션을 통하여 다음과 같이 3가지의 경쟁 우위를 확보할 수 있는지를 파악하고, 콜래보레이션 여부를 결정하여야 한다. 첫째는 자원과 위험의 공유이다. 신기술이나 신제품에 대한 높은 개발비용을 분담하고, 타 기업과의 제휴를 통하여 그것에 대한 위험을 최소화할 수 있어야 한다. 둘째, 상호간의 협력을 통하여 시장 접근과 입지 확보를 용이하게 할 수 있어야 한다. 셋째, 시너지 효과를 통한 새로운 가치 창조가 가능하여야 한다. 예를 들어, 컴퓨터 업체는 통신 업체와, 그리고 통신 업체는 소프트웨어 업체와 제휴 관계를 구축함으로써 관련 사업과 기술을 통합하여 새로운 가치를 창출하는 노력을 기울일 수 있다.

과거에는 수동적인 시장접근이나 단순기술의 이전형태로 대부분의 제휴가 진행되었으나, 최근에는 동업종뿐만 아니라 이업종 간의 최고 기업까지도 상호 대등한 입장의 제휴 또한 활발히 진행되고 있다. 때문에 반드시 관련 업종 간 기술이나 자원의 공유가 아니라 고객을 공유함으로써 시장 확대를 추구한다든가, 새로운 가치를 창조할 수 있어야 한다.

또 치열한 세계시장 경쟁에서 승리하려면 경쟁자와의 제휴를 두려워하지 말아야 한다. 현재 인터넷 사이버 공간을 이용하여 업종 파괴 현상이 두드러지고 있다. 이러한 상황에서 새로운 경쟁자에 대응하기 위해서는 경쟁자와 콜래보레이션도 할 수 있어야 한다. 제휴의 동기나 목적을 국지적이고 제한적인 범위에 국한시키지 말고 전 세계 시장을 염두에 두고, 절대적인 우위를 확보하기 위해 업종이나 제품의 영역 구분 없이 포괄적이고 적극적인 형태로 제휴를 추진하여야 한다.

이렇듯 콜래보레이션을 위한 제휴를 추진할 때 필요한 것이 제휴 프로그램이다. 제휴 프로그램(associate program)이란 제품을 판매하는 사이트가 고객을 끌어들이고 제품을 진열, 판매하는 공간을 자신의 사이트로 한정시키지 않고, 다른 웹사이트로 확장시키는 것이다. 그리고 이들 사이트를 통하여 방문한 고객이 물건을 구입했을 때 발생하는 수입을 함께 공유하는 장기적인 마케팅 프로그램을 말한다. 제휴 프로그램은 다른 웹사이트에서 고객을 소개하거나 상품을 전시할 수 있도록 하고, 이에 따른 수입을 배분한다는 것 이외의 다양한 의미를 지닌다.

이를 위해서는 우선 가상적 마케팅 채널을 구축해야 한다. 웹을 사용하는 사용자는 클릭 한번으로 어디든지 쉽게 이동할 수 있으며, 이러한 웹의 특성은 큰 비용을 들이지 않고 다른 웹사이트를 자신의 제품을 판매하는 마케팅 채널로 쉽게 활용할 수 있다는 것이다. 즉, 수익분배 프로그램을 통해 인터넷에서 다른 웹사이트를 자사의 판매 채널로 만들어 갈 수 있다. 또한, 컨텐트웨어가 풍부한 사이트와 제휴하여 웹 사용자의 구매 욕구를 자극할 수도 있다. 기업 스스로가 다양한 양질의 컨텐트웨어를 제공함으로써 소비자들에게 컨텐트웨어 이용에 대한 필요성을 느끼게 하고, 이를 위한 평가와 판단을 하도록 하는 것은 막대한 비용을 초래한다. 그러나 풍부한 컨텐트웨어를 갖고 있는 다른 사이트와 제휴하여 소비자들의 구매 욕구를 충족시킬 자사의 사이트로 이동시켜 컨텐트웨어를 이용하게 한다면, 훨씬 적은 비용으로 많은 고객을 끌어들일 수 있다.

다음에 소개하는 제휴 프로그램은 기업 간 콜래보레이션을 위해 자주 사용되는 것들이다. 사실 이외에도 사업모델이나 마케팅 목표에 따라, 보다 다양한 프로그램이 존재하지만 이는 거의 대부분이 다음에 소개하는 프로그램을 약간 변형한 형태이거나, 몇 가지 프로그램을 혼합하여 사용하는 경우가 많다.

1) 성과별 지급 프로그램

성과별 지급 프로그램(commission-based programs)은 제휴 프로그램 중 제휴 사이트를 통해서 들어온 방문객이 서비스나 상품을 구매하여 발생한 수입의 일정 비율을 보상해 주는 프로그램이다. 보통 커미션 비율은 정해져 있는 경우가 대부분이다. 예를 들어, 스키 장비를 판매하는 사이트를 운영한다면, 스키에 관한 전반적인 정보를 제공하는 제휴 사이트를 통해서 들어온 고객이 제품을 구매할 때마다 커미션을 주는 형식으로 제휴 프로그램을 운영할 수 있다.

성과별 지급 프로그램의 장점은 컨텐츠에 관련성이 높은 제품과 서비스를 효과적으로 광고할 수 있기 때문에, 실제로 매출이 일어날 확률이 상당히 높은 편이다. 또한 매출이 발생하였을 경우에만 커미션을 지급하기 때문에 컨텐츠 사이트의 경우에는 전혀 부담이 없고, 전자 상거래 사이트의 경우에만 일정의 커미션을 지급하면 된다.

이에 대한 대표적인 사이트로 아마존(www.amazon.com)을 들 수 있다. 아마존의 제휴 프로그램은 1996년 7월 이후에 빠른 속도로 발전해 약 45만개 이상의 제휴 업체를 갖고 있다. 아마존은 서적 이외에 CD, DVD, 비디오, 장난감, 가전제품 및 컴퓨터 게임 등의 다른 상품들을 취급하면서 그 범위를 확장해, 수십만 개의 제휴 업체와 제휴를 맺고 있다. 아마존의 경우 커미션은 일반적으로 약 15퍼센트라고 알려져 있다.

2) 방문객 안내별/신규고객별 지급 프로그램

방문객 안내별/신규고객별 지급 프로그램(bounty/flat-fee referral programs)은 제휴 사이트를 통해 자신의 사이트로 들어오는 새로운 방문객마다 사전에 결정된 일정 금액을 제휴 사이트에 지급하는 프로그램이다. 예를 들어, 연예 뉴스 같은 컨텐츠를 제공하는 사이트를 운영한다면, 제휴 사이트를 통하여 들어와 연예 뉴스를 구독하기를 원하는 고객마다 사전에 결정된 일정 금액을 제휴 사이트에 지불하는 방식이다.

3) 클릭횟수별 지급 프로그램

클릭횟수별 지급 프로그램(click-through programs)은 제휴 사이트가 전자상거래 사이트로 인도해 주는 방문객마다 소정의 금액을 지급하는 방식이다. 이 프로그램은 제휴 사이트를 통하여 전자상거래 사이트로 들어가는 방문객의 제품 구매 여부와 상관없이 들어가는 방문객 수만큼의 금액을 지불하는 것이다.

4) 1,000회 노출당 지급 프로그램

제휴 사이트의 방문객에게 노출되는 배너 광고 등에서 벌어들이는 수입의 일정 퍼센트를 지급하는 방식이다. 1,000회 노출당 지급 프로그램(cost-per-thousand impression programs)이다.

예를 들어, 바톰달러(www.bottomdollar.com)는 자사의 검색 엔진으로 클릭할 때마다 2센트에서 12센트를 지급하고, 인도된 방문객이 검색을 한 후 페이지 노출이 1,000회에 이를 때마다 5달러를 지급하는 형식의 프로그램을 실시하고 있다.

5) 고객 공유 프로그램

인터넷 환경에서의 마케팅 활동을 위해서는 많은 고객에 대한 정보 확보가 중요하다. 고객의 정보 확보를 위해서는 다른 기업과 차별적인 정보와 서비스를 제공해야 한다. 그러나 한 기업이 고객에게 제공하는 정보와 서비스는 한계가 있다. 따라서 고객 공유 프로그램을 통해 풍부한 컨텐트웨어를 고객에게 제공해야 더 많은 고객을 확보할 수 있다. 이런 이유로 고객을 공유하는 허브 사이트는 특히 소규모 벤처기업들을 대상으로 활발하게 추진되고 있다. 허브 사이트들은 공동 마케팅, 커뮤니티 공유 등의 서비스를 통해서 사이트 관리도 효과적으로 할 수 있다. 고객 공유 프로그램을 하는 기업 입장에서는 중복투자를 막을 수 있다.

6) 스폰서십 광고

스폰서십 광고는 일반적으로 광고주인 기업이 매체사의 웹사이트, 플랫폼 등을 활용하여 브랜드 인지도를 긍정적으로 강화시키기 위해 비용을 지불하는 방식이다. 따라서 매체의 특정 채널로 입점하여 제휴하는 형식이다. 정보제공 형태의 광고로 단순 광고비용 혹은 채널 입점 비용을 지불하거나 수익을 분배하는 형태로 진행된다. 또한 컨텐츠와 광고를 일체화해서 웹사이트를 지닌 기업과 광고주가 함께 웹컨텐츠를 작성하기도 한다. 회사가 다른 회사에 대하여 웹사이트 공간 사용료를 받는 것도 스폰서십 광고에 해당한다.

비교적 방문자수가 많다고 검증된 사이트나 포털사이트에 기업이 컨텐츠를 제공하거나 프로모션을 후원하는 형태라고 볼 수 있다. 이때 컨텐츠는 오프라인의 기사처럼 보이는 광고와 유사하게 제공하는 것이 스폰서십 광고다.

네이버 브랜드검색 '부천시'

네이버 브랜드검색은 브랜드 키워드 또는 브랜드와 연관성 높은 키워드를 검색할 경우, 해당 브랜드의 내용을 다양한 이미지와 함께 컨텐츠화 하여 효과적으로 표현할 수 있는 컨텐츠 검색형 키워드광고다. 일반적으로 포털사이트에서 검색을 하면, 브랜드 관련 컨텐츠가 노출되지 않는다. 반면, 네이버의 브랜드검색은 브랜드에 대한 다양한 정보들이 검색결과 상단에 넓은 영역으로 노출된다. 따라서 포털 사용자들의 주목도를 높일 수 있다. 또한 이미지와 동영상을 자유롭게 활용할 수 있기 때문에 검색화면만으로도 브랜드에 대한 내용을 한 눈에 살펴볼 수 있다는 장점을 가지고 있다.

경기도 부천시의 경우 네이버 브랜드검색을 통해 부천에 관한 정보를 집약적으로 전달하여 인터넷상 접근성을 높였다. 이를 통해 부천시는 '부천일자리센터', '부천시블로그' 등 시민들이 필요한 정보를 제공한다. 결과적으로 네이버를 통한 서비스로 인해 부천시민들은 조금 더 편리하고, 쉽게 부천과 관련된 정보에 접근할 수 있게 되었다.

네이버 '부천시' 검색 결과 화면
(search.naver.com/search.naver?where=nexearch&query=
%EB%B6%80%EC%B2%9C%EC%8B%9C&sm=top_hty&fbm=1&ie=utf8)

자료원: 기수정(2012) 수정 후 인용

현대카드와 모마: 모마 온라인 스토어

현대카드는 뉴욕현대미술관 모마(MoMA)와 협력해 모마 온라인 스토어를 오픈했다. 감각적이고 스타일리시한 라이프스타일 서비스를 제공하는 현대카드 프리비아(privia.hyundaicard.com)에서 서비스의 차별화를 위해 모마와 계약을 체결했다. 뉴욕현대미술관 제품을 국내에서는 유일하게 모마 온라인 스토어(www.momaonlinestore.co.kr)를 통해 독점 소개하는 형태다. 국내 대형 유통회사들이 파트너로 삼고 싶어 했던 모마와, 일본에 이어, 세계에서 두 번째로 제휴한 것이 특징이다. 모마 온라인 스토어는 쇼핑몰 디자인 및 운영 역시 모마의 기본 가이드를 준용하고 있다.

모마에서 판매되는 유명화가들의 작품 프린트와 가구, 조명, 인테리어, 생활용품 등 800여종의 모마 디자인상품을 구입, 모마 온라인 스토어를 통해 편리하게 확인 및 검색이 가능하며, 클릭만으로 온라인상에서 간편하게 구입할 수 있다. 상품 구입은 현대카드 회원만 가능하다. 모마 상품을 취급하는 현대카드의 모마 온라인 스토어를 이용하기 위해 카드를 발급받는 고객까지 있을 정도다.

모마 온라인 스토어에서는 신선하고 감각적인 세계 유명 컨텐츠를 외국에 나가지 않고도 온라인 스토어를 통해 국내에서 직접 구입할 수 있어 397세대로부터 많은 호응을 얻고 있다.

모마 온라인 스토어 (www.momaonlinestore.co.kr)

자료원: 이미연(2012) 수정 후 인용

3. 기업과 기업 간 콜래보레이션 효과

기업 간의 콜래보레이션을 통해 얻을 수 있는 효과는 크게 세 가지로 분류할 수 있다.

첫째, 마케팅의 효율성을 증대시킬 수 있다. 기업 간의 콜래보레이션은 시장 개척 비용을 절감할 수 있고, 또한 단기적으로는 시장 규모를 확대하게 해 준다. 또한, 위험 요인을 분산시켜 주고, 마케팅 활동의 시너지 효과를 증대시킨다.

둘째, 비용 절감과 시너지 효과를 통한 윈윈(win-win)효과를 얻을 수 있다. 상호 간 중복되는 인력이나 유통, 전산망 등을 통합 관리하여 직접적인 고정비 절감의 효과 와 함께 확장된 규모를 통한 공동 구매를 통하여 비용을 절감시킬 수 있다. 앞서 기업 간의 전략적 제휴를 실시하고 있다는 아마존의 경우도 기업 간 콜래보레이션을 통해, 여러 사이트로부터 고객을 쉽게 확보할 수 있는 기회를 얻고 있으며, 또한 아마존과 콜 래보레이션한 사이트는 고정된 수수료 수입을 얻고 있다.

셋째, 새로운 기회를 발견할 수 있다. 타 기업과의 제휴를 통하여 미래 산업 기회를 개척할 수 있고, 한정된 시장에서 벗어나 세계 무대로 진출할 수도 있으며, 오프라인 기 업과의 제휴를 통하여 기회를 모색할 수도 있으며, 경쟁업체와 손을 잡고 협력업체로서 의 발전 기회를 노릴 수 있다.

고객과 고객 간 콜래보레이션

1. 고객과 고객 간 콜래보레이션 중요성

기업이 온라인에서 수익을 창출하는 방법으로 고려해야 할 점은 바로 고객들의 자사 사이트에 대한 관계를 강화하고 계속적으로 지속시키는 것이다. 거대한 단일 조직보다는 다양한 관계로 형성된 네트워크 그 자체가 경쟁우위의 근간이 될 것이라는 것은 바로 고객과의 관계를 강조하는 것이다. 앞에서 우리는 기업이 고객과 관계를 강화하는 방법인 기업과 고객 간 콜래보레이션과 기업이 다른 기업과 관계를 강화하는 방법인 기업과 기업 간 콜래보레이션에 대해 알아보았다.

위에서 언급한 방법 외에도 해당 사이트를 이용하는 고객과 고객들이 서로 콜래보레이션하게 함으로써 기업이 고객과의 관계를 보다 긴밀하게 할 수 있다. 이러한 콜래보레이션을 통해, 기업은 광고나 거래 혹은 회비와 같은 다양한 형태의 수익을 얻을 수 있다. 또한 고객 간 콜래보레이션을 통해 고객 간 상호 서비스를 창출할 수 있으며, 이를 통해 고객 간의 가상 문화를 형성할 수 있다. 이러한 것은 결국 일종의 퇴출 장벽(exit barrier)의 역할을 함으로써, 결국 자사 사이트에 대한 고객의 애호도를 증진시킬 수 있다.

따라서 기업은 고객과 고객들이 서로 콜래보레이션함으로써 스스로 가치창출을 할 수 있도록 도와주는 역할을 해야 하는 것이다. 이러한 방법으로 기업의 커뮤니티 구축이 있다.

2. 고객과 고객 간 콜래보레이션 관리

1) 커뮤니티의 정의

커뮤니티란 통신망에 연결된 컴퓨터를 통해 일어나는 일련의 지속적이고 다양한 상호작용 또는 가상공간에서 사람들이 지속적으로 토론하고 인간적인 감정을 나눔으로써 형성하는 인간적 관계망에서 비롯된 사회적 집합체라고 할 수 있다. 커뮤니티 내의 고객은 특정 환경 내에서 자신과 비슷한 상황에 있는 다른 고객과 상호작용하려는 욕구를 지닌다.

2) 커뮤니티의 유형

커뮤니티는 다음의 그림 8-3과 같이, 일반 소비자를 중심으로 한 커뮤니티와 기업을 중심으로 한 커뮤니티로 크게 구분되며 각 커뮤니티에 따라 세분된 커뮤니티의 유형으로 나누어진다.

먼저 소비자 가상 커뮤니티는 서울, 경상도, 뉴욕 등과 같은 지역을 중심으로 한 지역 커뮤니티, 부모, 결손가정, 아동 등 인구통계학적으로 공통적인 특성을 가진 사람들이 모이는 인구 통계 커뮤니티, 개인의 특별한 관심, 예를 들어 정치나 음악, 취미, 신념과 같은 주제를 중심으로 모이는 주제별 커뮤니티가 있다.

한편, 기업을 중심으로 하는 커뮤니티는 농업, 치과의사, 바이오 산업과 같은 특정 산업에서 구매자와 공급자가 모두 모이는 수직 산업별 커뮤니티, 구매나 로지스틱, 마케팅과 같이 특정 직능별 관련자가 모이는 직능별 커뮤니티, 지역 산업을 중심으로 하는 지역별 커뮤니티, 특정한 사업형태 예를 들어, 중소기업이나 수출업자 등과 같은 기업이나 체인점 등이 모이는 사업 범주별 커뮤니티로 구분된다.

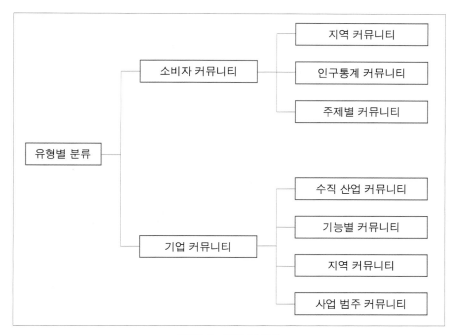

그림 8-3 커뮤니티 유형
자료원: 존 하겔 3세 외(1999).

3) 커뮤니티의 관리

커뮤니티는 고객들이 자발적으로 참여하여 서로 상호작용하면서 성장하는 것이 일반적이다. 그러나 기업 입장에서 이러한 서비스를 제공하고 이를 통하여 수익을 얻고자 한다면, 커뮤니티를 체계적으로 관리하고 발전시키기 위해서는 별도의 전략이 필요하다. 이를 위한 전략으로는 커뮤니티의 깊이와 폭의 차원에서 관리 전략을 제안할 수 있다.

먼저 커뮤니티의 깊이 측면의 관리 전략을 생각해 보자. 커뮤니티의 깊이란 커뮤니티가 세분화될 수 있는 정도를 가리킨다. 커뮤니티의 차원분열 깊이가 깊어지면, 어떤 주제가 커뮤니티 내에서 점차 강화되면서 점점 더 작은 커뮤니티로 세분화되고, 이를 통하여 회원들에게 보다 다양하고 깊이 있는 정보를 제공할 수 있게 된다. 또한 회원 간의 유대관계도 강화된다. 예를 들어, 여행에 관한 커뮤니티에서 해외여행 커뮤니티가 분화되고, 이 커뮤니티가 더욱 발전하여, 유럽 여행 커뮤니티로, 후에는 이탈리아 여행 커뮤니티로 커뮤니티의 깊이를 더해가며 분화될 수 있다.

한편, 커뮤니티의 폭이란 커뮤니티가 다른 분야로 확장될 수 있는 정도를 가리킨다.

처음 구축에 성공한 가상 커뮤니티에서 비관련 분야로 활동무대를 넓혀 커뮤니티의 규모를 확장할 수 있게 된다. 이는 커뮤니티의 깊이와는 달리 장기적인 수익을 낼 수 있는 원동력이 될 수 있다. 예를 들어, 여행에 관한 커뮤니티가 어린 자녀를 동반한 여행이 분화되고, 여기서 아동이나 부모에 관한 다른 커뮤니티가 분화되면서 다른 영역으로 확장되는 것을 의미한다. 특히, 커뮤니티의 폭은 커뮤니티 운영 전략에 따라 다양한 형태로 발전할 수 있다.

커뮤니티가 어느 정도 성장했을 때 어떤 형태의 커뮤니티로 분화시키는가는 커뮤니티의 발전에 매우 중요한 의미를 가진다. 기업의 전반적인 성장에 도움이 되는 커뮤니티를 지속적으로 발전시키면서, 모체가 되는 커뮤니티에 영향을 주지 않는 범위 내에서 필요한 커뮤니티를 분화시키면서도 회원들이 자발적으로 참여하는 커뮤니티의 자율성에 해를 끼쳐서도 안 된다. 또한 커뮤니티를 활성화할 때에는 거래 중심적 상호작용이 아니라, 고객 간의 폭 넓은 관계 구축의 결과 거래가 활성화되는 것에 초점을 맞추어야 한다. 가상 커뮤니티의 구체적인 관리 방안은 표 8 – 2와 같은 3가지 차원에서 생각해 볼 수 있다.

표 8-2   커뮤니티 관리 방안

커뮤니티의 지도와 성장	자발적 참여자의 관리	적절한 컨텐츠의 제작과 편집
• 내부적으로나 외부적으로 커뮤니티의 성격, 목표와 비전을 만들고 이를 구성원 간에서 상호 의사소통되게 하라. • 커뮤니티 동참의 주요한 동기유발이 무엇인지를 파악하라. • 커뮤니티에 기업, 보안, 정보의 필요성이 있으면서 한편으로는 사용자가 즐거움을 느끼고 매력적인 경험을 해야 첫번째 접속이 계속 지속되게 된다. • 새로운 구성원의 유도와 기존 커뮤니티 친밀도 유지 사이의 균형을 관리하라. • 정치적, 외교적, 의사결정 기술을 이용하라.	• 참여를 자극하기 위해서는 자원자들의 재능을 파악하라. • 커뮤니티의 믿을 만한 의사결정자들과 신용도를 파악하라. • 자원자의 참여동기와 그들 역량의 한계를 파악하라. • 보상 시스템, 조언 시스템, 그리고 자원자들의 훈련 시스템을 수립하라. • 핵심 자원 활동을 관리하라. • 전문적 매니저들과 자원자들 그리고 커뮤니티 구성원 간의 관계를 관리하라.	• 무거운 컨텐츠와 오락적인 컨텐츠 사이의 상호작용, 언론의 자유와 브랜드 커뮤니티가치를 이해하라. • 멤버십과 관련된 내용을 감지하라. • 의견선도자들의 균형을 이루게 하고 회원들 사이의 건전한 토론을 자극하라. • 관심 주제, 비회원/전문가의 관리, 그리고 제 3자의 투입을 확인하라. • 아키브를 제작하고 관리하며 브랜드 관리와 회원들을 위해 커뮤니티 발전을 분류하라.

자료원: McWilliam, G.(2000) 수정 후 인용.

마이 스타벅스 아이디어 (My Starbucks Idea)

스타벅스는 마이 스타벅스 아이디어(mystarbuksidea.force.com)라는 소비자 커뮤니티 사이트를 개설하여 스타벅스에 대한 소비자들의 생각을 물었다. "스타벅스에 원하는 것이 무엇인지 우리에게 알려주십시오. 스타벅스에 대해 어떻게 생각하고 계십니까. 혁신적인 것도, 사소한 것도 좋습니다. 우리는 정말로 당신의 생각을 듣고 싶습니다. 다른 사람의 생각에 대해서는 어떻게 생각하십니까? 토론방에 참여해 당신의 생각을 말해주세요" 등이 그 내용이었다.

카페나 레스토랑을 이용하면, 대부분의 고객은 서비스를 받으면서 고객의 입장에서 느끼는 다양한 아이디어를 생각해내지만, 그 아이디어를 제시하지는 않는다. 대부분 불만사항 접수정도만 접수하게 된다. 스타벅스는 이러한 한계를 온라인 커뮤니티를 통해 극복한 것이다.

마이 스타벅스 아이디어는 간단한 4가지 규칙으로 운영되고 있다. 자신의 아이디어를 공유하고(share), 좋은 아이디어에 투표한다(vote). 이어 댓글로 아이디어에 대해 토론하며(discuss), 어떻게 실현되는지 지켜보는 것이다(see).

며칠 내로 스타벅스는 100,000개 정도의 아이디어를 접수했다. 이 사이트가 온라인 제안 창구 또는 포커스 그룹의 역할을 해낸 것이다. 실제로 많은 사람들이 참신한 아이디어를 내고 있으며, 아이디어들 중 가장 많이 투표를 받은 아이디어가 실제로 적용된 사례도 볼 수 있다. 새로운 아이디어에는 스타벅스 매장을 사용하며 불편했던 점들도 있고, 새로운 음료에 대한 제안도 있다. 실제로 모카쿠키크럼블 프라푸치노는 고객들의 아이디어를 제안받아 스타벅스의 새로운 메뉴로 만들어졌다.

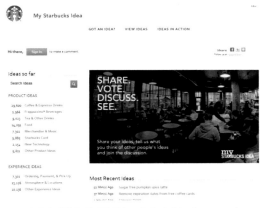

마이 스타벅스 아이디어 (mystarbuksidea.force.com)

자료원: slowalk.tistory.com/1324 수정 후 인용

3. 고객과 고객 간 콜래보레이션 효과

커뮤니티를 통해 소비자는 스스로가 서로 이익을 창출할 수 있고, 기업은 게시판, 포럼, 채팅룸을 통해 의견을 수집할 수 있다. 또한 그들은 자신들의 사이트를 통해 수많은 데이터를 모아서 데이터베이스를 구축함으로써 고객과의 관계를 강화할 수도 있다. 그러나 가장 중요한 것은 가상 커뮤니티를 만들 공간을 제공함으로써 소비자들이 스스로의 공간을 창조하고 지속적으로 모이면서 하나의 브랜드 커뮤니티를 생성한다는 데 있다. 이러한 브랜드 커뮤니티는 소비자들에게 브랜드 로열티를 가지게 하기 때문에 직접적인 소비로까지 이어지게 한다. 즉, 소비자들의 경쟁력 있고 독특한 관계가 생기게 된다면 이러한 관계는 오랫동안 지속되면서 상 애호도를 부여하게 된다는 것이다.

요　약

콜래보레이션(Collaboration)은 네트워크를 구성하는 주체 간에 상호의 이익을 위하여 상대를 관리하거나 힘을 합치는 방법을 의미하며, 기업과 고객과의 관계뿐 아니라, 기업과 기업, 고객과 고객과의 관계 모두를 대상으로 할 수 있다. 이제 고객은 단순한 판매대상이 아니라 상황에 따라서는 기업의 협력자로 만들 수 있어야 한다. 마이크로 마켓과 네트워크 경제하의 관계마케팅에서는 이러한 콜래보레이션 관리가 매우 중요하다.

기업과 고객의 콜래보레이션은 기업이 고객을 이해하고, 맞춤정보를 제공하고, 고객에게 적합한 마케팅 활동을 하는 것처럼, 고객 역시 자신의 정보를 제공하고, 그 정보를 이용하여 기업이 보다 정제된 마케팅 활동을 할 수 있도록 기업과 상호작용하는 것을 기업과 고객의 콜래보레이션이라고 할 수 있다. 인터넷 환경하에서 기업과 고객의 콜래보레이션의 관리 방법은 컨텐트웨어의 개인화, 실시간 상품 추천, 캠페인 관리 등 크게 3가지 영역으로 구분할 수 있다.

기업과 기업 간 콜래보레이션은 자사가 가지지 못한 것을 보완하고 더 나은 서비스를 제공하기 위해 해당하는 기업들과 다양한 방법으로 콜래보레이션을 하는 것을 말한다. 기업과 기업 간의 콜래보레이션은 개별 기업 특유의 핵심역량을 바탕으로 부족한 경영자원을 상호 공유하거나 협력관계를 유지함으로써 경쟁력을 제고하고자 하는 것으로 자원과 위험의 공유, 상호 간의 협력을 통한 시장 접근과 입지 확보의 용이, 시너지 효과를 통한 새로운 가치 창조의 가능이라는 3가지 경쟁 우위의 확보가 가능하다.

고객과 고객 간 콜래보레이션은 고객들끼리 서로 협력하게 함으로써, 자사 사이트에 대한 관계를 강화하고 계속 유지시키기 위한 것이다. 고객과 고객들이 서로 콜래보레이션하게 함으로써 기업은 고객 간 상호 서비스를 창출할 수 있고 이를 통해 고객 간의 가상 문화를 형성할 수 있다. 결국 자사 사이트에 대한 고객의 애호도를 증진시킬 수 있다. 따라서 기업은 고객과 고객들이 서로 콜래보레이션함으로써 스스로 가치창출을 할 수 있도록 도와주는 역할을 해야 하는 것이다. 이러한 방법으로 기업의 커뮤니티 구축이 있다.

연 구 문 제

1. 콜래보레이션의 개념과 중요성에 대해서 설명하시오.
2. 콜래보레이션의 대상에 대해서 설명하고 비교하여 차이점과 공통점에 대해 설명하시오.
3. 콜래보레이션의 각 대상의 관리방법에 대해서 설명하시오.
4. 특정 회사를 선정하여 그 회사의 콜래보레이션 방법을 분석하고 개선 방법을 제안하시오.

참고문헌

1. 논문 및 단행본

김룡, 김영국 (2005), "모바일 위치 정보를 이용한 개인화된 영화 예매 서비스," 한국정보과
학회, 한국정보과학회 학술발표논문집 32(2), 598-600.

데본 리 (2008), 콜래보경제학, 흐름출판.

존 하겔 3세 외 (1999), 가상사회와 전자상거래, 한영주 역, 세종서적.

쥬디 스트라우스, 레이몬드 프로스트 (2002), 인터넷 마케팅의 원칙, 이수범 역, 굿인포메이
션.

한영주 (2002), "인터넷 상호작용이 소비자 - 사이트 브랜드 관계에 미치는 영향에 관한 연
구," 고려대학교 박사학위 논문.

McWilliam, G. (2000), Building Strong Brands through Online Communities, *Sloan
Management Review*, Spring.

2. 신문기사

고달근 (2009), "'항공사 탓에 기타 망가졌다'...노래 제작," 서울신문, 2009년 7월 9일자.

기수정 (2012), "대형 포털사이트에서 부천시 관련 정보 손쉽게 확인한다," 아주경제, 2012
년 2월 12일자.

이석무 (2012), "나이키, 'FIND YOUR GREATNESS' 캠페인 전개," 이데일리, 2012년 7월
26일자.

정보라 (2012), "카카오톡 플로스 친구, 쓸만할까," 블로터닷넷, 2012년 4월 19일자.

홍주희 (2012), "맛있다 열 번 말하기보다 빅맥송 한 번 부르게 하라," 중앙SUNDAY, 2012
년 7월 1일자.

3. 기타(인터넷 검색 자료)

gameworld.nike.com

mystarbuksidea.force.com

nikeplus.com

search.naver.com

slowalk.tistory.com/1324

www.amazon.com

www.youtube.com/watch?v=5YGc4zOqozo

이슈 및 트렌드: 포털

☐ 포털이란?

포털 사이트(Portal Site)는 사용자가 인터넷에 접속하여 웹 브라우저를 실행시켰을 때 가장 먼저 나타나는 웹사이트로 사용자가 필요로 하는 다양한 서비스를 종합적으로 제공하는 사이트를 말한다. 이러한 포털 사이트들은 사용자가 원하는 정보에 쉽게 접속할 수 있도록 최신 뉴스, 이메일, 일기 예보, 스포츠 정보, 음악, 여행 정보 등 사용자들의 관심이 높은 다양한 정보를 제공하는 것이 특징이다. 최근에는 개인맞춤 서비스나 인터넷 쇼핑 등으로 서비스를 확대해 나가고 있다. 많은 사용자가 접속하기 때문에 포털 사이트는 광고 매체로 주목받고 있는데, 포털 사이트들은 광고를 통한 수입과 사용자 정보를 활용한 마케팅 수입을 통해 수입기반을 다지고 있다.

포털 사이트는 1997년 말 미국에서 야후(yahoo.com)가 서비스를 시작한 뒤 본격적으로 발전하기 시작했다. 야후는 웹메일 서비스, 채팅 서비스, 뉴스 서비스 등을 제공하며 네티즌들의 관심을 끌기 시작했는데, 이후 야후의 성공에 자극을 받은 인터넷 업체들이 경쟁에 뛰어들며 포털 사이트 경쟁이 본격화되기 시작하였다. 국내에서는 1997년 다음(daum.net)이 한메일이라는 무료이메일 서비스를 시작하며 포털 사이트 시대가 열렸다. 이어 1998년에는 네이버(naver.com)가, 2000년에는 엠파스와 라이코스 등이 서비스를 시작하면서 포털 사이트 경쟁이 가속화되었다. 초기에는 다음이 한메일과 다음카페의 성공으로 국내 1위 포털 사이트로 등극했지만, 2004년 통합검색이라는 차별화된 검색 기능을 강조하는 네이버에게 1위를 내준 뒤 최근에는 네이버가 포털 시장을 독점하고 있다. 초기의 포털사이트들은 검색서비스나 웹메일 서비스 등의 기본적인 서비스만 제공했지만, 점차 전자상거래, 뉴스, 블로그, 음악 등의 다양한 서비스를 제공하게 되었다. 이처럼 포털 사이트가 인터넷 생활에 필요한 거의 모든 서비스를 제공하게 되면서 이제 포털 사이트는 정치, 사회, 문화, 일상생활 전반에 걸쳐 강력한 영향력을 행사하게 되었다. 예를 들어, 포털 사이트가 언론사와 제휴하여 뉴스 서비스를 제공하기 시작한 이후, 신문사 웹사이트보다는 포털 사이트를 통해 뉴스를 접하는 네티즌들의 비중이 날이 갈수록 커지고 있다. 따라서 대한민국의 주요 이슈들은 포털 사이트에서 선정한 메인 뉴스에 따라 정해진다고 봐도 과언이 아니다.

□ 포털의 문제점

이처럼 포털 사이트들의 영향력이 커지면서 이에 따른 문제점들도 발생하고 있다. 첫째, 국내 포털 사이트들의 폐쇄형 구조로 인한 독과점 폐해가 있다. 네이버나 다음의 검색엔진은 구글과는 다르게 각 정보가 있는 사이트로 네티즌을 연결하기보다는 자사의 서비스를 우선적으로 검색 결과로 제공하면서 다른 사이트로의 이동을 차단하고 있다. 또한, 자사 사이트에서 보유한 정보를 타 사이트에서는 검색되지 않도록 하는 정책을 펼치고 있어 논란이 되고 있다. 이 같은 폐쇄성 때문에 이미 시장을 선점한 포털들 외에 다른 업체들이 서비스를 시작하기가 어려워 현재 네이버가 70%의 검색 점유율을 기록하며 시장을 독과점하고 있다는 문제점이 제기되고 있다. 이는 네티즌들의 정보 이용 권리를 제한하고 국내 포털 사이트 시장 발전을 저해하고 있는 원인으로 지목되고 있다.

둘째, 국내 포털 사이트들의 검색 결과의 중립성 문제가 있다. 대부분의 포털 사이트들이 상업적 성격을 띠고 있기 때문에 이들이 검색 엔진으로서의 객관성을 지키기보다는 상업성 위주의 검색 결과를 보이고 있다. 검색어와의 적합성과는 관계없이 포털 사이트에 일정 금액을 지불하는 업체의 사이트를 우선적으로 검색 결과에 제시하여 노출 빈도를 높이고 이용자의 클릭을 유도하고 있다. 예를 들어, 네이버의 경우 검색어에 대한 검색 결과를 바로가기 사이트와 스폰서링크/파워링크로 불리는 광고 사이트를 우선적으로 보여주고 있다. 이러한 상업성 위주의 검색 결과 때문에 이용자들이 필요한 정보를 찾기 위해 시간과 노력을 낭비하는 문제가 생기고, 국내 포털 사이트들의 검색 결과의 객관성이 많은 비판을 받고 있다. 이는 사회 전반에 걸친 포털 사이트의 영향력을 고려한다면, 심각한 문제가 아닐 수 없다.

셋째, 차별화 없는 국내 포털 사이트들의 서비스 역시 문제점으로 제기되고 있다. 포털 사이트 발전 초기에는 각각의 포털들이 서로 주력하는 서비스가 달라 이에 따른 차별점이 존재하였다. 다음은 한메일과 카페, 네이버는 지식iN과 검색 서비스를, 프리챌은 커뮤니티 서비스를 강화하며 각각의 포털들이 차별화된 서비스를 제공했다. 하지만 포털 사이트 간의 경쟁이 심화되면서 새로운 서비스가 등장하여 인기를 끌면 너도나도 동일한 서비스를 제공하게 되어 결국 모든 포털 사이트들이 비슷한 모습을 가지게 되었다.

넷째, 현재 포털 사이트 내 뉴스와 커뮤니티, 블로그에서 스크랩 기능을 통해 이용자들이 정보를 퍼 갈 수 있도록 하고 있는데 이것이 저작권을 침해하고 있다는 비판이 제기되고 있다. 예를 들어, 지난 2008년 한국 음악저작권협회는 네이버와 다음을 저작권 침해 방조 혐의로 형사 고소했다. 저작권협회 측은 포털 업체가 포털 사이트의 블로그와 카페 등에서 이용자들이 음악 파일을 올려

무단 복제하는 행위를 방조하고 있다고 주장하였다. 이러한 저작권 논쟁을 피하기 위해서는 포털 사이트는 컨텐츠 보호에 대한 정책이 필요할 것이다.

☐ 포털의 진화 과정

대표적인 포털 사이트로는 야후, 구글, 네이버, 다음 등이 있는데, 본문에서는 네이버와 구글 (www.google.com)의 진화과정을 중점적으로 다루도록 하겠다. 국내 최대 포털 사이트인 네이버는 1998년에 서비스를 시작한 이래, 검색뿐 아니라 지식인, 블로그, 지식쇼핑까지 다양한 서비스를 제공하면서 국내 네티즌들의 인터넷 생활을 적극 지원하고 있다. 네이버는 현재 3,100만 명의 회원을

네이버 홈페이지(www.naver.com)

네이버 지식iN 서비스(kin.naver.com)

보유하고 있으며, 평균 일 1,600만 명의 방문자가 접속하며, 1일 페이지뷰는 10억 페이지를 기록하고 있다. 이러한 네이버의 성공 요인으로는 첫째로 지식인을 통한 지식 검색 시장 선점을 들 수 있다. 사용자들이 질문하고 답하는 형태의 지식인 서비스를 대중화시킴으로써 브랜드 인지도를 확보하였고, 지식쇼핑이나 전문지식검색과 같은 지식인 이외의 각종 지식 서비스를 제공하면서 '지식 검색=네이버'라는 공식을 완성시켰다. 또한, 연두색으로 대변되는 브랜드 아이덴티티를 모든 마케팅활동에 일관성 있게 적용하면서 브랜드 인지도를 높였다는 점도 네이버의 성공 요인 중 하나이다. 그리고 네이버는 포털 사이트 최초로 키워드 광고를 도입하여 소액 광고주들을 확보하며 안정적인 수입원을 확보하였다. 지속적인 R&D 투자로 검색 엔진에 대한 자체 기술력을 높인 것도 네이버의 성공 요인으로 꼽힌다. 앞으로 네이버는 더욱더 성장하기 위해 국내 1위에 안주하지 않고, 검색 컨텐츠의 질을 향상시키고, 다양한 서비스를 제공하고, 해외 시장에 진출하여 세계적인 포털 사이트로 거듭나야 할 것이다.

구글은 1998년 검색 엔진으로 시작하여 현재는 TV와 모바일 사업까지 사업 영역을 확장하면서 세계적인 기업으로 성장하였다. 구글은 전 세계 검색 시장의 72% 이상을 차지하고 있고, 하루 20억 개 이상의 검색어를 처리하고 있는 등 세계 1위 포털 사이트로 그 위상을 떨치고 있다. 이러한 구글의 성공 요인으로는 구글의 핵심 서비스인 검색 서비스 이외에도 다양한 서비스를 제공하고, 기업들과의 파트너십으로 사업 영역을 확장하는 등 끊임없는 혁신을 이뤄온 것을 들 수 있다. 구글은 구글 번역, 구글 맵스(Google Maps), 구글 어스(Google Earth), 구글 닥스(Google Docs), 지메일(Gmail)과 같은 구글만의 독보적인 서비스를 제공하고, 웹 브라우저인 구글 크롬(Google Chrome)까지 제공하며 세계적인 포털 사이트로 성장할 수 있었다. 구글은 지속해서 새로운 서비스를 개발하여 제공하고 있는데, 2012년 구글은 구글의 데이터베이스를 활용해 검색결과를 한데 모아 보여주는 '지식 그래프(Knowledge Graph)' 서비스를 도입하면서 세계 1위 검색 엔진 자리를 더욱 확고히 하고 있다. 구글 지식 그래프는 사물, 인물, 장소 같은 다양한 카테고리를 검색사이트에 접목한 새로운 검색방법이다. 예를 들어, 검색창에 '구글'을 입력하면 기존에는 단순히 구글 홈페이지가 나왔지만, 구글 지식 그래프가 접목된 후에는 구글 본사의 위치, 오는 방법, 관련 검색어 등 여러 가지 항목이 오른편에 뜨게 되어 이용자들이 더 손쉽게 정보를 얻을 수 있도록 하였다. 또한, 구글은 인터넷 서비스뿐만 아니라 PC 운영체제(OS)와 TV, 모바일 영역까지 사업을 확장하면서 포털 사이트를 넘어 강력한 영향력을 가진 기업으로 거듭나고 있다.

현재 포털 사이트들은 광고 수익에 주로 의존하고 있는데, 앞으로 이들이 더욱 성장하기 위해

매일 이미지가 바뀌는 구글(google.com)의 초기화면

구글 지식그래프(Knowledge Graph) 실행 화면(goofle.com)

서는 광고 이외의 새로운 수입원을 개발해야 할 것이다. 광고와 같은 간접적 매출보다는 안정적인 수익을 창출할 수 있는 직접적인 수입원을 통해 경쟁력을 가져야 할 것이다. 또한, 포털 사이트 간의 경쟁이 심화되면서 빠르게 변화하는 인터넷 환경에 발맞춰 새로운 서비스를 개발하고 제공하지 못하는 포털 사이트는 유효한 숫자의 사용자를 확보하지 못하고 결국 도태될 전망이다. 예를 들어, 2011년 파산한 포털 사이트 프리챌과 2012년 7월 말 문을 닫은 파란(www.paran.com) 등은 급격한 정보통신 환경의 변화 속에서 경쟁력을 확보하지 못하고 포털 사이트 경쟁에서 살아남지 못하였다. 업계 관계자에 따르면 현재 국내 포털 업계는 시장의 70%를 네이버가 독식하고 있고, 그 뒤를 2위 업체인 다음이 시장점유율 20%로 따르고 있는데 당분간은 이러한 체제가 계속될 것이라는 전망이다.

*참고문헌

1. 보고서

이호영, 정은희, 서문기, 이창호 (2008), "인터넷 포털사이트의 사회적 영향력 확대에 따른 대응방안 연구," 정보통신정책연구원.

2. 신문기사

김수현 (2012), "줄줄이 문 닫는 '포털' …파란, 7월 말 서비스 종료, 네이버 · 다음 등 강자가 독식," 국민일보, 2012년 6월 15일자.

정철환 (2010), "[Weekly BIZ] 세계는 지금 '구글' 당하고 있다," 조선비즈, 2010년 5월 29일자.

허미혜 (2012), "검색엔진 구글, '포털사이트'로 거듭나다," IT동아, 2012년 8월 1일자.

3. 기타 (인터넷 검색 자료)

google.com

kin.naver.com

story.naver.com/naverbrand/main.nhn

www.naver.com

9장 컨텐트웨어 관리

컨텐트웨어
물리적 제품
범용제품
준 범용제품
경험제품
신뢰제품
디지털 제품
서비스
신 컨텐트웨어 개발
버저닝
번들링

웹사이트 관리
감각적 체험
감성적 체험
인지적 체험
행동적 체험
관계적 체험
인터넷 상표
인터넷 상표 자산
상표 확장
상표 팽창

브랜드 앱(App)을 통한 지포라이터(Zippo Lighter)의 가상 체험: 휴대폰으로 라이터를 켠다?

□ 체험과 감동을 통해 브랜드 선호도를 향상시킨 지포라이터

앱(App)을 통한 가상 체험은 소비자들에게 재미와 감동을 제공함으로써 브랜드 선호도를 향상시킬 수 있다. 브랜드 앱은 소비자와 상호작용을 통해 구체적인 체험과 재미를 느끼게 할 수 있다는 특징이 있다. 이러한 스마트 디바이스를 통한 브랜드와 소비자 간 상호작용은 소비자에게 제품을 실제 사용해 보는 듯한 가상 체험과 재미를 선사할 수 있으며 이는 소비자에게 브랜드를 보다 강력하게 각인시킬 수 있다.

지포라이터는 한때 중장년층 애연가들의 희망 소장품이었다. 다소 비싸지만 클래식한 디자인으로 중년 고객들의 사랑을 듬뿍 받아 왔다. 그러나 지포라이터는 젊은 소비자에게 상대적으로 덜 친근한 브랜드였다.

이에 지포라이터는 브랜드 이미지 강화 및 친숙도 제고를 위한 목적으로 사용자가 직접 라이터의 외관을 디자인할 수 있고 실제 라이터의 불꽃처럼 움직이는 '버츄얼 지포라이터(Virtual Zippo Lighter)'라는 브랜드 앱을 런칭하였다. 지포라이터 사용경험이 없는 젊은 층에게 마치 지포라이터를 켜는 듯한 느낌과 소리를 그대로 재현해 신선한 경험을 제공하면서 감동과 재미를 가미하였다. 지포라이터 브랜드 앱은 지난 2008년 출시된 이래 2011년까지 전 세계적으로 1천 700만 건 이상의 다운로드 건수를 기록하는 등 좋은 성과를 거두고 있다

지포라이터 브랜드 앱은 단순히 라이터를 켜는 듯한 가상체험만 제공하는 것이 아니다. 스마트폰을 흔들면 불이 원하는 방향으로 움직이는 기능으로, 콘서트장에서 스마트 디바이스 사용자들이

지포라이터 브랜드앱(www.appsapps.net/41955)

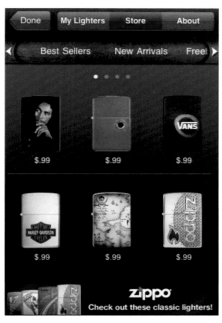

지포라이터 브랜드앱(www.appsapps.net/41955)

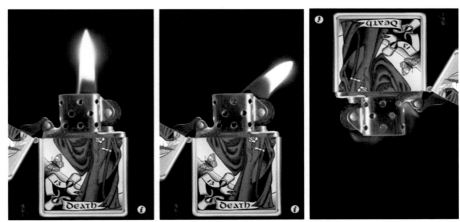

지포라이터 브랜드앱(ghostsbs.blog.me/95501501)

앵콜곡을 요청할 때도 활용되면서 높은 인기를 얻었다고 한다. 또한 브랜드 앱을 통해 지포라이터
의 판매가 크게 늘었다고 한다. 특히, 28개의 무료디자인을 기본적으로 제공하고, 이 외에도 다양한
디자인을 유료로 저렴하게 판매하여 수집가들에게 인기가 높다.

　자료원: 이주환(2012); 장길수(2011).

컨텐트웨어 관리

인터넷 마케팅 5C 믹스 중의 하나인 컨텐트웨어(Contentware)는 인터넷 환경의 특성을 고려하여 기존 4P 마케팅 믹스의 제품(Product)의 개념을 확장·대체한 것이다. 그렇다면, 인터넷 마케팅 환경에서 기존의 제품을 대신하는 새로운 마케팅 믹스 요인이 필요한 이유는 무엇일까?

기존 4P 마케팅 믹스에서는 유형적인 제품과 무형적인 서비스를 통틀어 제품이라고 부른다. 제품 관리는 기존 마케팅 믹스 중에서 가장 중요한 위치를 차지하는 활동이다. 제품관리는 신상품을 기획 및 개발하는 것, 개발된 상품을 제품수명주기에 따라서 관리하는 것으로 크게 구성된다.

그러나 인터넷 마케팅을 성공적으로 수행하기 위해서는 이러한 기존의 제품 관리 전략만으로는 충분하지 못하다. 오프라인과 인터넷의 환경 특이성 때문이다. 즉, 오프라인에서는 제품에 대한 직접 체험을 통해 제품평가가 가능하지만 인터넷은 소비자가 직접 만지거나 보지 못하고 간접 체험(제품설명, 제품사진, 댓글, 리뷰 등)을 통해 제품에 대한 구매의사결정을 해야 하는 상황이므로 제품 혹은 브랜드에 대한 소비자의 신뢰가 중요하다. 이러한 온라인 신뢰(e-trust) 관리는 단순히 제품/서비스를 잘 관리하는 것뿐만 아니라 웹사이트 관리, 소비자 평가(댓글, 리뷰 등) 관리 역시 중요한 관리대상에 포함된다. 기업들이 자사의 웹사이트를 통해 신상품을 소개하고 실시간으로 소비자와의 상호작용도 가능해짐에 따라, 마케팅의 방식도 달라지게 되었다. 무엇보다도 중요한 점은 직접적인 소비자와의 상호작용이 가능해지면서, 기업이 소비자를 대상으로 하는 제품 전략도 달라졌다는 것이다. 이 장에서는 먼저 컨텐트웨어의 개념에 대하여 알아본 다음, 제품과 체험에 대해 자세히 살펴보고, 신 컨텐트웨어 개발과 개발된 상품브랜드의 관리에 대하여 차례대로 살펴보기로 한다.

1. 컨텐트웨어의 개념

　인터넷 사용자는 단순한 제품구매만이 아닌 정보의 획득, 다양한 서비스의 체험 등을 위해 인터넷을 사용하고 있다. 인터넷 마케팅의 성공은 이러한 고객들의 다양한 욕구를 충족시킬 수 있도록 최적의 경험을 체험할 수 있는 차별화된 제공물을 개발하는 것이어야 한다. 따라서 물리적 제품이든 디지털화된 제품이든 고객에게 제공되는 제품과 제품 구매과정에서의 양질의 경험, 그리고 서비스를 최적의 상태로 조합하여 개발하고 제공해야 한다.

　이러한 관점에서 기존의 오프라인 중심의 마케팅믹스에서 제시하고 있는 4P중 제품(product)의 개념을 인터넷상에 그대로 적용하는 것에는 한계가 있을 수 있다. 인터넷상에서 기업이 소비자에게 제공하는 제공물의 관리를 위해서는 전통적인 마케팅 믹스에서 제시하는 좁은 의미의 제품의 개념을 벗어나 물리적 제품, 디지털 제품, 그리고 그러한 제품을 이용하면서 겪게 되는 모든 체험을 포함하는 포괄적인 개념으로 확장되어야 할 것이다. 이에 본 저서에서는 이러한 개념의 마케팅 믹스 요인을 컨텐트웨어(Contentware)로 개념화하도록 한다. 즉, 컨텐트웨어란 고객의 욕구를 충족시키기 위해 기업이 인터넷상에서 제공하는 모든 제공물(offering)의 총칭으로 기업이 고객에게 제공하는 모든 가치라고 볼 수 있다. 이러한 컨텐트웨어는 크게 제품과 그러한 제품을 구매하거나 소비하면서 겪게 되는 체험의 두 차원으로 구분해 볼 수 있다(그림 9 - 1).

2. 제품

1) 제품의 유형

　인터넷을 통해 거래될 수 있는 제품의 종류는 매우 다양하다. 인터넷을 통해 거래되는 제품은 그 특성에 따라 물리적 제품, 디지털 제품 및 서비스로 구분할 수 있다.

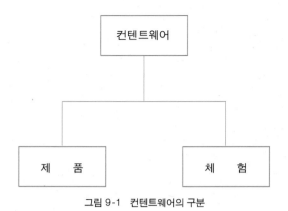

그림 9-1 컨텐트웨어의 구분

(1) 물리적 제품

물리적 제품이란 현실 세계에 그 실체가 존재하여 직접 만져볼 수 있는 물리적 외형을 가진 것을 의미한다. 오프라인상에서 거래되는 대부분의 제품이 이에 해당된다고 할 수 있다.

Nelson(1970)은 기존 오프라인 환경에서 이러한 물리적 제품의 성격을 지닌 제품을 탐색재(search goods), 경험재(experience goods), 신뢰재(credence goods)로 구분하였다. 이때 탐색재란 제품을 사용하기 전에도 제품의 품질을 평가할 수 있는 성격의 제품을 의미한다. 경험재는 제품을 사용하고 난 후에야 제품의 품질을 평가할 수 있는 의류나 음식 등의 제품을 의미한다. 또한 신뢰재는 제품을 사용하고 난 후에도 그 품질을 평가하기 어려운 성격의 제품으로 예술품과 같은 전문적 성격의 제품이 그 예이다. 그런데 Nelson의 기준에 의해 인터넷상에서 물리적 제품을 구분하게 되면, 인터넷상에서 품질 평가가 매우 용이한 종이나 철강 등의 제품과 품질 평가를 위해 어느 정도의 정보 탐색 및 지식이 요구되는 책, CD 등의 제품이 동일한 탐색재의 범주에 포함될 수도 있다. 따라서 동일한 탐색재라고 하여도 인터넷상에서 품질 평가가 매우 용이한 표준화된 제품과, 그보다는 제품이 차별화되어 있는 제품을 구분할 필요가 있다. 이에 John(2000)은 탐색재를 인터넷상에서의 품질 확인 용이성에 따라 범용제품과 준 범용제품으로 구분하였다. 그러나 John의 제품 구분은 신뢰재 성격의 제품 범주는 포괄하지 못하고 있다는 한계가 있다.

따라서, 본 책에서는 물리적 제품을 각각 상이한 수준의 품질과 속성의 특징에 따라 범용제품, 준 범용제품, 경험제품, 신뢰제품으로 구분한다.

범용제품

범용제품(commodity product)은 제지, 오일, 금 등과 같이, 인터넷상에서 간단한 설명만으로도 속성, 품질 등에 대한 거의 완전한 정보를 파악할 수 있어, 그 품질을 쉽게 비교 평가할 수 있는 제품을 의미한다. 이들 제품은 질, 내용 등에 큰 차이가 없고, 인터넷 환경에서 품질을 쉽게 평가할 수 있다는 특징이 있기 때문에, 가장 용이한 인터넷 거래 대상이 될 수 있다.

준 범용제품

준 범용제품(quasi commodity product)은 범용제품에 비해서는 제품의 질, 내용이 차별화되어 있는 제품이다. 현재 전자 상거래의 상당 부분을 차지하고 있는 서적, 비디오, CD, 장난감, 자동차 등이 이 범주에 속한다.

경험제품

경험제품은 인터넷상에서 아무리 상세한 정보를 제공한다 하더라도 직접 눈으로 확인하거나 만져보지 않고서는 그 특징과 품질을 충분히 평가하기 어려운 제품을 의미하는 것으로 의류, 주택, 가구, 화장품 등이 이 범주에 속한다. 따라서 옷과 같은 감각적 제품을 구입할 경우, 직접 입어보고 색상이나 디자인이 자신에게 어울리는지를 확인하는 경험이 중요하게 된다. 감각적 제품은 품질, 느낌, 신뢰성 등 모든 면에서 차별성이 높다는 특징을 지니고 있기 때문에 구매과정에 있어 품질과 브랜드 인지도가 중요한 역할을 한다.

신뢰제품

신뢰제품이란 제품에 따라 매우 다양한 가치를 지니며, 고객이 경험을 해도 평가하기 어려운 제품을 의미한다. 중고차나, 채소 등이 신뢰제품의 예이다.

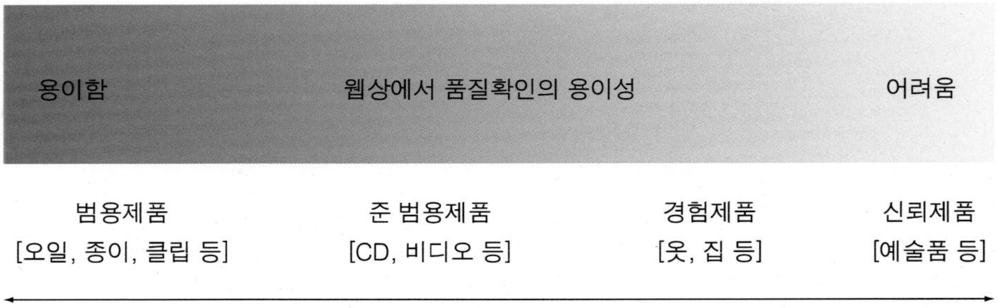

용이함	웹상에서 품질확인의 용이성	어려움

범용제품	준 범용제품	경험제품	신뢰제품
[오일, 종이, 클립 등]	[CD, 비디오 등]	[옷, 집 등]	[예술품 등]

그림 9-2 물리적 제품의 구분

(2) 디지털 제품

디지털 제품이란 인터넷의 발달과 함께 본격적으로 등장한 개념으로, 디지털 형태로 생산, 유통, 소비되고 저장까지 할 수 있는 모든 제품과 서비스를 의미한다. MP3, 전자서적, 인터넷상의 각종 정보 등을 대표적인 예로 꼽을 수 있다. 이러한 디지털 제품의 특징은 다음과 같다.

첫째, 디지털 제품은 일단 개발되기만 하면 추가적인 생산비용이 거의 들지 않고, 복사와 배송(혹은 전송)을 용이하게 할 수 있다. 예를 들어, 하나의 음악 파일을 처음 개발하고 제작하는 데에는 상대적으로 많은 비용이 들지만, 그 파일을 계속해서 복사하고 전송하는 데에는 거의 비용이 발생하지 않는다.

둘째, 디지털 제품은 분해와 결합이 쉽다. 실제 음악이 담긴 CD의 경우는 한 번 제작되고 나면 수정이 불가능하지만, MP3파일의 경우는 얼마든지 원하는 대로 수정, 편집할 수 있다.

셋째, 동일한 제품을 상황에 따라 변형된 형태로 제공하는 다양한 버저닝(versioning)이 가능하다. 또한 변형이 용이하고 그에 따른 추가적 비용이 적다는 특성으로 인해 고객 각자의 기호에 맞는 제품의 형태로 제공이 가능하다.

마지막으로, 디지털 제품은 일단 생산되고 나면, 그 형태와 품질을 영구히 유지할 수 있다는 특징이 있다. 예를 들어, 카세트 테이프와 같은 물리적 제품은 사용을 반복하고, 오래 보관할수록 품질이 떨어지지만, MP3와 같은 음악 파일은 형태와 품질을 지속적으로 유지할 수 있는 것이다.

표9-1 디지털 제품의 예

종 이 기 반	서적, 신문, 잡지, 마케팅브로셔, 할인쿠폰, 뉴스레터, 연구보고서 등
정 보 재	제품 설명서, 카탈로그, 사용자 설명서, 판촉매뉴얼
그 래 픽	사진, 우편엽서, 달력, 지도, 포스터, X-레이
오 디 오	음악파일, 연설, 강의 내용
비 디 오	영화, 텔레비전 프로그램, 각종 비디오 클립
소프트웨어	프로그램, 게임, 개발 장비

애플의 아이튠즈 음악 서비스

아이튠즈(www.apple.com/itunes)는 애플의 유료 엔터테인먼트 콘텐트 다운로드 사이트로서 2003년 4월에 오픈하여 2010년 2월 기준 애플의 음악 다운로드 프로그램 '아이튠즈'의 컨텐트 다운로드 건수가 100억 건을 돌파했다.

음반 업계는 애플의 다운로드 100억 건 돌파를 디지털 컨텐트 다운로드 분야에서 일어난 대기록으로 평가하고 있다.

아이튠즈의 초기화면(www.apple.com/itunes)

(3) 서비스

서비스는 인터넷상에서 거래 그 자체의 목적으로 제공되거나, 다른 컨텐트웨어를 편리하고 용이하게 사용하기 위해 제공되는 모든 활동을 의미한다. 서비스의 대표적인 예로서는 인터넷 뱅킹, 인터넷 트레이딩, 예약 서비스 등이 있다.

티켓링크(www.ticketlink.co.kr)의 서비스

서비스는 인터넷상에서 거래 그 자체의 목적으로 제공되거나, 다른 제품의 편리하고 용이한 사용을 위해 제공되는 모든 활동을 의미한다. 이와 같이 인터넷상에서 서비스를 제공하는 웹사이트의 대표적인 예로 티켓링크(www.ticketlink.co.kr)를 들 수 있다.

티켓링크는 지난 1996년 설립된 회사로 국내 최초의 중앙집중형 실시간 티켓판매를 시작하였다. 티켓링크는 예매의 편리성을 위하여 현장을 그대로 재현한 좌석배치도, 실시간 잔여좌석 안내 등과 시설안내, 공연장 소개, 각종 이벤트 등 문화 관련정보를 제공함으로써 네티즌들로부터 열띤 호응을 받고 있다. 또한 각종 카드사와 연계된 할인 서비스도 제공하고 있으며 40여 개의 대형 사이트에도 예매 솔루션을 제공해 네티즌이 어느 곳에서나 쉽게 티켓링크 서비스를 이용하도록 하고 있다. 이 밖에도 1:1 도우미제도를 운영해 네티즌의 문의사항을 접수 즉시 처리하여 통보해 주고 있으며 감상평을 쓸 수 있는 문화 토론장도 제공해 인기를 끌고 있다.

티켓링크의 초기화면(www.ticketlink.co.kr)

지금까지 설명한 물리적 제품, 디지털 제품, 서비스의 특징을 비교하면 다음의 표 9-2와 같다.

표9·2 제품 특징 비교

	물리적 제품	디지털 제품	서비스 제품
형태의 유무	유형성	무형성	무형성
표준화, 품질통제	동질성	동질성	이질성
생산/소비 분리성	가능	가능	불가능
재고 보관가능성	가능	가능	불가능
소유권이전	가능	가능	불가능
가치창출방식	물리적 제품 제공자를 통해 창출	디지털 제품 제공자를 통해 창출	인터넷 사용자와 제품 제공자의 상호작용에 의해 창출
추가생산비용	보통	거의 없음	보통

자료원: 이유재(1999) 수정 후 인용.

2) 제품 유형별 관리방안

인터넷 마케팅 활동을 하는 기업은 궁극적으로 소비자 개개인의 욕구를 충족시킬 수 있는 차별화된 제품을 제공해야 한다. 또한 제품 전략을 계획할 때에는, 단순히 고객이 원하는 제품의 제공만을 고려하는 것이 아니라, 그것에 부가된 각종 서비스와 최적의 경험을 제공할 수 있는 요인들까지 고려하여야 한다. 앞서 구분된 제품의 유형에 따른 전략을 살펴보면 다음과 같다.

(1) 물리적 제품 전략

범용제품 전략

산업 구조상 범용제품 시장은 그다지 매력적인 시장이 아닐 수 있다. 동일 제품에 대해 많은 경쟁자들이 존재하여 치열한 가격경쟁이 이루어질 뿐만 아니라, 고객들 또한

아마존(Amazon)의 제품 전략

1995년 서적 판매로부터 사업을 시작한 아마존(www.amazon.com)은 현재 e-Book, MP3 플레이어, DVD, 장난감, 공구, 컴퓨터, 의류 등 사업 영역을 지속적으로 확대하면서 유통 산업의 혁명을 주도하고 있다. 소비자들은 책이나 DVD 등 제품을 구매하기 전에 해당 전문가나 독자들이 쓴 평론을 읽을 수 있고, 관심 분야별 온라인 커뮤니티에서 책에 관해 토론하고 추천받는 것이 가능하다.

최근에는 새로운 디지털 기기(킨들 등)들이 등장하면서 e-book 산업에도 큰 영향을 미치고 있다. 종이책의 디지털 버전에 불과했던 e-book은 양방향 애플리케이션 형태로 제공되면서 주인공 소개, 책 읽어 주기 기능, 관련 상품 구매 등 다양한 서비스가 가능하다.

아마존(www.amazon.com)의 초기화면

특정 기업 혹은 브랜드에 대해 이렇다 할 애호도를 보이지 않아 기업이 시장 지배력을 행사하기가 힘들기 때문이다.

이들 제품은 그 특성상 쉽게 온라인화할 수는 있지만 치열한 경쟁으로 인해 이익 창출이 어렵다. 따라서 이러한 범용제품을 제공하는 기업은 대량판매나 효율적 물류 활동, 또는 간접비 절감 등을 통해 비용을 낮춤으로써 저렴한 가격을 통한 경쟁전략을 추구해야 한다.

준 범용제품 전략

준 범용제품을 제공하는 기업은 먼저 소비자들이 제품을 탐색하는 단계에서 자신을 차별화시킬 수 있어야 한다. 이를 위해서는 정보기술을 활용하여 차별화된 웹서비스를 제공하고, 소비자가 원하는 제품을 신속 정확하게 탐색할 수 있는 검색엔진을 마련하며, 실시간의 데이터 탐색이 가능하도록 데이터 분석 기술 등을 갖추어야 한다. 또한 상표 이미지를 부각시키고 원 스톱 쇼핑이 가능하도록 하는 등의 노력이 요구된다.

아울러 지나친 가격경쟁에 휘말리지 않도록 저원가 및 차별화 전략의 동시추구가 필요하다. 인터넷상에서는 탐색비용이 거의 들지 않기 때문에 소비자들은 보다 가격이 저렴한 곳을 용이하게 찾을 수 있게 되고, 이것은 다시 가격경쟁을 강화시키는 악순환을 형성하기 때문이다.

경험제품 전략

인터넷상에서 경험제품을 제공하기 위해 가장 고려해야 할 요인은 소비자들에게 제품의 감각적 정보를 어떻게 제공할 것인가 하는 점이다. 이를 위한 방법 중의 하나는 소비자들이 상표를 통해 제품의 품질과 특징 등을 판단할 수 있도록 강력한 상표 이미지를 지닌 제품을 제공하는 것이다.

경험제품은 제품의 특성으로 인해 상표 이미지 구축을 통한 제품차별화가 가능한 영역이다. 따라서 기업의 입장에서는 머천다이징(Merchandising)과 재고관리, 물류시스템에 대한 투자를 통해 소비자들에게 신속, 정확하게 다가갈 수 있도록 하는 것이 필요하다. 나아가 소비자를 유인하는 데 중요한 역할을 하는 품질에 대한 보장과 반품 등에 대한 조치도 완벽히 갖추어야 한다.

신뢰제품 전략

신뢰제품을 제공하기 위한 가장 중요한 전략은 낮은 가격으로 소비자의 재구매를 촉진하는 것이다. 가격이 낮다면, 소비자가 지각하는 위험이 낮아져 구매로 이루어질 수 있다. 이러한 구매가 반복되면서, 공급자는 소비자에게 제품의 질과 가격에 대한 좋은 평판을 얻어낼 수 있다. 따라서 낮은 가격은 소비자에게는 제품을 경험할 수 있는 기회를 부여하고, 공급자에게는 소비자에게 신뢰감을 심어줄 수 있는 기회가 된다.

현재 개발되고 있는 여러 기술들은 향후 이러한 제품의 인터넷 거래를 보다 용이하게 한다. 웹상으로도 충분히 제품의 질을 평가할 수 있게 하는 여러 기술이 개발되어감에 따라, 소비자는 실물을 보는 것과 같은 느낌을 느낄 수 있게 되고, 웹상에서 제품을 평가할 수 있게 될 것이다. 또한 주문과 배송체계의 빠른 발전 등으로 이러한 제품의 인터넷 거래 팽창 가능성은 더욱 크다고 할 수 있다.

지금까지 범용제품, 준 범용제품, 경험제품, 그리고 신뢰제품과 같은 물리적 제품의 유형에 따른 전략을 살펴보았다. 이상의 내용을 정리하면 표 9 – 3과 같다.

표9·3 물리적 제품의 유형별 전략

범용제품 예) 기름, 건축자재	준 범용제품 예) 책, CD, 비디오	경험제품 예) 의류, 주택	신뢰제품 예) 예술품, 중고차, 과일
비용우위전략 • 규모의 경제를 이용 • 원가우위구축 • 효율적인 유통전략 낮은 비용 달성	1단계: 차별화 • 웹 서비스를 차별화하기 위한 IT활용 • 소비자 선호에 신속, 정확한 대응을 위한 검색엔진 개발 • 리얼타임 data-mining을 위한 database manage-ment tools 채용 • 웹 사용자의 duration time 증가를 위한 웹사이트 feature 개발 • one-stop shopping 제공 • 선발진입자 이익 추구 • e-Brand 구축 2단계: 비용우위와 차별화 • 규모의 경제이용 • 도매업자와 우호적 관계 • 배송시간 신뢰성 및 정확성 확보 • 부가서비스(채팅, 친화프로그램 기타 서비스) 제공 • 사이트 자체 고객애호도 증가 프로그램 제공	수직통합 기업: 완전 차별화 • 기존 store brand와 동등한 brand로 구축 • 최신 기술에 의한 look and feel 제공 • 온라인 및 전화고객 지원서비스 구축 • 업계 최고의 보증조건, 환불 정책 hybrid 기업: 차별화	고객 맞춤화 • Web-cam 기술상의 advance 이용 및 유지 • 웹상의 상품 배송 정확성 및 검색 엔진 기술의 조합 • build-to-order 기술 개발

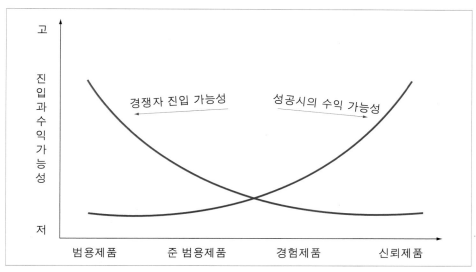

그림 9-3 물리적 제품 유형에 따른 진입 장벽과 수익 가능성

한편, 물리적 제품은 각 유형에 따라 인터넷 시장 진입시 수익성 및 진입 장벽이 상이하다. 범용제품의 경우에는 인터넷 시장에 대한 진입은 용이하나 진입장벽이 낮고 가격경쟁이 심해, 수익성의 확보가 어렵다. 반면 감각적 제품은 진입은 어려우나 성공시의 수익성은 상대적으로 높다고 할 수 있다. 또한 감각적 제품은 그 성격이 강할수록 오프라인에 기반을 둔 하이브리드 기업의 성공 가능성이 높아진다. 물리적 제품의 각 유형별 인터넷 시장 진입에 따른 장벽과 수익성을 비교한 것은 그림 9-3과 같다.

(2) 디지털 제품 전략

디지털 제품은 변형이 용이하고, 그에 따른 추가적 비용 부담이 적다는 특성으로 인해 상황에 따라 상이한 내용물의 제공이 가능하다. 이러한 특성으로 인해 디지털 제품의 중요한 전략으로 사용될 수 있는 버저닝과 번들링에 대해 살펴본다.

(2-1) 버저닝

① 버저닝의 개념

버저닝(versioning)이란 서로 다른 고객들이 부여한 가치에 의해 차별적인 내용을 제공하는 것이다. 디지털 제품에 대한 버저닝이란 상황과 고객의 가치에 따라 변형된 디지털 제품을 제공하는 것을 말한다. 특히 디지털 제품에 대해 버저닝이 중요하게 사용될 수 있는 이유 중의 하나는, 디지털 제품은 처음 개발시의 고정비용은 높지만 이후 추가생산에서 들어가는 변동비의 경우 매우 저렴하거나 0에 가깝기 때문이다. 이러한 버저닝 전략은 제품 변형을 통해 고객 개개인의 다양한 욕구를 충족시킬 수 있다는 데 그 의의가 있다.

② 버저닝의 방법

디지털 제품에 대한 버저닝은 다음과 같은 다양한 방법(편리성, 포괄성, 조작가능성, 커뮤니티, 성가심, 속도, 데이터 처리능력, 사용자와의 조화, 이미지 해상도, 지원)에 의해 이루어질 수 있다(Shapiro and Varian 1998).

편리성

편리성(convenience)에 의한 버저닝 방법은 고객이 디지털 컨텐트웨어에 접근할 수 있는 시간이나 장소를 제약함으로써 버저닝을 하는 방법이다. 예를 들어, 아메리카 온라인(AOL)은 이러한 편리성에 기초해 버저닝을 했다. 매달 21.95달러를 지불하는 고객의 경우에는 시간이나 장소에 관계없이 무제한의 접근이 가능하지만, 4.95달러를 지불하는 고객은 오직 3시간의 접근만 허용되고, 이후의 접근에 대해서는 높은 비용을 지불해야 하는 방식이다. 이와 같은 버저닝을 통해, 아메리카 온라인은 고객의 요구에 따른 차별적인 서비스가 가능하다.

포괄성

포괄성(comprehensiveness)에 의한 버저닝 방법은 소비자에 따라 요구하는 정보의 깊이가 다르다는 점에 착안한 버저닝 방법이다. 즉, 어떤 소비자의 경우 특정분야에 대해 매우 상세한 정보에 대한 욕구가 있고, 다른 소비자의 경우 개략적인 정보만을 요구하는 경우가 있다. 예를 들어, 많은 신문, 잡지사는 이러한 방법을 적용하고 있다. 뉴욕 타임즈(New York Times)나 비즈니스 위크(Business Week)의 경우, 인터넷을 통해 일반적인 기사를 제공한다. 그러나 기사에 대한 깊은 정보의 경우에는 요금을 부과하는 정책을 적용하고 있다. 이는 일반적인 기사는 인터넷을 통해 다른 경로로 쉽게 접근이 가능하지만, 깊이 있는 정보의 경우 그렇지 못하다는 것을 이용한 방법이다.

조작가능성

조작가능성(manipulation)에 의한 버저닝은 기업의 제품을 복사하거나, 저장, 인쇄 등 소비자가 원하는 대로 조작하는 것에 따른 방법이다. 예를 들어, 렉시스-넥시스(Lexis-Nexis)는 소비자가 스크린을 통해 제품을 단순히 검색하는 것 외에 프린트하거나 다운로드받는 경우 이에 따른 추가적인 요금을 부과하고 있다.

커뮤니티

이는 특정 분야에 관심 있는 사람들이 모여 채팅을 하거나, 게시판을 사용할 경우 사람들은 함께 커뮤니티를 만들어 의사소통하려는 욕구가 있다는 데에 주목한 방법이다. 하이테크(high-tech) 산업에 대한 수백 개의 게시판을 제공하는 실리콘 인베스터(Silicon Investor)의 경우 고객의 이러한 욕구에 착안하여 그들의 제품을 누구나 읽을 수 있도록 구성한 반면, 특정 게시판에 글을 올리거나, 다른 멤버에게 메일을 보내려면 연간 100달러의 금액, 또는 평생 200달러의 금액을 지불하는 멤버십 회원을 요구한다. 즉, 실리콘 인베스터는 의사소통 욕구에 따른 버저닝을 실시하고 있는 것이다.

성가심

성가심(annoyance)에 의한 버저닝은 고객이 자사의 제품을 이용할 때 느낄 수 있는 불편함을 제거해 줌으로써 이를 통한 버저닝을 실행하는 방법이다. 앞서 언급한 실리콘 인베스터의 경우 멤버십 회원이 될 경우, 기업에 올라와 있는 광고를 보지 않고 제품을 서핑할 수 있는 기능이 추가된다. 또한 많은 잠재고객의 시험적인 사용을 위해 무료로 배포되는 쉐어웨어(shareware) 프로그램의 경우, 사용 고객은 일정기간이 지난 후에 새로 갱신하거나, 구입의사를 묻는 메시지를 계속해서 접하게 된다. 이러한 것도 역시 컨텐트웨어를 구입함으로써 이러한 성가심을 제거할 수 있도록 한 버저닝 방법이다.

속도

이는 컨텐트웨어를 사용하는 속도(speed)에 차이를 둠으로써 버저닝을 실시하는 방법이다. 고객에 따라서는 높은 비용을 지불하더라도, 빠른 속도에 의한 효율성을 원하는 경우가 있다. 예를 들어 수학적 계산을 위한 프로그램을 제공하는 올프램 리서치(Wolfram Research)의 경우 두 가지 버전의 매스매티카(Mathematica)라는 수학 프로그램을 제공하고 있다. 빠른 속도의 전문가를 위한 버전과 학생들을 위한 보통 속도의 버전 중 필요에 따라 소비자가 선택을 할 수 있게 하는 것이다.

데이터 처리능력

기업은 다양한 데이터 처리능력(data processing)을 갖고 있는 제품을 제공함으로써 버저닝을 실현할 수도 있다. 예를 들어 에이치앤알 블록(H&R Block)은 세금에 관한 프로그램인 키플링거 택스컷(Kiplinger' TaxCut)을 제공하면서, 단순히 세금을 계산하는 처리능력만 갖는 일반 버전과 세금에 관한 다른 여러 기능을 제공하는 프리미엄 버전을 동시에 출시하였다.

사용자와의 조화

사용자와의 조화(user interface)를 이용한 방법은 사용자의 정보에 접근하는 다양한 방법의 차이를 두는 방법이다. 전문적인 사용자는 사용법을 익히는 데 많은 시간을 투자하더라도, 전문적인 기능을 지원하는 제품을 원하고, 이렇게 투자된 시간은 이후 그러한 전문가가 경쟁자의 제품으로 전환하는 것을 막는 데 도움을 줄 수 있다. 이에 비해 간단한 사용법을 통해 간략한 기능만을 원하는 다수에 사용자들의 경우 간단한 사용법으로 배울 수 있는 제품을 더욱 원하게 된다. 어도비(Adobe)는 이러한 버저닝에 착안하여 600달러의 전문가를 위한 버전과, 50달러의 일반인을 위한 버전을 동시에 판매한다.

이미지 해상도

이미지 해상도(image resolution)에 의한 버저닝은 많은 디지털 제품이 이미지를 포함하고 있기 때문에, 각각의 사용자가 그러한 이미지의 질에 각각 다른 가치를 부여하는 버저닝 방법이다. 예를 들어, 포토디스크(PhotoDisk)의 경우 해상도에 따라 각 이미지의 가격을 다르게 산정하고 있다.

지원

제품의 기술적 지원수준(support)에 따라 다양한 버저닝을 실현하는 방법도 있다. 예를 들어, McAfee의 바이러스 스캔은 소비자가 무료로 다운받을 수도 있지만, 추가 비용을 지불함으로써 기술적 지원, 전문적 조언 등의 다양한 지원을 받을 수도 있다.

어도비(Adobe)의 버저닝 전략

어도비(Adobe)는 아이디어와 정보를 혁신적으로 활용할 수 있는 비즈니스, 크리에이티브 및 모바일 소프트웨어 제품 및 솔루션을 제공하고 있다. 어도비의 고객으로는 기업, 지식 근로자, 크리에이티브 전문가 및 디자이너, OEM 파트너, 개발자 등이 있다. 그들은 전 세계 7억 대 이상의 PC 및 디바이스에 Adobe Flash Player와 Reader 소프트웨어를 설치하여 사용하고 있다. 특히, Adobe Acrobat의 경우, Acrobat Reader 무료버전부터 Acrobat X pro, Acrobat X suite, Acrobat X standard 등 버저닝을 다양하게 함으로써 고객들의 욕구를 충족시키고 있다.

Adobe사의 Acrobat 제품 소개 페이지(www.adobe.com/kr)

(2-2) 번들링

① 번들링의 개념

번들링(bundling)이란 두 개 이상의 제품 혹은 서비스를 하나의 패키지로 묶어서 특별한 가격에 판매하는 것을 의미한다. 번들링을 하는 제품들은 서로 보완관계에 있는 보완재(complementary goods)가 많다. 면도기와 면도날, 컴퓨터와 프린터, 프린터와 토너, 카메라와 필름 등이 대표적인 번들링의 예이다. 번들링 전략은 소비자와 판매하는 기업 모두에게 이익을 가져다주기 때문에 광범위하게 이용되고 있다.

기업들이 번들링을 하는 주된 이유는 기업 입장에서는 이윤 증가, 판매 비용 절감, 상품의 품질 보장, 가격 차별, 시장 지위 향상 등이 있고, 소비자 입장에서 번들링은 탐색비용 절감, 가격 할인, 편의성 제고 등의 혜택을 제공하고 있다. 기업들이 번들링 전략을 잘 적절히 활용한다면, 소비자의 지각된 제품에 대한 가치를 제고하고 고객의 충성도를 높일 수 있다. 특히 디지털 제품에서 번들링 전략은 유용하게 사용되고 있다. 마이크로소프트의 경우 워드, 엑셀, 파워포인트 등을 통합한 마이크로소프트 오피스를 판매하는 번들링 전략을 잘 활용하여 성공한 대표적인 사례이다. 이러한 번들링 전략은 두 개 이상의 제품들의 적절한 혼합을 통해 고객의 욕구를 충족시켜 제품에 대한 가치를 제고시킬 수 있다는 데 그 의의가 있다.

② 번들링의 유형

번들링은 가격 번들링(price bundling)과 제품 번들링(product bundling), 두 가지로 구분된다(Stremersch and Tellis 2002).

가격 번들링이란 두 개 이상의 개별 제품 및 서비스를 하나의 패키지로 할인된 가격에 판매하는 것이다. 기업 입장에서는 가격 번들링이 소비자의 유보가격에 근거하여 시장을 세분화함으로써 가격차별의 수단이 되기도 하고, 반대로 소비자 입장에서는 가격 번들링을 통해 가격 할인 혜택을 받을 수 있다.

제품 번들링은 두 개 이상의 제품 및 서비스를 하나로 통합하여 프리미엄 가격에 판매하는 것이다. 이러한 제품 번들링 전략을 통한 제품 또는 서비스 간의 통합은 소비자에게 보다 향상된 가치와 혜택을 제공할 수 있다. 소비자로 하여금 구매결정에 소요되는 시간, 노력, 인지적 비용 등을 줄일 수 있고, 복잡한 여러 개의 제품들을 단순한 하나의 제품으로 사용함으로써 편리성 혜택도 누릴 수 있다. 이 외에도 제품 번들링을 통해 간편성 제고, 지각된 위험 감소, 지불상의 편리함, 제품의 성능 향상 등의 다양한 혜택을 얻을 수 있다.

마이크로소프트(Microsoft)사의 번들링(Bundling) 전략

　개별 제품들의 결합을 통해 해당 시장을 이끈 대표적인 성공사례가 마이크로소프트사의 오피스 스위트(Office Suite)다. 1990년대 초 마이크로소프트 사는 수요 측면에서 봤을 때 서로 연관성이 낮은 세 응용 프로그램인 워드프로세서(Word), 계산프로그램(Excel), 프리젠테이션 프로그램(Powerpoint)을 하나로 묶어 패키지화했다. 이후 패키지의 성능을 지속적으로 업그레이드시키면서 경쟁업체들을 따돌렸다. 마이크로소프트의 이 같은 번들링은 자사의 경쟁력을 높이는 탁월한 전략으로 평가된다.

　이처럼 기업들은 다양한 상품들, 또는 상품과 서비스를 하나의 패키지로 묶어 소비자에게 제공함으로써 매출을 늘리고 소비자의 지속적인 관심을 유도할 수 있다. 더 나아가 번들링에서도 고객 애호도 제고라는 부수적인 효과 역시 얻을 수 있다.

한국마이크로소프트사의 초기화면(www.microsoft.com/korea)

자료원: 데이빗 리카드(2008) 수정 후 인용

(3) 서비스 전략

　서비스업체들은 온라인기업에 못지않은 가격비교 정보나 제품, 서비스의 다양성과 같은 정보를 일목요연하게 볼 수 있도록 그들이 가진 장점을 최대한 활용할 필요가 있다. 또한 고객의 행동 및 취향변화에 따라 제품과 서비스를 개인화하고 맞춤 서비스를 제공할 수 있는 역량을 가질 수 있도록 빠르게 대응해야 한다. 서비스 전략은 물리적 제품을 제공하는 기업에서도 역시 중요한 의미를 지니게 된다. 즉, 물리적 제품을 제공하는 기업에서도 제품을 제공하는 것에 부가적으로 배송이나, A/S와 같은 서비스적 요소가 중요하게 작용한다. 이러한 서비스 관리전략은 다음과 같다.

첫째, 인터넷에서 구매의사결정에 필요한 다양한 정보와 구매 단계의 편리성, 전자결제의 안정적 운영 등을 제공해 주어야 한다. 둘째, 인터넷에서는 궁극적으로는 고객개개인을 위한 개인화된 제품을 제공하기 위해 노력하고 있다. 단지 제품을 개인적인 선호에 맞게 공급하는 것이 아니라, 서비스를 포함하는 총체적인 제품을 개인별로 차별화할 필요가 있다. 제품을 만드는 과정에서도 개인이 직접 참여하여 스스로 만들어 가도록 하는 것이 바람직하다. 셋째, 컨텐츠를 물리적 제품 그 자체가 아닌 정보와 서비스를 포함하는 확장된 개념으로 정의해야 한다. 넷째, 개인에 대한 정보를 모으고 개인정보가 수집되었을 경우에는 필히 개인화된 특별한 서비스를 제공해야 한다. 물품과 서비스를 포함하는 총체적인 제품을 가능하면 고객이 직접 원하는 모습대로 만들 수 있도록 또는 구성하여 주문할 수 있도록 지원할 수 있어야 한다. 다섯째, 금융기관, 광고회사, 여행업체, 컨설팅, 교육, 의료 등과 같은 기존 서비스업체들은 인터넷 비즈니스를 맞이하여 새로운 도전과 기회를 동시에 맞고 있다. 이러한 기업들 중에는 인터넷을 사업에 연관시켜 인터넷이라는 새로운 매체와 변화된 경영환경에 적절히 대응해 성공한 경우가 많다.

컨설팅 회사의 경우, 정보통신 위주의 장비부품을 생산하던 업체들이 그들이 가진 인적 네트워크와 기술력, 자금력 등을 이용하여 인터넷 비즈니스와 관련된 컨설팅 시장에 진출하며 기존의 컨설팅 회사들에게 위협이 되고 있다. 오프라인 기업을 주로 상대해 오던 컨설팅 회사들은 조직구조를 인터넷 비즈니스에 맞추어 재구축함으로써 경쟁력 제고에 나서고 있는 것이다. 기존의 우체국들은 우편물을 배달하는 서비스업체였으나 페덱스(FeDex), 유피에스(UPS)와 같은 첨단기술을 동원한 택배회사들에 비해 경쟁력이 뒤져 존폐위기에 있었다. 하지만 전자상거래와 함께 물류, 택배와 같은 서비스의 중요성을 깨달아 지금은 전자상거래를 지원하는 물류서비스의 전환으로 새로운 국면에 들어서고 있다. 이처럼 기존의 오프라인에서 서비스업체로 간주되었던 기업들이 인터넷과 관련된 기술의 발달이 가져다주는 새로운 사업기회를 파악하는 것은 더욱 중요해지고 있다.

기혼여성 포탈 커뮤니티, 아줌마닷컴의 서비스 전략

기혼여성, 커뮤니티 포털, 아줌마닷컴은 말그대로 '아줌마를 위한 아줌마에 의한, 아줌마들의' 인터넷 세상이다. 2000년 1월 생긴 이래 다양한 서비스들을 제공하고 있다. 예를 들면, 아줌마들의 즐거운 수다(토크토크), 시, 에세이, 소설(사이버 작가), 아줌마가 세상을 바꾼다(아줌마광장), 나누고 보태자(경험과 지혜), 현명한 소비생활 (소비자맘), 아줌마들의 맞춤레시피(요리의 달인), 이웃이 있어 좋다(블로그), 우리끼 리라서 더 좋다(아지트), 나도 프로슈머(소비자모니터센터), 아줌마가 주인공인 날(아 줌마의 날) 등 다양한 서비스가 있다. 이러한 서비스를 통해 대한민국 아줌마들이 직 접 참여해 다양한 컨텐츠가 형성된다.

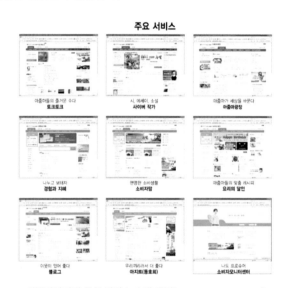

아줌마닷컴의 주요 서비스 소개 화면(www.azoomma.com)

(4) 웹사이트 관리

웹사이트(website)는 인터넷에서 소비자들이 필요로 하는 제품 혹은 서비스에 대한 컨텐트웨어를 언제 어디서나 제공받을 수 있도록 웹서버에 관련 정보를 저장해 놓은 집 합체를 말한다. 일반적으로 인터넷에 들어가는 관문으로 간략히 사이트(site)라고도 말 하며, 흔히 홈페이지라고도 불리우는데, 정확하게 말하면 홈페이지는 웹사이트를 접속 하면 뜨는 첫 페이지를 말한다. 웹사이트는 소비자가 기업의 컨텐트웨어를 접할 수 있는 주요한 접점 중의 하나이므로 그 관리가 매우 중요하다고 할 수 있다.

인터넷상에서 소비자들은 온라인에서 제공되는 제품과 서비스에 대한 정확한 정보와 신뢰를 주는 웹사이트를 원한다. 웹 사용자들은 우수한 웹사이트 품질을 가진 웹사이트에 대한 신뢰가 높다. 이로 인해 웹사이트 마케터와 운영자들은 신뢰를 줄 수 있는 우수한 웹사이트 품질을 지닌 웹사이트 기획 및 구축에 많은 노력을 기울이고 있다.

웹2.0을 활용한 한양사이버대학교 광고미디어학과 홈페이지 (www.hyad.co.kr)

한양사이버대학교 광고미디어학과 홈페이지는 2012년에 새로 오픈하였다. 이 홈페이지의 특징은 웹2.0 구현에 충실했다는 데서 그 특징을 찾을 수 있다. 특히 RSS를 적극 활용하여 광고미디어학과와 관련된 글을 자동으로 수집하여 게시판으로 전송하는 서비스를 채용하였다.

RSS는 인터넷을 통해 컨텐츠와 메타데이터를 신디케이트하는 포멧이다. 쉽게 이야기해서 뉴스 기사의 헤드라인과 링크를 공유하거나 특정 게시판의 업데이트를 공유하기 위해서 주로 사용된다. 뉴스 기사의 경우, 실제 기사 모두는 공유되지 않지만, 기사에 대한 메타데이터는 공유된다. 메타데이터는 헤드라인, URL, 요약 등을 포함한다.

광고미디어학과 홈페이지의 구성은 학과소개, 광고동향 자유게시판, 갤러리, 소통

한양사이버대학교 광고미디어학과 홈페이지(www.hyad.co.kr)

과 공감, 과제게시판, 구인정보, 광고이야기 메뉴로 구성되어 있으며, 이중 광고동향, 자유게시판, 구인정보는 RSS 피드 게시판으로 개발되었다. RSS 피드 게시판은 크론 이란 웹로봇을 통해서 하루에 한번 수집하고자 하는 RSS 피드 체크하면서 신규 업데 이트분을 체크하고 업데이트된 내용을 자동으로 해당 게시판에 글을 전송하는 기능을 한다. 이 게시판의 특수 기능을 통해서 광고 동향 게시판은 지정한 미디어의 카테고리 에 업데이트된 뉴스 중에서 '광고', '홍보', '마케팅'이라는 키워드를 포함하고 있으 면 그 기사를 광고동향 게시판으로 전송을 한다. 자유게시판은 한양사이버대학교 공 지사항, 광고미디어과 공지사항, 학과게시판에 업데이트된 게시글이 있으면 그 글을 게시판으로 전송하는 역할을 한다. 마지막으로 구인정보게시판은 잡코리아, 사람인 등 구인구직 사이트에 광고홍보 카테고리에 올라온 구직 정보 중에 '광고', '홍보', '마케팅' 키워드를 포함한 정보를 게시판으로 전송해 주는 역할을 한다.

한양사이버대학교 광고미디어학과 구인정보게시판(www.hyad.co.kr/advertise/?c=jobinfo)

학과 홈페이지의 특성을 잘 반영하고 곳곳에 있는 필요한 정보와 컨텐츠를 자동 으로 수집하여 실사용자가 한곳에서 볼 수 있도록 구성한 것이 특징이며, 각 포털에 대한 검색엔진 최적화까지 신경을 썼다.

앞으로 이 홈페이지의 컨텐츠는 각 학생에게 개인별 메일 기능까지 개발하여 홈 페이지를 찾아와서 정보를 습득하는 것이 아니라 학생들을 찾아가 컨텐츠와 정보를 제공하는 방향으로 개발을 계속할 예정이다.

DeLone과 McLean(2004)은 정보시스템 성공모델(IS Success Model)에서 웹사이트 품질의 구성 차원으로 정보 품질(Information Quality), 시스템 품질(System Quality), 서비스 품질(Service Quality)을 제안하였다. 웹사이트 품질의 세 가지 차원은 각각 모두 웹사이트 이용도에 영향을 미침을 발견하였다. 현재 전자상거래는 물론 다른 다양한 분야에서도 위의 세 가지 품질이 기본적인 품질차원으로 적용되어 웹사이트 관리에 가이드라인으로 사용되고 있다.

웹사이트를 제대로 잘 관리하고 운영하기 위해서는 고객에 대한 이해가 필수적이다. 웹사이트를 운영하는 기업들은 기존 오프라인 기업에서는 얻을 수 없는 중요한 정보, 즉 방문고객들의 로그데이터를 획득할 수 있다는 장점이 있다. 온라인에서는 고객이 어떤 경로를 통해 웹사이트를 방문하였고, 웹사이트의 어떠한 컨텐츠에 더 많은 관심과 시간을 할애하였는가, 어떠한 상품들을 구매하였는가 등 고객에 대한 다양한 정보

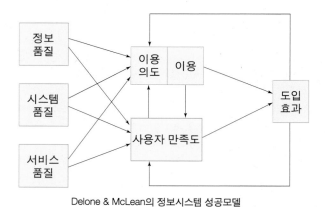

DeLone & McLean의 정보시스템 성공모델(IS Success Model)

DeLone & McLean(2004)은 정보시스템 성공모델(IS Success Model)을 제안하였다. 이 모델에 따르면, 웹사이트 품질은 정보 품질, 시스템 품질, 서비스 품질로 구성되고, 이들은 웹사이트 이용의도와 사용자 만족도에 긍정적 영향을 미치며, 웹사이트 이용의도와 사용자 만족도는 도입효과(매출증가, 시장가치평가)에도 긍정적 영향을 미침을 발견하였다.

Delone & McLean의 정보시스템 성공모델

자료원: DeLone, McLean(2003)

를 얻을 수 있다. 이처럼 기업들이 로그데이터를 다양한 시각으로 분석하여 고객에 대한 이해를 제고하고 고객들의 행태를 예측하여 기업의 마케팅 전략에 잘 활용한다면 로그데이터는 기업의 성패를 좌우하는 중요한 정보가 될 수 있다. 즉, 경쟁이 나날이 심화되고 있는 인터넷 비즈니스에서 보다 소비자에게 강력한 브랜드로 인식되기 위해서는 지속적으로 고객들의 로그데이터를 분석하여 그들에 대한 성향과 행동을 제대로 이해하고자 하는 노력이 필요하다. 미국의 최대 지역 리뷰사이트 옐프(Yelf)는 고객들의 로그데이터 분석을 통해 지금의 검색하기 쉽고 빠른 심플한 사용자 인터페이스를 구축하였다.

미국 최대 지역 리뷰사이트 옐프(Yelf)

옐프는 맛집 음식점뿐 아니라 미용실, 세탁소, 병원 등 미국 각 지역의 상점들에 대한 정보를 쉽게 알 수 있는 서비스를 제공하는 지역 리뷰사이트이다. 옐프는 2004년에 시작하여, 현재까지 옐프 이용자가 남긴 후기는 무려 2천5백만 건 이상이나 된다. 2011년에는 월 방문자가 6천 6백만 명을 기록하였고 그중 모바일 방문자는 570

옐프의 초기화면(www.yelp.com)

옐프의 아이폰 앱 화면
자료원: Valleyinside, 2012년도 5월 27일자 이미지 인용

만 명이었다.

옐프가 미국시장에서 독보적으로 성장할 수 있었던 비결은 심플한 사용자 인터페이스(UI), 방대한 양의 사용 후기, 리뷰 필터링 시스템 등을 들 수 있다.

자료원: 권혁태(2012) 수정 후 인용

3. 체험

1) 체험의 개념

1990년대 이후 대부분의 소비재 시장이 성숙기에 접어들고, 생산기술이 보편화되면서, 많은 기업들이 높은 고객만족도를 달성하기 위해 서비스를 개선하고 새로운 서비스를 개발하기 위해 노력해 왔다. 그러나 서비스는 경쟁자로부터 쉽게 모방될 수 있다는 단점이 있다. 이러한 상황에서 경쟁사와 지속적으로 차별화시키고, 더 높은 고객만족도를 달성하며, 좀 더 확실한 경쟁력을 갖출 수 있는 요소로 체험(experience)의 중요성이 크게 주목받게 되었다.

그렇다면 체험이란 무엇일까? Schmitt(1999)는 체험이란 주로 이벤트를 직접 관찰하거나 참여한 결과, 감각을 현혹시키고, 개인적으로 몰입하게 하고, 심금을 울리고, 마음을 울리게 하는 것으로 정의하고 있다. 이러한 체험은 실제적일 수도 있고, 꿈과 같이 느껴질 수도 있고, 가상적일 수도 있다고 설명한다.

영화를 볼 때 소비자마다 선호하는 극장이 있다. 어떤 관객은 CGV를 선호하고 어떤 관객은 메가박스의 단골고객이다. 사실 어느 극장을 가든지 영화(제품)는 동일하다. 그러나 인테리어, 분위기, 다른 관객들의 성향 등(체험)은 다르다. 이와 같이 고객은 제품과 체험이 결합된 컨텐트웨어를 구매하고 소비하는 것이다. 따라서 같은 제품이라도 체험을 달리함으로써 컨텐트웨어를 차별화할 수 있다. 인터넷상에서는 이러한 점이 더욱 중요해진다. 온라인상에서의 체험이란, 소비자가 웹사이트와 상호작용하는 동안 반응하는 모든 자극에 대한 소비자의 인식과 해석을 의미하는 것이다. 기업의 경영환경은 점차 치열해지고, 또한 제품 생산에 필요한 기술수준이 평준화되어 가면서 기업은 제품 위주의 마케팅만으로는 경쟁사와의 차별화를 통해 경쟁우위를 얻기가 점차 어려워지고 있다. 예를 들어, 스타벅스(Starbucks)를 이용하는 고객은 단순히 커피라는 제품만을 구매하기 위해 스타벅스 매장을 방문하지는 않을 것이다. 즉, 스타벅스를 방문하는 고객은 단순히 커피를 마실 수 있다는 근원적 효용 이외에도, 매장의 음악, 조명, 분위기, 인테리어, 매장 직원, 심지어는 매장을 방문하는 다른 고객들과의 상호작용을 통해 느낄 수 있는 모든 감정과 자극에 대한 모든 요소들로부터 느낄 수 있는 효용이 있기 때문에 비싼 비용을 지불하며 스타벅스를 방문하고자 할 것이다.

즉, 기업이 관리해야 할 제공물은 단순히 제품 그 자체뿐만 아니라, 그러한 제품을 소비하면서 느끼는 체험 모두이어야 한다는 것이다. 이러한 예는 비단 오프라인 마케팅 환경에만 국한된 것은 아니다. 인터넷 환경 역시 소비자에게 웹사이트가 제공하는 제공물을 소비하면서 긍정적인 체험을 겪을 수 있도록 관리해야 할 것이다. 예를 들면, 아마존(www.amazon.com)에서 책을 구입하는 소비자가 정보를 획득하거나, 구매를 하면서 겪게 되는 느낌이나 감정 등을 체험으로 해석할 수 있다.

앞서 지적하였듯이, 기업은 컨텐트웨어 제공시 이러한 체험을 관리함으로써 타 사이트가 쉽게 모방할 수 없는 지속적이며 차별적 경쟁 우위 요소를 획득할 수 있다. 뿐만 아니라, 이를 통해 더 높은 고객 만족을 확보할 수 있게 될 것이다. 이는 고객의 구매 선택기준, 나아가 가치창조 기준을 이성적 측면에서만 인식하지 말고 감성적 측면에서도 중요시하라는 것이다. 즉, 인간의 감각에 호소하고 가슴에 와닿는 감성을 만들어 내고 새로운 체험을 할 수 있는 컨텐트웨어 관리가 되어야 함을 시사하는 것이다.

2) 체험의 분류 및 관리방안

소비자는 때로는 합리성보다는 감성에 의해 움직이는 체험적 욕구를 가진 존재이다. 이러한 소비자의 이성과 감성은 고도로 전문화되고 기능적인 부분으로 구성되어 있고, 이들 각각은 고유한 구조와 과정을 통해 소비자로 하여금 나름대로 독특한 체험을 느끼게 한다. 이때 체험은 서로 다른 세분화된 유형으로 구성되는데, 감각(Sense), 감성(Feel), 인지(Think), 행동(Act), 그리고 관계(Relate)가 그것이다(Schmitt 1999). 이러한 측면에서 마케터로서는 소비자가 감각적, 감성적, 인지적, 행동적, 관계적 특성을 모두 갖춘 총합된 체험을 누릴 수 있도록 노력하여야 한다.

최근 많은 기업들이 브랜드 앱(App)을 통해 독특한 브랜드 체험을 제공하고자 노력하고 있다. 브랜드 앱의 성공을 위해서는 소비자가 원하는 체험의 유형을 잘 파악하여 자사의 브랜드의 핵심 속성과 관련성은 높으면서 동시에 소비자의 니즈에 부합하는 혜택을 제공하는 것이 중요하다. 그렇다면 다섯 가지 고객 체험 유형에 기반을 둔 체험 마케팅 전략은 무엇인가?

(1) 감각적 체험

감각적 체험이란 소비자의 감각(sense)에 소구하는 것이다. 시각, 청각, 촉각, 미각, 후각 등 소비자의 오감을 자극해 고객에게 감각적 체험을 창조할 목적으로 체험 제공수단을 동원하여 고객을 유인하고 가치를 추가하여 차별화를 시도하는 것이다. 피자헛은 브랜드앱을 이용하여 소비자에게 차별화된 감각적 체험을 제공하여 브랜드 충성도를 높인 대표적인 사례이다.

피자헛 브랜드 앱(App): 나만의 피자를 주문해요

피자헛은 브랜드 앱을 이용한 고객맞춤 주문서비스를 통해 소비자의 감각적 체험을 제고하고 있다. 출시 3개월 만에 다운로드 건수가 100만 건을 기록하였고, 1,000만 달러의 매출 증대효과를 거두었다. '모바일 주문의 혁명' 등의 찬사를 받으며 수많은 언론, 블로그에 리뷰되는 등 브랜드 앱의 성공사례로 뽑히고 있다.

소비자들은 브랜드 앱을 통해 게임처럼 자신이 원하는 가상의 피자를 만들어 주문할 수 있다. 손가락으로 직접 피자빵의 크기를 조절하고 원하는 토핑을 얹고 스마트폰을 흔들어 원하는 소스를 뿌리는 등 다양한 감각적이면서 재미있는 기능들을 제공하고 있다.

피자헛의 브랜드 앱 화면
자료원: hpenvy.tistory.tistory.com/184 이미지 인용.

(2) 감성적 체험

감성적 체험은 소비자의 감성(feel)에 소구하는 것이다. 즉, 사이트의 제공물과 관련되어 고객에게 긍정적인 감정에서부터 즐거움과 자부심 같은 강한 감정에 이르기까지 감성적 체험을 창출하기 위해 사람들의 느낌과 감정에 소구하는 것이다. 고객에의 감정이입을 위한 인터넷 브랜드를 만들고, 고객을 배려하고 이해하며 칭찬하는 커뮤니케이션 기법을 개발하고, 고급스러운 사이트 분위기를 만들어 내는 것 등이 그것이다. 감성적 체험을 제공하여 성공한 사례로 그리스 초콜릿 브랜드 락타(Lacta)를 들 수 있다. 이 브랜드는 일반적으로 사람들이 초콜릿을 통해 사랑을 표현하는, 즉 초콜릿 고유한 제품 속성을 이용하여 감동적 체험을 제공한 성공사례로 뽑히고 있다.

락타(Lacta) 사의 브랜드 앱: 사랑을 전하세요

그리스 초콜릿 브랜드 락타는 '사랑의 메시지를 전달한다'는 고유의 광고캠페인을 담은 브랜드 앱을 출시하였다. 브랜드 앱에 연동된 페이스북에서 대상을 선택해 메시지를 전송하면 상대방은 브랜드 앱을 구동한 채 락타 초콜릿 포장지를 휴대폰 화면에 비춰서 받은 메시지를 확인할 수 있다. 그림을 잘 보면 초콜릿에는 락타라고 적혀 있지만, 휴대폰에는 상대방이 보낸 메시지가 적혀 있다. 이처럼 락타의 브랜드 앱을 통해 이용자들은 감동적인 이벤트가 가능하다. 락타는 초콜릿이라는 제품 속성을 이용하여 감동적 체험을 제공한 성공사례로 뽑히고 있다.

락타의 브랜드 앱 화면(blog.naver.com/alluoulla7)

(3) 인지적 체험

인지적 체험은 소비자의 인지(cognition)에 소구하는 것이다. 고객에게 창조적 인지력과 문제 해결 체험을 제공하기 위해 놀라움·호기심·흥미 등을 통해서 고객의 지성에 호소함으로써 고객이 수렴적 또는 확산적 사고를 갖도록 하는 방법이다. 즉, 인지적 체험의 핵심은 놀라움, 호기심, 흥미 유발을 통해서 소비자들로 하여금 기업의 제품과 브랜드에 대해 창조적이고 문제해결적인 생각(인지)을 하게 만드는 것이다. 사이트의 구조화, 인터넷 브랜드 캐릭터의 이미지화, 사이트 내 에이전트의 인텔리전트화 등이 그 예가 될 수 있을 것이다.

세계적인 식품회사인 크래프드(Kraft)는 고객들이 식사를 준비할 때 빠르고, 쉽고, 편리하게 찾을 수 있도록 도와주기 위해서, 자사의 제품을 이용하여 만들 수 있는 7천여 개의 요리법을 제공하는 브랜드 앱을 유료(0.99달러)로 제공하고 있다. 이러한 크래프트사의 브랜드 앱은 고객들로 하여금 크래프트의 제품을 가지고 할 수 있는 요리법에 대해 궁금증을 자아내게 하고, 나아가 크래프트의 제품에 대한 창조적이고 문제해결적인 생각을 하게 만든다.

크래프드(Kraft) 사의 브랜드 앱

2008년 12월, 세계적인 식품회사인 크래프트는 iPhone을 활용하여 다양한 요리를 만들 수 있도록 지원하는 iPhone 전용 애플리케이션인 iFood Assistant를 런칭했다. iFood Assistant는 자사의 제품을 이용하여 만들 수 있는 7천여 개의 요리법을 제공하며 유료(0.99달러)로 다운로드할 수 있다. 고객들은 이를 통해 식사를 준비할 때 다양한 요리법을 빠르고, 쉽고, 편리하게 찾을 수 있다.

뿐만 아니라, 크래프트의 브랜드 앱은 동영상, 사진 등 다양한 형태의 레시피와 더불어 그 요리재료가 되는 제품들의 쿠폰과 함께 판매 매장 정보를 동시에 제공하고 있다. 브랜드 앱 매출만 1백만 달러가 넘게 다운로드가 되었고, 브랜드 앱 사용자의 90%를 크래프트 웹사이트 회원으로 유치하는 큰 성과를 거둬, 대표적인 성공사례로 뽑히고 있다.

이러한 크래프트 브랜드 앱 성공 사례는 마케터들에게 고객들이 유용하고 편리하면 충분히 비용을 지불할 의사가 있으며, 유용한 아이디어를 위해서 고객들이 개인정보를 공유할 의사가 있음을 알 수 있다.

크레프트(Kraft)의 브랜드 앱 화면
자료원: AdAge, 2009년 1월 19일자 이미지 인용.

자료원: Emily Bryson York (2009) 수정 후 인용

(4) 행동적 체험

　행동적 체험은 고객의 행동(behavior)에 소구하는 것이다. 즉 고객의 라이프스타일에 영향을 미치는 것을 목표로 고객의 행동적 체험을 강화하는 것을 말한다. 행동적 체험을 경험할 수 있는 다양한 라이프스타일을 제공하거나 지속적인 상호작용을 통해서 실제 행동으로 유도하는 것이다. 기업들은 고객의 행동적 체험을 강화하고 그렇게 만들 수 있는 다양한 방법들을 제공함으로써 고객의 라이프스타일을 변화시켜 더욱 그들의 삶을 풍요롭게 할 수 있다.

　유명한 운동선수를 모델로 한 나이키의 'Just do it' 캠페인은 육체적 운동에 대한 체험을 완전히 바꾸어 놓는 데 성공한 예이다. 또 다른 행동적 체험 마케팅의 대표적인 성공 사례로 이마트의 '그림자 QR 코드'를 들 수 있다. 이마트는 기발한 아이디어를 통해 소비자에게 호기심과 관심을 유도하였고, 소비자들은 이 '그림자 QR 코드'에 접속해 이마트 인터넷 쇼핑몰에서 사용 가능한 할인 쿠폰을 받거나 실시간 경매에 참여하고 'Sunny Sale 기획전'을 경험할 수 있었다.

이마트의 '그림자 QR 코드' : 소비자의 직접 참여를 이끌다

　이마트의 그림자 QR코드는 기발한 아이디어를 통해 소비자에게 호기심과 관심을 유도한 마케팅 성공사례이다. 일반적으로 낮 12시에서 1시 사이는 이마트에게는 매출이 저조한 시간이다. 이마트는 이 시간대를 활용하여 도심의 많은 사람들에게 즐거운 경험을 제공하여 매출을 올릴 수 있는 방법이 없을까 고민하다가 '이마트 Sunny Sale' 행사를 생각해 냈고, '그림자 QR코드'라는 야외 구조물을 만들었다.

　수십 개의 막대기가 꽂힌 이 구조물은 낮 12시부터 1시 사이 태양이 특정 고도에 이르게 되면 막대기의 그림자들이 서서히 움직여 그림자로 QR 코드를 만들게 된다. 이 구조물은 사람들이 많이 다니는 강남역, 대학로, 논현역, 명동 등에 게릴라성으로 설치되었고, 사람들은 처음 보는 이 신기한 구조물에 많은 호기심과 관심을 나타냈다. 소비자들은 이 '그림자 QR 코드'에 접속해 이마트 인터넷 쇼핑몰에서 사용 가능한 할인 쿠폰을 받거나 실시간 경매에 참여하고 'Sunny Sale 기획전'을 경험할 수 있었다.

이마트의 그림자 QR코드 관련 이미지
자료원: blog.naver.com/kosacer 이미지 인용.

자료원: *http://blog.naver.com/kosacer* 수정 후 인용

(5) 관계적 체험

관계적 체험은 관계(relation)에 소구하는 것이다. 개인적이고 사적인 차원을 넘어 일정 집단이나 사회, 문화 등의 구성원으로서의 경험을 만들어 가는 것으로 이상적 자아를 성취시켜 줌과 동시에 다른 사람에게 긍정적으로 인식되고 싶은 욕구까지 자극하는 방법이다. 다른 사람과의 관계 형성을 체험하게 하여, 즉 관계적 체험을 증가시켜, 고객으로 하여금 이상적 자아나 타인 등과 연결되어 있다는 느낌을 갖게 만들어 줌으로써 고객의 자기 향상 욕구를 자극할 수 있다. 사회적 관계 속에서 컨텐트웨어에 대한 공동체적 경험을 갖도록 하는 것이 대표적인 것인데, 각종 마일리지 혜택을 통해 고객 - 사이트 간 관계를 형성하거나 고객정보에 따른 특수 관계 형성 시스템을 구축하는 것 등이 그 대표적인 예일 것이다.

4. 신 컨텐트웨어 개발

1) 신 컨텐트웨어 개념

신 컨텐트웨어 개발이란 기존에는 없던 전혀 새로운 것을 만드는 것부터 기존에 있던 컨텐트웨어의 일부를 개선, 보완, 변형하는 것까지 다양한 범위의 것을 포함한다.

기존 오프라인 환경에서 기업의 제품 개발은 생산자에 의해 이루어지는 과정이었다. 그러나 인터넷 환경에서 컨텐트웨어의 개발 및 생산은 생산자뿐만 아니라, 소비자에 의해서도 이루어질 수 있다는 특징을 갖고 있다. 예를 들어, 소비자가 인터넷 게시판에 새로운 정보를 제공하는 글을 올리는 것도 소비자에 의해 신 디지털 컨텐트웨어가 개발되고 제공되는 예라고 할 수 있다. 따라서 인터넷상에서 신 컨텐트웨어 개발 시에는 고객과의 상호작용을 통해 참여를 이끌어 내고, 그들로 하여금 다양하고 자신의 욕구에 부합하는 컨텐트웨어를 개발하고 제공하도록 유도하는 것은 간과해서는 안 될 중요한 점이다.

2) 신 컨텐트웨어 개발과정

인터넷 마케팅 관리자는 새로운 컨텐트웨어 개발시 다음의 그림 9-4와 같은 요인들을 고려해야 한다. 각각의 고려요인을 살펴보면 다음과 같다.

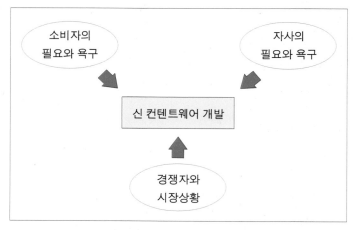

그림 9-4 신 컨텐트웨어 개발시 고려요인

(1) 신 컨텐트웨어 개발시 고려요인

첫째, 소비자 측면에서 소비자의 욕구를 고려해야 한다. 소비자는 새로운 컨텐트웨어 개발 여부를 결정하는 데 절대적으로 중요한 요소이다. 소비자는 자신의 필요와 욕구를 충족시키기 위해 컨텐트웨어를 소비한다. 따라서 신제품 개발 여부를 결정하기 위해서는 개발된 새로운 컨텐트웨어가 소비자의 욕구에 부응하는 것인가를 고려해야 한다. 이를 위해서는 소비자의 세분된 욕구를 종합적이고도 개별적 수준에서 이해해야 한다.

그러나 현재의 소비자의 욕구에만 의존해 컨텐트웨어 개발을 진행할 때는 때때로 소비자의 장기적 욕구를 잘 예측하지 못하고, 이에 적절히 대응하지 못하는 우를 범할 수 있다. 따라서 인터넷 마케팅 관리자는 소비자의 현재 욕구뿐 아니라 미래 욕구를 예측하고, 잠재된 욕구까지 파악함으로써 이를 새로운 컨텐트웨어 개발에 반영해야 한다.

둘째, 자사 입장에서 새로운 컨텐츠를 개발할 필요와 능력이 있는가를 고려해야 한다. 소비자의 욕구에 부합하는 컨텐트웨어를 개발할 기회가 있다고 해도, 자사 입장에서 그것을 개발할 필요와 능력이 있는가에 관한 생산 측면을 고려해야 한다. 실제 새로운 컨텐트웨어를 개발하는 것은 비용을 초래하는 것으로 한정된 자원을 새로운 컨텐트웨어 개발에 투자할 가치가 있는지의 여부를 신중하게 고려해야 한다. 또한 새롭게 개발된 컨텐트웨어로 인해 자사가 기존에 갖고 있는 컨텐트웨어의 점유율이 잠식당할 가능성은 없는가도 고려해야 한다. 뿐만 아니라, 자사 입장에서 새로운 컨텐트웨어를 개발하고 제공할 기술력 및 조직력과 같은 제반 능력을 갖추고 있는가를 판단해야 한다. 만일 새롭게 개발될 컨텐트웨어를 위한 확실한 시장이 존재하고, 이를 통해 새로운 시장을 창출할 수 있으며, 개발에 대한 추가적 비용의 부담이 크지 않고, 개발을 할 수 있는 제반 능력을 충분히 갖고 있다면, 컨텐트웨어 개발은 성공적일 수 있다.

셋째, 소비자 스스로가 컨텐트웨어를 만들어내도록(consumer generated contents) 유도해야 한다. 소비자의 신선한 아이디어와 의견을 적은 비용으로 적극 활용할 수 있는 방법이기 때문이다. 소비자가 자유롭게 작성하고 편집할 수 있는 온라인 백과사전 위키피디아(Wikipedia), 소비자가 질문하고 답변을 작성해 지식을 공유하는 네이버 지식iN, 타인의 글에 대한 자신의 의견을 표현하는 댓글이 대표적인 예다. 마케팅 관리자는 소비자가 직접 만들어내는 컨텐트웨어에 대한 적극적 관리를 통해 급변하는 온라인 환경에서 컨텐트웨어 개발 경쟁력을 제고하고 소비자의 만족도를 높이는 데 노력을 기울여야 할 것이다.

마지막으로 경쟁자와 시장 상황에 대해 고려해야 한다. 이미 개발하고자 하는 컨텐트웨어를 경쟁자가 먼저 개발한 것은 아닌지, 또는 자신이 새로운 컨텐트웨어를 개발하고 시장에서 제공할 때 경쟁자의 반응은 어떠할지 등을 평가해야 한다. 만일 자사가 개발한 컨텐트웨어를 경쟁자가 모방할 가능성이 크다면, 개발을 서둘러 시장을 빨리 선점하여 소비자의 마음속에 먼저 자리 잡는 것이 중요하다.

(2) 신 컨텐트웨어 개발 과정

일반적으로 새로운 컨텐트웨어를 개발하는 절차는 아이디어 창출, 아이디어 선별, 컨텐트웨어 개념과 테스트, 사업성 분석, 컨텐트웨어 개발, 시험 시장, 상업화의 7단계로 이루어진다.

아이디어 창출

신 컨텐트웨어 개발을 위한 첫 단계는 아이디어를 창출하는 것이다. 이 단계에서는 다양한 아이디어 원천으로부터 많은 아이디어를 창출해 내야 한다. 또한 정제된 아이디어보다는 어떠한 방식으로도 여과되지 않은, 가능한 많은 아이디어를 추출해 내는 것이 중요하다. 일반적으로 개인 단위보다 그룹 단위의 아이디어 수집이 바람직하다. 그 이유는 그룹 단위로 아이디어를 수집하면, 한 개인의 아이디어가 다른 개인의 아이디어를 자극하여 전혀 새로운 아이디어로 창출될 수 있기 때문에 시너지 효과로 인해 더 많은 아이디어를 추출해 낼 수 있기 때문이다. 그러나 아이디어 창출 단계에서 중요한 것은 소비자의 중요성이다. 즉, 소비자의 불만 요인으로부터 신 컨텐트웨어 개발을 위한 새로운 아이디어를 얻거나, 또는 소비자가 적극적으로 자신의 아이디어를 개진할 수 있는 환경을 조성해야 한다. SNS 분석을 통해 의미있는 소비자들의 아이디어를 추출해 낼 수도 있다. SNS 상에서의 자연어를 과학적으로 분석함으로써 가식적이지 않은 소비자 실제 의견을 아이디어화할 수 있는 것이다. 이 방법은 소비자가 아이디어를 기업에 제공하지 않더라도 실생활에서의 대화로부터 아이디어를 찾아낼 수 있게 해 준다. 이로써 소비자를 단순히 컨텐트웨어를 소비하는 소비자의 역할이 아닌, 컨텐트웨어를 생산하는 생산자(prosumer)의 역할을 하게 하고, 콜래보레이터(collaborator)로서의 역할을 부여해야 한다.

아이디어 선별

일단 다양한 원천으로부터 많은 아이디어를 얻었다고 해도 그것들을 모두 컨텐트웨어 개발에 이용할 수는 없다. 따라서 아이디어를 창출한 다음 단계에서는 이를 심사하여 잠재력 있는 아이디어를 선별해야 한다. 즉, 이전 과정에서 나온 아이디어를 다시 한 번 검토하여, 객관적으로 가장 가치 있는 아이디어를 추출해 내는 것이다. 앞의 아이디어 창출 단계에서는 다양하고 자유로운 사고를 하는 것이 바람직하나, 이 단계에서는 집중적이고, 정제된 사고를 하는 것이 요구된다. 또한 아이디어 선별시에는 명확하고 중요한 선별 기준에 의한 체계적 심사가 이루어져야 하겠다. 최근 IT와 인터넷의 발달로 소비자들이 적극적으로 다양한 아이디어들을 제안할 수 있게 되었고, 이러한 아이디어들을 기업에서 선별하여 실제로 시장에 출시하는 등 소비자의 아이디어가 실제 기업에 반영하는 사례가 늘고 있다.

컨텐트웨어 개념 정립 및 테스트

일단 선별된 아이디어는 더 정교한 컨텐트웨어의 개념으로 발전시켜야 한다. 하나의 아이디어는 여러 가지의 컨텐트웨어 개념으로 전환될 수 있다. 따라서 선별된 아이디어에 대해 가장 적합한 컨텐트웨어의 개념은 무엇인가를 판단하고, 이것이 적합한 것인가의 여부를 표적 소비자를 대상으로 검증해 보아야 한다. 즉, 이 단계에서는 자사가 개발한 컨텐트웨어의 개념이 표적 고객들에게 충분히, 그리고 강력하게 소구할 수 있는 개념인가에 대한 테스트가 이루어져야 한다. 영화 해운대는 한국영화 최고의 불황기에 한국영화 사상 다섯 번째로 천만 관객을 동원한 영화로 다양한 성공 수식어를 가진 대표적인 영화이다. 이 영화의 성공요인으로 소비자의 의견을 실시간으로 반영하여 휴먼 재난영화에서 최고의 감동을 주는 오락영화로 변화시킨 것을 들 수 있다(이두희 2011).

사업성 분석

지금까지 소개된 이전의 단계는 주로 시장에서 기회를 포착하는 과정과 관련된 것이다. 일단 기회가 포착되면 컨텐트웨어 개발을 위한 다음 단계는 그것이 사업성이 있는지의 여부를 분석해야 한다. 이러한 분석이 필요한 이유는 컨텐트웨어를 개발하고 출시하는 것은 많은 자원을 요구하며, 위험을 요구하는 것이기 때문이다. 즉, 사업성 분석을 하는 목적은 선택된 컨텐트웨어를 실제 개발하여 제공했을 때 얻을 수 있는 매출액,

판매량, 원가, 이익을 추정하고 이것이 인터넷 마케팅 목표에 부합되는가를 판단하기 위한 것이다.

컨텐트웨어 개발

사업성 분석 결과 위험보다 성공확률이 높다고 판단되면, 다음 단계는 컨텐트웨어를 개발하는 것이다. 이 단계에서 개발된 컨텐트웨어는 실제 시장에서 상업화를 목적으로 한 것이 아니라, 어떤 하자나 결함 여부는 없는가를 파악하기 위한 것이다. 또한 좀 더 구체적으로 된 컨텐트웨어에 대해 앞 단계에서 하였던 사업성 분석 결과를 재검토할 수도 있다. 컨텐트웨어 테스트 결과와 사업성 분석 결과가 만족스러우면, 새로운 컨텐트웨어 개발을 위한 다음 단계로 진행된다.

시험 시장

앞서 개발된 컨텐트웨어는 표적 시장의 소비자를 대상으로, 실제로 그것을 경험하게 함으로써 소비자의 반응을 조사하는 시험 시장의 단계를 거치게 된다. 이 단계에서는 수많은 마케팅 활동과 관련된 변수가 주의 깊게 관찰되고 평가된다.

즉, 시험 시장을 거치는 목적은 첫째, 개발된 컨텐트웨어가 얼마나 많이 거래될 수 있을까, 둘째, 누가, 언제, 어디서, 어느 정도, 얼마나 자주 우리의 컨텐트웨어를 이용할까, 셋째, 개발된 컨텐트웨어와 가장 효과적으로 사용될 수 있는 마케팅 믹스 요인은 무엇일까, 넷째, 실제 상업화될 때 나타날 수 있는 결함은 없는가를 파악하기 위한 것이다.

상업화

지금까지 설명된 컨텐트웨어 개발의 단계를 거쳐 시장에서의 성공 가능성이 높다고 판단이 되면, 실제 시장에서 개발된 컨텐트웨어를 소비자에게 제공하는 상업화 단계를 거치게 된다. 따라서 이 단계에서는 컨텐트웨어의 출시와 대량제공을 위한 계획이 요구된다. 즉, 컨텐트웨어를 제공의 시기, 요구 자원, 마케팅 믹스 계획 등에 대해 종합적이고 체계적인 계획이 세워져야 하는 것이다.

새로운 컨텐트웨어를 상업화하는 데 중요한 것은 시장 도입의 시기를 결정하는 것이다. 즉, 시장 진입 시기에 따라 얻을 수 있는 상대적 장점과 단점을 파악하여 자사 입장에서 최적인 도입 시기를 결정해야 한다. 또한 아무리 완벽한 준비 과정을 통해 상업화한 컨텐트웨어라고 하여도 실제 시장에서 예상하지 못한 문제들이 발생할 수 있다.

따라서 컨텐트웨어가 상업화되는 과정에서는 자세하고 치밀하게 모니터하는 것이 중요하다.

해운대 : 천만 영화의 탄생, 163일간의 리얼타임 마케팅

2009년 7월 22일 개봉한 해운대는 개봉 33일 만에 천만 관객 돌파, 한국영화 최고의 불황기에 한국영화 사상 다섯 번째 천만 영화, 국내 개봉 영화 관객 동원 역대 4위, 2006년 <괴물> 이래 3년 만의 천만 영화 등 다양한 성공 수식어를 가진 대표적인 영화이다. 이 영화의 마케팅 성공요인은 다음을 들 수 있다.

첫째, 리얼타임 마케팅으로 실시간 모니터링, 고객과 시장반응에 대한 빠르고 정확한 대응이 한국영화산업에서 첫 재난영화라는 가장 어려운 과제를 성공적으로 풀어낼 수 있었다.

둘째, 쌍방향 마케팅으로, 다양한 쌍방향 커뮤니케이션 도구를 활용하여 영화 제작단계부터 개봉 후까지 마케팅 단계별(1차, 2차, 3차)로 소비자들을 마케팅 활동에 직접 참여시키고, 소비자의 VOC 등을 적극적으로 수용한 것이 성공요인으로 들 수 있다.

영화 <해운대>의 리얼타임 마케팅

기간	셀링포인트	위상정립	메시지
1차 마케팅	스케일	한국 최초의 휴먼재난영화	대한민국을 휩쓸 거대한 쓰나미가 온다/<해운대>가 한스울릭과 손잡다
2차 마케팅	도전, 감독, 배우	최초의 도전/ 틀을 깬 한국형 휴먼재난영화	한국 최초의 도전을 응원합니다/ 윤제균식 새로운 블록버스터/ 대한민국 대표 연기파 배우 총출동
3차 마케팅	재미, 감동	최고의 오락영화	남은 시간은 단 10분, 소중한 이들을 지켜야 한다/ 전 세대, 전 세계가 공감한 한국산 재난영화의 재미와 감동

자료원: 여민선(2011).

1차 마케팅 티저 포스터

2차 마케팅 포스터　　　　　　**3차 마케팅 포스터**

해운대 포스터 이미지
자료원: CJ엔터테인먼트 제공.

자료원: 여민선(2011)

5. 인터넷 상표

1) 인터넷 상표의 개념

일반적으로 상표(Brand)란 판매인 또는 판매인 그룹의 제품이나 서비스를 경쟁 제품이나 서비스와 구별하기 위해 만든 독특한 이름, 상징물(로고, 디자인, 포장 등)의 결합체라고 정의할 수 있다. 이러한 맥락에서 인터넷 상표란 인터넷상에서 거래를 하는 기업의 사이트 및 제공하는 컨텐트웨어를 소비자들에게 식별시키고, 다른 경쟁자들의 것과 차별화하기 위해 사용하는 독특한 이름, 상징물의 결합체로 정의할 수 있다.

그러나 소비자에게 인터넷 상표란 단순히 자사를 식별시키기 위한 것 이상의 포괄적인 의미를 갖는다. 즉, 인터넷 상표는 기업이 제공하는 다양한 컨텐트웨어 및 아이디어를 소비자 마음속에 가치 있게 느끼게 함으로써 경쟁자와 차별화시키는 경험적 의미체계의 의미를 갖는다. 또한 인터넷 상표는 현실을 기반으로 하는 가상세계에서 품질에 대한 약속, 부품조달, 판매 및 유통, 그리고 A/S와 같은 모든 거래와 교환을 가능하게 해 주는 포괄적인 의미를 포함하는 것이다.

2) 인터넷 상표의 중요성

인터넷상에서 독창적인 아이디어나 첨단기술 그리고 우수한 제품이나 서비스만으로 소비자의 주목을 끌 수 없다. 즉, 고객의 입장에서 볼 때 선택할 수 있는 컨텐트웨어가 과도하게 많아져도 오히려 혼란을 유발하고 평가가 어렵게 되어 이들을 특정 웹사이트로 유인하기가 어렵게 될 수도 있는 것이다.

인터넷 사업이 본격적인 성장기로 접어들면서 사이트 수가 급증하고, 제공하는 컨텐트웨어가 점차 다양화해짐에 따라 상표 및 상표의 신뢰도의 문제는 점차 중요해지고 있다. 특히 기존 오프라인 기업들이 본격적으로 인터넷상으로 기업 활동을 확장시키면서 이러한 문제는 더욱 심화되고 있다. 따라서 이러한 환경에서 강력한 상표의 구축으로 소비자의 마음을 사로잡지 못하는 인터넷 기업은 결국 살아남기 어려운 현실에 직면해 있는 것이다. 즉, 치열한 인터넷 마케팅 환경에서 유리한 경쟁우위의 자리를 차지하기 위해서는 소비자의 머리속에 각인되어 있지 않은 인터넷 상표를 구축하도록 노력해야 하는 것이다.

기존의 코카콜라나 마이크로소프트와 같은 기업이 현재의 엄청난 액수의 자산을 보유하는 데는 오랜 기간과 엄청난 마케팅비용이 투입된 결과이다. 그러나 야후 등의 기업은 현재의 상표 가치를 구축하는 데 10년도 채 안 되는 기간을 통해 비교적 적은 마케팅비용으로도 그러한 성과를 거둘 수 있었다. 이와 같이 인터넷 상표는 기존의 오프라인에 비하여 그 구축기간과 비용이 더 작다. 하지만 온라인상에서는 작은 실수로도 상표 자산의 큰 실추를 가져올 수 있으므로, 이러한 사항에 대해 좀 더 신중을 기해야 하고, 상표 자산의 구축의 노력만큼이나 그러한 자산의 실추를 막기 위해 노력해야 한다.

인터넷상에서 제공되는 컨텐트웨어는 기본적으로 유형재보다는 무형재나 서비스의 특성을 갖는 경우가 많다. 따라서 인터넷 상표는 무형적인 요소가 더욱 중요하다. 인터넷은 유형의 제품을 직접 생산, 전달하는 것이 아니라, 제품을 찾아준다거나 쉽게 살 수 있게 하거나 사람을 만나게 해 주거나 필요한 정보를 찾아주는 등 서비스업으로서의 특징을 가지고 있다. 따라서 무형적인 요소들, 예를 들어 쇼핑몰의 경우에는 제품구색의 폭과 깊이, 배송 및 반품체계, 컨텐츠를 주로 제공하는 사이트의 경우에는 정보의 깊이나 갱신주기와 같은 핵심 제공물(offering)뿐만 아니라 고객대응의 속도나 친밀도와 같은 무형요소들이 상표 구축에 매우 중요한 역할을 한다.

또한 인터넷 상표는 경험과 상호작용으로 만들어진다. 인터넷에서는 오프라인과 다르게 소비자와 기업(상표)이 구매 혹은 서비스 프로세스 전반에 걸쳐 직접적으로 접촉을 하게 된다. 비즈니스 시스템의 각 단계에서 소비자는 그 상표와 상호작용을 하면서 직접적 경험을 쌓아 나가게 된다. 결국 이렇게 형성되는 소비자 경험은 바로 그 해당 상표 전부를 나타낸다고 볼 수 있다.

오프라인에서는 광고를 비롯한 기업의 일반적인 커뮤니케이션에 의해 상표가 구축되어지는 경향이 있지만 인터넷 상표는 사이트 사용경험 및 웹을 통한 고객 간의 구전, 사용자들의 참여와 같은 상호작용이 상표 형성에서 매우 큰 비중을 차지하고 있다. 즉 웹사이트 컨텐츠나 디자인, 인터페이스, 고객대응과 같은 사이트와 고객 간의 상호작용뿐 아니라 고객과 고객 간의 순환적인 상호작용(댓글 등) 및 상표에 대한 총체적인 경험을 형성하는 중요한 고리로서 작용한다.

소비자가 컨텐트웨어를 소비하는 것이 단순히 그것의 입수 자체에 목적이 있는 것이 아니라 욕구충족 수단으로서의 효용가치를 획득하기 위해서이다. 즉, 인터넷 상표는 해결책을 의미한다. 따라서 인터넷 또한 제품이나 정보의 전달경로에 그치는 것이 아니라 욕구충족의 총체적 해결수단을 제공해 주어야 한다.

인터넷 상표는 더욱 더 제공자 중심보다는 사용자 중심의 시각에서 설계되고 구축되어야 하며, 그 의미전달체계 또한 통합적이어야 한다. 예를 들어, 호텔예약이 여름휴가를 위한 것이라면 여름휴가에 어울리는 곳의 추천부터 시작하여 휴가에 필요한 일정과 교통편, 숙박, 식사, 관광, 의류, 문단속에 이르기까지 모든 것을 한곳에서 해결할 수 있도록 통합할 수 있다. 같은 호텔예약이라도 출장을 위한 것이라면 비즈니스 서비스, 환전, 통역서비스, 노트북과 휴대폰 대여 등의 서비스가 연결되는 것이 보다 강한 상표경험을 이끌어 낼 수 있다.

독특한 이름의 인터넷 상표: 키작은 남자(www.smallman.co.kr)

　인터넷에서 경쟁이 가속화되고 사이트 수가 기하급수적으로 많아짐에 따라 인터넷 상표명의 중요성은 나날이 더 높아가고 있다. 이러한 인터넷 상표명(사이트명)의 가장 중요한 요건은 무엇보다도 한번 들으면 기억하기 쉽고, 해당 사이트가 제공하는 핵심 컨텐트웨어의 특징이 정확하고 빠르게 전달되어야 한다. 이런 특징을 갖춘 대표적인 사이트가 바로 "키작은 남자"이다.

　키작은 남자는 키가 작은 남자들을 위한 패션 쇼핑몰로 상표명에서 바로 쇼핑몰의 핵심타깃을 명확히 알 수 있고, 다소 재미있는 이름으로 인해 인지도를 쉽고 빠르게 구축하였다. 젊은 층에게 특히 키가 작은 남자에게 인기가 있는 대표적인 사이트이다.

키작은남자 초기화면(www.smallman.co.kr)

3) 인터넷 상표 관리

(1) 인터넷 상표명 개발

오프라인 환경에서는 기업명과 제품명이 차이를 보이는 것이 일반적이다. 그러나 인터넷 환경에서는 기업명이 곧 서비스하는 상표명이 되고, 이는 곧 사이트의 도메인명 (domain name)의 형태로 나타난다. 따라서 인터넷상에서의 상표명을 결정할 때에는 단순히 오프라인에서 상표명을 결정할 때 고려하던 요인 이외에도, 도메인명으로써 활용시에도 가능한 상표명을 선정하는 것이 바람직하다.

이러한 인터넷 상표가 갖추어야 할 특징은 다음과 같다.

첫째, 기억하기 쉬운 형태로 되어야 한다. 광고를 통해서건, 구전을 통해서건 일단 고객이 도메인명을 듣게 되어 자신이 컴퓨터에 입력하고자 할 때, 실수 없이 바로 입력이 가능해야 한다. 이를 위해서는, 길고 어려운 단어로 만들어진 도메인명보다는 짧으면서, 쉬운 단어로 된 도메인명이 필요하다. 예를 들어, 삼성 경제 연구소(Samsung Economic Research Institute)의 경우 이러한 길고 복잡한 이름 대신, 세리(www.seri.org)라는 이름으로 등록하여 방문자에게 더 가까이 다가설 수 있었다.

둘째, 컨텐트웨어의 특징이 잘 전달될 수 있어야 한다. 도메인명이 아무리 짧고, 편리하다고 해도 그러한 이름이 사이트의 특징과 적합하지 않다면 고객의 머릿속에 남는 데 어려움이 있게 된다. 예를 들어, 마라톤 시계를 전문적으로 판매하는 마라와치(www.marawatch.com) 사이트의 경우 도메인명에서 마라톤과 시계에 관련된 사이트라는 것을 암시할 수 있으면서도, 짧게 축약되어 있어 고객의 머릿속에 남아 있기 쉽다.

셋째, 고객의 주목을 끌 수 있는 독특한 것이어야 한다. 수많은 도메인명이 난립하는 상황에서 독특하고 재미있는 도메인으로 고객의 주목을 끌 수 있고, 경쟁자와도 차별화할 수 있는 것이어야 한다. 한게임(www.hangame.com)의 경우에도 흔히 실생활에서 쓰이는 "한게임"이라는 용어를 도메인명에 적용한 사례가 된다. 1970~80년대의 과자를 판매하는 추억의 불량식품(www.zzondigi.co.kr)의 경우에도 고객의 추억 속에 자리 잡은 쫀디기라는 과거의 제품명을 도메인명으로 그대로 사용함으로써 고객의 머릿속에 오래 남게 만들 수 있었다.

마지막으로는 법적으로 보호받을 수 있어야 한다. 기업이 자신의 도메인을 먼저 등록하지 못하고 다른 개인이나 타사에 선점당하게 될 경우, 도메인을 돌려받기 위해서 소유권분쟁을 벌여 많은 시간과 비용을 낭비해야 하고, 다시 돌려받지 못하는 경우도 빈번하게 발생하게 된다. 이러한 것들을 방지하기 위하여 기업은 자신의 도메인을 등록해 두는 것은 물론, 관련 도메인에 대해서도 역시 등록을 마쳐 두어야 한다. 예를 들어 .com으로 끝나는 기업의 경우 .co.kr이나, .net 등에 대해서도 역시 등록을 해 두어야 안심할 수 있다. 비슷한 도메인의 이름을 다른 기업 혹은 개인이 사용하여 소비자에게 혼동을 줄 수 있기 때문에, 이러한 경우를 예방하기 위해서도 자신의 도메인과 관련이 있는 도메인을 모두 등록해 두는 것이 바람직할 수 있다.

(2) 인터넷 상표 자산 관리

인터넷 상표 자산이란 특정의 인터넷 상표를 통해 기업이 얻을 수 있는 여러 긍정적인 마케팅 효과를 뜻한다. 이는 고객의 상표충성도나, 높은 시장점유율 등으로 나타내질 수 있다. 과거 이러한 상표 자산이 추상적인 개념으로만 다가왔다면, 최근에는 이러한 상표의 가치가 숫자로 측정이 되면서 점점 상표 자산의 가치에 대해 관심이 높아지고 있다.

인터넷 상표 자산이란 결국 고객과의 관계를 통해서 얻어지는 것이므로, 인터넷 상표 자산의 원천은 결국 고객과의 관계로부터 시작된다고 할 수 있다. 이러한 인터넷 상표 자산은 높은 상표 인식도와 호의적인 상표 이미지에 의해 형성된다(그림 9-5). 즉, 상표 자산은 고객이 그 상표에 대해 잘 알고 있으며, 긍정적이고(favorable) 강력하면서(strong) 독특한(unique) 이미지(image)를 갖고 있을 때 발생하는 것이다.

앞서 살펴보았듯이 상표 자산의 원천은 상표 인지도와 이미지로 구분할 수 있다. 따라서 상표 자산을 관리하기 위해서는 상표 인식도와 이미지에 대한 관리가 요구된다. 상표 인식도(brand awareness)란 소비자가 그 상표를 알고 있는 정도로 상표 재인(brand recognition)과 상표 회상(brand recall)으로 나누어 살펴볼 수 있다. 상표 재인이란 소비자들에게 여러 상표를 제시하고, 이들 상표를 알고 있는가를 확인하는 과정이다. 반면에 상표 회상은 소비자가 스스로 어떤 상표를 기억해 내는가의 문제이다. 따라서 상표 인식도가 높다는 것은 소비자들이 그 상표를 기억으로부터 쉽게 떠올릴 수 있다는 의미이므로, 그 상표는 시장의 선도 상표일 가능성이 높다. 즉 경쟁적 지위가 있

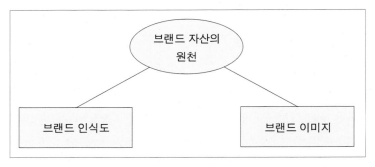

그림 9-5 상표 자산의 원천

는 상표일수록 쉽게 상기될 가능성이 높아진다. 따라서 인터넷 기업은 상표의 인식도를 높이기 위해 다음과 같은 방법을 사용할 수 있다.

첫째, 지속적인 마케팅 노력을 통해 기업의 인터넷 상표를 잠재적 고객의 머릿속에 확실히 심어 줄 수 있어야 한다. 소비자의 인식도가 높은 상표는 소비자가 상표에 대해 느끼는 친숙함을 증대시키고, 그러한 과정을 통해 소비자가 막상 구매의 단계에 이르러 고려대상 상표군(consideration set)에 특정 상표를 집어넣게 된다. 기업의 상표가 고려대상 상품군에도 포함되지 못할 경우는 결국 고객이 기업의 제품을 구입할 가능성이 없다는 것이 되므로 이러한 과정은 매우 중요하다.

둘째, 인터넷 상표의 시장 출시 시에 단순히 온라인상의 마케팅뿐 아니라, 오프라인까지 복합적으로 마케팅 활동을 펼치는 마케팅 커뮤니케이션 캠페인을 수행해야 한다. 과거 "선영아 사랑해"라는 오프라인 마케팅을 통해 많은 사람의 관심을 불러일으키며 초기 고객을 끌어들이는 데 성공한 마이클럽(www.miclub.com)을 그 예로 들 수 있다. "선영아 사랑해"라는 광고 캠페인은 마지막까지 광고하는 기업을 숨겨 많은 소비자들로부터 관심을 이끌었고, 후에 온라인으로 진출할 때 오프라인상의 그러한 관심으로부터 온라인의 마케팅에 성공할 수 있었다.

셋째, 기업은 단순히 인터넷 상표명만을 광고해서는 그 효과가 낮아질 수 있다. 제품범주에까지 광범위한 마케팅이 추가되어야 고객으로 하여금 기업의 제품범주에 대한 이해를 높일 수 있다. 아무리 많은 마케팅 노력에 의해 사람들이 그 기업의 상표를 인식하였다 하더라도 무엇을 제공하는 기업인지를 알 수 없다면, 이러한 마케팅 과정의 결실을 얻을 수 없다.

마지막으로 상표와 그에 따른 정보가 고객에게 강하게 인식될 수 있어야 한다. 날마다 무수한 광고에 노출되는 소비자로서는 특정 상표에 대한 인식을 위해 추가적인 노력을 기울이지 않는다. 이러한 상황에서 고객의 마음에 강하게 인식되기 위해서는 로고송의 경우처럼 자연스럽게 소비자에게 인식될 수 있는 마케팅 전략이 추가적으로 필요하다. 또한 유명인을 광고에 투입함으로써 소비자의 시선을 우선적으로 끌어낼 수 있는 방법 역시 고려해 볼 수 있다.

한편, 상표 자산의 가치를 높이기 위해서는 상표 인지도를 높이는 것뿐 아니라, 이미지 차원에서의 관리가 요구된다. 상표 이미지란 그 상표와 관련하여 떠오르는 기억들의 조합을 의미한다. 따라서 바람직한 상표 이미지는 소비자들이 그 상표에 호의적이고, 강력하면서, 차별화된 생각을 할 수 있어야 한다. 이에 상표 자산의 구축을 위해서는 인식도 향상뿐 아니라 바람직한 이미지를 형성할 수 있도록 노력해야 한다. 이러한 이미지 구축을 위해서는 다음과 같은 방법을 사용할 수 있다.

첫째, 차별화되고 전문적인 정보 및 서비스를 제공함으로써 소비자들에게 차별화된 이미지를 심어 줄 수 있다. 특히 범용제품, 준 범용제품과 같은 물리적 컨텐트웨어는 인터넷상에 차별화시키기 쉽지 않은 특성을 갖고 있으나, 그에 대해 부가적으로 독특하고 전문적인 부가 서비스를 함께 제공함으로써 차별화된 이미지를 구축할 수 있는 것이다. 예를 들어 와인닷컴(www.wine.com)의 경우는 포도주라는 물리적 컨텐트웨어를 판매하면서 단지 그러한 물리적 컨텐트웨어만을 제공하는 것이 아니라, 수백 종의 포도주를 유형별로 농도, 산도 등의 평가기준에 따라 평가, 분류한 전문적인 제품 정보를 함께 제공함으로써 차별적 상표 이미지를 구축하였다.

둘째, 소비자에게 다양한 선택의 기회를 제공하고, 자신의 선호에 맞는 선택을 위한 개별화된 서비스를 통해 긍정적 이미지를 얻을 수 있다. 예를 들어 인터넷 서적 판매 사이트인 아마존닷컴(www.amazon.com)은 방대한 제품 구색, 경쟁력 있는 가격, 추천 시스템을 통한 개별화된 서비스 등을 통해 소비자에게 다양한 선택의 기회를 제공함으로써 긍정적 상표 이미지를 구축하였다. 또한 경매 사이트인 옥션(www.auction.co.kr)은 고객의 과거 경매기록을 분석하여 고객에게 적합하리라 예상되는 제품을 추천해 주거나, 고객이 자신이 입력한 관심분야에 대한 물품이 등록될 경우 자동으로 추천해 주는 시스템으로, 자신의 선호에 맞는 선택을 할 수 있는 다양한 기회를 제공함으로써 경매와 관련된 차별화된 이미지를 구축하고 있다.

셋째, 상표 이미지 구축을 위해 고려해야 할 가장 중요한 사실은 소비자들이 자사의 상표와 관련된 강력한 이미지를 떠올릴 수 있는 지속적인 마케팅 노력을 기울여야 한다는 것이다. 일반적으로 기존 오프라인 기업은 소비자가 자신의 상표를 어떻게 생각하고 있는가에 관계없이 비차별적인 메시지를 반복적, 일방적으로 전달하였다. 그러나 소비자가 자신의 상표를 어떻게 생각하고 있는가를 고려하여, 이에 대해 소비자와의 상호작용을 통해 차별화된 메시지를 전달할 수 있다면 보다 효과적으로 상표 이미지를 관리할 수 있을 것이다.

브랜드 자산 관리: Top 100 Best Global Brands

인터브랜드는 브랜드 컨설팅 전문업체로 매해 Top 100 Best Global Brands를 발표하고 있다. 2011년 10월 4일 오전 9시 30분(현지시간), 뉴욕증권거래소(NYSE)에서 Interbrand CEO, Jez Frampton은 당일 시장 개장을 알리는 오프닝 벨 소리와 함께 "Best Global Brands 2011" 결과를 발표하였다.

이번 2011년 선정된 세계 100대 기업 중에서 삼성은 17위로, 작년 19위에서 꾸

Rank	Previous Rank	Brand	Region/Country	Sector	Brand Value ($m)	Change in Brand Value
1	1	Coca-Cola	United States	Beverages	71,861	2%
2	2	IBM	United States	Business Services	69,905	8%
3	3	Microsoft	United States	Computer Software	59,087	-3%
4	4	Google	United States	Internet Services	55,317	27%
5	5	GE	United States	Diversified	42,808	0%
6	6	M	United States	Restaurants	35,593	6%
7	7	intel	United States	Electronics	35,217	10%
8	17	Apple	United States	Electronics	33,492	58%
9	9	Disney	United States	Media	29,018	1%
10	10	hp	United States	Electronics	28,479	6%
11	11	Toyota	Japan	Automotive	27,764	6%
12	12	Mercedes	Germany	Automotive	27,445	9%
13	14	CISCO	United States	Business Services	25,309	9%
14	8	NOKIA	Finland	Electronics	25,071	-15%
15	15	BMW	Germany	Automotive	24,554	10%
16	13	Gillette	United States	FMCG	23,997	3%
17	19	SAMSUNG	South Korea	Electronics	23,430	20%
18	16	LV	France	Luxury	23,172	6%

인터브랜드의 "Best Global Brands 2011" 순위
자료원: www.interbrand.com

준히 상승하는 모습을 보이고 있다. 전반적으로 보면 상위 20위까지 주로 IT나 자동차 기업이 차지하는 양상을 보인다.

인터브랜드의 "Best Global Brands 2011" 순위
자료원: www.interbrand.com

(3) 인터넷 상표 확장

상표 확장(brand extension strategy)이란 한 컨텐트웨어 시장에서의 상표를 다른 새로운 컨텐트웨어 시장에서도 사용하는 전략이다. 이러한 상표 확장은 기존의 상표에 대해 소비자가 호의적이며 강력하고 독특한 상표 이미지를 갖고 있다면, 확장된 상표에 대해서도 쉽게 그러한 이미지를 유지해 나갈 수 있는 것이다. 상표 이미지를 구축하기 위해서 많은 노력과 시간이 투자되어야 하는 점을 생각할 때 이러한 상표 확장의 이점은 매우 크다고 할 수 있다. 즉, 고객이 기존의 상표에 친숙하기에 확장된 서비스에도 친숙한 이미지로 접근할 수 있다. 또한 이러한 과정을 통해 진출하는 것은 새로 진출하는 것보다 마케팅비용을 절감할 수 있다. 이러한 상표 확장의 예로는 이메일 서비스(hanmail)로 시작한 다음커뮤니케이션(www.daum.net)이 경매나, 쇼핑(d&shop), 학습 그리고 인터넷 다이렉트 자동차보험(다음 다이렉트 보험) 등으로 진출한 것을 들 수 있다. 이처럼 초기 이메일 서비스에서 확보한 고객기반과 친밀함을 이용, 다음커뮤니케

이션은 이후의 확장된 서비스(컨텐트웨어)에서도 신규 진출 기업보다 유리하게 사업을 진행해 나갈 수 있게 되었다.

한편 인터넷상의 상표를 다른 컨텐트웨어의 범주로 확장시키는 것이 아니라, 동일한 컨텐트웨어 범주에서 오프라인으로 확장한 경우도 존재할 수 있다. 반대로 오프라인의 상표를 동일한 컨텐트웨어에 대해 인터넷으로 확장하는 경우도 있을 수 있다. 따라서 본 책에서는 동일한 컨텐트웨어 범주에서 온라인에서 오프라인, 또는 오프라인에서 온라인으로의 모드만 확장한 것은 상표 팽창(brand expansion)으로 정의한다. 예를 들어 오프라인상에서 이미 쇼핑몰로 높은 인지도를 형성한 롯데와 현대 쇼핑몰의 상표를 이용해서 동일한 컨텐트웨어 온라인 영역으로 확장한 롯데쇼핑몰(www.lotte.com), 현대쇼핑몰(www.hmall.com)이 그 예가 될 수 있다.

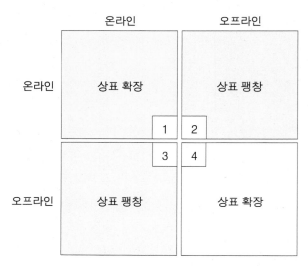

그림 9-6 인터넷 상표 확장의 범위

인터넷 상표 확장: 예스24의 변화

예스24는 도서, 음반, DVD, 기프트, 티켓예매, e-러닝, 전자책 등 문화상품과 동시에 화장품을 판매하는 회사이다. 시장점유율은 창사 이래 11년 연속 1위, 도서 수입이 매출액의 약 98%를 차지한다. 인터넷 서점 시장의 40%를 점유하고 있는 시장점유율 1위 기업이다. 그리고 온라인 서점 하면 가장 먼저 떠오르는 기업으로 브랜드 자산 가치도 크다. 또한 방문자 및 회원 수에서도 압도적인 1위를 달리고 있어, 다양한 사업으로 비즈니스를 지속적으로 확장하고 있다.

2010년 상반기에 E-book서비스를 런칭하고, 2010년 하반기에는 회사 내에서 아이패드용 전자책 애플리케이션을 제작하는 등 발빠르게 새로운 시장에 대처하는 모습을 보였다. 2010년 8월에는 국내 최초로 애플리케이션 연재소설을 런칭하여 성공을 거두고 있으며, 예스24 블로그에서 연재된 소설이 베스트셀러가 된 바 있다.

그동안 예스24의 인터넷 상표를 확장한 신규 서비스 및 신규 사업은 다음과 같다.

- E-book 및 E-learning
- 합법적 동영상다운로드 서비스
- 작가 강연회 및 작가와의 만남 주선 서비스
- 화장품

YES24의 화장품 제품 페이지
자료원: http://blog.naver.com/PostView.nhn 이미지 인용.

자료원: http://blog.naver.com/PostView.nhn 수정 후 인용

부록: 참신한 컨텐트웨어 관리를 통해 성공한 사례: TED

널리 퍼져야 할 가치가 있는 컨텐트웨어, TED

TED는 미국의 비영리 재단으로, 미국뿐만 아니라 유럽, 아시아 등에서 정기적으로 열리는 기술, 오락, 디자인에 관련된 강연회를 개최하고 있다. TED는 강연회와 기타 다른 강연회의 동영상 자료를 웹사이트에 올려 많은 인기를 끌어냈다. 초대되는 강연자들은 각 분야의 저명인사와 괄목할 만한 업적을 이룬 사람들이 대부분으로 이중에는 빌 클린턴, 알 고어 등 유명인사와 많은 노벨상 수상자들을 포함하고 있다. TED의 모토 "널리 퍼져야 할 아이디어(Ideas worth spreading)"에서 알 수 있듯이, TED에서 소비자들은 유명한 최근 강연을 실시간으로 언제 어디서든 볼 수 있다.

TED는 웹사이트를 통해 다양하고 참신한 서비스를 제공하고 있다. TED talks, 언어 선택 기능, 제공되는 모든 동영상에 자막 여부, 번역 대본 여부를 표시하여, 언어의 벽과 지역적 장애를 극복하려고 하고 있다. 또한 스마트폰으로도 TED 애플리케이션을 다운받으면 언제 어디서나 TED 강연을 즐길 수 있다.

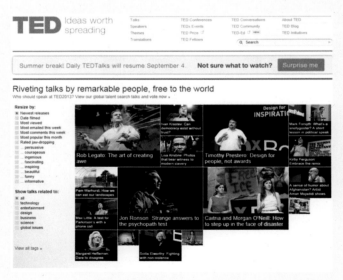

TED의 홈페이지(www.ted.com)

TED는 청중에게 최고의 경험을 제공하기 위해, 차별화된 동영상 서비스를 제공하고 있다. 강연 동영상은 청중이 가장 집중을 할 수 있는 시간인 18분 이내의 길이로 제작하고, 강연자는 복잡한 설명이나 추상적인 말보다는 열정과 꿈이 담긴 압축적인 메시지를 전달하여, 강연을 마치 TV쇼, 콘서트와 같은 형식으로 정형화하여 청중의 만족도를 극대화하고자 노력하고 있다.

이뿐만 아니라, 무료로 지식을 공유하고 이용자들이 언제 어디서나 참여할 수 있도록 인터넷을 통해 지식을 개방하고 있다. TED는 전 세계에 있는 청중들이 대학의 강의실, 기업의 회의장이 아닌 어디에서든 유용한 강의를 자유롭게 시청할 수 있도록 하고 있다.

TED 애플리케이션
자료원: smartnbiz.blog.me/140132280834

자료원: www.ted.com

요　약

컨텐트웨어란 고객의 욕구를 충족시키기 위해 기업이 인터넷상에서 제공하는 모든 제공물(offering)의 총칭으로 기업이 고객에게 제공하는 모든 가치라고 볼 수 있다. 이러한 컨텐트웨어는 크게 제품과 인터넷상에서 그러한 제품을 소비하면서 겪게 되는 체험의 두 차원으로 구분해 볼 수 있다. 또한 제품은 그 형태에 따라 물리적 제품, 디지털 제품, 서비스로 구분될 수 있다.

기존 오프라인 환경에서 기업의 제품 개발은 생산자에 의해 이루어지는 과정이었다. 그러나, 인터넷 환경에서 컨텐트웨어의 개발 및 생산은 생산자뿐만 아니라, 소비자에 의해서도 이루어질 수 있다는 특징을 갖고 있다. 따라서 인터넷상에서 신 컨텐트웨어 개발시에는 고객과의 상호작용을 통해 참여를 이끌어 내고, 그들로 하여금 다양하고 자신의 욕구에 부합하는 컨텐트웨어를 개발하고 제공하도록 유도하여야 한다.

인터넷 마케팅 활동을 하는 기업은 궁극적으로 소비자 개인의 욕구를 충족시킬 수 있는 차별화된 컨텐트웨어를 제공해야 한다. 또한 컨텐트웨어 전략을 계획할 때에는, 단순히 고객이 원하는 컨텐트웨어의 제공만을 고려하는 것이 아니라, 그것에 부가된 각종 서비스와 최적의 경험을 제공할 수 있는 요인들까지 고려하여야 한다.

한편, 인터넷 상표명은 기억하기 쉬운 형태여야 하며, 컨텐트웨어의 특징이 잘 전달될 수 있어야 한다. 또한 고객의 주목을 끌 수 있도록 독특해야 하며, 법적으로 보호받을 수 있어야 한다. 이렇게 형성된 인터넷 상표는 기업의 인터넷 상표 자산이 될 것이다. 인터넷 상표 자산은 기업이 얻을 수 있는 여러 긍정적인 마케팅 효과로 고객의 상표충성도나, 높은 시장 점유율 등으로 나타내질 수 있다.

연구문제

1. 컨텐트웨어의 개념과 중요성에 대해서 설명하시오.
2. 컨텐트웨어를 그 특성에 따라 구분하고 각각에 대해서 설명하시오.
3. 컨텐트웨어의 유형에 따른 전략에 대해서 설명하시오.
4. 인터넷 상표의 개념과 인터넷 상표가 갖추어야 할 특징에 대해서 설명하시오.
5. 인터넷 상표 자산의 관리 방법에 대해서 설명하시오.
6. 인터넷 상표의 확장의 범위에 대해서 설명하시오.

참고문헌

1. 논문 및 단행본

권오영, 임종욱 (2000), "e-상표 구축을 위한 전략적 제안," 현대경제연구원.

김재문 (2000), "컨텐츠 유료화를 위한 5가지 제안," LG주간경제 611호.

도준호, 김병준, 조지원, 박지희 (2000), "인터넷상에서의 컨텐츠 비즈니스 유형변화에 관한 연구," 정보통신연구원.

박소진, 김용만 (2011), "하이테크 신제품의 번들링 전략: 가격할인 프레이밍, 브랜드 이미지, 제품 혁신성의 역할," 마케팅관리연구, 제16권, 제1호, 63-87.

심상민 외 (2000), "닷컴기업의 위기와 생존전략," 삼성경제연구소.

여민선 (2011), "천만 영화의 탄생, 163일간의 리얼타임 마케팅- CJ엔터테인먼트 <해운대>의 영화마케팅 사례 -," 리얼타임 마케팅, 박영사.

오창호, "인터넷브랜드를 생각해본다," www.Brandreport.co.kr 테마기획.

이두희 (1997), 한국의 마케팅 사례, 서울: 박영사.

이두희, 한영주 (1997), 인터넷 마케팅, 서울: 영진출판사.

이두희 (2000), 사례로 본 인터넷 마케팅, 서울: 청아출판사.

이두희 (2011), 리얼타임 마케팅, 박영사.

이유재 (1999), 서비스마케팅, 학현사.

정보통신정책국 (2000. 2. 27), "디지털콘텐츠산업 매출 작년 4,106억원."

필 카펜터 (2000), e브랜드, 세종서적.

한국브랜드협회 (2000. 12), "eBrand 구축전략과 평가방안에 관한 연구."

A conversation with Andrew Odlyzko, chief mathematician at AT&T Labs (2000), "Content isn't king on the Internet," The Economist Intelligence Unit.

Aaker, David A. (1991), "Managing Brand Equity," The Free Press, a Division of Macmillan, INC.(USA).

Chris Mole, Ed Straw, Robert Boyle and Peter Winkler (2000), "Consumers or Content?: The Digital Dilemma The European Digital Television Report 2000," PWC.

DeLone, W. H. and E. R. McLean (2003), "The DeLone and McLean Model of information systems success: A ten-year update," *Journal of Management Information Systems*, 19(4), 9-30.

Hagel, John 3 and Jeffery F. Rayport (1997), "The New Infomediaries," *The Mckensey Quarterly*, Number 4.

Hanson, Ward (2000), *Principles of Internet Marketing*, South-Western College Publishing.

Kim, H. B., T. G. Kim, and S. W. Shin (2009), "Modeling roles of subjective norms and eTrust in customers' acceptance of airline B2C eCommerce websites," *Tourism*

Management, 30, 266–277.

Lansiti, Marco and Alan MacCormack (1999), "Living on Internet Time: Product Development at Nescape, Yahoo, NetDynamics and MS," Harvard Business School Case, HBSP, Boston.

Lawyer Shostack, G. L. (1977), "Breaking Free from Product Marketing," *Journal of Marketing*, April, 72–80.

Lesley Ellen Harris (1997), "Digital Property," The Copyright & New Media.

Mcknight, D. H., V. Choudhury, and C. Kacmar (2002), "The impact of initial consumer trust on intentions to transact with a website: A trust building model," *Journal of Strategic Information Systems*, 11: 297–323.

Nelson, P. J. (1970), "Information and Consumer Behavior." *Journal of Political Economy*, 78 (2) (1970), pp. 311–329.

Patricia Seybold Groups Customers.com (2000), "Amazon.com = Convenience.com."

Ries, Al and Laura Ries (2000), *The Immutable Laws of Internet Branding*, Harper Colins.

Schmitt, Bernd H. (1999), *Experiential Marketing*, Simon & Schuster.

Shapiro, Carl and Hal R. Varian (1998), "Versioning: The Smart Way to Sell Information," *Harvard Business Review*, Nov.–Dec. 106–114.

Stremersch, S. and G. J. Tellis (2002), "Strategic Building of products abd prices: a new Synthesis for marketing," *Journal of marketing*, 66(1), 55–72.

2. 보고서

강민형, 김진성, 이준환, 정태수, 이준기 (2010), "모바일 빅뱅과 기업경영의 미래," CEO Information, 제760호, 삼성경제연구소.

데이빗 리카드 (2008), "'번들링의 예술' 묶어라, 돈이 보인다," 동아비즈니스리뷰, 72.

박성환 (2009), "eBook 시장 현황 및 아마존의 교훈," DigiExo Focus, KT 경제경영연구소.

이주환 (2012), "모바일 광고 기법," 리얼타임 마케팅세미나 제6회 발표자료, 한경아카데미.

3. 신문기사

권혁태 (2012), "옐프(Yelp) 미국 최대의 지역리뷰 사이트," Valleyinside, 2012년 5월 27일자.

장길수 (2011), "지포 라이터와 아우디의 앱 성공 전략의 비결," 전자신문, 2011년 4월 24일자.

Emily Bryson York (2009), "Kraft Hits on Killer App for iPhone Marketing," AdAge, 2009

년 1월 19일자.

4. 기타(인터넷 검색자료)

smartnbiz.blog.me/140132280834

www.adobe.com/kr

www.amazon.com

www.apple.com/itunes

www.azoomma.com

www.hyad.co.kr

www.interbrand.com

www.kraftfoodscompany.com

www.lacta.gr

www.microsoft.com

www.microsoft.com/korea

www.samsung.com/sec

www.smallman.co.kr

www.ticketlink.co.kr

www.yelp.com

www.yes24.com/

7classics.blog.me/100120286495

adage.com/article/digital/kraft-hits-killer-app-iphone-marketing/133869

blog.naver.com/4youapp?Redirect=Log&logNo=40155431864

blog.naver.com/alluoulla7?Redirect=Log&logNo=70144347417

blog.naver.com/kosacer?Redirect=Log&logNo=80165813287

blog.naver.com/PostView.nhn?blogId=iolos88&logNo=100117906266

blog.naver.com/smchun74

ghostsbs.blog.me/95501501

hpenvy.tistory.com/184

www.appsapps.net/41955

valleyinside.com

이슈 및 트렌드: 트위터

□ **트위터란?**

　　트위터란 무료 소셜 네트워크 서비스 겸 마이크로 블로깅 서비스를 말한다. 이용자들은 웹사이트나 휴대폰을 통해 최대 140자의 메시지를 작성해 '트윗(Tweet)'을 한다. 이는 즉각적으로 트위터 웹사이트에 업로드되며 업로드된 트윗은 사용자의 프로파일 페이지에 표시되며, 동시에 다른 사용자들에게도 전달된다.

　　트위터는 다른 SNS와 비교해 빠르고 쉬운 소통을 가능하게 한다는 장점이 있다. 자신의 생각이나 의견을 140자 이내의 짧은 단문으로 작성해 이를 업로드하는 방식으로 쉽고 빠른 접근을 가능하게 했다. 때문에 짧은 시간 내에 폭발적인 성장세를 이루고 있다.

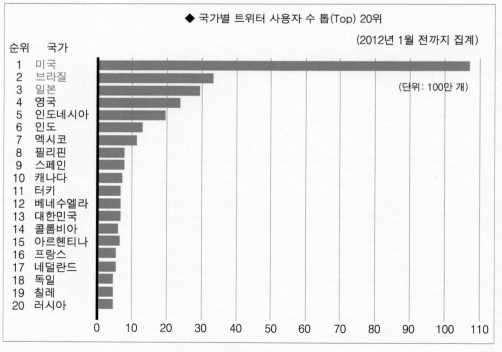

국가별 트위터 사용자 수
자료원: 아이뉴스24, 2012년 2월 2일자 이미지 사용.

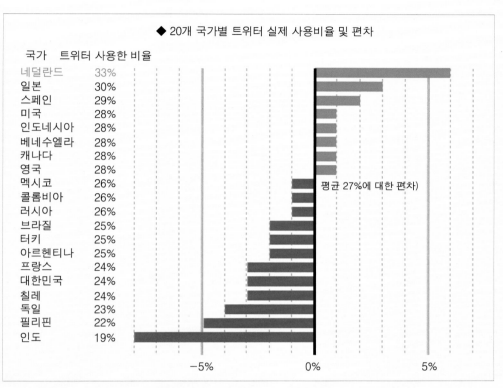

국가별 트위터 실제 사용비율 및 편차
자료원: 아이뉴스24, 2012년 2월 2일자 이미지 사용.

　　2012년 2월 23일 트위터 분석업체인 투프차트(twopcharts.com)에 따르면 마이크로 블로그 형태인 트위터의 전세계 가입자 수가 5억 명을 넘어섰다고 한다. 또한 이 업체는 현재와 같은 속도로 트위터의 가입자 수가 늘어난다면 1년 6개월 후 10억 명을 넘어설 수 있을 것이라 전했다.

　　20개 국가별 트위터 사용자 수를 보면 트위터의 발생지인 미국이 1위, 브라질이 2위, 일본이 3위를 차지했다. 프랑스 시장조사업체 세미오캐스트(Semiocast)에 따르면 미국 사용자 수는 1억 770만 명으로 집계됐고 그 뒤를 이어 브라질 3천 330만 명, 일본 2천 880만 명으로 조사됐다. 하지만 실제 트위터를 사용하는 비율은 일본이 앞선 것으로 조사됐다. 세미오캐스트는 설문조사 결과 지난해 9월 1일부터 11월 30일까지 트위터 가입자 중 최소 1회 이상 글을 올린 사람의 비율을 보니 브라질은 25% 일본은 30%였다. 한국의 사용자 수는 20개국 가운데 13위를 차지했으며 사용자수는 약 700만 명 가량으로 추정되고 있다.

그림을 살펴보면 전세계 트위터 가입자는 평균 27% 정도가 3개월 기간 동안 최소 1회 이상 글을 남기는 것을 볼 수 있다. 특히 네덜란드는 전체 가입자 중 약 33%가 같은 기간 동안 1회 이상 게시물을 트위터에 업데이트했다.

이처럼 인터넷의 발달로 인한 폭발적 성장세의 트위터는 기업에서도 훌륭한 마케팅 수단으로 거론되고 있다. 특히 트위터의 즉각성과 정보의 파급력이라는 장점을 이용해 여러 기업에서는 트위터를 기업 위기관리에 활용하고 있다.

□ 기업의 트위터 사용

2009년 4월 해외업체 도미노 피자는 기업 위기관리를 트위터를 활용해 적절하게 넘길 수 있었다. 사건의 발단은 도미노 피자에 근무하는 남녀 2명의 직원이 피자를 만드는 중 이를 갖고 엽기적인 장난을 치는 모습을 유튜브에 업로드하면서 시작되었다. 미국 국민의 대다수가 한 번쯤 이용해 보았을 도미노 피자에서 이러한 사건이 일어났다는 것은 충격적이었으며 이는 여러 SNS를 통해 빠르게 확산되어 나갔다. 사건이 점차 커지면서 도미노피자는 자체적인 조사를 통해 영상에 나왔던 피자는 소비자에게 배달되지 않았고, 단순한 장난이었다며 트위터를 비롯한 여러 SNS에 공식 발표를 했다. 도미노 피자는 즉시 사과 및 자사의 입장을 표명하는 동영상을 제작해 유튜브에 올렸으며 트위터 계정을 열어 사건에 대한 신속한 대응을 펼쳤다. 또한 관련 직원들은 도미노피자로부터 기소당했으며, 카운티 교도소에 구금됐다가 7,500달러의 보상금을 내고 기소된 다음날 풀려날 수 있었다. 도미노 피자는 인터넷상에서 발생한 문제를 SNS를 활용해 즉각적인 대응을 펼침으로써

유튜브에 업로드된 문제의 동영상
자료원: junycap.com/531

도미노 피자 트위터(twitter.com/dominostory)

기업위기를 넘겨 신뢰성을 다시 회복할 수 있었다. 현재도 트위터를 이용한 끊임없는 고객 관리로 신뢰와 친근감을 쌓기 위해 노력중이다.

반면 미국 맥도날드에서는 2012년 1월 트위터를 이용한 프로모션을 벌이다 예상치 못한 사건의 발생으로 급작스레 프로모션을 종료한 사건도 있다. 맥도날드는 트위터 공식페이지에 프로모티드 트윗 이벤트를 열었다. 프로모티드 트윗이란 트위터의 광고 상품으로 트위터 검색창에 해당 키워드를 입력하면 검색시 트위터 상단에 보여지는 일종의 배너광고이다. 맥도날드는 감자와 소고기 패티를 최상의 질로 제공한다는 점을 강조하기 위해 #MeetTheFarmers와 #McDStories라는 해쉬태그를 적은 프로모티드 트윗을 만들었다. 하지만 #McDStories의 해시태그는 맥도날드측의 의도와 달리 '맥치킨에서 흰색 머리카락을 발견했다'와 같은 부정적인 경험을 나누는 데 이용되었다. 이를 통해 소비자들의 맥도날드에 대한 불만은 점점 번져나갔고 맥도날드측은 2시간 만에 이 프로모션을 종료하기에 이르렀다. 하지만 이 이후에도 여전히 트위터 이용자들은 #McDStories를 이용해 부정적 사례를 업로드하고 있다.

이와 같은 SNS를 활용한 마케팅 실패를 막기 위해서는 해당 담당자가 실시간으로 모니터링을 해서 대응하는 '리얼타임 마케팅(Realtime marketing)'을 해야 한다. 만약 SNS상에서 문제가 일어난다면 이는 사실여부를 떠나 정보의 확산 속도가 굉장히 빠르기 때문에 신속한 대응이 무엇보다

미국 맥도날드 트위터 계정
자료원: 블로터닷넷, 2012년 1월 25일자 이미지 사용.

우선시되어야 한다. 맥도날드의 경우에도 SNS 담당자가 실시간으로 모니터링을 했기에 문제의 확산을 그나마 막을 수 있었다.

트위터는 기업과 고객간 실시간으로 접촉할 수 있는 기회를 제공했다. 동시에 이전의 기업 주도의 관계에서 벗어나 고객 주도의 관계를 구축할 수 있게 되었다. 때문에 많은 기업들이 고객관리를 위해 트위터를 활용할 것으로 예상된다. 하지만 앞의 예시에서도 보았듯이 트위터를 어떻게 활용하느냐에 따라 기업에 득이 될 수도 있고 해가 될 수 도 있다. 해를 피하기 위해서 기업들은 트위터 활용에 있어 진정성을 갖고 고객들에게 다가설 수 있도록 해야 한다. 또한 트위터의 특성상 기업보다 고객에게 주도권이 있음을 상기하고 고객 위주의 관계 형성에 힘써야 한다. 이처럼 기업이 진정성을 갖고 고객에게 다가서면 트위터를 활용해 기업과 고객 간의 관계를 더욱 굳건하게 만들 수 있을 것이다.

*참고문헌

1. 신문기사
임상수 (2012), "트위터 가입자 수 5억 명 돌파," 연합뉴스, 2012년 2월 23일자.
원은영 (2012), "트위터 사용자 수, 브라질 2위, 일본 3위," 아이뉴스, 2012년 2월 2일자.
정보라 (2012), "맥도날드 트위터 마케팅이 산으로 간 까닭," 블로터닷넷, 2012년 1월 25일자.

2. 기타(인터넷검색 자료)
junycap.com/531
twitter.com/dominostory

10장 커미트먼트 관리

커미트먼트   번들링   렌탈
버저닝   인터넷 경매   퍼미션
전환비용   공동구매

쇼핑과 지식의 결합, 정보중간상 네이버 지식쇼핑

도매상과 소매상이 전통적 의미의 중간상이었다면, 최근 인터넷 공간에서 판매자와 소비자를 이어주는 새로운 경로인 '정보중간상(informediary)'이 등장하였다. 대표적인 정보중간상의 하나가 가격비교 사이트(price comparison site)이다. 국내 가격비교 사이트들은 '에누리 닷컴'이 등장한 이래 꾸준히 성장해 왔다. 국내 최대 포털 사이트인 '네이버(NAVER)'도 '네이버 지식쇼핑'을 통해 가격비교 사이트 시장에 진입하였다.

특히 지속적인 수익창출 모델을 고민하던 포털들이 구색 맞추기 식으로 사이트 내에 인터넷 쇼핑몰을 입점시켰던 것에 반해, 네이버 지식쇼핑은 상품에 대한 정보를 수집하여 소비자의 의사결정을 돕는 정보중간상으로의 역할을 수행하고 있다. 이를 통해 기존에 가진 포털 사이트로의 역량을 최대한 활용할 수 있게 되었다.

네이버 지식쇼핑(shopping.naver.com)의 초기화면

네이버 검색을 통해 노출되는 지식쇼핑 화면(www.naver.com)

네이버 지식쇼핑의 상품정보 및 가격비교(www.naver.com) 화면

　네이버 지식쇼핑은 다른 포털 내에 입점한 인터넷 쇼핑몰이나 가격비교 사이트들과 비교해 다양한 강점들을 갖추고 있다. 첫째, 강력한 상품 검색 기능을 들 수 있다. 최근 네이버 지식쇼핑 사이트를 개편하여 기존의 19개의 카테고리를 53개로 세분화하였으며, 상품군의 특성에 따라 적합한 탐색 도구를 제공하는 등 상품 검색 기능을 강화했다. 그뿐만 아니라 가격비교 상품의 경우 최저가 판매처와 가격을 웹 페이지 이동 없이 볼 수 있게 했다. 아울러 지식쇼핑 사용자 인터페이스(UI)를 개선해 이미지가 중요한 패션 관련 상품은 모델의 착용 비율에 맞춰 사이즈를 확인할 수 있는 '갤러리뷰'를 신설하였다. 이를 통해 소비자 이용의 편리성을 높이고, 상품 정보 제공 능력을 강화했다.

다음으로 국내 최대 포털 사이트인 네이버가 갖고 있는 신뢰도를 들 수 있다. 정보의 생명은 신뢰도이다. 네이버 지식쇼핑은 국내 최대 포털 사이트이자 '네이버 지식인'을 보유하고 있다. 이 때문에 소비자 구매 의사결정을 돕는 쇼핑 정보 제공 사이트로의 소비자들에게 높은 신뢰를 얻고 있다. 뿐만 아니라 가격비교 제품의 경우, 여타의 가격비교 사이트들이 제품 인기 순위 결정을 판매량을 기준으로 하다. 이 때문에 우수한 상품임에도 인기순위에 들지 못해 그 신뢰성을 의심받고 있다. 그러나 네이버 지식쇼핑은 '쇼핑검색어' 기능을 통해 제품의 인기 순위를 판매량이 아닌 네이버 포털상의 검색 순위를 기반으로 정보를 제공하고 있다. 이는 네이버 지식쇼핑이 국내 최대 포털 사이트인 네이버를 기반으로 하고 있기에 가능한 일이다. 이렇게 기존의 자사가 갖고 있던 핵심역량을 기반으로 네이버 지식쇼핑은 소비자들에게 신뢰성 높은 쇼핑 정보를 제공하고 있다.

네이버 지식쇼핑 BEST 100 화면(shopping.naver.com)

네이버 지식쇼핑은 공격적인 마케팅 프로모션을 통해 규모를 키워나가고 있다. 별도의 로그인 없이 입점 쇼핑몰을 이용할 수 있는 '체크아웃 서비스'나 배송비 쿠폰, 네이버 바탕화면에 입점 가게 노출과 같이 다양한 혜택은 소비자들뿐만 아니라 인터넷 소매점들 또한 끌어들이고 있다.

자료원 : 김병규 (2012).

I  커미트먼트의 의의

 커미트먼트(Commitment)란 소비자가 자신의 목적 달성을 위한 컨텐트웨어를 얻고자 할 때, 그에 상응하여 지불해야 하는 대가를 말한다. 즉, 특정 컨텐트웨어를 소비함으로써 얻게 되는 효용에 부여된 교환가치를 의미하는 것이다. 이때, 소비자가 가치를 제공받는 것의 대가로 지불하는 커미트먼트는 그림 10 - 1과 같이 금전적인 요소인 가격(price)과 비금전적 요소인 퍼미션(permission)으로 크게 구분될 수 있다. 이때, 퍼미션이란 가치를 제공받기 위해 자신과 상대방에 대한 정보 공유를 허락하는 것과 그에 소요되는 시간, 노력 모두를 포함하는 것이다. 결국, 인터넷 마케팅 5C 믹스 중 커미트먼트란 전통적인 4P 마케팅 믹스에서 가격 요인이 확장된 개념이다.

그림 10-1 커미트먼트의 구성요소

 그렇다면, 인터넷 마케팅 환경에서 전통적인 마케팅 믹스의 가격보다 넓은 개념의 마케팅 믹스가 요구되는 이유는 무엇일까? 기존의 오프라인 마케팅 환경에서 소비자는 제품을 제공받는 대가로 금전적 가치를 제공한다. 따라서 마케팅 관리자는 제품에 맞는 적절한 가격을 관리하는 것이 중요하다. 그러나 인터넷상에서 소비자는 수많은 컨텐트웨어를 무료로 사용하고 있다. 다시 말해, 인터넷상에서 소비자는 기업이 제공하는 제공물을 받는 대가로 금전적 가치를 제공하는 경우보다 자신의 정보를 공개함으로써 사이트의 회원으로 가입하거나, 시간이나 노력의 대가와 같은 비금전적 가치를 제공하는 경우가 일반적이다. 따라서 인터넷 마케팅 관리자는 가격 이외에 이러한 비금전적 가치를 관리하는 것이 중요하게 되었다.

뿐만 아니라 마케팅의 새로운 패러다임인 관계마케팅에서는 고객과의 장기적인 관계를 중시하기 때문에 고객의 정보는 핵심적인 요인이 되었다. 데이터베이스상의 고객과 지속적인 관계를 유지하기 위해서는 그 고객들에 대한 정보를 아는 것이 필수 조건이 된 것이다. 그리고 관계가 돈독한 고객의 수가 곧 미래 매출의 근원이 된다. 따라서 기업은 때로는 금전적 대가를 요구하기보다는 정보제공에 대한 퍼미션을 받기를 원하게 되었다.

무료로 사용하는 카카오톡

카카오톡은 스마트폰에서 3G나 4G 네트워크 또는 와이파이를 이용해 메시지를 전송하는 모바일 인스턴트 메신저 서비스이다. 카카오톡은 2010년 서비스를 시작한 후 이용자들에게 무료 서비스 제공으로 선풍적 인기를 끌었다. 그러나 카카오톡의 높은 인기에도 불구하고 뚜렷한 수익모델이 없어 오랜 기간 적자를 면치 못했다. 2010년 카카오의 매출은 3,414만 원에 그쳤을 뿐만 아니라 당기순손실은 40억5,116만 원으로 심각한 수준이었다. 2011년에도 18억 원 매출에 153억 원의 손실을 내었다.

그러나 카카오톡은 서비스를 유료화하기보다 현재의 서비스를 꾸준히 개선하며 이용자의 수를 늘려나갔다. 그 결과 높은 고객만족과 충성도를 바탕으로 강력한 커뮤니티를 형성하였다. 현재 카카오톡은 이렇게 형성된 커뮤니티를 기반으로 광고나 게임 매출을 통한 흑자로 전환되고 있다. 특히 카카오톡을 통한 게임은 다른 모바일 게임과 달리 고객들의 충성도와 고객 상호 간의 친밀한 관계를 기반으로 하고 있기 때문에 게임 이용의 지속성이 높다. 무료로 이용하는 카카오톡은 돈이 아닌 고객만족과 퍼미션을 기반으로 수익을 창출하는 기업이 되었다.

2012년 설립 2년 6개월 만에 카카오톡의 가입자 수는 6,600만 명을 넘어섰다. 카카오톡은 이런 거대한 모바일 서비스 가입자들을 기반으로 포털사이트로 확장을 꾀하였다. 특히 모바일 컨텐츠 유통 플랫폼을 확대하여 컨텐츠를 제작, 판매할 수 있는 모바일 컨텐츠 플랫폼 '카카오페이지', 중소상인·기업이 '카카오스토리'를 통해 홍보·마케팅할 수 있는 '스토리플러스', 채팅 중 다른 앱으로 연결시켜 주는 '채팅플러스' 등을 소개했다.

카카오톡 플랫폼을 이용한 대표적인 모바일 게임 애니팡

자료원: 고민경(2012); 이지현(2012) 수정 후 인용

금전적 대가와 퍼미션은 상호 대체적이며 동시에 보완적인 것으로 고객으로부터 받을 수 있는 중요한 커미트먼트가 되었다.

인터넷 마케팅 믹스의 구성요소 중, 커미트먼트는 인터넷 비즈니스에서 가장 기본적인 수익실현의 원천이다. 또한, 커미트먼트는 인터넷 마케팅 믹스 요소들 가운데서 소비자들의 컨텐트웨어 소비 여부에 큰 영향을 미치는 요인으로서, 수요를 결정할 뿐만 아니라 소비자들에게 컨텐트웨어에 대한 정보를 제공하는 기능도 수행한다. 따라서 최적의 커미트먼트를 결정하는 것은 기업의 매우 중요한 의사결정이다.

이에 본 장에서는 인터넷상에서의 커미트먼트 관리를 크게 가격과 퍼미션 관리의 두 측면에서 살펴보도록 한다.

인터넷 가격관리

1. 인터넷 가격관리의 중요성

가격은 다른 마케팅 믹스 요소들과 달리, 쉽게 변경할 수 있고, 즉각적으로 이익에 커다란 영향을 미친다는 특징을 갖고 있다. 특히, 인터넷 가격은 오프라인 가격에 비해 가격비교가 쉽기 때문에, 소비자들의 가격 민감도가 훨씬 증대되는 양상을 보인다. 언스트와 영(Ernst and Young 2001)과 쥬피터 미디어 매트릭스(Jupiter Media Matrix)가 소비자를 대상으로 한 조사 결과에 따르면, 온라인에서 쇼핑할 때 고려하는 가장 중요한 요소 중의 하나가 가격이라고 답했다. 2005년에서 2007까지 저자가 3년간 5회에 걸쳐 실시한 KNP(Korea Netizen Profile) 조사에 의하면 인터넷 구매시 가격은 시간 절약, 편리성, 배달성에 이은 중요한 요인으로 나타났다.

많은 인터넷 기업들은 물리적인 상점을 차릴 필요가 없고, 부대시설에 돈이 들지 않으며, 물품을 유통창고에서 중앙 집중적으로 관리할 수 있으므로 추가적인 비용 절감 효과가 발생한다는 것을 근거로 합리적인 가격할인을 제시하고 있다. 심지어 이러한 가격할인경쟁은 가격 비교 쇼핑 사이트와 같은 부가적인 산업까지 창출해 냈다.

2. 인터넷 가격결정시 고려요인

어떤 컨텐트웨어의 가격을 결정하기 위해서는 자사의 마케팅 목표, 원가구조, 소비자의 반응, 경쟁자의 원가구조와 가격 등의 요소를 고려하여야 한다(그림 10-2). 각각의 요인들을 살펴보면 다음과 같다.

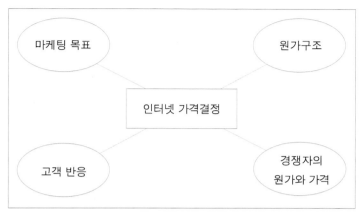

그림 10-2 가격결정시 고려요인

1) 마케팅 목표

인터넷 가격결정 시에는 먼저 자사의 마케팅 목표가 무엇인가를 고려하여야 한다. 예를 들어, 시장 점유율 증대, 회원확보 등과 같은 성장이 마케팅 목표라면 가격은 상대적으로 낮추거나 회비를 저렴하게 책정할 필요가 있다. 그러나 수익 실현이 목표라면 가격은 상대적으로 높게 책정하거나, 비용절감노력 등을 고려할 수 있을 것이다.

2) 원가구조

원가는 고정비와 변동비로 구성되며, 가격의 하한선을 규정한다는 점에서 중요하다. 따라서 가격결정 시 컨텐트웨어와 관련된 고정비와 변동비를 신중하게 분석하여 이를 반영하여야 하는데, 이를 위해 손익분기점 분석(break-even analysis)이 자주 이용된다. 이때 손익분기점이란 주어진 고정비와 변동비 하에서 최소한 투자비용만을 회수하는 데 필요한 가격 및 매출수준을 계산하는 방법을 의미하는 것이다. 인터넷의 등장으로 유통 단계가 축소되고 기존의 변동비 요소로 간주되던 판매원 수수료와 유통비의 감소를 가져왔다. 이를 통해 공급업자가 인터넷 경로를 이용할 때 최종 소비자 가격을 낮출 수 있게 되었다.

3) 고객 반응

가격을 결정하기 위해서는 표적고객을 확인하고, 가격과 관련된 고객의 심리와 행동에 대한 이해가 선행되어야 한다. 즉, 소비자들이 이득보다 손실에 더 민감하게 반응하는 현상인 위험회피성향(loss aversion), 가격변화의 지각은 원래 가격수준에 따라 달라진다는 웨버의 법칙(Weber's law), 품질에 대한 불확실성이 클 경우, 고가격일수록 품질이 좋은 것으로 생각하는 가격과 품질 연상효과(price-quality association) 등에 대한 사전 이해가 고려되어야 할 것이다. 특히, 인터넷상에서는 컨텐트웨어에 대한 가격탐색비용이 저렴하므로, 어떠한 요인들이 소비자들의 가격 민감도에 영향을 주는지 파악하는 것이 매우 중요한데, 다음과 같은 요인들이 소비자의 가격 민감도에 영향을 미친다.

첫째, 컨텐트웨어가 주는 혜택이 독특하고 값진 것일수록 소비자의 가격 민감도를 낮추고, 지불의사 상승을 기대할 수 있다(the unique value effect). 둘째, 대체재가 존재하느냐의 유무에 따라 가격 민감도가 다른데, 대체재가 존재하면 가격 민감도는 상승한다(the substitute awareness effect). 셋째, 소비자의 예산에서 많은 부분을 차지할수록, 가격 민감도는 상승한다(total expenditure effect). 넷째, 의사결정자와 구매자가 다른 경우, 가격 민감도는 둔화될 수 있다(shared cost effect). 다섯째, 품질을 평가하는 데 믿을 만한 단서가 부족한 경우, 가격을 판단 기준으로 사용하게 되고 이는 가격 민감도를 떨어뜨릴 수 있다(price-quality effect). 그리고 마지막으로 소멸하지 않고 보관이 쉬운 컨텐트웨어일수록, 가격 민감도는 상대적으로 낮아질 수밖에 없을 것이다(inventory effect).

4) 경쟁자의 원가와 가격

경쟁자의 원가와 가격은 가격결정에 매우 중요한 역할을 한다. 특히, 경쟁자들의 가격은 소비자들의 준거가격을 형성하는 데 영향을 미치기 때문에 이를 크게 벗어나면 판매에 악영향을 미칠 수 있다. 아울러, 경쟁자의 현재 가격 수준 못지않게 경쟁자의 원가 수준이나 미래 가격전략을 예측하는 것도 매우 중요하다.

3. 일반적인 가격결정 방법

가격은 수익을 창출한다는 측면에서, 세 가지 다른 인터넷 마케팅 믹스와 구별된다. 따라서 기업은 컨텐트웨어의 차별화 수준이 허용하는 만큼 가격을 높게 매기려고 노력하겠지만, 동시에 가격이 판매량에 미치는 영향도 고려해야만 한다. 결국, 기업들은 원가를 차감한 상태에서 이익을 가장 많이 낼 수 있는 매출수준을 찾기 마련이다.

일반적으로 가격을 결정하는 방법에는 원가에 근거한 결정 방법, 경쟁자에 근거한 결정 방법, 지각된 가치에 근거한 결정 방법, 탄력적 결정 방법 등이 있다.

1) 원가에 근거한 가격결정

원가에 근거한 가격결정(cost - based pricing) 방법은 가격을 설정할 때 추정된 원가에 이윤(markup)을 붙이는 방법으로, 많은 기업들이 일반적으로 사용하는 방법이다. 이 방법이 많이 사용되는 이유는 가격 책정의 용이성 때문이며, 특히 수많은 상품을 취급하는 온라인 중개상에게 매우 유용하다. 그러나 인터넷상에서는 고객들의 가격 민감도나 고객들의 유보가격(reserved price)을 쉽게 알아낼 수 있으므로, 이러한 가격결정방식은 오히려 수익성을 떨어뜨릴 수 있다.

2) 경쟁자에 근거한 가격결정

자회사의 원가구조나 고객 가치보다는 경쟁자의 가격에 따라 반응하는 것이 경쟁자에 근거한 가격결정(competitor - based pricing) 방법이다. 즉, 가격 산정 방식이 경쟁자의 가격에 기반을 두는 셈이다. 특히, 인터넷상에서는 가격비교 사이트가 경쟁 사이트들의 가격을 실시간으로 비교 검색해 주는 서비스를 제공하고 있기 때문에, 가격결정에 경쟁적 가격 산정 방식을 도입하는 기업들이 늘어나는 추세이다.

3) 지각된 가치에 근거한 가격결정

지각된 가치에 근거한 가격결정(value - based pricing) 방식은 소비자가 컨텐트웨어에 대해 지각하는 가치에 근거하여 가격을 결정하는 것으로, 인터넷상에서 매우 유용하게 사용될 수 있는 방법이다. 이는 차별화되고 맞춤화된 제품의 특성이 있는 경우, 제품의 원가보다는 소비자가 지불하려는 유보가격에 의해 가격이 결정되는 경향이 강하기 때문이다. 만일 소비자가 지각하는 가치, 혹은 유보가격(reserved price)을 알 수 있다면 경쟁적인 가격 인하를 피할 수 있다.

4) 탄력적 가격결정

탄력적 가격결정 방법은 고정적인 가격을 결정하는 것이 아니라, 경우에 따라 차별적인 가격으로 가격 구조를 탄력적으로 설정하는 것이다. 이와 같은 가격결정 방법은 물리적 시공간의 제약과 고객의 비익명성으로 오프라인에서는 일부 산업에서만 적용되던 가격 설정 방식이지만, 쌍방향성과 실시간성이라는 인터넷의 특성에 따라 인터넷상에서는 일반적인 가격결정 방식으로 확산되고 있다. 그러나 모든 온라인 기업이 고정가격제를 포기하고, 탄력적인 가격결정법을 도입해야 하는 것은 아니며, 핵심 역량이 뒷받침되지 않으면 오히려 협상력이 약해져 수익성의 악화를 가져올 수도 있다는 점을 염두에 둬야 한다. 인터넷 환경의 특수성을 고려한 가격결정 방법에 대해서는 아래의 내용에서 보다 자세하게 언급하도록 하겠다.

4. 인터넷상에서의 가격결정 방법

지금까지 원가, 경쟁자, 지각된 가치 그리고 탄력적인 방법에 의해 가격을 결정하는 방식을 살펴보았다. 그렇다면, 인터넷상에서 가격결정 방식은 인터넷이라는 환경의 특성에 의해 어떠한 특성을 지닐 수 있을까?

인터넷 마케팅 환경의 가장 중요한 특징은 정보기술과 네트워크기술의 발전에 기반한 쌍방향성, 실시간성으로 대표된다. 이러한 특징은, 수요곡선의 기울기를 결정하는 소비자의 가격 민감도와 기업의 가격설정에 영향을 미치는 경쟁 상황 등과 같은 가격결정의 핵심요인에 급격한 변화를 일으키고 있다. 이러한 가격결정 요인의 변화는 기업의 가격설정 및 가격 전략에 대한 접근 방식에 근본적인 변화를 요구하고 있다.

이에 인터넷의 특성을 고려한 가격결정 방법을 구체적으로 살펴보기 전에, 인터넷상에서의 가격 관리에 영향을 미치는 인터넷 환경 요인에 대해 먼저 살펴보도록 하겠다.

1) 인터넷 가격관리에 영향을 미치는 인터넷 환경 요인

인터넷 마케팅 시대에 가격 전략의 근본적인 변화를 요구하는 주요 요인은 다음의 다섯 가지로 요약할 수 있다. 즉, 소비자 측면에서는 가격 민감도의 변화, 전환비용의 변화, 소비자 잉여의 수취 가능성 증대, 그리고, 경쟁자 측면에서는 경쟁의 심화를 들 수 있으며, 기업 측면에서는 환경 변화에 대한 역동적인 대응력 증대가 그것이다.

(1) 가격 민감도의 변화

인터넷은 소비자들의 정보 탐색 비용을 낮추어 제품의 가격 민감도에 영향을 미친다. 그러나 기존 연구들에 의하면 인터넷이 가격 민감도를 낮출 수도 있고, 높일 수도 있다고 하였다. 바코스(Bakos 1997)의 연구에 의하면 온라인상의 낮아진 정보 탐색 비용 때문에 소비자들이 더 낮은 가격의 제품을 탐색하기 때문에 기업들은 치열한 가격경쟁을 벌이게 된다. 이로 인해 궁극적으로 소비자들의 가격 민감도가 높아진다. 그러나 알브(Alb 1997) 등의 연구에 의하면 인터넷이 소비자들의 욕구에 가장 적합한 제품을 찾을 수 있게 도와주기 때문에 오히려 가격 민감도를 낮출 수 있다고 하였다. 특히 제품 정보가 소비자에게 중요하고 차별적인 브랜드일수록 가격 민감도를 더욱 낮출 수 있다고 하였다.

특히 인터넷상에서 소비자의 가격 민감도에 가장 결정적 영향을 미친 것은 가격비교 검색엔진의 등장이다. 가격비교 검색엔진은 소비자들의 구매의사결정 과정에서 소비자들의 정보 탐색 비용을 결정적으로 감소시켜 준다는 점에서 큰 의미를 지닌다. 검색엔진이 가지는 강력한 비교, 검색, 하이퍼링크 등은 소비자로 하여금 지금과는 다른 정보탐색 과정을 거치도록 유도한다. 특히, 소비자는 가격비교 검색엔진을 통해 자신의 취향에 맞는 제품을 가장 낮은 가격에 공급하는 업체를 몇 번의 클릭만으로 탐색할 수 있고, 탐색비용의 하락은 소비자의 가격 민감도를 높이고 합리적인 구매행위를 촉진한다.

특히, 가격비교 검색엔진의 활성화 문제는 이들이 얼마나 신뢰 있는 가격정보를 확보할 수 있는가에 달려 있다. 직접적인 가격경쟁을 원하지 않는 인터넷 상점들은 그들의 가격정보를 제공해 주는 것에 의문을 제기하기도 한다.

그럼에도 인터넷상에서 사업을 하고자 하는 가상 상점의 수가 기하급수적으로 증가함에 따라, 가격비교 검색엔진에 등록하는 업체 수도 늘어나는 추세다. 이제는 많은 기업들이 인터넷상에서 치열한 경쟁을 하고 있고, 나름대로 자신을 알릴 필요가 있기 때문에 검색엔진이 존속할 수 있는 것이다. 특히, 대표적인 인터넷 상점이 아닌 경우라면, 자신들이 제공하고 있는 정보가 소비자의 관심을 끌게 하기 위해서는 가격정보를 노출시키지 않을 수 없다. 인터넷상에서 존재하는 무수히 많은 상점들 가운데 소비자들은 가격정보를 제공하는 상점들을 우선적으로 고려할 것이다. 가격정보를 제공하는 상점들만 가지고 비교하는 데도 노력을 들여야 하는데 누가 정확한 가격을 제시하지 않는 상점들에 대해 실제 가격을 파악하고자 하는 노력을 기울일 것인가? 결국, 소비자들은 가격정보를 제공하지 않는 인터넷 상점은 고려 대안 집합에 포함시키지 않고, 구매의사 결정과정에서 제외되게 된다. 이러한 압력은 가상 상점으로 하여금 더욱 가격중심의 판매전략에 치중하게 할 것이며, 소비자는 이러한 가격비교의 즐거움을 누리며 살 수 있게 될 것이다. 따라서 인터넷상에서 가격결정시 가격비교 검색엔진의 영향을 고려하는 것은 매우 중요한 문제이다.

국내 대표적인 가격비교 사이트 및 특징

가격비교 사이트 현황

사이트	품 목	특 징
네이버 지식쇼핑 (shopping.naver.com)	가전, 패션, 가구, 생활용품 등	체크인서비스, 갤러리뷰, 네이버 마일리지 통합 사용
어바웃 (www.about.co.kr)	가전, 패션, 생활용 품, 컴퓨터 등	이베이 코리아에서 운영
에누리 (www.enuri.com)	영상, 음향, 휴대폰, 가전 등	국내 최초 가격비교 사이트

비비 (www.bb.co.kr)	패션, 가전, 컴퓨터, 게임, 유아용품 등	주요 쇼핑몰 특가 정보와 이용후기 공유 커뮤니티
마이마진 (www.mm.co.kr)	가전, 컴퓨터, 휴대전 화, 수입명품 등	쇼핑몰별 이벤트 행사 정보 제공
나와요닷컴 (www.nawayo.com)	의류, 가전, 생활용품 등	제휴 쇼핑몰 할인쿠폰 정보 제공
다나와 (www.danawa.co.kr)	컴퓨터와 주변기기, 가전 등	가격 업데이트 날짜 표시
벅스타임 (www.bugstime.com)	카메라	디지털기기 정보 제공
스카이스캐너 (www.skyscanner.net)	전세계 항공권	전세계 1,000여 개 항공사 검색 및 여행사 가격 비교

어바웃(www.about.co.kr)의 초기화면

　　그러나 인터넷에서는 가격과 품질 연동 효과와 익명성의 증대 등에 따라 소비자의 가격 민감도를 둔화시킬 가능성도 함께 존재한다. 즉, 오프라인의 경우에는 직접방문을 통한 경험이나 점포의 지리적인 위치, 점포의 인테리어 분위기, 종업원의 수준 등 대체 지표의 신뢰성을 통해 품질의 불확실성을 희석시킬 수 있다. 하지만 온라인상에서는 품질에 대한 불확실성을 대체할 지표가 부족하므로 가격과 품질 연동 효과가 커져서 저가격은 오히려 품질에 대한 신뢰를 떨어뜨릴 수 있다. 따라서 의류처럼 제품과 서비스의

뉴질랜드 "옷·구두 입고 신어보는 것 돈 내라"

뉴질랜드 내 일부 소매점들이 옷이나 구두를 입거나 신어보는 것에 대해 비용을 받는 방안을 검토하고 있다. 손님들이 가게에서 옷이나 구두 등을 입거나 신어보고 나서 온라인에서 싼 물건을 사는 경우가 늘고 있기 때문이다. 뉴질랜드 언론은 16일 가게에 들어와 옷을 입어보기만 하는 사람들이 점점 늘어나면서 소매점들이 착용료를 받을 수도 있을 것으로 보인다고 밝혔다.

인터넷 쇼핑몰을 이용해 의류나 신발을 구매하는 소비자들이 점차 늘어나면서 발생한 현상이다. 인터넷 쇼핑몰에서 소비자들은 정보탐색이 용이하여 제품의 가격을 쉽게 비교하여 구매할 수 있다. 때문에 인터넷 쇼핑몰을 통해 제품을 구매하는 경우 오프라인 매장에서 보다 비교적 저렴한 가격에 제품을 구매할 수 있다. 그러나 의류나 신발을 인터넷 쇼핑몰을 통해 구매하는 경우 제품을 직접 착용해 볼 수 없기 때문에 오프라인 매장에서 제품을 착용해 본 후, 구매는 인터넷을 통해 하게 되는 경우가 늘어나고 있다. 뉴질랜드의 한 패션 매장 관계자는 가게에 들어오는 손님들의 50% 이상이 온라인에서 물건을 본 사람들이라며 그들은 가게에 와서 그것을 입어본 다음 온라인에서 산다고 말했다.

이와 관련하여 뉴질랜드 소매점협회의 전 앨버트슨 회장은 '누군가에게 많은 일거리를 만들어놓고 나서 다른 곳에 가서 물건을 산다면 도덕적 문제가 될 수도 있다'며 자신은 착용료 도입을 지지하지는 않지만, 소매점들이 착용료를 부과하려는 움직임은 충분히 이해한다고 밝혔다.

자료원: 차예지(2012) 수정 후 인용

품질을 사전적으로 알 수 없고 직접 경험해 보아야 하는 제품(연동 효과가 큰 제품)인 경우에는 오히려 고가격 전략이 유효할 수 있다는 점도 고려해야 할 것이다.

(2) 전환비용의 변화

전환비용은 소비자가 공급자를 바꾸는 과정에서 발생하는 비용으로, 소비자 입장에서는 시장의 효율성을 막는 요소가 되지만, 공급자 입장에서는 안정적인 이윤확보의 수단으로 작용될 수 있다. 따라서 공급자들은 다양한 소비자 잠금(lock-in) 프로그램(예: 항공사의 마일리지 프로그램 등)을 통해 소비자가 특정 공급자에게 익숙하게 함으로써 타 공급자로의 전환을 억제할 수 있다.

일반적으로 인터넷 마케팅 환경은 소비자의 전환비용을 감소시키는 경향이 있다.

즉, 소비자들은 인터넷으로 인해 정보탐색 비용을 줄이고 물리적인 장소의 제약을 제거함으로써 전환비용을 줄일 수 있게 되었다.

하지만, 인터넷 마케팅 환경은 고객 개인과의 상호작용성과 잠금 프로그램 등을 활용하여 전환비용을 제고시킬 가능성 또한 존재한다. 즉, 인터넷 사이트에서 개인화(personalization)된 인터페이스와 컨텐트웨어를 제공하여 사이트의 친숙도를 높임으로써 전환비용을 높일 수 있다. 이러한 전환비용 제고는 인터넷에 의해 야기되는 가격 하락의 파장 가운데 경제적 이윤감소를 막는 가장 중요한 도구가 될 수 있을 것이다.

(3) 소비자 유보가격에 따른 차별적 가격설정 가능성 증대

오프라인을 통해 접촉된 소비자는 기업에게 정보를 남기지 않고 구매 채널을 떠나지만, 온라인상의 소비자는 로그파일, 서버 주소와 소속기관의 성격, 자세한 고객정보, 트래킹 시간 등을 통해 구매 패턴과 소비 성향에 관한 자료를 기업에게 실시간으로 제공한다. 이와 같은 정보를 분석하여 소비자 선택의 권한을 다양화하고 선택을 지원하는 과정을 통해 고객 자신도 인식하고 있지 못하던 욕구까지도 노출되어 공급자는 개별소비자의 차별화된 욕구와 지불 수준을 파악할 수 있다.

이러한 방법을 통해 개별 소비자가 특정 컨텐트웨어에 대해 지불할 용의가 있는 최대가격인 유보가격(reservation price)이 노출될 경우, 기업은 유연한 가격정책과 서비스를 갖추면서 이에 따른 차별적 가격을 설정할 수 있다. 즉, 해당 컨텐트웨어에 대한 유보가격이 높은 고객일수록 이에 대해 추가적인 편의성을 제공하고 차별적인 요금을 부과할 수 있는 기회가 제공되는 것이다.

(4) 가격 경쟁의 심화

시간적·공간적인 접근성의 제한 때문에 형성된 시장의 경계가 인터넷을 통한 도달성의 증가로 그 의미가 사라지면서 시장 경계에 바탕을 둔 가격전략에도 변화가 나타나고 있다. 산업 및 지역 간 경계가 모호해지고, 고정비의 비중이 작고 유통단계가 짧은 신흥 인터넷 기업의 등장으로 가격 경쟁이 더욱 치열해지고 있다.

(5) 가격 대응의 유연성 제고

오프라인 시장과 비교할 때, 온라인 기업은 제품의 데이터베이스에 있는 가격만 바

유통을 축소시켜 가격을 낮춘 인터넷 오픈마켓

오픈마켓은 일반적인 쇼핑몰 방식과 달리 개인과 소규모 판매업자들이 온라인상에서 자유롭게 상품을 거래하는 '중개'형 쇼핑몰이다. 국내에는 1996년 인터파크가 오픈마켓의 문을 연이래 G마켓, 옥션, 11번가 등의 대표적인 오픈마켓 사이트들이 있으며, 최근에는 국내 최대 포털사이트인 네이버가 '샵N'이라는 이름으로 오픈마켓에 진입하였다. 오픈마켓은 2009년 이후 10% 대의 성장률을 유지하면서 새로운 인터넷 유통 경로의 한 형태로 자리 잡고 있다.

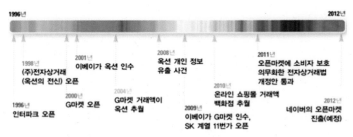

국내 오픈마켓 업계 변천사
자료원: 한경비지니스, 2012년 849호 이미지 사용.

오픈마켓은 소규모 판매상이 중간상 없이 인터넷 채널을 통해 소비자들에게 제품을 직접 판매하는 유통형태를 갖고 있다. 이를 통해 중간 유통마진을 생략할 수 있다. 이는 제품의 판매가격을 낮추는 결과를 가져왔다. 뿐만 아니라 여러 개의 오픈마켓들이 인터넷상에서의 가격 경쟁을 하기 때문에 가격 경쟁을 심화시켰을 뿐만 아니라 소비자들의 가격비교를 용이하게 만들었다. 결과적으로 오픈마켓은 인터넷상에서의 가격 경쟁을 심화시켰으며, 소비자들의 가격 민감도를 높이는 결과를 가져왔다.

자료원: 우종국(2012) 수정 후 인용

꾸면 되므로 메뉴비용(menu cost)을 획기적으로 줄일 수 있다. 뿐만 아니라 인터넷 기업은 가격검색 프로그램을 통해 소비자의 가격 수용도와 경쟁자의 가격을 쉽게 모니터할 수 있게 됨에 따라, 시장 상황에 맞추어 실시간으로 가격조정을 할 수 있게 되었다. 이처럼 메뉴비용의 감소와 인터넷을 통한 시장정보의 실시간 전달은, 인터넷 기업으로 하여금 가격설정 방식을 폭넓게 적용할 수 있게 해 준다.

2) 인터넷의 특성을 고려한 가격결정 방법

인터넷 마케팅 시대의 시장은 완전경쟁 시장에 가까운 특성을 보이면서 치열한 가격 경쟁이 예상된다. 원가구조의 투명성 제고로 인한 공급자와 소비자 간의 정보 불균형 상태 해소와 소비자의 가격 민감도 상승, 전환비용의 하락 등은 기업 간에 치열한 가격경쟁을 촉발시킬 것으로 예상된다. 이러한 치열한 가격 경쟁은 시장을 완전경쟁 시장에 가깝게 하면서 기존 업체의 초과 이윤을 잠식시켜 산업 전체의 수익성을 떨어뜨리게 할 가능성이 크다.

그러나 인터넷 마케팅 환경은 기업에게 새로운 기회도 제공한다. 즉, 인터넷을 통해 개별 소비자의 유보가격을 파악하고, 이에 실시간으로 대응하여 소비자 잉여를 수취하는 새롭고 합리적인 가격설정 방식이 가능하게 되었다. 이는 인터넷 마케팅 환경의 특성을 정확히 이해하고 이를 반영할 경우에는 소비자의 가격 민감도를 낮추고 전환비용을 상승시킬 수 있는 가능성이 존재한다는 것을 의미한다.

따라서 기업은 인터넷 마케팅 환경의 위협요인과 기회요인을 면밀히 분석하여 가격 전략에 반영하여야 한다. 즉, 기업은 인터넷 마케팅 시대의 새로운 가능성을 최대한 활용하여 불필요한 경쟁을 피하고, 이윤도 증가시킬 수 있는 가격 전략을 수립하여야 한다는 것이다. 이때 기업은 소비자의 지각된 가치 중심적이며, 시장과 소비자 상황을 실시간으로 반영하는 탄력적인 가격 전략을 적극 고려해야 한다.

인터넷 기업들의 가격을 낮추는 단순가격경쟁은, 사이트의 수익성을 더욱 악화시킬 뿐 경쟁력 있는 전략이 아닐 수 있다. 인터넷의 특성을 잘 반영한 가격 전략을 적용한다면, 오히려 오프라인보다 더 높은 가격을 책정할 수도 있으며, 경쟁사보다 더 높은 가격에도 시장점유율을 높일 수 있는 것이다. 단순한 가격 경쟁에서 벗어나, 인터넷을 최대한 활용해 고객들의 반응을 바탕으로 차별화된 서비스와 고객 이동 방어벽을 형성하는 탄력적 가격 전략을 구사할 수 있다면, 수익성 있는 고객들을 확보할 수 있을 것이다(송지희 2001).

그렇다면, 이러한 가격 전략이 반영된 인터넷 가격 책정 방식은 어떤 것이 있을까? 다음에서는 이러한 방식들을 설명하고자 한다.

(1) 경매에 의한 방식

인터넷 경매(auction)는 전통적으로 경매가 확산되지 못하는 한계점 즉, 다수의 경매 참가자 확보, 보안성 있는 정보 교류 등의 문제를 상당부분 극복할 수 있는 방식이다.

전통적인 경매의 유형에는 영국식 경매와 네덜란드식 경매가 있다. 영국식 경매에서는 최저가격을 정하고 가장 높은 가격을 제시하는 이에게 낙찰되는 방식으로 가장 보편적인 형태이다. 이에 반해 네덜란드식 경매에서는 최고가격을 제시한 후 사전에 일정 시간 동안 균등한 비율로 가격이 떨어지면서 첫 번째로 구매의사를 표시한 이에게 낙찰되는 방식이다.

경매는 잠재되어 있는 고객의 유보가격을 시장에 노출시킬 수 있는 매우 효과적이고 유연한 가격설정 방식임에도 불구하고, 많은 수의 고객을 동일한 장소와 시간에 모이게 하는 비용 때문에 활용에 많은 제약이 있었다. 따라서 과거에는 복제가 불가능하고 대체가능성이 낮으며, 주관성으로 인해 원가와 가격의 개연성을 찾기 힘든 예술품, 부동산, 개인 소장품의 가격결정에 주로 활용되었다.

그러나, 인터넷은 물리적인 공간과 시간에 제약을 받지 않고 다수가 경매에 참여할 수 있도록 하며, 깊이 있는 정보를 모든 참여자에게 영에 가까운 비용으로 신속하고 빠르게 전달할 수 있는 장점이 존재한다. 따라서 인터넷 경매는 오프라인상에서의 한계를 극복하고, 경매를 일반 상품 거래에까지 확장할 수 있다.

경매는 일반적으로 가격하락을 촉진시켜 기업에게는 불리한 가격설정 방식으로 이해되고 있으나, 기업의 수익성을 높일 수 있는 기회 또한 얼마든지 존재한다. 즉, 경매될 제품이 적절한 차별화만 이루어진다면, 소비자 잉여를 수취할 가능성이 가장 높은 가격설정 방식 중의 하나이다. 예를 들어 이베이(www.ebay.com)는 경매를 통해 가격결정을 하는 대표적인 사이트이다.

그림 10-3 경매에 의해 가격을 결정하는 이베이(www.ebay.com)

이사 견적 역경매 방식

이사를 하는 데는 여러 가지 번거롭고 어려운 일이 수반된다는 것을 소비자들은 잘 알고 있다. 특히, 이삿짐센터를 선택하는 일은 가격에서부터 서비스의 질이나 사후 처리까지 꼼꼼히 따져야 하기에 가장 신경이 많이 쓰이는 부분이다. 이런 고민을 해결해 줄 수 있는 곳이 바로 인터넷 역경매를 이용한 이사 견적 사이트다. 소비자들은 이런 사이트들을 통해서 여러 업체들의 서비스와 가격을 손쉽게 비교할 수 있고, 이사와 관련한 각종 정보도 접할 수가 있어 많은 인기를 끌고 있다. 대표적인 이사 역경매 사이트로는 베스트이사(www.best24.co.kr)와 제트이사(www.z24.co.kr), 이사몰(www.24mall.co.kr), 골드이사(www.gold24.co.kr) 등이 있다.

이사 견적 역경매는 입찰자(소비자) 한 명에 다수의 응찰자(이사업체)가 가격을 제시하는 것이기 때문에, 이사업체가 많이 참여할수록 가격이 내려간다. 소비자들은 이들 이사 역경매업체의 '무료견적' 서비스를 이용하면 5개 안팎의 업체로부터 이사비용에 대한 견적서를 받아볼 수 있다. 이런 이사 역경매 서비스를 이용하려면 역경매 사이트에 접속한 뒤 이사할 목적지와 날짜, 이삿짐 세부내용을 올리기만 하면 된다. 견적은 보통 24시간 안에 나오는데, 이중 가격과 서비스가 가장 좋은 업체의 견적에 낙찰의사를 표시하면 끝이다. 이렇게 손쉽게 업체들을 비교할 수 있고, 비교적 저렴하고 질 좋은 이사업체를 선정할 수 있기 때문에 이런 '역경매 방식'에 대한 소비자들의 호응은 점점 높아지는 추세다.

이사몰(www.24mall.co.kr)의 초기화면

(2) 렌탈(Rental)에 의한 방식

렌탈은 컨텐트웨어의 사용 시간에 따라 가격을 설정하는 방식이다. 컨텐트웨어에 대해 제품을 판매할 경우, 사용량이 적은 소비자는 시장 가격이 자신의 유보가격보다 크므로 구매할 수 없고, 사용량이 많은 소비자는 유보가격 이하의 가격을 지불하여 소비자 잉여를 누리게 된다. 이때, 컨텐트웨어를 대여해 주고 사용량에 따른 요금을 부과할 경우, 사용량이 적은 소비자도 지불 수준 이내에서 서비스를 이용할 수 있으므로 추가적인 매출이 가능하다.

게다가 인터넷상에서 디지털 컨텐트웨어를 렌탈할 경우에는, 기업 측면에서는 재고 비용이나 제품 파손 등의 위험 없이 렌탈의 장점만을 누릴 수 있고, 소비자 측면에서는 제품을 구입하지 않고 대여받음으로써 빠른 기술변화 때문에 해당 제품이 진부화되는 위험을 피할 수 있다. 뿐만 아니라 사후 수리와 유지에 대한 공급업자의 기회주의적인 행동을 예방할 수 있어, 공급자와 소비자 간의 윈-윈(win‒win) 전략이 가능하다.

제품의 독창성이 뛰어나지만, 제품수명주기가 짧아 진부화의 위험이 큰 반면 제품에 대한 소비자 유보가격의 편차가 큰 소프트웨어와 게임기 산업의 경우, 렌탈의 효과적인 활용이 수익 극대화로 이어질 수 있다. 예를 들어, IBM은 Cryptolope라는 소프트

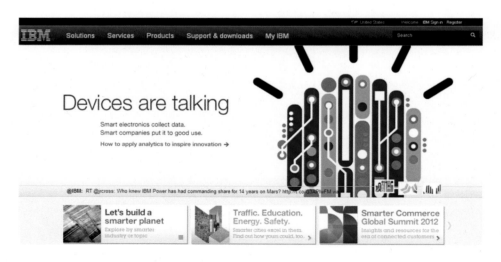

그림 10-4 렌탈을 통해 수익을 창출하고 있는 IBM(www.ibm.com)의 홈페이지

웨어를 웹상에 공개하고 사용 건당 요금을 부과하여 제품의 빠른 확산과 수익의 극대화라는 두 가지 목표를 달성한 바 있다. 결국, 신뢰성 있는 온라인 가격 메커니즘과 안전한 지불수단이 정교화될 경우, 인터넷 렌탈시장의 적용범위는 빠른 속도로 확산될 것으로 보인다.

(3) 버저닝(Versioning)에 의한 방식

버저닝은 제품의 버전을 다양화하여 고객의 선택 폭을 넓히고, 고객이 느끼는 가치에 따라 버전 간 가격을 설정하는 가치 중심의 가격설정 방법이다. 버저닝에는 초기에는 기본 사양의 제품을 빠른 시일 내에 확산시킨 뒤, 사양을 늘리거나 성능을 높이면서 점점 고가를 책정하는 방식이 있다. 예를 들어 안철수 연구소(www.ahnlab.com)는 평가판을 먼저 다운로드받아 충분한 시용을 할 수 있도록 하다가 일정 기간이 지나면 정품 소프트웨어를 구입토록 하고 있다.

이와는 반대로, 품질 경쟁력이 있는 제품을 일단 생산한 뒤 고객의 차별적 요구에 따라 제품의 사양을 줄여나가는 방식과 같이 부분적 가치 제거를 통한 버저닝의 방법도 있다. 이러한 버저닝에 의한 가격은 고급 버전의 비교 대상이 될 수 있는 저급 버전을 생산하여 고급 버전에 대해 소비자의 유보 가격을 높이려는 전략의 일환으로 볼 수 있

그림 10-5 버저닝을 통해 수익을 창출하고 있는 안철수 연구소(www.ahnlab.com)의 홈페이지

다. 이와 같은 부분적 가치 제거를 통한 버저닝 전략이 성공하기 위해서는 먼저, 가치를 떨어뜨린 제품이 일반인이 쓰기에 더 표준적이어야 하며, 가치를 떨어뜨리기 위해 요구되는 추가적인 투자가 매출에 의해 신속히 보전될 수 있어야 한다.

또한, 버저닝을 해체하려는 수많은 해커들의 공격을 막아낼 수 있어야 한다. 예를 들어 마이크로소프트사는 윈도우 NT를 출시하면서, 인위적 가치 제거를 통한 버저닝 전략의 일환으로 생산 원가가 높은 저급 버전을 1,000달러의 고급 버전과 비교해 획기적으로 낮은 가격인 250달러에 출시했다. 그러나 250달러에 소프트웨어를 구입한 사용자들이 인위적 가치 제거 작업을 복원하여 1,000달러짜리 고급 버전으로 변형시켜 마이크로소프트의 버저닝 전략은 실패로 돌아간 적이 있었다.

(4) 번들링(Bundling)에 의한 방식

번들링이란 제품들을 패키지화하여 판매함으로써 소비자 잉여를 창출함과 동시에 기업의 이익도 보장받게 하는 가격 전략이다. 특히 디지털 컨텐트웨어의 경우, 번들링 시 추가적인 기능 확장이나 탐색 범위의 확대로 인해 발생하는 부가적 비용은 적지만 그 때문에 소비자가 느끼는 효용은 급격히 증가될 수 있기 때문에 이러한 방식의 가격 설정은 매우 효과적일 수 있다.

그림 10-6 번들링을 통해 수익을 창출하고 있는 알툴즈(www.altools.co.kr)의 홈페이지

예를 들어 알툴즈(www.altools.co.kr)는 알툴즈 통합 팩을 판매하고 있는데, 이는 멀티 압축 프로그램인 '알집 5.0', 사진 인화를 간편하게 할 수 있는 이미지 관리 프로그램 '알씨 3.0', FTP 프로그램인 '알FTP 3.0', GIF 애니메이션 저작 프로그램인 '알GIF 1.05', 웹사이트 아이디 비밀번호 관리 프로그램인 '알패스 1.1' 등 5개 제품이 통합되어 있다. 알툴즈에서 개별프로그램은 이미 개발이 되어 있으므로 번들링을 한다고 해도 큰 비용이 더 들지는 않지만, 각각의 프로그램에 대한 개별 고객의 효용은 매우 다를 수 있으므로 번들링을 통해 차별적인 소비자의 잉여를 창출하여 욕구를 만족시키면서 전체적인 소비자층을 확대하여 수익을 증대시키고 있다.

뿐만 아니라 번들링을 경쟁자를 시장에서 몰아내는 전략으로 이용할 수 있다. 대표적인 예로, 마이크로소프트사의 윈도우 프로그램과 인터넷 익스플로러 번들링 판매를 들 수 있다. 당시 넷스케이프 내비게이터가 선점하고 있던 웹 브라우저 시장에서 마이크로소프트사가 윈도우 프로그램과 인터넷 익스플로러를 번들링하여 판매하기 시작하면서 전 세계 웹브라우징 시장을 인터넷 익스플로러가 장악하게 되었다. 결국 넷스케이프 내비게이터는 시장에서 점점 위치가 축소되어 현재 매우 미미한 시장점유율만을 갖고 있을 뿐이다.

(5) 공동구매

인터넷상에서 이용되는 새로운 가격결정 방식 중의 하나는 바로 공동구매(collaborative purchasing)로 인한 것이다. 공동구매를 한마디로 요약하면 수요에 따른 가격결정 방식이다. 즉 일정수준의 구매자가 발생하면 가격은 한 단계 낮아지고, 그 가격에 사고자 하는 사람이 일정수준 이상에 달하면 가격은 다시 그다음 단계로 낮아지는 방식이다. 따라서 제한된 시간이 되면 해당 제품을 구매하려는 모든 사람들이 같은 가격에 물건을 살 수 있게 되는 것이다. 결국, 공동구매의 가격결정은 구매하고자 하는 사람의 수에 따라 결정된다.

지금까지 살펴본 바와 같이, 인터넷은 다양한 필요와 욕구를 가진 고객들을 향해 각각 차별화된 가격을 실시간으로 책정할 수 있는 매체이다. 가격에 민감한 소비자들을 위해서는 인터넷 경매와 같은 동적 가격정책으로 저렴한 가격을 제시할 수도 있고, 서비스 차별화와 브랜드 신뢰를 바탕으로 고가의 정찰제를 시행하는 방법도 가능하다. 다

파워 블로거와 공동구매

인터넷상에서 영향력이 높은 블로거들은 파워 블로거로 불리며 높은 대중적 인기를 얻고 있다. 파워 블로거란 인터넷상의 자신의 블로그에 방문자나 게시물에 대한 스크랩 수가 많아 인기가 많은 블로거들을 지칭하는 말이다. 이들 파워 블로거들은 자신의 블로그를 통해 얻는 대중적 인기와 신뢰성을 바탕으로 서적을 출간하거나 특정 분야의 전문가로 인정받고 있다.

뿐만 아니라 파워 블로거들은 해당 분야에 대한 자신의 전문지식을 바탕으로 블로그 방문자들에게 특정 제품에 대한 공동구매 서비스를 제공하기도 한다. 파워 블로거들이 제공하는 공동구매 서비스를 이용하면 신뢰할 만한 정보제공자가 추천하는 제품을 시중보다 저렴한 가격에 구매할 수 있을 뿐만 아니라 제품의 다양한 활용방법을 블로거를 통해 학습할 수 있다는 장점이 있다.

그러나 최근 특정 파워 블로거들이 공동구매 상품에 대해 특정 기업에서 커미션을 받고 제품 정보를 제공하는 바람에 블로거의 명성을 신뢰하고 제품을 구매한 소비자들에게 피해를 주는 사례들이 속출하였다. 이에 정부에서는 특정 기업에게 커미션을 받은 사실을 명시하지 않은 파워 블로거들에게 과징금을 부과하는 법안을 마련하여 제재에 나서고 있다.

양한 형태의 소비자에게 접근할 수 있는 가격 전략의 대안과 활용을 더욱 연구하여야 할 것이다.

5. 인터넷 비가격 경쟁 전략

가격 경쟁에 대응하는 가장 훌륭한 전략은 경쟁의 규칙을 바꾸어서 가격 경쟁을 하지 않는 방법이다. 특히 인터넷이 다양한 욕구를 가진 고객들에 대해, 각각 차별화된 가격정책을 적용할 수 있는 매체라는 사실을 감안한다면, 비가격 경쟁 전략은 매우 매력적인 방법일 것이다. 그렇다면 인터넷상에서 활용할 수 있는 비가격 경쟁 전략은 어떤 것들이 있을까? 이에 고객과의 콜래보레이션(collaboration) 강화를 통한 회피 방법, 프리미엄 가격 전략, 혁신을 통한 제품 차별화 전략 등과 같은 인터넷 마케팅의 환경요인을 활용한 비가격 경쟁 전략에 대해 살펴보도록 한다.

먼저, 고객과의 콜래보레이션을 통해서 고객과의 관계를 밀접하게 구축하여 충성도를 형성함으로써 가격 경쟁을 회피할 수 있다. 디지털환경에서는 기존의 콜래보레이션 활동에 덧붙여서 인터넷을 통해 고객과 일대일로 상호작용할 수 있게 됨에 따라, 고객과의 관계 구축 기회와 수단이 풍부해졌다. 고객 관계 구축과 잠금(lock - in) 프로그램 등을 활용함으로써, 고객의 전환 비용을 현저하게 높일 수 있다. 전환 장벽을 구축하게 되면 고객의 가격 민감도를 낮출 수 있을 뿐만 아니라, 나아가서 고객의 생애가치를 높일 수 있는 기회도 마련된다.

둘째, 서비스 차별화와 브랜드 신뢰가 바탕이 된다면 프리미엄 가격 전략이 유효할 수 있다. 특히, 제품 측면에서 가격과 품질 연동 효과가 큰 제품이나 판매원과의 대면 접촉 과정에서 소비자의 수치심을 일으킬 수 있는 제품 등의 경우에는 프리미엄 가격을 제시할 수 있다. 인터넷은 본질적으로 제품에 대한 경험을 할 수 없는 매체이기 때문에, 이러한 특성을 활용하면 오히려 고가격 전략이 유리한 제품은 예상외로 많을 수 있다.

셋째, 가격 경쟁을 피하는 가장 최선의 방법은 혁신을 통해 제품을 차별화하는 것이다. 정상 이윤 이상의 이윤을 획득하기 위해서는 가격 경쟁 위주의 시장을 포기하고, 차세대 시장으로 기업의 역량을 집중하는 것이 바람직하다. 기술이 표준화되어 제품과 서비스가 일상재가 된 시장에서 가격 위주의 경쟁을 하는 것은 설사 가격 경쟁에서 승자가 된다 하더라도 정상 이윤 이상의 이익을 창출하지는 못할 뿐만 아니라 혁신 위주의 기업 문화를 지속시키는 데도 방해가 된다.

예를 들어, 인텔(Intel)사는 지속적인 혁신을 통해 가격 경쟁을 회피해 가는 대표적인 기업이다. 인텔은 1985년 가격 경쟁 양상이 보이는 Dram 시장을 포기하고 CPU 쪽으로 역량을 집중한 결과 PC 프로세서 분야에서 90 퍼센트가 넘는 독보적인 점유율을 기록하면서 연평균 20~30 퍼센트의 성장을 이룩하였다. 1990년대 후반 저가 컴퓨터 수요가 늘어나고 비싼 인텔 칩보다는 상대적으로 저가인 AMD와 같은 경쟁업체의 프로세서가 인기를 얻어 20 퍼센트의 시장점유율을 기록하자 인텔은 기존 펜티엄 라인을 가격과 성능에 따라 저가용 PC를 위한 '셀러론'과 서버와 워크스테이션용 '지온'으로 세분화하는 정책을 시도하였다. 그러나 인텔은 마이크로프로세서 사업이 가격 경쟁 위주의 시장으로 전환될 조짐을 보이자, 인터넷 사업 등 비 마이크로프로세서 사업으로 과감히 변신을 시도하였다.

인터넷 비즈니스의 유료화 문제

인터넷 시장의 초기에는 대부분의 컨텐트웨어를 무료로 이용 가능했다. 그러나 점차 컨텐트웨어가 유료화되어 가고 있고, 이를 무료로 사용하던 고객들의 반발이 있는 것 역시 사실이다. 이에 따라 효과적인 컨텐트웨어 유료화 방안은 인터넷 비즈니스의 중요한 화두로 등장하게 되었다. 이에 컨텐트웨어 유료화를 저해하는 장애요인은 무엇이며, 성공적인 유료화의 방안은 무엇인가에 대해 살펴보도록 한다.

1. 유료화의 장애요인

컨텐트웨어 유료화의 가장 큰 걸림돌은 소비자들에게 깊이 각인된 '인터넷은 공짜'라는 인식이다. 이러한 상황에서 유료화의 강행은 고객에 거센 반발이나 이탈을 불러일으킬 수 있다.

또한, 유료화에 대한 노하우의 부족을 들 수 있다. 초기 가격은 어느 정도가 적당하며, 어떻게 사용자들을 설득해야 하는지, 유료화가 이루어졌을 때 고객 이탈이 어느 정도 될지에 대한 예측 가능성의 존재 여부, 또한 이러한 이탈에 대한 대책을 마련할 수 있는지 등에 대한 노하우가 거의 없다는 사실이다.

유료화에 따른 기술 및 제도적인 측면도 문제로 제기될 수 있다. 인터넷 거래의 주된 지불 수단으로 사용되고 있는 무통장 온라인 입금은 송금에 따르는 불편함이 존재하며, 신용카드 경우도 고객의 대상이 성인만으로 국한되며, 개인정보 유출이나 카드 번호 도용과 같은 보안문제가 존재한다. 이와 같은 유료화에 따른 지불수단이나 보안시스템 구비의 미비 문제는 유료화의 장애요인으로 작용하고 있다.

마지막, 컨텐트웨어의 유료화가 반드시 수익실현을 의미하지는 않는다는 것이다. 유료화에 따른 결제 시스템, 보안 시스템 구축, 유료화 홍보 및 광고 비용 등과 같은 유료화에 따르는 추가적인 비용과 유료화에 따른 고객 이탈을 손실 비용, 뿐만 아니라 수익이 실현되기까지는 많은 시간이 소요될 수 있다는 사실에 대한 인식이 컨텐트웨어 유료화를 저해하고 있다.

2. 성공적인 유료화의 조건

그렇다면, 성공적인 유료화의 방법은 무엇인가? 이를 위한 조건들을 살펴보면 다음과 같다.

1) 컨텐트웨어 개발에 집중

인터넷 사업에 있어 가장 중요한 핵심은 컨텐트웨어이다. 다양한 이벤트나 경품이 일시적인 트래픽(traffic) 증대를 가져올 수는 있지만, 소비자들이 원하는 컨텐트웨어가 없다면 그 사업은 오래 가지 않을 것이기 때문이다. 이를 위해, 컨텐트웨어의 제공목적을 명확히 하고, 하나의 컨텐트웨어를 여러 용도로 가공하여 많은 사용자에게 제공할 수 있어야 한다. 즉, 하나의 컨텐트웨어 상품이나 소재를 만화나 영화로 제작하고, 나아가 전자책이나 CD ROM 활용, 캐릭터 사업 등으로 확대, 발전시켜 나가야 한다는 것이다.

2) 장기적인 고객관계 개발

컨텐트웨어 유료화에 성공하기 위해서는, 무엇보다도 고객과의 '관계'를 중요시해야 한다. 즉, 단기적인 고객과의 '거래'보다는 장기적인 고객 '관계' 구축에 기업의 역량을 집중해야 한다는 것이다. 한편, 사용하기 쉽고, 빠르고, 신뢰적인 사이트를 만드는 것은 기본이고, 소비자들에게 최대한 차별화되고 독창적인 서비스를 제공해야 한다. 뿐만 아니라, 다양한 고객에게 맞는 다양한 가격시스템을 제공할 수 있어야 하며, 한 번 이용한 고객이 다시 찾아올 수 있도록 사후관리를 철저히 하는 것도 매우 중요하다. 이를 위해서는, 인터넷의 양방향 커뮤니케이션을 통하여 개별 고객의 관심사와 강력한 욕구와 필요가 무엇인지 파악하여 개인 맞춤형 컨텐트웨어를 제공하는 것이 가장 좋은 수단이 될 것이다.

3) 컨텐트웨어 특성에 맞는 위상정립

컨텐트웨어 비즈니스를 성공적으로 이끌기 위해서는, 컨텐트웨어 제공 목적에 맞는 명확한 포지셔닝이 이루어져야 한다. 기업에게 수익을 가져오는 것은, 특별하고 새로운 것을 제공하는 차별화이기 때문이다. 이를 위해, 무엇이 인터넷 사업을 독특하고 새로운 기회로 만드는지 이해하고, 표준적인 기업들과 차별화할 수 있는 곳에 초점을 맞추는 작업이 전략적으로 검토되어야 한다.

4) 오프라인 사업과 연결

오프라인 기반 기업은, 사업수행경험이 풍부하고 유통망과 브랜드 고객 등을 확보하고 있다는 점에서, 온라인 기업보다 확실한 경쟁우위를 갖고 있다. 따라서 온라인 기반 기업은 관련 오프라인 기업과의 제휴를 통한 수익창출 기회를 항상 염두에 두어야 한다. 이 밖에도 대부분의 포털 업체들이 인기몰이에 성공한 만화, 영화 등 엔터테인먼트 컨텐트웨어를 유료로 전환하여 제공하고 있는데, 이 또한 오프라인 사업과 연결을 모색하는 대표적인 예이다.

퍼미션 관리

1. 퍼미션(Permission)의 개념과 중요성

퍼미션이란 고객이 기업으로부터 컨텐트웨어를 얻고자 할 때, 그에 상응하여 지불해야 하는 대가 중의 하나로, 콜래보레이터 자신의 개인정보에 대해 공유를 허락하거나, 기업이 제공하는 정보를 받을 것을 허락하는 것을 의미한다. 즉 고객과 기업 간 서로 간의 정보의 공유를 허락하는 것이라 하겠다. 예를 들어, 기업이 소비자에게 스팸 메일을 보낼 때 수신자의 사전 동의를 얻어내야 가능한 옵트 인(opt-in) 방식도 소비자의 퍼미션을 바탕으로 한다.

그러면, 인터넷상에서 이러한 퍼미션이 중요하게 관리되어야 하는 이유는 무엇일까? 오프라인 매체는 시간과 공간의 제약이 존재하나, 인터넷은 무한한 양의 정보를 저렴한 비용과 빠른 시간에 반복해서 보낼 수 있기 때문에 고객들에게 계속해서 정보와 신상품/서비스 등에 관해 알릴 수 있다는 퍼미션을 얻고, 궁극적으로는 판매할 기회를 갖게 되는 것이다. 즉, 기업의 입장에서 보면, 고객으로부터 더 자세한 개인정보를 받아그 고객에 대해 더 잘 알면 알수록, 좀 더 나은 맞춤 컨텐트웨어를 제공할 수 있게 되어결국에는 더 많은 이익을 창출할 수 있는 기회를 잡게 된다. 확보한 퍼미션의 강도 자체가 기업이 생존할 수 있는 큰 자산이 될 수 있음을 의미한다. 즉, 퍼미션이란 고객의 저항감을 서서히 완화해 가는 과정을 통해 낯선 사람을 친구로, 친구를 고객으로, 더 나아가서 충성스러운 평생고객으로 만들어 상호 윈-윈(win-win)해 나가는 기법이라고 할수 있다(Seth Godin 2000).

그렇다면, 이러한 퍼미션을 결정하는 요인은 어떤 것이 있을까? 어떤 요인을 강화함으로써 고객에게 높은 수준의 퍼미션을 얻을 수 있을까? 이제 다음의 내용을 통해 이에 대한 대답을 찾아보자.

2. 퍼미션의 결정요인

일반적으로 퍼미션과 관련된 가장 중요한 이슈는 고객으로부터 소중한 개인 정보를 어떻게 얻어내느냐에 달려 있다고 해도 과언이 아니다. 일반적으로 이를 위한 방법으로 는 다음과 같은 것을 생각해 볼 수 있다.

첫째, 고객이 관심을 가지고 있는 것과 관련성 있는 메시지를 제공해 줄 수 있어야 한다. 인터넷을 통해 이용자로부터 어떤 구매를 이끌어내기 위해서는, 가격할인이나 쿠 폰 등에 대한 정보보다는 메시지가 자신과 얼마나 관련 있느냐가 보다 중요하다. 자신 이 필요로 하는 정보와 관련된 메시지를 얻기 위해서는 기꺼이 개인 정보를 제공할 의 사를 가지고 있기 때문이다. 고객들이 호의를 가지고 퍼미션하기를 위한 전제조건이 바 로 메시지가 얼마나 자신과 관련이 있고 개인화되어 있느냐 하는 것이다.

둘째, 사생활을 존중해야 한다. 많은 인터넷 사용자들은 개인 정보 공유에 앞서 웹 사이트에 사생활 보호정책에 대한 언급이 있어야 한다고 생각하고 있으며, 실질적으로 대다수의 인터넷 사용자들이 사이트에 등록하기 전에 사생활 보호정책에 대해 읽어 본 다는 사실을 명심해야 한다.

셋째, 소비자 개인정보 퍼미션의 대가로 더 나은 서비스를 제공해야 한다는 것이다. 마지막으로는, 축적되는 인터넷 정보를 활용하여 개별적인 맞춤서비스를 제공해야 한 다. 예를 들어, 방문 고객이 주식에 관심이 많다는 사실을 알아냈다면, 그 고객에게 주 식 정보를 최우선으로 제공해야 한다.

한편, 퍼미션 강도를 결정하는 이러한 요인들을 고려하여 퍼미션의 강도를 결정하 는 종합적인 개념적 모형을 제시하면 그림 10-7과 같다(Kirshmanurthy 2001). 즉, 퍼미션 강도의 결정은 퍼미션 의향에 의해 결정되는데, 이때 퍼미션 의향을 결정하는 것은 다음과 같은 많은 요인들이 복합적으로 작용한다는 것이다. 그 요인들을 살펴보면 다음과 같다.

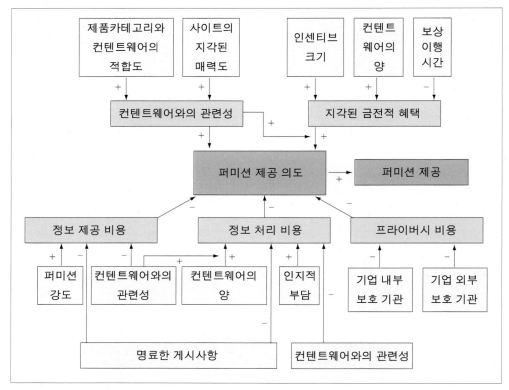

그림 10-7 퍼미션의 개념적 틀
자료원 : Kirshmanurthy, Samdeep(2001) 수정 후 인용.

웹사이트상에서의 소비자의 자기정보공개

대표적인 퍼미션의 종류가 소비자가 자신의 정보를 기업에게 제공하는 것이다. 특히 웹사이트상에서의 자기정보공개는 마케팅 전략 수립에 활용될 뿐만 아니라 정보를 공개한 웹사이트에 대한 태도까지 긍정적으로 변화시킨다. 그렇다면 기업의 입장에서 어떻게 하면 소비자들이 공개하는 자기정보의 양과 정확성을 높일 수 있을까?

첫 번째, 개인에게 정보통제권을 주어야 한다. 소비자가 자신의 정보를 공개하면서 가장 우려되는 부분 중의 하나가 자신의 정보가 타인에 의해서 임의로 사용될지 모른다는 사실이다. 이때 개인에게 자신의 정보에 대한 공개 여부나 기업의 메일링 리스트에서 자신의 정보를 제거할 수 있는 권한을 부여하는 등의 자기 정보에 대한 통제권을 준다면 소비자들은 더 많은 양의 정확한 정보를 기업에 제공하게 된다.

두 번째, 금전적 보상보다는 개인화된 보상을 제공해야 한다. 기업과 소비자는 기본적으로 경제적 교환관계를 기반으로 하고 있으므로 개인의 정보제공을 유도하기 위하여 기업은 정보공개에 대한 반대급부를 제공한다. 그러나 전기흥과 이두희, 임승희 (2005)의 연구 결과를 보면 소비자의 자기정보공개 대가로 금전적 대가를 제공하였을 때 소비자가 공개하는 정보의 양은 많을지 모르나 정보의 정확성은 떨어지는 것으로 나타났다. 그러나 개인화된 보상을 제공한 경우에는 공개하는 정보의 양과 정확성이 모두 높은 것으로 나타났다.

세 번째, 소비자와 웹사이트 간의 관계의 질을 높여야 한다. 개인이 해당 기업이나 웹사이트에 대해 만족하고 신뢰할수록 외부적 요인이나 금전적 보상이 아니더라도 자신에 대해 더 많이 드러내게 된다. 개인 간의 관계에서도 친밀감이 높을수록 자신에 대해 더 많이 드러내는 것처럼 기업과 소비자와의 관계에서도 상호 간의 친밀감이 높을수록 자신의 드러내고자 하는 정서적 동기가 높아지게 된다. 기업과 소비자 간의 신뢰와 친밀감을 바탕으로 한 관계는 소비자가 자신에 대한 정보를 자발적으로 공개하게 하는 내재적 동기를 높여줄 뿐만 아니라 장기적인 관계유지에도 긍정적인 영향을 미치게 된다.

자료원: 임승희, 이두희(2005); 전기흥, 이두희, 임승희(2005)

1) 컨텐트웨어와의 관련성

소비자는 자신의 필요에 맞는 컨텐트웨어를 제공받는다면 퍼미션할 의향이 높아질 것이다. 소비자가 자신의 퍼미션 강도를 결정해야 할 때에는 제공받는 컨텐트가 얼마나 자신에게 필요한 것인가를 판단할 것이다. 따라서 이러한 판단이 부정적이라면, 퍼미션을 할 의향은 낮아지게 될 것이다. 하지만 반대로 자신이 원하는 컨텐트웨어를 제공해 주는 사이트라면 그러한 컨텐트웨어를 이용하기 위해 퍼미션 강도수준을 기꺼이 높일 의향을 가지게 될 것이다. 컨텐트웨어와의 관련성은 다음의 두 요인에 의해 다시 영향을 받는다.

먼저 카테고리－컨텐트웨어 적합도이다. 예를 들어, 소비자가 자신이 관심 있는 정보 분야(카테고리)를 영화라고 기입하였다고 할 때, 새로운 영화제 관련 컨텐트웨어를 제공받는다면 카테고리와 컨텐트웨어의 적합도는 높다고 할 수 있다. 그러나 만일 신형 컴퓨터에 대한 컨텐트웨어를 제공받는다면 카테고리와 적합도는 낮아지는 것이다. 즉, 자신이 관심 있어 하는 카테고리에 근거한 컨텐트웨어를 제공받는다면 소비자들은 그러한 컨텐트웨어를 더욱 관련성 있게 느낄 것이다. 따라서 카테고리와 컨텐트웨어의 적합도가 높을수록, 퍼미션 의향에 긍정적인 요인으로 작용할 것이다.

또한, 사이트의 지각된 매력 역시 컨텐트웨어와의 관련성에 영향을 미치는 요인이다. 소비자들은 자신의 필요에 맞는 컨텐트를 제공받는다고 하여도, 그 정보를 제공하는 사이트가 어떤 사이트인가를 고려한다. 즉 자신이 선호하는 사이트에서 제공하는 컨텐트웨어일수록 더 관련성이 있다고 느낄 것이며, 이는 결국 퍼미션 의향에 긍정적인 요인으로 작용할 것이다.

2) 금전적 혜택

소비자는 퍼미션을 주는 과정을 귀찮은 일로 여길 수 있다. 그렇기 때문에 마이포인트(www.mypoints.com)의 경우에는 메시지를 읽는 고객(시간이나 노력을 허락하는 고객)에게 포인트를 지급한다. 이렇게 포인트를 적립한 고객은 온라인 구매시에 포인트 점수를 이용함으로써 금전적 혜택을 받는 셈이 되는 것이다. 결국, 소비자들은 퍼미션의 대가로 얻는 금전적 혜택이 클수록 퍼미션 제공 의향이 높을 것이다. 이러한 금전적 혜택에 영향을 미치는 요인으로는 다음과 같은 세 가지가 있다.

첫째, 인센티브 크기이다. 소비자들이 어떤 사이트에 퍼미션을 줌으로써 얻게 되는 인센티브가 클수록, 소비자가 느끼는 금전적 혜택은 클 수밖에 없을 것이다. 둘째, 컨텐트웨어의 양이다. 퍼미션을 줌으로써 금전적 혜택을 주는 프로그램은 대부분 소비자들이 더 많은 컨텐트웨어를 볼수록 더 많은 보상을 제공한다. 따라서 처리해야 할 정보의 양이 많다면 소비자들은 그로 인해 더 많은 금전적 혜택을 받을 것이라고 느끼게 되는 것이다.

마지막으로 퍼미션에 대해 보상해 주는 시간이다. 소비자들은 퍼미션에 따라 보상을 받는다면 되도록 빠른 시간 내에 받게 되기를 원한다. 따라서 소비자들은 동일한 보상을 받더라도 보상해 주는 시간이 짧을수록 금전적 혜택이 더 크다고 지각하게 된다. 단, 금전적 보상으로 촉진되어 제공된 정보는 그 정확성과 질이 낮을 수 있다는 점을 간과해서는 안 된다.

3) 정보 제공 비용

정보 제공 비용이란 소비자가 자신에 대한 정보를 제공함에 따른 노력이다. 높은 수준의 퍼미션을 위해서는 소비자들은 자신에 대한 자세한 정보를 제공해야 한다. 따라서 자세한 정보를 기입하고, 수정하는 일은 소비자들에게는 귀찮은 일이 된다. 따라서 퍼미션을 요구할 때 너무 많고 자세한 정보를 요구한다면 소비자들이 퍼미션할 의향에 부정적으로 작용하게 된다는 것이다. 이러한 정보 제공 비용은 다음과 같은 세 요인에 의해 영향을 받는다.

첫째, 퍼미션 강도이다. 소비자에게 높은 수준의 퍼미션 강도를 얻기 위해서는, 자세하면서도 많은 정보를 소비자에게 요구하게 마련이다. 즉, 소비자들은 매우 구체적이며 개인적인 정보를 기입해야 할 것이고, 이러한 과정은 많은 시간과 노력을 요구하게 된다. 따라서 소비자 입장에서는 퍼미션의 강도가 높아질수록 정보 제공에 따른 비용은 높아지게 되고, 결국 소비자들의 퍼미션 의향에 부정적인 요인으로 작용할 수 있다.

둘째, 컨텐트웨어와의 관련성이다. 소비자가 퍼미션을 주는 중요한 목적 중의 하나는 자신이 필요한 정보를 제공받기 위함이다. 그러므로 컨텐트웨어와의 관련성이 높다면 소비자들은 그들의 초기 정보 스키마(schema)로 돌아가 그것을 수정할 필요를 느끼지 못한다. 따라서 컨텐트웨어와의 관련성이 높을수록 정보 제공비용은 낮아져, 소비자들의 퍼미션 의향에 긍정적인 요인으로 작용할 것이다.

정보 제공 비용에 영향을 미치는 마지막 요인은 퍼미션을 요구하는 지시사항의 명료성이다. 소비자가 퍼미션할 의향으로 정보를 제공하려고 할 때, 정보 제공시 요구하는 지시 사항이 매우 명료하고 논리적인 구조로 되어 있다면 정보 제공에 따른 어려움이 덜하게 될 것이다. 하지만 반대의 경우라면 정보 제공 과정이 매우 혼란스러워지며 질문이 무엇을 의미하는지 이해하고 대답을 제시하는 데 많은 시간과 노력이 필요할 것이다. 따라서 소비자들은 정보 제공시 요구하는 지시사항이 명료할수록 정보 제공 비용은 낮아지게 되어, 퍼미션 의향에 긍정적으로 작용할 것이다.

4) 정보 처리 비용

정보 처리 비용이란, 소비자가 컨텐트웨어의 내용을 읽고, 이해하는 데 요구되는 비용을 의미한다. 소비자들은 퍼미션을 주기 위해 정보 제공에 따른 노력이 필요할 뿐만 아니라, 퍼미션한 후에도 제공되는 정보를 읽고 이해하기 위해서도 추가적인 노력이 요구된다. 만일 컨텐트웨어의 내용이 자신과 관련 있는 내용이라고 하더라도 컨텐트웨어를 제시하는 방법이 복잡하거나 혹은 컨텐트웨어를 논리적인 순서에 의해 제시하지 못한다면 소비자들은 이를 이해하기 위해 많은 인지적 노력을 들여야 한다. 따라서 정보처리에 따른 비용이 많이 들수록 퍼미션할 의향은 낮아지게 될 것이다. 이러한 정보 처리 비용은 다음의 네 가지 요인에 의해 영향을 받는다.

첫째, 인지적 부담이다. 퍼미션 후에 제공받는 컨텐트웨어를 읽고 이해하기 위해서는 인지적 부담이 따른다. 동일한 정보를 제공받더라도 소비자들에 따라 다른 인지적 처리를 하게 된다. 따라서 인지적 부담이 크다고 느끼는 소비자일수록 정보 처리 비용을 높게 느낄 것이며, 이는 결국 퍼미션 의향에 부정적인 요인으로 작용할 것이다.

둘째, 컨텐트웨어의 양이다. 만일 소비자가 많은 사이트에 퍼미션함으로써 많은 컨텐트웨어를 제공받고 있다면 그러한 정보를 모두 처리하기 위해서는 많은 정보처리 비용이 필요하다. 더욱이 유사한 컨텐트웨어를 여러 번 제공받는다면 소비자들을 더욱 지루하게 만들 것이다. 따라서 개인에게 제공되는 컨텐트웨어의 양이 늘어날수록 정보처리에 따른 비용은 높아지게 되고, 이는 결국 퍼미션 의향에 부정적인 요인으로 작용할 것이다.

셋째, 컨텐트웨어와의 관련성이다. 만일 소비자가 많은 정보를 제공받는다고 하여도, 그것이 자신과 무관할 때보다는 관련이 있다고 느낄 때 컨텐트웨어를 이용하려고 할 것이다. 즉, 컨텐트웨어의 관련성은 컨텐트웨어 양의 부정적 효과를 줄여줄 수 있는 요인으로 작용한다. 따라서 컨텐트웨어의 관련성이 높은 경우라면 컨텐트웨어의 양의 증가가 정보 처리 비용에 미치는 부정적 영향의 정도를 줄여줄 수 있을 것이다.

마지막으로 앞서 정보 제공 비용에 영향을 미쳤던 퍼미션 요구 시 지시사항의 명료성은 정보 처리 비용에도 영향을 미치게 된다. 소비자들이 받게 되는 컨텐트웨어 내의 지시사항이나 요구 사항이 명백하다면 소비자들은 그러한 정보를 처리하는 데 적은 비용이 필요할 것이다. 그러므로 지시사항이 명료할수록 소비자들의 정보처리 비용은 낮아져, 퍼미션 의향에 긍정적인 영향을 미칠 것이다.

5) 프라이버시 비용

소비자들은 퍼미션시 제공하는 자신의 개인적 정보가 다른 용도로 사용되지 않을까에 대해 불안해한다. 프라이버시 비용은 바로 자신의 개인적인 정보가 어떻게 사용될지모른다는 불안감에 대한 정신적 비용이다. 특히 인터넷상에서는 소비자들이 프라이버시에 대해 더욱 예민하게 반응하는 경향이 있기 때문에, 거짓된 정보를 제공할 확률이높다. 따라서 자신의 정보 제공에 따른 걱정으로 인해 발생하는 프라이버시 비용이 많이 든다면 소비자들은 퍼미션하기를 꺼릴 것이다. 그러므로 퍼미션의 강도를 높이기 위해서는 자신이 제공하는 정보가 안전할 것이라는 신뢰를 주는 것이 매우 중요하다. 이러한 프라이버시 비용은 기업 내부와 외부의 보호 정책에 의해 영향을 받는다.

프라이버시 비용은 각 기업이 소비자의 개인 정보를 책임감 있게 보호하고 있다는신뢰를 제공할 때 감소할 수 있을 것이다. 따라서 개인 정보 보호 정책과 같은 기업 내부의 개인 정보 보호 정책이 있다면 소비자들의 프라이버시 비용을 낮게 지각하게 되어, 퍼미션 제공 의향에 긍정적인 영향을 미칠 것이다.

또한, 기업 내부뿐만 아니라 사이트의 개인 보호 정책을 감시하는 외부 기관이 있다면, 소비자들은 개인정보노출에 더욱 안심할 수 있을 것이다. 결국, 이러한 외부의 보호정책이 존재한다는 사실을 소비자들이 지각하게 되면, 프라이버시 비용을 낮출 수 있어퍼미션 제공의향에 긍정적으로 작용하게 될 것이다.

3. 퍼미션 관리시 고려요인

효과적인 퍼미션 관리를 위해서는 다음과 같은 요인들에 대한 고려와 체계적인 분석이 요구된다.

첫째, 고객을 유인하기 위한 보상이 적당한가를 생각해 보아야 한다. 이때 보상은반드시 상품이나 금전일 필요는 없으며, 쿠폰이나 흥미 있는 주제에 대한 정보가 될 수도 있고 혹은 특수계층의 구성원으로 만드는 것일 수도 있다. 특히 전기흥과 이두희, 임승희(2005)의 연구에 의하면 금전적 보상의 경우 공개하는 정보의 양에는 긍정적 영향을 미치지만 공개하는 정보의 정확성은 떨어뜨리는 것으로 나타났다. 그러나 개인화된 정보 보상의 경우 공개하는 정보의 양과 정확성 모두에 긍정적인 영향을 미치는 것으로 나타났다. 보상이 고객들의 반응을 일으킬 만한 확실한 보상이 된다면 다른 경쟁업체보다 더 많은 고객을 유인할 수 있을 것이다. 고객의 퍼미션을 얻기 위한 효과적인 보상이 되려면, 보상에 대해 설명하기 쉬워야 하고 표적고객 대부분이 원하는 것이어야 하며, 전달할 때 비용이 많이 들지 않는 것이어야 한다. 또한, 마케팅 관리자가 제공하고자 하는 컨텐트웨어와 함께 제공되어야 하며, 궁극적으로 전하고자 하는 메시지가 컨텐트웨어와 일치하는 것이 바람직하다.

둘째, 퍼미션을 확보하기 위해 얼마나 많은 비용이 드는지 고려해야 한다. 퍼미션을 얻기 위해서는 항상 어떤 대가를 치러야 한다. 예를 들어, 오프라인에서는 광고비용을 마케팅 캠페인 참가 예상자 수로 나누면 되듯이, 온라인에서는 미디어에 드는 비용을 퍼미션 수로 나누는 것도 한 방법일 것이다.

셋째, 확보한 퍼미션의 수뿐만 아니라, 깊이도 중요하다. 어떤 소비자가 자신에게 인터넷 카탈로그(e-catalog)를 보낼 수 있는 권한을 한 마케팅 관리자에게 주었다면 이 고객은 모든 것을 준 것이나 마찬가지다. 이때 고객이 기대하는 것을 정확하게 파악한다면 퍼미션이 오용되거나 취소되는 일은 없을 것이기 때문이다.

넷째, 퍼미션을 받고 메시지를 보내면, 얼마만큼의 반응을 보이는지 점검해야 한다. 물론 메시지를 더욱 개별적이고 관련 있는 것으로 만들수록 응답률은 높을 것이다.

다섯째, 기업은 퍼미션을 자산으로 취급하여야 한다. 퍼미션이란 시간이 지나면서 분산될 수도 증가할 수도 있기 때문이다. 따라서 공장의 재고를 점검하고 은행계좌의 잔고를 확인하듯 퍼미션 기반 또한 매일 평가하여야 한다.

여섯째, 퍼미션 기반이 구축된 이후에는, 이를 어떻게 활용할 것인가도 중요한 문제이다. 퍼미션을 활용해 신제품을 판매뿐만 아니라, 제품의 소비를 늘리기도 하고 다른 업체와의 파트너십을 늘려 퍼미션을 단계적으로 공유할 수도 있기 때문이다. 따라서 처음 퍼미션을 얻는 것뿐만 아니라, 구축된 퍼미션을 유지하는 것 역시 간과해서는 안 된다.

마지막으로, 퍼미션의 수명을 연장시켜야 한다. 만약 퍼미션이 일시적인 것이라면 마케팅 관리자는 그렇게 많은 투자를 할 필요가 없을 것이다. 따라서 마케팅 관리자는 단기적인 퍼미션을 장기적인 것으로 바꿀 수 있어야 한다.

인센티브를 이용한 퍼미션 획득, 미디어잡

 소비자들에게 자신의 정보를 자발적으로 끌어내기란 매우 어려운 일이다. 그래서 대부분 사이트들은 소비자들이 제공한 정보에 대해 금전적, 비금전적으로 혜택을 부여하고 있다. 인터넷 업체들에서 보유하고 있는 대부분의 개인 정보는 사이트 가입초기의 정보를 바탕으로 하고 있기 때문에, 시간이 지나면서 변화하는 개인의 다양한 정보를 파악하기 어렵다는 단점이 있다. 특히 개인의 정보가 자사의 사업에서 큰 비중을 차지하는 취업 사이트는 지속해서 고객들의 이력서를 업데이트해야만 헤드헌터와 기업들에게 다양한 정보를 제공할 수 있다. 그래서 매스컴 관련 취업 포털사이트인 미디어잡에서는 고객들에게 인센티브를 제공함으로써 개개인의 이력서에 대한 최신 정보를 업데이트하도록 한다. 이력서를 수정한 고객에게 3일간 유료서비스를 무료로 제공한다. 회원들은 이러한 인센티브를 통해 더욱 특화된 채용공고를 검색할 수 있고, 자신의 이력서를 채용회사에 추천하는 서비스를 받게 된다.

미디어잡(www.mediajob.co.kr)의 초기화면

인터넷상에서의 결제 및 보안

1. 인터넷상에서의 전자결제 방법

인터넷 비즈니스에서는 안전하고 신뢰할 수 있는 전자결제시스템의 구축이 필수적이다. 전자결제시스템의 분류에 있어서, 기존 연구들은 각각 상이한 관점에서 다양한 형태로 구분하고 있으나, 전자화폐, 전자수표, 전자 자동이체, 신용카드 등의 네 가지 유형으로 구분하는 것이 일반적이었다. 또한, 소액대상의 결제에 한해서는 카드나 소프트웨어에 가치저장을 하지 않고, 휴대전화를 이용하여 결제하는 방식으로 통신요금 고지서에 합산하여 청구하는 형태의 폰청구(PhoneBill)방식이 각광을 받고 있다(김준한, 이경형 2001).

1) 전자화폐(선불카드형)

전자화폐(e-cash)는 일반적으로 유동성, 양도 가능성, 범용성, 익명성 등 현금의 기능을 갖추고 있을 뿐만 아니라 원격송금성, 수송상의 비용 절감, 금액의 분할 및 통합의 유연성, 전자성 등과 같은 특성 덕분에 현금의 단점까지도 보완하는 기능을 가지고 있다. 따라서 전자상거래에서 전자화폐가 갖고 있는 다양한 특성이나 장점은 앞으로 신용카드와 더불어 차세대의 전자결제수단으로 대두될 것으로 예상된다.

| 결제수단선택 | ◉ 신용카드 | ○ 실시간계좌이체 | ○ 온라인(무통장)송금 |
| | ○ 휴대폰결제 | ○ 선택안함 | |

그림 10-8 인터넷 전자결제수단 선택 화면

인터넷 시대 새로운 화폐의 탄생, 사이버 머니

사이버 머니는 실제 돈은 아니지만 사이버 공간에서 온라인 쇼핑을 즐기거나 게임을 할 때, 돈처럼 사용할 수 있는 화폐를 말한다. 인터넷 공간에서 인터넷 사이트의 용품을 사거나 인터넷 게임을 할 때 돈처럼 쓰인다. 대표적인 사이버 머니로는 싸이월드의 도토리와 인터넷 쇼핑몰이나 SNS 등에서 사용되는 초코, 엽전, 캔디, 고추씨 등이 있다. 이런 사이버 머니는 사이버 공간에서 물건이나 게임 아이템을 사는 데 이용되었지만, 최근에는 선물이나 기부에 이르기까지 다양하게 활용되고 있다.

특히 대표적인 사이버 머니로 싸이월드에서 사용되고 있는 도토리를 들 수 있다. 한 개에 100원인 '도토리'로 불리는 사이버 머니는 10대와 20대에서 인기를 끄는 개인 미니 홈페이지인 대부분의 싸이월드의 이용자에게는 필수품이다. 인터넷에 미니룸을 운영하는 젊은이들은 방을 예쁘고 감각적으로 꾸미기 위해 도토리를 구매한다. 배경화면 및 음악, 자신의 아바타(미니미)가 사는 거실의 가구 및 소품 구입에 사이버 머니를 쓴다. 배경화면만 해도 비싼 것은 일주일에 도토리 15개(천오백 원) 수준에다 유효기간이 있어 젊은 층에게는 제법 부담이 되어 너무 비싸다는 반발도 적지 않았지만 이러한 현상은 요즘 젊은 층의 사고를 생각해 보면 이해할 수 있다. 이들 세대에게는 현실과 사이버 세상의 구분이 무의미하므로 인터넷상 세계도 현실로 생각하는 경향이 있다. 또한, 세계에서 유례없이 한국에서 개인 미니홈페이지의 치장 열풍이 생긴 것은 감성적 접촉을 선호하는 한국인의 특성 때문일 것이다. 이런 사이버 머니에 대한 선호와 관련 산업의 성장으로 사이버 머니 사용은 점차 더 확대될 것으로 전망된다.

싸이월드 도토리 탄생 10주년 기념 이벤트 화면
자료원: 아시아투데이, 2011년 9월 20일 이미지 사용.

카카오톡 사이버 머니 '초코' 충전화면
자료원: 동아일보, 2012년 6월 28일자 이미지 사용.

자료원: 김수경(2011); 김유경(2009); 허미혜(2012) 수정 후 인용

2) 전자수표

전자수표는 발행, 교환, 추심 등 수표거래의 전 과정에 걸쳐 인터넷이나 다른 공중 통신망을 이용한 전자상거래상의 지급수단이다. 즉, 전자수표 시스템은 상인과 소비자 들이 누구에게 어떠한 목적으로든지 온라인 결제를 위하여 이메일을 통해 전자수표를 사용할 수 있고, 전자수표의 수령자는 역시 전자우편을 통해 은행에 이를 예치할 수 있 다. 전자수표의 개념은 전통적인 기존 수표(paper check)의 개념과 비슷하다.

전자수표는 종래 수표거래시의 특성을 그대로 유지하며, 종이 수표에 표시되는 모 든 정보를 포함한다. 즉, 인터넷 상거래를 통하여, 물품구입 후 대금청구서를 수령한 물 품구매자가 자신의 컴퓨터를 이용하여 자신의 은행에 지급, 제시하고, 전자적 추심과정 을 거쳐서 제품에 대한 판매대금을 회수하는 시스템이다.

전자수표는, 전자화폐가 소액의 대금결제 등 실험적 운용에 머물고 있는 것과는 달 리, 비교적 고액의 거래에 선택적으로 이용할 수 있도록 하는 목적에서 개발되고 있다. 즉, 거래대금은 사용자의 카드에 저장된 지급보장 한도의 일부를 차감하는 형식으로 지 급되며, 기존의 수표교환 시스템을 이용하여 소비자의 은행계좌에서 판매자의 계좌로 이체되어 수취하는 방법을 이용하게 된다. 이는 전자화폐가 은행계좌의 잔액과는 상관 없이 사용할 수 있는 점과는 구별된다. 따라서 전자수표도 종이 수표처럼 부도의 위험성을 안고 있다.

3) 전자자금 이체

전자자금 이체는 가정이나 기업에서 PC나 전화기를 이용하여 은행을 통해 전자자금이체 등 은행 관련 업무를 처리하는 결제 방식이다. 가정이나 기업에서는 PC, 전화기를 통해 공중회선에 접속하면 은행의 컴퓨터와 온라인으로 연결되게 되고, 입출금 명세, 예금 잔액 등의 금융정보를 획득하며, 계좌간의 이체 등도 할 수 있다. 이를 흔히 홈뱅킹(개인 – 은행 간 금융거래), 펌뱅킹(기업 – 은행 간 금융거래)이라고 한다. 특히, 중소 인터넷 쇼핑몰은 신용카드 등의 결제수단의 미비로 대부분 홈뱅킹 또는 ATM이나 우체국을 통한 대금송금에 의존하고 있다. 이러한 홈뱅킹과 펌뱅킹을 가상공간에서 운영하는 대표적인 가상은행이 마크 트웨인 은행(Mark Twain Bank)이다. 물론, 마크 트웨인 은행은 본래 미국 내의 지방은행으로, 처음부터 가상은행으로 출발한 것이 아니었다. 그러나 Digi – Cash사의 전자화폐를 적용하여 전자결제시스템을 채용하면서 알려지게 된 것이다. 또한, 이 가상은행은 네트워크형 전자화폐를 개발 운영하는 것으로도 유명하다.

4) 신용카드 지불시스템

인터넷 신용카드 지불시스템은, 인터넷을 통해 신용카드 번호를 기업에 전달하여 상거래가 이루어지도록 하는 지불시스템이다. 흔히 지불브로커(payment broker) 시스템이라고 불리는데, 신용카드나 은행계좌의 잔고 등을 지불매개체로 하는 것이다. 이는 네트워크상에서 전자적인 지불을 할 때, 전자화폐 데이터를 전송하는 것이 아니라, 신용카드 번호나 은행계좌 등을 암호화해서 전달하고 실제 지불은 신용카드나 은행계좌의 잔고에서 지불이 일어나는 방식이다.

이때 신용카드를 이용한 전자상거래 시스템을 구축하기 위해서는 암호화와 인증기술이 필요하다. 퍼스트 버추얼(First Virtual: www.fv.com), 사이버 캐시(Cyber Cash: www.cybercash.com) 같은 회사들은 기술력을 바탕으로 신용카드를 이용한 전자지불을 지원하고 있다. 또한, 마스터카드(Mastercard: www.mastercard.com)

와 비자(VISA: www.visa.com) 같은 신용카드회사에서는 전자상거래에서 신용카드지불을 지원할 수 있도록 절차를 기술한 SET(Secure Electronic Transaction)라는 프로토콜을 제시하고 있다.

5) 모바일 결제

모바일 결제란 사용자가 인터넷상에서 디지털 컨텐츠를 구매할 때 자신의 휴대폰 번호와 주민등록번호를 입력한 뒤 휴대폰으로 전송된 인증번호를 넣어 결제하는 방식을 말한다. 모바일 결제는 휴대폰만으로 간편하게 소액 결제를 처리할 수 있어 온라인 쇼핑시 이용자의 편리성을 높일 수 있다. 모바일 결제의 이러한 편리성 덕분에 2009년 이후 모바일 쇼핑의 규모는 200배 증가하여 2011년에는 6,000억 원 규모에 이르고 있다. 그러나 모바일 결제 시장의 급성장과 함께 모바일 기기 분실 및 도난에 의한 개인정보 유출에 대한 우려들이 문제점으로 지적되고 있다.

삼성카드, 스마트 간편결제 서비스

삼성카드가 스마트폰의 다양한 애플리케이션을 활용한 간편 결제서비스를 제공하고 있어 주목받고 있다. 삼성카드 애플리케이션은 카드 이용내역과 명세서 조회, 포인트 조회 등 카드이용에 관한 기본서비스는 물론, 현금서비스, 카드론 등 금융서비스와 카드신청, 우대혜택 가맹점 정보, 도난분실 신고 등 각종 신용카드 서비스를 편리하게 이용할 수 있다.

특히 사용자가 즐겨 이용하는 메뉴 항목을 기존 스마트폰과 유사한 방법의 편집 기능을 통해 재구성할 수 있으며, 페이지의 70% 이상이 단말기 상에서 구동되는 사용자 중심 개발방식을 채용해 타 금융 애플리케이션보다 빠른 로딩속도를 자랑한다. 이러한 편의성을 통해 삼성카드는 주변의 우대혜택 가맹점을 스마트폰을 통해 손쉽게 찾을 수 있도록 도와주는 'Shop Finder' 애플리케이션도 선보이고 있다.

또 다른 결제방식 중에 하나가 바로 '모바일 공과금 결제 서비스'다. 삼성카드는 IT솔루션 개발업체인 더존 비즈온과 함께 생활 속 각종 공과금을 스마트폰을 이용해 편리하게 신용카드로 납부할 수 있도록 만들었다. 모바일 공과금 결제서비스는 지로청구서를 받은 후 대금납부를 위해 별도로 은행을 방문하거나 계좌 이체할 필요 없이 지로청구서에 찍힌 QR코드를 읽어 청구내용을 바로 확인하고, 삼성카드를 이용해 대금을 납부할 수 있다.

삼성카드 모바일 애플리케이션 화면
자료원: K모바일, 2012년 05월 23일자 이미지 사용.

또한 삼성카드 모바일 기프트카드를 통해 스마트폰으로 선물을 주고받을 수 있다. 기존 통신사 기프티콘과 기프티쇼가 특정상품과 1대1로 교환하는 방식이었다면, 삼성 모바일 기프트카드는 해당 제휴처에서 물건 구입시 특정상품에 제한 없이 잔액 범위 내에서 자유롭게 사용할 수 있어 그 활용범위가 더욱 넓어졌다. 모바일 기프트카드는 스타벅스, 미스터피자, 아웃백스테이크하우스, 아리따움, 롯데시네마, 배스킨라빈스, 교보문고, 음악사이트 도시락 등에서 사용할 수 있으며, 국내 온라인 오픈마켓 1, 2위 업체인 G마켓과 옥션에서도 이용할 수 있다.

휴대폰으로 전송되는 인증번호는 결제 때마다 매번 인증번호가 새롭게 만들어지는 OTP 방식이 적용돼 안정성을 높였다.

자료원: 박보근(2012); 홍민기(2012) 수정 후 인용

지금까지 전자화폐, 전자수표, 전자 자금이체, 신용카드, 모바일 결제의 전자 결제 유형들을 살펴보았다. 이러한 방법들이 각각 지니는 장단점을 살펴보면 표 10 – 1과 같다.

표 10·1 전자결제 유형별 장단점 비교

구 분	장 점	단 점
전자화폐	• 정부측면에서 무자료거래 등 음성 탈루 소득 방지 • 기업측면에서 기존 어음제도 방지로 유리	• 소비자측면에서 선불제이므로 자금 운용 상 불리 • 인식부족에 의한 단기적인 활용도 저하로 수요감소요인으로 작용
전자수표	• 소비자측면에서 후불제이므로 자금운용상 유리 • 기업측면에서 다소 신용카드보다 수수료 낮음	• 소비자인식부족과 번거로움으로 이용도 저하
전자자금 이체	• 금융기관측면에서 시스템구축 이용 및 수수료 수입 증가	• 소비자측면에서 별도의 이체행위를 해야 하는 번거로움과 추가비용 발생
신용카드	• 금융기관측면에서 시스템구축 이용 및 수수료 수입증가 • 소비자측면에서 후불제이므로 자금운용상 유리 • 기업측면에서 카드소지가 보편화되어 있어 이용률 확대에 유리	• 기업측면에서 추가비용 발생(카드 수수료)
모바일 결제	• 휴대폰만 있으면 간단하게 이용할 수 있어 편리함	• 모바일 기기 분실 시 개인정보 유출 우려

2. 전자보안

신용카드를 이용한 전자상거래 시스템을 구축하기 위해서는 암호화와 인증기술이 요구된다. 이때, 암호화란 송신하는 데이터를 제3자에게 노출되지 않게 하는 기술이며, 인증기술은 데이터 통신자가 본인임을 확인하는 기술이다. 대표적인 신용카드 전자결제베이스는 SET, SSL, Cyber Cash, Fiest Virtual 등이 있는데, 각각에 대해 살펴보도록 한다.

SET(Secure Electronic Transaction)는 암호학의 방법론이 가장 잘 결합한 형태의 전자결제방안으로 평가받고 있다. 또한, SET은 신용카드 기반 전자결제를 위한 표

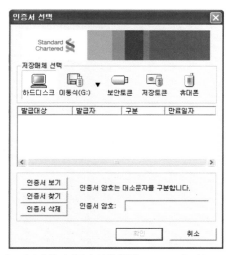

그림 10-9 인터넷 공인인증서 선택 화면(www.standardchartered.co.kr)

준안이기도 하지만 계좌이체나 직불카드 등의 결제수단에도 확대될 수 있는 구조이다.

SSL(Secure Socket Layer)은 인터넷을 통해 정보교환시 보안기능을 강화하기 위해 넷스케이프 사에서 개발한 통신규약 프로토콜을 의미한다. 이러한 SSL 방식은 일반적으로 사용되었지만, SSL 방식을 보다 강화한 128비트 SSL이 개발됨에 따라, 프로그램을 다운로드 받는 번거로움을 갖고 있는 SET 방식보다 선호되고 있다.

한편 사이버 캐시(Cyber Cash)는 컴퓨터에 내장된 전용소프트웨어에 미리 신용카드 번호를 기억시키고, 암호화된 카드정보로 네트워크상에서 결제에 이용되도록 하는 전자자금결제방식이다. 이 서비스는 사이버 캐시(Cyber Cash: www.cybercash.com)에서 결제소프트웨어(Cyber Cash Wallet)를 다운로드 받기만 하면 되므로, 이용방법이 매우 간단하다는 것이 장점이다. 인터넷에서 물품을 구입하고자 할 때 사이버 캐시의 아이콘을 클릭하고, 나타난 화면에서 사용할 신용카드를 선택하고 신용카드 번호만 입력하면 결제소프트웨어에 의해 이 회사의 전자지급시스템에서만 해독할 수 있는 암호화된 정보로 전송되어 자금결제가 이루어진다.

인터넷 전자 상거래에서 개인의 신원확인이나 거래사실 증명을 위해 사용되는 것 중 하나가 전자서명이다. 이 전자서명을 안전하게 하려고 만든 것이 공인인증서이다. 이 공인인증서 안에는 발행기관 식별정보, 가입자의 성명 및 식별정보, 전자서명 검증

454

키, 인증서 일련번호, 유효기간 등이 포함되어 있어 전자상거래에서 ID와 비밀번호만 입력하면 전자서명이 생성된다. 이렇게 생성된 전자서명은 실제 서명과 같은 법적 효력을 가지며 전자상거래, 인터넷뱅킹, 증권, 보험, 서류 발급, 세금 납부 등의 분야에서 활용된다(서동민 2011).

요   약

커미트먼트란 소비자가 자신의 목적 달성을 위해 컨텐트웨어를 얻고자 할 때, 그에 상응하여 지불해야 하는 대가로 특정 컨텐트웨어를 소비함으로써 얻게 되는 효용에 부여된 교환가치를 의미한다. 커미트먼트는 수익실현의 원천이므로, 최적의 커미트먼트를 결정하는 것은 기업의 매우 중요한 의사결정이다. 커미트먼트는 금전적인 요소인 가격과 비금전적 요소인 퍼미션으로 크게 구분될 수 있다.

인터넷 가격은 오프라인 가격에 비해 가격비교가 쉽기 때문에, 소비자들의 가격 민감도가 훨씬 증대되는 양상을 보인다. 가격을 결정하기 위해서는 자사의 마케팅 목표, 원가구조, 소비자의 반응, 경쟁자의 원가구조와 가격 등의 요소를 고려하여야 한다. 인터넷 마케팅 시대에 가격 전략의 근본적인 변화를 요구하는 주요 요인은 소비자 측면에서는 가격 민감도의 변화, 전환비용의 변화, 소비자 잉여의 수취 가능성 증대, 그리고, 경쟁자 측면에서는 경쟁의 심화를 들 수 있으며, 기업 측면에서는 환경 변화에 대한 역동적인 대응력 증대가 그것이다.

퍼미션이란 고객이 기업으로부터 컨텐트웨어를 얻고자 할 때, 그에 상응하여 지불해야 하는 대가 중의 하나로, 콜래보레이터 자신의 개인정보에 대해 공유를 허락하거나, 기업이 제공하는 정보를 받을 것을 허락하는 것을 의미한다. 즉 고객과 기업 간 서로 간의 정보의 공유를 허락하는 것이라고 할 수 있다. 퍼미션에서 중요한 것은 고객이 관심을 가지고 있는 것과 관련성 있는 메시지를 제공해 줄 수 있어야 한다. 고객들이 호의를 가지고 퍼미션하기를 위한 전제조건이 바로 메시지가 얼마나 자신과 관련이 있고 개인화되어 있느냐 하는 것이다. 또한, 사생활을 존중해야 하며, 소비자의 개인정보 퍼미션의 대가로 더 나은 서비스를 제공해야 한다.

또한, 인터넷상에서의 마케팅 활동을 위해서는 신뢰할 수 있는 전자결제시스템의 구축이 필수적이다. 전자결제시스템의 분류에 있어서, 기존연구들은 각각 상이한 관점에서 다양한 형태로 구분하고 있으나, 전자화폐, 전자수표, 전자 자동이체, 신용카드 등의 네 가지 유형으로 구분하는 것이 일반적이다. 또한, 소액대상의 결제에 한해서는 카드나 소프트웨어에 가치저장을 하지 않고, 휴대전화를 이용하여 결제하는 방식으로 통신요금 고지서에 합산하여 청구하는 형태의 폰청구 방식이 주목받고 있다.

연 구 문 제

1. 커미트먼트의 개념과 중요성에 대해서 설명하시오.
2. 인터넷의 특성을 고려한 가격 결정 방법들의 개념과 장단점에 대해서 설명하시오.
3. 퍼미션의 개념과 중요성에 대해서 설명하시오.
4. 인터넷상에서의 전자결제의 유형별 장단점을 비교 설명하시오.

참고문헌

1. 논문 및 단행본

김준한, 이경형 (2001), "온라인 소액결제서비스: 현황과 이슈," KISDI IT FOCUS.

송지희 (2001), "인터넷에서의 가격전략," 정보통신정책, 13(7), 45-48.

전기흥, 이두희 (2002), "소비자의 정보공개, 어떻게 유도할 것인가?," 한국 소비자학회 추계
　　　학술대회 발표논문집.

전기흥, 이두희, 임승희 (2005), "정보통제권, 보상, 관계의 질이 소비자의 자기 정보 공개 양
　　　과 정확성에 미치는 영향," 경영학연구, 34(3), 715-738.

전종근, 박철 (2006), "웹 로그 데이터를 이용한 온라인 소비자의 가격 민감도 영향 요인에
　　　관한 연구," Journal of Information Technology Applications & Management, 13(1),
　　　1-16.

임승희, 이두희 (2005), "인터넷 상에서 소비자의 자기정보공개 유도를 통한 태도 증진 효과
　　　규명에 관한 연구," 마케팅연구, 20(4), 91-113.

Alba, Joseph, John Lynch, Barton Weitz, Chris Janiszewski, Lutz, Alan Sawyer and Stacy
　　　Wood (1997), "Interactive Home Shopping: Consumer, Retailer, and Manufacturer
　　　Incentives to Participate in Electronic Marketplaces," *Journal of Marketing*,
　　　61(July), 38-53.

Bakos, J. Yannis (1997), "Reducing Buyer Search Costs: Implications for Electronic
　　　Marketplaces," *Management Science*, 43, 1676-1692.

Derlega, Valerian J., Sandra Metts, Sandra Petronio, Stephen T. Margulis (2009), 자기노
　　　출, 이두희, 임승희, 전기흥 역, 고려대학교출판부.

Ernst and Young (2001), *Global Online Retailing*, Washington, D.C.: National Retail
　　　Federation.

Kirshmanurthy, Samdeep (2001), "A Comprehensive Analysis of Permission Marketing,"
　　　Journal of computer - mediated communication, 6(2), 1-19.

Seth Godin (2000), 퍼미션 마케팅, 이상필 역, 21세기북스.

2. 신문기사

고민경 (2012), "'애니팡'에 해외 언론도 관심… '한국인 갈등 원인 되기도'," 스포츠서울닷
　　　컴, 2012년 10월 10일자.

김병규 (2012), "NHN, 네이버 지식쇼핑 상품검색 방식 개편," 연합뉴스, 2012년 2월 13일
　　　자.

김유경 (2009), "사이버머니도 '億, 소리나네!'," 전자신문, 2009년 5월 25일자.

김수경 (2011), "싸이월드, 미니홈피 10주년 '미니홈피 · 블로그 스킨 1개월 무료'," 아시아투데이, 2011년 9월 20일자.

서동민 (2010), "사이버 인감증명서-공인인증서," IT동아, 2010년 12월 14일자.

박보근 (2012), "삼성카드, 스마트 간편 결제 서비스 '내손 안에 쏙'," 경제 투데이, 2012년 4월 27일자.

우종국 (2012), "한국의 사이버 쇼핑 16년의 변천사, 백화점 이미 '추월', 마트에 '도전장'," 한경비지니스, 849호.

이지현 (2012), "'카카오톡'에 '신형 무기 '주렁주렁' …'카카오돈' 된다'," 한경닷컴, 2012년 11월 20일자.

차예지 (2012), "옷만 입어보고 가는 '얌체족' 착용료 내라?," 머니투데이, 2012년 11월 16일자.

허미혜 (2012), "다날, 카카오톡 '초코'에 결제서비스 제공," 동아일보, 2012년 6월 28일자.

홍민기 (2012), "인포뱅크, 삼성카드 신규 앱 공동개발," K모바일, 2012년 5월 23일자.

3. 기타 (인터넷 검색 자료)

shopping.naver.com

terms.naver.com

www.24mall.co.kr

www.about.co.kr

www.ahnlab.com

www.altools.co.kr

www.bb.co.kr

www.best24.co.kr

www.bugstime.com

www.cybercash.com

www.danawa.co.kr

www.ebay.com

www.enuri.com

www.fv.com

www.gold24.co.kr

www.ibm.com

www.mastercard.com

www.mediajob.co.kr

www.mk.co.kr

www.mm.co.kr

www.mypoints.com

www.naver.com

www.nawayo.com

www.standardchartered.co.kr

www.skyscanner.net

www.z24.co.kr

이슈 및 트렌드: 카페

☐ **카페란?**

　이용자들의 특정한 목적을 위해 생긴 커뮤니티로 2000년대 초반부터 생성되기 시작했다. 다음, 네이버 등등 포털 업체들이 서비스를 시행했고 현재 전반적으로 주춤하지만 신뢰성을 바탕으로 충성심 있는 사용자들이 고정되거나 충원이 되는 카페들은 여전히 호황기를 누리고 있다. 페이스북, 트위터, 모바일앱으로의 연동과 함께 카페 사용이 더 편리해진 덕도 있다.

　커뮤니티(특정 매체를 통해 상호작용하는 개인들로 구성된 조직)의 대표 예라 할 수 있는 네이버 카페는 주제별(게임, 방송, 여행, 팬카페, 건강, 육아, 스포츠 레저 등), 지역별(서울~제주도) 섹션으로 구성되어 있다. 하위 메뉴로는 급상승 카페, 랭킹TOP 카페 등이 있어 초보 이용자들에게 적절한 가이드 라인을 제시하고 있다. 스포츠 레저의 대표카페 중에는 블랙박스 동호회, K5동호회 등이 있다. 네이버 카페의 1위를 점유하고 있는 카페는 9백4십5만 명의 회원을 보유하고 있는 '중고나라' 이다

　중고나라 네이버 카페는 얼핏 보면 쇼핑몰과 다를 바가 없이 보인다. 하지만 물건 매매 메뉴 이외에 회원들의 가입인사나 사진업로드 메뉴 등 물건 거래를 넘어 개인적인 친밀감을 형성할 수 있게끔 조직되어 있다. 단순히 정보를 제공하는 것 이상으로 감성적 및 사회적 관계 맺기와 개인적인 경험들을 공유하며 즐거움을 느낄 수 있다. 단순 커뮤니티 공간이라는 한계를 넘어 정보의 공유, 상업거래, 인맥과 시장을 이루어낼 수 있는 가치가 있고 기본적인 유대관계를 기반으로 한다는 점

네이버 카페 페이지(section.cafe.naver.com)

에서 마케팅의 좋은 도구가 될 수 있다.

☐ **대표사례**

1) 네이버 K5 카페

'K5 마니아클럽'의 경우 전체 회원 수가 11만 명을 넘었다. 이 카페에서는 차량정보 교환뿐 아니라 정비관련 정보 교환, 정기모임 등을 주최하고 있다. 소비자들 간의 자세한 정보가 오고 가기 때문에 예비 소비자들에게 영향력이 클 수밖에 없다. 자동차 업계에서는 민감한 사항이 아닐 수 없다. 온라인동호회 회원들을 잘 관리한다면 우군으로 활용할 수 있으며 기존 동호회 회원들의 입 소문에 의해 차량구매가 좌우될 수 있기 때문이다.

동호회 회원들의 의견을 반영해 신차를 개발하기도 하며 개선점을 발견하기도 한다. 업계 관계자는 "자동차 동호회만큼 차량에 대해 정보를 가지고 있는 사람은 없을 것"이라고 하며 "동호회의 아이디어나 문제점을 신속하게 마케팅에 접목시키는 활동은 중요한 업무가 되었다"고 말했다.

2) 다음 카페 '취업뽀개기'

다음 카페 최대 회원수를 보유하고 있는 '취업뽀개기'는 취업을 준비하거나 관심있는 사람이라면 한 번씩 다 들어봤을 것이다. 취업에 관한 모든 자료를 얻을 수 있다고 해도 과언이 아닐 이 카페는, 2002년에 개설되었으며 150만 명의 회원이 활동하고 있다. 주된 메뉴는 취업비법 게시판, 면접게시판, Q&A 등이 있다. 취업 전문 포털 사이트와 연계되어 있는데 잡코리아, 인크루트 등 타 취업 정보 사이트들과 연계해 채용 공고에 대한 정보를 제공하고 있다. 주별 달력으로 자세한 채용 정보를 전달하고 있으며 외모를 가꿀 수 있도록 도와주는 클리닉 센터들과 연계해 상담할 수 있게 도와준다. 최근에는 소개팅 게시판까지 생겨서 구직자들끼리 서로의 정보를 교환한 후 만남을 가질

다음 카페 취업뽀개기(cafe.daum.net/breakjob)

수 있게 되었다.

3) 네이버 카페 '파우더룸'

여성들의 이목을 집중시키는 네이버의 한 카페가 있다. 파우더룸은 트렌드에 민감한 20대 여성에게 뜨거운 공간으로서 인기를 끌고 있다. 자신이 구입한 화장품 아이템을 자랑하기도 하고 새로 출시된 화장품 브랜드 이벤트 신청에 참여해 리뷰를 올리는가 하면, 안 쓰는 화장품은 벼룩시장을 통해서 서로 거래하기도 한다. 뷰티 팁과 발색 정도, 세세한 정보공유는 기본이다. 2003년 네이버 카페가 생성되기 시작하면서 뷰티 커뮤니티로 시작한 파우더룸은 충성도 높은 회원들이 많은 편이며 7만 명이 하루 10만~13만 번 정도 들어온다. 특히 성별로는 여성이 93%를 차지할 만큼 압도적이며 연령대별로는 20대가 70% 정도 된다. 파우더룸의 경우 이벤트를 많이 하는 커뮤니티면서 '뷰티닷컴' 사이트와 연계해 공신력 있는 노출을 하는 것이 장점이며 파우더룸의 HIT아이템의 경우 한 달 동안 카페 내에 올라온 게시물과 관련해 이슈화된 기초, 메이크업 제품 5가지를 선정해 발표하는 코너인데 회원들 사이에 인기가 높은 편이다. 자유게시판, 라이프 앨범, 발색샷, 지름후기, 벼룩 등의 카테고리로 나눠져 있으며 이용자들의 사랑을 골고루 받고 있다. 파우더룸의 경우 커뮤니티지만 트렌드도 놓치지 않으려고 하기 때문에 브랜드 문화 등 트렌디한 컨텐츠를 강화할 것이라고 운영진은 말했다.

□ 커뮤니티 마케팅의 장점과 단점

커뮤니티 마케팅의 가장 큰 장점은 준비된 고객을 만나는 것이라고 할 수 있다. 카페 블로그 모두 이용자의 필요에 의해 특정관심사를 검색하고 모인 회원들이기 때문에 타겟 마케팅이 가능하며 구매력이 높은 20~30대의 활용이 높아 젊은층의 타겟 마케팅에 최적이라 볼 수 있다. 최소비용으로 입소문의 파급효과를 타고 최대 효과를 낼 수 있으며, 해당 분야의 최고 열혈 팬들에게 타

네이버 앱 밴드 페이지(campaign.naver.com/band/)

게팅을 할 수 있다. 또한 카페 내의 친목도모나 소비자 중심의 의견을 토대로 신뢰도를 형성해 신규가입자를 끌어올 수 있다. 하지만 자칫 지나친 상업목적의 동호회는 소비자의 반감을 살 수도 있으므로 주의해야 한다.

□ 향후 추세 및 전망

인터넷 카페는 2000년도 초부터 시작하여 지금까지 꾸준히 그 명맥을 유지하고 있다. 자동차업계에서는 동호회카페를 전폭적으로 지원하고 있는 추세이다. 하지만 모바일 등 편리함과 신속함을 추구하는 트렌드에 맞춰 다른 툴을 사용한 지원이 필요하다.

현재 스마트폰의 사용 폭증으로 네이버에서는 모바일 커뮤니티 앱 '밴드'를 2012년 8월 8일 출시했다. 간편한 가입과 초대를 기반으로 동아리, 가족, 친구 등 여러 종류의 모임을 조직할 수 있으며, 글과 사진 일정공유가 가능하다. 네이버 밴드는 지인 중심을 강조하며 다음의 모바일 커뮤니티 앱 캠프와 차이점을 두었다.

*참고문헌

1. 논문 및 단행본
이강석 외 (2010), SNS 100배 즐기기, 매경출판.
황홍식 (2005), 잘나가는 커뮤니티의 아주 특별한 비밀, 대림.

2. 신문기사
임홍규 (2011), "자동차업계, '우리 소중한 동호회원님 모셔라'," 스포츠 서울, 2011년 9월 3
일자.
전하나 (2012), "NHN '밴드', 출시 4일 만에 100만 다운로드," 지디넷코리아, 2012년 9월
17일자.

3. 기타(인터넷 검색자료)
cafe.daum.net/breakjob
campaign.naver.com/band
section.cafe.naver.com

11장 커뮤니케이션 관리

통합적 인터넷 마케팅 커뮤니케이션
크로스미디어
소셜미디어
모바일
인터넷 광고
배너 광고
팝업 광고
이메일 광고
이동아이콘 광고
스폰서십 광고
인터넷 액세스형 광고
웹사이트 광고
고정 단가형
노출 기준형
클릭 기준형
구매 기준형
PR
판매촉진
구전

에어프라이어의 온라인 커뮤니케이션 전략: 소비자의 공감과 참여가 만들어낸 입소문

□ 공기로 튀기는 필립스 에어프라이어

튀김은 자고로 지글지글 끓는 기름에 튀겨내야 맛있다는 일반 소비자들의 생각을 뒤엎는 제품이 출시되었다. 공기로 음식을 튀겨내는 에어프라이어가 시장에 출시된 것이다. 많은 소비자들은 튀김 요리를 할 때 번거로움을 느낀다. 우선 끓는 기름은 화상의 위험이 있어 아이들을 키우는 주부들은 선뜻 튀김요리를 하기 어렵다. 게다가 튀김을 하고 난 이후에 남는 엄청난 양의 기름을 다시 보관해서 사용하기도 찝찝하고, 그렇다고 버리자니 아까운 것이 주부들의 마음이다.

에어프라이어는 이러한 튀김요리의 장벽을 해결하기 위해 개발된 제품으로, 남는 기름 처리의 걱정 없이 간편하게 튀김요리하는 것이 가능하다. 또한 웰빙과 다이어트에 관심이 많은 현대인에게 일반 튀김법보다 80%나 적은 지방으로 튀김을 즐길 수 있게 한다는 점에서 혁신적인 제품임에 분명하다.

□ 제품에 대한 소비자들의 불신

소비자들은 에어프라이어의 출시에 대해 상당히 긍정적인 반응을 보였다. 소비자들이 에어프라이어에 대해 올린 댓글 수천 개를 분석한 결과, "기름 없이 튀긴다니 정말 신기해요," "기름이 없으니 살찔 걱정 없을 거 같아요," "깨끗한 뒤처리가 맘에 들어요," "기름 낭비하지 않아 좋겠어요"와 같은 댓글들이 주를 이루었으며, 99%가 긍정적 반응인 것으로 나타났다.

이러한 긍정적 댓글들에도 불구하고 소비자들의 제품 구입의사는 다소 부정적인 것으로 나타났다. 과반수 이상의 소비자들이 잘 모르겠다, 혹은 구매하지 않을 거 같다는 회의적인 반응을 보인 것이다. 이렇게 구매에 대해 호의적이지 않은 태도를 보인 소비자들의 상당수는 공기로 튀긴 요리는 아무래도 맛이 없지 않을까, 혹은 공기로 정말 바삭하게 음식을 튀길 수 있을까 하는 우려를 나타냈다. 즉, 에어프라이어가 튀김요리의 과정을 간편하게 해 준다는 장점에 대해 소비자들은 호의적이지만, 결정적으로 공기 튀김이라는 요리법을 믿을 수 없다는 소비자들의 불신이 구매를 가로막고 있었던 것이다. 따라서 필립스전자의 선결 과제는 소비자의 불신을 제거하여 제품의 구매를 유도하는 것이었다.

□ 소비자들의 불신을 제거하라: 인터랙티브 온라인 캠페인

제품에 대한 소비자의 불신을 해결하는 가장 효과적인 방법은 소비자에게 제품 체험의 기회를 제공하는 것이다. 필립스에서는 인터랙티브 온라인 캠페인을 전개하여 소비자들이 제품과 관련된 다양한 스토리를 접할 수 있게 하였으며, 제품을 간접 체험함으로써 제품에 대한 불신을 극복할 수 있도록 하였다. 인터랙티브 온라인 캠페인의 성공 요인은 컨텐츠 관점과 미디어 활용 관점으로 나누어 생각해 볼 수 있다.

1) 컨텐츠 관점: 제품의 스토리가 아니라 나의 스토리로

에어프라이어 마이크로사이트는 단순히 제품의 홍보영상을 소개하는 데 그치고 있는 것이 아니라, 소비자가 제품의 튀김 과정에 간접적으로 체험할 수 있는 기회를 제공하고 있다. '무엇이든 튀겨보세요'라는 주제의 캠페인은 소비자가 인터넷 검색창에 원하는 재료를 입력할 수 있도록 하고 있다. 그리고 레스토랑의 요리사가 바로 소비자가 요청한 재료를 튀겨내는 영상을 보여 줌으로써 소비자와 적극적으로 상호작용한다.

이 캠페인의 특이한 점은 소비자가 주인공으로 참여할 수 있다는 점이다. 소비자가 자신의 사진을 간단하게 업로드하면, 소비자는 에어프라이어 인터랙티브 소셜무비에서 레스토랑을 방문할 예정인 절대미각의 비평가로 등장하게 된다. 소비자는 신문기사의 한 면에 절대미각의 비평가로 소개되기도 하고, 레스토랑의 액자 사진에 직접 자신의 사인을 새길 수도 있다. 또한 마이크로사이트는 페이스북과 손쉽게 연동할 수 있도록 구성되어 있는데, 소비자들은 페이스북의 친구 사진들을 마이크로사이트에 업로드하여 친구들을 인터랙티브 소셜무비의 조연으로 출연시킬 수도 있다.

이렇게 에어프라이어 인터랙티브 캠페인은 소비자와 친구들이 주연과 조연이 되어 한 편의 영상을 만드는 즐거운 체험의 기회를 제공하는데, 이 캠페인의 가장 큰 장점은 소비자의 적극적 참여와 공감을 바탕으로 하고 있다는 것이다. 소비자들이 원하는 튀김 요리가 있으면 바로 소셜무비 화면 안의 검색창에 요리 이름을 타이핑할 수 있으며, 이러한 소비자의 참여에 따라 각기 다른 이야기가 전개된다. 예를 들면, 소비자가 검색창에 치킨이라고 타이핑을 치면, 요리사가 등장해 에어프라이어로 치킨 요리를 만드는 방법을 소개하며, 검색창에 새우라고 타이핑을 치면, 요리사가 새우 요리를 만드는 방법을 소개한다. 소비자들은 음식 재료뿐만 아니라 남편, 아내와 같은 단어를 타이핑할 수 있으며, 보조 쉐프로 출연한 신보라 개그우먼은 요청받은 재료들을 튀겨내는 방법들을 코믹하게 소개하여 소비자들의 폭소를 유발한다. 소비자들은 이렇게 소셜무비에 참여하는 과정에서 자연스럽게 에어프라이어의 사용방법에 관한 지식을 습득하게 되며, 공기로 튀기는 것이 과연 가능할 것인가에 대한 불신을 해소하게 된다.

인터랙티브 소셜무비는 제품을 소개하는 '제품 이야기'이기도 하지만, 소비자가 주인공이 되는 '나의 이야기'이기도 하다. 필립스는 소비자에게 즐겁고 유쾌한 튀김요리를 경험할 수 있는 기회를 제공함으로써 공기튀김에 대한 소비자의 불신을 제거하고자 하였으며, 소셜미디어와의 연동을 통해 소비자들이 '나의 이야기'를 트위터나 페이스북에 손쉽게 업로드할 수 있게 하였다. 소비자의 참여와 공감을 바탕으로 만들어진 재미있는 컨텐츠와, 이러한 컨텐츠의 확산을 가능하게 하는 소셜미디어와의 연동이 에어프라이어에 대한 온라인 구전의 성공요인으로 작용하였다.

간접체험 기회를 제공하는 마이크로사이트 (www.airfryer.kr)

나의 스토리가 되는 제품 스토리(www.airfryer.kr)

2) 미디어 활용 관점: 서로 간에 연동되는 소셜미디어

필립스전자는 온라인 구전을 통해 에어프라이어에 대한 소비자의 불신을 극복하고, 제품의 특장점을 널리 알리고자 하였다. 소셜미디어의 운영에서 가장 중요한 것은 소셜미디어가 서로 간에

제작한 영상을 쉽게 퍼갈 수 있게 하는 아이콘들(www.airfryer.kr)

연동되어 소비자의 구전이 확산될 수 있도록 하여야 한다는 것이다. 즉, 소비자들이 우연하게 제품 마이크로사이트에 방문하였을 때, 소비자들이 마이크로사이트만 방문하고 소비자 경험을 종료하는 일이 일어나서는 안 된다는 것이다. 기업은 마이크로사이트에 우연히 방문한 소비자를 유인하여, 소비자가 제품과 관련된 블로그나 유튜브 등으로 항해할 수 있도록 하여야 하는 것이다.

필립스전자는 다양한 소셜미디어들이 손쉽게 연동될 수 있도록 하였으며, 소비자들이 어느 곳을 방문하여야 원하는 컨텐츠를 얻을 수 있는지를 알 수 있도록 메뉴를 시각화하였다. 필립스 주방가전 홈페이지를 방문하면, 소비자들은 에어프라이어에 대한 공식적인 제품 정보를 접할 수 있다. 키즈 쿠킹 클래스나 파워블로거의 체험과 같은 동영상을 보고 싶다면 유튜브를 방문하면 되고, 제품의 다양한 요리법을 알고 싶다면 필립스맘이라는 네이버 블로그를 방문하면 된다. 인터랙티브 온라인 캠페인에 참여하고 싶다면 에어프라이어 마이크로사이트에 들러볼 수도 있고, 제품의 구매를 원한다면 인터넷 쇼핑몰을 방문하면 된다. 필립스 주방가전 홈페이지, 필립스맘 블로그, 에어프라이어 마이크로사이트, 인터넷 쇼핑몰, 유튜브 등은 모두 연동되어 있어, 소비자는 인터넷을 항해하면서 길을 잃어버리거나 별도의 검색을 하지 않고 제품과 관련된 다양한 형태의 정보를 접할 수 있다. 한국을 중심으로 진행된 에어프라이어의 인터랙티브 캠페인은 2011 대한민국 광고대상 사이버 부문 중 배너/애플리케이션/기타 부문 은상을 수상하였다. 한국에서의 캠페인 성공에 힘입어 조만간 호주에서도 에어프라이어 인터랙티브 캠페인이 런칭될 계획이다.

자료원: 전미규 (2012); cafe.naver.com/philipskitchen; www.airfryer.kr; www.philips.co.kr; www.youtube.com

커뮤니케이션 전략

1. 촉진에서 커뮤니케이션으로

인터넷 마케팅 5C 믹스 중의 하나인 커뮤니케이션(Communication)은 인터넷 환경의 특성을 고려하여 기존 4P 마케팅 믹스의 촉진(Promotion)의 개념을 확장·대체한 것이다. 그렇다면, 인터넷 마케팅 환경에서 기존의 촉진을 대신하는 새로운 마케팅 믹스 요인이 필요한 이유는 무엇일까?

기존 4P 마케팅 믹스에서 촉진은 어떤 제품의 존재를 현재 혹은 미래의 고객들에게 알리고, 구매하도록 설득하여, 구매를 유인할 수 있는 여러 가지 인센티브를 제공하는 활동으로 정의할 수 있다. 이러한 촉진믹스 요인에는 광고(advertisement), 공중 관계(public relations), 판매 촉진(sales promotion)과 인적 판매(personal selling) 등이 속한다. 촉진 믹스는 제품의 종류, 구매자의 구매반응 단계에 따라 달라진다. 또한 촉진 믹스는 기업의 기본적인 촉진 정책에 따라서도 달라질 수 있다. 기업이 사용하는 촉진 정책은 푸시(push)와 풀(pull) 정책의 두 가지로 분류할 수 있다. 푸시 정책이란 제조업자가 유통업자들을 대상으로 주로 판매 촉진과 인적 판매 수단들을 동원하여 촉진 활동을 펼치는 것으로, 목표는 유통업자들로 하여금 자사의 제품을 많이 취급하도록 하고, 최종 구매자들에게 적극 권하도록 만드는 것이다. 풀 정책이란 제조업자가 최종 구매자를 대상으로 하여 주로 광고와 판매 촉진 수단들을 동원하여 촉진 활동을 펼치는 것을 말한다. 풀 정책의 목표는 최종 구매자들로 하여금 자사의 제품을 찾게 만들어, 결국 유통업자들이 그 제품을 취급하게 만드는 데 있다.

그러나 인터넷 마케팅을 성공적으로 수행하기 위해서는 이러한 촉진 믹스 전략만으로는 충분하지 못하다. 그 이유는 무엇보다도 오프라인과 인터넷의 환경 특이성으로 인한 기업과 소비자 간의 커뮤니케이션 방법이 달라졌기 때문이다. 오프라인에서의 기업과 고객 간의 커뮤니케이션은 인적 판매나 이벤트 행사, 고객센터에서의 만남 등의 직접적인 대면을 제외하고는 유통의 중간상을 통한 커뮤니케이션 혹은 우편, 전화, 텔레비전, 라디오, 신문 등의 대중 매체(mass media)를 통한 경우가 대부분이었다. 예를 들어, 소비재 제품인 경우, 소비자에게 신제품에 관한 정보를 알리고자 할 때는 신제품 발표회를 통한 소비자와의 직접 만남이나, PR 등의 홍보, 그리고 대중 매체를 통한 광고를 주로 사용해 왔다. 이 경우에는 기업과 소비자의 쌍방간 원활한 커뮤니케이션이 이루어지기보다는 일방적으로 기업 측의 의견이 소비자에게 전달되는 방식이었다. 이런 환경에서는 소비자가 직접 기업에게 자신의 의견을 제시하고 그에 따른 반응을 서로 주고받기란 매우 드물었으며, 그렇다고 하더라도 그 절차가 복잡할 뿐만 아니라, 시간도 많이 필요했다.

하지만 인터넷에서는 시간과 장소, 거리의 장애 없이 기업과 소비자의 쌍방간 커뮤니케이션이 언제라도 가능하다. 누구라도 원하는 소비자는 기업과 직접적인 커뮤니케이션을 할 수 있으며, 기업은 이에 즉각적인 반응을 할 수 있게 되었다. 이러한 원천적인 커뮤니케이션 변화는 기업의 촉진 전략을 바꾸게 만들었다. 더 이상 기업은 다른 매체를 통하지 않아도 소비자와 커뮤니케이션할 수 있기 때문에, 자사의 웹사이트를 통해 여러 가지 촉진 전략을 실행할 수 있으며, 직접적인 소비자와의 상호작용이 가능해짐에 따라, 마케팅의 방식도 달라졌다. 무엇보다도 중요한 점은 직접적인 소비자와의 상호작용, 커뮤니케이션이 가능해짐에 따라, 기업이 소비자를 대상으로 하는 광고, 홍보, 판매 방식 등이 달라진 것이다.

2. 인터넷에서의 커뮤니케이션

1) 인터넷에서의 커뮤니케이션 특징

사회가 어떤 발전 단계에서 다른 단계로 이행할 때 관건이 되는 것은 생산이나 소유관계의 변화라기보다 오히려 커뮤니케이션 양식의 변화라고도 할 수 있다. 인간 커뮤니케이션의 스타일과 형태는 구어에서 문자가 발명될 때까지 수만 년, 문자에서 인쇄술이 등장할 때까지 수천 년, 인쇄술에서 영화와 방송이 등장할 때까지 400년, 텔레비전 첫 시험 방송 후 달에서 텔레비전으로 우주인의 모습을 생방송하기까지 50년이 각각 걸렸다. 인간 커뮤니케이션의 발달 과정을 네 가지 시대로 분류하기도 하는데, 문자 시대 (B.C. 4000년~현재), 인쇄 시대(1456년~현재), 원격 통신 시대(1844년~현재), 상호 작용 커뮤니케이션 시대(1946년~현재)로 구분한다(Rogers 1986).

인터넷이라는 미디어는 기존의 신문, 전화, 라디오, 텔레비전에서 사용되었던 주요 커뮤니케이션 표현 양식인 문자, 말, 영상을 통합화하였으며, 기존의 커뮤니케이션에 많은 변화를 초래하였다. 최근에는 소셜미디어라는 새로운 커뮤니케이션 미디어가 등장하면서 커뮤니케이션 혁명이 실생활에 미치는 영향력은 지대해졌다. 인터넷상에서 사람들 간의 상호작용을 지원하는 소셜미디어는 소비자들과 기업 모두에게 혁명적인 변화를 불러일으켰다. 소비자 측면에서는, 소비자들이 그들의 경험과 의견을 공유하는 과정을 변화시켰으며, 기업 측면에서는, 기업이 소비자와 소통하는 방식과 시장에 접근하는 방식을 변화시켰다. 소비자들은 기업의 정보를 수동적으로 받아들이는 수동적 소비자에서, 정보를 생산하고 유통시키는 적극적 소비자로 변모하게 되었으며, 기업들은 이러한 소비자들에게 다른 방식으로 접근하게 된 것이다.

소셜미디어의 등장은 새로운 형태의 민주주의를 가능하게 한다. 정보가 일방적으로 확산되는 매스미디어의 커뮤니케이션에서 소비자들의 참여는 사실상 불가능하다. 그러나 소셜미디어는 기업과 소비자, 혹은 소비자들 간에 쌍방향 소통을 가능하게 하면서 개방, 공유, 참여라는 가치를 제공한다. 소비자들은 소셜미디어를 통해 기업에게 자신들의 의견을 자유롭게 표현할 수 있게 되었고, 정보의 생산과 확산을 통해 기업에게 상당한 영향력을 행사할 수 있게 되었다. 즉, 소비자와 기업이 대등한 입장에서 자신의 목소리를 낼 수 있는 새로운 시대가 열린 것이다.

이러한 민주주의의 발현은 기업들 간의 경쟁 방식에도 많은 영향을 미쳤다. 소셜미디어라는 뉴미디어의 출현 이전에는 대기업과 같은 마켓 리더가 시장의 경쟁에서 유리한 위치를 차지할 수 있었다. 매스미디어를 통한 커뮤니케이션은 제작비, 매체비 등 많은 비용을 필요로 하기 때문에 대기업과 같은 마켓 리더가 커뮤니케이션을 독식하는 것이 가능했다. 그러나 소셜미디어가 등장하면서 제작비와 매체비는 0원에 가까워졌고,

대기업이 아닌 마켓 소수자(market minority)들도 효과적으로 소비자들과 커뮤니케이션할 수 있게 되었다. 마켓 소수자들은 광고대행사를 이용하지 않고도 스스로 디지털 컨텐츠를 제작할 수 있으며, 매체비를 전혀 들이지 않고 유튜브, 트위터와 같은 소셜미디어에 컨텐츠를 확산시킬 수 있다. 그리고 컨텐츠가 혁신적이고 참신한 내용을 담고 있기만 한다면, 소비자들은 자발적으로 컨텐츠를 재생산하고 확산시키는 것에 동참한다. 이제 한정된 예산의 제약으로 인해 매스미디어를 활용하기 어려웠던 마켓 소수자들이 소셜미디어를 활용함으로써 기존의 마켓 리더에게 대항할 수 있게 된 것이다.

표 11-1 매스미디어와 소셜미디어의 차이점

매스미디어	소셜미디어
일방적 소통인 one-to-many	양방향적 소통으로 one-to-one까지도 가능
소비자에게 보내지는 푸시 커뮤니케이션 (push communication)	소비자가 찾는 풀 커뮤니케이션 (pull communication)
소비자의 개방/공유/참여 불가능	소비자의 개방/공유/참여 가능
소비자의 자발성 결여	소비자의 자발성이 기반 (자발적으로 참여하는 대화)
사람 간 또는 서비스 상호 간의 연결성 부재 상대적으로 낮은 접근성	사람 간 또는 서비스 상호 간의 높은 연결성 상대적으로 높은 접근성
메시지를 실시간, 즉각적으로 전달 불가능	메시지를 실시간, 즉각적으로 전달 가능
개인의 관련성에 기반한 커뮤니케이션	개인과의 관계를 기반으로 한 커뮤니케이션
실시간 정보 업데이트 불가능	실시간으로 어디에서나 정보 업데이트 가능
높은 접촉 또는 소통 비용	혁명적으로 낮은 접촉 혹은 소통 비용
시간이 걸리는 입소문 창출	상대적으로 매우 신속하고 수월하게 입소문 창출

자료원: 최정환(2011) 수정 후 인용.

2) 인터넷에서의 커뮤니케이션 모형

인터넷에서의 커뮤니케이션은 기본적으로 컴퓨터의 네트워크(network)로 연결된 환경 안에서 컴퓨터의 매개를 통해 이루어진다. 컴퓨터 매개 커뮤니케이션(computer-mediated communication)은 컴퓨터를 이용하여 인간 사이에서 발생하는 각종 커뮤니케이션을 뜻한다. 좁은 의미에서는 개인 간의 정보 교환을 의미하지만, 넓은 의미에서는 정보의 교환뿐만 아니라 방대한 전자 데이터베이스에서의 정보 인출이나 웹사이트의 구성과 같은 다양한 방식의 정보조작을 포함하는 모든 종류의 컴퓨터 사용을 의미한다.

전통적인 커뮤니케이션은 송신자가 수신자에게 메시지를 전달하는 과정으로 보았다. 이때 메시지는 면 대 면(face to face) 상황을 제외하고는 매체를 통해 전달된다. 대중 매체를 통한 커뮤니케이션은 그림 11–1과 같다. 이때의 메시지는 기업이 일방적으로 소비자에게 전달하는 형식이다.

컴퓨터를 매개로 한 대인 간의 커뮤니케이션은 컴퓨터라는 매체를 경유하여 각 사용자가 상호작용하는 내용이 전달된다. 즉, 컴퓨터를 매개하여 쌍방 간의 상호작용이 이루어진다. 단, 이때는 두 사용자 간에만 커뮤니케이션이 이루어진다.

인터넷의 환경에서는 메시지를 보내는 주체가 기업만이 아닌 소비자도 될 수 있으며, 동시에 여러 주체가 함께 접속하여 커뮤니케이션할 수 있다. 즉, 동시에 다수의 주체가 다수에게 메시지를 주고받으며 의사소통할 수 있다.

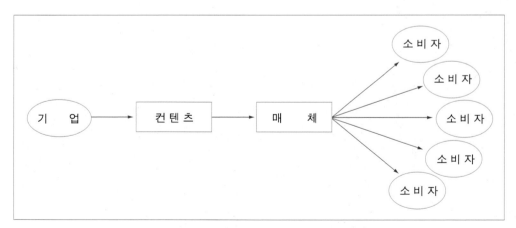

그림 11-1 일대다수(one to many) 커뮤니케이션 모형
자료원: Hoffman and Novak(1996).

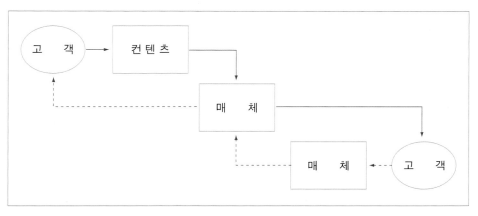

그림 11-2 컴퓨터를 매개로 한 대인 간 커뮤니케이션 모형
자료원: Hoffman and Novak(1996).

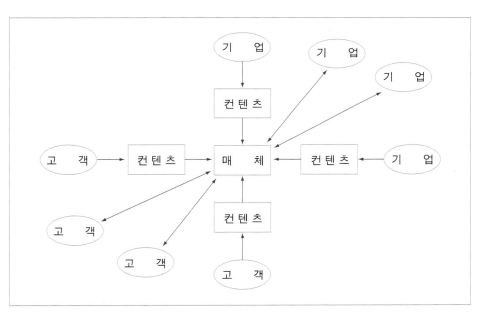

그림 11-3 컴퓨터를 매개로 한 하이퍼미디어(hypermedia)에서의 마케팅 커뮤니케이션 모형
자료원: Hoffman and Novak(1996).

3. 통합적 인터넷 커뮤니케이션

인터넷을 통한 쌍방향적 커뮤니케이션 기술의 급속한 발전은 인터넷 마케팅 관리자로 하여금 소비자의 이름과 주소, 전화번호 수준의 단순한 정보의 수집을 뛰어넘어 소비자의 구매행위까지 확인할 수 있도록 하였다. 또한 기업에게 최고의 고객이 누군지 파악할 수 있도록 함으로써 고객의 데이터를 기초로 고객의 생애가치를 극대화할 수 있는 고객과의 관계 설정, 각각의 고객 특성에 맞는 커뮤니케이션 수단의 설정 및 활용의 중요성을 인식시키고 있다. 즉 인터넷은 다양한 마케팅 커뮤니케이션 수단의 설정 및 활용을 위한 중요한 기반이 되고 있는 것이다.

그렇다면, 인터넷을 이용한 마케팅 커뮤니케이션 믹스 요인은 어떤 것이 있을까? 인터넷을 이용한 마케팅 커뮤니케이션 믹스 요인은 그림 11-4에 제시되어 있는 인터넷 광고, 인터넷 PR, 인터넷 판매촉진, 인터넷 구전이 있다.

기업이 이러한 믹스 요인을 이용해 소비자와 커뮤니케이션하는 방법은 자사 홈페이지의 정보를 통한 것 이외에도 이메일, 게시판, 채팅, 메신저, 커뮤니티, 소셜 네트워크 서비스(Social Network Service: SNS) 등 매우 다양하다. 따라서 기업은 효율적인 커뮤니케이션 믹스의 조합뿐 아니라, 이러한 믹스 요인을 전달할 수 있는 방법적 측면까지를 종합적으로 고려한 통합적 인터넷 커뮤니케이션 전략을 수립해야 한다. 즉 인터넷 커뮤니케이션을 위해서는 커뮤니케이션 믹스 중 어떤 요인을 어떻게 조합해야 하는가, 만일 인터넷 광고와 인터넷 구전을 통한 커뮤니케이션을 계획한다면, 다양한 커뮤니케이션 방법 중 어떤 방법들을 조합하여 사용하는 것이 효율적인가에 대해 계획을 세워야

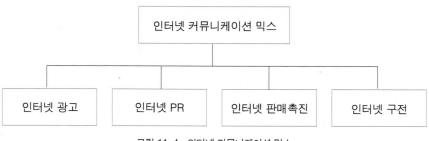

그림 11-4 인터넷 커뮤니케이션 믹스

표 11-2 통합적 인터넷 커뮤니케이션 믹스 계획의 틀

커뮤니케이션 믹스 요인 / 커뮤니케이션 방법	인터넷 광고	인터넷 PR	인터넷 판매촉진	인터넷 구전
이 메 일				
홈페이지				
게 시 판				
채 팅				
메 신 저				
커뮤니티				
블 로 그				
SNS				
－트위터				
－유투브				
－페이스북				
－미투데이				

한다는 것이다. 이를 위해 기업의 커뮤니케이션 관리자는 표 11-2와 같이 커뮤니케이션 믹스 요인과 그에 따른 커뮤니케이션 방법을 통합적으로 계획해야 한다. 현재 많은 기업들은 다양한 커뮤니케이션 수단의 통합을 통해 시너지 효과를 창출하기 위해 노력하고 있으며, 특히 새롭게 대두된 소셜미디어의 융합을 통해 통합적 마케팅 커뮤니케이션을 실행하고 있다. 이에 아래의 내용에서는 통합적 인터넷 마케팅 커뮤니케이션과 소셜미디어의 통합적 커뮤니케이션 전략에 대해 보다 구체적으로 살펴보도록 한다.

1) 통합적 인터넷 마케팅의 정의

통합적 인터넷 마케팅 커뮤니케이션은 인터넷을 통한 광고, PR, 판매촉진, 구전과 같은 다양한 커뮤니케이션 수단들의 전략적인 역할을 비교, 검토해서 최대한의 커뮤니

케이션 효과를 거둘 수 있도록 이들을 통합하는 총괄적인 계획 수립 과정이다. 즉 소비자와 기업 간의 호의적 관계 형성에 기여하는 모든 종류의 커뮤니케이션 도구들을 포괄하는 개념이다.

커뮤니케이션 활동의 중요성이 점차 중요시되고 소셜미디어와 같은 뉴미디어의 등장으로 커뮤니케이션 수단이 점차 다양해짐에 따라, 다양한 커뮤니케이션 요소를 통합적으로 고려하여 사용할 필요성이 점차 증가하였다. 즉, 마케팅 전략을 수행하기 위해서는 이런 다양한 수단을 함께 고려해서 통합적인 인터넷 마케팅 커뮤니케이션(IIMC: integrated internet marketing communication) 활동을 하는 것이 이전보다 더욱 중요해진 것이다. 소셜미디어와 같은 뉴미디어의 등장은 소비자들과의 1:1 소통을 가능하게 하였으며, 이제 기업은 점점 다양하게 세분화되어 가는 소비자들과 효과적으로 커뮤니케이션할 수 있는 기회를 얻게 되었다. 기업은 통합적인 인터넷 마케팅 커뮤니케이션을 기본 원칙으로 삼아, 커뮤니케이션 도구들을 효율적으로 운영함으로써 다양한 욕구를 가진 세분화된 소비자들에게 효과적으로 접근할 수 있을 것이다.

2) 통합적 인터넷 마케팅 커뮤니케이션 전략 수립 과정

그렇다면 통합적 인터넷 마케팅 커뮤니케이션 전략 수립을 위해서는 어떤 과정을 거쳐야 하는가? 이를 위해서는 일반적으로 그림 11-5의 과정을 거친다.

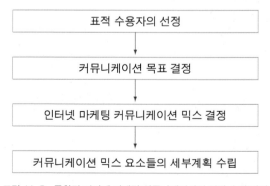

그림 11-5 통합적 인터넷 마케팅 커뮤니케이션의 전략 수립 과정

(1) 표적 수용자의 선정

보다 효과적인 통합적 인터넷 마케팅 커뮤니케이션 믹스의 개발을 위해서는 소비자를 동일한 수준이 아닌 특성별로 분류하여 표적 소비자의 특성과 욕구를 파악하고 그들의 행동에 영향을 미칠 수 있어야 한다. 따라서 통합적 인터넷 마케팅 커뮤니케이션 수립을 위한 첫 단계는 표적 고객을 선정하여 그들의 욕구 및 특성을 파악하는 것이다.

(2) 커뮤니케이션 목표 결정

통합적 인터넷 마케팅 커뮤니케이션의 성공적 수행을 위해서는 기업이 제공하는 상표의 핵심개념을 설정해야 한다. 기업이 다양한 커뮤니케이션 활동을 하는 중요한 목적 중의 하나는 표적시장의 소비자에게 자사 상표의 핵심개념을 전달하기 위한 것이다. 따라서 커뮤니케이션을 통해 궁극적으로 전달하고자 하는 목표가 무엇인가를 명확히 해야 한다.

(3) 인터넷 커뮤니케이션 믹스 결정

다양한 커뮤니케이션 목표가 결정이 되면, 인터넷 마케팅 관리자는 여러 커뮤니케이션 활동들을 결합한 전반적인 계획의 틀을 수립한다. 통합적 인터넷 마케팅 커뮤니케이션은 어떤 커뮤니케이션 활동이 언제 실시되어야 하는가에 대한 개요를 제공해 줌으로써 실무자에게는 집행 방향을 제시해 주는 역할을 하기도 한다.

(4) 커뮤니케이션 믹스 요소들의 세부계획 수립

커뮤니케이션 활동에 대한 전반적인 틀이 형성되면 각 커뮤니케이션 믹스 요소가 수행해야 할 역할이 보다 분명해진다. 인터넷이란 환경에서는 매우 다양한 경로를 통해 기업과 소비자가 만나게 된다. 자사 웹사이트를 방문하는 경우를 제외하고도, 다른 여러 웹사이트에서도 커뮤니케이션할 수 있는 경우가 존재한다. 따라서, 기업은 인터넷에서 소비자와 커뮤니케이션할 수 있는 모든 경우에 대해서 전략을 수립하고 활용할 필요가 있다.

소비자의 마음을 크로스미디어로 스위치 on 하자!

크로스미디어란 원래 하나의 정보를 여러 미디어로 표현한다는 의미이다. 즉, 기업의 일관된 메시지를 여러 매체를 통해 전달하는 것이라는 의미이다. 그러나 최근 세계적인 광고대행사 덴츠의 크로스미디어 개발 프로젝트팀에서 크로스미디어를 새롭게 정의하였다. 이들은 크로스미디어 실행의 핵심은 "여러 미디어를 활용하는 것"이 아니라 "소비자를 능동적으로 참여시켜 행동을 일으키게 하는 것"이라고 말한다. 이들에 따르면, 크로스미디어란 소비자 타겟을 움직이기 위한 커뮤니케이션의 시나리오 설계를 의미한다. 세계적인 광고대행사 덴츠는 크로스미디어를 통해 소비자 마음속에 있는 스위치를 켜고 싶다는 의미에서 크로스미디어의 효과적 실행을 제안하는 '크로스위치'라는 책을 발간하기도 했다.

그렇다면, 어떻게 소비자를 움직이게 할 수 있을까?

크로스미디어를 효과적으로 실행한 일본의 만화잡지 <점프스퀘어>는 소비자를 움직이는 시나리오 설계의 좋은 예가 될 수 있다. 점프스퀘어는 만화 매니아층뿐만 아니라 일반 독자들까지 점프스퀘어의 타겟 소비자층으로 설정하고, 만화 자체에 관심이 없는 일반 독자들에게 어떻게 커뮤니케이션을 할 것인가를 고심하였다. 점프스퀘어 창간호의 컨텐츠를 알리는 광고만으로는 일반 독자들을 끌어들일 수 없다고 판단한 슈에이샤(잡지사)는 점프스퀘어 창간에 앞서 핵심 매니아층과 일반층 양쪽 모두의 관심을 끌 수 있는 캠페인을 전개해야 했다.

잡지사는 이를 위해 창간 3주 전 심야 시간대에 충격적인 TV광고를 진행하였다. TV광고의 내용은 웹사이트 검색창에 입력된 "점프스퀘어"라는 글자를 지우는 장면과 "슈에이샤가 드리는 당부의 말씀, 곧 창간될 점프스퀘어를 인터넷상에서 검색하지 마세요"라고 부탁하는 메시지로 구성되었다. 소비자들은 이러한 광고 내용에 흥미를 느껴 인터넷 검색창에 점프스퀘어를 입력했다. 그러나 소비자들은 점프스퀘어 공식사이트가 폐쇄되었다는 사실을 알게 되고, 공식사이트에는 더 이상 운영하지 않는다는 사과문만이 남겨져 있었다. 일반층은 별로 실망하지 않고 공식사이트를 빠져 나왔지만, 핵심층은 공식사이트가 폐쇄되어 있다는 것에 흥분하기 시작한다. 그런데 그대로 20초를 기다렸더니 폐쇄된 줄 알았던 공식사이트에서 만화 캐릭터들이 애니메이션으로 움직이기 시작하고, 이 만화 캐릭터들이 편집부의 사과문을 기어오르거나 부수면서 여기저기 등장하기 시작했다. 핵심층은 공식사이트에서 "다른 것을 검색해 보세요"라는 글을 찾아냈고, 다시 인터넷 검색창에 점프스퀘어를 반복해서 계속 입력했다. 그러자 "포기하지 않는 당신의 열정과 끈기에 두 손 들었습니다"라고 쓰인 비밀사이트가 나타나며 핵심층을 열광시켰다. 이 비밀사이트에는 점프스퀘어와 관련된 다양한 자료들이 게재되어 있었다. 핵심층들은 순식간에 이러한 재미있는 사실들을 인터넷에 구전시켰고, 사람들은 점프스퀘어 공식사이트에 몰려들기 시작했다.

슈에이샤는 인터넷, TV광고뿐만 아니라 전철에도 재미있는 캠페인을 집행했다.

점프스퀘어 작가들이 만화 릴레이를 전개한 것이다. 소비자들은 전철역마다 내려서 읽어야만 연재만화를 다 읽을 수 있었는데, 사람들은 어떤 역에서 무슨 내용의 만화를 읽었는지 주위 사람들에게 알리기 시작했다. 그리고 이러한 구전은 만화 핵심층뿐만 아니라 일반인들의 흥미를 유발하였고, 점프스퀘어가 창간되기도 전에 이러한 일련의 과정들이 소비자들 사이에 회자되었다.

점프스퀘어 캠페인의 성공 요인은 소비자들 스스로가 능동적으로 수고와 시간을 들여 정보를 찾아내도록 했다는 것이다. 소비자들이 TV에서 본 광고에 흥미를 느껴 인터넷 검색창에 검색어를 입력하고, 이런 과정을 통해 비밀사이트를 찾아내는 것, 그리고 전철역마다 게재된 연재만화를 찾으러 다니면서 다른 소비자들과 그 경험들을 공유하는 일련의 과정들은 크로스미디어의 정의와 정확하게 부합한다. 즉, 슈에이샤는 정교한 커뮤니케이션 시나리오를 설계하고 여러 개의 미디어를 효과적으로 결합시킴으로써 소비자를 움직이는 데 성공한 것이다. 이렇게 크로스미디어는 단순히 여러 개의 미디어를 활용하는 것을 의미하는 것이 아니며, 기존의 매체 믹스와는 구분되는 개념이다. 기존의 매체 믹스는 타겟을 설정하여 이들에게 효율적으로 도달하기 위하여 매체 예산을 배분하는 것을 의미한다. 반면에 크로스미디어는 타겟을 효과적으로 움직이기 위한 커뮤니케이션 설계가 핵심이라고 할 수 있다. 소비자를 능동적으로 참여하게 만들고 싶을 때 크로스미디어 커뮤니케이션이 필요한 것이다.

자료원: 덴츠 크로스미디어 개발 프로젝트 팀 (2009)

4. 소셜미디어

최근 트위터, 미투데이, 페이스북과 같은 소셜미디어가 폭발적인 성장세를 기록하고 있다. 소셜미디어는 기업이 고객과 소통하는 방식을 변화시켰으며, 제품을 개발하고 시장에 접근하는 방식도 변화시켰다(브라이언 솔리스 2011). 또한 소셜미디어는 소비자들이 서로 간에 제품의 사용 경험과 의견을 공유하는 방식을 변화시켰으며, 소비자는 이제 기업이 제공하는 정보를 단순히 소비하는 데 그치는 것이 아니라 정보를 다른 소비자들과 공유하고 체험하고 재생산하는 적극적 소비자로 변모하였다. 즉, 소셜미디어는 기업이 일방적으로 메시지를 전달하던 전통적인 마케팅 방식의 변화를 초래하였으며, 고객들의 직접적인 참여가 더욱 중요해졌다.

이렇듯 소셜미디어는 마케팅에서 매우 중요한 부분을 차지하고 있지만, 소셜미디어는 그 자체가 마케팅 목적의 실현을 위한 중요한 수단일 뿐 목적으로 간주되어서는 안된다(브라이언 솔리스 2011). 따라서 소셜미디어는 통합적 인터넷 마케팅 커뮤니케이션 믹스의 실행을 위한 한 가지 수단이라는 관점을 가지고 통합적으로 접근되어야 한다.

해쉬태그(Hashtag)

140자를 기반으로 이용자의 글쓰기를 지원하는 트위터에는 해쉬태그(Hashtag)라는 규칙이 있다. 해쉬태그는 트위터에서 특정 단어의 앞에 #을 넣어(예: #해쉬태그) 같은 취미나 공통 관심사를 이야기할 때 사용하는 기능이다. 위키피디아에 의하면, 해쉬태그는 IRC(Relay Chat)라는 세계적인 채팅 프로그램에서 그룹과 주제를 분류하기 위해 처음 사용된 개념이다. 이후 트위터에서 취미나 관심사를 분류하는 데 해쉬태그를 도입하게 되었고, 트위터의 급부상으로 해쉬태그의 인기도 함께 높아졌다.

해쉬태그의 장점은 같은 취미나 공통 관심사를 가진 사람들의 글을 한눈에 볼 수 있다는 점이다. 이용자가 트위터에 마케팅 관련 글을 쓰고 #마케팅이라고 쓰면, #마

BOS 아이스티 해쉬태크 마케팅
자료원: cafe.naver.com/mallpd/506 이미지 인용.

케팅이라는 링크가 생긴다. 이 링크를 클릭하기만 하면 #마케팅이라는 해쉬태그를 가진 글을 모두 확인할 수 있는 것이다. 트위터에 발행된 수많은 의견들을 주제별로 구분하는 데 효과적인 기능인 해쉬태그는 막강한 파급효과를 가진다. 2011년 이집트 민주화 혁명을 이끈 '#Egypt'나, 2011년 반(反) 월가 시위에 사용된 '#OccupyWallSt'가 대표적인 예다.

해쉬태그는 마케팅에서도 적극적으로 활용되고 있는데, 남아프리카공화국의 BOS 아이스티는 해쉬태그를 활용한 재미있는 트위터 마케팅으로 인기를 얻었다. 일반적으로 자판기에서 음료수를 뽑으려면 돈을 넣어야 한다. 하지만 BOS 아이스티 자판기에서 음료수를 뽑으려면 트위터에 #BOSTWEET4T라는 해쉬태그가 달린 트윗을 발행해야 한다. 트윗 발행 후 5초를 기다리면 자판기에서 BOS 아이스티가 나온다. 진부한 무료 시음 행사가 아닌, 재미를 주는 색다른 마케팅으로 트위터의 해쉬태그를 이용한 것이다.

해쉬태그를 이용해 소비자들에게 인기를 얻은 트위터 마케팅은 BOS 아이스티 외에도 많다. 대표적인 예로는 스페인 폭스바겐의 POLO 트위터 마케팅이 있다. POLO는 스페인에서 젊은 세대들에게 인기가 많은 모델이다. 스페인 폭스바겐은 주고객층의 특성에 맞춰 트위터에서 홍보 이벤트를 진행했는데, POLO와 FOLLOWER를 합성한 #POLOWERS라는 해쉬태그를 활용했다. 이 이벤트는 8시간 동안 5초에 1건씩 총 150,000개의 메시지를 기록하며 실시간 인기트윗 1위를 기록하여 트위터를 활용한 마케팅의 힘을 다시 한 번 확인시켜 주었다.

자료원: 강희경(2012); 박영태(2010); 위키피디아 해쉬태그

1) 소셜미디어의 정의

소셜미디어는 무엇을 의미하며, 어떤 특징을 가지고 있을까? 흔히 소셜미디어는 소셜 네트워크 서비스(Social Network Service: SNS)와 동일한 개념으로 사용되기도 한다. 그러나 엄격하게 소셜미디어와 SNS는 동일한 개념이 아니다. 소셜미디어는 인터넷상에서의 대화를 촉진하는 도구 혹은 서비스를 의미한다(배성환 2011). 즉 사람들끼리 상호작용을 할 수 있도록 지원하는 미디어 서비스를 총체적으로 의미하며, 블로그, 인터넷 커뮤니티, 미니홈피뿐만 아니라 최근 급격하게 인기를 모으고 있는 트위터, 페이스북, 미투데이 등을 포괄한다. 반면에 소셜 네트워크 서비스는 소셜 네트워크라는 단어가 강조하듯이 사람들이 다른 사람들과 손쉽게 연결하여 자신의 네트워크를 형성할 수 있도록 지원하는 서비스를 의미한다(배성환 2011). 이러한 소셜 네트워크 서비스는 사용자가 자신의 프로필을 작성할 수 있도록 하고 있으며, 사용자가 자신의 네트워크를 손쉽게 구성할 수 있도록 지원한다. 또한 같은 서비스 내에서는 사용자들이 서로 간의 네트워크를 볼 수 있게 한다는 특징을 가지고 있다(boyd and Ellison 2007). 결국 소셜 네트워크 서비스는 소셜미디어의 한 부분을 구성하는 개념이라고 할 수 있다.

싸이월드, 미투데이, 페이스북, 트위터, 어떻게 다른가?

최근 인기를 얻고 있는 소셜 네트워크 서비스에는 싸이월드, 미투데이, 페이스북, 트위터 등이 있다. 이러한 서비스들은 사용자들 간에 손쉽게 네트워크를 형성할 수 있도록 지원한다. 그러나 각각의 서비스들은 사용자들에게 각기 다른 형태의 서비스를 제공하고 있으며, 사용자들은 이러한 서비스의 특징에 따라 각기 다른 네트워크를 구성하고 있다. 예를 들면, 싸이월드에서는 기존에 알고 있던 친구들을 바탕으로 일촌관계를 형성하고 있으며, 상대방의 동의가 있어야 친구관계를 형성할 수 있다. 반면에 트위터는 기존에 알고 있던 친분관계보다는 오프라인상에서 전혀 모르는 사람들과의 네트워크 형성에 더 중점을 두고 있으며, 상대방의 동의와는 전혀 무관하게 상대방과의 네트워크를 형성하고 유지할 수 있다. 즉, 싸이월드의 인간관계가 쌍방향 연결 구조로 이루어져 있는 반면에, 트위터의 인간관계는 일방형 연결 구조로 이루어져 있다고 할 수 있다. 최근 인기를 끌고 있는 미투데이와 페이스북은 싸이월드와 마찬가지로 쌍방향 연결 구조 형태의 네트워크를 지원하는 서비스이다.

SNS의 서비스별 특징

서비스	싸이월드	미투데이	페이스북	트위터
SNS적 특징	지인 중심의 폐쇄형 서비스 온라인/오프라인 친분으로 형성된 일촌관계를 바탕 인맥에도 등급을 두어 공개 여부 설정	지인 중심 마이크로블로깅 미친에 한해 쪽지 및 소환 가능 (개방과 폐쇄 중 중간 형태 유지)	지인 중심의 폐쇄적 성격 플랫폼적으로는 부분적 개방	개방형 마이크로 블로깅 메시지의 휘발성이 강함 유명인의 소셜미디어 구독 형태
주 사용목적	친목과 인맥관리	일상 느낌 공유	친목과 인맥관리	정보 교류

인맥	일촌	미친	친구	팔로워
네트워크 구조	쌍방향 연결구조	쌍방향 연결구조	쌍방향 연결구조	일방향 연결구조
메시지 양	제한 없음	150자 단문	제한 없음	140자 단문
개설 시기	1999년	2007년	2004년	2006년
주 사용자층	18-44세 여성	18-24세, 35-44세 여성	18-54세 남녀 비슷	18-44세 남녀 비슷
플랫폼	폐쇄형 플랫폼	폐쇄형 플랫폼	선택적 개방 플랫폼	선택적 개방 플랫폼
비즈니스상 특이점	도토리	토큰	크레딧	-
주요 제공 서비스	프로필 게시판 방명록 사진첩 다이어리 일촌 신청	프로필 상태 업데이트 모아보는 댓글 태그 미친 신청 미투밴드 미투앱 미투하기	프로필 상태 업데이트 업데이트 소식 친구 인박스 사진 채팅 노트 이벤트	프로필 상태 업데이트 타임라인 메시지 멘션 리트윗 팔로잉/팔로우

자료원: 배성환 (2011) 수정 후 인용.

자료원: 배성환(2011)

2) 소셜미디어 커뮤니케이션의 특징

소셜미디어는 소비자가 주도하는 개방적이고 참여 지향적인 매체이다. 따라서 소셜미디어에서의 커뮤니케이션은 매스미디어에서 이루어지는 커뮤니케이션과는 다른 특징들을 가지고 있다. 소셜미디어는 시간, 대상, 비용, 관계라는 4가지 관점에서 매스미디어와는 차별화된 특징을 가지고 있는데(이동훈, 이민훈, 박성민, 이준환 2010), 이러한 특징들은 소셜미디어의 중요한 가치라고도 볼 수 있다.

(1) 시간: 신속성과 지속성

소셜미디어에서는 컨텐츠의 생산과 확산이 매우 빠르며, 상대방의 반응에 즉각적으로 응답할 수 있다는 장점을 가진다. 트위터나 미투데이와 같은 마이크로블로그는 작성할 수 있는 문자의 수를 140자 혹은 150자로 제한하고 있는데, 소비자들은 이러한 짧은 문장으로 신속하게 컨텐츠를 생산하여 확산시킨다. 트위터의 리트윗이나 블로그의 트랙백과 같은 기능들은 컨텐츠의 신속한 전파를 가속화하는 역할을 한다.

또한 소셜미디어상의 컨텐츠는 지속적인 영향력을 지닌다. 텔레비전이나 라디오와 같은 매스미디어에서는 메시지가 발신되는 동시에 사라지지만, 소셜미디어에서는 실시간으로 컨텐츠의 확산이 이루어지며, 이렇게 확산된 컨텐츠는 인터넷의 매우 다양한 미디어 안에 지속적으로 남아 있게 된다.

이러한 소셜미디어의 '신속성과 지속성'은 기업에게 기회로도 작용할 수 있지만, 위협으로 작용할 수도 있다. 만약 기업에 대한 부정적인 소문이 소셜미디어를 통해 확산될 경우 이러한 소문과 관련된 컨텐츠를 삭제하는 것은 거의 불가능하다.

(2) 대상: 다수성과 다양성

소셜미디어는 다수의, 매우 다양한 사람들과의 커뮤니케이션을 가능하게 한다. 사회 네트워크 이론에서는 최대 6명만 거치면 미국 헐리우드 배우와 같이 나와 전혀 상관없는 사람과도 연결될 수 있다고 하면서 작은 세상(small world)이라는 용어를 사용하였다. 그러나 소셜미디어의 등장으로 세상은 더욱 작아졌다. 트위터의 경우 몇 단계만 거치면 특정 국가, 인종, 계층을 뛰어넘어 누구와도 연결될 수 있으며, 이제 트위터를 통해 미국 헐리우드의 유명 배우와 직접 소통하는 것도 그리 어려운 일이 아니다. 소셜미디어는 다양한 집단 구성원과 수많은 연결 관계를 형성하는 것을 가능하게 하기 때문에 소셜미디어의 구전은 전 세계에 걸쳐 일어날 수 있다.

(3) 비용: 경제성과 효율성

소셜미디어 중심의 커뮤니케이션 전략은 많은 비용을 필요로 하지 않는다. 매스미디어 중심의 커뮤니케이션 전략은 상당한 예산이 확보되어야 실행 가능하다. 그러나 소셜미디어는 제작비와 매체 비용이 상대적으로 매우 저렴하며, 유명 연예인이나 광고대

행사를 섭외하지 않고 기업이 자체적으로 컨텐츠를 제작하여 배포할 수 있다. 대부분의 소셜미디어 이용은 무료이며, 흥미로운 컨텐츠의 경우 소비자들이 자발적으로 컨텐츠의 유통과 확산에 기여하므로, 마케팅 관련 예산을 충분히 확보하지 못하고 있는 소규모 기업들에게 소셜미디어는 새로운 기회의 창이 될 수 있다.

또한 기업은 기업블로그나 트위터, 페이스북에 가입한 사용자들의 프로파일을 분석함으로써 이들에게 효과적인 커뮤니케이션 전략을 수립하고 실행할 수 있다. 소셜미디어상에서는 소비행태, 라이프스타일이 동질적인 소비자들이 네트워크를 형성하고 있으므로, 기업은 마케팅 목표에 적합한 타켓을 선정하여 그 타켓에게 적합한 커뮤니케이션을 실행하는 것이 가능하다.

(4) 관계: 친근성과 신뢰성

소셜미디어는 마음을 담은 인간적 소통을 가능하게 한다. 일방적 소통만이 가능한 매스미디어와는 달리 소셜미디어는 상호작용에 기반한 열린 소통을 가능하게 한다. 친근한 소통으로 유명한 스타벅스는 트위터를 통해 스타벅스 직원들의 소소한 일상생활을 공유한다. 이러한 인간적이고 상호작용에 기반한 열린 소통은 기업에 대한 오해를 불식시키고 기업 신뢰를 형성하는 데 긍정적 영향을 미친다. 많은 기업들이 소셜미디어

SNS와 UCC(User Created Contents)

UCC(User Created Contents) 혹은 UGC(User Generated Contents)란 사용자 제작 컨텐츠를 의미하는 것으로, 소비자가 개인적으로 제작한 영상, 사진, 번역된 자막, 지식iN에 올린 답변 모두를 포괄한다. 현재는 유튜브와 같은 동영상 사이트가 인기를 끌면서 동영상 형태의 UCC가 주류로 대두되고 있다. UCC란 인터넷 초창기에서부터 존재했지만, UCC를 제작할 수 있는 툴이 보편화되고 SNS와 같이 UCC를 공유할 수 있는 플랫폼이 대중화되면서 UCC의 생산과 소비가 급속하게 확산되기 시작하였다. 이제 소비자들은 컨텐츠를 스스로 생산하고 다른 소비자들과 자발적으로 공유함으로써 UCC의 확대 재생산을 가능하게 하는 적극적 소비자로 거듭나게 되었다. 소비자들은 UCC를 손쉽게 제작하여 SNS에 업로드하기도 하고, 다른 소비자의 UCC를 변형하여 새로운 UCC를 생산하기도 한다.

그렇다면, 소비자들은 어떤 이유에서 UCC를 제작하는 것일까? 첫 번째는 오락적 동기이다. 소비자들은 단순히 재미를 위해 자신의 아이디어를 UCC 형태로 제작해 다

른 소비자들과 공유하고 싶어 한다. UCC를 제작하는 과정 자체도 재미있고, 자신이 재미있어 하는 소재를 다른 소비자들이 재미있게 여기는 것 또한 즐겁다는 것이다. 두 번째는 정보적 동기를 들 수 있다. 소비자들은 사람들과 정보를 공유하기 위해 UCC를 제작하기도 하는데, 토플이나 토익 후기 등을 인터넷 사이트에 올리는 것을 그 예로 들 수 있다. 소비자들은 다른 사람들이 자신의 UCC를 통해 도움을 받기를 원하는 이 타적인 마음에서 UCC를 제작하기도 한다는 것이다. 세 번째는 경제적 동기이다. 소비 자들은 자신이 판매하고자 하는 제품을 UCC로 제작하여 SNS 등에 업로드하기도 하 는데, 중고품을 거래하는 인터넷 장터에 게시된 동영상이나 이미지들을 그 예로 들 수 있다. 넷째는 사회적 동기이다. 소비자들은 UCC를 제작하고 업로드하는 과정에서 성 취감이나 만족감을 느끼며, UCC의 조회 수가 올라갈수록 자아가 향상되는 경험을 하 게 된다는 것이다.

이렇게 소비자들은 전통적으로 기업의 고유영역이었던 생산 분야에 참여하여 그 들이 직접 컨텐츠를 생산하고 있으며, 상품후기나 입소문과 같은 컨텐츠의 자발적 확 산을 통해서 기업과 대등한 위치에서 소비자의 영향력을 행사하고 있다. 소비자들은 재미있고, 신선하며, 자신과 관련성이 높은 UCC를 자발적으로 확대 재생산하는 데 참 여한다. 그리고 자신이 공감하는 컨텐츠를 다른 사람들에게 공유하고 추천하는 과정 을 통해 인터넷이라는 사회적 공간 속에서 새로운 사람들과 소통하고 한 사회의 일원 으로서 소속감을 느끼게 된다.

UCC의 활성화는 이제 마케팅 패러다임의 변화를 가져왔으며, 기업들은 UCC를 마케팅에 활용하기 위해 노력한다. 음주 후 숙취해소에 도움을 주는 기능성 음료인 헛 개컨디션은 최근 인터넷 사이트에 UCC 이벤트를 개최하였다. 헛개컨디션과 관련된 소비자 에피소드를 UCC로 제작하여 업로드하면 헛개컨디션을 상품으로 제공하며, 특 히 조회 수가 높은 UCC의 경우 1000만원의 상금을 지급하겠다는 것이 이벤트의 내

기업에서 활용중인 UCC 이벤트(www.conditionpower.com)

용이었다. 이러한 형식의 UCC 이벤트는 소비자의 직접적이고 자발적인 브랜드 체험을 유도한다는 데 의의가 있다. 즉, UCC 이벤트는 일방적으로 소비자에게 브랜드 관련 메시지를 전달하는 기업 주도형 마케팅 방식에서 벗어나, 소비자가 스스로 브랜드를 체험하고 이와 관련된 에피소드를 소비자의 언어로 생산할 기회의 장을 마련해 주고 있는 것이다.

자료원: 다음커뮤니케이션(2006); 박철, 강유리(2010); www.conditionpower.com

취업을 하려거든 소셜미디어를 활용하라

몇 년 전까지만 해도 취업을 원하는 이들은 밤새 고생해서 자신의 경력을 담은 이력서를 작성했다. 이제 문서로 작성하던 이력서가 사라지고 있다. 기업의 채용담당자 가운데 상당수는 이력서의 내용보다는 취업희망자의 이력서에 기재되어 있는 페이스북, 트위터, 블로그 등의 프로필을 채용 결정의 중요한 자료로 활용하고 있다.

불과 10년 전만 해도 취업희망자가 문서로 작성된 이력서를 우편, 혹은 팩스로 보내거나 해당 기업에 직접 찾아가 이력서를 건네는 일이 흔했다. 지금은 대부분의 기업들이 온라인으로 채용절차를 진행하기 때문에 이력서 또한 온라인으로 접수받는 경우가 대부분이며, 소셜미디어의 확산으로 인해 소셜미디어를 채용절차에 활용하는 기업들도 많아졌다.

예를 들면, 뉴욕의 벤처투자회사인 유니온 스퀘어 벤처스는 애널리스트 2명을 채용하면서 취업희망자들에게 이력서 대신 온라인상에 나타나는 자신의 모습을 정리해달라고 요청하였다. 이 회사 채용담당자는 취업 희망 이유와 함께 가장 인상 깊은 온라인 혹은 모바일 서비스를 온라인 비디오로 제작해 제출해달라고 요구하였다. 미국의 일부 IT 업체들은 취업희망자의 인성이나 사회성을 파악하기 위하여 출신학교와 다양한 수상경력들로 포장한 이력서보다는 트위터 계정이나 페이스북 페이지를 참고하는 것이 더 효과적이라고 하였다. 또한 단순한 이력서보다는 페이스북, 트위터, 유튜브 등을 통해 취업희망자의 인성과 사회성을 3차원 검증하려는 기업의 요구에 부응하기 위하여 페이스북은 최근 취업전문사이트들과 공동으로 페이스북 내에 취업중개기능을 추가하기로 하였다.

이러한 기업의 움직임에 발맞추어 취업희망자들도 소셜미디어를 활용하여 취업의 지름길을 찾고자 한다. 최근 소프트웨어 업체에 취직한 레이첼 킹은 살아있는 이력서(living resume)를 담은 소셜미디어 계정 주소를 이력서 대신 회사에 제출하였는데, 여기에는 취업희망자가 어떤 사람인지 한 눈에 알 수 있도록 경력, 관심사, 그리고 자신이 운영하는 블로그 등이 일목요연하게 정리되어 있다.

소셜미디어는 잘만 활용하면 취업의 지름길이 될 수도 있지만 소셜미디어가 취업을 가로막는 난관으로 작용할 수도 있다. 최근 한 취업희망자는 한 출판사로부터 합격 통보를 받고 다음 날 출근하라는 지시를 받았지만, 곧 합격이 취소되었다. 취업희망자가 자신의 반사회적 성격에 대해 솔직하게 트위터에 올린 글이 해당 출판사의 인사담당자에게 리트윗되어 전달된 것이 화근이 되었다. 인사담당자는 트위터의 글을 통해 회사와 적합하지 않은 인재라고 판단하였고 채용을 취소한다는 메일을 보냈다. 소셜미디어를 통한 채용은 기업이나 취업희망자가 효율적으로 이용할 경우 상호간에 이득을 얻을 수 있지만, 소셜미디어가 이렇게 취업희망자의 사생활 침해나 '또 다른 스펙 만들기'로 변질될 수 있다는 우려도 제기되고 있는 시점이다.

SNS로 차별화된 퍼스널 브랜딩을 하는 방법을 소개하는 책
www.ypbooks.co.kr

최근 인터넷에 올라온 황당 이력서
한국경제, 2012년 7월 21일자 이미지 인용

자료원: 김희영(2012); 백종민(2012); 세계파이낸스뉴스팀(2012);
스팟뉴스팀(2012); 윤혜영(2012); 정성택(2012) 수정 후 인용

트위터로 성공한 KOGI BBQ

KOGI는 교포 2세인 로이 최(Roy Choi)가 다른 두 명의 동업자들과 함께 창업한 이동식 트럭 음식점이다. 미국 LA를 기반으로 운영되고 있으며, 우리나라 전통음식인 김치와 불고기를 메시칸 요리인 타코에 접목시킨 새로운 형태의 퓨전음식을 주요 메뉴로 선보이고 있다. 초기에 음식점을 시작했을 때 지역 주민들의 호응은 대단했지만, 트럭 음식점이다 보니 경찰의 단속을 피해 계속해서 위치를 옮겨 다녀야 하는 문제가 발생했고, 소비자들은 대체 어디에서 KOGI 타코를 살 수 있는지 혼란을 느껴야만 했다.

이러한 혼란을 해결하기 위하여 KOGI는 트위터를 활용하여 소비자들에게 트럭의 위치를 알리는 서비스를 시작했다. 그러자 소비자들은 트위터에 팔로우(follow)를 하였고, 트럭이 도착하기 전에 트럭이 도착하는 위치를 알아내어 트럭 앞에 길게 줄을 서는 현상이 벌어지기 시작했다. 트위터를 활용한 지 불과 3개월 만에 팔로어(follower) 숫자가 3만 명을 넘어섰으며, 작은 이동식 트럭 음식점의 매출은 첫 해에 200만 달러를 넘어섰다. 그리고 2009년에는 권위있는 레스토랑 상인 '본 아페티(The Bon Appetit Award)'를 수여받으면서 더욱 유명세를 타기 시작했다.

KOGI는 소셜미디어를 활용하여 소비자를 사로잡은 성공적 비즈니스 모델의 사례를 보여 주고 있다. 뉴스위크지는 KOGI가 소셜미디어를 활용해 입소문으로 대박을 내고 이동식 음식점이라는 한계를 극복한 첫 번째 음식점이라고 평했다. 최근 트위터 팔로어는 10만 명을 넘어섰으며, 매출 또한 1000만 달러를 넘은 것으로 알려졌다. KOGI는 하루에 2번씩 장소를 옮기는데, 한 장소에서 평균 600개 이상의 타코를 판매하고 있다.

KOGI 이동식 트럭 앞에서 길게 줄을 선 사람들
자료원: 조선비즈, 2012년 3월 31일자 이미지 인용.

KOGI 이동식 트럭의 모습
자료원: 전자신문, 2009년 05월 26일자 이미지 인용.

자료원: 김영진(2012); 김태진(2009) 수정 후 인용

를 활용하여 소비자들과 소통할 때 이모티콘을 자주 활용하거나 지극히 소소한 일상의 이야기를 공유하는 것은 소비자와의 친근한 소통을 통해 기업에 대한 신뢰를 구축하고 자 하는 하나의 커뮤니케이션 전략이라고 볼 수 있다.

3) 소셜미디어의 통합적 커뮤니케이션 전략

통합적 인터넷 마케팅 커뮤니케이션(IIMC: Integrated Internet Marketing Communication)은 기업이 인터넷에서 커뮤니케이션 전략을 실행하고자 할 때 반드시 염두에 두어야 하는 원칙이다. 기업은 통합적 인터넷 마케팅 커뮤니케이션이라는 원칙 을 기반으로 인터넷 광고, 인터넷 PR, 인터넷 판매촉진, 인터넷 구전과 같은 커뮤니케 이션 믹스 요인을 통합적으로 실행하여 소비자에게 일관된 메시지를 제공해야 한다. 그 리고 이러한 커뮤니케이션 믹스 요인의 구체적인 실행을 위해 트위터, 페이스북, 유투 브, 블로그 등의 소셜미디어를 효과적으로 활용해야 한다. 소셜미디어는 인터넷 커뮤니 케이션 믹스를 실행하기 위한 하나의 방법 혹은 수단이기 때문에 소셜미디어 커뮤니케이션 전략은 기업의 인터넷 마케팅 커뮤니케이션 전략이 제시하는 목표에 통합되어 실행되어야 한다. 즉, 소셜미디어의 운영 전략은 인터넷 마케팅 커뮤니케이션 전략이 제시하는 마케팅 목표의 실현을 위한 것임을 염두에 두고 소셜미디어 커뮤니케이션 전략을 수립해야 한다(Mangold and Faulds 2009).

KT의 SNS 마케팅

1. KT의 SNS 마케팅 운영 배경 및 조직 구성

    1) **운영 배경** : 쌍방향 소통이 더욱 중요해지는 시대적 트렌드에 맞게, SNS를 활용한 고객 커뮤니케이션을 통해 고객 니즈에 기반을 둔 Marketing, Risk Management, PR 활동을 추진하고 있으며, KT 스마트 인프라를 기반으로 사내 소통의 혁신 표본 조직으로 운영한다.

    2) **담당 부서** : Marketing본부 S마케팅팀

    3) **조직 구성** : 팀장 1명, 팀원 8명

    4) **수행 업무**

       – 공식 트위터, 블로그, 페이스북 등 각 SNS 채널 기획 및 관리 업무 수행

       – 스마트/온라인 인프라 기반 쌍방향 소통 중심의 SNS 리더십 확보

       – 온라인/SNS상 고객 의견에 기반을 둔 상품 출시 및 보완을 통한 서비스 경쟁력 강화

       – 사내 폐쇄형 SNS 채널인 Yammer를 통합하여 주요 고객 의견을 실시간으로 의사결정

       – 오픈 플랫폼(블로그)으로 제작된 컨텐츠는 주요 고객접점 채널(고객센터, 대리점, 세일즈 현장매니저)에 즉시 활용되는 프로세스를 확립하여 고객 친화적 정보의 사내외 채널대상 One-Source Multi-Use 프로세스 구축 및 운영

2. KT SNS 마케팅 히스토리 및 운영 구조

    KT SNS 마케팅은 트위터, 블로그, 페이스북의 대표 SNS채널의 유기적 연계를 기본으로, 유튜브, 플리커, 핀터레스트, 유스트림 등의 미디어형 채널과 네이버 지식파트너, 올레닷컴 등의 온라인 채널이 상호 결합된 전략적 통합 SNS마케팅 형태로 운영 중이다. 특히, 최고 경영자인 표현명 사장 트위터(@hmpyo, 팔로워 6.6만)가 긴밀히 연계되어 있어 보다 신속하고 효과적이며 책임 있는 대내외 커뮤니케이션이 가능하다.

1) KT SNS 마케팅 히스토리

트위터 개설 (2009. 12~) twitter.com/olleh_mobile	국내 최초 아이폰 출시와 함께 스마트폰 유저 눈높이에 맞춘 SNS를 통한 쌍방향 소통 및 정보 제공을 위한 본격 SNS마케팅 돌입, 현재 11.6만 팔로워와 소통 중. ('12.11.18 기준)
블로그 개설 (2010. 5~) smartblog.olleh.com	트위터의 활용도 및 영향력이 높아지면서 140자의 한계를 보완할 정보 스토리지로 블로그를 개설하여, 가장 쉽고 빠른 스마트폰 최신 정보를 제공하는 대표 채널로 운영중. 현재 2,200개 컨텐츠 생산, 550만명 방문.
SNS 지니어스 그룹운영(2010. 8~) ollehgenius.com	대학생 프로슈머 인턴십 olleh 모바일퓨처리스트(MF) 2년차 중 스마트폰을 잘 다루고 IT트렌드에 민감한 파워유저 그룹을 별도 운영하여, 일반 CS가 아닌 스마트폰 사용법 응대, 유저 관점 블로그 컨텐츠 생산, 네이버 지식파트너 답변 등 고객 눈높이에 맞는 쌍방향 고객 커뮤니케이션 채널을 국내 기업 중 유일하게 운영 중.
SNS 채널 추가 (2011.8~) Facebook, youtube 등	보다 친밀한 커뮤니케이션을 위해 페이스북 개설, 이미지와 동영상의 체계적 관리를 위해 유튜브, 플리커, 핀터레스트 개설, 고품질 실시간 영상 중계를 위한 유스트림까지 다양한 SNS채널을 추가하여 유기적 연계 운영 중.

2) KT SNS 마케팅 운영 구조
- 마케팅 모듈(트위터, 페이스북, 블로그)과 프로슈머 모듈(사용자 그룹)의 유기적 연계
- 매년 운영되는 대학생 프로슈머 그룹(MF&지니어스) 주도의 사용자 기반 참여 활성화

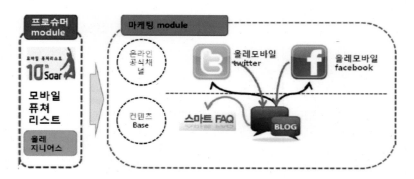

3. KT SNS 마케팅 성과 및 사례 요약

1) '12년 KT SNS마케팅 주요 실적(성과)
- 국내 IT기업 중 가장 영향력 있는 SNS 구축 및 온라인 마케팅 활동 수행

구분	트위터 (@olleh, @olleh_mobile 등)	페이스북 (olleh.fb, ollehmobile)	블로그 (smartblog.olleh.com)
성과	23만 팔로워	45 만 팬	550만 방문자

2) KT SNS 마케팅 주요 사례

① 일본 대지진 관련 실시간 이슈 대응 (2011년 3월)

- 3.11일(금) 일본 지진 발생 이후 트위터를 통한 현장 정보 파악: 재난 지역에 음성 통화가 불가함을 실시간으로 확인하여 통신사 중 가장 먼저 일본 로밍 고객 전체 대상 MMS 무료 정책 발표 (타사는 효용성 없는 로밍 음성 무료 정책을 발표하여 비난 여론이 집중됨)

- 지진 발생 후 3.12일(토) 고객이 일본 여행 중인 자녀와 연락을 취하기 위해 로밍 해제를 요청했으나 원론적 응대로 고객 불만이 발생하였고, 해당 사건이 긴급 재난사태와 더불어 이슈화되었으나 당일 사내 SNS 이슈 등록 후 즉시 의사결정, 고객 연락을 통해 이슈 해결 및 불만 여론 진화

표현명 ▶ 개인부문 팀장이상(We can 4.6.8!!) ☞
아래 트윗내용에 대해 관련부서는
신속히 체크하시고, 이번에 완벽한 고객중심
프로세스로 혁신해 주세요. 내게 피드백 요망^^"

Tweet from iluda(@iludastory)
KT고객센터와 12분전화하다 목이 쉬었다.
일본여행중인 딸아이가 비상상황에 대처하기 위해
3G잠금을 대신 해제해 달라서 처리하려 했더니
본인 확인 안되면 못해준단다.
미친! 아무리 긴급한 상황을 설명해도 로봇처럼
서비스규정만 반복한다. 내가 물었다.
(일본 지진난거 알아요?) 네.
(거기서 내 딸이 핸폰 통화가 안돼 스카이프로
긴급하게 도와달라고 연락온 거예요)
그래도 규정상 본인 확인해야 서비스 접수가 됩니다.
(권한이 있는 책임자를 연결해 주세요)
저희 규정상..(아악~) 그렇게 12분 30초를 악악댔다.
이게 뭥미?

2011년 3월 12일 오후 1:15:52
Echofon에서 전송

See More: http://twitter.com/iludastory/status/46424141733183488

이상진: 일본여행간 따님과 연락이 안되어 애가 타셨을 고객분 성함은 이명수님(@meprism)으로 (주) 마인드프리즘의 대표님입니다. (회사 전화 02-3445-8557)
현재 트윗을 통해 우선 절박한 부모님의 마음을 헤아리지 못한 미숙한 대응에 사죄드리고 이일을 반면교사삼아 내부프로세스 개선하겠다는 말씀을 드렸습니다. 추가 고객분 연락처를 요청해놓은 상태입니다

다행히 따님은 무사하신 상태이며 연락이 닿아 한결 마음이 누그러지셨으나 애틋한 12분간 사람보다 규정을 우선한 응대에 크게 마음이 상하셨습니다
어제 일본지진에 따른 로밍수신문자 무료 지원 신속한 의사결정 및 실행으로 kt의 발빠른 조치를 칭찬하는 분들이 많았는데 오늘은 이일로 호되게 꾸지람을 하시는 rt가 확산되었습니다
25 days ago from iPhone

표현명 in reply to 이상진: 저도 해당 및 RT요청하신 고객 2분께 조금전 트윗으로 사죄드렸습니다.

이런 경우, 우리 규정이나 프로세스 개선할 사항이
무엇인가요?
25 days ago from iPhone

채정호 in reply to 표현명: 따님이 청소년이면 부모가 요청시 본인확인 없이 신고한 부모확인으로 접수하면 될듯합니다. 현재는 본인신청 부모동의로 되어있는듯합니다. 만약 이러한 개선이 문제가많다면 위급상황에 한해 적용할수있듯합니다.
25 days ago from iPhone

원흥재 in reply to 표현명: 사장님 글번과 같이 천재지변이 발생할 경우 고객정보에 기반하여 업무처리를 하고 있는 고객센터에서 내부 규정에도 불구하고 긴박한 상황에 적합하게 대응할 수 있는 프로세스를 마련할 것입니다. 예를 들어 업무처리 요청자와 명의자와의 관계를 입증하는 서류를 받아 확인후 업무처리를 해주거나 금번건과 같은 경우는 법적으로 문제가 없다면 해당 고객의 위치등록 사항을 확인한 후 즉시 업무처리를 해주는 것 도 방법일 듯 싶습니다. 해결방안 강구하겠습니다.
25 days ago from Air Desktop

② 고객의 요구사항(트위터)을 반영한 해외폰 개통 프로세스 개선
 - 2012년 단말기 자급제도 시행 및 아이폰5, 넥서스4 등 해외 구매 휴대폰 개통 요구 증가와 함께 개통 프로세스 안내 및 보완 요청 트윗의 지속적 유입
 - KT내 폐쇄형 SNS인 yammer를 통해 고객의 니즈를 사내 소통하여 온라인(올레닷컴)에서 간편하게 해외 구매 휴대폰 신청/개통할 수 있는 프로세스 및 방법 개선 후 최종으로 이를 다시 고객에게 안내 (블로그, 트위터 등)
 - 고객과의 지속 소통을 통해 고객의 니즈를 즉시 확인/반영한 사례 (경쟁사 대비 해외폰 온라인 개통 지원이 매우 편리)
 • SNS 활용
 - 개선된 개통 프로세스 블로그 포스팅
 - 올레모바일 트위터 트윗 공지

olleh_mobile ✔
@olleh_mobile   👤▾ 팔로잉

[TIP] 요즘 해외구입 스마트폰 개통방법에 대해 궁금해하시는 분들이 계속 많아지네요~ 해외구입폰을 올레닷컴에서 간편하게 개통하여 사용하실 수 있는 방법!< ow.ly/fiJuX >올레모바일이 자세히 알려드려요~

③ 아이폰 고객 Care 프로그램-효과가 입증된 LMS 마케팅
 - 아이폰 리텐션 대상 고객 중심, kt만의 차별화된 아이폰 고객 케어 프로그램 및 혜택의 소개 내용을 LMS 문자메시지+블로그 및 트위터 등 SNS와 연계, 홍보 효과 극대화
 - 아이폰 출시 관련 가장 빠르고 정확한 소식은 올레모바일 SNS로 최초 발표
 - 아이폰 출시 소식을 자사 아이폰 고객에게 LMS 발송(115만) 후 링크 정보 확인(42만)
 ※ 일반적 LMS 발송시 반응률 5% 미만, 아이폰 고객 반응률은 36%
 - 아이폰이 국내 양대 통신사 동시 출시로 경쟁구도가 된 이후에도 국내 아이폰 이용 고객의 약 70%는 KT를 선택하였으며, 새로 출시될 아이폰5에도 역시 우호적 여론 형성 기여
 • SNS 활용
 - 아이폰 매니아 스페셜 케어 2 프로그램 관련 포스팅 : 총 21건
 - 올레모바일 트위터 트윗 공지

olleh_mobile ✔
@olleh_mobile   🐦 팔로우하기

[무한RT이벤트] 아이폰은 역시 KT! 국내 아이폰 고객의 74%가 KT를 선택하신 특별한 이유!< ow.ly/dQKQq >아이폰5에서도 누릴 수 있는 KT 아이폰만의 혜택 RT해주신분 중 닥터드레&커피~

자료원: KT (2012)

그렇다면 소셜미디어 커뮤니케이션 전략을 어떻게 수립해야 할까? 소셜미디어의 중요한 목적은 소비자에게 제품과 관련된 총체적 경험을 할 수 있는 기회를 제공하는 데 있다(Hanna, Rohm, and Crittenden 2011). 소비자의 직접적 행동을 유발하기 위해 기업은 소비자가 온전하고 일관된 경험을 할 수 있도록 하여야 한다. 그리고 이러한 총체적 경험을 만들기 위하여 기업은 각각의 소셜미디어에 일관된 메시지를 전달하여야 한다. 즉 기업은 통합적 소셜미디어 커뮤니케이션을 실행하여, 소비자가 하나의 총체적인 제품 경험을 할 수 있도록 하여야 하는 것이다(브라이언솔리스 2011; Hanna et al. 2011).

통합적 소셜미디어 커뮤니케이션이란 기업이 운영 중인 소셜미디어에 같은 형태의 메시지를 전달하라는 의미가 아니다. 친구나 가족이 소통하는 방식과, 직장동료들이 소통하는 방식이 다른 것처럼 각각의 소셜미디어에서 공유되는 컨텐츠와 소통방식은 다르다. 따라서 기업은 통합적 인터넷 마케팅 커뮤니케이션 전략의 세부 운영 전략으로 통합적 소셜미디어 커뮤니케이션 전략을 수립하고, 소비자에게 어떠한 소비자 경험을 전달할지를 결정해야 한다. 그리고 소셜미디어를 통해 소비자의 경험을 만들어낼 수 있는 메시지를 전달하되, 이러한 메시지의 소통방식 혹은 형태는 각각의 소셜미디어의 특성에 따라 달라져야 한다(Hanna et al. 2011). 예를 들면, 유투브에는 제품과 관련된 재미있는 동영상을 중점적으로 노출하고, 페이스북이나 트위터에는 제품 개발과 관련된 비하인드 스토리를 소개할 수 있을 것이다. 그리고 기업 홈페이지나 제품 마이크로사이트에서는 공식적인 제품 관련 정보를 소개할 수 있을 것이다.

통합적 소셜미디어의 운영을 위해서는 소셜미디어 허브(hub)를 두는 것이 바람직하다(브라이언 솔리스 2011). 소비자가 인터넷에서 제품 관련 컨텐츠를 발견했다고 가정해 보자. 소비자가 유투브에서 제품 관련 동영상을 우연히 접하게 될 수도 있고, 기업이 운영하는 트위터에 우연히 방문하여 제품 관련 스토리를 읽게 될 수도 있을 것이다. 기업은 이렇게 제품 관련 정보에 노출된 소비자가 다른 관련 정보나 컨텐츠가 있는 소셜미디어로 이동하여 총체적인 제품 경험을 할 수 있도록 하여야 한다. 즉, 소비자가 유투브의 동영상을 보고나서 트위터의 스토리를 읽고, 다시 기업의 마이크로사이트를 방문해서 제품 관련 정보를 접하도록 하여야 한다. 이를 위해서 기업은 각각의 소셜미디어에 흩어져 있는 컨텐츠들을 온전하게 하나로 묶어 소비자가 총체적인 경험을 할 수 있도록 하여야 한다.

소셜미디어 허브는 각각의 소셜미디어를 한 데 묶는 시각적 메뉴 구실을 하게 된다 (브라이언 솔리스 2011). 이러한 허브는 블로그가 될 수도 있고, 트위터나 페이스북이 될 수도 있다. 중요한 것은 소비자들이 어디에서 제품 관련 동영상을 볼 수 있고, 제품 과 관련된 비하인드 스토리를 읽을 수 있는지에 관한 시각적 메뉴를 허브가 제공하여야 하며, 각각의 소셜미디어들은 링크를 통해 서로 간에 연결되어 있어야 한다. 소비자는 이러한 시각적 메뉴를 통해 각각의 소셜미디어를 자유롭게 항해하면서 총체적인 경험 을 하게 될 것이다.

그렇다면 기업은 총체적 제품 경험을 만들기 위하여 어떤 소셜미디어를 활용해야 할까? 사용자 트래픽이 많은 소셜미디어들을 모두 활용하면 현명한 것일까? 기업의 전 략 수립에서 가장 강조되어야 할 것은 차별화이다. 그리고 어떤 고객을 타겟으로 할 것 인가, 어디에서 어떻게 경쟁할 것인가에 대한 답변을 찾는 것은 차별화에 기반한 전략 수립 과정이다. 따라서 기업은 소비자에게 자신만이 할 수 있는 차별화된 가치를 제공 하기에 가장 효과적인 소셜미디어를 선별해야 한다(최정환 2011).

이를 위해서 소셜미디어 커뮤니케이션 전략 수립시 일반적인 마케팅 전략 수립에 활용되는 기법인 STP(Segmentation-Targeting-Positioning)를 활용할 수 있다. 일단 소셜미디어의 사용자들과 그들의 네트워크를 관찰하고 이들의 유형을 세분화하거 나, 극히 세분화된 네트워크들을 합쳐 소비자의 유형을 분류한다. 다음으로 기업이 커 뮤니케이션을 하고자 하는 대상을 선정한 후에 이들에게 다른 기업과는 차별화되는 방 식으로 소셜미디어 전략을 실행하여야 한다. 즉, 사용자 트래픽이 많은 소셜미디어를 무턱대로 활용하기보다는 기업의 타겟에게 효과적으로 도달 가능하고, 기업의 차별화 된 전략의 실행을 가능하게 하는 소셜미디어를 선별하여야 한다.

LG전자의 통합적 소셜미디어 전략

　　스마트폰의 확산과 인터넷 기술의 발전으로 인해 블로그, 트위터, 페이스북, 유튜브와 같은 소셜미디어가 폭발적으로 성장하고 있다. 이러한 소셜미디어에서 소비자들은 자신들의 생각과 의견, 경험을 자유롭게 공유할 수 있게 되었으며, 기업의 마케팅 활동에 영향력을 행사하는 것이 가능해졌다. 이전의 기업들이 소비자에게 메시지를 일방적으로 전달했다면, 이제는 소비자와 기업이 대등한 위치에서 메시지를 수신하고 송신하는 일이 가능해진 것이다. 이러한 변화에 발맞추어 기업들은 다양한 소셜미디어를 기업미디어로 활용하고 있으며, 특히 통합적 소셜미디어 전략을 통해 다양한 소셜미디어를 융합함으로써 소비자와 원활한 소통을 하기 위해 노력한다.

　　LG전자는 홈페이지, 블로그, 트위터, 페이스북을 통합적으로 활용하여 LG전자에 대한 우호적 세력을 형성하기 위해 노력한다. LG전자는 다양한 미디어들을 통해 LG전자에 대한 스토리를 소비자에게 전달함으로써 LG전자에 대한 긍정적 정서를 만들어내기 위해 노력한다. 소셜미디어의 모든 채널에서 LG전자가 지향하고자 하는 기업 메시지를 일관되게 전달한다는 점에서 소셜미디어는 통합적으로 관리된다. 그러나 LG전자는 각각의 미디어 특성에 따라 메시지의 구체적인 형태 및 전달 방식을 달리함으로써 소비자와의 소통을 더욱 원활하게 하고 있다.

LG전자의 공식 홈페이지(www.lge.co.kr)

LG전자의 소셜블로그(social.lge.co.kr)

LG전자의 트위터(mobile.twitter.com/LGElectronics)

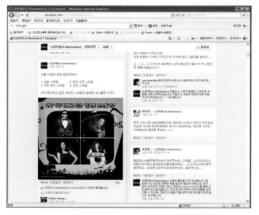

LG전자의 페이스북(www.facebook.com/theLGstory)

　　예를 들면, 홈페이지에서는 LG전자와 관련된 정보를 객관적인 시각에서 공식적인 언어로 소비자에게 전달한다면, 블로그에서는 보다 친근한 언어를 통해 소비자들에게 다가가기 위해 노력한다. LG전자는 블로그를 통해 제품 출시와 관련된 비하인드 스토리를 공개하기도 하고, 직원들의 소소한 일상들을 친구에게 이야기하듯 털어놓기도 한다. 즉, 홈페이지가 소비자들의 인지적 영역을 자극한다면, 블로그는 소비자의 감성적 영역을 자극하고 있다고 볼 수 있다. 반면에 트위터와 페이스북은 블로그의 컨텐츠를 유통, 확산시키고 소비자와의 친밀한 대화를 형성하는 미디어로 활용되고 있다. LG전자는 트위터와 페이스북를 통해 소비자들과 비공식적인 언어로 친밀한 대화를 하기 위해 노력하며, 소비자들은 트위터에서 구직정보, 제품출시정보 등 궁금한 점들을 자유롭게 질문하고 답을 구할 수 있다. 이렇게 LG전자는 LG전자에게 대한 우호적 정서를 만들어내고 궁극적으로 LG전자에 대한 온라인 팬층을 형성하기 위하여 다양한 소셜미디어를 통합적으로 운영하고 있다.

요약하자면, 통합적 소셜미디어 전략의 핵심은 다양한 미디어의 융합 혹은 통합을 통해 소비자에게 일관된 메시지를 전달하되, 미디어의 개별적 특성에 따라 메시지의 소통방식을 다양화해야 한다는 것이다.

자료원: 정희연(2012)

5. 모바일(Mobile)

세계적으로 모바일 기기와 서비스의 확산이 급속도로 진행되고 있다. 한국의 경우 대표적인 모바일 인터넷 기기인 스마트폰 사용자가 급증하고 있으며, 이제 소비자들은 스마트폰으로 하루를 시작하여 스마트폰과 함께 하루를 보내고, 스마트폰으로 하루를 마감할 정도로 스마트폰의 영향력은 커지고 있다. 전 세계 스마트폰 판매는 전체 휴대폰 중 20%를 훨씬 넘어서고 있으며, 2013년에는 40%를 넘어설 것으로 예상되고 있다(권기덕 2010).

모바일 기기의 확산으로 인해 소비자는 언제 어디서든 인터넷에 접속해 인터넷의 광범위한 정보를 활용하는 것이 가능해졌다. 또한 성능과 사용편의성이 향상된 모바일 기기가 보급됨에 따라 모바일 트래픽은 기하급수적으로 증가하고 있으며, 이제 소비자들은 모바일 기기 하나로 인터넷 접속, 멀티미디어 시청, 사무업무 처리 등을 할 수 있게 되었다.

이러한 모바일 혁명은 소비자의 라이프스타일뿐만 아니라 기업의 마케팅 전략에도 혁신적인 변화를 초래하였으며, 기업들은 모바일 마케팅에 새롭게 관심을 가지게 되었다(강민형 외 2010).

1) 광고/마케팅 매체로서의 모바일

그렇다면, 광고 혹은 마케팅 매체로서의 모바일은 어떠한 가치가 있을까?

첫째, 모바일은 소비자의 자발적 참여와 공유를 가능하게 한다. 모바일은 소비자의 참여와 공감을 기반으로 한 매체이기 때문에, 일방적인 메시지를 전달하는 기존의 매체에 비해 소비자의 자발적인 참여를 유도하기가 쉽다. 이러한 소비자의 자발적 참여와 정보의 공유는 기업 메시지의 온라인 구전을 손쉽게 한다.

둘째, 기업은 모바일을 통해 소비자의 즉각적 참여를 유도할 수 있다. 기업은 소비자들이 즉각적으로 온라인 혹은 오프라인 접점을 방문하여 캠페인에 참여하게 할 수 있으며, 이러한 캠페인의 참여는 바로 구매로 이어질 수 있다. 또한 기업은 캠페인에 참여한 소비자들을 대상으로 CRM 활동을 전개하는 등 브랜드와 고객 간의 체험형 커뮤니케이션을 전개할 수 있다.

셋째, 모바일은 정확한 타겟팅을 가능하게 한다. 특정한 소비자층을 대상으로 마케팅 활동을 하고자 할 때 기업은 모바일을 통해 세분화된 소비자층에게만 메시지를 전달할 수 있다. 이러한 정확한 타겟팅은 광고비의 효율적 집행을 가능하게 한다.

2) 모바일 마케팅/광고 전략의 핵심 성공 요인

모바일 마케팅의 성공 여부를 결정짓는 핵심 요인으로 모바일 마케팅 전문 에이전시들은 타게팅(targeting), 타이밍(timing), 로케이션(location) 세 가지를 꼽는다.

첫째는 정확한 타게팅이다. 똑같은 30대 주부라 하더라도 전업주부와 직장을 가지고 있는 주부와는 구매 행동에 있어서 차이가 난다. 전업주부는 상대적으로 한가한 오전이나 2~3시의 오후를 활용하여 쇼핑을 할 것이고 직장을 다니는 주부는 퇴근 후 시간을 이용하여 쇼핑을 할 것이다. 그리고 똑같은 30대 직장 남자라 하더라도 평일에만 휴대폰을 사용하는 사람과 주말에도 각종 커뮤니티 활동으로 휴대폰을 많이 쓰는 사람과는 라이프스타일이 다르고 이들이 선호하는 브랜드의 취향도 다르리라는 것을 알 수 있다. 또한 각종 게임, 음악, 증권 등의 컨텐츠 사용 패턴 등을 분석하면 타겟의 라이프스타일에 대한 대략적인 예측이 가능해져 이에 맞는 상품을 제안할 수 있게 된다. 기존 4대 매체들의 단순 인구 통계학적인 접근을 뛰어 넘는 입체적인 타게팅 전략의 구사가 가능한 것이다.

둘째는 타이밍(timing)의 적절성이다. 예를 들어 4월에 자동차 보험이 만기되는 가입자가 있다고 하면, 3월에 받는 정보는 정보이지만, 가입 이후인 5월에 받는 정보는 스팸이 될 것이다. 그만큼 똑같은 내용의 정보라도 타이밍에 따라 가치가 달라진다. 일본에서는 직장인들이 출근하고 난 후와 점심 식사 이후에 캔 커피를 가장 많이 마신다. 그래서 한 캔 커피 제조사에서는 점심 식사 직전인 11시에 광고를 보내 점심 식사 이후에 캔 커피를 고를 때, 자기도 모르게 광고된 커피를 선택하도록 유도하고 있다. 또 한걸음 더 나아가 캔에 제품 고유의 시리얼 넘버를 새겨놓고 고객들이 이 번호를 모바일 홈페이지에 접속, 입력하면 특정 경품을 주는 이벤트도 전개하고 있다. 여기에서 축적된 고객의 데이터는 추후에 다른 캠페인에도 활용됨은 물론이다.

셋째는 특정 로케이션(location)을 공략하는 전략의 구사이다. 고객의 일상 경로를 데이터베이스(DB)화하여 타겟을 산출해 내는 방식으로 특정 장소에서 특정 고객의 사용 패턴을 분석하여 그 지역에 맞는 상품만 광고하는 전략이다. 직장인들의 핸드폰 사용 패턴을 분석해 보면 일정한 장소에서 발생하는 특징을 보여 주고 있다. 내근을 주로 하는 직장인들은 낮에는 사무실에서 그리고 밤에는 회사 근처 식당이나 집에서, 그리고 영업을 주로 하는 경우에는 오전에는 회사에서 오후에는 주요 몇몇 거래처에서 주로 통화를 할 것이다. 그러한 통화 패턴과 움직임 패턴은 일정한 법칙이 있어서 이를 활용하면 특정 지역의 행사나 집객 프로그램 등을 효율적으로 기획할 수 있다. 기술적으로 위치 추적이 가능한 핸드폰을 소지한 가입자의 경우는 이동통신사에서 가입자의 위치를 실시간 파악할 수 있다. 그러나 수천만 명의 가입자를 실시간으로 파악하려면 시스템에 대한 투자와 부하 등이 만만치 않고 개인 사생활의 침해라는 이슈 등이 있어서 현실적으로 불가능하다. 하지만 한 달 동안의 사용 데이터나 최근 1주일 데이터 등을 활용하면 현재 어디에 있을 것이라는 추측이 가능해진다.

상기의 세 가지 핵심 요인—타게팅(targeting), 타이밍(timing), 로케이션(location)—의 가치를 더욱 높이기 위해서 이동통신사만의 자체 데이터베이스(DB)만이 아닌 편의점의 포스(POS) 데이터와 신용카드 회사의 주요 타겟군별 구매 패턴 데이터, 개별 기업들의 소비자 행동 조사 데이터 등을 유기적으로 조합하여 캠페인을 전개하려는 시도가 실제로 보고되고 있다.

3) 미케팅 믹스 관점에서 본 모바일

오늘날과 같이 상호작용이 중요한 커뮤니케이션 시대에는 어느 특정 매체만을 의존해서는 소기의 캠페인 목표를 달성하기 어렵다. 기존 4대 매체 외에도 온라인이나 모바일 등의 적절한 결합이 이루어질 때 바람직한 결과를 낳을 수 있다. 왜냐하면 매체마다 특장점이 존재하기 때문이다. 요즘 기업들은 전반적으로 매스미디어 광고비 예산을 줄여가는 추세이다. 그리고 기존의 광고 컨셉트와 이에 따른 크리에이티브 전략이라는 짜인 메뉴 대신에 늘 새로운 미디어 믹스 전략을 대행사에 요구하고 있다. 기저귀 업체인 하기스가 옹알이 통역 캠페인을 진행하면서 아기들의 옹알이 영상을 유투브에 공개하였는데 이러한 영상들은 다른 소셜미디어로 급속하게 확산되면서 온라인 구전을 만들어냈다. 소셜미디어를 활용한 새로운 커뮤니케이션 전략은 고객들의 자발적 참여와 공유를 활용하여 매체비도 들이지 않으면서 메시지 확산을 가능하게 하고 있다.

이러한 시대적 변화로 인해 기존 대행사들은 딜레마에 빠지게 된다. 기존에는 TV광고 한 편만 제작하면 일정 기간 안정적으로 취급고(billing)와 수익을 거둘 수 있었는데, 이제는 그러한 방법으로 수익을 실현하기가 점점 어려워지고 있기 때문이다. 이러한 크로스미디어 시대에 오히려 적극적으로 구전 마케팅의 중심 매체인 온라인 광고와 모바일 광고를 활용할 필요가 있다. 과거의 모바일은 표현 방법에 있어서의 제한점 때문에 적극적으로 활용되지 못한 경향이 있었지만, 최근에는 모바일 기기의 혁신적인 발전으로 인하여 모바일에서도 충분히 재미있는 캠페인을 전개할 수 있게 되었다. 요즘에는 다양한 업종의 많은 기업들이 모바일 광고를 적극적으로 활용하고 있는 추세이다. 물론 광고 효과의 증명, 풀(pull)형 광고의 적극적 개발, 모바일만의 차별적 광고 영역 등 아직 많은 숙제를 안고 있다. 하지만 온라인의 키워드 광고 시장이 온라인 광고의 특성을 유감없이 발휘하게 해 준 것처럼 모바일 광고 시장을 키워주는 획기적 애플리케이션이 나올 것이다.

사회 공헌을 실천하는 모바일 애플리케이션

매일 쏟아져 나오는 애플리케이션들은 대부분이 상업적 이익을 목적으로 하고 있다. 그 가운데 마음을 훈훈하게 만들어주는 분야가 아마도 '기부앱'이 아닐까 싶다. 최근 기부활동으로 사회공헌에 적극 참여하는 이른바 '착한 앱'이 속속 등장하고 있어 나눔을 실천하려는 소비자들의 눈길을 끌고 있다. 스마트기기의 열풍이 점점 거세지는 만큼, 어려운 이웃과 소외계층에게 따뜻한 마음을 전하는 나눔 실천도 애플리케이션을 통해 '스마트'하게 할 수 있게 된 것이다.

평소 사용하지 않던 포인트로 부담없이 기부한다, SK텔레콤 'Give U'

소비자들은 지구촌 희망나눔 해외지원, 아이들 꿈을 위한 교육지원 등으로 구성된 '테마별 캠페인'과 '추천 캠페인' 메뉴를 클릭함으로써 다양한 기부 관련 정보를 접할 수 있다. 그리고 기부하고 싶은 곳을 선택해 현금이나 카드, OK캐시백, 레인보우 포인트 등으로 결제를 하면 원하는 곳으로 후원이 이루어진다.

SK텔레콤 'GiveU' (매일경제, 2012년 7월 11일 기사 이미지 인용)

통화만 해도 기부금이 절로 쌓인다, '기부 천사'

이 애플리케이션으로 통화하면 분당 2원씩 기부금이 적립되고 1분을 채우지 못하고 통화가 종료되어도 통화시간은 1초 단위로 모두 누적되어 1분이 합산되었을 때 2원이 기부된다. 적립금은 개인의 통화요금에서 납부되는 것이 아니라 각 통신사에서 수익의 일부를 기부하며 '함께 하는 사랑밭' 등의 공익단체를 통해 도움이 필요한 이웃에게 전달된다. 생활 속에서 자연스럽게 기부가 이루어질 수 있기 때문에 많은 사람들이 참여하고 있다.

'기부천사' (매일경제, 2012년 7월 11일 기사 이미지 인용)

소외 아동을 위한 체계적 나눔, 'CJ 도너스캠프'

가정형편이 어려워 교육을 제대로 받지 못하는 꿈나무들을 위해 CJ나눔재단에서 운영하는 앱이다. 도너스캠프는 지역아동센터, 그룹홈, 쉼터, 농어촌분교 등 교육 여건이 상대적으로 열악한 지역에서 활동하는 현장 교사들이 특정 '교육프로그램들을 제안'하면, 기부자들은 자신이 원하는 제안서를 선택해 기부하는 형식을 취하고 있다. 기부자는 자신이 기부한 교육 프로그램이 어떤 과정을 거쳐 어떤 성과를 이루었는지도 이 앱을 통해 확인할 수 있다. 기부자의 의욕을 높여주는 'CJ나눔재단 매칭펀드'도 주목할 만하다. 만약에 어떤 기부자가 특정 교육프로그램에 1만원을 기부하면 CJ나눔재단에서도 1만원을 지원, 한 사람의 기부 규모가 두 배가 되어 수혜 아동에게 지원되는 것이다. 이런 온라인 기부 프로그램 이외에도 '도너스캠프'에서는 적성검사, 대학 탐방, 멘토링 등 소외 어린이와 청소년이 자신의 성향과 적성에 맞는 진로 교육을 받을 수 있도록 돕는 '미래를 여는 나침반', 현장 교사들이 겪는 고민을 해소하고 재교육을 받을 수 있는 '선생님 배움터', 자원봉사를 통해 자신의 능력을 서로 나눠 갖는 '재능나눔' 등의 프로그램도 운영 중에 있다.

CJ 도너스캠프(매일경제, 2012년 7월 11일 기사 이미지 인용)

자료원: 이영근(2012) 수정 후 인용

앱디스코 '애드라떼'

소비자들은 광고의 홍수 시대에 살고 있다. TV를 보거나 웹서핑을 할 때 심지어 길을 걸을 때도 광고를 접한다. 따라서 소비자들은 일상에서 접하는 광고를 무시하거나 외면하는 경우가 비일비재하다. 하지만 사람들이 직접 광고를 찾아서 보는 공간이 있다. 광고를 보기만 해도 돈이 쌓이는 '애드라떼 애플리케이션'에서만 가능한 이야기다.

'애드라떼' (매일경제, 2012년 7월 11일 기사 이미지 인용)

애드라떼는 광고를 시청하면 돈이 들어온다. '10분만 투자하면 라떼 한잔'이라는 컨셉트로 광고를 시청해 얻은 적립금을 현금이나 상품으로 돌려주는 형식의 대표적인 모바일 리워드 앱이다. 지난해 7월 출시된 애드라떼는 출시 9개월 만에 국내 다운로드 수 200만 건을 넘을 정도로 큰 호응을 불러일으켰다. 특히 애드라떼는 적은 시간을 투자하고도 충분한 적립금을 모을 수 있다는 장점을 소비자들에게 어필해 높은 인기를 얻고 있다. 애드라떼의 적립금은 광고시청 건당 평균 300~1000원으로 구성돼 있다. 적립금은 애드라떼 라떼스토어에서 원하는 상품으로 교환할 수 있다. 3만원 이상 되면 현금으로 환급도 가능하다.

애드라떼는 최근 사용자 편의를 강화하기 위해 애드라떼 업그레이드 버전을 내놨다. 질을 향상시켜 적립금을 사용해 휴대폰 요금을 결제할 수 있게 됐다. 애드라떼 적립금으로 차감된 금액만 다음 달 통신요금 고지서에 청구되는 방식이다. 또 신규 사용자들이 편리하게 이용할 수 있게 사용지침서를 제공하고, 광고별로 광고 소진 게이지를 적용해 사용자들이 원하는 광고를 찾을 수 있도록 했다. 적립금 사용내역을 확인할 수 있는 내역조회 기능도 추가됐다. 또한 쌓인 적립금으로 애드라떼 '라떼스토어'에서 사랑의 열매에 기부를 할 수 있도록 앱이 구성되어 있어, 평소 나눔 실천에 관심은 있지만 실천에 옮기기 어려웠던 이용자들은 애드라떼를 통해 손쉽게 기부에 참여할 수 있다. 애드라떼는 광고시청 건당 적립금이 평균 300원에서 1000원에 이를 정도로 파격적이기 때문에 잘 활용하면 적은 시간을 투자하고도 충분한 적립금을 모을 수 있고, 사랑의 열매를 통해 기부까지 실천할 수 있어 '착한 앱'으로도 각광받고 있다.

자료원: 김범근(2012); 이영근(2012)

쇼핑도 이제 모바일로 한다

모바일 쇼핑(mobile shopping)이란 스마트폰이나 태블릿PC 등을 이용해 이동 중에도 쇼핑이 가능한 것을 의미한다. 백화점 · 마트에서 물건을 살 때 인터넷 쇼핑몰에 접속해 해당 물건 가격을 비교할 수도 있다.

최근 20~30대 여성을 중심으로 모바일 쇼핑을 하는 사람들이 늘고 있다. 일명 모바일 쇼퍼족(族)이다. 이들은 틈만 나면 스마트폰을 꺼내 새로 나온 상품 중 괜찮은 게 있는지 찾아본다. 본인이 직접 구매하기도 하지만, 친구에게 추천을 하는 경우도 있다. 할인 정보 등을 소셜 네트워크 서비스(SNS)를 통해 공유하는 것이다.

모바일 세상에서는 쇼핑몰 간의 이동이 인터넷 공간에서보다 더욱 편하다. 모바일 결제 앱을 통해 쇼핑몰을 검색하면 버튼 하나로 GS샵에서 롯데닷컴, 또다시 11번가로 손쉽게 이동할 수 있다. 홈쇼핑, 종합몰, 오픈마켓을 종횡무진 누비는 셈이다. 한슬기 우리투자증권 애널리스트는 "보안 문제와 결제가 불편한 점 때문에 모바일 쇼핑을 꺼려했다. 그러나 최근 들어 보안이 강화되고 모바일용 결제 솔루션이 많아지면서 모바일을 통해 간편하게 쇼핑을 하려는 사람들이 늘고 있다"고 말했다.

온라인 쇼핑몰 판매자들이 입점한 모바일 마켓 플레이스 '카카오스타일'
자료원: 지디넷코리아, 2013년 2월 21일자 이미지 사용.

모바일 쇼핑 시장이 커지면서 업체 간 경쟁도 치열해지고 있다. 온라인 쇼핑몰에 이어 대형마트, 백화점까지 모바일 시장 진출을 노리고 있기 때문이다. 특히, 대형마트는 의무휴일 등 정부 규제가 강화되면서 또 다른 창구인 온라인, 모바일 시장을 강화하는 것으로 보인다.

그러나 모바일 커머스 업체 내부에서는 이에 대해 우려의 목소리를 내기도 한다. 단순히 웹페이지를 모바일로 옮긴다고 해서 성공할 수 있는 건 아니라는 얘기다. 11번가 관계자는 "모바일 커머스는 타 플랫폼과의 연동이 중요하다. 국내 최대 모바일 쇼핑 업체로 성장할 수 있었던 배경은 SK텔레콤의 통신 인프라와 무선 플랫폼을 활용할 수 있었기 때문"이라고 설명했다.

앞으로 모바일 쇼핑 시장이 얼마나 커질까. 업계에서는 모바일 쇼핑이 아직 시장 규모는 작지만 현재 유통업계에서 성장 속도가 가장 빠른 채널로 보고 있다. 모바일을 쇼핑 채널로 인식하는 게 중요한데 현재 3개월 내 모바일 재구매율이 50%에 달한다. 일본은 스마트폰 시대 전에도 모바일 쇼핑 비중이 전체 온라인 쇼핑의 20%를 차지하는데, 한국도 머지않아 그렇게 될 것이라고 예상된다.

자료원: 김헌주(2012) 수정 후 인용

인터넷 광고

1. 인터넷 광고의 개념과 현황

1) 인터넷 광고의 개념

인터넷 광고(internet advertising)란 인터넷을 이용한 광고행위를 말한다. 그러나 인터넷이 미디어적인 성격과 시장으로서의 성격을 공유하기 때문에, 인터넷 광고는 대중매체를 이용하는 광고와는 다른 성격도 가진다. 인터넷 광고는 전통적인 광고와 마찬가지로 상표인식도(brand awareness)나 이미지를 제고하는 역할을 할 뿐 아니라, 구매의도를 유발하고 즉각적으로 구매를 발생시키는 기능도 수행하는 것이다. 이에 따라 광고의 목표로 삼을 수 있는 영역이 더욱 폭넓게 되었다. 그리고 인터넷 광고는 광고주와 수용자 간의 상호작용을 가능하게 해 준다는 큰 특징이 있다. 인터넷 광고를 클릭하는 수용자는 원하는 만큼 광고주와 직접 쌍방향 커뮤니케이션을 할 수 있다. 이와 같은 상호작용은 광고주의 일방적인 메시지 전달에 불과하였던 오프라인 광고에서는 상상도 할 수 없었던 것이다.

이와 같은 독특한 특성에 따라 인터넷 광고의 형태도 매우 다양하게 발전하고 있다. 인터넷 광고는 상표인식도 제고나 상품을 주문할 수 있는 배너 광고(banner advertisement), 광고수용자 개개인에게 이메일을 통하여 광고를 전달하는 이메일 광고(e-mail advertisement), 회사소개와 홍보, 고객관리 및 직접판매를 가능하게 하는 웹사이트(website) 등과 같이 매우 다양하게 확장되고 있는 것이다.

인터넷 광고는 좁은 의미에서 본다면, 검색엔진을 비롯한 특정 사이트로부터 자사의 사이트로 하이퍼링크시킬 수 있도록 하고 그 대가를 지불하는 것이라고 할 수 있다. 보다 넓은 의미에서 본다면, 인터넷 광고는 자사의 웹사이트를 포함한 인터넷상에서의 다양한 커뮤니케이션 메시지를 포함한다.

2) 인터넷 광고 시장의 현황

인터넷 사용의 증가와 사용자층의 확대는 인터넷 광고의 활용 가치를 더욱 증대시킨다. 무엇보다도 불특정 다수가 아닌 특정화된 표적 수용자에게 광고를 노출시킬 수 있다는 점과, 직접적인 상호작용이 가능하다는 점, 광고를 노출시킴과 동시에 소비자의 구매도 발생시킬 수 있다는 점 등은 인터넷 광고만이 가진 장점이라고 볼 수 있다. 이러한 인터넷 광고의 가치에 대한 업계의 인식이 증가하면서 인터넷 광고 시장도 꾸준히 그 규모가 커지고 있다. 표 11-3에 의하면 2009년 인터넷 광고 시장은 4대 매체 대비 18퍼센트였지만, 2011년 인터넷 광고 시장은 4대 매체 대비 22퍼센트로 증가하였으며, 이러한 증가 추세는 앞으로도 지속될 것으로 예상된다.

점차적으로 인터넷을 이용한 다양한 광고가 중요한 마케팅 커뮤니케이션의 수단으로 등장하고 있으며, 전 세계적으로도 인터넷 광고 시장의 규모가 지속적으로 성장하고 있다. 그림 11-6에 따르면, 2011년 전 세계 인터넷 광고 시장은 전년도 대비 17.2% 성장한 802억 달러인데, 이는 전체 광고 시장의 16.1%를 차지한다. 모바일기기의 확산과 이에 따른 SNS 및 소셜커머스의 성장으로 인하여 2015년에는 인터넷 광고 시장이 1,321억 달러에 이를 것으로 예측되고 있다. 이렇게 인터넷 광고시장이 성장하고 있는 이유는 인터넷이라는 매체에 대한 관심이 증가하고 있기 때문이다. 그림 11-7에 따르면, 연령대가 낮을수록 인터넷에 대한 관심도는 신문, 라디오, 잡지보다도 훨씬 높은 수준인 것으로 나타났다. 따라서 이러한 젊은 세대에게 인터넷 광고는 매우 효과적인 수

표 11·3 4대매체 대비 인터넷 광고 비중
(단위 : 억원, 퍼센트)

구분	텔레비전	라디오	신문	잡지	합계	인터넷	대비퍼센트
2009년	32,422	1,770	30,283	3,793	68,267	12,430	18%
2010년	36,462	2,150	31,916	4,415	74,944	15,470	21%
2011년	41,942	2,127	30,745	4,811	79,625	17,891	22%

자료원: www.adchannel.co.kr

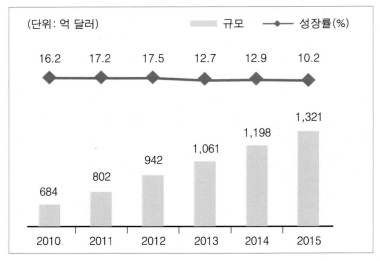

그림 11 - 6   전 세계 온라인 광고 시장 규모
자료원: 리서치애드(2011).

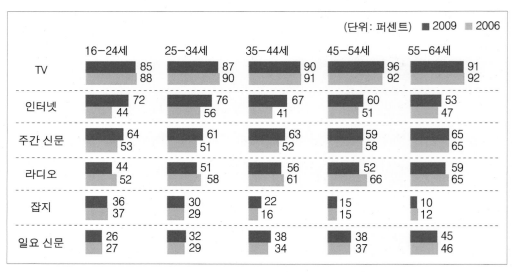

그림 11 - 7   2006, 2009년 미디어 조사
자료원: Nattermann(2010).

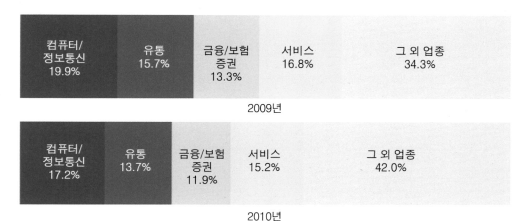

그림 11 - 8 2009년과 2010년의 업종별 인터넷 광고 집행 현황
자료원: 리서치애드(2011).

단이라 할 수 있을 것이다.

그렇다면, 과연 어떤 업종에서 인터넷 광고를 주로 집행할까? 그림 11-8에 따르면, 컴퓨터 및 정보통신 업종과 서비스 업종이 가장 많은 인터넷 광고를 집행하고 있으며, 유통과 금융/보험 업종이 그 다음을 차지하는 것으로 나타났다.

3) 인터넷 광고 유형

(1) 배너 광고

인터넷 광고의 50퍼센트 이상을 차지할 만큼 가장 일반적으로 활용되는 배너 광고 (banner advertisement)는 웹 페이지 내의 한 장소에 존재하는 박스 형태의 광고이다. 대부분의 경우는 배너 광고를 클릭할 경우 하이퍼링크되어 있는 해당 광고 메시지와 연결된다. 배너 광고는 표출되는 형식과 방법에 따라 여러 유형으로 나눌 수 있는데, 고정형 배너와 동영상(애니메이션) 배너, 키워드(keyword) 배너, 로테이션(rotation) 배너 광고 등으로 구분할 수 있다. 최근 멀티미디어 제작기술의 발전에 따라 이동 아이콘 배너, 삽입 배너(interstitial banner advertisement), 팝업 배너 등 다양한 유형들이 있다.

고정형 배너 광고(static banner advertisement)는 마치 축소된 인쇄광고의 한 장면과 같이 그래픽 이미지와 문자만을 사용하여 만든 광고로서 한 장면으로만 구성되어 있으며, 클릭을 통하여 배너 광고와 연결되어 있는 광고메시지 혹은 웹사이트 등으로 이동할 수 있다.

애니메이션 배너 광고(animation banner advertisement)는 동영상 광고의 일종으로서, 정적인 광고가 아닌 역동적인 애니메이션을 활용하여 여러 페이지로 구성되어 있다. 비교적 많이 활용되고 있는 배너 광고 형태이며, 여러 장면의 구성을 통해 수용자에게 광고 스토리를 전달할 수 있다.

삽입 배너 광고(interstitial banner advertisement)는 웹사이트를 탐색하는 중간에 브라우저 창 또는 컴퓨터 모니터에 애니메이션, 그래픽, 사운드 등을 포함한 다양한 형태의 광고가 나타나는 유형이다. 이 광고는 광고수용자의 의지와 관계없이 강제로 광고가 노출되는 것으로서, 웹 페이지 이동 중이나 웹 페이지를 보는 중간에 광고가 삽입되는 것이다.

키워드 배너 광고(keyword banner advertisement)는 검색엔진 웹사이트에서 자주 이용되는 방식인데, 인터넷 사용자가 키워드를 입력하면, 키워드에 따라 배너 광고를 표출시키는 방식이다. 광고주 입장에서는 광고수용자가 관심을 갖는 키워드와 관련되는 자사 제품의 광고를 노출시킬 수 있는 장점이 있다.

로테이션 배너 광고(rotation banner advertisement)는 여러 광고주의 배너를 차례로 바꿔 가면서 나타나는 광고이다. 이 방식은 광고수용자 입장에서 볼 때, 동일한 웹 페이지를 반복하여 사용한다고 해도, 웹 페이지를 사용할 때마다 다양한 광고들을 접할 수 있기 때문에, 배너 광고의 노출효과가 더 긍정적으로 발생할 수 있다.

그 외에 일반적인 크기의 배너 광고보다 더 큰 빅 배너 광고(big banner advertisement)는 기존 468×60 픽셀 외에 180×150, 120×600 픽셀 등 크기를 최대 2.5배까지 대형화하여 광고를 표출하기도 한다. 빅 배너 광고는 정보 지향형(information - oriented type), 이벤트 지향형(event - oriented type), 이미지 지향형(image - oriented type), 텔레비전과 로고송의 결합형(TV - CM conversion type) 등으로 다양화되고 있다.

그림 11-9 고정형 배너와 애니메이션 배너 광고(www.yahoo.co.kr)

그림 11-10 빅배너 광고(www.daum.net)

그림 11-11 adidas의 삽입 배너 광고(www.naver.com)

514

그림 11-12 키워드 배너 광고(www.dreamwiz.com)

(2) 팝업 광고

팝업 광고(pop-up advertisement)는 처음 홈페이지가 나타나는 순간 혹은 다음 웹 페이지가 바뀌는 순간에 광고 페이지가 웹 페이지 위에 독립된 창의 형태로 표출되는 광고이다. 이를 일반적으로 삽입 광고 또는 팝업 광고라고 한다. 팝업 광고는 수용자의 높은 주목도에 비해 웹 페이지 중간에 나타나기 때문에 거부감을 유발시킬 수 있다.

그림 11-13　팝업 광고 사례(www.empas.com)

소비자들은 왜 팝업 광고에 대해 짜증을 느낄까?

　　소비자들은 상업적인 광고를 능동적으로 해석하며, 광고가 소비자들을 지나치게 설득하고자 할 때 이에 대해 반발을 느끼기도 한다. 특정한 광고가 제품의 구입을 지나치게 강요한다고 느낄 때 소비자들은 심리적 반발을 느껴 광고를 회피하거나 제품을 절대 구입하지 않겠다고 다짐하게 될 수도 있는 것이다.

　　소비자들은 자신들에게 스스로 자유롭게 선택할 수 있는 자유가 있다고 믿기 때문에 이러한 자유를 침해당했다고 느낄 때 심리적 반발을 느끼게 된다. 팝업 광고는 홈페이지 위에 독립된 창의 형태로 표출되기 때문에, 소비자의 시선을 끌 수 있다는 장점이 있는 반면에, 소비자의 심리적 반발을 유발할 수 있다는 단점이 있다. 즉, 소비자들은 자신들이 원치 않는 광고에 갑작스레 노출된다는 점에 반발을 느껴 팝업 광고를 회피하거나 팝업 광고에 대해 짜증을 느낄 수 있다는 것이다.

　　소비자들이 팝업 광고에 대해 느끼는 짜증에 영향을 미치는 요인은 무엇일까? Edwards, Li, and Lee(2002)의 연구에 따르면, 팝업 광고의 침해성(intrusiveness)이 광고에 대한 짜증(ad irritation)과 회피(ad avoidance)에 영향을 미친다고 한다. 즉, 팝업 광고가 소비자의 인터넷 활동을 방해하는 정도가 높다고 소비자가 인지할수록, 소비자는 짜증을 더 많이 느끼고, 이에 따라 광고를 회피하게 된다는 것이다. 이들의 연구에 따르면 침해성은 광고의 오락성과 정보성의 영향을 받는다. 소비자들은 팝업 광고가 제공하는 컨텐츠의 오락성과 정보성이 높을수록 광고가 소비자를 덜 방해한다고 인지한다. 예를 들면 팝업 광고가 소비자에게 즐거움을 제공해 주고, 소비자가 원하는 유용한 정보를 제공한다면 소비자는 팝업 광고에 대해 마음의 문을 열게 된다는 것이다.

또한 팝업 광고가 소비자에게 노출되는 형식도 광고 효과에 영향을 미친다. 소비자가 웹페이지를 이동하는 중간에 팝업 광고가 나타나는 경우와 웹페이지상에 바로 팝업 광고가 나타나는 경우를 비교하면, 소비자들은 웹페이지상에 바로 나타나는 팝업 광고에 대해 더욱 부정적으로 반응한다. 그리고 소비자들은 팝업 광고의 컨텐츠와 웹페이지의 컨텐츠가 일치하는 경우보다는 불일치하는 경우에 팝업 광고에 대해 더 부정적인 태도를 보인다. 예를 들면, 영화 관련 웹사이트에서는 금융 관련 팝업 광고보다는 영화 관련 팝업 광고가 더 효과적이라는 것이다.

이렇게 팝업 광고는 소비자의 높은 주의를 끌 수 있다는 장점이 있지만, 소비자의 짜증과 심리적 반발을 야기할 수도 있다는 부작용을 지닌다. 따라서 소비자가 팝업 광고에 대해 덜 짜증을 느낄 수 있는 방안을 모색하는 것이 중요하다.

자료원: Edwards, Li and Lee(2002)

(3) 검색어 광고

검색어 광고란 검색 사이트에 특정한 검색어를 입력하면 검색 결과가 나오는 화면에 검색어와 관련된 업체의 광고가 노출되도록 하는 것을 의미한다. 예를 들면, 소비자가 네이버 검색창에 애니콜이라는 검색어를 입력하면 애니콜을 판매하는 업체의 광고가 노출되는 식이다. 검색어 광고는 특정한 제품에 관심이 있는 소비자들에게만 광고가 노출되기 때문에 불특정 다수에게 노출되는 형식의 광고에 비해 효율적인 방식의 광고라고 할 수 있다.

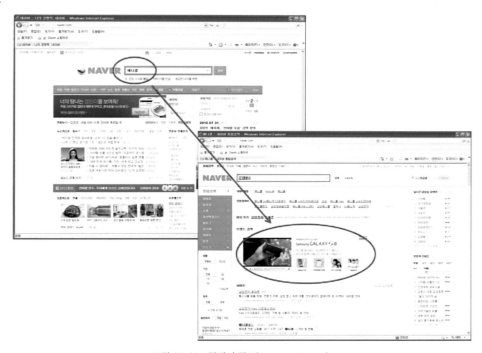

그림 11-14 검색어 광고(www.naver.com)

(4) 이메일 광고

이메일 광고(e-mail advertisement)는 광고수용자의 이메일 박스에 전달하는 광고로서, HTML문서부터 이미지, 소리, 동영상 등 다양한 멀티미디어의 광고메시지를 개개인의 이메일을 통해 전달할 수 있다. 이메일 광고는 개인에 따라 각기 다른 내용으로 구성된 광고메시지를 각 개개인의 이메일로 보낼 수도 있고, 동일한 메시지를 전체 수용자에게 전달할 수도 있다. 이때는 주로 이벤트 고지 관련된 광고일 때 사용한다. 이메일 광고는 다른 인터넷 광고보다도 표적고객을 타겟팅하여 광고를 노출시킬 수 있어, 즉각적인 제품 판매까지 연결시킬 수 있는 장점이 있다. 그러나 최근에는 스팸(spam) 메일처럼 수용자들에게 거부감을 주는 경우가 많아, 광고가 제대로 노출되기도 전에 삭제되기도 한다.

또 다른 이메일을 이용한 광고의 유형으로 메일 매거진(mail-magazine) 광고가 있다. 이는 인터넷에서 메일로 받아보는 신문이나 잡지를 말하는데, 이메일과 매거진

(magazine)의 합성어로 만들어진 것이다. 메일 매거진 안에 원하는 표적 고객을 대상으로 배너 광고나 플래쉬 애니메이션 광고 등을 삽입할 수 있다. 메일 매거진 광고는 고객으로부터 메일을 보내도 좋다는 동의를 얻고 나서 주기적으로 혹은 비정기적으로 전달하는 광고이다. 옵트 인 메일(opt-in mail) 광고가 바로 수용자의 허락을 미리 받은 후에, 이메일을 통해 광고를 전달하는 것이다. 예를 들어 섹션 메일은 뉴스레터별로 개개인이 원하는 맞춤형의 메시지를 전달하는 것이며, 섹션의 신청과 해지가 언제라도 가능하다. 또한 섹션설정을 통해 내용을 개인별로 구성하는 맞춤 메일도 유용하게 활용되고 있다. 이러한 메일을 활용하여 광고를 함께 이메일로 전달할 수 있는 것이다.

그림 11-15   이메일 광고(www.daum.net)

마케터가 알아야 할 이메일 마케팅 체크리스트

1. 이메일 디자인에서 이미지가 전부는 아니다(Make Your Design Work for You)

효과적인 이메일 디자인은 비단 훌륭해 보이는 외양만이 아니라 그 이상의 무엇인가를 담고 있어야 한다. 즉 이메일 마케팅 전략의 궁극적인 목적과 전달하고자 하는 메시지가 이메일 디자인과 잘 어울려야 한다. 이렇게 디자인된 이메일은 수십 장의 보고서보다 더 효과적인 전달수단이 된다. 대부분의 디자이너들은 HTML 형식으로 이메일을 디자인할 때 시각적으로 돋보이게 하기 위해 많은 이미지를 사용하려 한다. 하지만 많은 이미지의 사용은 오히려 효과적인 방법이 아니다. 왜냐하면 웹페이지 로딩속도를 고려하여 파일 사이즈를 맞춰야 하기 때문이다.

2. 디자이너는 온라인 환경을 충분히 이해해야 한다(Getting the Most From a Designer)

당신의 이메일 마케팅 전략의 궁극적인 목적을 충분히 이해하는 디자이너와 작업을 같이 하라. 그렇게 하면 온라인 회의라 하더라도 이메일 디자인에 대하여 의견을 조율하는 데 있어 온라인 환경을 이해하지 못하는 디자이너와 직접 만나 씨름하는 것보다 효과적이다. 디자이너가 이메일의 특성과 온라인 환경에 대하여 충분히 이해하고 있는지 점검하라. 디자이너가 이해하지 못하고 있다면 필히 이해시켜야 한다. 이메일 디자인의 핵심은 신뢰성 있는 브랜드 이미지 구축과 수신자들이 원하는 핵심가치를 돋보이게 하는 데 있다. 다음은 그에 따라 신경 써야 할 부분들이다.

1) 브랜드 명이나 로고 등이 자리하는 이메일의 헤더(headers) 부분
2) 이메일 배경 색상: 사소한 것 같지만 이메일 메시지를 돋보이게 하는 중요한 것이다.
3) 개인화되고 고객 맞춤화된 그래픽 처리

3. 카피도 전체적인 이메일 디자인의 일부이다(Review Copy in the Design Before Any Major Change)

한 예를 들어 보자. 효과적인 메시지 전달을 위해 심혈을 기울여서 작성한 카피가 있다. 카피 자체만 보면 메시지가 매우 잘 표현되어 만족스런 마음으로 이메일 디자인 포맷에 통합하는 작업을 하였다. 그런데 막상 이메일 디자인 포맷과 통합을 하다보니 전체적인 이메일 디자인과 맞지 않는다는 사실을 깨닫게 되었다. 왜 그럴까? 문제는 카피도 전체적인 이메일 디자인의 일부라는 것을 알지 못한 데 있다. 이메일에 들어가는 카피는 카피 자체만으로도 효과적으로 표현되어야 하지만 텍스트 디자인으로서의 구실도 해야 한다. 따라서 이를 고려하지 않은 채 카피를 작성했다면 같은 카피 문구라도 시각적으로 매우 다르게 보일 수 있다. 그렇다면 이메일에 들어갈 카피 작성시 알아야 할 기본적인 사항은 무엇인가.

1) 되도록 짧게! 간결하고 명확한 문단과 메시지이어야 한다.
2) 굵은 활자체를 남용하지 말아야 한다.
3) 핵심가치를 키워드로! 이메일 수신자가 얻을 수 있는 가치를 강조하라. 최소한 클릭을 유도할 수 있도록 하이퍼링크를 적용하라.

4. 그래도 카피는 중요한 것이다(Be Sure You or the Copywriter Knows E-Mail Writing)

위에서도 언급했지만 온라인 환경을 이해하는 디자이너는 이메일을 이용한 마케팅 전략에 필수적이다. 하지만 카피라이터에게는 그다지 중요한 조건이 아닐 수도 있다. 실력 있는 카피라이터는 훌륭한 카피를 만든 다음에도 이메일 디자인 포맷에 맞게 다시 편집할 수 있는 능력이 있다. 실력 있는 카피라이터에게 온라인 환경을 이해시키

는 것은 쉬운 일이나 훌륭한 카피를 만드는 능력은 가르치기 힘든 일이다.

자료원: Jeanne Jennings(www.jeannejennings.com) 번역 후 인용

(5) 이동 아이콘 광고

이동 아이콘 광고(moving icon advertisement)는 웹사이트 화면 위를 이동하면서 일차적으로 사용자의 주의를 끌고, 마우스를 배너 광고 위에 갖다 대면 또 하나의 배너 광고가 나타나면서 이차적으로 광고주 웹사이트로 연결된다.

(6) 스폰서십 광고

스폰서십 광고(sponsorship advertisement)는 개인이나 기관에서 수행하는 일을 후원하면서 간접적으로 상표와 제품을 노출시키는 광고이다. 스폰서십 광고가 많이 이용되는 분야는 스포츠, 영화, 텔레비전 프로그램, 각종 이벤트가 있다. 주로 사용되는 스폰서십 광고는, 스폰서의 광고를 웹사이트에 로고나 배너를 게재하는 것으로 대중적인 이벤트와 관련된 웹사이트에 대한 스폰서의 경우에 사용한다.

(7) 인터넷 액세스형 광고

인터넷 액세스형 광고(internet access advertisement)는 웹사이트에서 제공하는 서비스를 무료로 사용하는 대신, 특정의 광고창을 보게 하는 스폰서십 형태의 광고이다. 이는 사용자의 등록 정보를 이용하기 때문에 보다 정확한 목표고객에 접근할 수 있는 장점이 있다. 그림 11-16의 iMBC(www.imbc.com) 웹사이트는 인터넷 액세스형 광고를 게재하고 있는 한 예이다. 즉, VOD서비스를 이용함에 있어 실제 고객이 이용권을 구매하지 않고 대신 스폰서 이벤트(회원 가입 등)에 참여하면 무료로 VOD서비스를 이용할 수 있도록 해 주고 있는 것이다.

(8) 웹사이트 광고

전통적인 관점에서는 웹사이트 자체를 광고로 보기 어려울 수도 있으나, 넓은 의미에서는 웹사이트 그 자체도 하나의 광고로 볼 수 있다. 배너광고를 클릭해 웹사이트를

그림 11-16   스폰서십 광고를 클릭하면 VOD 무료이용권을 지급하는 iMBC(www.imbc.com)

의도적으로 방문한 소비자들이나 웹사이트를 우연히 방문하게 된 소비자들에게 웹사이트는 다른 유형의 광고들과 마찬가지로 광고주와 광고수용자 간에 다양한 커뮤니케이션과 상호작용을 발생시킨다. 특히 배너광고를 클릭하게 하여 구체적인 웹페이지로 이동하게 하였다면, 그 웹페이지나 웹사이트는 광고의 핵심이 된다.

2. 인터넷 광고의 목표설정과 정보처리 과정

1) 인터넷 광고의 목표설정

인터넷 광고 전략 수립은 인터넷 마케팅 목표에 따라 다르게 접근되어야 한다. 인터넷 광고의 목표는 상표에 대한 인식도 및 호감도 제고일 수도 있고, 핵심 정보 전달 및 소비자의 직접적 반응 유도일 수도 있다. 즉, 인터넷 광고의 목표는 기존 오프라인 매체를 통한 광고의 노출에서와 같이 광고의 메시지 전달에 초점을 둔 커뮤니케이션 측면에서 설정될 수도 있고, 이벤트, 경품, 세일 등의 고지에 대한 참여에 초점을 둔 프로모션 측면에서 설정될 수도 있다.

광고주는 전통적으로 인터넷 광고에 대한 소비자의 즉각적이고 직접적인 반응, 즉 광고에 대한 클릭행동을 중요한 효과라고 보아 왔으며, 구매에 바로 연결되는 광고를 가장 큰 효과라고 보았다. 그러나 인터넷 사용자가 인터넷 광고에 노출되는 상황은 저관여 상황이 많기 때문에, 실제로는 직접적인 반응이 나타나기 어렵다. 웹사이트의 방문 목적 자체가 그 사이트를 이용하는 것이기 때문에 웹사이트 안의 광고에 대해 직접적인 반응을 보일 확률은 매우 낮은 것이다. 실제로 인터넷 광고의 가장 대표적인 유형으로 보는 배너 광고의 클릭률이 0.1퍼센트 미만인 것은 이러한 추정을 뒷받침해 준다.

그렇다면 인터넷 광고의 주된 목표는 무엇에 두어야 하는가? 인터넷 광고는 다른 광고 유형들과는 달리 광고주와 광고수용자 간의 직접적인 상호작용이 언제라도 가능한 특성이 있다. 그렇기 때문에 대부분의 광고주들은 인터넷 광고의 집행 목표를 직접 반응을 통한 구매촉진에 두거나, 혹은 클릭행동을 통해 연결되어 있는 컨텐츠 광고에 노출시키는 데 주된 목표를 두었다. 그러나 인터넷 광고의 효과는 반드시 직접반응을 통해서만 발생하는 것은 아니다. 인터넷 광고는 클릭행동에 관계없이 그 자체를 하나의 광고로 인식할 필요가 있는 것이다. 다시 말하면 클릭행동이 없이 인터넷 광고의 노출만으로도 도로상의 전광판 광고와 같이 이루고자 했던 광고목표를 이룰 수도 있는 것이다.

윤희숙과 이두희(2001)의 연구결과에 따르면, 소비자가 인터넷 배너 광고를 클릭하지 않더라도 배너 광고에의 노출은 그 광고 정보에 대한 기억뿐만 아니라 상표인지와 태도에 긍정적인 영향을 미치는 것으로 나타났다. 물론 광고를 클릭한다는 것은 광고수용자가 그만큼 더 자발적으로 자기의지에 의해 행동을 한 것이기 때문에, 그 광고물에 대해 더 많은 관심을 갖고 있는 것은 분명하다. 그러나 클릭행동 그 자체가 광고 효과라고 볼 수는 없는 것이다. 더 중요한 것은 지금처럼 인터넷 광고의 클릭률이 낮은 상황에서, 클릭을 하지 않더라도 인터넷 광고에 노출됨으로써 광고수용자의 광고메시지에 대한 기억을 높이고, 광고태도나 상표태도, 구매의도 등의 긍정적인 변화를 이끌어내는 것이다. 이런 관점에서 볼 때, 실무에서 주로 적용하고 있는 클릭률 기준 배너 광고비 책정 방법은 광고주에게 배너 광고의 노출효과를 무료로 제공하는 것이라고 볼 수 있다.

2) 인터넷 광고의 정보처리 모형

하나의 정보로서 광고를 받아들이는 소비자들은 마음속에서 다양한 반응을 일으키게 된다. 광고정보처리 과정이란 소비자들이 광고정보에 접촉하고 난 후, 그에 대한 태도를 형성하기까지의 모든 과정을 의미한다. 광고를 접한 소비자는 우선 광고라는 자극에 주의를 기울이고 자신의 감각기관을 통해 그 자극을 받아들여 해석하는 지각(perception) 과정을 거치게 된다. 소비자는 이 지각된 광고정보를 바탕으로 광고가 전달하는 상표의 속성을 인지적으로 평가(C_b: cognition of brand)하여 상표에 관한 지식을 얻기도 하고, 또는 광고를 보며 느끼는 감정적 반응을 통하여 광고에 대한 태도(A_{ad}: attitude toward advertisement)를 형성하기도 한다. 이러한 두 과정을 거쳐 상표에 대한 태도(A_b: attitude toward brand)가 형성되며, 만약 상표에 대한 태도가 우호적이라면, 소비자는 구매의도(PI: purchase intention)를 느껴 적절한 기회에 그 상표를 구매하게 된다.

그러나 인터넷 광고는 광고수용자의 자발적인 의지에 따라 처음 노출된 정보보다 더 많은 광고 내용에 접근할 수 있는 메커니즘을 갖고 있기 때문에, 위와 같은 처리과정과는 다른 단계를 거치게 된다. 즉 인터넷 환경에서만 가능한 클릭행동을 통해 더 많은 정보에 노출되는 것이다. 이는 오프라인에서 이루어지던 방송광고, 인쇄광고에서는 전혀 불가능했던 점이다. 따라서 인터넷 광고의 정보처리 과정은 클릭행동 이전과 이후의 두 단계에 걸친 처리과정이 발생한다. 처음 노출된 인터넷 광고를 지각한 이후, 더 많은 정보를 보기 위해 클릭한 소비자는 두 종류의 광고에 노출된 경우이며, 클릭하지 않은 경우에 초기 광고에만 노출된 경우이다.

그림 11-17은 인터넷 배너 광고의 정보처리(IBP: Internet Banner Advertisement Information Process) 모형을 나타낸다. 이 모형은 인터넷 배너 광고에 노출된 이후, 광고수용자가 어떤 과정을 거쳐 정보처리를 하는가를 설명하고 있다. 광고수용자가 인터넷 광고에 노출된 후의 반응은 크게 세 가지 경우를 가정해 볼 수 있다. 하나는 광고에 노출되었음에도 불구하고 전혀 그 광고의 존재를 인지조차 하지 못한 주의 전(pre-attentive) 상황이고, 두 번째 경우는 광고를 인지했지만, 광고를 클릭하지 않은 경우이며, 마지막 세 번째 경우는 광고를 보고 인지한 후 클릭한 경우를 들 수 있다.

그림 11-17은 인터넷 광고에 노출된 후 광고수용자가 자발적으로 클릭한 경우의 정보처리 과정을 나타낸다. 광고수용자는 클릭 이전과 이후의 행동을 통해 배너 광고와 컨텐츠 광고에 노출되는데, 이때 두 광고에 대한 각각의 광고반응이 상표태도에 미치는 과정을 나타낸다. 먼저, 배너 광고에 노출이 되면 배너 광고에 대한 상표인지와 광고태도가 형성되는데, 이 광고반응은 상표태도에 직접적인 영향을 미치게 되고, 클릭을 통해 노출된 컨텐츠 광고의 상표인지(C_{bc})와 광고태도(A_{cad})도 상표태도에 영향을 미치게 된다. 배너 광고와 컨텐츠 광고의 상표는 궁극적으로 동일하기 때문에, 배너 광고에 대한 광고반응과 컨텐츠 광고에 대한 광고반응은 동일한 상표태도에 영향을 미친다. 그림 11-17은 배너 광고에 대한 상표인지(C_{bb})와 광고태도(A_{bad})는 직접적으로 상표태도에 미치는 영향력과 클릭 이후 컨텐츠 광고에 대한 컨텐츠 광고의 상표인지(C_{bc})와 광고태도(A_{cad})에 매개되어 간접적으로 미치는 영향력의 과정을 모두 나타낸다. 뿐만 아니라 배너 광고의 노출은 기억에 영향을 미치게 되며, 이 기억은 다시 배너 광고에 대한 상표

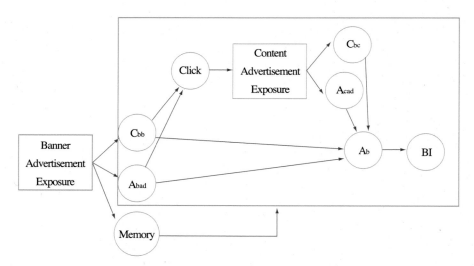

C_{bb} = Cognition of brand in banner advertisement A_b = Attitude toward brand
C_{bc} = Cognition of brand in content advertisement BI = Behavior Intention
A_{bad} = Attitude toward banner advertisement Memory = Explicit memory, Implicit memory
A_{cad} = Attitude toward content advertisement

그림 11-17 인터넷 배너 광고의 정보처리(IBP: Internet Banner Advertisement Information Process) 모형
자료원: 윤희숙, 이두희(2001).

인지(C_{bb})와 컨텐츠 광고의 상표인지(C_{bc}) 및 상표태도(A_b)에 영향을 미치게 된다.

그림 11-18은 인터넷 배너 광고에 노출된 이후 클릭하지 않을 경우의 인터넷 배너 광고에 대한 정보처리 과정을 나타낸다. 클릭하지 않은 데는 앞서 말한 바와 같이 두 가지 경우가 존재한다. 주의전 상황에서 광고를 인지조차 못한 경우와, 광고를 인지하였지만 클릭하지 않은 경우이다. 두 가지 경우 모두 클릭하여 컨텐츠 광고를 정보처리하지 않아도, 배너 광고에 노출되기만 해도 광고 효과가 발생할 수 있다. 그림 11-18과 같이, 배너 광고의 노출 이후 형성된 상표인지(C_{bb})와 광고태도(A_{bad})는 상표태도(A_b)에 직접적인 영향을 미치며, 또한 배너 광고 노출은 기억(memory)에도 영향을 미치게 된다. 이때의 광고메시지에 대한 기억은 다시 상표인지(C_{bb})와 상표태도(A_b)에 영향을 미치게 된다.

전통적인 방송광고와 인쇄광고는 모두 한정된 공간과 지면, 시간 속에서 소비자에게 노출되었다. 그러나 인터넷 광고는 소비자의 통제하에서 얼마든지 더 많은 정보가 노출될 수 있는 환경이다. 어떤 유형의 인터넷 광고라도 클릭행동을 통해 하이퍼링크된 다음 광고로 이동할 수 있고, 그 광고메시지가 노출될 수 있다. 따라서 이전의 오프라인

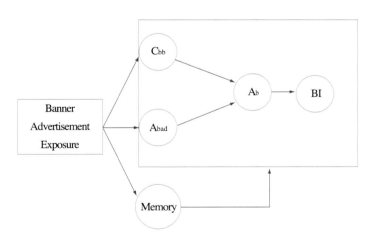

C_{bb} = Cognition of brand in banner advertisement   BI = Behavior Intention
A_{bad} = Attitude toward banner advertisement   Memory = Explicit memory, Implicit memory
A_b = Attitude toward brand

그림 11-18   인터넷 배너 광고를 클릭하지 않은 경우 광고 정보처리모형
자료원: 윤희숙, 이두희(2001).

환경에서의 단편적인 정보처리 과정이 아닌 클릭행동의 유, 무에 따른 정보처리 과정이 발생한다고 볼 수 있다.

3. 매체 전략과 크리에이티브 전략

1) 인터넷 매체의 특성

인터넷 웹사이트는 매체적 측면에서 볼 때 다른 기존의 광고 매체와는 매우 다른 특성을 갖고 있다. 시공간의 제한을 벗어난 특성 이외에도, 세분화된 사이트의 특정 소비자 집단에게 광고를 노출시킬 수 있다. 또한 광고 집행 이후 그 반응과 효과에 관한 측정이 그 어떤 대중 매체보다 용이할 뿐만 아니라, 집행 결과에 따른 탄력적인 수정이 언제라도 가능하다. 동일한 상표라 하더라도 각 사이트의 특성에 따라 표현 방법을 다르게 할 수 있기 때문에, 광고주는 어떤 사이트를 선정하여 어떤 표현으로 표적 소비자에게 노출시키는가에 따라 매체 효과가 달라질 수 있다. 매체 효과를 극대화하기 위해서는 매체 믹스와 크리에이티브가 잘 조화를 이루어야만 한다. 매체 믹스는 광고 노출의 범위(coverage)와 깊이(depth)를 설정하는 것으로 얼마나 많은 대상에게 노출시킬 것인가와 얼마나 목표 수용자의 특성에 적합한 대상에게 전달할 것인가를 결정하는 것이다.

매체 전략에 있어서 가장 중요한 목표 중 하나는 적은 비용으로 많은 광고 효과를 얻는 데 있다. 특히, 광고메시지를 어떤 웹사이트 안에서 목표 수용자에게 노출시킬 것인가 하는 것은 어떤 표현과 어떤 유형으로 보일 것인가의 문제와 밀접하게 관련된다. 아무리 좋은 광고라고 해도 주의를 받지 못한다면 그 광고는 광고로서 인식되지 못한 것이기 때문이다. 대부분의 인터넷 사용자들이 웹사이트의 내용에 주목하고, 인터넷 광고에 전혀 주의를 주지 않는 이유는 광고에 대한 관여도가 낮은 것도 있겠지만, 광고 자체가 전혀 주목을 끌지 못한 것도 하나의 이유라고 볼 수 있다. 광고가 아닌 다른 웹사이트의 구성요소들과 비교하여 주목을 끌기 위해서는, 그만큼 크리에이티브적 요소가

표 11·4 광고 매체로서의 인터넷

	도 달 률	선 택 성	피 드 백	정 보 량	비 용
신 문	높음	보통	낮음	보통	높음
TV	매우 높음	매우 낮음	매우 낮음	낮음	낮음
라 디 오	높음	낮음	매우 낮음	매우 낮음	매우 낮음
DM	매우 낮음	매우 높음	낮음	보통	매우 높음
잡 지	보통	보통	낮음	보통	높음
인 터 넷	낮음	높음	매우 높음	매우 높음	매우 낮음

자료원: Barker and Gronne(1996).

중요하다고 할 수 있겠다.

오프라인에서의 대중 매체의 선정에 있어 중요한 것은 도달률(reach)과 빈도 (frequency)였다. 그 이유는 목표로 설정한 타겟에게 과연 광고가 노출되었는지, 얼마의 빈도로 노출되었는지가 중요했기 때문이다. 그러나 인터넷 광고는 대중 매체보다 훨씬 광고수용자의 타겟팅이 정확할 뿐만 아니라, 실제로 광고가 노출되었는지, 노출 후의 반응은 어떠한지 등의 광고수용자 행동들을 실시간으로 분석하고 검토할 수 있다. 또한 즉각적인 상호작용이 가능한 점 등은 더 이상 도달률과 빈도의 개념만으로는 매체 선정의 기준이 될 수 없음을 의미한다. 이미 자사의 광고를 누가 볼 것인가 하는 표적시장을 파악하고 있는 만큼 도달률의 개념과 아울러 얼마나 자주 빈번하게 상호작용할 수 있는 매체인가 하는 것이 매체 선정의 고려에 포함되어야 할 것이다.

2) 매체 믹스

목표를 정하고 나서 실제 광고를 집행하기 위해서는 여러 요소들을 검토해야 한다. 인터넷에서는 매우 다양한 특징의 웹사이트가 존재하며 또한 다양한 형태의 광고 방법이 존재하기 때문에 목표를 달성하기 위한 최적의 조합을 찾아내야 한다. 결국 매체 믹스라는 것은 이러한 조합의 결과를 구체화시킨 것을 말한다. 매체 조합에는 다양한 접근 방법이 있으며 보다 효과적인 조합을 이끌어 내기 위해서는 웹사이트 분류별 특성을 파악해야 한다.

첫째는 검색(search) 사이트와 같이 인터넷 이용시 가장 기본적인 관문 역할을 하는 매체 그룹이다. 인터넷 사용자의 경우 사용 경험에 관계없이 인터넷에서 정보를 찾기 위해서는 가장 먼저 접근하는 것이 검색 사이트이다. 일반적으로 대량의 광고 전달에 용이하며, 특히 검색 사이트의 경우는 정보 분류 항목이나 주제어(keyword)에 의해 사용자가 관심이 있는 구체적인 내용까지 파악할 수 있다는 장점이 있다.

둘째는 온라인 퍼블리케이션(on-line publication) 사이트로서 뉴스를 제공하는 언론사와 같이 대중성이 높은 정보를 제공하는 매체 그룹이다. 늘 새로운 정보를 제공하며 일정 수준 이상의 사용자들을 확보하고 있다.

셋째는 컨텐츠(contents) 사이트로서 특화된 전문 정보를 제공하는 매체 그룹이다. 특정 컨텐츠에 관심이 있는 사용자들이 많아 사이트의 특징이 명확하나 컨텐츠의 내용에 따라 사용자의 이용패턴이 다르게 나타난다. 예를 들어, 전문적인 컴퓨터 정보를 제공하는 사이트는 스포츠 정보를 제공하는 사이트에 비해 사용자의 관여도는 높으나 사용자가 상대적으로 적기 때문에 노출 범위는 작다고 볼 수 있다.

넷째는 커뮤니티(community) 사이트로서 공동 관심사를 갖고 있는 사용자끼리 연결되어 있는 매체 그룹이다. 회원제로 운영되기 때문에 개개인의 정보를 보다 정확히 알 수 있고 주로 이메일을 통해 타겟팅을 할 수 있다.

매체 믹스 전략을 구체화하기 위해서는 기본적인 목표나 매체 특성 이외에도 매체 비용을 고려해야만 한다. 기업의 커뮤니케이션 활동에는 비용이 수반되는 계산된 과정이기 때문에 적은 비용으로 최대의 효과를 얻고자 하는 것은 마케팅이나 광고담당자로서는 가장 기본적인 욕구이다. 따라서 광고 집행시 매체의 목표, 매체의 특성, 매체 비용에 따른 매체 매트릭스를 만들 수 있다. 매체 매트릭스는 매체 목표를 인식도를 높이는 것인가 또는 직접적인 반응을 얻는가를 x축으로 놓고 메시지 도달비용을 y축으로 놓아 각 매체의 특징을 위치시켜 놓은 것이다. 자사 상표의 특성을 파악하여 어떤 사이트에 광고할 때의 비용과 목표달성을 고려한 후에 매체 믹스를 선정해야 할 것이다. 예를 들어, 직접반응 유도가 목표일 경우에는 검색 사이트의 주제어 옵션이나 커뮤니티 사이트의 이메일 광고가 효과는 좋으나 비용이 상대적으로 높다는 점을 고려해야 한다. 반

표 11·5 인터넷 매체의 가격체계

단 위	기 준	가격모델
광고 노출(Impression)	메시지 도달	CPT(Cost Per Thousand)
클릭(Click)	단순 반응(관심)	CPC(Cost Per Click)
상호작용(Interaction)	추가 행위(참여)	CPL(Cost Per Lead) CPP(Cost Per Purchase)

자료원: www.adic.co.kr

면에 전문 정보를 제공하는 사이트의 경우는 상대적으로 비용이 낮으나 도달범위의 제한이 있다.

3) 매체 구매

전통적 대중 매체에서의 매체 단가는 CPM(Cost Per Millenium) 중심으로 이루어진다고 할 수 있다. 그러나 인터넷의 경우는 단순 메시지 전달뿐만 아니라 광고수용자의 반응을 바로 확인할 수 있으므로 전통적 매체보다 더욱 정교한 가격체계를 가지고 있다. 실제 광고 목표는 사용자의 구체적인 반응이므로 대부분의 광고주들은 CPC나 CPP와 같이 결과를 기준으로 매체 가격을 지불하는 것을 원한다. 매체 입장에서는 가지고 있는 광고 결과 자체가 광고메시지나 크리에이티브 등에 영향을 받기 때문에 CPM 기준을 선호한다. 따라서 기본 CPM에 구매가 일어날 경우 추가 가격을 결정하는 CPM과 CPC를 혼합한 형태의 매체단가가 이루어지기도 한다. 인터넷 광고의 매체가격은 다양하지만 대부분이 전통적 매체에서 주로 사용하는 CPM에 의한 가격체계를 기본적으로 채택하고 있다.

웹사이트는 그 특성에 따라 다양한 광고 패키지가 존재한다. 매체 단위 구매 유형은 크게 네 가지로 나누어진다.

첫번째로 고정 단가형(flat rate)이 있다. 일정한 기간 동안 특정 위치에 하나의 광고가 고정되어 노출되는 것인데, 일반적으로 고정적인 사용자가 자주 방문하는 컨텐츠를 갖고 있는 웹사이트를 선택하는 것이다.

두 번째는 노출 기준형(impression base)이다. 광고가 실제로 사용자에게 노출된 횟수로 광고 금액이 산정되는 모델로서 주로 1,000명에 대한 노출 비용(CPM)을 기준 단위로 책정된다. 따라서 CPM이 3,000원인 웹사이트의 경우 3,000만원의 광고 예산 으로 1천만 회의 배너 광고 노출을 보장받을 수 있으므로, 고정 단가형 모델에 비해 광 고 구매시에 일정한 광고 효과를 예측할 수 있다는 장점이 있다. 그러나 실질적으로 광 고 클릭 후에 나타나는 메시지를 사용자에게 도달시키는 부분에 대해서는 보장을 받을 수 없다. 이런 노출 기준형은 광고의 양 자체를 보장받을 수 있으므로 가장 보편적으로 쓰이고 있으며, 국내의 경우 주로 검색 사이트 광고에서 적용하고 있다. 검색 엔진에서 제공하는 광고 면의 경우 검색결과 페이지에 광고를 노출시킴에 따라 초기페이지나 서 브 페이지의 구분이 큰 의미가 없고, 전체 또는 특정 카테고리에서의 노출량이 중요한 기준이 된다.

세 번째는 클릭 기준형(click base)이다. 노출형의 단점을 보완하기 위하여 노출횟 수와 관계없이 광고를 클릭한 숫자에 근거하여 광고비를 책정하는 모델이다. 결과를 중 시하는 광고주 측에서 선호하는 모델이라고 할 수 있다. 클릭 기준형의 경우 광고주에 게는 결과를 보장받는다는 측면에서 매우 유리한 조건이나 실제 광고를 클릭하는 데 필 요한 요인들은 웹사이트 특성뿐만 아니라 광고메시지, 크리에이티브 등과 같은 요소도 중요하다. 따라서 매체 측에서는 적극적으로 수용하기가 어려운 모델이며 수용할 경우 에는 단가가 높게 책정되는 것이 일반적이다.

네 번째로 구매 기준형(outcome base)이다. 클릭에서 더 나아가 실제 광고 목표와 관련된 행위를 단위로 광고금액을 산정하는 방식으로, 회원가입, 고객정보 입력, 상품 주문, 제품문의, 이메일 접수 등 광고 목적에 따라 달라진다. 실제 광고캠페인의 목적 달성 여부를 기준으로 광고비가 책정되는 모델로서 광고주에게 가장 유리한 조건이나 제품 또는 캠페인 자체의 특징이나 제안에 따라 많은 영향을 받게 된다. 따라서 이 경우 는 웹사이트를 단순한 광고 매체가 아닌 마케팅 도구로서의 활용 전략이 먼저 전제되어 야 하고, 그에 따른 광고비가 결정되어야 한다. 애드라떼의 경우 CPD(Cost Per Download: 앱 다운당 가격) 등과 같은 창의적인 기준을 적용하고 있다.

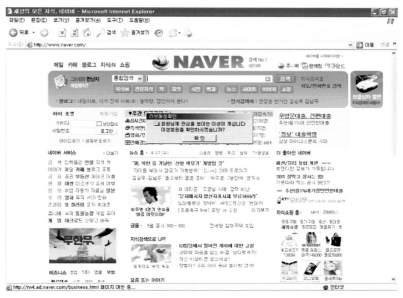

그림 11-19   대표적인 검색사이트인 네이버(www.naver.com)의 초기화면

4) 인터넷 광고의 크리에이티브 전략

아무리 매체 믹스가 잘 이루어졌다 해도 잠재고객이 광고물 자체에 관심을 갖지 못한다면 전달하고자 하는 메시지는 무용지물이 되어버릴 수도 있다. 따라서 어떠한 광고이든지 간에 소비자의 주의를 끄는 크리에이티브는 매우 중요한 광고 요소가 된다. 크리에이티브는 광고 컨셉트의 표현이다. 인터넷 광고는 방송광고나 인쇄광고가 갖고 있는 시각적, 청각적 요소를 모두 표현할 수 있기 때문에 더욱 강한 표현의 표출이 가능하다. 크리에이티브에서 중요한 것은 광고 컨셉트를 핵심적으로 전달하는 데 있다. 특히, 인터넷 광고는 대부분의 경우 웹사이트의 컨텐츠와 동시에 노출되기 때문에, 주의 과정을 끌어내기가 쉽지 않다. 뿐만 아니라, 인터넷상의 수없이 많이 하이퍼링크된 다른 웹 페이지들로 쉽게 이동하기 때문에, 노출 당시에 집중화된 주의 과정을 끌어내지 못한다면, 광고 효과는 발생하기 어렵다.

그렇다면 인터넷 광고는 어떤 크리에이티브 전략을 수립해야 하는가. 먼저, 광고 카피는 광고수용자에게 전달하고자 하는 주요 메시지를 한눈에 정확하게 전달해야 한다. 짧은 시간 노출되는 광고라 하더라도 핵심적인 메시지는 소비자에게 상표명과 그 제품의 속성을 기억하게 하는 중요한 매개체 역할을 하기 때문이다.

또한 동일한 매체에 동일한 메시지로 구성된 광고라 할지라도 광고 비주얼에 따라 광고 효과는 다르게 나타날 수 있다. 광고디자인의 경우 대부분 광고 담당자는 잡지와 같은 인쇄광고물의 디자인을 고려하는 경우가 많다. 그러나 인터넷 광고는 웹사이트라는 제한된 공간 안에서 제한된 시간을 가지고 사용자의 눈길을 끌어야 하기 때문에, 일반적인 인쇄광고물의 형태보다는 좀 더 독특한 표현이 주의를 더 끌 수 있다. 애니메이션이 클릭률 향상에 도움을 주는 것은 사실이나 너무 복잡해서는 안 되며, 웹사이트의 배경 등 분위기도 고려해야 한다.

광고물 순환도 인터넷 광고의 크리에이티브 전략에는 중요한 요인이 된다. 인터넷 광고는 텔레비전 광고와 같이 반복 노출을 통해 브랜드 이미지를 강화시키는 것도 가능하지만, 직접적인 방문 유도가 목표일 때는 다양한 표현으로 광고물을 순환해야 반복된 노출로도 식상해 하거나 지루해 하지 않는다. 따라서 캠페인 기간 중 반복적인 노출빈도를 유지하는 것보다 새로운 광고물을 보여 주는 것이 광고의 클릭률 향상에 도움이 될 수 있다.

인터넷 PR

1. 인터넷 PR의 개념

PR(Public Relations)이란 기업이 고객뿐만이 아닌 기업 주변의 다른 여러 이해관계자들에게 자신의 좋은 이미지를 구축하고 유지하여 이해관계자들이 기업에 대해 호의를 갖게 하는 것으로 정의될 수 있다.

PR의 정의는 한편으로 생각하면 상당히 광범위하지만, 실제 PR 활동은 다음의 몇 가지 공통된 원칙하에 이루어지고 있다. 첫째, PR 활동은 사전에 철저히 의도된 것이므로 원하는 반응을 이끌어내기 위해 충분하고 체계적인 조사, 분석 등의 준비 작업을 필요로 한다. 둘째, PR 활동은 정보사항의 일방적 전달이 아닌, 쌍방향 커뮤니케이션(Two-Way Communication)으로 PR 활동의 결과가 가장 만족스럽게 나타나기 위해서는 조직과 대중 모두에게 이익이 되어야 한다.

PR은 과거에는 소비자가 기업에 대해 느끼는 호의를 구축하는 것으로만 여겨졌으나 결과적으로 소비자의 행동에까지 영향을 미치는 것으로 판단되고 있다. 즉, 고객이 실제로 한 기업의 이미지에 대해 호의적으로 느끼게 되면, 이후 컨텐트웨어를 소비하는 과정에서 그러한 호의적 이미지의 영향을 받게 되는 것이다. 뿐만 아니라, PR은 다른 촉진 커뮤니케이션 믹스 요인과는 달리 자사 스스로가 아닌 제3자에 의해 이루어지므로 소비자에게 높은 신뢰성을 줄 수 있다. 또한 광고보다 저렴한 비용으로 소비자의 인식을 높일 수 있다는 장점이 있다

즉, PR은 저렴한 비용으로 상표 인지도 제고, 정보의 제공 및 교육, 신뢰도 구축, 구체적 소비 행동 유도 등을 위한 효과적인 커뮤니케이션 수단이 될 수 있으므로, 중요한 의미를 갖는다.

2. 인터넷 PR 수립과정

인터넷 PR을 수립하기 위해서는 그림 11-20과 같이 PR의 목표를 수립하고, PR 메시지와 수단을 선정한 뒤, 이를 실행하고 그 결과를 평가하는 네 단계의 과정을 거친다.

그림 11-20   인터넷 PR 수립 과정

1) 인터넷 PR 목표 수립

인터넷 PR 수립의 첫 번째 단계는 PR을 통해 표적 고객으로부터 궁극적으로 얻고자 하는 PR 목표를 수립하는 것이다. 이러한 목표는 기업 관계자의 머릿속에서 임의적으로 하는 것이 아니라, 자사에 대한 대중의 태도, 즉, 사회적 여론을 판단하여 그에 맞게 목표를 설정해야 한다. 여론은 단순히 개인의 의견이 아니라, 많은 사람들의 커뮤니케이션을 통해 형성되는 것이기 때문에 PR 목표를 수립하는 데 중요한 의미를 갖는다.

이러한 사회적 여론을 파악하기 위해, 인터넷상에서 이루어지는 여론 조사는 오프라인 조사에 비해 더 적은 비용으로 더 빠르고 정확한 정보를 얻어낼 수 있다. 특히 인터넷상에서는 직접적인 여론조사를 실시하는 것 이외에도 소셜미디어상의 다양한 댓글이나 온라인 리뷰를 분석하거나, 여러 검색엔진 그리고 각종 게시판을 분석하는 것과 같이 다양한 정보원을 통해 사회적 여론을 얻어낼 수 있다. 이러한 과정을 통하여 얻어낸 사회적 여론에 관련된 정보를 PR 목표 수립에 유용하게 활용할 수 있다.

2) 인터넷 PR 메시지, 수단 선정

PR 목표가 설정되고 나면 기업은 이러한 목표에 다가설 수 있는 PR 메시지를 결정하고, 그러한 메시지 전달을 위한 수단을 결정해야 한다. PR의 메시지는 기업이 개인이나 사회에 전달할 수 있는 이익에 관해 직접적으로 전달하거나, 기업의 이미지를 감정적으로 포장하여 간접적으로 전달하는 방법이 있을 수 있다.

한편 결정된 PR 메시지는 여러 수단을 통해 전달될 수 있으나, 이를 가장 효과적으로 전달할 수 있는 수단을 선정해야 한다. 이러한 수단으로는 기부금이나 후원회의 형식을 통한 것이 있을 수 있고, 기업이 직접 행사를 기획하는 방법이 있을 수 있다. 그 밖에도 기업의 PR 활동을 자사가 운영하는 다양한 소셜미디어에 소개하고 기사화하여 언론사에 전달함으로써 PR을 실행할 수 있다.

3) PR 계획 실행

PR의 목표를 설정한 뒤, 그러한 목표 달성을 위한 PR 메시지와 수단이 결정되면 계획된 PR을 실행해야 한다. 그러나 PR의 실행은 신중하게 실시되어야 한다. 자사의 입장에서는 매우 중요한 내용이더라도, 그 내용을 PR하는 제3자의 입장에서는 그다지 중요하다고 판단되지 않는 정보가 될 수도 있기 때문이다. 또한 PR은 PR을 해 주는 매체 담당자와의 긴밀한 유대관계가 중요한 역할을 하기 때문에 성공적인 PR 계획을 실행하기 위해서는 세심한 주의가 요구된다.

4) PR 결과 평가

PR이 실행된 이후에 그 평가 측정은 단순히 당시의 PR의 평가를 측정하는 것 이외에도, 차후 기업의 PR 활동 계획 수립에 큰 밑바탕이 될 수 있다. 이러한 PR 결과 평가 방법에는 다양한 방법이 있지만, 가장 용이한 방법은 PR 활동이 고객에게 노출된 횟수를 측정하는 방법이 있다. 이는 기업의 PR 활동이 PR 수단을 통해 얼마나 많이 언급되었는가를 통해 쉽게 측정될 수 있다. 이러한 방법은 측정이 용이하다는 장점이 있으나, PR의 목표층이 PR로 인해 어떠한 변화가 있었는가에 관한 정보는 얻을 수 없다는 한계점이 있다. 따라서 이러한 목표층의 인지, 이해, 태도 변화, 또는 PR 이후 홈페이지의 트래픽의 변화 등을 평가함으로써 PR 결과를 보다 구체적으로 측정할 수 있다. 이러한 PR의 평가는 PR 계획 수립의 마지막 단계이기도 하나, 향후 효과적인 PR 계획 수립을 위한 새로운 출발점이 되기도 한다.

3. 인터넷 PR 수단

1) 기사홍보

기사홍보(publicity)란 기업의 마케팅 관리자 또는 PR 담당자가 기자가 찾는 정보를 제공하거나, 보도자료를 작성하여 텔레비전, 신문, 잡지 등의 매체들에게 이것을 전달하는 것을 뜻한다. 기존 매체사들의 보도자료 취사선택 여부에 따라 기사화될 수도 있고 없을 수도 있다. 만약에 기존 매체에 기사화된다면, 기업은 PR됨과 동시에 기업의 신뢰도도 올라갈 수 있는 좋은 기회를 만나게 된다.

소셜미디어가 등장하기 이전에는 기업들이 언론사 기자들이 기사를 작성하게끔 유도하는 데 많은 노력을 투입하였다. 이러한 방식은 기업이 언론사와 같이 믿을 만한 제3자에 기대어 신뢰를 확보하고자 하는 방법으로 많은 소비자들에게 기업의 스토리를 전달할 수 있지만, 소비자들과의 실시간 대화가 불가능하다. 그러나 소셜미디어가 등장하면서 기업들은 기업 홈페이지나 블로그를 통하여 기업의 스토리를 스스로 생산하여 소비자들에게 전달할 수 있게 되었으며, 기업이 생산한 온라인상의 스토리는 기자가 주목하는 취재원이 되기도 한다. 이제 많은 기업들은 소셜미디어에서 소비자들과 솔직한 대화를 통해 신뢰를 확보하고자 노력한다.

예를 들면, LG전자는 온라인상에서 제품 및 서비스에 대한 부정적인 정보를 최대한 모니터링하지만, 온라인상의 모든 부정적 정보를 수정하는 것은 불가능하기 때문에 LG전자의 입장이나 정확한 관련 정보를 소셜미디어로 확산시키는 것에 주력한다. LG전자는 온라인 고객 대상으로 PR 메시지를 개발, 전파하고, 이를 통해 온라인 우호세력을 형성하고자 하며, 궁극적으로 소셜미디어를 통해 고객 신뢰를 구축하고자 노력한다. 그리고 기존의 방식대로 보도자료를 배포하여 기사화되도록 유도하는 동시에, 소셜미디어를 통해 뉴스보다 더 흥미롭고 심층적인 기업 스토리를 전달한다.

그림 11-21 디지털 PR을 실행하는 LG전자의 소셜 블로그(social.lge.co.kr)

2) 이메일

인터넷상에서 가장 활발하게 사용하는 것이 이메일이다. 이메일은 인터넷 이용인구의 증가와 함께 글로벌하게 이용할 수 있으며 소비자 또는 잠재고객에게 기업에 관련된 뉴스와 상품소개, 판촉 활동 등으로 활용할 수 있기 때문이다.

이러한 이메일은 편리한 마케팅 도구로서 고객과 상호작용을 향상시키는 채널로 활용할 뿐만 아니라 고객이 원하는 내용을 담은 개인화된 맞춤 이메일로 기업과 고객 모두를 만족시킬 수 있다. 궁극적으로 이메일 마케팅으로 기업의 신뢰도를 증대시키고 고객과의 지속적인 관계를 강화시킬 수 있다.

이메일의 가장 큰 장점은 저렴한 의사전달 비용이다. 예를 들면, 오프라인에서 DM을 보내려면 DM마다 우표를 붙여서 발송하지만 이메일은 그럴 필요가 없다. 또한 이메일은 고객들로부터 신속하고도 높은 반응을 얻어낼 수 있다. DM은 주로 기업의 메시지를 고객에게 일방적으로 전달하는 데 반해 이메일은 DM보다 높은 즉각적인 반응을 얻어낼 수 있으며, 설문조사의 경우에도 DM보다 높은 회수율을 얻을 수 있다. 특히 이메일은 효과적인 CRM전략을 실행하게 해 주는 좋은 수단이 된다. 온라인 기업들은 고객

이메일을 통해 고객과 커뮤니케이션하는
다음(www.daum.net)의 뉴스레터

홈페이지에 등록하여 뉴스레터 서비스를 제공받고 있는 회원들은 뉴스레터를 받고 홈페이지를 방문하는 비율도 매우 높은 것으로 조사되고 있다. 실제로 뉴스레터와 홈페이지 방문과의 함수관계는 매우 높다고 할 수 있으며, 홈페이지를 활성화하는 데 뉴스레터는 효과적인 방법이 될 수 있을 것이다. 요즘에는 실제로 스팸성 이메일이나 공격적인 마케팅, 주입식 상품소개보다는 뉴스레터를 이용한 자사의 사이트 홍보가 증가하고 있다.

실례로, 국내에서 다음(www.daum.net)의 이메일 계정은 가장 많은 이용자를 확보하고 있으며 옵트인 방식으로 소비자가 원하는 특정 정보를 선별하여 제공하는 '뉴스레터'를 통해 고객들의 인터넷 서핑의 수고를 덜어주고 있다. 즉 무차별적으로 고객에게 이메일 광고를 보내는 스팸 메일의 형식이 아니라 무료 이메일을 통해 고객들이 관심있고 원하는 정보만을 실시간으로 제공하고 있는 것이다. 옵트인 뉴스레터의 특징은 고객과 상호작용을 향상시키는 커뮤니케이션으로 활용될 뿐만 아니라 고객이 원하는 내용을 담은 개인화된 맞춤 이메일로 기업과 고객 모두의 욕구를 충족시켜줄 수 있다. 예를 들어 아래의 수신 설정에서 본인이 쇼핑이나 미즈넷에 관련해서 이메일을 받고 싶지 않다면 '수신하지 않음'에 체크만 하면 된다.

또한 여행 뉴스레터를 선택하였다면 매달 자신의 이메일 계정으로 관련 정보가 제공이 되며, 다음 뉴스레터의 회원들은 굳이 여행 정보에 대해 인터넷 서핑을 하지 않아도 다음이 제공하는 추천여행 코스를 취할 수 있게 되는 것이다.

다음(www.daum.net)의 뉴스레터 수신설정

과 직접적인 접촉 채널을 가지고 있으므로 오프라인 기업에 비해서 고객데이터를 수집하는 데 유리한 조건을 갖추고 있다. 또한 온라인상의 고객의 선호도 및 차별적 특성 등을 파악하고 이에 적절히 대응할 수 있다.

소비자들은 자신만의 개성을 추구하기 때문에 고객의 퍼미션(permission)을 획득한 후 고객에 제대로 맞는 개인화된 이메일을 제공한다면, 그 고객과의 관계가 좋아 궁극적으로는 고객을 기업이 원하는 방향으로 이끌 수가 있다. 결론적으로 기업이 이메일을 마케팅으로 잘 활용한다면 마케팅 목표를 달성하는 데에 큰 몫을 차지할 것이다.

3) 인터넷 커뮤니티

인터넷 커뮤니티는 비슷한 인구통계적 집단에 속하는 사람들, 같은 직업의 사람들, 또는 특정 관심사를 가진 사람들 등으로 다양하게 구성할 수 있다. 커뮤니티의 참여자들은 공동의 관심사를 갖고 있는 비슷한 사람들이기 때문에, 자사에 특별한 관심을 갖고 있는 고객들에게 접근할 새로운 통로가 될 수 있다. 즉, 기업이 자사의 제품을 홍보할 수 있는 좋은 PR의 수단이 될 수 있다.

따라서 기업의 인터넷 마케팅 관리자 또는 PR 담당자는 자사 소개나 컨텐트웨어에 관련된 정보를 배포하기 위해서는 기업과 상품에 적합한 커뮤니티를 찾아 이를 적극적으로 활용하는 것이 중요하다. 예를 들면, 디지털 카메라와 관련된 컨텐트웨어를 제공하는 사이트라면, 디지털 카메라와 관련된 커뮤니티를 PR 수단으로 이용할 수 있을 것이다. 이런 커뮤니티는 디지털 카메라라는 특정 분야에 공통된 관심이 있는 사람들의 모임이므로, 자사가 PR로 전달하고자 하는 내용에 보다 적합한 목표층이 될 수 있다.

블로그, 온라인 커뮤니티, 지식공유서비스는 어떻게 다른가?

온라인 소셜 네트워크는 인터넷상에서 사람들 간에 형성된 관계를 의미한다. 온라인상에서의 소셜 네트워크를 형성, 유지하는 것을 지원하는 플랫폼은 블로그, 온라인 커뮤니티, 지식공유서비스, SNS 등 다양한 형태가 있을 수 있다.

- 블로그(blog)

블로그는 웹(web)과 로그(log)의 합성어로 '웹상에 기록하는 일지'를 의미한다. 인터넷 이용자들은 미니홈피나 게시판 형식의 웹페이지에 자신의 관심사를 자유롭게 게재할 수 있는데, 이러한 형태의 웹사이트를 블로그라고 부른다. 국내에서 많은 인기를 모은 싸이월드의 미니홈피도 블로그의 한 종류라고 할 수 있다. 초기의 블로그는 개인의 공개된 일기장 정도의 기능을 하였으나, 인터넷 기술의 발전으로 인해 현재는 1인 미디어의 기능을 수행하게 되었다. 블로거는 자신이 글을 게시하는 블로그에서 다른 참여자들과 정보를 공유하고 여론을 형성하는 등의 방식으로 사회적 활동을 할 수 있다. 따라서 블로그는 소셜미디어의 한 종류라고 할 수 있다. 최근 많은 기업들이 기업의 공식 홈페이지 이외에 블로그를 운영하여 기업의 마케팅 전략과 관련된 비하인드 스토리나 직원들의 소소한 일상들에 관련된 이야기를 업로드함으로써 소비자들의 흥미와 공감을 불러일으키고 있다.

LG전자 블로그(social.lge.co.kr)

- 온라인 커뮤니티

온라인 커뮤니티란 인터넷이라는 가상의 공간에 공통의 관심사를 가진 이용자들이 서로 간의 가치를 공유하는 공동체적 모임을 의미한다. 온라인 커뮤니티는 운영자에 따라 커뮤니티의 가입이나 활동 등이 제한될 수 있다. 온라인 커뮤니티의 구성원들은 가상의 공간에서 커뮤니티 활동을 영위함으로써 다른 구성원들과 지속적인 관계를 형성, 유지하면서 공동체 의식을 발현하게 된다. 다음(Daum)이나 네이버(Naver) 등에 개설된 카페들은 온라인 커뮤니티에 해당한다. 많은 기업들이 기업 주도하에 온라인 커뮤니티를 개설하여 소비자들이 공통의 관심사를 서로 공유하고 이를 통해 브랜드 로열티를 형성, 강화할 수 있도록 지원하고 있다.

SM5를 사랑하는 사람들의 모임(cafe.naver.com/impressionbox)

- **지식공유서비스**

지식공유서비스는 소비자들이 스스로 참여하여 집단지성(collective intelligence)을 만들 수 있도록 지원하는 서비스를 의미한다. 대표적인 서비스로 네이버(Naver)의 지식iN 서비스를 들 수 있다. 이 공간에서 이용자들은 일상생활에서 궁금한 점들에 대해 질문을 올리거나, 질문에 답을 할 수 있다. 지식iN과 같은 서비스는 소비자 스스로가 지식을 검색, 공유, 활용할 수 있도록 한다는 점에서 의의가 있다.

일상생활과 관련된 지식을 공유하는 지식iN 서비스(kin.naver.com)

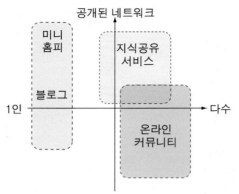

블로그, 온라인 커뮤니티, 지식공유서비스의 차이점
자료원: 나종연 (2010)에서 수정 후 인용.

자료원: 나종연(2012)

그림 11-22 온라인 커뮤니티 다음 카페의 디지털 카메라 동호회(cafe.daum.net/disica)

PR 서머리 영상(PR summary film)이란 무엇인가?

대중매체를 주요한 PR의 근간으로 활용하던 시대에 기업들은 천편일률적으로 신문방송매체에는 언론홍보, 인쇄매체에는 브로셔, 영상매체에는 홍보물 영상을 주요한 PR 도구로 활용하여 왔다. 그러나 정보통신기술의 발전으로 인하여 이러한 매체의 구분은 허물어지고 있으며, 최근에는 소비자 간의 자발적 공유와 확산을 가능하게 하는 PR 서머리 영상이 주목을 받고 있다. PR영상은 기업이나 제품에 관한 소개에서부터 영상보도자료, 교육용 비디오, 이벤트 영상 등 다양한 내용을 소재로 삼을 수 있다. PR 서머리 영상은 소비자와의 손쉬운 공유를 위하여 PR영상의 일부를 압축, 재편집한 것을 의미한다. 예를 들면, 코카콜라에서는 오프라인에서 행해진 PR 행사 과정을 요약한 PR 서머리 영상을 제작하여 유튜브에 공개하였으며, 영상 중간 중간에 지속적으로 제품과 브랜드를 노출함으로써 제품에 대한 PR 효과를 극대화하고자 하였다. 이렇게 SNS의 등장으로 인해 많은 기업들이 재미있는 이벤트를 압축한 PR 서머리 영상을 SNS에 업로드하고 있으며, 소비자들은 재미있는 영상들을 다른 소비자들과 자발적으로 공유함으로써 기업 메시지의 확산에 기여하고 있다.

코카콜라 댄스자판기 행사의 유튜브 공개 영상
자료원: www.youtube.com/watch?feature=player_embedded&v=DgtijpUNKGo

자료원: 이종혁(2012)

인터넷 판매촉진

1. 판매촉진의 의의

미국 마케팅학회(AMA)의 정의에 의하면 판매촉진(Sales Promotion)이란 인적판매, 광고, 홍보 등을 제외한, 고객의 구매나 유통업자의 효율성을 자극하는 마케팅활동을 의미한다. 이러한 맥락에서 인터넷 환경에서의 판매촉진이란 기업이 소비자의 즉각적인 반응을 유도하기 위해 인터넷으로 쿠폰, 경품제공, 가격 할인, 리베이트 등과 같은 추가적인 인센티브를 제공하는 마케팅활동이라고 정의할 수 있다. 이때 소비자의 반응이란 반드시 구매행동만을 의미하는 것은 아니며, 자사 사이트 방문, 사이트 회원 등록 등과 같은 반응 모두를 포함하는 것이다. 또한 판매촉진은 앞의 정의에도 나타나듯이 소비자의 즉각적인 행동을 유도하기 위한 단기적이고 자극적인 수단이라는 점에서 광고와 구별된다.

특히, 인터넷 환경에서 판매촉진은 다양한 마케팅 상황에 적절히 이용할 수 있는 전술적인 유용성을 갖고 있다. 인터넷 시장에서 상품이 점차 다양해지고 복잡해짐에 따라 보다 순발력 있는 인터넷 마케팅 대응책이 필요해지는 것이다. 이와 같은 판매촉진 방법은 인터넷 환경에서 중요한 커뮤니케이션 수단으로 활용되고 있는데 그 이유는 다음과 같다.

첫째, 매체환경으로 인한 판매촉진의 중요성 증대 때문이다. 즉, 오프라인에서 온라인에 이르기까지 수많은 광고물들이 범람하고 있어 소비자의 특별한 주의를 끌지 못하고 있다. 따라서 인터넷 기업들은 광고보다는 소비자의 직접 반응을 일으키기 용이한 판매촉진을 활용하게 되는 것이다.

둘째, 판매촉진은 단기적으로 효과를 측정할 수 있고, 인터넷상에서 그 효과를 측정하기 용이하다는 장점이 있기 때문이다. 광고에 비해 판매촉진은 상대적으로 저렴한 비용으로 단기간에 효과를 얻어낼 수 있으며, 이러한 효과측정이 인터넷에서 용이하기 때문에 인터넷에서 판매촉진의 중요한 커뮤니케이션 수단으로 사용되고 있다.

셋째, 인터넷 기업 간의 경쟁으로 인한 것이다. 인터넷상에서 새롭게 시도되는 다양한 판매촉진들이 경쟁기업에 의해 쉽게 모방됨에 따라 어느 한 기업이 우수한 판매촉진 방안을 고안하게 되면 다른 기업들이 경쟁적으로 따라하게 됨으로써 판매촉진 경쟁이 심화되고 있는 것이다.

그러나 인터넷을 통한 판매촉진 활동의 가장 큰 장점은 무엇보다도 기업과 소비자 간의 상호작용을 통해 소비자의 피드백을 얻을 수 있다는 것이다. 또한 판매촉진은 제품을 소비자 쪽으로 밀어주는 구실을 한다. 이러한 면에서 판매촉진은 소비자를 이해시키고 교육시킴으로써, 커뮤니케이션 믹스에서 중요한 역할을 담당하고 있다. 판매촉진은 판매완결과 직접적으로 관련하여 그 결과를 단기적으로 산출할 수 있으며 개별시장, 목표시장에 직접적으로 대응할 수 있는 특징을 지니고 있다. 더욱이 인터넷 판매촉진을 전개할 경우 그 효율성을 극대화시키기 위해서는 마케팅 목표에 부합되는 인터넷 판매촉진의 종류를 선택해서 판매촉진을 실행해야 할 것이다.

2. 인터넷 판매촉진의 유형

인터넷 판매촉진 유형은 인터넷 쿠폰, 인터넷 컨테스트와 경품, 고정고객 우대 프로그램, 그리고 가격할인 등이 있다.

1) 인터넷 쿠폰

인터넷 쿠폰은 소비자에게 특정한 컨텐트웨어를 할인된 가격으로 이용 가능한 수단을 제공함으로써 판매촉진 효과를 활성화시키는 수단을 말한다. 쿠폰의 이용은 상품의 하향추세를 역전시키고, 감소 추세에 있는 시장점유율을 증가시키며 정체 브랜드의 구매유발을 촉진시킬 때 사용된다. 특히, 인터넷 쿠폰은 웹사이트에 대한 방문객들을 유인하는 효과를 볼 수 있으며 제품의 최초 구매를 일으킬 수 있다.

2) 모바일 쿠폰

모바일 쿠폰은 핸드폰으로 쿠폰을 전송받아 사용할 수 있는 쿠폰을 의미한다. 기존의 종이 쿠폰보다는 수령과 사용, 보관이 편리한 것이 장점이다. 모바일 쿠폰은 모바일 중심 라이프스타일을 고려한 새로운 마케팅 방법으로 대두되었으며, 기업의 다양한 행사와 이벤트를 알리는 데 효과적인 수단으로 활용되고 있다.

그림 11-23 커피전문점 엔제리너스의 모바일 쿠폰
자료원: 한국경제TV, 2012년 3월 6일자 이미지 인용.

모바일 스탬프 찍으면, 풍성한 쿠폰이 와르르~

소비자들은 명함만한 종이에 스탬프를 모으는 것에 익숙하다. 아직도 많은 커피전문점은 커피 한잔을 마실 때마다 소비자에게 스탬프를 찍어주고, 소비자가 일정한 개수의 스탬프를 모으면 무료 커피를 제공하는 식의 마케팅을 진행한다.

그런데 신사동 가로수길에 위치한 복합외식공간 CJ가로수타운이 오픈 200일을 기념해 무료 쿠폰을 제공하는 '모바일 스탬프 이벤트'를 실시했다. 이 이벤트는 모바일 애플리케이션인 '푸드빌쿠폰' 앱을 다운로드받아 참여할 수 있으며, 푸드빌의 모든 브랜드의 할인 혜택을 받을 수 있다. 종이쿠폰과 달리 스마트폰만으로 간편하게 참여할 수 있는 이벤트라, 고객 활용도 및 편의성을 배려한 점이 특징이며, 많은 소비자들

신사동의 복합외식공간 CJ가로수타운의 모바일 스탬프 이벤트
자료원: 머니위크, 2012년 06월 11일자 이미지 인용.

이 '푸드빌쿠폰' 앱을 다운받아 이용하고 있다.

CJ 가로수타운의 5개 브랜드 매장을 방문해 1만 원 이상 구매할 때마다 모바일 스탬프를 획득할 수 있고, 5개 브랜드 중 4개 브랜드의 스탬프를 모으면 무료 쿠폰 1매가 발급된다. 이벤트를 실시하는 매장은 CJ 가로수타운에 위치한 제일제면소, 투썸커피, 비비고, 로코커리와 가로수길 초입에 위치한 신사역 뚜레쥬르 가로수길점이며, 5개 브랜드 중 4개 브랜드를 방문해 스탬프 4개를 획득하면 제일제면소 '튀김차림', 투썸커피 '와플샌드', 비비고 '닭강정과 음료세트', 로코커리 '프렌치스마트 세트', 뚜레쥬르 '아이스 아메리카노' 무료 쿠폰 중 1매가 랜덤으로 자동 발급된다. 단, 동일 브랜드의 중복 방문은 첫 방문 시에만 스탬프를 획득할 수 있다.

현재 모바일 스탬프의 도입은 아직 도입 초기에 해당되지만, 앞으로 모바일 기기의 대중화와 더불어 모바일 스탬프의 사용은 더욱 확산될 것으로 예상된다.

자료원: 강동완(2012) 수정 후 인용

3) 인터넷 컨테스트와 추첨

컨테스트(contest)는 소비자의 지식이나 기술을 요구하는 문제를 낸 다음, 이를 맞춘 사람에게 일정 보상을 해 주는 것이다. 추첨은 컨테스트와 유사하나, 복권과 같이 소비자의 지식이나 기술과 상관없이 운에 의해 당첨자를 결정하여 보상을 해 준다는 점에서 컨테스트와 다르다.

일반적으로 컨텐트웨어의 판매목표, 또는 이익목표에 미달이거나 기대 이하일 때 컨테스트와 추첨은 효과가 있다. 컨테스트와 추첨은 판매와 이익을 다시 증가시키는 데에 필요한 부가적 인센티브를 제공해 줄 수 있다.

그러나 이러한 인터넷 컨테스트와 추첨은 단발적인 효과만을 가져올 수 있어서, 촉진기간에는 많은 사람들이 몰렸다가, 촉진기간 이후에는 다시 촉진이전 상황과 같아질 수 있다. 이러한 것을 예방하기 위하여 컨테스트와 추첨에 의해 몰려든 사람들을 자사의 사이트에 붙잡아둘 수 있는 여러 노력이 필요하다.

4) 인터넷 고정고객 우대 프로그램

인터넷 고정고객 우대 프로그램은 자사 사이트를 이용한 양이나 또는 금액에 비례하여 인센티브를 제공하는 프로그램이다. 사용량이나 구매량에 따라 포인트를 적립해 주는 것이 좋은 예이다. 예를 들어, 쇼핑몰에서 제품을 구매하면, 그 제품에 해당하는 금액만큼 포인트가 적립되어 포인트를 현금처럼 활용할 수도 있다. 또한 사이트의 로그인한 횟수에 따라 포인트를 제공해 일정한 포인트 점수가 넘으면 이메일 용량을 늘려주는 것과 같은 방법의 인터넷 고정고객 우대 프로그램도 있다.

네이버의 대표적인 서비스인 지식iN을 사용할 경우, 여러 질문에 대한 대가로 내공이라는 점수를 받게 된다. 이때 내공점수가 500점 이상이 되면, 등급전환을 통해 메일 마일리지로 전환시킬 수 있다. 또한 이 같은 내공을 지속적으로 얻어 꾸준히 활용할 경우, 으뜸사용자로 전환되어 일반사용자의 경우 기본 20M가 제공되는 메일서비스를 100M까지 사용할 수 있으며 POP3 및 SMTP 서비스도 제공받을 수 있게 된다.

이러한 인터넷 고정고객 우대 프로그램은 자사 고객의 이탈을 방지하고, 기업의 웹사이트의 방문 횟수를 증가시킴으로써 충성도가 강한 고객을 확보하도록 해 준다. 즉, 단골고객에게 혜택을 주는 의미도 있지만, 포인트로 인하여 다른 사이트를 이용하는 데 드는 전환비용(switching cost)을 높이는 효과를 동반하여, 결국 자사 사이트에 대한 애호도(loyalty)를 높이는 효과가 있다.

5) 인터넷 가격할인

가격할인에 의한 판매촉진 방법은 가격을 일시적으로 일정 비율만큼 할인해 주는 것을 가리킨다. 즉, 소비자가 구매한 것에 대한 즉각적인 현금보상의 방법이다. 가격할인을 하는 주된 이유는 경쟁제품의 가격에 비슷하게 맞추기 위해서, 또는 아예 가격 자체로 경쟁제품에 대적하기 위해서이다. 가격할인은 여러 가지 시장상황에서 효과를 나타내지만 특히 경쟁적 상황을 극복하는 데 가장 적합하다고 알려져 있다. 그러나 자사의 상황을 고려하지 않고 무분별하게 실시하는 가격할인은, 소비자의 준거가격을 낮춰 이후의 제품 판매에 문제를 초래함으로써, 결과적으로 기업의 수익구조를 저해할 수 있음을 유념해야 한다.

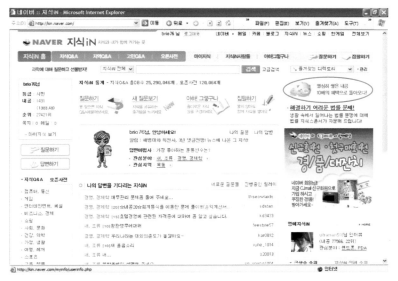

그림 11-24　내공을 통한 고정고객 우대 프로그램을 실시 중인 네이버(www.naver.com)의 지식iN

그림 11-25   일시적인 가격할인을 하고 있는 삼성몰(www.samsungmall.com)

온라인 스마트 쇼핑족이라면 꼭 알아야 할 세일

최근 온라인 쇼핑을 즐겨 찾는 이들이 날로 늘고 있다. 신세계 유통산업 연구소는 '2012년 유통업 전망보고서'를 통해 내년도 온라인 성장치가 올해 대비 20% 가까운 급등세를 보일 것이라고 전망했다. 온라인 유통시장이 점차 대중화하면서 각종 세일 할인 혜택을 소비자들에게 제공하고 있기 때문이다. 특히 '스마트폰 사용자 2000만 명 시대'를 맞아 쇼핑에 필요한 시·공간적 제약이 크게 줄어들면서 정보를 신속하게 수집하고 취사선택하는 이른바 '온라인 스마트 쇼핑'이 각광을 받고 있다.

한정된 시간에 선착순으로 제품을 판매하는 방식인 '플래시 세일(flash sale)'은 이미 온라인 유통가에서 대표적 할인으로 자리매김한 지 오래다. 각종 생필품을 싼값에 구매할 수 있는 품목세일도 소비자들에게 인기를 얻고 있다. 최근 이마트의 쇼핑몰인 이마트몰에서는 '타임세일'이라는 코너를 운영해 이마트몰을 찾는 이들에게 주목을 받고 있다. 이 세일 방식은 한달동안 온라인에서 진행될 특가 판매 품목 일정을 미리 공개한 후 해당 일자와 시간에 한정된 수량을 선착순 판매하는 것으로 부지런한 온라인 쇼핑족들 사이에서 인기를 끌고 있다.

또한 플래시 세일만을 고집하는 전문 온라인 쇼핑몰들도 늘고 있으며, 새로운 온라인 할인 판매 형태인 소셜커머스도 대중의 활용도가 높아지면서 온라인 쇼핑분야의 한 몫을 차지하고 있다. 소셜커머스란 트위터나 페이스북 등 소셜 네트워크 서비스(SNS)를 활용하는 것으로, 일정 수 이상의 구매자가 모이면 파격적인 할인가로 상품을 판매한다.

국내 소셜커머스 업체인 쿠팡과 티켓몬스터는 '쿠팡타임'과 '티몬나우'라는 코너를 운영, 매일 특정 시간에만 적용되는 할인 쿠폰을 제공하고 있다. 또 '오늘의 반값' 프로그램에서는 매일 다른 상품을 특가에 선보이고 있어 정보에 빠르고 발품을 파는 쇼핑족들에게 인기를 끌고 있다. 이 밖에 그루폰코리아, 위메이크프라이스 등 상위 소셜커머스 업체들도 시간을 다투는 온라인 이벤트 특가 상품을 연이어 선보이고 있다.

온라인 채널 판매는 유통마진을 줄여 이를 소비자 혜택으로 돌려 줄 수 있다는 장점이 있다. 시·공간 제약이 적고 저렴한 가격으로 제품 구매가 가능한 온라인 쇼핑몰의 장점으로 인해 앞으로 소비자의 온라인 쇼핑은 더욱 활발해질 것으로 예상된다.

타임세일을 진행 중인 이마트몰(www.emart.com)

자료원: 손재철(2011)

V 구 전

1. 구전의 의의

　　구전(word of mouth)이란 특정 제품이나 서비스에 관하여 소비자들 간에 개인적인 직·간접 경험에 대해 긍정적 혹은 부정적인 정보를 비공식적으로 교환하는 자발적인 의사소통 행위 또는 과정을 말한다. 구전은 자발적으로 일어나는 인간 고유의 본능적 현상으로 발신주체가 같은 소비자이기 때문에 커뮤니케이션시 피드백과 추가 설명이 가능하고 사회적으로도 지지와 격려를 받을 수 있기 때문에 신뢰도가 높아 설득효과가 크다. 긍정적 또는 부정적인 구전효과는 상호 의사소통하는 개인들의 네트워크를 통해 확산된다.

　　그렇다면, 구전을 인터넷상에서 새로운 커뮤니케이션 믹스 요인으로 고려하여 이를 관리해야 할 이유는 무엇일까? 그 이유는 우선 인터넷 환경에서 구전 활동의 중요성에서 찾아볼 수 있다. 인터넷상에서 소비자는 게시판, 채팅, 이메일, 메신저, 커뮤니티, 뉴스 그룹, 자신의 홈페이지 등의 다양한 수단을 통해 자신의 의사를 보다 적극적으로 표현할 수 있다. 또한 인터넷상에서의 구전은 그 파급효과나 속도의 측면에서 기존의 오프라인의 경우보다 훨씬 강력하고 빠르다. 오프라인상에서 구전은 내가 알고 있는 주변 사람들을 대상으로 이루어지나, 인터넷상에서의 구전은 내가 알지 못하는 수많은 익명의 사람을 대상으로 이루어질 수도 있으며, 단지 몇 번의 클릭만 하면 되는 간편한 방법으로 구전의 내용을 전달할 수 있다. 인터넷상에서의 구전은 마우스 클릭에 의한 방법으로 빠르게 전달된다는 특성으로 인해 마우스 투 마우스(mouse‐to‐mouse) 또는 'word‐of‐mouse'라고도 불릴 수 있다.

　　구전이 인터넷 마케팅 커뮤니케이션 믹스 요인으로 관리될 수 있는 또 하나의 중요한 이유는 인터넷상에서는 구전이 어떤 경로를 통해 이루어지는지, 또한 구전에서 중요한 역할을 하는 의견선도자는 누구인가와 같이 구전 관리에 중요한 요인들을 쉽게 파악하고, 이를 효과적으로 관리할 수 있는 것에 있다. 오프라인 마케팅 환경에서도 구전의 중요성은 많이 인식되어 왔지만, 구전이 어떠한 경로를 통해 전달되는지, 또 그 출발이 누구로부터 시작되었는가와 같은 것을 파악하기가 어렵기 때문에 기업 입장에서 구전을 관리한다는 것이 쉽지 않았다. 그러나 인터넷상에서는 클릭, 스트림, 데이터나 쿠키 등을 이용해 소비자들이 이동한 경로를 파악할 수도 있고, 영향력 있는 홈페이지나 커뮤니티에서 핵심적 역할을 하는 사람들이 누구인가를 쉽게 파악할 수 있으므로, 이를 관리 수단으로 이용할 수 있다.

그렇다면 인터넷상에서 긍정적 구전을 창출할 수 있는 수단은 어떤 것들이 있을까? 이에 아래의 내용에서는 기업 입장에서 구전을 관리할 수 있는 수단에 대해 살펴보도록 한다.

미네랄워터 콘트렉스(Contrex)의 디지털 CF

프랑스의 미네랄워터 콘트렉스(Contrex)는 신진대사를 촉진시키는 성분이 함유된 기능성 다이어트 음료이다. 콘트렉스는 핑크색을 브랜드 이미지로 차용해 여성을 대상으로 다양한 광고를 집행하여 왔다. 최근에는 재미있고 도발적인 디지털 캠페인을 진행하여 네티즌들을 들썩이게 하였으며, 유튜브에서는 엄청난 조회수를 기록하였다.

이 디지털 CF는 야외에 설치된 헬스싸이클을 보여 주는 것에서 시작한다. 이 헬스싸이클은 콘트렉스의 브랜드 이미지인 핑크색 전선으로 이어져 있는데, 여러 명이 힘을 합쳐 헬스싸이클을 돌리면, 건물 벽면에 핑크색의 남성 애니메이션이 작동하게 된다. 이 남성은 여성들이 헬스싸이클을 돌리면 옷을 하나 둘 벗기 시작하고 이 모습을 본 여성들은 환호한다. 여성들은 남성이 마지막 언더웨어를 벗기를 기대하면서 더욱 열심히 헬스싸이클을 돌리게 된다. 상당한 수준의 스트립쇼를 진행한 애니메이션 남성은 마지막에 여러분은 이 짧은 운동으로 2000 칼로리를 소모했다는 메시지가 담긴 팻말을 사람들에게 보여 주고, 헬스싸이클을 돌리던 사람들은 웃으며 환호한다. 그리고 광고의 마지막 부분에서는 "다이어트는 지루할 필요가 없다(sliming doesn't have to be boring)"라는 광고 카피를 보여 주고, 사람들이 다이어트 파트너(sliming partner)인 콘트렉스를 열심히 마시는 모습을 보여 준다.

기발하고 유머가 넘치는 디지털 CF 내용 덕분에 소비자들은 다양한 소셜미디어로 디지털 CF를 확산시키는 것에 동참하였으며, 콘트렉스는 적은 비용의 제작비와 매체비로 다이어트 기능성 음료라는 브랜드 이미지를 구축하는 데 성공하였다.

디지털 캠페인 CF
자료원: www.youtube.com/watch?v=1Jf2QurczS0

자료원: www.youtube.com/watch?v=1Jf2QurczS0

2. 구전의 관리

    소비자들은 인터넷을 통해 많은 정보를 습득하며, 고관여 제품일수록 인터넷에서 더 많은 정보를 습득하기 위해 노력한다. 정보기술의 발전은 소비자 간의 정보 공유를 손쉽게 만들었으며, 제품관련 동영상, 사진, 온라인 리뷰, 댓글 등과 같은 UCC(User Created Contents)는 소비자의 제품 구매에 막대한 영향력을 행사하게 되었다. 따라서 기업은 소비자들이 제품과 관련된 긍정적 컨텐츠를 자발적으로 생산하고 다른 소비자들과 적극적으로 공유할 수 있도록 유인함으로써 긍정적인 구전이 확대 재생산될 수 있도록 하여야 한다.

    일반적으로 긍정적 구전은 자신이 이용한 컨텐트웨어에 만족한 소비자로부터 시작된다. 따라서 기업의 입장에서 긍정적인 구전을 퍼뜨리기 위해서는 소비자를 만족시킬 만한 컨텐트웨어를 강화시킴으로써 소비자의 만족을 관리하는 방법이 있다. 그러나 문제는 만족한 모든 소비자가 긍정적 구전을 하는 것은 아니다. 그렇기 때문에 만족한 소비자가 스스로 구전 활동을 하기를 바라는 것이 아니라, 구전을 할 만한 인센티브를 제공함으로써 적극적으로 구전을 관리할 필요가 있다. 인터넷상에서 구전을 유도하기 위해 사용되는 방법에는 크게 추천인 우대 프로그램과 특별한 이벤트를 통한 것이 있다.

1) 추천인 우대 프로그램

추천인 우대 프로그램이란 기업에 긍정적인 구전을 적극적으로 퍼뜨리는 고객에 대해 인센티브를 제공함으로써 구전효과를 촉진시키는 것이다. 사이트의 가입, 또는 구매를 추천하는 추천인에게 마일리지, 사이버 머니, 가격 할인 등과 같은 보상을 제공하는 것이 그 예이다.

2) 이벤트

기업의 초기 시장 진출 시에 강력한 구전효과를 불러일으키고자 할 때는 사람들의 관심을 끌기 위한 특별한 이벤트를 실시함으로써 구전을 유도할 수 있다. 예를 들어, '선영아 사랑해'로 일약 세인의 관심을 끄는 데 성공한 마이클럽(www.miclub.com)은 아무런 설명이나 브랜드의 노출 없이 '선영아 사랑해'라는 문구만을 여러 매체나 거리에 광고하기 시작하였다. 수많은 사람들의 궁금증은 결국 구전효과를 가져왔고, 마이클럽은 오픈 몇 개월 만에 70만 명의 회원을 유치하면서 여성 인터넷 시장의 1위 브랜드로 자리잡을 수 있었다. 이는 여성의 마음을 읽어낸 마케팅 활동이 가져다 준 엄청난 구전효과의 결과를 알 수 있는 사례이다.

소비자를 열광시키는 하기스 옹알이 이벤트

스마트한 소비자를 열광시키는 것은 쉬운 일이 아니다. 제품을 구입하라는 설득 메시지는 소비자들의 심리적인 반발을 유도하여 오히려 제품을 외면하게 만들 수도 있다. 그래서 요즘의 기업들은 소비자를 제품 관련 이벤트에 주인공으로 등장시켜 소비자들이 컨텐츠를 자발적으로 입소문 내도록 하는 참여 마케팅을 펼치고 있다.

최근 이러한 참여 마케팅의 예로 기저귀 브랜드 하기스를 들 수 있다. 하기스코리아는 대부분의 기저귀 판매가 온라인에서 이루어지는 것에 착안하여 온라인에서 소비자가 적극 참여할 수 있는 이벤트를 기획하였다. 바로 하기스 옹알이 통역기 캠페인이다. 이 캠페인은 소비자가 촬영한 아기 동영상 중 귀여운 아기 동영상 100편을 선정한 후, 아기의 옹알이 영상에 자막을 입혀 유튜브에 공개하는 것을 주요 내용으로 하고 있다.

아기를 남들에게 자랑하고 싶어 하는 엄마의 심리를 자극하는 이 캠페인은 매우 성공적으로 진행되었다. 오렌지색을 입은 아이 2명이 옹알이를 하는 장면에는 다음의 자막이 달려 있다. "나 오늘 오렌지색 깔맞춤 했어~ 귀엽지?", "난 곰돌이 모자로 야성미를 더해봤어"라는 식의 자막이 달려 있다. 그리고 한 아이가 쓰러지려고 하는 순간에 다른 아이가 "쓰러지지 마, 너도 조금만 노력하면 돼"라는 자막이 달려 있다. 소비자들을 웃음짓게 만드는 이 영상의 조회수는 무려 10만 건에 달했으며, 아기들 영상을 올린 엄마들은 평균 20번 이상 자신이 올린 영상을 지인들에게 보도록 권유했다. 소비자들은 자신의 아기를 자랑하고 싶은 마음에 아무런 대가도 받지 않고 하기스를 주위에 광고한 셈이다.

이렇게 소비자의 마음의 빗장을 풀게 만드는 이벤트는 노골적인 상품 광고보다 훨씬 효과적일 수 있다. 소비자의 감성에 호소하여 적극적 이벤트 참여를 유도하고, 더 나아가 소비자가 자발적으로 브랜드 홍보대사가 되게 하는 똑똑한 마케팅 전략은 결국 매출의 신장에도 기여하게 된다.

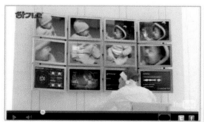 

옹알이를 분석 중인 하기스 옹알이 연구소(www.youtube.com/huggieskorea)

옹알이가 번역된 아기들 영상(www.youtube.com/huggieskorea)

자료원: 김현수(2012); 신은진(2012); 정보라(2012) 수정 후 인용

요　약

　　인터넷 마케팅 5C 믹스 중의 하나인 커뮤니케이션(Communication)은 인터넷 환경의 특성을 고려하여 전통적인 마케팅 믹스 중 촉진(Promotion)의 개념을 확장 대체한 것이다. 인터넷상에서 촉진믹스의 개념이 확장 대체되어야 하는 이유는 인터넷상에서 소비자가 커뮤니케이션할 때에는 인터넷이 갖는 상호작용성의 특성이 강조되어야 하기 때문으로 이해될 수 있다. 인터넷 커뮤니케이션 믹스의 세부 요인은 인터넷 광고, 인터넷 PR, 인터넷 판매촉진, 인터넷 구전 등으로 분류될 수 있다. 따라서 인터넷상에서의 커뮤니케이션 관리를 위해서는 인터넷 광고, 인터넷 PR, 인터넷 판매촉진, 인터넷 구전 등과 같은 다양한 수단들의 전략적 역할을 비교·검토해서　최대한의 커뮤니케이션 효과를 거둘 수 있도록 이들을 통합하는 통합적 인터넷 마케팅 커뮤니케이션 관리를 해야 한다.

연구문제

1. 인터넷의 등장에 따른 커뮤니케이션의 변화를 설명하시오.
2. 소셜미디어에서의 커뮤니케이션의 특징을 설명하시오.
3. 소셜미디어 커뮤니케이션 전략의 수립과정을 설명하시오.
4. 모바일 마케팅의 성공 요인에 대하여 설명하시오.
5. 통합적 인터넷 마케팅 커뮤니케이션의 정의와 수립과정을 설명하시오.
6. 인터넷 광고의 유형에는 어떠한 것들이 있는지 설명하시오.
7. 인터넷 광고의 정보처리 모형에 대해 설명하시오.
8. 인터넷 판매촉진 유형을 설명하시오.
9. 구전의 의의와 관리방안에 대해 설명하시오.
10. 다음의 개념을 설명할 수 있는 실제 예를 찾아서 이를 제시하고 구체적으로 설명하시오.

　　1) 기업과 소셜미디어

　　2) 기업과 모바일 마케팅

　　3) 기업과 통합적 인터넷 마케팅 커뮤니케이션

　　4) 기업과 구전

참고문헌

1. 논문 및 단행본

나종연 (2010), "사용확산모형을 적용한 소비자의 온라인 소셜 네트워크 활용에 대한 연구," 소비자학연구, 21(2), 443-472.

덴츠 크로스미디어 개발 프로젝트 팀 (2009), 크로스위치, 파주: 나남.

박철, 강유리 (2010), "UCC 이용 동기(motivation)에 관한 질적 연구: 게시와 시청 동기 비교를 중심으로," 한국비지니스리뷰, 3(3), 101-121.

배성환 (2011), SNS 파워 마케팅, 서울: 명진출판사.

브라이언 솔리스 (2011), 인게이지, (이주만 역), 서울: 에이콘.

윤희숙, 이두희 (2001), "인터넷 띠(Banner) 광고는 노출만으로도 효과가 발생하는가?," 한국마케팅학회, 추계학술대회 발표논문집.

이종혁 (2012), 소셜미디어 PR, 서울: 커뮤니케이션북스.

조원선 (2012), SNS로 새로운 스펙을 쌓다 : 다른 사람과 자신을 차별화하는 퍼스널 브랜딩, 서울: 황금부엉이.

Barker, Christian and Peter Gronne (1996), "Advertising on the World Wide Web," *Unpublished Doctoral Thesis*, Copenhagen Business School.

boyd, danah m. and Nicole B. Ellison (2007), "Social Network Sites: Definition, History, and Scholarship," *Journal of Computer-Mediated Communication*, 13, 210-230.

Edwards, Steven M., Hairong Li, and Joo-Hyun Lee (2002), "Forced Exposure and Psychological Reactance: Antecedents and Consequences of the Perceived Intrusiveness of Pop-Up Ads," *Journal of Advertising*, 31(3), 83-95.

Hanna, Richard, Andrew Rohm, and Victoria L. Crittenden (2011), "We're All Connected: The Power of the Social Media Ecosystem," *Business Horizons*, 54(3), 265-273.

Hoffman, Donna L. and Thomas P. Novak (1996), "Marketing in Hypermedia Computer-Mediated Environments: Conceptual Foundations," *Journal of Marketing*, 60(3), 50-68.

Mangold, W. Glynn and David J. Faulds (2009), "Social Media: The New Hybrid Element of the Promotion Mix," *Business Horizons*, 52(4), 357-365.

Rogers, Everett M.(1986), *Communication Technology: The New Media in Society*, New York: The Free Press.

2. 보고서

강민형, 김진성, 이준환, 정태수, 이준기 (2010), "모바일 빅뱅과 기업경영의 미래," CEO Information, 제760호, 삼성경제연구소.

권기덕 (2010), "스마트폰이 열어가는 미래," CEO Information, 제741호, 삼성경제연구소.

다음커뮤니케이션즈 (2006), "UCC를 통해 보는 참여와 공유의 인터넷," e-marketing 본부, KNP(Korean Netizen Profile) 세미나 발표자료.

리서치애드 (2011), "2012년 상반기 인터넷 노출형 광고 결산 보고," 한국온라인광고협회.

매트릭스 (2011), "모바일 광고에 대한 광고주 인식 조사," 2011(Dec), 한국온라인광고협회.

이동훈, 이민훈, 박성민, 이준환 (2010), "확산되는 소셜 미디어와 기업의 신소통 전략," CEO Information, 764호, 삼성경제연구소.

전미규 (2012), "에어프라이어, 주c부들에게 잇아이템이 되기까지," 리얼타임 마케팅세미나 제7회 발표자료, 한경아카데미.

최정환 (2011), "소셜미디어 마케팅, 단기 수익 관점으로 접근하면 실패하기 쉽다," LG Business Insight, 3월호, LG경제연구원.

한상필 (2011), "온라인광고산업 동향 리포트," 4호, 9권, 한국온라인광고협회.

KT (2012), "KT의 SNS 마케팅".

Nattermann, Philipp M.(2010), "Media & Entertainment Practice: A Glimmer of Hope for Newspapers," *McKinsey Quaterly*, McKinsey&Company, 1-4.

3. 신문기사

강동완 (2012), "CJ가로수타운, 오픈 200일 기념 모바일 스탬프 이벤트 실시," 머니위크, 2012년 6월 11일자.

강희경 (2012), "주목!해쉬태그…선거의 해 열풍-역풍 가른다," 한국일보, 2012년 02월 10일자.

김영호 (2012), "트위터 입소문의 힘… 불고기 街頭(LA지역 테이크 아웃 업체 KOGI)판매 트럭 매출이 年 1,000만불," 조선비즈, 2012년 3월 31일자.

김태진 (2009), "트위터 아이디가 간판에 인쇄되는 시대," 전자신문, 2009년 05월 26일자.

김헌주 (2012), "쇼핑도 모바일로 한다 …1년 새 3배 성장 6000억원대 시장," 매일경제, 2012년 8월 6일자.

김현수 (2012), "소비자 입에서 입으로… '바이럴 마케팅'이 뜬다," 인터넷한국일보, 2012년 3월 7일자.

김희연 (2013), "카카오톡, 이번엔 온라인 쇼핑 삼킬까," 지디넷코리아, 2013년 2월 21일자.

김희영 (2012), "'이력서 필요없어'⋯미국, SNS 채용 확대," 머니투데이, 2012년 7월 12일자.

박영태 (2010), "사이버 인맥쌓기⋯물 좋은 데는 어디?," 한국경제, 2010년 03월 23일자.

백종민 (2012), "이력서보다 페이스북이 취업의 지름길," 아시아경제, 2012년 7월 12일자.

세계파이낸스 뉴스팀 (2012), "취업 이력서 대신 페이스북 · 트위터 검증," 세계파이낸스, 2012년 7월 12일자.

손재철 (2011), "온라인 쇼핑족 날로 증가, 스마트 깜짝 세일," 경향신문, 2011년 12월 12일자.

스팟뉴스팀 (2012), "내 트위터 사찰당해, 트윗글 문제돼 입사 취소," 데일리안, 2012년 4월 23일자.

신은진 (2012), "소비자를 열광시켜라, 자발적 참여 마케팅 열풍," 조선비즈, 2012년 3월 7일자.

신은진 (2012), "소비자를 열광시켜라⋯ 자발적 참여 마케팅 열풍," 조선비즈, 2012년 3월 12일자.

윤혜영 (2012), "황당한 이력서, 취직할 생각 없는거니? 창의력 있는데 직장 안 생겨요," 한국경제, 2012년 7월 21일자.

이영근 (2012), "사회공헌 실천하는 착한 애플리케이션⋯휴가 대신 기부할까?," 매일경제, 2012년 7월 11일자.

정보라 (2012), "구글 모바일광고의 강점은 기술력과 아이디어," 디지털라이프, 2012년 2월 22일자.

정성택 (2012), "이력서 말고 트위터 주소 보내세요," 한국경제, 2012년 1월 26일자.

4. 기타 (인터넷 검색 자료)

cafe.naver.com/philipskitchen

cafe.naver.com/mallpd/506

en.wikipedia.org/wiki/Hashtag

postview.co.kr/996

social.lge.co.kr

www.adchannel.co.kr

www.adic.co.kr

www.airfryer.kr

www.angelinus.co.kr

www.daum.net

www.dreamwiz.com

www.emart.com

www.empas.com

www.imbc.com

www.jeannejennings.com

www.kr.huggies.com

www.loloten.com

www.naver.com

www.philips.co.kr

www.samsungmall.co.kr

www.yahoo.co.kr

www.youtube.com

www.youtube.com/huggieskorea

www.ypbooks.co.kr

12장 채널 관리

탈중간상화
전자적 의사소통효과
전자적 중개효과(electronic communication)
모바일 커머스(m-commerce)
컨조인트 분석
통합적 유통경로
독립적 유통경로
집약적 유통
전속적 유통
선택적 유통
정보공유형 하이브리드 채널
역할분리형 하이브리드 채널
디마케팅(demarketing)
물류
배송
배달점
인터넷 공급체인관리(ISCM: Internet Supply Chain Management)
가상시장(eMarketplace)
수직형 가상시장
수평형 가상시장

인터넷 채널의 힘

지난 2005년 전북 고창으로 귀농을 한 박재숙(43) 씨는 농작물을 재배해 1차 농산물로 판매했지만, 중간 유통 마진으로 인해 상품의 가격이 높아지고, 질 높은 서비스를 제공하기 어려워지는 문제에 부딪혔다. 따라서 박씨는 고객에게 좋은 상품을 저렴한 가격에 제공하고자 복분자 전문 온라인 쇼핑몰인 '고창 복분자 베리팜'(www.berryfarm.kr)을 개설하여 중간 유통단계를 줄이고 재배한 상품을 소비자에게 직접 판매하기 시작했다. 또한, 쇼핑몰 게시판을 통해 고객과 커뮤니케이션을 하며 끊임없이 고객의 니즈를 파악하고 있다. 온라인 쇼핑몰을 창업한 뒤 고창 복분자 베리팜은 매년 매출이 지속적으로 상승해 올해 매출 목표가 20억에 달할 정도의 성공을 거두게 되었다. 박 대표는 "농민 스스로 농장에서 식탁까지 중간 유통단계를 줄이면 그만큼 농민에게 돌아오는 수익은 극대화될 수 있다. 따라서 귀농인을 포함한 모든 농민들이 앞으로 자신이 직접 재배한 농산물의 가격과 판로를 스스로 정해 경쟁력을 갖출 필요가 있다"고 말했다.

이처럼 최근 귀농이 새로운 삶의 방법으로 주목 받으면서 도시를 떠나 농촌에서 제2의 삶을 찾는 사례가 급속히 늘고 있다. 농림수산식품부의 통계자료에 따르면 2011년 귀농, 귀촌 가구 수는 총 1만 503가구로 2010년의 4,067가구와 비교했을 때 약 2.6배 증가했고, 이는 해마다 느는 추세

농산물 온라인 장터인 CJ오마트(www.omart.com)의 초기화면

라고 한다. 이러한 귀농, 귀촌 가구 중에는 젊은이들이 많아 기존의 유통경로가 아닌 온라인을 통해 직접 재배한 유기농 채소를 소비자에게 판매하는 사례가 늘고 있다.

또한, 2011년에는 농가의 발전을 지원하기 위해 CJ오쇼핑이 우리 농산물 온라인 장터인 '오마트'를 오픈하였다. CJ오쇼핑에 따르면 오마트가 젊은 귀농인들에게는 새로운 판로를 제공하고, 고객들에게는 안전하고 신선한 농산물을 제공하여 양자 모두에게 도움을 주고 있다고 한다. 경북 김천에서 호두 농장을 운영하는 이영인 씨는 오마트에 입점한 이후 3주도 안 되는 기간 동안 호두 판매로 3000만 원 이상의 매출을 올리는 등 오마트를 통해 귀농인들이 새로운 가능성을 엿보고 있다.

이처럼 인터넷 채널의 영향력은 다양한 제품군과 영역으로 확대되고 있다. 최근에는 모바일 커머스가 새로운 채널로 급부상하면서 이제 기업, 소규모 업체나 개인은 오프라인, 온라인, 그리고 모바일까지 다양한 채널들에 대한 체계적인 관리가 필요하게 되었고, 각각의 유통채널이 서로 시너지를 내는 방안을 모색해야 할 필요성이 대두하고 있다.

자료원: 강동완(2012); 이윤재(2011) 수정 후 인용.

인터넷과 유통구조의 변화

마케팅에서 유통(channel)이란, 고객이 컨텐트웨어를 사용 또는 소비할 수 있도록 만드는 프로세스에 참여하는 상호의존적 개인이나 조직들의 집합을 의미한다. 이처럼 유통은 제조업체와 소비자들 사이에 존재하면서 양쪽에 가치를 제공하여 왔다.

그런데 새로운 유통 구성원인 인터넷의 등장은 유통부문에 많은 도전 과제들을 제기하고 있다. 유통경로의 선택에는 많은 노력과 오랜 시간이 요구되기 때문에, 기업들은 더욱 새롭고 매력적인 유통경로가 나타날 때에도 기존방식을 고수하는 편이 낫다고 생각하는 경향이 있다. 그러나 모든 기업들은 기업의 제품이 표적시장에서 구매되고 사용될 수 있도록 하는 유통 방법을 결정해야 한다. 여기에는 크게 두 가지 방법이 존재하는데, 제품을 직접 판매하는 방식과 중간상을 통하여 판매하는 방식이 바로 그것이다. 하지만 인터넷의 등장 탓에 기존 중간상의 실효성 여부에 대한 뜨거운 찬반 논쟁이 학계와 실무자들을 중심으로 이루어지고 있다. 이를 정리하면 다음과 같다.

1. 인터넷과 새로운 유통구성원의 출현

1) 탈중간상화 가설

탈중간상화(disintermediation) 현상에 대한 가설은 말론과 예이츠, 벤자민(1987)에 의해 제기되었다. 탈중간상화란, 인터넷을 통한 유통경로가 구성됨에 따라 기존의 제조업체 또는 후방에 있는 업체들이 전방에 있는 업체를 우회하여 소비자와 직접 거래를 함으로써, 전방에 있는 업체가 유통경로에서 사라지게 되는 현상을 의미한다. 탈중간상화 가설이란 인터넷의 도입에 따라 유통경로의 길이가 짧아지고 기존의 오프라인 유통경로들은 사라질 것이라는 가설이다. 또한, 말론과 예이츠, 벤자민(1987)은 전자적 연결 효과(electronic interconnection effect)의 개념을 이용하여, 인터넷 환경이 탈중간상화에 미치는 영향에 대한 분석의 틀을 제공하였다. 이때 전자적 연결 효과란 기업과 소비자가 전자적으로 연결됨으로써 나타나게 되는 효과로, 다음과 같은 세 가지 하위차원으로 구분된다.

첫째, 전자적 의사소통 효과(electronic communication effect)다. 전자적 의사소통 효과란 기업과 소비자가 서로 전자적으로 연결됨으로써 의사소통되는 정보의 양이 많아지고, 정보교환의 속도가 빨라지는 효과를 말한다. 거래가 관계에 의존하게 되는 원인 중의 하나가, 거래되는 제품에 대한 설명이 복잡해지는 것(complexity of product description)이라고 한다면, 정보교환의 속도와 양이 증가하는 것은 제품의 속성을 더욱 더 쉽게 이해할 수 있는 정보를 제공해 줄 수 있는 가능성이 커진다는 것을 의미한다.

둘째, 전자적 중개 효과(electronic brokerage effect)다. 전자적 상호작용시스템의 발전에 따라 거래상대를 찾는 과정이 전자적으로 해결될 것이라는 얘기다. 이에 따라 기존 시장에서의 탐색비용이 줄어들게 되고 시장에서 지속적으로 관계를 맺는 중간상의 필요성이 줄어들게 된다.

셋째, 전자적 통합 효과(electronic integration effect)다. 전자적 거래시스템의 활용이 커짐에 따라 전후방의 유통기관들이 기능적으로 통합되는 효과를 말한다. 이러한 기능적 통합과 중개의 자동화를 통해, 유통경로상의 중간상이 가지고 있는 독자적이고 독특한 장비와 장소의 소유로 인한 경쟁력이 약화된다.

이러한 이론의 중요한 개념은, 제품에 대한 설명이 더욱 용이하게 되고, 각 유통기관이 가지고 있는 자산 특이성(asset specificity)에 의한 경쟁력이 약화함에 따라 관계에 의한 위계형 거래보다는 일회적 거래가 더욱 많아지는 시장형 거래가 선호될 가능성이 커진다는 것이다. 즉, 전자적 연결 효과에 따라, 제조업체는 소비자에게 직접 판매할 수 있는 가능성이 커지게 되고, 결국 탈중간상화가 일어난다는 결론을 내릴 수 있게 된다.

탈중간상화 현상은 패션의류 시장에서 활발하게 일어나고 있다. 통계청의 2012년 1분기 조사에 따르면 의류 및 패션 관련 상품이 국내 전자상거래 총 거래액 7조 7천억 원

중 약 1조 2천억 원(16.2퍼센트)으로 인터넷상에서 가장 활발하게 거래되는 상품군 1위를 차지하였다. 이러한 의류 및 패션 상품은 주로 개인의 온라인 의류 쇼핑몰을 통해 중간상 없이 판매자가 직접 소비자에게 판매하는 형태로 거래되고 있다. 이처럼 중간 유통 마진이 없어지면서 온라인 의류 쇼핑몰은 저렴한 가격으로 소비자의 마음을 사로잡았고, 모델이 제품을 입고 있는 모습 등 상세한 제품 사진을 제공함으로써 품질에 대한 우려를 최소화하며 성공을 거두게 되었다.

지난 수년간 '4억 소녀 김예진' 등과 같은 성공사례가 알려지면서 의류 쇼핑몰 창업에 대한 관심이 급증하였고, 온라인 의류 쇼핑몰은 점포 임대 등의 초기 투자비용의 부담이 적기 때문에 의류 쇼핑몰들이 우후죽순처럼 생겨났다. 하지만 그 결과 경쟁이 심화되면서 서울시 전자상거래센터의 통계자료에 따르면 '창업한 쇼핑몰 가운데 6개월 안에 망하는 곳이 90퍼센트 이상'이라고 한다 (김혜인, 이승현 2012).

2) 탈중간상화 가설에 대한 반론

전반적 탈중간상화 가설에 대한 체계적인 반론은 사카, 버틀러, 스테인필드(Sarkar, Butler, and Steinfield 1995)에 의해 제기되기 시작한 이래로, 치르쿠와 카우프만(1999), 스코트(Scott 2000)로 이어졌다. 이들의 연구결과를 살펴보면 다음과 같다.

(1) 사이버 중간상의 출현

사카, 버틀러, 스테인필드(Sarkar, Butler, and Steinfield 1995)는 거래비용 분석을 통해, 생산자가 소비자에게 직접 판매할 경우의 거래비용이 중간상을 통해 판매하는 비용보다 낮아지는 경우에만, 중간상이 탈중간상화된다는 점을 가설화했다.

하지만 생산자가 소비자에게 직접 판매할 경우의 거래비용이 중간상을 통해 판매하는 비용보다 높아질 때에는, 다른 형태의 시장구조 변화가 일어나게 된다. 기존의 유통구조가 인터넷을 활용하는 중간상의 개입으로 인해 오히려 효율적인 방법이 될 수도 있다는 것이다. 대표적인 예로 미발달한 도매구조로 인해 특정 인터넷 서점이 새로운 도매상으로 발전할 가능성이 보이는 출판유통과 같은 영역이 여기에 속한다고 할 수 있을 것이다. 이들은 이러한 중간상을 사이버중간상(cybermediaries)이라고 지칭했다.

(2) 재중간상의 출현

사카, 버틀러, 스테인필드(Sarkar, Butler, and Steinfield 1995)는 탈중간상화가 이루어지고 있는 영역에 새로운 형태의 중간상이 등장할 수 있다고 주장하였다. 여기서 새로운 형태의 중간상이란, 기존의 유통능력에 인터넷 기능을 활용하는 중간상들로, 이러한 중간상들을 재중간상(reintermediaries)이라고 정의하였다.

결론적으로 인터넷상에서 단순히 생산자로부터 제품을 공급받고 이를 유통시키는 중간상의 해체 경향이 존재하고 있지만, 다른 한편으로는 생산자와 구매자 모두에게 특별한 가치를 제공하거나 구매자의 입장에서 보다 편리하고 신뢰할 수 있는 역할을 수행하는 중간상은 오히려 강화되는 이중적인 경향을 보여 줄 것으로 예측된다. 따라서 중간상을 배제하는 탈중간상화가 자사 입장에서 바람직한지를 신중히 결정해야 한다. 이를 위해서는 그림 12-1을 고려해 보는 것도 바람직하다.

탈중간상화 가설에 대한 반론은 오픈 마켓(open market)이라는 새로운 형태의 중

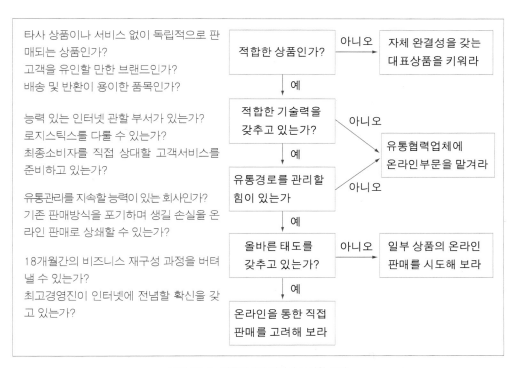

그림 12-1 탈중간상화 결정시 고려할 요인

간상이 등장하며 지지되고 있다. 오픈 마켓이란 대형유통 업체나 백화점 등이 운영하는 일반적인 인터넷 쇼핑몰과는 달리, 개인이나 소규모 업체가 구매자에게 직접 상품을 판매할 수 있도록 중개자 역할을 하는 전자상거래 사이트를 말한다. 11번가, G마켓, 옥션, 인터파크 등이 대표적인 국내 오픈 마켓 사이트로 이들은 사이트를 제공한 대가로 판매자에게서 수수료 받아 이익을 얻는다. 오픈 마켓은 판매자로부터 제품을 받아 구매자가 인터넷 쇼핑몰에서 제품을 구매하는 기존의 인터넷 쇼핑몰과 달리 중간 유통 과정이 생략되어 저렴한 가격으로 제품을 구매할 수 있다는 장점이 있고, 오프라인보다 쉽고 편하게 제품들을 비교해 보며 구입할 수 있다는 점을 무기로 소비자들을 공략하고 있다.

국내 오픈 마켓은 1998년 4월 옥션이 경매 서비스를 시작하며 출범한 이후로 지속해서 성장하고 있다. 옥션에 이어 G마켓이 2003년 8월부터 오픈 마켓 경쟁에 뛰어들었고, 11번가는 2008년 2월 런칭한 이후 급속도로 성장해 2010년 12월 연간 매출 3조 원을 달성하며 국내 오픈 마켓 시장에서 3위로 우뚝 섰다. 업계 발표에 따르면 국내 오픈 마켓은 2008년 6조 원 규모에서 2011년 13조 원으로 성장했다. 그리고 이 3개 업체의 매출은 2010년 기준 G마켓이 4조 8,000억 원, 옥션이 3조 3,000억 원, 11번가가 3조 원에 달하는 것으로 조사됐다.

또한, 2012년 3월부터 국내 최대 포털사이트인 네이버까지 오픈 마켓 서비스인 '샵 N'을 선보이며 앞으로 오픈 마켓 시장의 경쟁은 더 치열해질 전망이다. 기존의 오픈 마켓은 단순히 소비자가 상품명을 검색하면 해당 제품들을 보고 결제할 수 있는 서비스만을 제공하지만, 네이버 샵N은 물건을 판매하려는 사업자가 네이버에 자신의 상점을 개설하고, 상품 정보를 등록한 뒤 찾아온 고객이 결제할 수 있도록 구축한 온라인 쇼핑몰 플랫폼이다. 기존의 상품 중심의 오픈 마켓에서 벗어나 상점 중심의 오픈 마켓을 표방하는 것이 특징이며, 이 서비스를 통해 이제 소규모 개인 판매자라도 독립몰 수준의 운영과 마케팅이 가능하게 되었다.

하지만 오픈 마켓의 발전과 함께 소비자 피해 문제도 대두되고 있다. 오픈 마켓에 입점한 판매자가 소비자가 구매한 상품과 다른 상품을 보내거나, 일방적으로 주문을 취소해 버리는 일이 벌어지기도 한다. 가장 큰 문제는 이런 상황이 발생했을 때 오픈 마켓과 판매자 모두 서로에게 책임을 떠넘기기에 급급하고, 소비자를 위한 보상책이 제대로 준비되어 있지 않다는 점이다. 앞으로 오픈 마켓이 더욱 성장하기 위해서는 이에 대한 대책이 필요하다(권명관 2012).

2. 인터넷과 유통경로

1) 인터넷으로 인한 유통적 편익과 한계

유통채널로서의 인터넷은 다음과 같은 장점을 가지고 있다.

첫째, 인터넷이 유통채널로 이용됨으로써, 유통단계가 축소되고 유통단계별로 부가되는 비용을 대폭 줄일 수 있다. 즉, 인터넷은 잠재적으로 유통비용이나 판매비용이 거의 들지 않는 시장을 제공함은 물론, 소비자들에게 저렴한 가격으로 컨텐트웨어를 공급할 수 있는 기반을 제공하는 것이다. 예를 들면, 디지털 제품(소프트웨어, 음반, 영상 등)인 경우에는 가상 공간상에서 직접 거래되고 배달될 수 있어서, 중간상이 극단적으로 축소될 수 있다. 게다가, 구매자와 판매자가 서로 직접 접촉할 수 있기 때문에 전통적 거래에서 부과되는 마케팅 비용이나 제약 조건들이 제거됨으로써 유통경로를 더욱 효율적으로 만드는 효과가 있다. 이는 주로 관리과정의 통일화, 자동화 그리고 대규모 통합화를 통해서 간접비 비용을 줄일 수 있기 때문이다.

둘째, 인터넷을 이용한 사업은 온라인 주문과 주문 양식의 작성 등을 소비자에게 유도함으로써, 많은 판매 기능을 고객에게 이전시킬 수 있으며, 이러한 과정은 자연스럽게 고객에 대한 정보를 확보하게 되어서 이것 자체가 제3의 편익을 제공한다. 즉, 기업 입장에서 마케팅 정보를 수집하고, 인터넷을 통해서 발생하는 정보 탐색과 구매 행동에서 드러나는 고객의 선호도를 근거로 소비자 선택을 모니터할 수 있는 기회를 갖게 되는 것이다. 그러나 앞서 제시한 인터넷으로 인한 많은 유통적 편익에도 불구하고, 인터넷 유통은 많은 다음과 같은 한계점을 지니고 있음은 부인할 수 없는 사실이다.

첫째, 실제 물리적 컨텐트웨어가 소비자에게 배송되기까지 소비자들의 불만이 크다는 점이 있다. 인터넷상의 주문 및 결제는 오프라인에서와 비교할 수 없을 만큼 빠르고 편리해졌지만, 소비자에게 컨텐트웨어가 되기까지는 많은 시간이 소요될 뿐만 아니라 전달과정에서 훼손되기도 하고, 착오에 의해 주문과 다른 컨텐트웨어가 배달되는 문제점들이 자주 발생한다.

둘째, 구조적으로 볼 때, 원활한 배송을 위한 전반적인 물류시스템과 효율적인 통합 및 연동시스템이 미흡할 뿐만 아니라, 효과적인 배송을 지원하기 위한 기술적인 부분에서도 큰 진전을 이루지 못하고 있다는 점이다. 각 국가의 정부는 물류 및 배송 전반에 걸친 인프라 사업을 지속적으로 추진하고 있으나 워낙 대규모의 투자와 시간이 소요되는 분야이므로 단기간에 큰 효과를 기대하기는 어려운 실정이다.

2) 새로운 중간상의 역할과 기능

인터넷을 통한 전자상거래의 활성화는 기존 중간상에게 위기와 기회를 동시에 가져왔다. 사카, 버틀러, 스테인필드(Sarkar, Butler, and Steinfield 1995)에 따르면, 이제 중간상들에게는 구매자에게 제품정보를 제공하고, 판매자에게 시장정보를 제공하고, 지불과 물류관리, 신뢰를 바탕으로 한 관계구축, 시장통합 보장 등과 같은 새로운 역할이 주어졌다.

한편, 베일리와 바코스(Bailey and Bakos 1998)는 중간상의 역할을, 많은 고객의 수요와 공급자의 제품을 집합, 기회주의 행동 방지 및 신뢰구축, 정보교환의 촉진, 고객과 공급자를 연결하면서 거래를 활성화하는 기능을 수행한다고 하였다. 또한, 조세균 (1999)의 연구에서는, 인터넷상거래에서 중간상이 수행하는 역할을 시장창조의 역할 (market make role), 거래 효율 증진 역할(efficiency make role) 등으로 나누어 설명하였다. 전자는 생산자와 소비자 간의 제품 품질에 관한 확신·표준화·보안문제 등을 해결하여 가치를 창출하는 것을 의미한다. 그리고 후자는 소비자에게는 제품의 정보를 제공해 줌으로써 탐색비용을 줄여 주고, 생산자에게는 인터넷을 통한 마케팅 수행 채널을 제공해 줌으로써 거래효율을 증진시키는 역할을 의미한다.

이상에서 살펴본 바와 같이, 인터넷에 근거한 중간상은 새로운 마케팅 채널로서 고객의 욕구에 더욱 부합하는 기능을 수행한다. 결국, 인터넷상거래에서 중간상의 가장 중요한 역할을 종합 정리해 보면, 정보수집, 마케팅 커뮤니케이션, 고객맞춤 서비스 제공, 파이낸싱, 물적 유통, 디지털 컨텐트웨어의 유통 등을 들 수 있다. 이를 자세히 살펴보면 다음과 같다.

첫째, 정보수집의 역할을 한다. 특히 새로운 중간상의 행태는 표적 고객의 크기, 특성, 추세 등과 관련한 정보수집에 효율적이다. 따라서 다양한 정보(특히, 2차 자료)를 편리하게 검색하고 수집할 수 있고, 수집된 정보를 바로 분석패키지로 연결할 수 있으므로 그 결과도 신속하게 볼 수 있고, 온라인상의 소비 행동이 로그파일에 저장되므로 온라인 쇼핑에 대한 풍부한 자료를 제공할 수 있다.

둘째, 새로운 중간상은 향상된 마케팅 커뮤니케이션 활동을 할 수 있게 해 준다. 이 것이 가능한 이유는 먼저, 한 번의 클릭으로 순식간에 전 세계 소비자들에게 전달할 수 있는 능력이 있으며, 커뮤니케이션에 대한 효과를 실시간으로 모니터할 수 있고, 고객 데이터베이스에 근거하여 주요 표적 고객에게만 마케팅 커뮤니케이션을 집중할 수 있기 때문이다.

셋째, 새로운 중간상은 기존 채널이 보여 준 고객맞춤에서 훨씬 진보된 모습의 고객 맞춤 서비스를 제공하는 역할을 한다. 예를 들면, 아마존의 경우 고객이 그동안 어떤 종류의 책을 샀는지를 보여 주고, 관심분야의 관련 서적들을 추천하며, 개인들의 구매기록을 보여 주는 개인 룸을 개인마다 제공하고 있다.

넷째, 파이낸싱의 역할을 한다. 최근 신용 정보의 안전성과 전자화폐의 발전에 힘입어, 새로운 중간상은 신용카드의 안전성을 확보해 줌으로써 마케팅 채널로서의 파이낸싱 기능을 수행한다.

마지막으로 인터넷상의 새로운 중간상은 물적 유통의 역할을 수행한다. 즉 새로운 중간상은 고객이 필요한 컨텐트웨어를 고객이 편리하게 살 수 있는 장소로, 더 나아가 고객의 장소로 옮겨 주는 역할을 수행한다는 것이다. 특히, 디지털 컨텐트웨어의 경우는 인터넷을 통해서 실시간으로 물리적 유통이 이루어진다.

나눔브릿지 기부쇼핑몰

나눔브릿지의 기부쇼핑몰(www.nanumbridge.co.kr)은 인터넷 상거래의 발달과 함께 새롭게 등장한 중간상으로서 새로운 소비문화를 만드는 역할을 하고 있다. 나눔 브릿지는 '생활 속의 기부몰'을 컨셉트로 하는 국내 최초 기부 전용 쇼핑몰로서 고객 들이 쇼핑몰에서 물건을 구매하면 자동으로 구매금액의 5퍼센트가 고객의 이름으로 기부된다. 또한, 고객들은 100여 개의 복지기관 중에서 도움을 주고 싶은 곳을 선택하 여 자기가 원하는 곳에 기부할 수 있고, 기부금 영수증을 발급받아 연말에는 기부금에 대한 소득공제를 받을 수 있다. 개인 고객뿐만 아니라 기업 고객도 참여가 가능하고 기업도 기부금액의 10퍼센트는 법인세 공제를 받을 수 있게 하여 고객과 사회복지기 관 모두 win-win할 수 있는 시스템을 제공하고 있다.

기부쇼핑몰에는 식품부터 가전제품, 의류, 각종 생활용품 등 약 10만여 종의 품목 을 취급하고 있고, 판매 상품의 절반가량은 온라인 최저가보다 저렴하다. 이는 쇼핑몰 에 납품하는 업체들도 누군가를 돕는 일인 만큼 저렴한 가격에 물건을 제공하고 있고, 나눔브릿지 역시 유통마진을 최대한 줄여 판매가를 낮췄기 때문이다. 보통 온라인 쇼 핑몰의 유통마진은 20~30퍼센트인 반면에 나눔브릿지는 8퍼센트의 유통마진을 남기 고 이 중 5퍼센트는 기부금으로 환원해 3퍼센트만 회사 수익금이 되는 구조를 가지고 있다. 또한, 가격은 저렴하지만 기존 온라인 쇼핑몰에서 판매하는 물건들과 품질 면에 서 전혀 뒤지지 않는 상품을 제공하고 있어, 고객들은 저렴한 가격에 좋은 물건을 구 입할 수 있다는 장점이 있다. 기부쇼핑몰에 참여하는 사회복지기관은 2011년 3곳에 서 1년 사이에 100곳으로 늘어났고, 입소문을 타고 소규모 업체 30여 곳이 기부 쇼핑 에 참여하는 등 꾸준히 성장하고 있다.

나눔브릿지 기부쇼핑몰(www.nanumbridge.co.kr)의 초기화면

3) 새로운 유통채널의 등장: M-Commerce

이동통신업계에 따르면 2012년 7월 기준 국내 스마트폰 가입자 수는 총 2,930만 명으로 짧은 기간 내에 3,000만 명을 넘어설 전망이라고 한다. 이렇듯 스마트폰이 대중화되면서 이를 활용한 모바일 커머스가 본격적으로 활성화되고 있다. M-Commerce라고 불리는 모바일 커머스는 스마트폰이나 태블릿PC 등을 사용해 상품을 검색하거나 구매하는 것을 말한다.

이러한 모바일 커머스는 온라인 커머스 활동이 그대로 모바일로 확장되는 것을 넘어 모바일 채널에 특화된 QR코드나 증강현실을 활용하여 새로운 서비스들을 제공하고 있다. 예를 들어, 스마트폰 카메라로 QR코드를 찍어 가격을 검색하는 것은 물론 사용자들의 의견을 확인하고 구매할 수 있는 상품 검색 서비스처럼 기존의 온라인 커머스에서는 제공되지 않던 서비스들이 제공되고 있다.

PC를 사용하여 따로 시간을 내어 인터넷을 이용해야만 가능했던 온라인 커머스와는 달리 모바일 커머스는 시간과 장소에 구애받지 않고 사용할 수 있는 점이 큰 장점으로 부각되고 있다. 모바일 커머스가 본격화되기 시작한 지는 얼마 되지 않았지만 빠르게 성장하며 새로운 유통 트렌드로 자리 잡고 있다. 앞으로 모바일 커머스는 오프라인과 온라인 채널과 함께 시너지 효과를 내며 발전할 것으로 보인다. 따라서 이제 기업들은 새롭게 등장한 모바일 유통채널을 효과적으로 관리하고 활용해야 할 필요성이 대두되고 있다.

이미 G마켓이나 11번가 같은 오픈 마켓 사이트나 CJ오쇼핑 같은 홈쇼핑업체들은 스마트폰으로 상품을 검색하고 구매할 수 있는 스마트폰 애플리케이션을 내놓는 등 변화하는 유통환경에 발 빠르게 대응하고 있다. 11번가는 안드로이드용 증강현실 애플리케이션인 '오브제(Ovjet)'와 연계하여 현재 위치한 거리 내 레스토랑이나 편의점, 영화

그림 12-2   안드로이드용 증강현실 애플리케이션인 '오브제(Ovjet)'
자료원: 미디어잇, 2011년 1월 4일자 이미지 인용.

관 등을 검색하면 11번가 e-쿠폰으로 연동되어 오프라인보다 최대 30퍼센트 할인된 가격으로 이용할 수 있는 쿠폰을 제공하는 서비스를 제공하고 있다. 이러한 쇼핑몰업체나 오픈 마켓 사업자들뿐만 아니라 다양한 분야의 업체들에서 모바일 커머스를 활용하고 있다. 도미노 피자나 피자헛 같은 피자 업체들은 스마트폰을 사용하여 피자를 주문할 수 있는 애플리케이션을 내놓았고, CGV나 메가박스 등 영화 업계에서도 영화 예매가 가능한 애플리케이션을 출시해 고객들의 편리함을 높이고 있다.

모바일 커머스가 활성화되면서 인터넷이나 모바일을 이용한 일종의 공동구매 서비스인 소셜커머스 시장도 빠르게 성장하고 있다. 특정 제품이나 서비스를 구매할 사람이 일정 수준 모이면 파격적으로 가격을 할인해 주는 새로운 구매방식으로 대표 사이트로는 쿠팡, 티켓몬스터, 위메프, 그루폰 등이 있다. 이러한 소셜커머스 사이트는 실시간 구매 상태를 지켜보면서 저렴한 가격으로 구매할 수 있다는 점을 장점으로 큰 인기를 끌고 있다. 2011년 기준 국내 소셜커머스 시장 규모는 1조 원에 달한 것으로 추정된다.

모바일 커머스는 2009년 30억 원 안팎에서 2011년 2,000억 원으로 성장했고, 2012년에는 6,000억 원에 달할 것으로 전망한다. 3년 사이에 시장 규모가 200배 커지며 가파른 성장세를 보이고 있다. 2012년 1월 스마트폰 이용자 4,000명을 상대로 한 방송통신위원회의 조사 결과 응답자의 47퍼센트가 모바일 커머스를 이용한다고 밝혔다. 2011년 7월 6.9퍼센트에서 6개월 만에 3배 가까이 늘었다. 앞으로 모바일 커머스가 더욱 성장하기 위해 해결해야 할 과제도 분명히 존재한다. 첫째, 모바일 커머스에 특화된 결제 수단이 필요하다. PC보다 작은 화면, 그리고 번거로운 입력 절차 때문에 모바일 쇼핑을 이용하지 않는 고객들이 있다. 이러한 고객들을 유입시키기 위해서는 간편하고 편리한 모바일 결제 수단을 제공해야 한다. 둘째, 스마트폰 애플리케이션 시장에서 쇼핑 관련 애플리케이션들이 주목받으려면 상품정보를 보여 주는 인터넷 쇼핑몰 방식의 서비스를 탈피하여 모바일의 특성을 살린 차별화된 콘텐츠를 제공해야 할 것이다.

인터넷 유통경로의 설계

마케팅 관리자는 가능한 경로 대안들 중에서 가장 수익성이 높으면서 표적고객에게 효과적으로 도달할 수 있는 대안을 선택해야 한다. 특히, 새로운 유통채널인 인터넷의 등장으로 새로운 유통경로를 구축하거나 기존의 유통경로를 변화시킬 때, 그림 12-3 과 같은 절차에 의해서 보다 체계적으로 유통경로를 설계할 필요가 있다.

그림 12-3 유통경로의 설계

1. 인터넷 유통경로 서비스에 대한 고객욕구의 분석

유통경로 설계는 표적시장의 고객들에게 효과적으로 도달할 수 있으면서도 수익성이 높은 대안을 선택해야 한다. 그러기 위해서는 표적시장의 고객이 원하는 서비스와 이를 충족시키기 위해 경로구성원이 제공해야 할 서비스가 무엇인지를 파악하는 것이 최우선 과제이다. 유통경로 구성원들이 고객에게 제공해야 할 서비스는 매우 다양하지만, 입지의 편의성(locational convenience), 최소구매단위(lot size), 주문 후 대기시간(또는 제품인도시간, waiting time), 제품의 다양성(product variety) 등이 중요하다. 이 네 가지 모두를 충족시키는 유통경로를 설계하기가 쉽지 않기 때문에, 표적고객이 이 중에서 무엇을 가장 중요시하는지 파악하여야 한다. 이를 위해, 컨조인트 분석(conjoint analysis)과 같은 마케팅 조사기법이 이용되기도 한다. 컨조인트 분석이란 소비자의 효용을 분석하는 대표적인 기법으로서 어떤 제품 혹은 서비스가 가지고 있는 속성 하나하나에 소비자가 부여하는 가치(효용)를 추정하는 조사기법이다(이훈영 2009). 이 기법을 통해 구체적인 소비자 행동의 요인을 밝혀낼 수 있고, 소비자가 최종적으로 선택할 제품을 예측할 수 있다.

2. 인터넷 유통경로의 목표 설정

마케팅 관리자는 표적고객들의 기대 서비스수준(desired service level)을 최소의 비용으로 충족시킬 수 있는 경로 대안을 선택해야 한다. 유통경로 목표를 설정하기 위해서는 표적고객의 기대 서비스수준 이외에도 전략적 사고, 기업목표, 기업특성, 제품특성, 시장특성, 경쟁사의 유통경로 등이 고려되어야 한다. 한편, 표적고객의 욕구가 다른 경우에는 복수유통경로를 이용할 필요가 있는데, 실제로 대부분의 기업들이 복수유통경로를 활용하고 있다.

3. 인터넷 유통경로의 구조 및 커버리지 결정

유통경로의 목표가 설정되면, 유통경로의 유형(예, 도매상, 소매상)과 구조(독립적, 통합적, 계약적), 그리고 커버리지(유통경로의 수)를 결정하여야 한다.

먼저, 유통경로의 구조적 측면에서 볼 때, 생산자(혹은 제조업자)는 중간상을 소유할 것인지 혹은 독립적인 중간상들로 유통경로를 구성할 것인지를 결정해야만 한다. 전자를 통합적 유통경로(integrated distribution channel)라고 하고, 후자를 독립적 유통경로(independent distribution channel)라 한다. 통합적 유통경로는 생산자의 중간상에 대한 통제 가능성을 증대시킬 수 있지만, 많은 투자비가 소요된다는 단점을 가지고 있다. 반면, 독립적 유통경로는 중간상에 대한 통제 가능성이 떨어지지만, 적은 투자비가 소요된다는 장점이 있다.

그리고 통합적 유통경로와 독립적 유통경로의 절충형태인 수직적 마케팅 시스템 (vertical marketing system, VMS)이 존재하는데, 이는 경로구성원들 중에서 더 큰 영향력을 가진 구성원에 의하여 다른 구성원들의 활동이 통제되고 조정되는 유통경로이다.

통합적 유통경로와 독립적 유통경로, 그리고 수직적 마케팅 시스템 중 어느 한 경로가 항상 바람직할 수는 없다. 제품의 특성, 경쟁상황, 통제 가능성과 투자비 사이의 상충 관계(trade-off) 등을 고려하여 최적의 유통경로 구조를 선택하여야 할 것이다. 예

표 12-1 유통경로 구조의 장단점

구 분	독립적 경로	통합적 경로
통제가능성	낮음	높음
투자소요액	낮음	높음
유 연 성	높음	낮음
정보의 흐름	낮음	높음

자료원: 박찬수(2000).

를 들어, 가격경쟁이 치열할 때는 독립적인 유통경로가 낫고, 차별화 경쟁이 치열할 때에는 통합적인 경로가 상대적으로 더 낫다.

유통경로의 구조 결정과 더불어 고려하여야 할 또 다른 요인은, 기업이 원하는 컨텐트웨어의 시장노출수준을 달성하는 데 필요한 중간상의 수를 결정하는 것이다. 이를 유통경로 집중도(distribution intensity) 혹은 유통경로 커버리지(distribution coverage)라고 한다. 유통경로 커버리지는 특정 지역이나 온라인상에서 자사 컨텐트웨어를 취급하는 중간상의 수를 말한다. 유통경로 커버리지 전략에는 집약적 유통(intensive distribution), 전속적 유통(exclusive distribution), 선택적 유통(selective distribution) 등이 있는데, 유통경로 커버리지 전략을 선택하는 데는 고객구매 행동, 경로통제 가능성, 경로구성원의 포화 정도 등과 같은 요인들을 고려하여야 한다.

먼저, 집약적 유통은 가능한 한 많은 중간상이 자사 컨텐트웨어를 취급하도록 하는 전략이다. 고객들이 자주 구매하며 구매 시 최소의 노력을 하는 컨텐트웨어를 생산하는 기업들은 집약적 유통 전략을 택하는 것이 유리하다. 한편, 전속적 유통은 오프라인이나 온라인의 일정한 영역에서 한 중간상이 자사제품을 독점적으로 취급하도록 하는 전략이다. 고객들은 기꺼이 컨텐트웨어 구매에 많은 노력을 투입하고자 하고, 유통 구성원에 대한 통제가 용이할 뿐만 아니라, 자사 컨텐트웨어를 취급하는 유통 구성원들 간의 경쟁을 배제하고자 할 때 흔히 전속적 유통 전략을 채택한다. 이에 비해 선택적 유통은 집중적 유통과 전속적 유통의 중간 형태를 띠는 유통커버리지 전략이다. 자사 컨텐트웨어를 적극적으로 취급하기 원하는 중간상들 중 일정한 자격을 갖춘 소수의 중간상들에게 자사 컨텐트웨어를 취급하도록 하는 방법이다.

4. 인터넷 유통경로 구성원의 선정

유통경로의 구조와 구성원의 유형 및 수가 결정이 되면, 경로구성원에 포함될 개별

중간상들을 선택하여야 한다. 경로구성원을 선정할 때는 다음과 같은 절차를 이용하는 것이 바람직하다(안광호, 조재운 2000).

표 12·2 인터넷 유통경로 구성원의 선정 절차

1단계	각 중간상들에게 반드시 요구되어야 할 항목들의 목록을 작성한다.
2단계	필수사항은 아니지만 갖추고 있다면 바람직한 항목이나 특성들의 목록을 작성한다.
3단계	표적시장이 요구하는 마케팅기능을 수행할 수 있는 경로구성원 후보들의 목록을 구한다.
4단계	각 경로구성원들이 갖추어야 할 필수항목을 토대로 먼저 이들을 평가한다.
5단계	4단계에서 긍정적으로 평가된 경로구성원들에 대해서만 기타 바람직한 특성의 제공 능력 여부를 평가한다.
6단계	5단계에서 평가된 결과를 토대로 적절한 경로구성원을 선택한다.

인터넷, 스마트폰을 통해 새로운 고객을 유치하는 다이렉트 금융 상품

인터넷 채널의 등장으로 기존 유통경로에 있었던 중간상의 향후 존재 여부에 대한 논란(탈중간상화 가설과 이에 대한 반론)이 많았다. 그러나 결국은 거래비용이 감소하는 방향에 따라 중간상의 존재 여부가 결정되고 있다. 최근 금융권에 중간 절차를 뺀 다이렉트 상품들이 속속 등장하고 있다. 다이렉트 상품이란 기존 유통경로의 중간

현대카드 다이렉트(www.hyundaicard.com)의 초기화면

판매 채널인 모집인이나 영업점을 없애고 소비자들이 인터넷이나 스마트폰을 통해 직접 가입하는 것으로 보험업계에서 처음 도입하였지만, 점차 다양한 분야로 확대되고 있다. 이러한 다이렉트 상품들은 영업점이나 모집인을 통하지 않고 가입해야 하므로 고객 입장에서는 다소 번거로울 수 있다. 하지만 중간 과정에서 생기는 수수료가 없어지기 때문에 카드사나 은행에서 고객들에게 고금리, 캐시백, 추가 포인트 적립 등 더 많은 혜택을 제공하여 인기를 끌고 있다.

　보통 카드 가입 시에는 카드 모집인이 고객을 방문해 상품 설명을 하고 고객이 가입하는 과정을 거치지만 최근 현대카드 다이렉트는 가입에서 이용, 청구서를 받기까지 모든 과정에서 중간 단계를 생략한 상품을 내놓았다. 이 상품은 홈페이지와 가입 전용 연락번호를 통해서만 가입할 수 있다. 모집인에 대한 인건비가 사라지면서 현대카드는 전달 이용 실적과 적립 한도나 횟수 등의 조건 없이 카드 사용액의 1퍼센트(온라인 이용시 1.5퍼센트)를 캐시백으로 적립해 주는 혜택을 제공하고 있다. 적립한 캐시백 금액은 카드 이용대금을 차감하는 데 활용할 수 있다. 타 카드사들의 결제대금 할인 폭이 0.3~0.7퍼센트라는 점을 고려하면 매우 높은 혜택이라고 볼 수 있다. 또한, 카드 이용 명세서를 무조건 이메일로만 받아 볼 수 있게 만들어 운영비를 줄이는 대신 모든 가맹점에서 2~3개월 무이자 할부 서비스를 제공하고 있다.

　은행에서도 스마트폰이나 인터넷을 통해서만 가입할 수 있는 예금 상품들을 내놓고 있다. 'KB 스마트폰 적금, 예금'은 스마트폰 전용 상품으로서 금융상품을 농장게임 형식으로 만들어 재미를 더했다. 이 상품의 1년 예금 금리는 최대 4.4퍼센트이다. 보통 은행의 1년 만기 정기예금 금리가 3퍼센트에 불과하다는 점을 감안하면 매우 높은 편이다. 또한, 신한은행의 두근두근 커플적금은 애플리케이션을 다운받은 후 커플 인증을 받고 커플사진을 업로드하면 최대 연 4퍼센트대의 금리를 받을 수 있다.

　이렇게 중간 과정을 생략하여 거품을 뺀 다이렉트 상품들은 스마트폰과 인터넷을 활발하게 사용하는 젊은 고객들을 중심으로 인기가 높다. 이러한 다이렉트 상품들의 성공 요인으로는 고객의 특성(인터넷과 스마트폰 사용의 부담이 덜한 계층)을 잘 파악하고, 기존 유통경로의 불필요한 부분(영업점과 모집인)을 잘 파악하여 새로운 유통채널인 인터넷과 스마트폰을 적극 활용했다는 점을 들 수 있다.

자료원: 하남현(2012) 수정 후 인용

유통 갈등의 관리

1. 유통채널 갈등

채널은 기업과 고객의 접촉방식에 따라 기업과 고객이 직접 접촉하지 않고 도매상이나 소매상을 이용하는 간접채널과 기업과 고객이 직접 접촉하는 직접채널로 구분하기도 하고, 인터넷의 사용 여부에 따라 온라인채널과 오프라인채널로 구분하기도 한다.

특히 인터넷을 이용한 채널은 고객접촉의 질과 양적인 측면에서 매우 우수하다는 특성이 있다. 이때 고객접촉의 질적인 측면은 기업과 고객의 접촉 강도로 교류되는 정보의 질을 나타내며, 양적인 측면은 하나의 채널이 얼마나 많은 고객과 접촉할 수 있는가를 나타낸다. 즉, 인터넷은 기존의 고객과 기업이 쌍방향의 커뮤니케이션을 가능하게 한다는 점에서, 그리고 나아가 고객과 고객 간의 대화를 가능하게 한다는 점에서 지금까지의 그 어떤 채널에 비해서도 질적으로 우수하다. 게다가, 판매사원이나 소매점과는 달리 고객접촉에 있어서 지역적으로나 시간적으로 제약을 받지 않는다는 점에서 양적으로도 대단히 우수한 채널이라고 할 수 있다. 이와 같은 인터넷 채널의 특성 덕분에 인터넷을 이용한 직접 판매가 활성화되고 있지만, 직접 판매의 활성화는 전통적인 마케팅 채널과의 갈등(channel conflict) 문제를 일으키고 있다. 인터넷이 기업의 새로운 직접 판매 채널로 급부상함에 따라 지금까지 판매를 담당해 온 대리점, 소매점, 심지어 내부 영업사원까지도 자신의 지위에 심각한 위협을 느낄 수 있기 때문이다.

일반적으로 유통채널 갈등은 제조업체들이 같은 제품에 동일한 고객을 대상으로 여러 유통채널을 동시에 활용하기 때문에 발생하는데, 인터넷으로 인한 유통채널 갈등은 대상에 따라 다음의 두 가지 유형으로 나누어 볼 수 있다. 첫째, 새로운 채널이 기존 판매원을 대체하면서 발생하는 기업의 내부 판매원들과의 갈등이다. 인터넷 판매 채널의 등장은 현실적으로 판매원의 신분을 위협하고 그들에 대한 평가와 보상구조에도 혼선을 가져올 수 있다.

둘째, 기업 외부의 대리점, 소매점 등 기존 유통채널과의 갈등을 생각할 수 있다. 대표적인 예로 예스24, 알라딘, 인터파크와 같은 온라인 서점이 할인판매를 통해 급성장하면서 오프라인 서점들이 판매 부진을 겪는 사례를 들 수 있다. 한때, 오프라인 서점은 도서정가제를 지키지 않는 온라인 서점에 도서 공급을 중단하고, 온라인 서점에 공급하는 출판사의 도서를 판매하지 않기로 하는 등 극약 처방을 내리기도 하였으나 오프라인 서점은 인터넷 서점에 밀려 부진을 면치 못하고 있다. 이처럼 기존 유통채널과 새로운 유통채널 간의 갈등이 거세지면서 결국 10년간 대표적인 지역 문화 공간 역할을 해왔던 영풍문고 강남점은 매출 부진 때문에 2011년 문을 닫게 되었다.

2. 유통채널 갈등의 관리

유통채널 간 갈등시, 갈등 자체에 대한 회피보다는 갈등을 적절히 관리하도록 하는 것이 중요하다. 마케팅 관리자는, 역기능적인 경로갈등이 발생하여 경로 성과에 부정적 결과를 가져오지 않도록 관리하여야 한다. 이때 경로구성원들이 전통적으로 고려할 수 있는 갈등관리 방안은 다음과 같다.

첫째, 경로구성원 전체의 공동목표(superordinate goals)를 설정한다. 공동목표 설정에 의한 갈등 해소는 경쟁사의 위협이나 법적 위협과 같은 외부적 압력이 주어질 때 특히 효과적이다. 둘째, 중재(conciliation)에 의한 해결을 시도한다. 즉, 경로구성원은 제3자를 개입시켜 경로갈등을 해소할 수 있다. 셋째, 법적 수단 또는 재정(arbitration)에 의존한다. 경로구성원은 중재위원회, 공정거래위원회 등의 정부기관이나 법원의 판결에 의해 갈등을 해결할 수 있다. 넷째, 회원들의 대표기구(cooptation)를 활용함으로써 갈등을 해소한다. 다섯째, 경로구성원들 간의 상호교환 프로그램을 개발한다. 제조업자의 종업원과 경로구성원들의 종업원들을 상호교환하여 일시적으로 근무하게 하면 상대방의 역할과 역할 수행의 어려움을 이해할 수 있으므로 경로갈등을 해

소할 수 있다. 여섯째, 지속적인 교육으로 갈등의 발생을 예방한다. 이와 더불어, 인터넷 판매 채널과 기존 채널과 갈등에 대한 대비책으로는 유통채널 간의 기능과 역할을 분리하는 방안, 목표시장을 차별화하는 방안, 제품을 차별화하는 방안, 기존 유통채널과 인터넷 채널을 공유하는 방안 등이 있을 수 있다.

한편, 마케팅 채널의 효율을 극대화하면서, 기존 채널이 가진 비용상의 약점과 온라인 채널이 가진 한계를 극복하기 위해 새로이 주목받는 것이 하이브리드 채널이다. 즉, 개별 채널의 단점을 제거하면서도 멀티 채널이 가지는 채널 간의 갈등을 없애기 위해서 다수의 채널이 가진 장점만을 효과적으로 재배치한 새로운 채널이 요구되었다. 그 결과 고안된 것이 하이브리드 채널이다. 하이브리드 채널(hybrid channel)은 정보공유형 하이브리드 채널, 역할분리형 하이브리드 채널과 같은 두 가지 형태로 운영된다.

먼저, 정보공유형 하이브리드 채널은 한 마케팅 채널에서 획득한 고객 정보를 다른 마케팅 채널에서 이용할 수 있도록 하는 것이다. 물론 이것은 개인 정보 유출을 규제하는 법적 범위 안에서 이루어지는 것이어야 한다. 이러한 채널을 이용할 경우의 마케팅은 오프라인의 대리점 위치를 온라인 사이트에 명시한다거나 또는 대리점에서 물건을 샀던 고객을 대상으로 유사상품에 대한 판촉물을 다이렉트 메일 형태로 발송한다거나

그림 12-4 역할분리형 하이브리드 채널인 소니(www.sony.com)의 초기화면

특별 판촉 행사를 알리는 이메일을 보내는 형식으로 이루어진다.

다음으로 역할분리형 하이브리드 채널은 각각의 채널이 담당하는 기능이나 역할을 다르게 부여하는 것이다. 예를 들어, 인터넷 채널은 고객 수집만을 하고, 실제 매출이나 유통은 인근 대리점이나 소매점에서 담당하도록 하는 것이다. 또는 애프터서비스 전문 웹사이트를 개설하여 인터넷에서는 판매 후 관리만 전담하도록 하는 것도 예가 될 수 있다.

하이브리드 채널을 사용하는 것의 장점은 무엇보다도 고객서비스의 획기적인 향상과 이를 통한 마케팅 성과의 개선 가능성이다. 그러나 이를 위해서는 최고의 하이브리드 채널을 설계하는 데 필요한 고객 정보를 충분히 갖추어야 함은 물론, 그에 못지않게 명확하고 공정한 성과배분의 원칙 또한, 설계되어야 한다. 기존 채널 성과 배분은 각 채널별 평가에 기초하여 보상이 이루어지는 형식이 대부분이다. 그러나 하이브리드 채널은 각 채널이 독립적으로 활동하는 것이 아니므로 전체성과에 대해 각 역할담당자가 보상받는 형식이 되어야 한다.

1) 채널갈등 관리의 핵심

국내외에서 많은 기업이 인터넷 유통채널을 시도하고 있다. 제조업, 유통업을 막론하고 이러한 현상은 유행처럼 번지고 있다. 이는 인터넷 시대의 생존을 위한 기업의 변신의 일환으로 볼 수 있다. 하지만 이런 조치는 필연적으로 다른 채널과 인터넷 채널 사이의 갈등을 일으키게 되어 있다.

채널갈등의 대처는 수익성 기준이어야 한다. 먼저, 각 채널별로 비용과 수익을 분석할 필요가 있다. 채널별 수익·비용 분석결과를 토대로 육성의 우선순위를 결정한다. 일반적으로 비용 면에서는 인터넷이 적게 든다. 비싼 임대료 등 각종 고정비와 영업직원에 수반되는 거래비용과 인터넷을 통한 거래비용은 비교가 안 될 정도로 원가 면에서 차이가 크게 난다. 하지만 수익 면에서는 오히려 기존 채널이 우수한 경우가 많다. 따라서 이런 점을 종합적으로 고려하여 결정을 내려야 한다. 수익·비용 분석결과, 일부 채널에서 수익을 초과하는 비용이 발생한다면 수익에 도움이 안 되는 고객을 의도적으로 줄이는 디마케팅(de-marketing) 노력이 필요할 것이다.

이러한 채널갈등 해결의 예로 온라인 보험시장을 들 수 있다. 온라인 보험판매의 등장으로 인적판매와 텔레마케팅이 영업 대부분을 차지하던 기존의 보험시장에서 온라인 판매를 통해 보험대리인의 수수료를 제거하고 획기적인 가격을 제시할 수 있게 되었다. 급성장하고 있는 온라인 보험시장에서 인터넷이라는 새로운 판매채널의 등장으로 인해 오프라인 판매에만 의존하던 기타 보험업체들 역시 앞다투어 온라인 판매를 시도하였다. 이 과정에서 가장 큰 문제가 되었던 것이 바로 기존의 인적판매 조직과의 마찰이었다. 현재 업계 1위인 삼성화재의 경우, 기존 판매조직과의 마찰문제 등을 이유로 온라인 판매를 오랫동안 하지 못했다.

이 같은 상황에서 동부화재의 전략은 주목할 만하다. 동부화재의 경우, 고객이 홈페이지를 방문해 직접 자신이 원하는 보험을 설계하고자 할 때, 고객이 설계한 보험정보가 온라인 가입을 유도하게 한 설계사에게 바로 전달되게 하는 정보공유를 통해 기존조직과의 마찰을 최소화하고 있다. 이 경우, 설계사가 위와 같은 정보를 보고 고객과 연락을 취해 계약을 얻어내면 설계사 쪽의 실적, 즉 오프라인 판매가 되며, 고객을 설득하지 못해 온라인 가입이 이루어지면 온라인 판매가 되게 된다. 이때, 오프라인 계약의 성사 여부는 판매조직 개개인의 능력에 따라 좌우되므로, 회사의 입장에서는 기존 조직의 반발을 최소화하면서 어떤 방식으로든 계약을 성사시킬 수 있게 되는 것이다.

유통채널 갈등을 효과적으로 관리하고 나아가 유통채널 간의 시너지효과를 내고 있는 예로 TV 홈쇼핑을 들 수 있다. TV 홈쇼핑업체들은 이제 TV 쇼핑 중심 사업구조에서 탈피해 빠르게 성장하고 있는 인터넷 쇼핑몰과 모바일로 판매채널을 다양화하여 매출을 극대화하고 있다. 특히 인터넷이나 모바일 채널을 통한 홈쇼핑 상품 판매는 20~30대의 젊은 고객층을 공략하고, 고객층을 10대까지로 넓히는 데 도움을 주고 있다. TV 홈쇼핑의 경우에는 방송시간 동안만 해당 상품을 판매하기 때문에 시간의 제약이 있고, 집에서 TV를 시청하다가 상품을 구입해야 하므로 공간의 제약을 받는다. 이를 해결하기 위해 GS홈쇼핑, CJ오쇼핑, 롯데 홈쇼핑, 현대홈쇼핑 등 4대 홈쇼핑 업체들은 모두 자사 온라인 몰을 통해 홈쇼핑 상품을 판매하고 있다. 또한, CJ오쇼핑은 모바일 애플리케이션을 통해 CJ몰에서 판매하는 상품 검색이 가능하고, TV 홈쇼핑 방송의 실시간 시청 및 주문을 할 수 있도록 돕고 있다. 이렇게 온라인과 모바일로 유통채널을 확장하고, 유통채널 간 시너지를 극대화한 결과, 국내 홈쇼핑 1위 업체인 GS홈쇼핑의 취

그림 12-5 CJ오쇼핑 TV 홈쇼핑 상품 판매 페이지 (www.cjmall.com)

급고는 2008년 1조 6천억 원에서 2011년 2조 5천억 원으로 성장하였다(명순영 2012).

2) 향후 유통관리의 핵심

이제 소비자들은 더 이상 대형매장이나, 인터넷, 혹은 카탈로그 등 특정 유통채널에 얽매이지 않는다. 그들은 한 채널에서 다른 채널로 유연하게 이동하고 있다. 즉, 온라인 검색을 통해 상품을 결정한 후 매장에 나가 구매하는 행태가 늘고 있다. 또는 반대로 오프라인 매장에서 상품을 착용해보고 구매는 가격이 저렴한 온라인 매장에서 하는 경우가 늘고 있어, 뉴질랜드의 소매점들은 상품 착용료를 받는 방안을 검토하고 있다. 이러한 행동양식을 가리켜 채널번들링(channel bundling)이라고 한다(Peppers and Rogers 2001). 이제 하나의 채널만으로도 고객에게 접근할 수 있다는 기대는 접어야 한다. 전통적 채널과 새로운 채널 사이의 시너지 창출이 중요한 과제로 떠오르고 있다. 이제 기업들은 모든 채널을 동원해서 고객 개개인과의 관계를 확립하고 이들의 요구에 맞는 제품과 서비스를 제공해야 할 것이다. 기업에 대한 고객의 행태는 얼마든지 달라질 수 있다. 그러므로 고객을 향한 기업의 행동 역시 고객으로부터 받은 피드백을 바탕으로 변화해야만 한다. 결국, 인터넷 마케팅 방법을 고려할 때 가장 중요한 문제는 고객이 어디서 물건을 사느냐 뿐만 아니라 어떻게 물건을 사느냐도 고려해야 한다는 점이다.

　이러한 점을 생각해 볼 때, 최근 인터넷 쇼핑몰과의 경쟁으로 어려움을 겪고 있는 오프라인 유통매장을 보완하기 위해 모바일 애플리케이션을 활용하는 사례는 주목할 만하다. 이러한 애플리케이션은 매장에서 상품을 살펴본 뒤 저렴한 가격 때문에 구매는 인터넷으로 하는 소비자들을 겨냥하여 활용되고 있다. 대표적인 사례로 '모바일 교보문고' 애플리케이션을 들 수 있는데, 고객들이 오프라인 서점에서 책을 살펴본 뒤 정작 구입은 10~15퍼센트 정도 저렴한 인터넷 서점에서 구매하는 점을 보완하기 위해 애플리케이션을 개발한 사례이다. '모바일 교보문고' 애플리케이션은 고객들이 서점에서 책을 고른 뒤 자신의 스마트 기기를 통해 그 자리에서 인터넷 서점과 비슷한 가격에 책을 구입할 수 있도록 하였다. 모바일 애플리케이션을 통해 책을 산 고객들은 서점 내에 있는 '바로드림 코너'에서 바로 책을 찾아갈 수 있어 인터넷으로 구입하면 배송까지 며칠을 기다려야 하는 과정을 단축했다. 저렴한 가격에 책을 사고 바로 받아볼 수 있는 장점 때문에 모바일을 통해 서점에서 책을 구입하는 고객들이 늘어나고 있다. 교보문고 측에 따르면 모바일 애플리케이션을 통한 매출이 오프라인 매장 1곳과 비슷한 수준이며 매달 40퍼센트씩 늘고 있다고 한다. '모바일 교보문고' 사례는 고객들의 구매 행동 양식을

그림 12-6　모바일 교보문고 애플리케이션(m.kyobobook.com/downloadapp)

파악하여 전통적 채널과 새로운 채널을 효과적으로 활용한 사례라고 볼 수 있다. 이는 인터넷 서점에 밀려 고전을 면치 못하는 오프라인 서점들에게 희망을 가져다 줄 것으로 기대된다(이수기 2012).

리타겟팅 광고 시스템 '크리테오'

리타겟팅 광고의 등장은 광고의 효율에 대한 고민에서부터 출발하였다. 브랜드 인지도가 있는 큰 업체의 경우 불특정 다수에게 많이 노출되어 배너에 대한 클릭이 많이 발생되면 좋은 광고로 인식되지만, 규모가 작은 업체의 경우에는 제품 구매 없이 배너에 대한 클릭만 많이 발생된다면 회사 수익 구조에 악영향을 줄 수 있다. 그래서 좀 더 효율적인 광고 시스템이 필요하게 되었고, 이에 따라 '크리테오'라는 회사에서는 리타겟팅 광고 시스템을 만들게 되었다. 리타겟팅 광고 시스템이란 특정 사이트를 방문하고 이탈한 고객에게 다시 한 번 광고를 노출하는 시스템이다.

쇼핑몰 유입고객의 약 98퍼센트는 회원가입 또는 상품구매를 하지 않고 이탈을 한다. 이 잠재 고객은 다시 웹사이트를 재방문할 확률이 적다. 재방문과 매출이 발생되려면 맞춤형 리타겟팅이 필요하게 되고, 크리테오의 광고 시스템은 이러한 목적을 달성하기 위해서 개발되었다.

크리테오 광고의 원리는 매체사에 크리테오 배너가 있을 경우에 배너가 브라우저의 한번 방문한 페이지의 url이나 쿠키 값을 읽어서, 읽어온 url에 있는 상품 이미지와

크리테오의 리타겟팅 광고 시스템
자료원: criteo.com

오른쪽 하단에 크리테오 배너 예시 (G마켓에 방문했던 상품을 기억해서 보여 주고 있다)
자료원: criteo.com

메타 정보를 가져와서 배너에 노출해 주는 방식이다.

잠재 고객이 잊고 있던 제품에 대한 노출로 인해서 제품의 구매로 이어지는 확률이 올라가고, 리타겟팅 배너의 클릭으로 이어지지 않더라도 맞춤형 배너로 인해 빈번하게 브랜드가 노출됨으로써 강력한 브랜딩 효과를 낼 수 있다.

자료원: criteo.com

 **인터넷 상거래에서의 물류**

물류란, 1차 생산자에서 소비자까지 원재료나 반제품 및 완제품의 효율적인 흐름을 계획, 실행, 통제하는 전반적인 활동이다. 물류는, 부품 또는 원자재의 공급단계에서 제조업체까지의 조달물류, 그리고 생산업체의 제조단계 전후의 물류를 의미하는 생산물류, 마지막으로 제조업체에서 고객에게 이르는 판매물류를 포함한다. 이때 재화의 흐름은 조달물류에서 생산물류를 거쳐 판매물류에 이르기까지 일련의 과정을 거쳐 최종적으로 소비자에게 도달하게 되고, 정보의 흐름은 재화의 흐름과는 반대 방향으로 일어나는 것이 일반적이다.

1. 인터넷과 물류의 변화

인터넷 상거래가 보편화됨에 따라 물류의 환경과 여건은 크게 바뀌고 있다. 그 결과로 나타나는 물류 양상의 변화를 살펴보면 다음과 같다.

먼저, 물류의 다품종 소량 다빈도 현상을 들 수 있다. 기술의 발전과 고객욕구의 다양화 현상에 따라 첨단기술상품과 패션상품을 중심으로 제품수명주기가 단축되고 있고 고객의 주문은 다양화, 개별화되어 가고 있다.

둘째, 물류의 역 흐름 현상을 지적할 수 있다. 정상적인 거래상황하에서 재화가 생산자로부터 소비자에게 전달되는 물류를 순 흐름이라 할 때, 이와는 반대로 고객으로부터 출발하여 흐름이 역방향으로 진행되는 것을 물류의 역 흐름이라 한다. 역 흐름은 순흐름에 비해 소량 개별화되어 발생하기 때문에 물류의 방식이 정형화되어 있지 않고 비용이 순 흐름에 비해 크게 발생한다(Lambert and Stock 1993). 인터넷 상거래에서 물류의 역 흐름을 발생시키는 원인에는 제품불량, 제품 부적합, 기대이하의 제품, 더 나은 거래 조건의 등장, 비대면 거래의 특성, 상품지표 역할의 부족으로 인한 제품 선택의 어려움 등이 있다(임용택, 서선애 2008).

셋째, 인터넷 상거래가 활성화됨에 따라, 거래에서 중간 유통단계가 생략되고 생산자와 소비자의 직접 연결이 가능해지므로 유통경로의 단축이 가능해진다. 반면, 개별 주문에 따른 소량화·다양화 때문에 물류량이 증가할 수 있다. 따라서 인터넷 상거래 상황하에서 물류부문 통합화를 통해, 규모의 경제를 추구하거나 운영의 효율성을 이루는 방안이 더욱 필요하게 된다.

넷째, 물류의 아웃소싱과 전략적 제휴 현상을 들 수 있다. 인터넷 상거래에 대한 경쟁우위를 확보하기 위한 가장 중요한 부문 중의 하나가 수송비를 포함하는 물류비용의 절감이다. 그러나 물류의 양상이 소량 다빈도화되어 가면서 개별기업이 규모의 경제를 추구하기가 어렵게 되어 가고 있다. 따라서 기업은 물류활동의 일부 혹은 전부를 물류전문기업(제3자 물류 방식)에 위탁함으로써 경제성과 전문성을 추구하려고 한다. 전략적 제휴는 경쟁적 관계에 있는 물류업체 간의 제휴(공동물류시스템)와 공급사슬(공급기업－물류업체－고객)에서 해당 기업 간의 제휴(공급사슬관리)로 구분할 수 있다(서필교, 주상호 2000). 전자는 다수의 기업이 공동으로 투자하여 공동물류시스템을 운영하여 단위당 물류비용을 절감하려는 수단을 마련하는 것이며, 후자는 공급자와 고객 기업 간 정보공유를 통한 물류비용과 시간의 절감이다.

다음에는 인터넷 공동 물류시스템의 활용 방안에 관해 살펴보기로 한다.

2. 인터넷 공동 물류시스템의 활용 방안

1) 공동 수송 및 배송시스템의 필요성

물류환경은 두 가지 측면에서 개선을 추구할 수 있을 것이다. 첫째로는 하드웨어 측면에서 물류 장비의 개발 및 표준화, 도로, 항만, 철도 등 사회간접자본 건설 등이며, 둘째로는 소프트웨어 측면에서 물류정보화, 시스템개발 및 표준화, 교육 및 훈련 등을 들수 있다. 그런데 이와 같은 물류환경의 개선을 위해서는 많은 자본과 시간이 필요하며 그만큼 개별기업의 노력보다는 기업 간 공동의 노력이 이루어져야 한다. 전자쇼핑몰의 공동수배송 전략이 바로 그 한 예가 될 수 있는데, 제조업, 물류업(창고, 수송회사 등), 도소매업 등을 비롯한 유통기업들의 공동노력으로 배송차량의 적재율을 높이고, 운송 배차 시간표에 의한 계획배송과 공동물류작업 등을 수행함으로써 단위당 물류비용절감을 강구하고 있다.

이와 같은 공동수배송 전략의 구체적인 기대효과로는 차량의 적재율 향상, 배송차량의 감소에 따른 차량유지비 및 인건비 절감, 물류시설 감축, 동적 배송계획에 의한 고객서비스 향상으로 판매기능 강화, 재고의 신선도 향상 등을 들 수 있는데, 궁극적으로는 고객 만족의 향상에 초점이 맞추어져야 할 것이다.

그러나 가장 큰 문제는 적자생존의 시장행위와 경쟁에 길들여진 많은 기업들이 어떻게 상호 협력하느냐의 여부인데, 이에 따라 기대효과의 수준도 달라질 것이다.

글로벌 물류 네트워크를 활용한 한진 *eHanEx* 해외배송 서비스

종합물류기업 한진이 운영하는 해외배송 플랫폼 'eHanEx'(www.ehanex.com)가 국내외 쇼핑몰의 구매 대행과 해외배송 서비스를 제공하며 고객들에게 큰 호응을 얻고 있다. 'eHanEx'의 국내 온라인 쇼핑몰 구매대행 서비스를 통해 재외 교포나 유학생들이 더욱 저렴한 가격으로 국내 상품들을 구매하고, 한진의 글로벌 네트워크를 통해 전 세계 어디에서든 5일 안에 주문 상품을 받아 볼 수 있게 되었다.

이제 해외에서도 손쉽게 'eHanEx'에 접속해 구입을 원하는 국내 온라인 쇼핑몰 주소, 상품 정보와 배송지 등을 입력하면 한진에서 주문 상품의 배송 및 구매대행은 물론, 주문처리, 통관 및 해외 현지배송까지 원클릭 서비스를 제공한다. 이 서비스는 고객들뿐만 아니라 해외 판로 개척에 어려움을 겪고 있는 국내 인터넷 쇼핑몰 업체들에게도 새로운 가능성을 제공한다는 점에서 큰 의미가 있다.

또한, 한진은 미주 지역에 최대 규모의 물류 네트워크를 확보하고 있는 경쟁력을 기반으로 미국 쇼핑몰을 이용하는 국내 고객들에게도 구매 대행 및 해외배송 서비스를 제공하고 있다. 'eHanEx'를 통해 국내에서 구하기 어려운 상품을 저렴한 가격에 구입할 수 있다는 장점이 있어 이 서비스를 이용하는 고객들이 증가하고 있다. 그리고 대다수 해외쇼핑몰에서 한국 신용카드 결제서비스가 지원되지 않거나 구매 절차가 까

다롭고, 인지도가 낮은 쇼핑몰 이용시 배송에 대한 우려도 있기 때문에 미국 쇼핑몰 이용을 망설였던 고객들이 있었는데, 이 서비스를 통해 구매를 원하는 미국 쇼핑몰과 상품정보, 배송지 입력만으로 구매 대행과 배송, 그리고 실시간 상품 경로 추적이 가능하여 더욱 안전하고 편안하게 쇼핑을 즐길 수 있게 되었다. 한진 관계자는 "지난해 4월부터 미국 쇼핑몰의 구매 대행, 해외배송 서비스를 개시한 이래 월평균 10~15퍼센트 정도 회원 수가 꾸준히 증가하고 있다"고 밝혔다.

이러한 한진의 'eHanEx' 서비스는 물류기업인 한진이 구매 대행 서비스까지 제공한다는 점이 이색적인데, 이는 인터넷의 발달로 택배업 등의 물류업이 성장하고 있기 때문에 물류기업도 이에 발맞추어 사업영역을 확장하는 등 변화를 위한 노력이 있어야 살아남을 수 있다는 점을 시사하고 있다.

한진 eHanEx(www.ehanex.com)의 초기화면
자료원: www.ehanex.com

자료원: 조용철(2012) 수정 후 인용

2) 인터넷과 배송

(1) 배송의 개념

배송이란, 물류의 마지막 단계로 주문한 상품이 고객에게 전달되는 과정을 말한다. 기업 입장에서는 배송이 고객과의 최종 접점이라는 점에서 관심을 가질 수밖에 없다. 인터넷 상거래의 경우 온라인에서 이루어진 거래에 대해 처음으로 고객과의 대면 접촉이 이루어진다는 점에서 더욱 중요한 의미가 있다. 특히, 인터넷 상거래 업체 간 경쟁이 더욱 치열해지고 있는 상황에서, 고객이 원하는 상품을 얼마나 빨리 그리고 안전하게 전달하느냐는 온라인 기업의 경쟁력을 가늠할 수 있는 중요한 잣대가 된다.

(2) 배송 방법

배송업체가 배송하는 방법에 따라 직접배송형과 간접배송형으로 나눌 수 있다.

먼저, 직접배송형은 사이트에서 고객과의 거래가 발생하게 되면, 공급업체에 주문 내역을 통보하고, 이에 따라 공급업체가 직접 고객에게 상품을 전달하는 방식이다. 이러한 방법은 공급업체에게 배송과 관련된 모든 업무를 일임함으로써, 공급업체와 배송 업체들과의 관계에서 요구되는 노력과 비용을 줄일 수 있다는 장점이 있다. 하지만 많은 공급업체들의 배송 상황을 일일이 확인해야 하는 번거로움이 따른다는 것은 큰 단점으로 지적되고 있다. 또한, 소비자입장에서는 여러 상품을 구매했을 때, 서로 다른 공급 업체로부터 여러 번 상품을 받아야 하는 불편과 함께 상품 가격에 배송료가 개별적으로 각각 포함되는 것을 감수해야 하는 불이익도 따를 수 있다.

간접배송형은 배송업체의 재고 보유 여부에 따라 재고 보유 간접배송과 재고 미보유 간접배송으로 구분될 수 있다. 재고 보유 간접배송 방식은 인터넷 상거래에서 가장 일반적인 형태로서 고객이 사이트를 통해 주문하면, 사이트 운영자가 창고 또는 배송업체에 배송을 지시, 컨텐트웨어를 전달하는 방식이다. 이러한 경우, 인터넷 상거래 업체 또는 위탁 계약을 체결한 배송업체는 쇼핑몰에서 거래될 일정 분량의 컨텐트웨어를 창고에 미리 비축해 놓아야 하며, 고객의 주문이 있을 때는 즉시 배송할 수 있는 체계를 갖추고 있어야 한다. 이렇게 하면 배송이 신속하고 효과적으로 이루어질 수 있다. 하지만 일정량의 재고를 항상 창고에 유지해야 한다는 것은 단점으로 지적될 수 있을 것이다. 특히 우리나라의 경우, 기업별 물류시스템이 아직 선진화되지 못해 기업들이 스스로 재고 물량을 창고에 비축하고 직접 관리하는 경우가 많아서 많은 부담과 함께 비효율성이 수반될 수밖에 없다. 전문 배송업체의 물류창고를 이용하려는 추세가 일반화되고 있으나, 재고의 효율적인 관리 문제는 여전히 부담되고 있다.

이 같은 문제점을 감안해서, 창고 없이도 통합배송의 효과를 볼 수 있는 방법의 하나로 등장한 것이 재고 미보유 간접배송 방식이다. 이 방식은 고객이 사이트를 통해 주문하게 되면 배송업체가 상품 공급업체로부터 주문된 상품을 접수해서 고객에게 전달하는 구조이다. 하지만 이러한 방식은 각 거래 주체별, 단계별 컨텐트웨어의 배송 지시가 제대로 내려지지 않거나, 배송업체가 물품을 공급업체로부터 인수하는 과정에서의 지연 등의 문제가 발생하게 되면, 컨텐트웨어의 배달이 제때에 이루어지기가 어렵다는 단점이 있다. 또한, 반품, 환불 등의 경우 절차가 복잡하고 인터넷 상거래 업체와 배송업체 그리고 공급업체 간에 책임회피와 분쟁의 소지도 따를 수 있다.

한편, 디지털 컨텐트웨어의 경우에는 오프라인상에서 별도의 배송시스템을 갖추지 않아도 되며, 컨텐트웨어의 특성에 맞는 별도의 배송 방법을 선택하게 된다. 디지털 컨텐트웨어의 배송에 흔히 이용되는 방법은 직접 다운로드, 이메일과 첨부 파일 이용, URL 이용 등이 일반적으로 활용되고 있는데, 고객이나 사이트의 특성, 고객의 네트워크 이용습관 및 시간대, 디지털 컨텐트웨어의 용량 및 특성 등에 따라 고객에게 가장 적합할 것으로 판단되는 수단이 활용되어야 할 것이다. 이처럼 디지털 컨텐트웨어의 경우, 물리적 배송시스템이 필요하지 않아 간편하고 효율적인 측면은 있으나 나름의 문제점도 존재한다. 전 세계적인 관심을 끌었던 MP3를 비롯한 각종 디지털 컨텐트웨어들의 무상 복제 및 다운로드 등과 저작권과 관련한 문제들과 디지털 컨텐트 거래와 관련된 탈세 등이 대표적인 경우라고 할 수 있다.

(3) 배송추적시스템의 활용

컨텐트웨어 배송은 싸고 안전하며, 신속 정확하게 이루어져야 한다. 게다가, 인터넷 상거래 업체들 간의 경쟁심화로 새로운 차원의 배송능력이 차별화의 요건이 되고 있다. 인터넷 상거래 업체들이 24시간 주문시스템을 가동하고 특히, 사이트 운영자는 물론 고객까지도 해외에서 배송상황을 지켜볼 수 있도록 배송추적시스템을 도입 및 운영하는 것도 배송능력 차별화의 하나로 보아야 할 것이다.

3) 제3의 배달점 활용 방안

소비자 입장에서, 인터넷 상거래의 주문 및 결제는 오프라인에서와 비교할 수 없을 만큼 빠르고 편리해졌지만, 제품을 전달받기 위해서는 정해진 시간에 약속된 장소에서 기다려야 하므로 오히려 편리해야 할 상거래가 많은 불편을 가중시킨 것이 사실이다. 이를 해결하는 방안 중에 주목을 받고 있는 것이 배달점(delivery point)의 활용이다.

배달점이란 고객이 전자쇼핑몰로 주문한 상품을 배달하기 위하여, 지역별로 서비스 영역의 고객에게 최종적인 배달 서비스를 제공하는 곳이다. 판매자와 구매자 사이에 대리점 형식 혹은 제3의 배달대행 서비스하는 배달점이 고객의 욕구를 좀 더 만족시키거나 배송비용 절감 효과가 큰 것으로 알려지면서, 전국에 퍼져 있는 편의점, 슈퍼마켓, 주유소, 우체국, 지하철역 등이 배달점으로 각광을 받고 있다. 특히 배달점은 기존의 영업행위, 배달서비스 외에 발송물 접수 등의 택배회사 일부 업무 대행과 더불어 고객 만족을 위한 기타 사업을 종합적으로 겸함으로써, 고객을 유인하고 나아가 새로운 비즈니스로 시장 진출을 꾀할 수 있을 것이다.

홈플러스 스마트 가상 스토어

홈플러스는 2011년 9월 세계 최초로 지하철역 광고판에 제품 이미지와 QR코드를 실제 매장 모습처럼 구현한 '홈플러스 스마트 가상 스토어(Homeplus Smart Virtual Store)'를 선보였다. 가상 스토어는 소비자들이 오프라인에서처럼 직접 상품을 보고 스마트폰을 이용해 QR코드를 인식시키면 상품정보를 볼 수 있고 이를 모바일상에서 구매하면 매장에서 집으로 배송해 주는 형태로 운영된다.

이승한 홈플러스 회장은 "고객이 매장을 찾아올 때까지 기다리는 것이 아니라 우리가 직접 고객을 찾아가야 한다는 '고객 중심'의 사고에서 홈플러스 스마트 가상 스토어가 탄생하게 됐다"고 가상 스토어의 탄생 배경을 밝혔다.

홈플러스 가상 스토어는 기존의 전통적인 유통 영역을 창조적으로 파괴한 '다중 결합 4세대 점포' 모델로서, 온라인 몰과 오프라인 매장 서비스를 효과적으로 결합해 고객들이 언제(anytime), 어디서나(anywhere), 원하는 곳(anyplace)에서 상품을 받아볼 수 있는 '3A 쇼핑'을 실현했다는 점에 큰 시사점이 있다.

홈플러스 가상 스토어는 선릉역 2호선의 1호점을 시작으로 광화문 버스정류장을 비롯한 서울시 21개 버스정류장에 추가 오픈하는 등 점차 확대되고 있다. 가상 스토어를 통해 바쁜 직장인들이 출근길에 장을 보고 퇴근 후에 집에서 받아 볼 수 있다는 이점이 있어 20~30대 고객들에게 큰 호응을 얻고 있다. 가상 스토어 오픈 이후 홈플러스 모바일 쇼핑 매출은 주당 평균 10퍼센트 이상의 지속적인 성장세를 보이고 있고, 홈플러스 스마트 애플리케이션은 런칭 9개월 만에 이용자 93만 명을 달성하는 등의 성공을 거두고 있다.

홈플러스 가상 스토어의 성공 사례를 통해 유통업계의 경쟁이 심화되면서 고정관념을 깬 차별화된 아이디어가 있어야 고객의 마음을 사로잡고 경쟁에서 살아남을 수 있다는 점을 알 수 있다.

홈플러스 가상스토어를 이용하는 사람들
자료원: 아시아경제, 2011년 8월 26일자 이미지 인용.

지하철 스크린도어에 설치된 홈플러스 가상스토어
자료원: 우먼센스, 2011년 10월 25일자 이미지 인용.

자료원: 김하나(2011); 최남주(2012) 수정 후 인용

'*CJ택배*' 애플리케이션

스마트폰 이용자가 급증하고, 물류 관련 애플리케이션들이 개발되는 등 물류업계에도 스마트 열풍이 거세지면서 CJ GLS가 지난 2010년 국내 물류 업계 최초로 스마트폰에서 이용할 수 있는 'CJ택배' 애플리케이션을 개발했다. 이제 소비자들은 'CJ택배' 애플리케이션을 통해 스마트폰에서 손쉽게 택배 예약 접수와 배송상황 조회는 물론, 발송 물품의 무게와 거리에 따른 택배 예상요금, 현 위치에서 가장 가까운 택배 대리점 위치와 주소 등 다양한 정보를 얻을 수 있게 되었다.

기존에도 택배 배송 상황을 조회할 수 있는 애플리케이션은 있었지만 'CJ택배' 애플리케이션 같이 기존 온, 오프라인에서 제공하던 서비스를 모두 이용할 수 있는 스마트폰 애플리케이션은 CJ GLS가 처음으로 개발하였다. 'CJ택배' 애플리케이션은 무료로 제공되고 있으며, 2012년 1월까지 총 3만 5,000여 명의 스마트폰 이용자들이 이 애플리케이션을 다운받아 사용하고 있고, 월평균 약 15만여 건의 배송 조회가 스마트폰을 통해 이뤄지고 있다.

'CJ택배' 애플리케이션 사례는 이제 기업들은 더 편리하고 고객지향적인 서비스를 제공하기 위해 스마트폰을 활용한 고객서비스 개발에 적극 나서야 함을 시사하고 있다.

CJ택배 애플리케이션
자료원: ZDNet, 2010년 6월 3일자 이미지 인용.

자료원: 조용철(2012) 수정 후 인용

3. 인터넷 공급체인관리

1) 인터넷 공급체인관리의 개념 및 특징

인터넷 공급체인관리(ISCM: Internet Supply Chain Management)란, 조달업자, 생산자, 물류센터, 유통업자, 택배회사 같은 공급사슬의 참여자들이 파트너십을 통해 서로 협력하여 불확실성이 높은 시장에서 물류 최적화를 도모하는 것을 말한다. 다시 말해 인터넷상에서의 공급체인관리는, 가상공간 안에서 공급사슬의 각 주체들이 유연성과 신속성을 유지하면서 마치 하나의 회사인 것처럼 네트워크형으로 통합되어 물류 최적화를 도모하는 것이라고 할 수 있다. 특히, 인터넷 공급체인관리는, 단순히 지역적 개념에서 공급사슬을 관리하던 기존 방식에서 벗어나, 인터넷 환경의 특성으로 인해 글로벌 공급사슬 관리를 중요시하게 되었다. 예를 들어, Dell컴퓨터는 인터넷상에 글로벌 ISCM시스템을 구축하여 물류서비스 제공 기업인 페덱스와 세계각지에 있는 공급자, 생산자와 같은 공급사슬의 참여자들을 네트워크로 연결하였다. 이를 통해, 공급사슬의 각 주체들은 서로 빠르게 소통하고 협력할 수 있게 되어, 공급체인관리 비용이 절감되고 소비자로부터 주문을 받아 3, 4일 만에 제품을 납품하는 일이 가능해졌다(문화, 문희철, 형정 2009).

2) 인터넷 공급체인관리의 기대효과 및 성공요인

인터넷 공급체인관리를 도입하면 우선, 물류의 전 과정에서 물품과 자재의 수급이 최적화되어 이루어짐으로써, 각종 직간접 비용과 재고비용을 절감할 수 있다. 그리고 가치 사슬(value chain)상의 프로세스를 신속히 처리할 수 있기 때문에 시장에 신속히 대응할 수도 있다. 또한, 제3자 물류 도입에 따른 기업의 전문화를 이루는 것이 가능해짐으로써, 경쟁력 확보에 크게 이바지할 수 있다(김범열 2000).

하지만 이와 같은 인터넷 공급체인관리의 성공적 추진을 위해서는 다음과 같은 점을 반드시 고려해야 한다. 첫째, 인터넷 공급체인관리는 기술적 이슈가 아닌 사업 전략적 이슈임을 명심해야 한다. 상이한 전략 목표에 따라, 다양한 공급체인구조의 선택이 가능해졌기 때문에 기업은 자사의 전략을 분석하는 동시에 수요, 생산규모, 전략적 스케줄링, 성과측정 방안 등 공급체인과 관련된 기본요소를 어떻게 운영할 것인가를 결정해야 한다.

둘째, 조직문화를 변화시켜야 한다. 인터넷 공급체인관리는 시스템이 갖추어진다고 해서 성공적으로 이루어질 수는 없다. 시스템을 움직이는 것은 결국 구성원이기 때문이다. 구성원들이 단순히 구매 및 배송을 담당하는 좁은 의미의 역할 수행자가 아니라, 전체적인 관점에서 업무를 수행하고, 상황변화에 적절히 대응할 수 있는 지식근로자로 전환되어야 한다. 특히, 조직적 변화에 대한 저항을 피하기 위해서는 최고경영층을 비롯한 모든 구성원들이 모델 설정 초기 단계부터 참여해야 한다.

　　셋째, 경쟁우위 확보의 원천으로서 정보기술 활용이 필수적이다. 인터넷 공급체인관리를 위한 시스템을 구축하기 위해서는, 매우 다양한 애플리케이션 패키지 활용과 기존 시스템 및 지역 간 통신 네트워크 통합 등 다양한 정보기술이 필요하다. 이러한 정보기술을 활용하여 타 기업과 차별화된 서비스를 제공할 수 있는 공급체인을 구축해야 한다.

B2B 가상시장의 관리

　　인터넷 상거래는 기업과 소비자 간의 인터넷 상거래(B2C)뿐만 아니라, 기업과 기업 간 인터넷 상거래(B2B)에도 커다란 영향을 미쳤다. 기업 간 인터넷 상거래에서, 기업들은 구매, 조달, 생산, 판매, 유통, 고객관리, 인력관리 등 비즈니스 프로세스 전반에서 인터넷을 활용함으로써, 비용절감과 새로운 사업기회 창출 등의 다양한 효과를 제공받을 수 있게 되었다. 이처럼 기업 간 인터넷 상거래에 대한 이점이 알려지면서 많은 기업들이 기업 간 인터넷 상거래에 뛰어들고 있는데, 최근 들어 가장 두드러진 움직임이 바로 가상시장(e-marketplace)의 구축이다. 이러한 가상시장은 벤처기업들에 의해 먼저 구축되기 시작하였는데, 최근에는 오프라인의 대형 제조업체들을 중심으로 거대한 규모의 업종별 가상시장이 등장하고 있다.

1. 가상시장의 개념

가상시장은 다수의 판매자와 구매자들이 접촉하고 거래를 이룰 수 있도록 해 주는 온라인 플랫폼을 말한다. 가상시장은 판매자의 경우 새로운 판로를 개척할 수 있고 구매자 입장에서는 효율적인 상품 조달이 가능하다는 점에서 새로운 B2B 비즈니스 모델로 주목받고 있다.

2. B2B 중간상의 종류 및 활용방안

기업 간 인터넷 상거래의 유형은, 크게 중개자가 존재하는 경우와 존재하지 않는 경우로 구분할 수 있다. 과거의 기업 간 인터넷 상거래가 중개자 없이 개별기업 차원에서 이용되었다면, 가상시장을 통한 기업 간 인터넷 상거래는 구매자와 판매자 사이에 시장형성자(market maker)라는 중개자가 등장하는 형태라고 할 수 있다. 즉, 가상시장에서는 중개자가 불특정 다수의 구매자와 판매자에게 자유롭게 거래를 일으킬 수 있는 가상의 공간을 제공하고 이를 적절히 관리함으로써, 시장의 거래가 활성화되고 거래비용을 감소시키는 효과가 있을 수 있다.

또 다른 분류방법으로, 가상시장은 사업영역의 폭과 깊이에 따라, 수직적 가상시장(vertical e-marketplace)과 수평적 가상시장(horizontal e-marketplace)으로 구분할 수 있으며, 가상시장 내에서의 시장 창출 방식에 따라서는 카탈로그형(catalog model), 경매형(auction model), 교환형(exchange model), 역경매형(reverse auction model) 등으로 구분할 수 있다. 이에 대해 구체적으로 살펴보면 다음과 같다.

1) 사업영역의 폭과 깊이에 따른 가상시장

기업 간 가상시장은, 특정 산업이나 시장을 따라서 수직적으로 전문화하거나, 특정 기능 및 비즈니스 프로세스를 따라서 수평적으로 전문화할 수 있다.

(1) 수직형 가상시장

수직형 가상시장은 어떤 산업재나 시장에 초점을 두고, 특정 분야에 대한 특화된 서비스를 제공한다. 즉, 화학, 플라스틱, 철강, 자동차 등과 같은 산업이나 시장에 특화된 서비스를 제공하는 형태로 이루어진다. 이 경우에는, 특정 분야에 대한 전문적인 지식과 경험, 기존 공급체인의 비효율성, 풍부한 컨텐트웨어의 제공, 다양한 공급자의 확보와 긴밀한 유대관계, 구매자의 조기 확보 등이 중요한 성공 요인이라고 할 수 있다. 철강(e-Steel.com), 종이(PaperExchange.com), 플라스틱(PlasticsNet.com) 등이 대표적인 예이다.

수직형 가상시장의 성공 가능성은 판매자와 구매자 사이에 시장분할이 심화되어 있을수록, 기존 공급체인의 비효율성이 높을수록, 최소로 필요한 주요 판매자와 구매자를 조기에 확보할수록, 분야 전문지식·경험 및 관계를 보유하고 있을수록, 마스터 카탈로그와 아주 섬세한 정보탐색 기능을 제공할수록 높아진다.

(2) 수평형 가상시장

수평형 가상시장은 다양한 산업에 걸쳐 동일한 기능이나 비즈니스 프로세스를 제공하는 형태를 말한다. VerticalNet.com(56개 산업별 커뮤니티와 컨텐트웨어 제공), TradeOut.com(재고자산 및 잉여자산의 거래), MRO.com(유지, 보수, 운영) 등이 대표적이다.

수평형 가상시장은 여러 산업에 걸쳐 서비스를 제공함으로써 다양한 수익 창출기회를 확보할 수 있다는 장점과 함께 집중화에 따른 위험 회피라는 긍정적인 면을 가지고 있다. 하지만 다양한 고객들의 요구를 모두 만족시킬 수 있는 전문성의 결여라는 부정적인 면도 함께 지니고 있다.

수평형 가상시장의 성공 가능성은 프로세스 표준화 정도, 프로세스에 대한 지식, 작업 흐름 자동화 전문성, 프로세스 자동화에 대한 보완 능력, 고객의 특별한 요구를 소화할 수 있는 능력 등에 좌우될 수 있다.

2) 시장 창출 방식에 따른 가상시장

기업 간 가상시장(B2B e-marketplace)은, 가상시장 내에서의 시장 창출 방식에 따라, 고정 가격제를 따르는 카탈로그형과 동태적인(dynamic) 가격구조를 따르는 경매형, 교환형, 역경매형 등으로 구분할 수 있다(이종오 2000)(표 12-3).

(1) 카탈로그형

카탈로그형은 판매자가 웹사이트에 제품의 가격, 성능, 특징 등과 같은 제품관련 정보를 올려놓으면, 구매자가 웹상에서 제품 정보를 탐색하고 바로 구매할 수 있도록 하는 방식이다. 이 모델은, 판매자와 구매자가 소규모로 자주 거래를 하는 경우에, 당사자 간에 온라인으로 거래가 이루어지더라도 각각의 거래를 모두 협상하기에 너무 비효율적인 경우에 적합하다. 아울러, 수요 자체가 예측 가능하고 제품가격이 비교적 안정적이고, 주어진 규정에 따라 대부분의 거래가 이루어지며, 공급자를 모두 비교하기 위한 정보검색 비용이 많이 들 때에 적합하다. E-Steel, PaperExchange.com 등이 대표적인 예이다.

(2) 경매형

경매형은 경매 시스템을 사용해 판매자와 구매자가 원하는 최적의 가격을 정하여 상거래를 이루는 방식이다. 이 모델은, 구매자와 판매자를 연결해 줌으로써 가치를 창출하는 모델로서, 업체별로 제품의 품질이 비교적 비슷하거나 부패하거나 없어지기 쉬운 제품 및 서비스를 다루는 산업인 경우에 적합하다. 이 경우 동일품목의 가치에 대하여 구매자와 판매자는 서로 다른 인식을 가지고 있어야 하기 때문에 대형기자재, 중장비, 중고제품, 판매하기 어려운 반납된 제품 또는 구하기 어려운 품목 등에 잘 적용된다. 이에 대한 예로는 MetalSite가 있다.

(3) 교환형

교환형은 전통적인 주식시장의 거래 방식과 같은 양방향 경매 방식을 말한다. 이러한 방식은 제3자인 중개자에 의해 구매자와 판매자가 중립적으로 연결되는 형태로 이루어진다. 이 모델은 실시간으로 이루어지는 매수-매도 주문 과정과 장을 통해 가격결정

표 12-3 기업간 가상시장의 종류와 시장창출 메커니즘

구분	카탈로그형	경매형	교환형	역경매형
작동원리	수요와 공급의 집합(aggregation)	공간적 매칭(matching)	시간적 매칭(matching)	공간적 매칭(matching)
구매자 혜택	낮은 탐색비용/거래비용, 보다 넓은 공급선	카탈로그 편익, 보다 나은 가격, 좋은 매칭	경매편익, 시장리스크 헤징, 최고 부하 수요관리	보다 나은 가격, 낮은 탐색비용
판매자 혜택	보다 넓은 시장 접근, 낮은 거래비용	카탈로그 편익, 보다 나은 가격	경매편익, 잉여공급물량처리 가능, 유통성 관리	강력한 구매력을 가진 구매자 확보 가능
적용 환경	MRO 제품, 사전 계획된 구매, 세분화된 공급선	중고 기자재, 부패하기 쉬운 재료, 확장이 어려운 제품	준-필수 제품, 고정비용이 높은 자산, 불안정한 시장	대량으로 구매하는 제품, 다수의 공급자가 존재하는 시장
구매자가 팔 수 있는지?	불가능	가끔씩 가능	가능	불가능
핵심 과제	마스터 카탈로그 창출, critical mass 공급선 확보	유동성, 사기/범죄 예방	정확한 자산 명기, 매칭 알고리즘, 장외거래 방지	유동성, 사기/범죄 예방

자료원: 안명옥(2001).

이 이루어지는 거래성립 과정, 그리고 최종적으로 결제가 이루어지는 구조로 되어 있다. 주로, 수요와 공급 및 가격이 불안정한 시장에 적합하다. 또한, 이러한 유형은 컴퓨터와 같은 표준화된 제품의 거래에 적합한데, 이에 대한 대표적인 예로는 United Computer Exchange와 같은 사이트가 있다.

(4) 역경매형

역경매형은 경매형과 반대되는 시스템으로서 구매자가 먼저 자신이 구매하고자 하는 제품의 성능, 속성, 그리고 거래 조건 등을 제시하면, 다수의 공급자가 구매자에게 가격과 거래조건을 제안하게 된다. 최종적으로 구매자는 최적의 가격과 거래조건을 제

시한 공급자로부터 제품을 구매하는 형태로 거래가 이루어진다. 이 모델은 구매자가 대량의 제품을 저렴한 가격에 구매하고자 할 경우에 적합하고, 강력한 구매력을 가진 소수의 구매자와 다수의 공급자가 존재하는 시장에 적합하다. GMTradeXchange와 auto-xchange와 같은 사이트가 대표적이다.

3. B2B 인터넷 상거래에서 중간상의 주요 성공 요인

기업 간 인터넷 상거래에서, 중간상의 주요 성공 요인(key success factor)을 요약하면, 선점과 유동성(liquidity)의 확보, 그리고 가상시장에 참여하는 당사자들과 폭넓고 깊은 관계를 유지하는 것이다. 선점으로 인한 이점은(first-mover advantage) 구매자와 판매자를 모을 수 있고 시장에 대해 일찍 학습함으로써 진입 장벽을 구축할 수 있다는 것이다. 특히, 관계 구축은 구매자와 판매자들이 다른 곳에 가서 거래하는 것을 비효율적으로 만들고 전환비용(switching cost)을 높게 하는 효과가 있다.

기업 간 인터넷 상거래에서의 선점 효과는 경쟁자보다 앞서 구매자와 판매자를 모을 수 있고, 시장에 대해 먼저 학습함으로써 진입 장벽을 구축하여 경쟁을 배제할 수 있다는 장점을 가지고 있다. 하지만 이러한 선점은, 종종 시장이 성숙하지 않은 상태에서 개장함으로써 고객의 참여도를 떨어뜨려 유동성 부족을 가져올 수 있으며, 잠재적인 경쟁자를 자극할 수 있다는 단점도 가지고 있다. 따라서 선발주자 입장에서는 선점의 효과가 후발주자의 이점을 넘어서는지에 대한 지속적이고 주의 깊은 성찰이 요구된다. 반면, 후발주자 입장에서는, 선발주자의 선점 효과가 더 크다고 판단되는 경우에는 보다 세분화된 시장에 전문성을 가지고 진입하는 차별화 전략을 세우는 것도 고려해 보아야 할 것이다.

4. B2B 가상시장 참여기업의 이용의도에 영향을 미치는 요인

B2B 가상시장의 이용을 향상하기 위해서는 가상시장 운영기업과 참여기업 간에 신뢰가 형성되어야 하고, 참여기업의 몰입도 증진이 필요하다. B2B 거래는 B2C 거래에 비해 더욱 위험 회피적 성향을 띠는데 이는 B2C 거래에 비해 B2B 거래가 거래규모가 훨씬 크고 구매 프로세스가 더욱 복잡하기 때문이다. 따라서 B2B 전자상거래에서는 신뢰가 거래의도에 매우 중요한 영향을 미치게 된다. 이를 통해 B2B 가상시장을 운영하고 있는 기업은 신뢰를 구축하기 위해 다양한 관리적 노력을 해야 함을 알 수 있다. 신뢰형성을 위해 B2B 가상시장 운영기업은 참여기업과의 자유로운 의사소통 창구를 지원하는 등 상호작용성을 원활하게 하는 데 힘써야 할 것이다. 운영기업과 참여기업의 커뮤니케이션이 원활해지면 신속한 문제 해결이 가능하고 참여기업이 문제 해결 과정을 긍정적으로 평가하게 된다. 또한, 운영기업은 온라인상의 거래처리 과정에서 발생할 수 있는 위험요인을 해소하려는 노력을 기울이고, 이를 참여기업에게 적극 인지시켜 신뢰를 구축해야 할 것이다. 예를 들어 제품보증이나 배송 자동추적서비스 등을 제공해 참여기업들이 거래처리 과정을 안전하게 느낄 수 있도록 돕는 것도 하나의 방법이 될 수 있다.

B2B 가상시장은 다수의 구매기업과 공급기업을 연결해 주며 이들이 개별적으로 접촉해야 하는 노력을 덜어줌으로써 업무의 효율성과 비용절감의 효과를 제공한다. 구매기업의 입장에서는 가상시장에 참여하는 공급자의 수가 많을수록 공급자 간 경쟁을 통해 더 질 좋은 제품을 더 저렴한 가격에 구입할 수 있게 된다. 그러므로 기존 사용자 수가 많을수록 새로운 사용자가 신뢰를 형성하고 몰입하기가 더욱 쉬워진다. B2B 가상시장 운영기업은 다수의 참여기업을 회원사로 확보하기 위해 마케팅 활동을 적극적으로 펼치는 등의 노력을 해야 한다. 참여기업의 이용의도는 단순히 참여 네트워크의 크기가 증가한다고 해서 향상되는 것이 아니라 다수의 참여기업이 얼마나 적극적으로 이용하느냐에도 달려 있다. 따라서 운영기업은 참여기업들이 시스템을 쉽고 편리하게 사용할 수 있도록 사용자 인터페이스(user interface)를 사용자 중심으로 바꿔야 할 필요성이 있다(오상현, 김상현 2009).

5. B2B 가상시장의 현황과 전망

2011년 기준으로 B2B 전자상거래 규모는 912조 5,620억 원으로 전체 전자상거래의 91.3 퍼센트를 차지하는 것으로 나타났다(이진원 2012). B2B 전자상거래는 2010년에 비해 22.1퍼센트 증가하며 꾸준한 성장세를 보이고 있다. 이에 따라 B2B 가상시장도 접근 편리성, 이용 용이성, 비용 효율성 등의 많은 장점 덕분에 거래규모가 증가하고 있고, B2B 가상시장 사업에 참여하는 기업들도 늘어나고 있는 등 국내 B2B 가상시장은 고성장세를 보이고 있다.

고성장세를 보이는 가상시장의 대표적인 예로 정부가 2009년 농수산물 가격 안정을 위해 설립한 한국농수산식품유통공사(aT)의 농수산물 사이버거래소가 있다. aT의 사이버 거래소는 B2B뿐만 아니라 B2C와 식재료 전자조달 부문의 전자상거래를 운영하고 있는 종합 가상시장이다. 이를 통해 생산자와 소매유통업체, 외식업체, 수출업체, 식품가공업체가 중간 유통단계 없이 대규모의 농수산물 직거래를 할 수 있게 되었다. 중간단계가 생략되기 때문에 유통비용이 크게 절감되는 효과를 얻을 수 있는데, 2010년 '금(金) 배추' 파동시 사이버 거래소에서는 당시 시중 평균 가격인 6,100원보다 45

그림 12-7   aT농수산물사이버거래소(www.eat.co.kr)의 초기화면

퍼센트나 싸게 구입할 수 있었다. 이 같은 결과로 시범거래를 시작한 2009년 거래 실적은 농산물을 어떻게 보지도 않고 사느냐는 우려 때문에 연 51억 원에 불과했지만 2011년에는 연 6,254억 원을 달성하며 빠른 성장세를 보이고 있다. 2012년 상반기에는 5,484억 원의 거래 규모를 기록하였고, 2012년 하반기에는 거래 실적이 1조 원을 넘어설 것으로 전망하고 있다. aT사이버 거래소는 농수산 분야에 전자거래라는 기반을 마련했다는 데 큰 의미가 있으며 앞으로 이를 통해 농수산물 가격 안정을 꾀할 수 있을 것으로 기대된다(김동호 2011, 고형광 2012).

부록: 인터넷 채널의 강자 가격비교 사이트

온라인 쇼핑의 기본을 B2C로 볼 때 가격비교를 빼놓고 온라인 쇼핑에 관해 말할 수는 없을 것이다. 가격비교 사이트는 온라인 쇼핑몰의 정보를 모아서, 하나의 기준으로 정리해 고객이 온라인 쇼핑을 하는 데 도움이 되는 '쇼핑 도우미' 역할을 한다. 가격비교 사이트 안에는 온라인 쇼핑의 거인인 인터파크, G마켓, 11번가와 가격경쟁력으로 소비자들에게 경쟁하는 중소형 몰들이 있다. 이렇게 수없이 많은 인터넷 쇼핑몰 가운데 가격비교 사이트는 제품 구매를 위한 정보를 제공하고, 최적의 쇼핑 환경을 제공한다. 따라서 가격비교 사이트는 고객 입장에서는 좋은 제품을 저렴하게 안심하고 구매할 수 있게 도와주고, 쇼핑몰에게는 이윤 확대와 규모의 경제를 이룰 수 있는 저렴한 프로모션 수단을 제공하게 돼 소비자와 쇼핑몰 모두 만족할 수 있도록 지원한다. 이 틈에서 가격비교 사이트들은 최소한의 이윤을 나눔으로써 소비자와 인터넷 쇼핑몰을 연결하는 가교역할을 하는 것이다. 이러한 가격비교 사이트는 제품의 판매정보와 가격정보만을 가지고 판매자와 소비자를 연결해 주며 중개수수료를 받는 새로운 형태의 중간상이라고 할 수 있다.

국내 최초의 가격비교 사이트인 에누리닷컴(www.enuri.com)을 시작으로 다나와

네이버 지식쇼핑(shopping.naver.com)의 홈페이지

어바웃(www.about.co.kr)의 노트북 가격비교 페이지

(www.danawa. com), 네이버 지식쇼핑(shopping.naver.com), 이베이 어바웃(www.about.co.kr)
등 다양한 가격비교 사이트가 존재한다. 이러한 가격비교 사이트들 가운데 국내 최대 포털 사이트
인 네이버가 제공하는 네이버 지식쇼핑이 가장 큰 인기를 끌고 있다. 네이버 지식쇼핑은 네이버가
2004년부터 제공하는 가격비교 사이트로서 이용자가 네이버 검색창에 상품명을 입력하면 해당 상
품 정보와 판매 쇼핑몰, 그리고 가격 정보를 제공하는 서비스다. 네이버 지식쇼핑은 3,700만 명에
이르는 네이버 방문자를 기반으로 빠른 시간에 성장하였는데, 앞으로 네이버에서 내놓은 오픈 마켓
서비스인 '네이버샵N'과 연계하여 더욱 성장할 전망이다.

국내 오픈 마켓 시장점유율의 70퍼센트를 차지하고 있는 이베이도 가격비교 사이트인 어바웃
을 내놓았는데, 어바웃은 가격비교 최저가에서 최대 8퍼센트 추가할인이 가능한 어바웃 최저가를
전략 상품으로 네이버 지식쇼핑과 경쟁하고 있다. 일반적인 가격비교 사이트는 판매자에게 구매에
대한 수수료를 받고 있지만, 어바웃은 그 수수료를 받지 않고, 그 금액만큼 할인쿠폰의 형태로 고객
에게 돌려주어 어바웃 최저가를 제공하고 있는 것이다.

주요 온라인 쇼핑몰 사용자를 대상으로 한 조사 결과 응답자의 90퍼센트가 가격비교 사이트를
참고한다고 말했을 정도로 많은 소비자들이 인터넷 쇼핑을 할 때 가격비교 사이트를 이용하고 있
다. 그리고 점점 온라인 쇼핑 시장의 경쟁이 치열해짐에 따라 앞으로 가격비교 사이트의 전망은 밝

을 것으로 보인다.

하지만 가격비교 사이트가 성장하기 위해서는 아직 풀어야 할 숙제들이 남아 있다. 네이버와 이베이의 대립이 그중 하나인데, 네이버가 오픈 마켓 진출을 선언하자 이베이 측에서 옥션과 G마켓의 가격 정보 제공을 거부하여 현재 네이버 지식쇼핑에서는 옥션과 G마켓의 가격 정보가 나오지 않는다. 이는 이베이 어바웃에서도 같은 문제가 발생할 것으로 예상한다. 앞으로 가격비교 사이트가 성장하기 위해서 두 업체는 서로 '윈-윈(win-win)'할 수 있는 방법을 모색해야 할 것이다.

자료원: 김창우(2011) 수정 후 인용.

요   약

마케팅에서 유통이란, 고객이 컨텐트웨어를 사용 또는 소비할 수 있도록 만드는 프로세스에 참여하는 상호의존적 개인이나 조직들의 집합을 의미한다. 그런데 새로운 유통 구성원인 인터넷의 등장은 유통부문에 많은 도전과제들을 제기하고 있다. 유통경로의 선택에는 많은 노력과 오랜 시간이 요구되기 때문에, 기업들은 더욱 새롭고 매력적인 유통경로가 나타날 때에도 기존방식을 고수하는 편이 낫다고 생각하는 경향이 있다. 그러나 모든 기업들은 기업의 제품이 표적시장에서 구매되고 사용될 수 있도록 하는 새로운 유통 방법을 결정해야 한다. 이것에는 두 가지 방법이 존재하는데 하나는 제품을 직접 판매하는 방식이고, 나머지는 중간상을 통하여 판매하는 방식이다. 이제 오프라인과 온라인뿐만 아니라 모바일이 새로운 유통채널로 급부상하며 각각의 유통채널이 서로 시너지를 낼 수 있도록 관리해야 할 필요성이 생겼다.

또한, 인터넷상에서는 온라인과 오프라인상의 유통채널 갈등이 제기될 수 있다. 그러므로 유통채널 간 갈등시 갈등 자체에 대한 회피보다는 갈등을 적절히 관리하는 것이 중요하다.

연구문제

1. 인터넷의 등장으로 인해 기존 중간상의 실효성 여부에 대한 자신의 의견을 서술하시오.
2. 인터넷의 등장은 새로운 유통경로의 구축과 기존의 유통경로에 어떤 영향을 주었는지 알아보자.
3. 오프라인, 온라인과 더불어 새롭게 등장한 모바일 채널을 어떻게 활용하여 시너지 창출을 해야 하는가?
4. 온라인과 오프라인상의 유통 갈등은 무엇이며 이것은 어떻게 관리가 이루어져야 하는가?
5. 인터넷상에서 공동물류 시스템의 활용방안을 서술하시오.
6. 기업 간의 인터넷 상거래에 있어서 중간상의 주요 성공 요인은 무엇이라 생각하는가?
7. 다음의 개념을 설명할 수 있는 실제 예를 찾아서 제시하고 이를 구체적으로 설명하시오.
   1) 탈중간상화
   2) 인터넷 유통경로의 유형
   3) 하이브리드 채널
   4) 인터넷 공동 물류 시스템
   5) 인터넷 공급체인관리
   6) B2B 가상시장의 종류

참고문헌

1. 논문 및 단행본

Lambert, Douglas and James R Stock (1993), *Strategic Logistics Management*, Irwin.

Peppers, Don and Martha Rogers (2001), *Business 2.0*

Sarkar, M. B., B. Butler, and C. Steinfield (1995), "Intermediaries and Cybermediaries: A Continuing Role for Mediating Players in the Electronic Marketplace," *Journal of Computer - Mediated Communication*, 1(3).

Scott, Judy (2000), "Emerging Patterns from the Dynamic Capabilities of Internet Intermediaries," *Journal of Computer - Mediated Communication*, 5(3).

문화, 문희철, 형정 (2009), "글로벌 e-SCM의 성공적 구축전략과 기업경쟁력의 상호연관성에 관한 탐색적 연구," 무역연구, 5(1), 77-97.

박찬수 (2000), 마케팅 원리, 법문사.

서필교, 주상호 (2000), "인터넷상거래에서 공동물류 활용 방안에 관한 연구," 유통정보학회지, 3(1), 53-65.

안광호, 조재운 (2000), 유통관리원론, 학현사.

안명옥 (2001), "B2B e - Marketplace에서 네트워크 몰입 (Network commitment)이 성과에 미치는 영향에 관한 연구," 고려대학교 석사학위 논문.

오상현, 김상현 (2009), "B2B e-마켓플레이스 참여기업의 몰입과 이용에 영향을 미치는 요인: 신뢰, 네트워크 외부성 및 시스템 통합의 역할을 중심으로," 경영교육연구, 13(2), 183-209.

이훈영 (2009), 마케팅 조사론, 청람.

임용택, 서선애 (2008), "전자상거래의 역물류 최소화를 위한 효율적 관리방안," 한국항만경제학회지, 24(3), 147-165.

2. 보고서

김범섭 (2010), "스마트폰 대중화 시대의 모바일 커머스 동향 및 전망," 10월호, KT 경제경영연구소.

김범열 (2000), "e - SCM의 성공적 실행전략," LG주간경제, 567호, LG경제연구원.

이종오 (2000), "B2B전자상거래 e-marketplace 구축 확산," LG주간경제, LG경제연구원.

3. 신문기사

강동완 (2012), "귀농 후 온라인 쇼핑몰 창업해 대박," 머니투데이, 2012년 7월 4일자.

권명관 (2012), "온라인 전자 상거래의 발전 – 오픈 마켓(Open Market)," IT동아, 2012년 7
　　　월 18일자.

고형광 (2012), "농산물 온라인거래 1兆 시대," 아시아경제, 2012년 7월 9일자.

김동호 (2011), "처음앤씨, B2B e-마켓플레이스의 강자 – 우리," 뉴스핌, 2011년 1월 3일
　　　자.

김창우 (2011), "온라인 쇼핑객 90%, 가격비교 이용," 중앙선데이, 2011년 2월 12일자.

김하나 (2011), "홈플러스, '스마트 가상 스토어' 오픈⋯QR코드 찍으면 집으로 배달," 한국
　　　경제, 2011년 8월 25일자.

김혜인, 이승현 (2012), "'4억 소녀 김예진'에 열광하던 지름신, 지금은...," 오마이뉴스,
　　　2012년 6월 25일자.

명순영 (2012), "4대 TV 홈쇼핑 업체 난타전⋯인터넷⋅모바일서도 한판 붙자," 매일경제,
　　　2012년 2월 27일자.

문수아 (2012), "쉽고 믿을 수 있는 新 '기부스타일' 만드는 이미영 블루게일 대표," 건설경
　　　제, 2012년 9월 28일자.

박태정 (2012), "[서울예비사회적기업]알뜰쇼핑⋅착한소비 '나눔브릿지' 뜬다," 뉴스1,
　　　2012년 6월 14일자.

서영진 (2012), "8월 스마트폰 가입자 3000만명 넘는다," 뉴스1, 2012년 7월 27일자.

이광빈 (2011), "증강현실 SNS '오브제' 아이폰용 출시," 미디어잇, 2011년 1월 4일자.

이수기 (2012), "스마트폰 시대 역발상 ⋯ 덤으로 받은 아이스크림, 앱에 저축한다," 중앙일
　　　보, 2012년 6월 14일자.

이윤재 (2011), "CJ오쇼핑 '오마트, 젊은 귀농인의 꿈을 이룬다'," 아시아경제, 2011년 8월
　　　30일자.

이윤재 (2011), "이승한 홈플러스 회장 '가상스토어는 창조적 파괴의 결과'," 아시아경제,
　　　2011년 8월 26일자.

이장혁 (2010), "CJ GLS, 택배정보 애플리케이션 출시," ZDNet, 2010년 6월 3일자.

이진원 (2012), "[전자상거래 1000조 시대] B2C⋅B2B⋅B2G 지속적 성장세," 한국경제매
　　　거진, 2012년 3월 14일자.

정미경 (2011), "홈플러스 가상 스토어 이용해 보니," 우먼센스, 2011년 10월 25일자.

조영구 (2012), "모바일이 유통채널 중심 되려면," 디지털타임스, 2012년 05월 31일자.

조용철 (2012), "CJ GLS, 스마트 물류 선두주자," 파이낸셜뉴스, 2012년 1월 26일자.

조용철 (2012), "한진 글로벌 물류 네트워크 활용 'eHanEx' 해외배송 서비스 인기," 파이낸

셜뉴스, 2012년 4월 6일자.

진중언 (2012), "모바일 쇼핑 3년새 200배(2009년 30억원→2012년 6000억원 전망) 성
　　　장… 유통업계 '심봤다'," 조선비즈, 2012년 7월 10일자.

최남주 (2012), "홈플러스 가상 스토어…대학로 등 23개점 확대…모바일 쇼핑 매출 쑥쑥,"
　　　헤럴드경제, 2012년 2월 9일자.

하남현 (2012), "거품 빼고 많이 주는…다이렉트 금융 상품 주목," 헤럴드경제, 2012년 6월
　　　1일자.

4. 기타 (인터넷 검색 자료)

m.kyobobook.com

shopping.naver.com

www.about.co.kr

www.cjmall.com

criteo.com

www.eat.co.kr

www.ehanex.com

www.hyundaicard.com

www.idongbu.com

www.nanumbridge.co.kr

www.omart.com

www.sony.com

[찾아보기]

가

가격 번들링(price bundling) 362

가격과 품질 연상효과 416

가격비교 사이트 145

가격할인 549

가상시장(e - marketplace) 12, 602

가상적인 제품 12

가중치 193

감각적 체험 372

감성(sentiment) 분석 190

감성적 체험 373

강남스타일 뮤직비디오 4

거시적 리얼타임 마케팅 45

검색어 광고 516

경쟁자 분석의 분석요소 91

경쟁자에 근거한 가격결정 417

경쟁자에 의한 위상정립 284

경험적 속성 110

경험제품 349

계층별 비교 분석 182

계층적 기법 191

고객 공유 프로그램 325

고객 점유 258

고객과의 협력(collaboration) 14

고려대상 상표군(consideration set) 390

고정 단가형 529

고정형 배너 광고 511

공동구매형 292

공동운명체적 동업자(collaborator) 14

공중 관계 468

관계마케팅 35, 188

관계와 관계의 관점 192

관계적 체험 377

관찰 177

광고물 순환 532

광고태도 524

구글(www.google.com) 338

Google Analytics 208

구글 플랫폼 23

구전(word of mouth) 552

군집 분석 189

군집된 사용자군 188

규칙기반 필터링 310, 311, 312

근접중심성 195

긍정 감정 점수 193

기대−성과 불일치(expectancy−per-formance disconfirmation) 140

기사홍보(publicity) 536

기술분석적 변수 264

기술적 조사 175

기업 간 가상시장(B2B e - marketplace) 605

기업 경쟁력 187

기업 블로그 161

기업을 중심으로 하는 커뮤니티 330

기준설정과 조정(anchoring and adjustment)
  138

나

내재적 단서(intrinsic cue) 131

내적 탐색 130

네이버(naver.com) 337

네이버 밴드 462

네이버 카페 459

네이버 카페 '파우더룸' 460

네트워크 472

네트워크 효과(network effect) 13, 79

노드 191

노출 기준형 530

뉴미디어의 출현 470

다

다음(daum.net) 337

단문형태 SNS 255

대중 매체 469

대체가능성(substit- utability) 89

댓글(comment) 237

데이터 마이닝 205

도구적 사회자본 120

도달률 527

독립적 유통경로(independent distribution
  channel) 579

동시출현 키워드 네트워크 199

디마케팅(de - marketing) 586

디지털 제품 350

라

라이크(like) 236

라이프스타일 266

로그 202

로그 데이터 202

로그파일 202

로그파일 분석 202

로케이션(location) 500

로테이션 배너 광고 512

리얼타임 마케팅(Realtime marketing) 405

리트윗(Retweet) 235

링크 191

마

마우스 투 마우스 552

마이크로 시장 27

마이크로 커뮤니케이션 188

마이클 포터의 시장구조분석 86

마케팅 조사 185

마케팅 커뮤니케이션의 개발 205

마켓 리더 471

마켓 소수자 471

매개중심성 195

메시지 양 192

면대면(face to face) 472

모바일 기기 499

모바일 메신저 99

모바일 쇼핑 506

모바일 애플리케이션 246

모바일 커머스 575

모바일 쿠폰 546

모바일 혁명 499

모집단 172

무료 웹로그분석 서비스 208

문서 분류 189

문서 요약 189

문서 클러스터링 189

문자 시대 470

물리적 제품 348

미디어별 메시지 양 192

미시적 리얼타임 마케팅 44

바

방문객 안내별/신규고객별 지급 프로그램 324

방문자(visitors) 233

방문자 분석 208

방문자 조사 181

배너 광고 207, 508

배달점(delivery point) 598

버저닝(versioning) 357, 429

번들링(bundling) 361

범용제품(commodity product) 349

범위의 경제 13

범주에 의한 위상정립 285

부정 감정 대비 긍정 감정 점수 192

부정적 감정 점수 193

부정직성 173

분석 가능한 데이터 204

블로그 540

비계층적 기법 191

비정형 데이터 186

비차별적 마케팅 278

비확률표본추출 182

빅 데이터(big data) 168, 214

빅 데이터 분석 168

빅 배너 광고 512

빈도 527

사

사용자 제작 컨텐츠(User Created Contents) 119

사용자 트래픽 496

사용자에 의한 위상정립 전략 283

사이버중간상(cybermediaries) 568

4P 마케팅 믹스 50, 468

사회 촉진 이론(social facilitation theory) 122

삽입 배너 광고 512

상표(Brand) 384

상표 인식도(brand awareness) 389, 508

상표 재인(brand recognition) 389

상표태도 524

상표 팽창(brand expansion) 394

상표 확장(brand extension strategy) 393

상표 회상(brand recall) 389

상표인식도 508

상호작용 커뮤니케이션 시대 470

상호작용성 228

서베이 177

선제적 마케팅 46
성과별 지급 프로그램 323
세분시장 268
세일슈머(salesumer) 14
세일슈머(salesumer)로서의 역할 30
소비자 가상 커뮤니티 330
소비자 의사결정 과정 129
소비자 행동 영향 요인 149
소비자의 불신 466
소비재 469
소셜 네트워크 187
소셜 네트워크 게임 100
소셜 네트워크 맵 194
소셜 네트워크 분석(Social Network Analytics)
    83, 91, 189, 191
소셜 네트워크 분석 기법 196
소셜 네트워크 서비스 118, 186, 254, 474
소셜 네트워크 수명주기 74
소셜링크형 291
소셜 미디어(social media) 116, 466
소셜 미디어 이용동기 127
소셜 미디어 허브(hub) 495
소셜 미디어의 등장 470
소셜 분석 186
소셜CRM 316
소셜웹형 292
소셜 커머스 220, 291
소셜 커머스 마케팅 220
소셜 큐레이션 서비스 254
소셜 프레즌스(Social Presence) 122
속성 193
속성에 의한 위상정립 282

수직적 마케팅 시스템(vertical marketing
    system, VMS) 579
수직형 가상시장 604
수평형 가상시장 604
스마트 기기 186
스마트 커머스 플랫폼 213
스마트폰 499
스팟 서베이 182
스폰서십 광고 325, 520
시장세분화 262
시장 점유 258
시장점유율 545
CRM 314
CPM(Cost Per Millenium) 529
신 컨텐트웨어 개발 378
신념 193
신뢰제품 349
신속성과 지속성 484
실시간 186
실시간 마케팅 187
실시간 분석 186
실시간 추천 312, 313
실험 177
심리적 반발 515
심리적 변수 264
심비오틱 마케팅 305
쌍방간 커뮤니케이션 469
쌍방향 연결 구조 형태의 네트워크 482
쌍방향 커뮤니케이션(Two - Way
    Communication) 38, 533
씨온 248

아

IIMC 476

아임인 247

아임인비즈(아임IN비즈) 248

알고리즘 204

RV 매트릭스 14

애니메이션 배너 광고 512

애플리케이션 502

애호도 258

ASP 208

야후(yahoo.com) 337

양방향 의사소통 187

SSL 453

STP(Segmentation-Targeting-Positioning)
    496

에이전트(agent) 143

에이전트가 하는 역할 144

연결중심성 195

영향력 194

영향력 있는 사용자 194

오브 사이언스 198

오빠믿지 어플 249

5C 53

오프라인 연동형 293

오픈 마켓(open market) 569

온라인 구전 466

온라인 구전(eWOM) 121

온라인 커뮤니티 540

온라인 퍼블리케이션 528

외부환경 분석 180

외재적 단서(extrinsic cue) 131

외적 탐색 130

우편조사 183

word - of - mouse 552

원가에 근거한 가격결정 417

원격 통신 시대 470

웨버의 법칙 416

웹 네비게이션 177

웹 로그 분석 203

웹 분석 177

웹사이트 광고 520

웹서버 로그분석방식 208

위상정립 281

위치기반 변수 269

위치기반 소셜 네트워크 서비스 246

위치기반서비스 246, 293

위험회피성향 416

유사성 194

UCC(User Created Contents) 22, 485, 554

UGC(User Generated Contents) 485

유통(channel) 566

유통경로 집중도(distribution intensity) 580

유통경로 커버리지(distribution coverage) 580

유튜브 4, 21

의사결정 205

이동 아이콘 광고 520

이메일 537

이메일 광고 508, 517

이미지 지향형 512

이벤트 555

이벤트 지향형 512

2차 자료 180

익명성 173

인과적 조사 175

인구통계적 변수 264

인쇄 시대 470

인적 판매 468

인지적 체험 374

인터넷 고정고객 우대 프로그램 548

인터넷 공급체인관리(ISCM: Internet Supply
    Chain Management) 600

인터넷 광고 474, 508

인터넷 구전 474

인터넷 마케팅 5C 믹스 468

인터넷 마케팅 목표 224

인터넷 마케팅 전략 수립 174

인터넷 마케팅 커뮤니케이션 476

인터넷 마케팅 환경 분석 76

인터넷 배너 광고의 정보처리 523

인터넷 상표 385

인터넷 상표 자산 389

인터넷 상표명 개발 388

인터넷 서베이 178

인터넷 액세스형 광고 520

인터넷 조사 170, 183

인터넷 카페 461

인터넷 커뮤니티 539

인터넷 쿠폰 545

인터넷 판매촉진 474

인터넷 환경 109

인터넷 PR 474

인터랙티브 온라인 캠페인 465

인플루언서 마케팅 261

일대일(one - to - one) 마케팅 257

일반화의 문제 172

1차 자료 177

자

자기 선택 182

자기 선택 오류 172

JavaScript 코드 208

자산 특이성(asset specificity) 567

자연어 처리 기술 189

잠금(lockin) 효과 282

잠재 고객 205

장문형태 SNS 255

재중간상(reintermediaries) 569

전자적 연결 효과(electronic interconnection
    effect) 567

전자적 중개 효과(electronic brokerage effect)
    567

전자적 통합 효과(electronic integration effect)
    567

전화조사 183

전환 비용 282, 422

점프스퀘어 캠페인 479

정보 지향형 512

정보 추출 189

정보 통제권(information control) 109

정보시스템 성공모델(IS Success Model) 368

정보처리 과정(information processing) 113

정직성 173

제4의 경영자원 186

제품 번들링(product bundling) 362

제품 체험의 기회 465

제휴 프로그램 323

조사설계 184
종단조사 175
준 범용제품(quasi commodity product) 349
준거집단(reference group) 150
중심성 194
지각된 가치에 근거한 가격결정 417
지속시간(duration time) 234
지식공유서비스 541
지식지도 198
집중적 마케팅 280

차

차별적 마케팅 34, 279
차별화 496
채널번들링(channel bundling) 588
1,000회 노출당 지급 프로그램 325
체증의 법칙 13
체험 370
초점 집단 면접 177, 178
촉진 468
추천인 우대 프로그램 555
출현빈도 194
취업뽀개기 460

카

카카오스토리 100
카카오톡 99
캠페인 관리 313
커뮤니케이션 468
커뮤니티 330, 459, 528

커뮤니티 마케팅 461
커뮤니티의 깊이 331
커뮤니티의 폭 331
커미트먼트 411
컨테스트(contest) 547
컨텐츠 528
컨텐트웨어(Contentware) 347, 545
컨텐트웨어의 개인화 307
컴퓨터 매개 커뮤니케이션 472
K5 마니아클럽 460
K-Pop 9
콜래보레이션 303
KUISE 179
크라우드소싱(crowd sourcing) 107
크로스미디어 478
클릭률(CTR: Click Through Rate) 235
클릭횟수별 지급 프로그램 324
키워드 배너 광고 512

타

타게팅(targeting) 188, 500
타이밍(timing) 500
탈중간상화(disintermediation) 566
탐색적 속성 110
탐색적 조사 175
태도 점수 192
TED 396
텍스트 마이닝 189, 190
텔레비전과 로고송의 결합형 512
통합적 유통경로(integrated distribution
    channel) 579

통합적 인터넷 마케팅 11
트래킹(tracking) 서비스 180
트래픽 202
트위터 466
트위터 분석 68

파

파급효과 481
파란(www.paran.com) 341
판매촉진(Sales Promotion) 468, 544
팝업 광고 514
패널조사 176
퍼미션 539
페이스북 466
페이지뷰(page view) 208, 234
편의표본추출 182
편익에 의한 위상정립 283
평생가치 306
평판 190
평판 분석 189
포스퀘어 247
포털 사이트(Portal Site) 337
표본 프레임 181

표적시장 177, 276
표출적 사회자본 120
푸시 468
풀 468
프로슈머(prosumer) 14, 106, 306
프로슈머(prosumer)의 역할 30
플러스친구 100
플로우(flow) 113
PR(Public Relations) 533
PR 서머리 영상 543

하

학습 에이전트 310, 311
할당표본추출 182
해쉬태그 480
행동 변수 268
행동적 체험 376
허브 188
협업 필터링 310, 311, 312
형태소 분석 190
확률표본추출 183
횡단조사 175
히트수(hits) 233

이 두 희
저자 약력

학 력
고려대학교 경영학과 졸업(학사)/Univ. of Wisconsin—River Falls(BA)/Univ. of
Wisconsin—Madison(MBA)/Michigan State Univ.(Ph.D.)

교 육
고려대학교 경영학과 교수(현)/중국 인민대학 명예교수(현)/중국 길림대학 객좌교수(현)/
한마음 한글학교 설립(미국 미시간)

학 술
한국 마케팅학회 회장/한국 광고학회 회장/한국 소비문화학회 회장/광고학연구 편집위원장/
한국소비문화연구 편집위원장/경영저널 편집위원장/Psychology and Marketing: Special
Issue 공동편집위원장/Advances in International Marketing: Special Issue 공동편집위원
장/International Journal of Advertising 편집위원(현) 등

교육행정 및 사회
아시아태평양 국제교육협회(APAIE) 창설자 겸 회장(1~3대)/아시아태평양 리더스(APL)
창설자 겸 회장(현)/대통령직속 국가브랜드위원회 기획분과위원장/공정거래위원회 자문위
원/고대 경영대학장(현)/고대 국제교육원장/고대 대외협력처장/고대 기업경영연구원장/
고대 마케팅 연구센터 소장

저서 및 논문
한국의 마케팅 사례: 마케팅 전략과 광고/한국의 마케팅 사례 Ⅱ/한국의 마케팅 사례 Ⅲ/
리얼타임 마케팅/사례로 짚어본 인터넷마케팅/광고론: 통합적 광고/Friontier@ Internet
Marketing/통합적 인터넷 마케팅/e—마케팅(중국정부인정 대학교재)/인터넷 마케팅/광고
핸드북(역)/자기노출(역) 등 다수의 저서, 약 90편의 논문 및 사례연구 등

수 상
한국소비문화학회 최우수 논문상/한국능률협회 연구공헌 인터넷대상/한국상품학회 우수
논문상

제3판
통합적 인터넷 마케팅

초판발행	2003년 6월 10일
개정판발행	2006년 3월 10일
제3판발행	2013년 4월 15일
중판발행	2023년 10월 25일

지은이	이두희
펴낸이	안종만·안상준

편 집	김선민·마찬옥
기획/마케팅	박광서
표지디자인	이혜원·이주영
제 작	고철민·조영환

펴낸곳	㈜ **박영사**
	서울특별시 금천구 가산디지털2로 53, 210호(가산동, 한라시그마밸리)
	등록 1959. 3. 11. 제300-1959-1호(倫)
전 화	02)733-6771
f a x	02)736-4818
e-mail	pys@pybook.co.kr
homepage	www.pybook.co.kr
ISBN	978-89-6454-397-9 93320

정 가 33,000원